구약
외경
2

구약 외경 2

교회인가 2023년 10월 27일 (의정부교구장 이기헌 베드로 주교)
초판 1쇄 2023년 12월 03일

지은이 송혜경
펴낸이 조병우
펴낸곳 한님성서연구소
등록 제85호
주소 경기도 의정부시 평화로 604
전화 031)846-3467
팩스 031)846-3595
카페 cafe.naver.com/biblicum

ISBN 978-89-94359-47-2 94230
ISBN 978-89-94359-23-6 94230 (세트)
책값은 뒤표지에 있습니다.

구약 외경 2

에즈라 4서
4Ezra

바룩 2서
2Baruch

바룩 3서
3Baruch

바룩 4서
4Baruch

번역·주해 **송혜경**

펴내며

『구약 외경 2』에는 바룩의 이름으로 저술된 세 책(바룩 2·3·4서)과 에즈라 4서가 실린다. 네 책 모두 기원후 70년에 발생한 로마인들에 의한 예루살렘 붕괴와 성전 파괴를 배경으로 삼고 있다. 각 책의 저자들은, 삶과 신앙의 터전을 잃은 이스라엘 백성이 하느님 백성으로서 살아갈 새 길을 모색하고 각자 찾아낸 다양한 해법들을 제시한다. 저자들은 먼저 예루살렘 몰락의 이유, 더 깊게는 자신들이 고통당하는 이유를 깊이 성찰한다. 그리고 그러한 성찰을 바탕으로 지금 그들이 당하는 고통이 이야기의 끝이 아니며, 그들은 결코 하느님께 잊힌 존재가 아니라는 점을 강조한다. 이러한 믿음은, 때로는 메시아와 새 세상에 대한 종말론적 희망으로(에즈라 4서와 바룩 2서), 때로는 '지금 여기'와 현재의 중요성에 대한 강조로(바룩 3서), 때로는 부활과 복원에 대한 확신으로(바룩 4서) 표현된다. 이 모든 것이 공통적으로 말하는 내용은, 하느님이 역사의 주인이시며 그분의 정의는 반드시 — 살아서든 죽어서든, 현재에든 미래에든 — 실현된다는 것이다.

『구약 외경 2』에 담긴 네 책은 특히 신약성경과 비슷한 시기에 저술되었다는 점에서 중요성이 크다. 네 책을 통해 예수님 시대 유다인들의 삶과 믿음을 생생한 언어로 만나볼 수 있을 것이다. 역사의 예수님이나 초대 그리스도교를 공부하는 사람이라면 반드시 읽어야 할 외경들이다. 그리고 이 책들은, 유다인들이 70년 예루살렘의 몰락을 어떻게 받아들였으며 그리고 이 대재앙 이후 어떻게 자신들의 신앙을 정비해나갔는지 살피게 해 준다는 점에서도 의미가 크다. 그들은 어떠한 역사의 질곡을 만나더라도 다시 일어서는 '회복탄력성'의 민족이었다. 그러한 회복탄력성의 밑바탕에는 하느님께 대한 믿음이 있었음을 네 책을 통해 확인할 수 있다. 그들이 예수 그리스도를 받아들이지는 않았지만, 하느님에 대한 신앙을 포기한 것은 아니었다. 비록 색깔은 다르지만 그들도 메시아에 대한 희망과 새 시대에 대한 희망을 버리지 않았으며, 하느님께서 자신들을 결코 잊지 않으시리라는 믿음도 잃지 않았다.

이 책들을 통해 (그리고 다른 여러 구약 외경을 통해), 참으로 구약성경과 신약성경이 하나로 연결되어 있음을 확인할 수 있을 것이다. 각주에 구약성경과 신약성경 병행구들을 되도록 많이 실으려 애썼다. 구약성경 – 구약 외경 – 신약성경을 함께 읽으면서 성경의 세계를 보다 깊이 그리고 보다 넓게 이해할 수 있을 것이다.

조병우 이사장님, 정태현 신부님, 후원해주신 모든 분들께 감사드린다. 이 분들 덕분에 한님성서연구소가 올해 25주년을 맞을 수 있었다. 책을 '함께 만드는' 편집부 이효임과 사무국장 강재준에게도 감사한다. 늘 따뜻한 식사를 마련해주는 김정례 셰프님과 같이 일하는 연구소 동료들에게도 고마움을 전한다.

따뜻한 마음으로 함께 나아가는 사람들, 내 웃음의 원천이 되는 수양이 의양이 우준이 권우와 다른 가족들, 나를 사랑으로 길러주시고 이제는 하늘나라로 가신 부모님, 온 마음을 다하여 감사드립니다. 이 모든 것을 허락해주신 하느님께도 감사합니다!

2023년 12월 한님성서연구소에서

송혜경

차례

펴내며 · 4

1. 묵시 문학

에즈라 4서

1. 작품 구조와 내용 · 14
2. 저자와 저술 시기 · 16
3. 본문과 원어 · 23
4. 문학 유형 · 31
5. 신학 · 32
   5.1. 신정론 · 35
   5.2. 종말론 · 37
   5.3. 메시아론 · 49
   5.4. 남은 자들 · 54
6. 에즈라 묵시록 · 60

바룩 2서

1. 구조 · 163
2. 저술 장소 및 시기 · 166
3. 저자 · 172
4. 본문 및 사본 · 177
5. 신학 · 179
   5.1. 하느님의 주권 — 역사에 대한 성찰 · 179
   5.2. 메시아와 메시아 시대 · 185
   5.3. 죽은 이들의 부활과 형상 변화, 각자의 길 · 210
6. 시리아어 바룩 묵시록 · 216

바룩 3서

1. 작품 구조와 내용 · 337
2. 본문과 원어 · 338
3. 저술 시기와 장소 · 339
4. 다른 문헌들과의 관계 · 343
5. 신학 · 344
5.1. 우주관 · 345
5.2. 천계 여행 · 354
5.3. 천사와 악마 · 357
5.4. 하느님의 정의 — 신정론 · 379
5.5. 하느님의 자비 · 382
5.6. 천상 예배 — 지금 우리가 하는 일들 · 384
5.7. 구원의 현재성 · 392
6. 바룩 3서 · 393

2. 설화와 전설

바룩 4서

1. 문학 유형 · 429
2. 작품 구조와 줄거리 · 430
3. 본문과 원어 · 433
4. 저술 시기와 장소 · 436
5. 신학 · 440
5.1. 몰락 또는 고통의 이유 · 441
5.2. 종말론적 희망 · 443
5.3. 하느님의 주권 — 역사에 대한 성찰 · 449
6. 바룩 4서 · 452

부록 참고 문헌 · 486
찾아 보기 · 509

일러두기

1. 『성경』은 한국천주교회중앙협의회에서 발간한 우리말 성경을 가리킨다.
2. 본문 번역의 [ ]는 훼손된 부분, ( )는 매끄러운 우리말 표현을 위해 첨가한 부분이다. 본문 크기보다 작은 ( )는 필자의 설명이다.
3. 쌍따옴표(" ")는 외경 원문 번역이거나 다른 문헌의 직접 인용 시 사용한다.
4. 홑따옴표(' ')는 개념 정의나 강조, 간접 인용 시 사용한다.
5. 원문에 대명사로 표현되거나, 숨겨진 주어(동사 활용에 포함)일 때, 이해를 돕기 위해 가끔씩 별다른 표시 없이 일반 명사나 고유 명사로 옮겼다.
6. 구약성경 인용 시, 특별한 표시가 없을 때는 히브리어 성경을 가리킨다. 칠십인역은 이와 구분하여 '칠십인역 창세기'와 같은 식으로 표시하였다.
7. 구약 외경 직접 인용 시, 그리스어 본문일 경우는 필자가 직접 번역하였다. 에녹1서 일부(에티오피아어), 희년서(고대 슬라브어) 등은 J.H. Charlesworth (ed.), *The Old Testament Pseudepigrapha Vol.1-2* (Massachusetts 2009)에 수록된 영어 번역을 옮겼다.
8. 칠십인역·쿰란 문헌·라삐 문헌 직접 인용문은 원문과 영역을 참조하여 필자가 직접 번역하였다.
9. 교부 인명이나 지명은 『교부학 인명·지명 용례집』, 하성수 엮음 (분도출판사 2008)을 따랐다.

1. 묵시 문학

에즈라 4서

4Ezra

≫ 에즈라 4서 본문에 대한 영어 번역과 간단한 해제는 Metzger, "The Fourth Book of Ezra", 516-559을 참고할 수 있다. 단 메츠거가 번역에 사용한 본문은 시리아어 본문이 아니라 Bensly (ed.), *The Fourth Book of Ezra*에 제시된 라틴어 비평 본문이라고 한다. Stone, *Fourth Ezra: A Commentary on the Books of Fourth Ezra*에서 영어 본문과 자세한 설명을 찾아 읽을 수 있다. 에즈라 4서에 대한 간단한 입문은 Widow, *The Origins of the Canon of the Hebrew Bible: An Analysis of Josephus and 4 Ezra*, 87-97을 보라. "Chapter 7. Introduction to 4 Ezra"라는 장 제목대로 '에즈라 4서 입문'에 해당하는 내용들이 들어 있다. Jones, *Jewish Reactions to the Destruction of Jerusalem in A.D. 70: Apocalypses and Related Pseudepigrapha*, 39-78에도 에즈라 4서의 원어, 저술 시기와 장소, 신학적 의의 등이 제시되어 있다. Henze/Stone (eds.), *4 Ezra and 2 Baruch: Translations, Introductions, and Notes*에도 에즈라 4서 영어 번역과 해제가 실려 있다. Boccaccini/Zurawski (eds.), *Interpreting 4 Ezra and 2 Baruch*; Henze/Boccaccini (eds.), *Fourth Ezra and Second Baruch: Reconstruction after the Fall*은 에즈라 4서와 관련하여 신정론, 부활 개념, 악의 기원 등 다양한 주제에 관한 연구 논문들을 싣고 있다. 구약 외경(=개신교 구약 위경) 전반에 대한 연구사와 연구 현황에 대해서는 Henze/Lied (eds.), *The Old Testament Pseudepigrapha: Fifty Years of the Pseudepigrapha Section at the SBL*을 보라. 구약 외경 연구의 역사 및 주요 주제들에 대한 연구 현황을 잘 소개하고 있어 구약 외경 공부에 방향을 제시해준다.

구약성경과 구약 외경 가운데 '에즈라' 또는 '에스드라스'의 이름으로 저술된 작품이 여럿 있다. 이 책 『구약 외경 2』에서 '에즈라 4서'*4Ezra*라는 제목으로 소개하는 작품은, 라틴어 불가타 성경의 부록에 담긴 '에스드라스 4서'*4Esdras*의 일부,[1] 더 정확히 4에스 3—14장에 해당한다. 현대 학자들은 대개 에스드라스 4서의 3—14장은 '에즈라 4서'*4Ezra*, 1—2장은 에즈라 5서

1 라틴어 불가타 성경 및 여러 가톨릭 성경 역본의 부록에 '에즈라의 네 번째 책'(또는 간단히 *4Esdras*)이라는 제목으로 실린 작품을 가리킨다. 그런데 이 작품이 어떤 라틴어 필사본에는 '에즈라 2서', 슬라브어 성경(Slavonic Bible)에는 '에스드라스 3서'(*3Esdras*)라고 서로 다른 제목으로 소개되어 있다. 모두 같은 작품이므로 주의를 요한다.

5Ezra, 15—16장은 에즈라 6서*6Ezra*라 부른다.[2] '에즈라의 네 번째 책'*Fourth Book of Ezra*이라고도 불리는 에즈라 4서는, 묵시문학 유형으로 저술되어 있어 '에즈라 묵시록'*Apocalypse of Ezra*이라 불리기도 한다.

불가타에 *3Esdras*라는 제목으로 실린 작품은, 구약성경 에즈라기와 느헤미야기 일부 및 역대기 일부 등이 합해진 복합 본문으로,[3] 그리스어 구약성경(칠십인역)에 *1Esdras*라는 제목으로 실린 본문과 같다. 그리스어 구약성경에 *2Esdras*라 소개된 작품은 히브리어 성경의 에즈라·느헤미야기에 해당한다.[4] 참고로 그리스어 구약성경에 에즈라 4서는 실려 있지 않다.

이처럼 구약성경과 외경 가운데 에즈라Ezra 또는 에스드라스Esdras라는 이름이 붙은 책이 총 여섯 권(에즈라기부터 에즈라 6서까지)에 달하는 데다가 같은 작품이 히브리어 성경, 그리스어 성경, 라틴어 불가타 성경, 시리아어 성경, 영어 성경 등에서 제각각 다른 제목으로 불려서 어느 작품이 어느 작품인지 헷갈리는 경우가 많다. 이를테면 불가타에 *4Esdras*라고 되어 있는 작품이 영어 성경에서는 *2Esdras*라고 되어 있다. 그런데 영어 성경의 *2Esdras*는 칠십인역의 *2Esdras*(=에즈라·느헤미야기)와는 다른 작품이다.[5]

이 책에서는 현대 학자들의 추세를 따라 불가타 4에스드라스 3—14장만 4에즈라라 부르겠다. 곧 4에즈라 = Vulgata 4Esdras 3—14장. 그리고 불

---

2 곧 4Esdras=5Ezra+4Ezra+6Ezra. 에즈라 4서는 전체적으로 유다교 작품으로 여겨지지만 에즈라 5서와 6서는 그리스도교 작품으로 간주된다. 이를테면 위도우(Widow)는 유다교 묵시록인 에즈라 4서에 그리스도교 작품인 에즈라 5서와 6서가 추가되어 *4Esdras*가 완성되었다고 본다: Widow, *The Origins of the Canon of the Hebrew Bible: An Analysis of Josephus and 4 Ezra*, 87-88.

3 2역대 35—36장; 에즈라기; 느헤 7,38—8,12; 다리우스의 경호병 이야기.

4 그리스도교 구약성경에서는 에즈라기와 느헤미야기가 분리되어 각 권으로 존재하지만 히브리어 성경에서는 두 권이 하나로 합해져 있다.

5 에즈라 4서의 제목에 관련해서는, Metzger, "The Fourth Book of Ezra", 516-517, 특히 516의 표를 참조하라.

필요한 혼동을 방지하기 위해 불가타 본문의 장 번호를 바꾸지 않고 그대로 유지하겠다. 따라서 여기에 소개하는 에즈라 4서는 1장이 아닌 3장에서 시작하여, 12장이 아닌 14장에서 끝난다.

1. 작품 구조와 내용

4에즈 3—14장은 살라티엘 에즈라에게 계시된 일곱 개의 환시로 이루어져 있다. 이 일곱 환시를 중심으로 에즈라 4서는 일곱 대목으로 나눌 수 있다.

첫째 환시: 3,1—5,20
둘째 환시: 5,21—6,34
셋째 환시: 6,35—9,25
넷째 환시: 9,26—10,60
다섯째 환시: 11,1—12,51
여섯째 환시: 11-58
일곱째 환시: 14,1-47

일곱 환시라고는 하지만 본격적 의미의 환시, 곧 묵시 문학에 자주 등장하는 '특정 장면을 보는' 환시는 넷째 환시부터 여섯째 환시까지다. 첫째·둘째·셋째 환시 대목은 에즈라의 기도 또는 에즈라와 천사의 대화(질문과 응답) 형태로 이루어져 있다. 일곱째 환시 대목은 에즈라가 '목소리'의 명령에 따라 책을 쓰게 되는 이야기를 전한다.

첫째 환시 대목(3,1—5,20)은 예루살렘이 몰락한 지 30년째 되던 해 에즈라가 의문을 표하는 것으로 시작한다. 하느님 백성이 당하는 고통과 바빌론의 번성을 비교하면서 자기들이 바빌론 사람들보다 잘못이 더 많았느냐고 묻는다. 이에 우리엘 천사가 나타나 에즈라에게 하느님의 답을 전한다. 이 대목에는 에즈라가 '불 화덕'과 '물이 가득한 구름'을 환시로 '보는' 장면(4,48-49)도 있지만 그 분량이 두 절밖에 되지 않는다. 에즈라와 우리엘의 대화는 마지막 때에 대한 물음으로 발전한다.

둘째 환시 대목(5,21—6,34)에도 에즈라와 우리엘의 대화 또는 질문과 응답이 이어진다. 이 대목도 에즈라가 환시로 무언가를 본다기보다는 무언가를 듣는 쪽에 가깝다. 주로 마지막 시대에 대한 질문과 응답 들이다. 이 대목 말미에는 어떤 '소리'가 에즈라에게 들려와서 '끝의 소식' 곧 마지막 시대의 표징들을 알려준다(6,17-28).

셋째 환시 대목(6,35—9,25)은 천사가 '마지막 시대' 또는 '새 시대'에 대해 선포 또는 예고하는 형태로 이루어져 있으며 가장 길다. 그 밖에도 기도와 독백, 계시와 대화, 질문과 응답 등 다양한 형식이 사용되고 있다. 이 대목은, 죽은 뒤에 영혼이 어떻게 되는지, 그리고 인류의 최종 운명은 어떻게 되는지 등에 대한 깊은 성찰을 담고 있다.

넷째 환시 대목(9,26—10,60)은 '애도하는 여인'의 환시와 '천상 도성'의 환시를 담고 있다(각각 9,38—10,24; 10,25-28). 각각의 환시에 대한 천사의 해석도 담겨 있다.

다섯째 환시(11,1—12,51)는 '독수리와 사자'의 환시다. 에즈라는 환시에서 먼저 여러 개의 얼굴과 날개가 달린 독수리가 온 땅을 다스리는 것을 본다. 그리고 환시 말미에 사자가 독수리를 처단하는 모습을 본다. 천사의 해석에 따르면 사자는 메시아를, 독수리는 당대 강대국, 곧 로마 제국을 상징한다. 따라서 '독수리' 환시는 메시아에 의해 로마 제국이 멸망하리라는 예고에 해당한다.

여섯째 환시(11-58)는 바다에서 올라오는 '사람의 아들' 환시다. 이 대목에서는 메시아의 도래와 유배자들의 귀환, 그리고 악인들의 심판이 예고된다.

일곱째 환시 대목(14,1-47)은 에즈라가 덤불에서 들려오는 '목소리'로부터 '책'을 쓰라는 명령을 받는 내용이다. 그가 써야 하는 아흔네 권의 책은, 일반 대중에게 공개되어야 하는 책 스물네 권과 지혜로운 이들에게만 공개되어야 하는 비밀 책 일흔 권, 두 부류로 나뉜다.

2. 저자와 저술 시기

에즈라 4서가 정확히 언제 어디서 누구에 의해 만들어졌는지는 분명하지 않다. 본문에는 구약성경 에즈라기의 주인공, 곧 기원전 5세기의 '살라티엘'이라고도 하는 에즈라가 주인공으로 제시되어 있다. 그러나 학자들은 대개 이 작품을 기원전 5세기 저작물이 아니라 100년경(또는 1세기 후반)의 저작물로 추정한다. 에즈라 4서는 100년경에 팔레스티나 유다인에 의해 아람어나 히브리어로 저술되었다는 것이 학자들의 일반적 견해다.[6]

기원전 5세기 사람인 에즈라가 이 작품의 저자로 내세워진 이유는, 그가 바빌론 유배자들의 귀환과 그 이후 백성의 삶을 주도한 인물이라는 점에서 찾을 수 있다.[7] 이 책을 저술한 원저자는, 로마인들에 의해 황폐해진

---

6 Metzger, "The Fourth Book of Ezra", 520-521; Nickelsburg, *Jewish Literature between the Bible and the Mishnah: A Historical and Literary Introduction*, 287; Charlesworth, "4 Ezra and 2 Baruch: Archaeology and Elusive Answers to Our Perennial Questions", 156; Henze, "4 Ezra and 2 Baruch: Literary Composition and Oral Performance in First-Century Apocalyptic Literature", 181 등이 에즈라 4서를 100년을 전후해서 만들어진 유다교 작품으로 제시한다.

7 학자들은 이스라엘 백성이 바빌론 유배 이후부터 절대적 유일신 신앙을 확립하고 진정한 의미의 유다이즘이 시작되었다고 본다. 에즈라와 본격적 유다이즘의 시작에 관해서는, Koch, "Ezra and the Origins of Judaism", 190-193을 보라.

이스라엘 백성의 재건을 꿈꾸면서 과거 비슷한 상황에서 하느님 백성의 재건에 앞장선 에즈라를 가장 적합한 차명-저자로 떠올렸을 법하다.[8] 아론의 후손으로서(에즈 7,1-5), '모세의 율법에 능통한 학자'이자(에즈 7,6), "하느님께서 내리신 법의 학자인 에즈라 사제"(에즈 7,12)만큼 이 책의 저자로 내세우기 적합한 인물도 찾기 어려울 듯하다.

에즈라 4서는 유다인 저자에 의해 만들어졌을 뿐만 아니라 신학으로도 유다교 전통에 충실한 '유다교' 작품으로 평가된다. 이러한 판단의 근거로 다빌라는 율법 및 시온에 대한 강조, 투철한 이스라엘 선민의식 등을 내세운다.[9] 메시아 희망, 육신의 부활, 다가올 새 세상에 대한 기대 등 그리스도교와 공통되는 요소들도 담겨 있어서 에즈라 4서를 그리스도교 작품으로 여기는 학자들도 있다.[10] 그러나 다빌라의 지적대로 본문에서 드러나는 율법의 중요성, 시온 중심적 시각, 이스라엘 선민의식 등은 저자가 유다교 전통에 충실한 사람임을 보여준다. 에즈라 4서의 유다교 기원을 반영하는 세 가지 요소를 조금 자세히 살펴보자.

첫째, 이 책에서 모세의 율법과 계명이 아주 특별한 자리를 차지한다.[11] 이를테면, 마지막 시대에 사람들이 고통을 겪게 되는 이유를 에즈라 4

---

8 에즈라가 작품 저자로 내세워진 역사적 배경에 대해서는 Widow, *The Origins of the Canon of the Hebrew Bible: An Analysis of Josephus and 4 Ezra*, 157-169을 보라.

9 Davila, *The Provenance of the Pseudepigrapha: Jewish, Christian, or Other?*, 137-142. 위도우도 다빌라처럼 에즈라 4서를 유다교 작품으로 인식한다: Widow, *The Origins of the Canon of the Hebrew Bible: An Analysis of Josephus and 4 Ezra*, 87-88.

10 Davila, *The Provenance of the Pseudepigrapha: Jewish, Christian, or Other?*, 137-142 참조.

11 이는 에즈라 4서에서 '율법'이라는 단어가 명시된 횟수만 보아도 알 수 있다. 에즈라 4서에서 나타나는 '토라'의 의미를 연구한 호간은 이 책에서 토라가 28회

서 저자는 율법과 계명에 대한 불충에서 찾는다.

> 7,72 바로 그 때문에 땅의 주민들이 고통을 당할 것이다. 그들은 자기들 안에 이성이 있는데도 불의를 저질렀으며, 계명들을 받았으나 그것들을 지키지 않았다. 그리고 자기들에게 맡겨진 율법을 거부하였다.

그리고 저자는 죽은 자의 영혼이 겪게 되는 일을 '율법'과 관련지어 설명한다. 불의한 자의 영혼이 걷게 될 첫 번째 고통의 길을 '율법'을 어긴 사실 자체로 제시한다(7,81). 7,88-91에서는 기쁨의 일곱 길을 걷게 될 영혼들을 '율법'을 충실히 지킨 이들로 묘사한다. '율법'은 결코 사라지지 않으리라고 하는 4에즈 9,37에서도 저자의 율법관이 잘 드러난다. 메시아가 '율법'으로 악인들을 처단하리라고 하는 대목도 에즈라 4서가 율법에 부여한 위상을 반영한다. 이 대목들을 율법과 은총, 율법과 성령을 대비시키는 로마서와 비교하면 그리스도교 작품과 에즈라 4서의 율법에 대한 시각차가 한층 뚜렷이 드러난다.[12]

둘째, 본문 곳곳에서 엿보이는 '시온'에 대한 향수(10,44-59)도 에즈라 4서가 유다교 작품임을 방증한다. 먼저 하느님께서 모든 도시들 가운데 시온만을 당신 도성으로 선택하셨다는 대목이다.

이상 명시되어 있다고 한다: Hogan, "The Meanings of tôrâ in 4 Ezra", 534, 각주 17. 호간에 따르면, 에즈라 4서에서 토라는 비단 '모세오경'뿐 아니라 '하느님의 가르침' 곧 구약성경 전체를 가리킨다. 참고로, 에즈라 4서 시리아어 역본에서는 '율법'(ܢܡܘܣܐ)이 30회 언급되어 있다.

12 특히 로마 5,20; 7,6; 8,2과 비교하라. 이를테면, "우리가 이제는, 우리를 사로잡고 있던 율법과 관련해서는 죽음으로써 그것에서 벗어났습니다. 그리하여 법전이라는 옛 방식이 아니라 성령이라는 새 방식으로 하느님을 섬기게 되었습니다"(로마 7,6).

5,25 그리고 바다의 모든 심연들 가운데 하나의 강을 당신 몫으로 풍요롭게 만드셨습니다. 그리고 탐스런 모든 꽃들 가운데 하나의 꽃을 당신 몫으로 선택하셨습니다. 그리고 세워진 모든 도성들 가운데 시온만을 당신 몫으로 거룩하게 만드셨습니다.

메시아와 시온을 연결하는 13,35에도 이 작품의 유다교 기원이 반영되어 있다.

셋째, 이스라엘 선민의식에서도 에즈라 4서의 유다교 기원이 잘 나타난다.[13] 하느님께서 '당신께서 선택하신 백성', '사랑하는 외아들'이라 부르신 백성, 곧 이스라엘을 위해 세상을 창조하셨다고 하면서, 왜 그들을 침방울과도 같은 나머지 백성에게 넘기셨는지 소리쳐 묻는 6,54-59은 이스라엘 선민의식이 극대화되어 있다. 이스라엘이 하느님의 소중한 백성인 반면, 나머지 민족들은 아무것도 아니며 침방울과 비슷하다는 것이다. 그런 민족들이 자기들 위에 군림하고 있는 이유, 그리고 그런 상태가 언제까지 지속되는지를 묻는 에즈라의 질문에서 이스라엘 선민의식을 엿보는 일이 어렵지 않을 것이다.[14] 물론 에즈라 4서가 선민의식에 마냥 머물러 있지는 않으며 보편주의를 향해 나아가고 있다. 저자가 온 인류에게 연민을 품고 있으며 온 인류를 대표해서 하느님께 읍소하고 있는 것도 사실이다. 그러나 저자의 마음이 이스라엘 동포에게 더 쏠려 있는 것 또한 부정할 수 없다. 이는 다음 말에서 드러난다. 에즈라가 하느님께 올린 말이다.

---

13 에즈라 4서에 나타난 이스라엘 선민의식에 대해서는, Henze, "The Chosenness of Israel in the Apocrypha and Pseudepigrapha", 181-186을 참조하라.

14 하느님께서 선택하신 백성에게 당신의 율법을 주셨음을 상기시키는 4에즈 5,27도 이 책의 유다교 기원을 암시한다. "(당신께서는) 많은 민족들 가운데 한 백성에게 다가가셨습니다. 그리고 모두에게 인정받은 율법을 당신께서 사랑하시는 그 백성에게 주셨습니다."

8,15 이제 모든 인간을 두고 이 말씀을 올리렵니다. 그러나 무엇보다 당신께서 잘 아시는 이, 당신 백성에 대해 말하렵니다. 제가 그들 때문에 괴로워하고 있습니다.

에즈라 4서의 시각이 유다인 쪽으로 기울어 있음은 부정하기 어렵다. 이는 보편주의 관점이 뚜렷한 바오로 서간과 비교하면 더 분명해진다. 가령 "우리는 유다인이든 그리스인이든 종이든 자유인이든 모두 한 성령 안에서 세례를 받아 한 몸이 되었습니다" 하고 말하는 1코린 12,13은 유다인과 그리스도인, 할례를 받은 사람과 그렇지 않은 사람 사이에 아무런 차이가 없으며 그리스도 안에서 모두 하나가 되었다고 선포한다.[15] 에즈라 4서와 바오로 서간의 시각차는 명백하다. 에즈라 4서는 보수적 이스라엘 선민의식에서 보편주의로 나아가는 길목에 있는 듯하다. 어떻든 율법, 시온, 이스라엘 선민의식 등은 에즈라 4서가 본디 그리스도교 작품이 아닌 유다교 작품이라는 내부 증거들이 된다.

다음은 에즈라 4서의 저술 시기를 살펴볼 차례다. 이 책의 작중 배경은 기원전 586년 바빌론에 의한 예루살렘 몰락이지만 실제 저술 배경은 기원후 70년 로마인들에 의한 예루살렘 성전 붕괴로 추정된다. 이 책의 저술 배경이 로마 제국 시대임은 '독수리의 환시'(4에즈 11—12장)에서 명백히 드러난다. 4에즈 11장 '독수리의 환시'에 나오는 독수리는 다니 2장 및 7장의 '넷째 나라' 또는 '넷째 짐승'을 연상시키는데, 이것이 로마 제국을 상징한다는 것이다(4에즈 12장 참조).[16] 에즈라 4서가 기원전 6세기 바빌론인들에 의한 예

15 갈라 3,28; 콜로 3,11도 참조.

16 Jones, *Jewish Reactions to the Destruction of Jerusalem in A.D. 70: Apocalypses and Related Pseudepigrapha*, 32-33. 존스는, 기원후 1세기에 다니 2장의 '넷째 나라'를 로마 제국으로 보는 전통이 있었다는 증거를 요세푸스의 작품에서 찾는다.

루살렘 몰락이 아니라 70년 로마인들에 의한 예루살렘 몰락을 배경으로 저술되었다는 의미다. 메츠거는 4에즈 3,1에서 에즈라가 환시를 본 시점이 "우리 도성이 무너진 지 삼십 년째 되던 해"로 소개되는 점을 들어 그 상세한 저술 시기를 100년경으로 추정한다.[17]

독수리의 환시(4에즈 11—12장)에서 독수리에 달린 머리 개수가 플라비우스 가문의 황제[18] 수와 같은 3으로 제시되었다는 사실도 저술 시기 추정에 도움이 된다. 이 환시에서 메시아를 표상하는 사자가 로마 제국을 상징하는 독수리의 머리 세 개를 모두 처단한(11,33; 12,2) 것으로 보아 에즈라 4서의 저술이 세 명의 플라비우스 가문 황제가 모두 죽은 시점에 이루어졌으리라 짐작할 수 있다. 따라서 이 책은 플라비우스 가문의 마지막 황제 도미티아누스가 암살된 뒤(96년) 얼마 지나지 않아 저술되었을 법하다.[19]

메츠거는 에즈라 4서를 그리스도인 편집자가 받아들인 사실이 연대 추정에 도움이 된다고 한다. 이 작품이 그리스도교 저자에게 받아들여졌다는 사실은, 에즈라 4서가 아직 유다인들과 그리스도인들 사이에 직·간접적으로 교류가 이루어지던 시기에 만들어졌음을 암시한다는 것이다. 곧 에즈라 4서가 유다인들과 그리스도인들이 결정적으로 결별하기 전인 바르 코

그는 요세푸스가 『유다 고대사』 10.10.4-10.11.7에서 네부카드네자르가 꿈에서 본, 네 번째 쇠로 된 상(像)을 로마 제국과 연결 짓고 있음을 주목한다. 다니엘이 임금의 꿈 풀이를 하면서 언급한 '넷째 나라'(다니 2,40)가 로마 제국이라는 것이다. 실제로 독수리는 고대 로마, 특히 로마 군대를 상징하는 대표적 동물 가운데 하나였다: Mommsen, *History of Rome Vol.3*, 459-460.

17 Metzger, "The Fourth Book of Ezra", 520.

18 플라비우스 가문은 베스파시아누스 황제(69-79년) 및 그의 두 아들 티투스(79-81년)와 도미티아누스(81-96년), 이렇게 3 황제를 배출하였다.

19 Jones, *Jewish Reactions to the Destruction of Jerusalem in A.D. 70: Apocalypses and Related Pseudepigrapha*, 46-56 참조.

크바 항쟁 이전(133-135년)에 만들어졌다는 것이다.[20] 그리스도인들이 유다인들을 완전한 타자로 인식하기 전이었기에 별 거리낌 없이 그들의 작품을 받아들일 수 있었다는 추정이다. 지라르딘Girardin은 다른 이유로 에즈라 4서의 저술 시기를 135년 이전으로 잡는다. 그는 4에즈 12,46-47에서 엿보이는 성전 재건에 대한 희망에서 저술 시기 추정에 힌트를 얻는다.[21] 70년에 파괴된 성전이 재건되리라는 희망을 유다인들이 버린 것은 바르 코크바 항쟁이 실패로 끝난 135년 이후였다는 것이다.[22] 따라서 성전 재건의 희망이 담긴 에즈라 4서는 코크바 항쟁 이전에 만들어졌으리라 추측할 수 있다.

알렉산드리아의 교부 클레멘스(150-210년)가 『잡록』 3.16에 이 작품 본문(4에즈 5,35)을 인용하고 있는 사실도 에즈라 4서의 연대추정에 도움이 된다. 2세기 말엽 이전에 에즈라 4서의 그리스어 역본이 읽히고 있었다는 증거가 되기 때문이다.[23] 메츠거는 2세기 중반에 '그리스어 역본'이 만들어졌고 3세기 중반 또는 후반에 그리스도인 편집자들이 그리스어 역본에 서론격인 1—2장과 결론격인 15—16장을 추가했을 법하다고 한다.[24] 그리고 아마도 그리스도인 최종 편집자가 4에즈 1—16장 그리스어 본문 전체를 다시 다듬었을 것이다. 본디 유다교 작품인 에즈라 4서에서 원죄 개념과[25] 그리

---

20 Metzger, "The Fourth Book of Ezra", 520.

21 Girardin, "*Leḥerut Yerushalayim*: The Temple on the Coins of the Bar Kokhba War", 167. 실제로 4에즈 12,46-47에는 머지않아 하느님께서 역사에 개입하실 것이며, 그리하여 성전도 재건되리라는 희망이 담겨 있다.

22 Schwartz, "Was 70 CE a Watershed in Jewish History?", 19 참조.

23 Stone, *Fourth Ezra: A Commentary on the Books of Fourth Ezra*, 9. 알렉산드리아의 클레멘스가 에즈라 4서를 알았다는 사실은, 에즈라 4서가 처음 만들어진 시기가 아무리 늦어도 2세기 말을 넘기지 않았음을 의미한다.

24 Metzger, "The Fourth Book of Ezra", 520.

25 4에즈 7,11-12 참조: "[11] 사실 나는 그들을 위해 세상을 만들었다. 그러나 아담이 내 계명을 어겼을 때, 창조된 만물도 유죄가 되었다. [12] 이 때문에 그들에게 지

스도론[26] 등 그리스도교 신학이 엿보이는 이유가 이들 후대 그리스도인 편집자들의 손길 덕분일 것이다.[27] 어떻든 에즈라 4서의 저술 시기를 100년경으로 보면 큰 무리가 없다.[28]

3. 본문과 원어

앞에서 말한 대로 에즈라 4서는 본디 히브리어나 아람어로 쓰였을 것이다.[29] 그러나 히브리어 또는 아람어 원문은 전해지지 않는다. 히브리어나 아

금 이 세상의 입구들이 좁아졌다. 그리고 그것들은 슬픔, 고통, 많은 위험들, 엄청난 노고, 질병, 고난으로 가득 차 있다." 7,118도 보라: "[118] 아담이여, 도대체 당신은 무슨 짓을 한 것입니까? 당신이 죄를 지었는데, 그 해악은 당신만의 것이 아니고 당신에게서 나온 우리 모두의 것이기도 합니다."

26 이를테면, 4에즈 7,28-29에서 하느님이 메시아를 당신 아들이라 일컬으신다. 메시아가 하느님의 아들이라는 것이다. 이는 예수 그리스도를 하느님의 아들이라 선포하는 신약성경 복음서 내용을 연상시킨다.

27 https://www.britannica.com/topic/Second-Book-of-Esdras 참조. 에즈라 4서 라틴어 역본 및 시리아어 역본에 나타난 그리스도교 영향에 대해서는 Bergren, "Christian Influence on the Transmission History of 4, 5, and 6 Ezra", 107-108을 보라. 베르그렌은 그리스도교 영향을 드러내는 가장 확실한 대목으로 4에즈라 7,28-29을 꼽는다.

28 Metzger, "The Fourth Book of Ezra", 520-521; Nickelsburg, *Jewish Literature between the Bible and the Mishnah: A Historical and Literary Introduction*, 287; Charlesworth, "4 Ezra and 2 Baruch: Archaeology and Elusive Answers to Our Perennial Questions", 156.

29 에즈라 4서 원문이 히브리어로 쓰였으리라는 주장에 대해서는 Klijn, *Der lateinische Text der Apokalypse des Esra*, 9-11을 보라. Stone, *Fourth Ezra: A Com-*

람어로 저술된 에즈라 4서 본문을 대본 삼아 그리스어 역본이 만들어졌을 터이나 전문全文은 전해지지 않는다. 에즈라 4서의 1차 역본인 그리스어 역본은 단편으로만 전해진다.[30] 그런데 이 그리스어 역본을 대본 삼아 다른 역

---

mentary on the Books of Fourth Ezra, 10-11에는 이 주장(히브리어 원문 가설)을 뒷받침하는 사례들이 예시되어 있다. 그리스어 구약 외경 작품들이 히브리어나 아람어에서 번역되었음을 드러내는 표지들을 제시하는 다빌라는 1세기 팔레스티나에서 히브리어가 저술 용도뿐 아니라 아람어와 함께 일상어로서도 사용되고 있었다고 주장한다: Davila, "How Can We Tell If a Greek Apocryphon or Pseudepigraphon Has Been Translated from Hebrew or Aramaic", 43-48. 신약성경에 언급된 '히브리 말'이라는 용어(요한 5,2; 19,13.17; 묵시 9,11; 사도 21,40; 22,2)가 대개 아람어를 가리키는 것으로 여겨지지만(Thayer), 그것이 당대 히브리어(나중에 미쉬나 히브리어로 발전)를 가리킨다고 여기는 학자들도 있다: Bar-Asher, "The Study of Mishnaic Hebrew Grammar Based on Written Sources: Achievements, Problems, and Tasks," 9-42. 당대 히브리어는 구약성경 히브리어와 차이가 나기는 했지만 엄연히 같은 히브리어였으며 전례나 학문 분야는 물론이고 일상생활에서도 여전히 사용되고 있었다는 것이다. 이 의견을 낸 대표적 학자는 세갈이다(Segal, *A Grammar of Mishnaic Hebrew*, 10; "Mishnaic Hebrew and Its Relation to Biblical Hebrew and to Aramaic," 734-737). 그러다가 1970년대 이후, 바르 코크바 항쟁 시대(133-135년) 문서들이 유다 광야에서 발견되면서 세갈의 주장에 힘이 실렸다. 코크바 시대 문서들 가운데 전례나 학문과 상관없는 문서들에서 히브리어가 사용된 사실이 드러난 것이다. 제2차 유다 항쟁 지도자였던 바르 코크바가 가족 및 친지들과 주고받은 히브리어 편지들이 그 예다. 바르 코크바의 편지들과 그에 사용된 언어에 대해서는, Wise, "Bar Kochba Letters", 601-606을 참조하라. 예수님 시대 유다인들의 언어에 대한 논의는, Ong, *The Multilingual Jesus and the Sociolinguistic World of the New Testament*, 29-30을 보라. 어떻든 에즈라 4서가 본디 히브리어로 쓰였을 가능성은 아람어로 쓰였을 가능성 못지않은 듯하다.

30 에즈라 4서의 그리스어 단편에 대해서는 Denis, *Fragmenta pseudepigraphorum quae supersunt Graece*, 130-132; Klijn, *Der lateinische Text der Apokalypse des Esra*, 11; Stone, *Fourth Ezra: A Commentary on the Books of Fourth Ezra*, 1을 보라. Klijn, *Der lateinische Text der Apokalypse des Esra*, 11-12에는 지금 전해지는 시리아어 본문의 대본(Vorlage)이 그리스어 본문임을 암시하는 예들이 열거되어 있다.

히브리어

≫ 히브리어에 대해서는 https://christianpublishinghouse.co/2019/02/27/hebrew-text-the-hebrew-language/을 보라.

히브리어는 고대 이스라엘 백성이 사용한 언어로 39권 구약성경(제2경전 제외)의 저술에도 사용되었다(구약성경에는 아람어로 저술된 부분도 있다: 에즈 4,8—6,18; 7,12-26; 다니 2,4ㄴ—7,28; 예레 10,11 등). 히브리어 알파벳은 23개의 자음으로 이루어졌으며 단어나 문장은 오른쪽에서 왼쪽으로 쓴다. 히브리 '문자'에 본디 모음은 없었다(당연히 소리에는 있었다). 구약성경 히브리어 본문에 모음부호를 붙인 이들은 기원후 5-10세기 마소라 학자들에 의해서였다(벤 아셰르Ben Asher 가문이 대표적이다). 구약성경에서 이 언어는 '히브리 말'이 아니라 '가나안 말'이라 일컬어진다(이사 19,18). 왕국시대 이스라엘에서는 '유다 말'이라 일컬어졌다(느헤 13,24; 이사 36,11; 2열왕 18,26.28). 성경에서 '히브리 말'이라는 용어가 처음 쓰인 곳은 가톨릭 제2경전에 속하는 집회서 머리글에서다. 신약성경에서는 '히브리 말'이라는 용어를 어렵지 않게 찾아볼 수 있다. 특정 단어를 '히브리 말'로 설명을 덧붙인 경우(요한 5,2; 19,13.17; 묵시 9,11)나 바오로 사도가 '히브리 말'로 연설했다고 표현한 경우 등이다(사도 21,40; 22,2). 그런데 여기서 '히브리 말'은, '히브리어'가 아니라 당시 유다인들의 일상어였던 '아람어'를 가리킨다는 것이 대부분 학자들의 설명이다(Thayer).

구약 외경이 만들어진 헬라시대 히브리어, 아람어, 그리스어 및 세 언어의 상호 작용에 대해서는 Barr, "Hebrew, Aramaic and Greek in the Hellenistic Age", 79-114을 보라. 벤자민 누난, 『성서 히브리어와 아람어 연구』는 히브리어 및 아람어 연구사, 문법, 언어 사전과 신학 사전들에 대한 정보 등 두 언어를 공부하는 데 유용한 자료들을 담고 있다.

아람어

아람어Aramaic는 기원전 11세기부터 여러 방언의 형태로 사용되었다. 본디 아람인들Aramean people의 언어였던 아람어가 기원전 6세기부터 근동의 통상어lingua franca가 되었다. 아람어는 고대 칼데아인들의 모국어native tongue, 아시로-바빌로니아인들의 제2언어second language, 아케메니드 페르시아의 공용어 또는 공식 언어official language, 유다인들의 일상어common language로 사용되었다. 예수님과 그 제자들이 일상생활 및 가르침에 사용한 언어가 바로 아람어다.

시리아어

시리아어Syriac는 에데사 지역의 아람어 방언Aramaic dialect of Edessa이다. 에데사(현재 남동부 터키의 우르파 Urfa)는 초기 메소포타미아 그리스도교의 주요 중심지였다. 에데사 시리아어는 비-그리스어권 동방 그리스도교 전체에서 문학 언어로 수용되었다. 또한 시리아어는 중부 아시아 및 남중부 아시아에 그리스도교가 전파되는 도구로 작용하였다. 5세기에 동부 네스토리우스 교회와 야고비트 교회가 분리된 뒤에도 시리아어는 전례 및 문학 언어로서 두루 사용되었다. 실제로 시리아어는 기원후 2-3세기부터 중요한 문학 언어가 되었다. 현존 최고의 시리아어 양피지parchment 사본(매매 문서)은 243년 것이다. 제작 연도가 기록된 현존 최고의 시리아어 필사본은 411년에 만들어진 것이다(Add MS 12150). 현존 최고의 시리아어 비문은 기원후 6세기 것이다.

시리아어 방언은 서부 방언과 동부 방언으로 나뉜다. 사용하는 글자체script가 다르다는 것이 가장 큰 차이이고 모음 발음이 상이한 경우가 있다. 그 밖에 문법이나 어휘는 두 방언 사이에 거의 차이가 없다. 가장 오래된 시리아어 글자체는 에스트랑겔로(Estrangelo, '둥글다'는 뜻을 가진 그리스어

στρογγύλη에서 유래)라고 알려져 있으며 5세기에 완성되었다. 초기 시리아어 필사본들은 거의 에스트랑겔로로 기록되었다. 에스트랑겔로에서 서부 시리아어체(West Syriac script, Serto)와 동부 시리아어체(East Syriac script, *Maḏnḥāyā*)가 나왔다.[1] 시리아어 문자는 나중에 아랍어 문자와 몽고어 문자에도 영향을 주었다.

여기서 에즈라 4서와 바룩 2서의 번역 대본으로 사용한 시리아어 본문은 에스트랑겔로로 기록되었다. 이 책의 해제나 각주에 사용된 시리아어 글자체도 에스트랑겔로다. 에스트랑겔로는 대개 모음 부호가 붙지 않는다.

예를 들면, 2바룩의 제목은 이렇게 제시되어 있다.

ܟܬܒܐ ܕܓܠܝܢܗ ܕܒܪܘܟ ܒܪ ܢܪܝܐ

'네리야의 아들 바룩의 묵시록'이라는 뜻이다(더 정확히는, '네리야의 아들 바룩의 묵시의 책'이다).

그리스도교가 셈어권에 널리 전파되면서 시리아어도 사용 지역이 늘었다. 시리아어는 실크로드를 타고 상인들과 함께 동부로 퍼져 중국에까지 다다랐다. 중국 시안에 시리아어와 중국어 두 언어가 새겨진 비문(781년)이 존재한다. 현재 인도의 1-2백만의 그리스도인들이 시리아 교회 전통을 따르고 있다.

시리아어 문학[2]

시리아어는 2-3세기부터 문학, 철학, 전례, 과학, 역사, 언어 등 여러 분야에서 훌륭한 저술 언어로 사용되었다. 최초의 시리아어 작품은 메소포타미아, 특히 에데사와 그 인근에서 만들어졌다. 이교인들, 유다인들, 그리스도

---

1 시리아어 방언과 글자체에 대해서는, Kiraz, *The New Syriac Primer*, xxiv 및 156-163을 참조하라.

2 시리아어 문학에 대해서는 Brock, "Syriac Literature: A Crossroads of Cultures", 17-35을 참조하라.

인들이 두루 저작에 참여했다.

먼저, 200년경부터 히브리어 구약성경이 시리아어로 번역되기 시작했다. 아마 시리아어를 구사하는 유다인들이나 초창기 유다계 그리스도인들이 번역에 참여했을 것이다. 비슷한 시기에 신약성경 조화복음서Diatessaron가 만들어졌으며 이어서 그리스어 신약성경 전체가 시리아어로 번역되기 시작했다. 그 즈음 솔로몬의 송가(42편의 시), 아히카르 이야기, 토마 행전 등이 시리아어로 저술 또는 번역되었다.

시리아 문학의 최고 황금기는 4세기로 꼽힌다. 4세기에 만들어진 시리아어 문학으로는, 페르시아의 현자 아프라하트의 『논증』이 유명하다. 총 23편에 이르는 논증으로 신앙, 사랑, 기도, 전쟁, 안식일, 음식, 부활 등 여러 주제에 관한 논의들을 담고 있다. 익명의 저자가 쓴 『계단들의 책』*Liber graduum*도 비슷한 시기에 만들어졌다.

4세기에 가장 유명한 저자는 단연 시리아인 에프렘Saint Ephrem the Syrian이다. 신학자이자 시인으로서 탁월한 역량을 발휘하며 상당수의 저작물을 남긴 에프렘은, 어려운 신학적 주제를 산문이나 시의 형태로 표현하는 데 특별한 능력을 보였다. 그는 주석서, 해설서, 논박서, 서간, 강론, 교육용 찬가(마드라샤) 등 다양한 형태의 작품을 많이 남겼다. 현존하는 찬가만도 수백 편에 이른다.

5-6세기에 활동한 사룩의 야고보Jacob of Sarug도 시리아어 문학과 신학에서 매우 중요한 인물이다. 그는 특히 운문 형식의 강론(메므라*Memera*)에서 탁월한 역량을 보였다. 그의 강론들 중 『세상의 창조』가 가장 유명하다. 운문 형식의 이 작품은, 라틴어 제목 Hexaemeron(= Ἡ Ἑξαήμερος Δημιουργία)으로 불리기도 한다. '육 일 간의 창조'라는 뜻이다.

처음부터 시리아어로 저술하는 창작 활동 말고도 히브리어나 그리스어 본문의 시리아어 번역 작업도 시리아문학사에서 중요한 자리를 차지한다. 특히 교회의 중요한 작품들이 시리아어로 번역되었다. 시리아어 신구약 성경(페쉬타)은 물론이고 다양한 구약 외경 작품도 시리아어로 번역되었다.

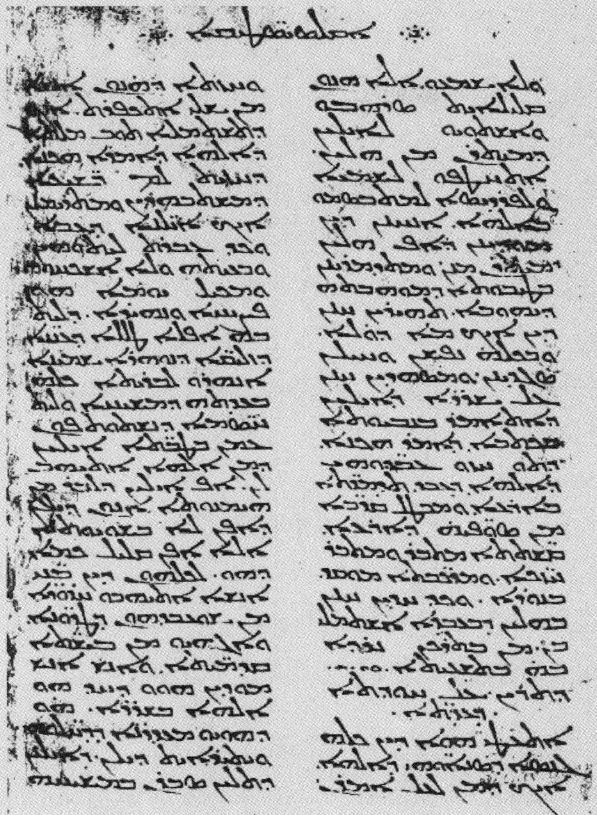

Ecclesiastical History X,I,4-II,1
© Wikimedia Commons

에즈라 4서나 바룩 2서의 전문全文이 시리아어로 전해져 오는 것도 바로 시리아어 번역가들의 왕성한 활동 덕분이었다. 에우세비우스 『교회사』 시리아어 역본도 필사본으로 일부 전해진다(상트페테르부르크 러시아 국립도서관National Library of Russia, Codex Syriac 1).

시리아어 문학은 5-9세기까지 황금기를 구가하다가 14-19세기에 내리막길을 걸었다.

≫ 아람어와 시리아어 전반에 대해서는, Thackston, *Introduction to Syriac: An Elementary Grammar with Readings from Syriac Literature*, vii-ix; Kiraz, *The New Syriac Primer*, xxi-xxiv; Butts, "Syriac Language", 390-391을 참조하라.

본들이 만들어졌다. 그 가운데 가장 믿을 만한 역본은 라틴어 역본과 시리아어 역본이다.[31] 전자는 불가타 성경에 부록으로 실린 라틴어 본문(*4Esdras*)으로서 가장 널리 알려져 있다. 시리아어 역본도 전문全文을 담고 있는데, 이 역본은 6-7세기 페쉬타(=시리아어 성경) 필사본인 코덱스 암브로시아누스 B.21(Codex Ambrosianus B.21)에 전해진다.[32] 이 시리아어 역본도 라틴어 본문과 마찬가지로 그리스어 본문을 대본으로 삼았음이 틀림없다.[33] 무엇보다 본문에 매우 빈번하게 등장하는 그리스어 차용어들이 이를 입증한다.[34] 시리아어 역본과 라틴어 역본이 내용상 유의미한 차이를 보이지 않는 것으로 보아 아마 둘이 공통된 (또는 적어도 같은 전승을 따르는) 그리스어 본문을 대본으로 사용했으리라 추정된다.[35]

에즈라 4서는 그리스어 본문을 대본Vorlage 삼아 라틴어와 시리아어 말고도, 아랍어, 에티오피아어, 콥트어, 슬라브어, 아르메니아어 등 다양한 언어로 번역되어 지중해 세계 전역에서 읽혔다.[36]

---

31 Stone, *Fourth Ezra: A Commentary on the Books of Fourth Ezra*, 3.

32 코덱스 암브로시아누스 B.21(=Bibliotheca Ambrosiana MS B.21)은 7a1이라고도 알려져 있다. 에즈라 4서는 fols. 267a-276b에 전해진다. 참고로 시리아어 바룩 2서도 같은 필사본에 전해진다. 코덱스 암브로시아누스 B.21 사본(에즈라 4서 도입부 및 2바룩 도입부)을 찍은 사진은 https://paleojudaica.blogspot.com/2011/06/at-biblioteca-ambrosiana.html에서 찾아볼 수 있다.

33 Stone, *Fourth Book of Ezra*, 1.

34 ܓܢܣܐ=γένος; ܕܝܐܬܝܩܐ=διαθήκη; ܐܐܪ=ἀήρ; ܦܪܕܝܣܐ=παράδεισος 등이 그 예다. 해당 단어가 사용된 본문에 붙은 각주를 참조하라. 우리말로는 각각 종(種), 계약, 공중으로 옮겨진다.

35 Jones, *Jewish Reactions to the Destruction of Jerusalem in A.D. 70: Apocalypses and Related Pseudepigrapha*, 44-45 참조. Bergren, "Christian Influence on the Transmission History of 4, 5, and 6 Ezra", 105에는 본문들의 전승사가 도표로 제시되어 있다. 히브리어 본문에서부터 그리스어 본문들을 거쳐 시리아어, 라틴어, 조르지아어, 콥트어, 아랍어 역본으로 전승된 과정을 보여준다. 라틴어와 시리아어

4. 문학 유형

에즈라 4서는 비슷한 시기에 만들어진 바룩 2서처럼 묵시 문학 범주에 속한다.[37] 묵시 문학 작품들이 대개 그러하듯 에즈라 4서 저자도 메시지 전달을 위해 '환시'라는 문학 장치를 잘 활용하고 있다. 에즈라에게 일곱 번에 걸쳐 다양한 환시와 말씀이 주어지고 그 뒤에 천사가 각각의 환시나 말씀을 해석해 주는 형식을 취한다.

에즈라 4서는 '질문과 응답'이라는 문학 유형도 적절히 활용한다. 에즈라가 물음을 던지고 천사가 답해주는 식으로 이야기가 전개된다. 이를테면 왜 의인들이 고통 받는지 에즈라가 물으면 천사가 그에 대한 답을 내려준다(간혹 동문서답처럼 느껴지는 경우도 있다). 이때 천사는 주님의 대변인 역할을 한

역본이 같은 전승 계열에서 나왔음이 확인된다.

36 에즈라 4서 본문 및 전승의 역사에 대해서는 Bergren, "Christian Influence on the Transmission History of 4, 5, and 6 Ezra", 102-107; Stone, *Fourth Ezra: A Commentary on the Book of Fourth Ezra*, 1-11을 보라. 에즈라 4서 필사본과 역본들에 대한 정보는 Metzger, "The Fourth Book of Ezra", 518-519에서 얻을 수 있다. 에즈라 4서의 현대 판본에 대해서는 Bidawid, "4 Esdras"에 자세히 소개되어 있다. 에즈라 4서 '시리아어' 역본의 현대어 판본에 대해서는 Stone, *Fourth Ezra: A Commentary on the Book of Fourth Ezra*, 6을 보라.

37 묵시 문학에 대해서는 『구약 외경 1』, 53-68을 보라. 바룩 2서와 에즈라 4서의 신학적·문학적 유사성에 대해서는 Stone/Henze, *4 Ezra and 2 Baruch: Translations, Introductions, and Notes*, 1-2을 참조하라. 두 작품 모두 70년 예루살렘 성전 파괴 이후 새로운 삶의 길을 모색하던 유다인들의 고민에서 나온 작품들이다. 저술 시기도, 문학 유형(묵시 문학)도 비슷할 뿐더러 메시아 기대, 죽은 뒤의 삶에 대한 관심, 마지막 시대에 대한 희망 등 비슷한 주제들을 공유하고 있다. 이에 대해서는 Henze, "4 Ezra and 2 Baruch: Literary Composition and Oral Performance in First-Century Apocalyptic Literature", 181-200도 참조하라.

다. 천사가 전하는 답변은 자기의 것이 아니라 하느님의 답변이기 때문이다.

이처럼 에즈라 4서 저자는 환시와 해석, 질문과 응답이라는 문학 장치들을 동원하여 심오한 신학적 주제들을 생동감 있게 전개해 나간다.

5. 신학

에즈라 4서는 기원후 70년 로마인들에 의한 예루살렘 성전 파괴를 (직접 또는 간접으로) 목격한 유다인 저자에 의해 만들어졌다. 로마인들에 의한 예루살렘 성전 붕괴는 당대 유다인들의 삶과 신학에 극적인 영향을 끼쳤으며 에즈라 4서 외에도 바룩 2·3·4서, 아브라함의 묵시록 등 여러 묵시 문학 작품이 탄생하는 계기와 배경이 되었다.[38] 이 작품들의 저자는 예루살렘 성전을 상실한 유다인들의 현재와 미래를 숙고하면서 그들에게 왜 그런 재앙이 발생했는지, 나아가 왜 의인들이 악인들에 의해 고통을 당하는지, 그리고 그런 상황에서 어떻게 처신해야 하는지 성찰하고 있다. 아울러 그

38 70년 예루살렘 붕괴 사건을 바라보는 유다인들의 다양한 시각과 해법이 담긴 유다교 문학에 대해서는 Jones, *Jewish Reactions to the Destruction of Jerusalem in A.D. 70: Apocalypses and Related Pseudepigrapha*을 보라. 저자는 에즈라 4서, 바룩 2·3·4서, 아브라함의 묵시록, 시빌의 신탁 4—5장을 토대로 70년 예루살렘 몰락을 조망하고 있다. Price, "Josephus and the Dialogue on the Destruction of the Temple", 181-194도 참조하라. 저자는 구약 외경과 더불어 요세푸스의 작품을 통해 예루살렘 성전 파괴를 바라보는 또 다른 시각을 보여주고 있다. 예루살렘 성전 파괴가 유다인들의 삶과 신앙에 미친 영향에 대해서는, Schwartz/Weiss/Clements (eds.), *Was 70 C.E. a Watershed in Jewish History? On Jews and Judaism Before and After the Destruction of the Second Temple*을 참조하라. 제1차 유다항쟁의 시작 및 경과 그리고 종결까지의 역사는, Schäfer, *History of the Jews in Antiquity: The Jews of Palestine from Alexander the Great to the Arab Conquest*, 128-130을 보라.

들이 성전 없이 어떻게 하느님 백성으로서 살아갈 수 있을지, 올바른 생존의 길을 모색하고 있다.

성전을 잃은 하느님 백성이 나아갈 길을 찾던 에즈라 4서 저자의[39] 초점은 무엇보다 다가올 세상 또는 다가올 시대에 맞춰져 있다. 그런데 에즈라 4서에서 다가올 세상은 지금 이 세상과 전혀 상관없는 '저세상'을 가리키지 않는다. 다가올 세상과 이 세상의 관계는 연속성과 불연속성을 모두 지닌다. 다가올 세상이 지금 세상과 완전히 차별화된 세상이라는 점에서 불연속적이고, 다가올 시대가 현재와 무관한 먼 미래가 아니라 메시아 시대를 통해 현재의 역사와 자연스럽게 이어지는 시대라는 점에서 연속적이다. 결국 에즈라 4서가 말하는 다가올 세상이나 다가올 시대는 현재 또는 현 세상과 전혀 상관없는 먼 미래의 어느 한 시대나 세상을 가리키지 않는다. 오히려 과거·현재·미래 심지어 순간과 영원의 구분조차 없어진 세상, 나아가 시간과 공간의 구분조차 없어진 전혀 새로운 차원의 시공간으로 이해된다.[40] 이와 같은 새로운 시공간에 대한 기대 곧 종말론적 세계관이 에즈라 4서의 밑바탕에 깔려 있다.[41] 이는 이 작품을 종말론적 전망 안에서 읽

---

39 Berthelot, "Is God Unfair? The Fourth Book of Ezra as a Response to the Crisis of 70 C.E.", 73-89 참조.

40 이에 대해서는 Henze, "Dimensions of Time in Jewish Apocalyptic Thought: The Case of 4 Ezra", 13-34 참조. 저자는 에즈라 4서에 나타나는 시간의 여러 차원에 대해서 고찰하고 있다. 특히, 시리아어 ܥܠܡܐ(*ʿalmāʾ*= 히브리어 עולם *ʿôlām*)가 지닌 시간적, 공간적, 존재론적 차원을 주목한다. 같은 글 22-24에서 저자는 ܥܠܡܐ가 공간적으로 읽힐 때 '세상'(world), 시간적으로 읽힐 때 '시대'(age)를 가리킴을 주목하면서 이 단어가 4에즈 6,7-9에서 종말론적 시대 전환을 표현하는 데 적절히 활용되고 있음을 관찰한다. 나아가 에즈라 4서 저자가 이 단어를 통해 이 시대와 다가올 시대의 존재론적 차이를 표현하고 있음을 강조한다.

41 에즈라 4서의 종말론적 세계관은, *Stone, Features of the Eschatology of 4 Ezra*을 보라.

고 해석해야 함을 암시한다.

실제로 에즈라 4서는, 질문과 응답, 환시와 해석, 기도와 탄식 등 다양한 형식을 활용하며 메시아 희망과 다가올 세상, 죽은 이들의 부활 등 심오한 종말론적 주제들을 설득력 있게 전개해 나간다. 이를테면 에즈라 4서는 부활 개념을 비롯한 당대 사후 개념, 곧 인간의 영혼과 육신은 죽은 뒤에 어떻게 되는지, 의인과 악인의 최종 운명은 어떻게 되는지 등의 난제들을 자신의 방식대로 풀어나간다. 이때 저자는 사후afterlife 개념을 하느님의 정의 문제 또는 신정론Theodicy과 긴밀히 연결하여 설명할 줄도 안다. 나아가 저자는 개인의 사후 운명(개인의 종말론)과 전 인류의 집단적 운명(집단적 종말론)을 자신의 문학적·철학적 소양을 총동원하여 자연스럽게 연결하고 있다. 독자들이 신정론이나 종말론 같은 어려운 주제를 쉬운 문장으로 만나 깊이 공감하며 읽을 수 있는 것은, 모두 에즈라 4서 저자의 탁월한 자질과 성숙함 덕분이다. 저자의 종교적·철학적 깊이, 인간에 대한 이해와 연민, 그리고 여기에다 뛰어난 작가적 능력이 더해져 에즈라 4서라는 심오한 작품이 탄생한 것이다.

에즈라 4서는 동시대 작품인 바룩 2서와 함께 신약성경 시대 유다인들의 메시아 사상, 종말론, 부활 개념 등 신학의 여러 측면을 엿보게 해준다는 점에서 큰 의미가 있다. 두 작품을 통해 예수님 시대 또는 그 직후 세대 유다인들의 기대와 마음을 추측할 수 있다. 곧 그들이 기다린 메시아는 어떤 인물이었을지, 그들이 마음에 그린 마지막 시대와 새로운 시대는 어떤 모양새였을지 짐작할 수 있다. 이런 책들에 담긴 믿음과 신학들이 예수님과 제자들 그리고 초대 그리스도교가 자라난 배경을 형성하고 있음을 잊지 말아야 한다. 이 책들을 통해 예수님 시대 사람들의 마음과 열망(그리고 그들의 절망과 희망)을 헤아려볼 수 있다는 것은 오늘날 우리에게 더할 나위 없이 큰 행운이다. 이 작품들 안에서, 어떤 시련에 넘어져도 다시 일어서서 새롭게 시작하는 하느님 백성의 놀라운 '회복탄력성'resilience을 엿볼 수 있다는 점도 의미가 크다.

이제부터 에즈라 4서에 담긴 중요한 신학적 주제들을 살펴보도록 하겠다. 신정론과 종말론을 중심축으로 삼고 나머지 관련 주제들도 함께 살피겠다.

5.1. 신정론

에즈라 4서는 예루살렘 성전을 상실한 유다인들의 현재와 미래를 숙고하면서 신정론Theodicy 또는 하느님의 정의 문제를 제기한다. 저자는 에즈라의 입을 빌려 이 세상에 왜 악이 존재하는지, 하느님이 전능하시기도 하고 선하시기도 하다면 왜 악인들이 득세하고 의인들이 고통을 당하는지 과감하게 질문하고 있다. 저자의 물음은 우선 예루살렘이 몰락하고 이스라엘 백성이 유배당한 이유에 초점이 맞춰진다. 이 물음은 결국 의인들이 악인들에 의해 고통을 당하는 이유에 대한 질문과 같다.[42]

이 물음은 4에즈 3,28-36에 나온다. 에즈라는 여기서 예루살렘 도성이 원수들 손에 넘어간 이유, 하느님께서 당신 백성을 적들에게 넘기신 이유를 묻고 있다. 바빌론에서 유배 생활을 하면서 자신이 목격한 그곳 사람들의 수많은 불경과 죄악을 언급하면서 에즈라는 하느님께서 왜 그 죄인들과 악인들을 벌하지 않고 눈감아주시는지 항변하고 있다. 그리고 에즈라는 자기네 이스라엘 백성이 다른 민족들보다 못할 게 없다고 주장하면서 죄를 저울에 달아 비교해보라고 한다.[43] 이스라엘이 죄지은 것은 사실이지만 그 죄

42 Stone, "Reactions to Destructions of the Second Temple", 195-204을 보라. 스톤은 신정론(theodicy)이 70년 예루살렘 몰락 사건을 둘러싼 이슈들 가운데 중심부를 차지한다고 본다.

43 욥 31,6 참조: "나를 바른 저울판에 달아 보시라지. 그러면 하느님께서 내가

가 다른 백성들의 죄보다 심하지 않았다는 것이다. 그리고 이스라엘 백성만큼 하느님의 계명을 잘 지킨 백성은 없었다고 주장한다. 그런데도 하느님이 당신 백성은 멸망시키시고 적들은 남겨두신 이유가 무엇이냐는 것이다.[44]

이에 대한 하느님의 답은 천사를 통해 전달된다. 그 답은 욥기에 나오는 답변과 비슷하다. 하느님의 일을 인간의 지성으로는 헤아릴 수 없다는 것, 곧 유한한 인간이 무한한 하느님을 제대로 이해하기 어렵다는 것이다.

> 4,11 "너의 그릇이 어떻게 지극히 높으신 분의 길을 이해할 수 있겠느냐? 사실 주님의 길은 불가해한 것으로 창조되었다. 그리고 멸하는 세상의 멸하는 것은, 불멸하시는 분의 길을 깨달을 수 없다."

나아가 저자는 천사의 입을 빌려 예루살렘 몰락이라는 비극이 정당한 일, 또는 필요한 일이었다고 한다. 고통은 넓은 바다로 들어가기 위해 지나야 하는 협소한 입구, 도성을 물려받기 위해 통과해야 하는 위험하고 좁은 길이라는 설명이다. 상속자가 도성을 차지하기 위해서는 좁은 길과 위험을 모두 통과해야 하듯, 새 세상을 상속받으려는 이들도 고통을 통과해야 한다는 것이다(7,14). 그러면서 저자는 현 상황이 아무리 암울하고 절망적으로 보일지라도 당신 백성을 향한 하느님의 사랑에는 변함이 없음을 강조한

흠 없음을 알게 되실 것이네." 1사무 2,3 참조.

44 비슷한 질문이 5장에서 반복된다. 여기서 에즈라는 수많은 백성 중에 당신 백성으로 뽑은 이스라엘을 버리신 이유를 묻고 있다: "5,27 그리고 많은 민족들 가운데 한 백성에게 다가가셨습니다. 그리고 모두에게 인정받은 율법을 당신께서 사랑하시는 그 백성에게 주셨습니다. 28 그런데 이제, 주님! 왜 그 하나를 많은 이들에게 넘기셨습니까? 왜 그 한 뿌리를 다른 많은 뿌리들보다 더 불명예스럽게 만드셨습니까? 그리고 왜 유일한 당신 소유를 많은 이들 사이에 흩으셨습니까? 29 그리고 왜 당신 계명에 저항했던 자들이 당신의 계약을 믿었던 이들을 짓밟았습니까?"

다.[45] 이는 아무리 깊은 고뇌와 번민에 시달리는 상황이라도 하느님의 정의와 사랑에 대한 믿음을 잃지 말라는 요구와 다르지 않다. 하느님의 정의는 반드시 실현되고야 만다는 믿음, 때가 되면 하느님 백성이 다시 복원되리라는 희망을 결코 저버려서는 안 된다는 것이다.

에즈라 4서에서 '하느님의 정의'에 대한 믿음은, 종말론과 결합하여 메시아와 다가올 세상에 대한 희망으로 이어진다. 하느님의 정의는 메시아를 통해, 그리고 심판과 다가올 새 세상을 통해 실현되리라는 것이다.[46]

5.2. 종말론

하느님의 정의가 메시아와 심판을 통해 그리고 다가올 새 세상에서 궁극적으로 실현되리라는 믿음은, 현재에만 몰두하지 말고 다가올 세상으로 눈을 돌리라는 요구를 수반한다(7,15-16).[47] 이 과정에서 4에즈 저자는 현 세상과 다가올 세상, 현 질서와 다가올 새 질서, 악으로 가득한 현재와 희망 가득

---

45 "이스라엘 때문에 많이 괴로워했느냐? 혹, 그를 만드신 분보다 네가 더 그를 사랑했느냐?"(4에즈 5,33).

46 예루살렘 멸망과 같은 민족적 재앙을 바라보는 방식은 크게 두 가지로 나뉜다. 하나는 자신들이 죄를 지었기 때문에 그러한 처벌이 내린 것이라 반성하면서 자신들이 지은 죄가 무엇인지 숙고하는 것이다. 신명기계 저자들의 방식이 이에 해당한다. 두 번째 방식은 종말론적 사고다. 하느님의 정의는 악의 시대가 끝난 뒤, 새로운 세상, 새로운 시대에 실현되리라는 관점이다. 유다교 묵시문학들이 이 두 번째 방식을 택했다: Jones, *Jewish Reactions to the Destruction of Jerusalem in A.D. 70: Apocalypses and Related Pseudepigrapha*, 27-28 참조.

47 "[7,15] 그러니 자, 네가 멸할 것이라고 해서 왜 동요하느냐? 그리고 네가 사멸한다고 해서 왜 흔들리느냐? [16] 너는 무엇 때문에 마음속으로 미래의 일은 생각하지 않고 현재의 일만 생각했느냐?"

한 미래를 대비하고 대조한다. 이와 함께 죽은 이들의 운명(개인의 종말)과 인류의 최종 운명(인류 전체의 종말)에 대해서도 성찰한다. 성찰의 결론은, 마지막 심판 때 살아남은 극소수의 '남은 자들'이 불멸을 누리리라는 것이다.[48]

집단적 종말론

먼저 집단적 종말론이다. 에즈라 4서의 종말론적 전망은 7장에서 특히 잘 드러난다. 에즈라에게 '새로운 시대'가 도래하리라는 약속의 말씀이 주어지는 대목이다. 이에 따르면, 새 시대는 메시아의 도래와 함께 시작되어 단계별로 순차적으로 진행된다. 새 시대의 출발은 메시아 시대다. 400년 동안 이어지는 메시아 시대가 끝나면 메시아를 비롯한 모든 사람들이 죽고 온 세상은 태초의 침묵으로 돌아간다. 그리고 이레 동안 이어지는 침묵이 끝난 뒤 '파멸'은 종말을 고하고 잠들어 있던 '새 세상'이 깨어난다. 그리고 죽은 모든 이들이 일어난다. 그러고는 마지막 '심판'이다. 심판관은 하느님이 몸소 맡으신다. 이와 더불어 모든 이들의 행업이 드러나고, '고통의 구덩이'와 '안식의 처소', '게헨나의 불구덩이'와 '환희의 낙원'이 나타난다. 메시아 시대→태초의 침묵→죽은 이들의 부활→마지막 심판→게헨나와 낙원의 출현 순이다. 먼저 메시아 시대다.

메시아 시대

메시아 시대에 대해서는 4에즈 7,26-28에 나온다. 천사를 통해 전해진 하느님 말씀은 이렇다.[49]

---

48 https://www.britannica.com/topic/Second-Book-of-Esdras. '남은 자들' 개념에 대해서는 '5.4. 남은 자들' 항목에서 다룰 것이다. 송혜경, 「외경의 질문들 5」도 참조.

> 7,26 보라! 그 날들이 올 것이다. 내가 너에게 전에 예고한 표징이[50] 오는 때, 도성처럼 보이는 신부가 모습을 드러낼 것이다. 그리고 특별한 그 도성이[51] 나타날 것이다. 27 그리고 앞에서 언급한 악행들에서 해방된 모든 이가 나의 기적들을 목격할 것이다. 28 그 다음 내 아들 메시아가,[52] 그와 함께 있는 이들과 같이 나타날 것이다. 그리고 남은 자들을 사백 년 동안 기쁘게 할 것이다.[53]

4에즈 7장에 따르면, 그 날이 오면 천상의 도성이 나타나고 메시아가 올 것이다. 그리고 악에서 해방된 이들은 기적을 목격하고 메시아가 사백 년 동안 '남은 자들'을 기쁘게 할 것이다. 여기서 메시아가[54] 이끄는 시대는 '기적'과 '기쁨'이 함께하는 시대임이 드러난다.

---

49 이 대목은 메시아 시대 및 마지막 심판에 대해 이야기하는 맥락(4에즈 7,26-44)에 위치한다.

50 4에즈 6,20-24 참조.

51 이 도성은 다른 도성들과는 구분되는 특별한 도성, 마지막 시대를 위해 따로 마련된 도성이라는 의미다. 천상의 예루살렘 개념은 에제 40—48장; 묵시 21,9-27; 히브 12,22-24에도 나온다. 특히 묵시 21,9-27과 히브 12,22-24은 천상 예루살렘과 그리스도(=메시아)를 연결하고 있다. 메시아와 천상 예루살렘을 연결한 4에즈 7,26-28과 비교하라. 유다교와 그리스도교 전통에 나타나는 새 예루살렘 또는 천상 예루살렘 개념에 대해서는 Vanderkam/Adler, *The Jewish Apocalyptic Heritage in Early Christianity*를 참조하라.

52 하느님께서 메시아를 당신 아들로 부르고 계신 점을 주목하라. 예수 그리스도(=메시아)를 하느님의 아들로 제시하는 신약성경과 비교하라.

53 4에즈 7장은 메시아 시대를 400년으로 한정하고 있다. 각각 완전·완성을 상징하는 4와 100을 곱한 상징수 400은 메시아 시대가 길고 오래 갈 완전한 시대임을, 그러나 영원하지는 않을 것임을 암시한다.

54 메시아에 대해서는 4에즈 12장과 13장에서 조금 더 자세히 다루어진다. 12장에서 메시아는, 지극히 높으신 분께서 마지막 날까지 유보해 두신 이로(12,32) 심판

'태초로의 회귀'와 '새 세상의 깨어남'

4에즈 7,29-30은, 메시아 시대의 종결을 알린다. 그때가 되면 숨이 붙은 모든 이들과 함께 메시아도 죽고 세상은 한처음의 상태로 돌아갈 것이라고 한다. 태초의 침묵으로 회귀한다는 것이다. 침묵의 기간은 칠 일, 한 주간이다. 태초의 침묵 뒤에는 '지금은 깨어있지 않은 세상'이 깨어나고 파멸이 죽음을 맞는다.

> 7,29 그 해들이 지난 뒤에는, 내 아들 메시아가 죽을 것이다. 사람의 숨을
> 지닌 모든 이가 그러할 것이다.
> 30 그리고 세상 ܥܠܡܐ은 이레 동안 태초의 침묵으로 돌아갈 것이다. 한처
> 음에[55] 그러했던 것처럼! 그리고 단 한 사람도 남지 않을 것이다.
> 31 그리고 이레가 흐른 뒤에, 지금은 깨어 있지 않은 세상 ܥܠܡܐ이 깨어
> 날 것이다. 그리고 파멸은 죽음을 맞을 것이다.

세상이 태초의 침묵으로 돌아가고 이레 뒤 새 시대가 열릴 것이다. 새 시대가 밝아오기 전에 세상이 태초의 침묵으로 돌아간다는 것은 중요한 의미가 있다. 지금까지와 다른 새로운 세상, 새로운 시대가 오기 위해서는 특별한 준비가 필요한데, 그 준비가 칠 일간의 '태초의 침묵'이라는 것이다. 칠 일은 하느님께서 만물을 창조하시고 쉬시기까지 창조의 한 주간에 해당한다. 이는 다시 돌아갈 '침묵'의 칠 일이 '새로운' 창조의 시간이 될 것임을 암시한다. 태초의 시간으로 되돌아가 그 시간으로부터 다시 새 창조의 칠 일이 시작되는 셈이다.[56]

자이자 구원자로 제시된다. 메시아에 대해서는 조금 뒤에 자세히 다룰 것이다. 『구약 외경 1』 서문 및 송혜경, 「외경의 질문들 2」도 참조하라.

55 '한처음'이라 옮긴 시리아어는 ܪܫܝܬܐ로서, 창세 1,1에서 '한처음'의 뜻으로 쓰인 히브리어 רֵאשִׁית와 어원이 같다.

4에즈 7,30-31에서 '세상'이라고 옮긴 시리아어 ܥܠܡܐ(ʿālmāʾ)는 특별한 주의가 필요하다. 히브리어 עולם(ʿōlam)에 상응하는 이 단어는 시간과 공간의 의미를 모두 담고 있다.[57] 그래서 이 단어는 세상을 가리키기도, 시대를 가리키기도, 심지어 영원을 가리키기도 한다(Smith; BDB).[58] 시간과 공간이 결합된 복합적 개념의 두 단어 ܥܠܡܐ와 עולם이 '영원'이라는 뜻으로 쓰일 때는 정량적인 시공간 개념을 초월한다. 그러므로 세상이 태초의 침묵으로 돌아간다는 표현에는, 메시아 시대 이후의 시공간이 한처음처럼 시공을 초월한 영원의 시공간이 되리라는 의미가 내포되어 있다.

4에즈 7,31에서 새로운 세상의 시작은 '깨어남'으로 표현된다. 지금은 깨어있지 않은 시공간이 깨어난다는 것이다. 그리고 '파멸'이 죽음을 맞이한다고 한다. 더 이상 죽음과 파멸이 없는 세상이 다가온다는 뜻이다.[59] 이 새 '세상' ܥܠܡܐ은 다가올 새 '시대'이기도 하다. 사실 그때에는 시간과 공간

56 이는 창조의 태초를 침묵과 어둠의 시간으로 묘사하는 4에즈 6,38-39에서도 밝히 드러난다: "[6,38] 오 주님, 내 주님. 참으로 당신께서는 당신 창조의 시작부터 말씀하셨습니다. 첫째 날 당신께서 말씀하셨습니다. '하늘과 땅아 있어라!' 그러자, 내 주님, 당신의 말씀이 작품을 빚었습니다. [39] 영이 감돌고 있었고 어둠과 침묵이 뒤덮고 있었습니다. 아직 사람의 소리는 없었습니다."

57 Henze, "Dimensions of Time in Jewish Apocalyptic Thought: The Case of 4 Ezra", 22-24 참조.

58 4에즈에서 이 단어는 '세상', '시대', '영원'이라는 뜻으로 두루 쓰인다. '영원'이라 쓰인 예는 9,8; 9,18 등이다.

59 '지금은 깨어있지 않은 세상'은 4에즈 6,7-10에서 말한, '첫 번째 세상'에 이어지는 '두 번째 세상'이다. 4에즈 6,7에 따르면, 세상은 첫 번째 세상과 두 번째 세상, 이렇게 두 개가 있다: "첫 번째 세상의 끝은 언제이고 두 번째 (세상)의 시작은 언제입니까?" 이 질문에 주어진 답은 둘이 서로 이어져 있다는 것이다(6,8-10). "지극히 높으신 분께서 하나의 세상이 아니라 두 세상을 만드셨다"는 4에즈 7,50도 보라. 4에즈 8,1에서는 다수를 위해서는 '이 세상'을, 소수를 위해서는 '다가올 세상'을 만드셨다고 한다.

을 이분법적으로 나누는 것이 의미가 없어진다. 하느님께서 마련하신 진정한 '새 시대', '새 세상', 시공을 초월한 새 시공간이 열리는 것이다.[60]

죽은 이들의 부활

이렇게 새로운 시공간이 시작되면 땅과 흙은 지금 잠들어 있는 이들을 내놓고 영혼의 보고는[61] 그 안에 잠든 영혼을 내놓으리라고 한다. 이른바 '죽은 모든 이들의 부활'이다.[62]

---

60 새로운 세상, 새로운 시대가 시공을 초월한 영원의 시대가 될 것임은 2바룩 44,11-15에서도 암시된다. 여기서 '새로운 세상' 또는 '새로운 시대'는 '사라지지 않는 시간'(ܘܙܒܢܐ ܕܠܐ ܥܒܪ 44,11), '영원히 지속되는 시간' ܙܒܢܐ ܕܡܩܘܝܐ ܠܥܠܡ, '새로운 시대'(ܥܠܡܐ ܚܕܬܐ 44,12), '다가올 세상'(ܥܠܡܐ ܕܐܬܐ 44,15) 등으로 표현된다. 이 가운데 마지막 표현 ܥܠܡܐ ܕܐܬܐ(*ʾalmoʾ dʾeto*)는 라삐 문헌에서 '다가올 세상'을 가리키는 히브리어 표현 *olam haba*에 상응한다. 라삐 문헌의 '다가올 세상'에 대해서는 Raphael, *Jewish Views of the Afterlife*, 93-128; Greenspoon (ed.), *Olam ha-zeh v'olam ha-ba: This World and The World to Come in Jewish Belief and Practice*를 보라. '다가올 세상' 개념은 송혜경, 『예수님 성경 바깥의 기억』, 258-261에도 간략히 제시되어 있다.

61 또는 '영혼의 곳간들.' 죽은 의인들의 영혼이 모이는 곳을 가리킨다. 이곳에서 영혼은 '안식' 상태에 있다고 한다. 부활 때까지 의인들의 영혼을 보전하고 있다는 '영혼들의 보고' 개념은 4에즈 4,35.41; 7,32.80.95; 2바룩 21,23 등에 나타난다.

62 요한 5,29 참조. 유다교 묵시문학의 부활 개념을 연구한 콜린스는, 유다교 전통 안에서 부활 개념이 나타나는 첫 사례를 에녹 1서와 다니엘서에서 찾는다. 두 책을 토대로 후대의 부활 개념이 발전했다는 것이다. 콜린스는 에즈라 4서와 바룩 2서도 다니엘서와 1에녹의 부활 개념을 이어 '모든 이의 부활'과 '심판' 및 '형상 변화'에 이르는 일련의 과정을 담고 있음을 관찰한다: Collins, "The Afterlife in Apocalyptic Literature", 129-137. 에즈라 4서와 바룩 2서의 부활 개념은, 같은 글 130-131에서 간략히 다루고 있다. 에즈라 4서와 바룩 2서의 부활 개념에 대해서는 Elledge, *Resurrection of the Dead in Early Judaism 200 BCE-CE 200*, 28-32; 39-43; 84-85도 참조하라. 엘레지는 기원전후 400년 사이에 저술된 다양한 유다

7,32 그리고 땅은 그 안에 누워 있는 자들을 내놓을 것이다. 흙은 그 안에 잠들어 있는 이들을 내놓을 것이다. 보고寶庫들은 그 안에 맡겨진 영혼들을 내놓을 것이다.

이에 따르면 의인이건 악인이건 상관없이 죽은 모든 이들이 부활한다. 여기서 부활은 영혼이 되살아난 몸과 결합하는 것으로 이해된다.[63] 부활이 의인에게만 주어지는 선물은 아닌 셈이다.[64] 부활한 이들이 맞이하는 현실은 7,33-36에 이어진다.

교 문학이 보여주는 '부활' 사상을 깊이 있게 다루고 있다. 저자는 구약성경 다니엘서, 에녹 1서(1—36; 92—105장)·에즈라 4서·바룩 2서·솔로몬의 시편·시빌의 신탁 등 구약 외경, 메시아 묵시록(4Q521)·차명-에제키엘(4Q385) 등 쿰란 문헌, 요세푸스와 필론의 저서들에서 나타나는 부활 개념을 개관하고 있다. 이 책에서 구약 외경과 쿰란 문헌의 사후 개념 및 그것과 관련한 폭넓은 서지정보를 얻을 수 있다. 묵시문학 이외의 구약 외경에 나타나는 부활 개념은, Nickelsburg, "Judgment, Life-After-Death, and Resurrection in the Apocrypha and the Non-Apocalyptic Pseudepigrapha", 141-162에 개관되어 있다. 쿰란 문헌의 부활 및 사후 개념에 대해서는 Elledge, *Resurrection of the Dead in Early Judaism 200 BCE-CE 200*, 151-174; Davies, "Death, Resurrection, and Life after Death in the Qumran Scrolls", 189-214을 참조하라.

63 Elledge, *Resurrection of the Dead in Early Judaism 200 BCE-CE 200*, 108 참조.

64 1에녹 22장과 비교하라. 여기서는 인간을 세 부류로 나누어 설명한다. 의인, 살아생전에 벌을 받은 죄인, 그리고 벌을 받지 않은 죄인(=악인). 세 부류의 사람들의 영혼은 각각 다른 구렁에 모여 의인은 안식을, 죄인은 벌을 받는다. 그러다가 마지막 때가 되면 의인과 악인만 부활하여 심판대에 선다. 의인은 상급을 받기 위해, 악인은 벌을 받기 위해서라고 한다. 중간에 해당하는 사람은 부활에 참여하지 않는다. 1에녹 1—36장의 부활 개념은 Elledge, *Resurrection of the Dead in Early Judaism 200 BCE-CE 200*, 134-140을 참조하라. (그리스어) 에녹 1서 본문은 송혜경, 『구약 외경 1』에 실려 있다. 묵시 20,11-15에서도 마지막 심판 때 의인과 악인을 망라한 죽은 모든 이들이 부활할 것임을 암시한다. 심판결과는 각각 다를 것이다.

심판 및 그 결과

죽은 이들이 되살아나 맨 먼저 마주하는 현실은 '심판'이다. 심판을 피할 수 있는 사람은 아무도 없으며, 살아난 모든 이가 심판을 받게 된다. 심판하시는 분은 지극히 높으신 분, 곧 하느님이시다. 하느님께서 재판석에 나타나시고 '끝'이 온다. 오직 하느님의 심판만 남는다. 그리고 진리와 믿음이 일어나고 의로운 행업들과 불경한 행업들이 드러난다. 심판의 결과는 둘로 나뉜다. 한편에는 '고통의 구덩이'와 '게헨나의 불구덩이'가, 다른 한편에는 '안식의 처소'와 '환희의 낙원'이 있다.

> 7,33 그리고 지극히 높으신 분께서 재판석에 나타나실 것이다. 그리고 끝
> 이 올 것이다. 그리고 자비는 사라지고 연민은 멀어지며 인내는 거두어
> 질 것이다. 34 오직 나의 심판만 남을 것이다. 진리가 일어서고 믿음이 기
> 뻐 뛸 것이다. 35 그리고 행업이 오고 상급이 알려질 것이다. 의로운 행업
> 들은 깨어나고 불경한 행업들은 잠들지 않을 것이다.
>
> 36 그리고 고통의 구덩이가 나타날 것이다. 그 반대편에 안식의 처
> 소가 있다. 게헨나의 불구덩이가 나타날 것이다. 그 반대편에 환희의 낙
> 원이 있다.

4에즈 7,33-36에 따르면 마지막 심판을 기점으로 본격적인 새 세상이 시작된다. 새 세상은 안식의 처소, 환희의 낙원으로 표현된다. 새 세상에 들지 못하는 자들에게는 게헨나가 마련되어 있다. 환희의 낙원과 안식의 처소가 '다가올 새 세상'임은 4에즈 7,11-114에서 분명히 알려진다.

> 7,112 그분께서 답하시며 내게 말씀하셨다. "이 세상은 끝이 있다. 그리고
> 하느님의 영광이 그곳에 영원히 머물지 않는다. … 113 그러나 심판의 날
> 은 이 세상의 끝이며, 다가올 불멸하는 세상의 시작이다. 그곳에서는[65]
> 파멸은 사라졌으며, 114 방탕은 제거되었고, 불충은 없어졌으며, 의로움

이 자라나고 진실이 떠오른다.

심판의 날은 이 세상의 끝이자 다가올 불멸하는 세상의 시작이라고 한다. 심판의 날을 기점으로 이 세상과 다가올 세상이 교체된다는 것이다. 새 세상 또는 새 시대는 파멸과 방탕과 불충이 사라진, 의로움과 진실의 시대가 될 것이라고 한다.

*

심판, 게헨나와 낙원의 선포에 담긴 의미는 하느님의 정의는 반드시 실현되고야 만다는 것이다.[66] 우리가 행한 그 어떤 일도 (좋은 일이든 나쁜 일이든) 결코 사라지지 않는다. 그리고 하느님의 정의는 이 세상, 이 시대, '지금 여기'라는 시공간의 한계에 갇히지 않는다. 그날 잠에서 깨어난 모든 이들이 들을 것이다.

> 7,37 "보고 깨달아라! 너희가 누구를 부정했는지! 너희가 누구를 경배하지 않았는지! 너희가 누구의 계명을 거부했는지! 38 자, 너희 앞을 보아라. 보라! 이곳에는 안식과 기쁨이, 저곳에는 불과 고통이 있다."

이처럼 에즈라 4서는 새 시대와 새 세상의 도래를 약속함으로써 하느님의 정의는 반드시 실현되고야 만다는 사실을 일깨운다.[67] 이는 동시에 우

---

65 또는, "그때는."

66 Berthelot, "Is God Unfair? The Fourth Book of Ezra as a Response to the Crisis of 70 C.E.", 73-89 참조. 지혜서에도 정의는 반드시 실현된다는 믿음이 나타난다: "불의한 것을 지껄이는 자는 반드시 탄로 나고 징계하는 정의가 그를 그냥 지나쳐 버리지 않는다. … 그릇된 생활로 죽음을 불러들이지 말고 자기의 행위로 파멸을 끌어들이지 마라. … 정의는 죽지 않는다"(지혜 1,8.12.15).

리 인간의 선택이 지닌 책임의 무게를 환기시킨다.

개인적 종말론 — 죽은 뒤에 우리 영혼은?

에즈라 4서는 각 사람이 죽은 뒤에 영혼과 몸에 일어나는 일도 다루고 있다. 더 정확히는 죽은 직후부터 마지막 심판 직전까지 각 사람의 영혼이 겪게 되는 일이다. 에즈라 4서가 개개인의 사후 여정에 대해 관심을 가지는 것은 각 인간의 선택과 책임을 강조하는 작품 전반의 경향과 잘 부합한다.[68] 각 개인이 어떤 길을 선택했느냐에 따라 죽은 뒤의 운명이 갈린다는 것이다.[69] 해당 대목은 4에즈 7,75-99다. 죽은 뒤에 영혼이 어떻게 되는지 묻자

67 "모두가 각자 자기의 의로움 또는 불의의 짐을 질 것"이라고 하는 4에즈 7,104-105 참조. 2바룩 51,16도 개인의 책임을 부각시킨다. 에즈라 4서의 '악에 대한 개인의 책임' 문제는 Thompson, *Responsibility for Evil in the Theodicy of IV Ezra: A Study Illustrating the Significance of Form and Structure for the Meaning of the Book*, 296-322에서 다루고 있다. 참고로 저자는 같은 책, 323-338에서 악에 대한 책임을 아담과 사탄과 하느님에게 돌리는 유다교 전승들을 소개한다. 구약성경에서는 에제 18장이 인간 개개인의 선택과 책임에 대해서 깊이 있게 다루고 있다(참조: 예레 31,29-30). 구약성경에 나타난 '개인의 책임'에 대해서는 Hayes, *Introduction to the Bible*, 302-304을 보라.

68 에즈라 4서에 나타난 인간의 선택과 그 결과에 대해서는 송혜경, 「외경의 질문들 3」을 참조하라.

69 4에즈 7,75-99은 죽은 뒤 영혼들의 운명을 다루고 있다. 같은 주제가 신약 외경 베드로 묵시록과 바오로 묵시록에 나온다. 에즈라 4서는 죽은 뒤 운명을 다소 추상적으로 제시한다. 곧 의인들의 영혼이 영혼들의 보고에서 누리는 기쁨과 보고에 들어가지 못한 악인들의 영혼이 겪는 고통이, 각각 자기들이 겪을 운명을 보고, 알고, 이해하는 것, 그리고 상대의 기쁨이나 고통을 보고, 알고, 이해하는 것으로 그려진다. 반면 베드로 묵시록과 바오로 묵시록에서는 의인들의 영혼이 누리는 기

천사를 통해 이런 답변이 주어진다.

> 7,78 죽음에 대해서는, 설명은 이렇다. 지극히 높으신 분 앞에서 어떤 사람이 죽어야 한다는 판결문이 나오는 순간, 영혼은 육체에서 분리되어 그것을 주신 분께 되돌아간다. 그리고 맨 먼저 하느님의 영광을 찬양한다.

어떤 이가 하느님 앞에서 죽어야 한다고 선고되는 순간 영혼이 육체에서 분리되어 하느님께 돌아간다는 것이다. 죽은 이의 영혼이 맨 먼저 하는 일은 하느님의 영광을 찬양하는 일이다. 그 다음 죽은 이가 의인이냐 악인이냐에 따라 그 영혼이 가는 길이 달라진다. 먼저 악인의 경우는 4에즈 7,79-87에 제시된다. 죽은 악인의 몸에서 분리된 영혼은 영혼의 보고로[70] 들어가지 않고 곧바로 고통 속에 들어간다. 그들이 받게 되는 고통의 길은 일곱 가지라고 한다. 그 고통의 길 가운데 첫째는 그들이 하느님의 율법에 저항했다는 사실 자체다. 그들에게 더 이상 회개와 선행의 기회가 없다는 사실이 둘째 고통이다. 셋째부터 여섯째 길은 의인들의 운명(상급)과 자신들의 운명(고통)을 보고 비교함으로써 생기는 고통이다. 마지막이자 가장 심한 고통은 "그들이 수치 속에서 쇠락하고, 혼란 속에서 파괴되며 지극히 높으

뻠과 악인들의 영혼이 겪는 고통이 아주 구체적으로 묘사된다. 이를테면, 악인들의 영혼이 불타오르는 강, 벌레 무더기, 피가 넘쳐흐르는 구덩이 등에서 벌을 받는다. "(나 바오로가) 불타오르는 강을 유심히 바라보니, 어떤 노인이 두 사람에게 끌려 다니고 있었다. 그는 무릎까지 (강에) 빠진 채로였다. 그때 테멜루코스 천사가 손에 낫을 들고 와서 그것으로 노인의 내장을 입 밖으로 꺼내었다. … 그리고 그곳에서 다른 노인도 보았는데 네 천사가 그를 열심히 끌고 있었다. 그들은 그를 불타오르는 강에 허리까지 집어넣었다. 그는 번갯불에 끔찍하게 태워지고 있었다"(바오로 묵시록 34—35).

70 또는 "곳간." 죽은 의인들의 영혼이 모이는 곳을 가리킨다(Smith). 4에즈 4,35; 2바룩 21,23 참조.

신 분의 영광을 보고 두려움 속에서 시들어 가는 것"이라고 한다. 결국 "사는 동안 그분 앞에서 죄를 지었"던 그들은 "마지막 때에 그분 앞에서 심판을 받을 것"이라고 한다(7,87).

이어서 죽은 의인들의 영혼이 가는 길이 제시된다(4에즈 7,88-99). 그들은 "지극히 높으신 분의 길을 지킨 이들"(7,88), 곧 "살아 있는 동안 지극히 높으신 분께 힘껏 순종"하였으며 "그 모든 시간 동안 위험을 무릅써가며 자기들에게 율법을 주신 분의 율법을 완벽하게 지켰"던 사람들이다(7,89). 이들의 영혼은 '영혼들의 보고'에 받아들여져서 일곱 가지 길로 기쁨을 누린다고 한다(7,51). 이어서 의인들이 누릴 일곱 가지 기쁨이 나오는데 악인들이 받는 고통보다 의인들이 누릴 기쁨이 조금 더 길고 자세하게 묘사된다(7,92-98). 첫째 기쁨은 그들이 '나쁜 생각'을 물리치려고 애썼다는 사실, 그리하여 그것이 그들을 죽음으로 인도하지 않는다는 사실 자체다. 둘째 기쁨은 악인들의 영혼이 당하고 있는 고통을 보는 것, 셋째 기쁨은 창조자께서 자기들을 두고 하시는 증언을 보는 것이다. 넷째 기쁨은 그들이 보고寶庫에서 누리는 안식과 마지막 때 누리게 될 영광을 보고 이해하는 것이다. 다섯째 기쁨은, 그들이 이제 필멸하는 것으로부터 도망쳐 나왔다는 사실과 미래의 것을 상속받으리라는 사실에 기뻐하는 것이다. 곧 자신들이 얻게 될 해방과 행복을 보는 것, 그리고 그들이 이제는 죽지 않는 존재임을 보는 것이다. 여섯째 기쁨은, 그들의 얼굴이 태양처럼 빛나고 더는 멸하지 않는다는 사실이 알려지는 것이다. 마지막이자 가장 큰 기쁨은 그들이 이제는 거리낌 없이 자랑하고 용감하게 나서며 부끄러워하지 않는 것, 그리고 하느님의 얼굴을 보리라는 것이다. 결국 그들은 마지막 때에 "그분에게서 영광을 받게 되고 그분에게서 상급을 받게 될 것"(4에즈 7,98)이라고 한다.

결국 악인들의 영혼과 의인들의 영혼은 죽은 직후부터 마지막 때까지 각자 서로 다른 곳에서 다른 길을 걷는다. 전자는 고통 속에 짓뭉개지고 탄식하며 슬퍼하고, 후자는 영혼들의 보고에서 천사들의 보호를 받으며 안식을 누린다. 그러다가 마지막 때가 되면 4에즈 7장에 예고된 일들이 벌어질 것이다. 곧 메시아가 와서 400년 동안 남은 자들을 기쁘게 한 뒤 그들도 모두 죽고 세상은 태초의 침묵으로 돌아간다. 침묵의 칠 일이 지나면 새 세상이 깨어나고 죽은 모든 이들이 부활하여 마지막 심판대에 서게 된다.[71] 그리고 심판 결과에 따라 어떤 이들에게는 고통의 지옥이, 어떤 이들에게는 환희의 낙원이 주어질 것이다. 마지막 처벌과 보상은 깨어난 새 시대, 새 세상에서 이루어진다.[72] 에즈라 4서에서는 이런 식으로 개인의 종말론과 집단 종말론이 자연스럽게 연결된다.

5.3. 메시아론

메시아에 대해서는 4에즈 12장과 13장에 자세히 전해진다.[73] 12장에서 메시아는, 지극히 높으신 분께서 마지막 날까지 유보해 두신 임금으로서 심판자이자 구원자 역할을 한다.

> 12,32 … 그는 다윗의 후손에서 일어나, 와서 그들(=불경한 자들)과 말할 것

71 엘레지는 에즈라 4서에서 '죽은 이들의 부활'이 하느님 정의의 실현과 연관되어 있음을 관찰한다. 하느님의 정의는 반드시 실현되고야 만다는 신정론의 관점에서 죽은 뒤 부활이 다뤄지고 있다는 것이다: Elledge, *Resurrection of the Dead in Early Judaism 200 BCE-CE 200*, 84-85.

72 이에 대해서는 앞의 '집단적 종말론' 항목을 참조하라.

73 에즈라 4서의 메시아 희망에 대해서는 Nitzan, "Apocalyptic Ideas in 4 Ezra in Comparison with the Dead Sea Scrolls", 30-31; Stone, "The Concept of the Messiah in IV Ezra", 295-312; "The Question of the Messiah in 4 Ezra", 209-224을 참조하라. 에즈라 4서의 메시아는 다윗 후손의 임금, 사람의 아들, 하느님의 아들, 구원자로 소개된다. 각 호칭이나 수식어는 해당 구절의 각주를 참고하라(예수 그리스도와 비교).

이다. 그는 그들의 불경을 꾸짖고 그들의 불의를 야단칠 것이다. 그리고
그들 앞에 그들의 불경을 늘어놓을 것이다. 33 그는 먼저, 그들이 살아 있
는 동안에 그들을 **심판**에 세울 것이다. 그리고 그들을 꾸짖을 것이다.
그런 뒤 그들을 파멸에 부칠 것이다. 34 그러나 남은 내 백성은, 그가 자
비로운 마음으로 **구원**할 것이다. 그들은 내 경계 안에 머물렀던 이들이
다. 그리고 그는 끝 곧 처음에 네게 이야기한 심판 날이 올 때까지 그들
을 기쁘게 할 것이다.

4에즈 12,32-34에 따르면, 다윗의 후손 가운데서 메시아가 일어나 불경한 자들은 심판에 부치고, 하느님 백성의 '남은 자들'은 구원할 것이다. 메시아의 도래가 어떤 이들에게는 심판과 파멸을, 어떤 이들에게는 구원과 기쁨을 의미한다.[74] 진정한 새 세상, 진정한 '다가올 세상'의 전초전에 해당하는 메시아 시대는 마지막 심판이 오기 전까지 400년 동안 이어질 것이다.

메시아에 대해서는 '사람의 아들' 환시로 알려진 4에즈 13,1-11에 더 자세히 묘사되어 있다. 여기서 메시아는 '전사'戰士로서 불경한 자들과 싸워 처단하는 역할을 수행한다. 먼저 4에즈 13,1-4에서 에즈라는, '사람의 아들과 같은 형상'이 바다에서 올라와 하늘로 날아오르는 모습을 환시로 본다. '사람의 아들'의 눈길을 받은 모든 것이 두려워 떨고 그의 목소리를 들은 모든 것이 불 앞에 선 밀랍처럼 녹아내렸다고 한다.

13,1 이레 뒤 밤에 나는 환시를 보았다. 2 보라! 바다에서 큰 바람이 일어
나 온 물결을 뒤흔들어 놓았다. 3 나는 보았다. 보라! 그 바람이 바다 속
에서 사람의 아들의[75] 형상 같은 이를 끌어올렸다. 그리고 보라, 나는 그

---

74 이사 11장 참조.

75 '사람의 아들'이라 옮긴 시리아어는 ܒܪܢܫܐ(*barnash*)다. 이 단어는 대개 그저

사람의 아들이 하늘의 구름과 함께 날아오르는 것을 보았다. 그가 보려고 얼굴을 돌리는 곳마다 그의 시선에 들어온 모든 것이 두려움에 떨었다. [4] 그리고 그의 입에서 나온 소리가 향하는 곳마다 그의 목소리를 듣는 모든 것들이 녹아내리고 있었다. 마치 불을 마신 밀랍이 녹아내리는 것과도 같았다.

전사戰士와 같은 '사람의 아들'의 정체는 13,25-26에서 밝혀진다. 이에 따르면, 바다에서 올라온 그 사람은 '지극히 높으신 분께서 오랫동안 유보해 두신 그자' 곧 메시아다.[76]

[13,25] 네가 본 환시의 해석은 이러하다. 너는 한 남자가 바닷물 속에서 올라오는 것을 보았다. [26] 그는 지극히 높으신 분께서 오랜 시간 유보해 두

'사람'이라는 뜻으로 쓰이지만(Smith), ܢܫܐ(사람)과 구별하여 '사람의 아들'이라 옮겼다. 다니 7,13-14에 같은 어원의 아람어 בר־אנשׁ(*bar-enosh*)가 쓰였다. 여기서 사람의 아들은 평범한 '사람'의 차원을 넘어서는 종말론적 메시아와 유사한 인물로 나온다: "내가 이렇게 밤의 환시 속에서 앞을 보고 있는데 사람의 아들(בר־אנשׁ) 같은 이가 하늘의 구름을 타고 나타나 연로하신 분께 가자 그분 앞으로 인도되었다. 그에게 통치권과 영광과 나라가 주어져 모든 민족들과 나라들, 언어가 다른 모든 사람들이 그를 섬기게 되었다. 그의 통치는 영원한 통치로서 사라지지 않고 그의 나라는 멸망하지 않는다." 신약성경 복음서에서 '사람의 아들'은 종말론적 메시아를 가리키는 용어로 사용된다: 마르 13,24-27 참조. 유다교 및 그리스도교 전통의 '사람의 아들' 개념에 대해서는 Brukett, *The Son of Man Debate: A History and Evaluation*을 보라. 특히 97-120에서는 묵시문학 전통에 나타난 사람의 아들 개념을 살피고 있다.

76 4에즈 12,31-32 참조. 지극히 높으신 분께서 유보해 두셨다는 표현이 '메시아'에게 적용된다: "[31] 그리고 네가 본, 숲에서 깨어나 으르렁대며 독수리에게 말하면서 그의 불경을 두고 꾸짖던 사자, 그리고 네가 들은 그의 모든 말들에 대해 이야기하자면, [32] 그는 지극히 높으신 분께서 마지막 날들까지 유보해 두신 메시아다."

신 그자다. 그분께서 그를 통해 당신 피조물을 구원하실 것이다. 그는 남은 자들에게 다가갈 것이다.

사람의 아들 = 종말까지 유보된 메시아. 4에즈 13장 다른 대목에서 하느님께서는 그를 '내 아들'이라 부르신다(4에즈 13,32.37.52).[77] 곧 사람의 아들 = 메시아 = 지극히 높으신 분의 아들. 하느님께서는 그를 통해 피조물을 구원하실 것이라고 한다. 그리고 그는 '남은 자'들에게 다가갈 것이라고 한다. 사람의 아들-메시아가 구원자, 또는 적어도 구원의 실행자인 셈이다(각각 4에즈 12,34; 13,26).

그런데 이 '사람의 아들'은 불경한 자들과 싸우는 전사戰士임이 4에즈 13,5-11에서 분명히 드러난다. 바다에서 올라온 '사람의 아들'이 수많은 군중과 전쟁을 벌인다고 하는 대목이다. 이에 따르면, 사람의 아들이 거대한 산을[78] 베어내어 그 꼭대기에 서자[79] 그와 전쟁을 벌이려 사방에서 군중이

---

77 콜린스는, 구약성경에서 하느님의 아들이라 불리는 이는 단연 다윗 왕조의 임금이나 다윗 후손에서 나올 종말론적 임금임을 주목하고 있다. 다윗이 하느님의 아들로 책봉되는 것은 2사무 7,14; 시편 89,26-27에 묘사되어 있다. 시편 2,7에서는 하느님과 다윗 후손의 임금이 부자관계로 묘사된다. 시편 2,2에서는 그 임금을 "그분의 기름부음받은이"(=메시아)라고 표현한다: Collins, *The Scepter and the Star: Messianism in Light of the Dead Sea Scrolls*, 183-184. 에즈라 4서가 메시아를 하느님의 아들이라 부르는 것도 같은 맥락이다.

78 이사 2,1-5 참조. 4에즈 13,6, 메시아가 베어낸 '산'은 이사 2,2.3의 "주님의 집이 서 있는 산" 또는 "주님의 산"을 연상시킨다. 메시아가 다스릴 주님의 "거룩한 산"을 언급한 이사 11,9도 참조.

79 다니 2,34-35을 참조하라. 다니엘은 바빌론 임금 네부카드네자르의 꿈을 해석하면서, 아무도 손을 대지 않았는데 산에서 떨어져 나와 쇠, 진흙, 청동, 은, 금으로 된 '상'을 파괴한 '돌'을 언급한다. 그 돌은 거대한 산이 되어 온 세상을 채웠다고 한다(다니 2,34-35). 거대한 산이 된 이 돌은, '메시아의 왕국'을 상징한다(다니 2,44-45 참조).

몰려든다. 사람의 아들은 입에서 나오는 불 파도와 입술에서 나오는 불꽃 바람과 혀에서 나오는 회오리 바람으로 그자들을 모두 태워 없앤다. 그리고 순식간에 모든 군중이 사라지고 재와 연기 냄새만 남는다고 한다.[80] 4에즈 13,1-11에서 메시아가 '전사'戰士로 나오면서도 그가 전쟁에 방패나 무기를 사용하지는 않음을 유의해야 한다. 그는 오직 그의 입과 입술과 혀에서 나오는 불, 불꽃, 회오리바람만으로 모든 자들을 불태워 없앴다. 사실 이 장면은 메시아와 불경한 자들의 전쟁이라기보다는 메시아 측의 일방적 섬멸 과정에 가깝다. 이는 메시아의 전쟁에 대한 해석이 전해지는 4에즈 13,29-38에서 잘 드러난다. 4에즈 13,29-38에 따르면, 메시아가 불경한 자들을 처단하는 방법은 무력을 이용한 전쟁이나 싸움과는 거리가 멀다. 메시아는 먼저, 모여든 민족들의 불경을 꾸짖는다. 그리고 그들 앞에다, 그들이 저지른 악행과 그들이 받을 고통을 늘어놓는다. 그런 다음 메시아는 아무런 수고를 들이지 않고 하느님의 율법으로 그들을 처단한다. 이는 4에즈 12,32-33의 설명과도 비슷하다. 여기에서도 다윗의 후손 메시아는 불경한 자들과 '말하고', 그들의 불경과 불의를 '야단'치고 그들이 저지른 불경을 그들 앞에 '늘어놓으리라'고 한다. 그런 다음 그들을 심판에 세워 파멸에 부치리라는 것이다. 결국 메시아의 무기는 '율법'이며 '말씀'이다. 사람들의 불경과 악행, 그리고 그들이 받을 고통 자체가 불과 회오리가 되고 다시 그것들이 율법과 결합하여 그들을 처단한다는 뜻으로 읽힌다.[81]

---

80 그 뒤 그에게로 평화의 군중이 몰려온다. 흩어진 백성의 귀환이다. "[13,12] 그 다음 나는 그 사람이 산에서 내려와 또 다른 군중을 자기에게 소환하는 것을 보았다. 그들은 평화의 군중이었다. [13] 많은 사람들의 형상들이 그에게로 모여들었다. 그들 가운데 어떤 이들은 기뻐하고 있었고, 어떤 일들은 기진해 있었으며 어떤 이들은 묶여 있었다. 그리고 어떤 이들은 다른 이들을 예물로 바치려고 데려오고 있었다."

81 4에즈 12—13장에 담긴 메시아 사상의 밑바탕은 이사 11,1-10이다. 이에 따르면, 이사이의 뿌리에서 나올 다윗의 후손 메시아, 주님의 영이 머무를 "그는 자

5.4. 남은 자들

에즈라 4서에서 메시아는 전사이기도 하지만 구원자이기도 하다. 이는 메시아가 '남은 하느님 백성'을 자비로운 마음으로 구원할 것이라고 하는 4에즈 12,34에서 잘 드러난다. 앞서 7장에서도 메시아가 남은 자들을 400년 동안 기쁘게 하리라고 했다. 12장에서는 메시아가 '남은 자들'에게 다가가리라는 표현으로 그의 구원 활동을 표현한다. 메시아가 '남은 자들'과 연결되는 것이다. '남은 자들'(שְׁאָר; שְׁאֵרִית)은 구약성경에 바탕을 둔 개념으로 '이스라엘의 남은 자들'(שְׁאָר רִשְׂרָאֵל; שְׁאֵרִית יִשְׂרָאֵל)이라고도 한다. 메이어Meyer는 '남은 자들'을 "이스라엘 공동체 구성원들 가운데 하느님의 심판적 재앙에서 살아남은 자들, 멸망을 피하고 남겨진 자들"로 정의한다.[82] 여기서 심판

기 입에서 나오는 막대로 무뢰배를 내리치고 자기 입술에서 나오는 바람으로 악인을 죽이리라"(이사 11,4)고 한다. 비슷한 이미지가 솔로몬의 시편 17편에서도 발견된다. 여기서 메시아는 다윗의 후손의 임금으로서 하느님께서 몸소 세우시고 가르치셨다고 묘사된다. 이 메시아는 무기와 병력에 희망을 두지 않고 자기 입에서 나오는 '말'로써 사람들을 내리치고, '말'의 힘으로 죄인들을 몰아내며, 지혜와 기쁨으로 백성을 다스릴 것이라고 한다. 메시아에 대한 희망은 탈무드와 타르굼에도 전해진다. 탈무드의 메시아 개념은 Jacobi, "In Its Time I Will Hasten It: Messianic Speculation in the Babylonian Talmud Sanhedrin 96b-99a", 115-119; Landman, *Messianism in the Talmudic Era*을 보라. 탈무드 본문 가운데 대표적 메시아 본문은 *b. Sanhedrin* 96b-99a다. 타르굼의 메시아 희망은 Levey, *The Messiah: An Aramaic Interpretation. The Messianic Exegesis of the Targum*을 보라. 송혜경, 『예수님 성경 바깥의 기억』, 252-256에는 탈무드의 메시아 시대 개념이 개관되어 있다. 특히 메시아 시대를 이 시대와 다가올 시대의 중간 시대로 묘사한 본문들을 소개하고 있다.

82 Meyer, "Remnant", 669-670. שארית, שאר, שריד, פליטה, יתר 등이 모두 '남은 자들' 개념과 관련된 용어들이다: Conrad, "Remnant", 761-762. 이 히브리어 단어들은 종종 의미 차이 없이 혼용되기도 한다.

적 재앙은 이스라엘에 닥친 역사적 질곡들을, 남은 자는 질곡에서 구원되어 살아남은 자들을 가리킨다. 구약성경의 '남은 자들' 개념 연구의 토대를 마련한 헤이즐Hasel은 대홍수에서 살아남은 노아 이야기를 남은 자 이야기의 전형으로 제시한다(창세 6—9장).

'남은 자들'과 하느님의 새로운 관계는 '계약'을 통해 형성된다(창세 9,1-17). '남은 자들' 개념은, 하느님과의 계약을 어긴 백성이 벌을 받지만 그것이 하느님과의 관계가 끝났다는 의미는 아님을 암시한다. 이를테면 계약을 어긴 백성이 약속의 땅(시나이 계약)과 왕국(다윗 계약)을 잃고 외국으로 유배되지만 하느님과 백성의 계약은 변함없이 유효하다는 것이다. 곧, 망국과 유배는 백성의 불충에 대한 '일시적' 처벌일 따름, 하느님 백성이라는 정체성의 영원한 박탈을 의미하지 않는다. 하느님께서는 '남은 자들'을 통해 계약을 실현하실 것이다. 그래서 남은 자들 개념은 종종 흩어진 백성이 약속의 땅, 시온으로 되돌아오리라는 표현(또는 흩어진 백성을 데려오시리라는 표현)과 함께 나타난다. 심판과도 같은 재앙과 역경에서 살아남은 자들이 약속의 땅으로 돌아와 하느님 백성으로서 살아가리라는 것이다. 이처럼 '남은 자들' 개념은 하느님의 구원 약속은 영원함을 표현하는 도구가 된다.[83]

후엡쉬에 따르면, 구약성경에서 남은 자들 개념은 본디 머지않은 미래, 역사 안에서 실현될 구원 사건과 관련된 용어였다. 그러다가 이 용어는 점차 종말론적 언어로 사용되기 시작하여(이사 10,20-23; 11,1-16; 66,18-19), 제2성전기 후반의 유다교 문학에서는 이러한 경향이 한층 강화되었다고 한다.[84]

---

83 Hasel, *The Remnant: the History and Theology of the Remnant Idea from Genesis to Isaiah* 참조. 이 책은 남은 자들 연구의 교과서처럼 여겨진다. Willitts, "The Remnant of Israel in 4QpIsaiah[a] (4Q161) and the Dead Sea Scrolls", 10-25에는 구약성경의 남은 자들 개념이 개관되어 있어 유용하다.

84 Huebsch, *The Understanding and Significance of the "remnant" in Qumran Literature: Including a Discussion of the Use of this Concept in the Hebrew Bible, the*

이를테면 솔로몬의 시편에서 남은 자들은 마지막 시대의 종말론적 공동체를 가리킨다.[85] 이들이 역사 안, 현 세상의 구성원들이라기보다는 종말론적 메시아 시대의 구성원으로 이해되기에 이른 것이다.[86]

남은 자들 개념의 종말론적 색채는 에즈라 4서에서도 관찰된다. 4에즈 6,18-28에서 남은 자들은 마지막 시대와 연결된다. 인류에게 심판이 닥칠 터이나(4에즈 6,18-24), 남은 자들을 통해 구원이 실현될 것(6,25-28)이라고 하는 대목이다. 마지막 때에 나팔소리와[87] 함께 일어날 모든 심판적 재앙에서 살아남은 이들이 하느님의 구원을 목격하리라는 것이다.

Apocrypha and the Pseudepigrapha, 1-2. 이 책에는 구약성경뿐 아니라 쿰란 문헌 및 구약 외경의 남은 자 개념도 다루고 있어서 제2성전기 후반 남은 자들 개념 이해에 도움이 된다. 단 에즈라 4서나 바룩 2서는 다루지 않는다.

85 솔로몬의 시편에서 남은 자들 개념은 메시아의 도래를 노래하는 17편에서 나타난다. 특히 17,43-44 참조: "회당에서 그(=메시아)는 성별된 백성의 지파들을 심판할 것입니다. … 행복합니다. 그때(=메시아 시대) 있을 사람들! 그들은 지파들의 모임에서 하느님께서 마련해 주실 이스라엘의 영화를 보게 될 것입니다." 여기서 '그때 있을 사람들'(οἱ γενόμενοι ἐν ταῖς ἡμέραις ἐκείναις)이 '남은 자들' 개념을 표현한다. 솔로몬의 시편 18,5-6에도 남은 자들 개념이 나타난다: "[5] 하느님께서 이스라엘을 정화하시기를! 축복 속에 있을 자비의 날을 위해, 당신의 그리스도를 일으키실 선택의 날을 위해! [6] 행복하여라, 그날 살아 있을 사람들! 그들은 다가올 세대에게 행하실, 주님의 선하심을 보게 되리라!" 18,6 '그날 (살아) 있을 사람들'이 마지막 시대의 '남은 자들'을 표현한다. 이들은 "자비의 날, 하느님에 대한 경외심으로 살아갈 선한 세대"라 불린다(솔로몬의 시편 18,9). 솔로몬의 시편 17—18편에서 '남은 자들'이 메시아 또는 메시아 시대와 연결된 점을 주목하라. 남은 자들이 종말론적 전망 안에서 읽힌다.

86 Huebsch, *The Understanding and Significance of the "remnant" in Qumran Literature: Including a Discussion of the Use of this Concept in the Hebrew Bible, the Apocrypha and the Pseudepigrapha*, 1-2.

87 마지막 때를 알리는 '나팔 소리'에 대해서는 이사 18,3; 27,13; 마태 24,31; 1코린 15,52; 1테살 4,16; 묵시 11,15 등 참조.

6,18 그 소리가 말하였다. "보라 그 날들이 다가왔다. 내가 땅의 주민들을
방문하러 갈 때, 19 그리고 내가 불의한 자들의 손을 조사할 준비가 되었
을 때, 그리고 시온의 굴욕이 끝났을 때, 20 지나갈 이 세상이 봉인될 준
비가 되었을 때, 이 표징들을 행사하겠다. …

25 그리고 내가 너에게 예고한 이 모든 일들에서 (살아)남은 모든 이
들은[88] 산 채로 나의 구원과 세상의 끝을 목격할 것이다. 26 그런 다음 그
들은 들어 올려진 사람들, 곧 태어나서부터 죽음을 맛본 적이 없는 이
들을 볼 것이다.[89] 그리고 땅의 주민들은 마음이 변화되어 다른 정신으
로 바뀔 것이다.[90] 27 악은 사라지고 속임수는 제거될 것이기 때문이다.
28 믿음은 피어나고 부패는 정복될 것이다. 그리고 오랫동안 열매를 내지
않던 진리가 마침내 그 모습을 드러낼 것이다."

4에즈 6,18-28은, 이스라엘이(또는 인류가) 가공할 재앙과 심판을 겪게 될 테지만, 심판의 시간에서 살아남는 자들이 있으리라는 것, 그리고 이 남은 자들이 미래 희망의 거점이 되리라는 것을 이야기하고 있다.[91] 이와 비슷

88 4에즈 6,25에서 '남은 모든 이들'로 옮긴 시리아어 표현은 ܟܠ ܡܢ ܕܐܫܬܚܪ 이다. ܐܫܬܚܪ는 ܐܚܪ 동사(남다)의 에쉬타팔형(Eshtaphal 수동성을 표현한다) 분사로서 '남겨진', '남은' 등으로 옮겨진다. ܐܚܪ는 '남은 자' 개념을 표현하는 히브리어 동사 אחר와 어원이 같다(발음도 *ʾahar*로 같다).

89 마지막 때까지 살아남은 '산 이들'이 공중으로 들려 올라가리라고 하는 1테살 4,16-17 참조.

90 1코린 15,51-52 참조: "자, 내가 여러분에게 신비 하나를 말해 주겠습니다. 우리 모두 죽지 않고 다 변화할 것입니다. … 나팔이 울리면 죽은 이들이 썩지 않는 몸으로 되살아나고 우리는 변화할 것입니다." 몸의 변화를 이야기하는 필리 3,21도 참조. 마음 또는 정신의 변화에 대해서는 로마 12,2를 참조하라: "여러분은 현세에 동화되지 말고 정신을 새롭게 하여 여러분 자신이 변화되게 하십시오."

91 솔로몬의 시편 17,43-44과 비교하라. 헤이즐은 '남은 자들'을 세 범주로 나눈

한 시각은 4에즈 9장에서도 확인된다.

> [9,5] 사실 세상에 존재한 모든 것은, 그 시작이 알려지고 그 끝을 드러내
> 듯이, [6] 지극히 높으신 분의 시간들도 마찬가지다. 그 시작은 징표와 표
> 징과 권능을 통해 알려지고 그 끝은 처벌과 표징을 통해 알려질 것이다.
> [7] 그리고 그들 가운데 구원될 모든 이, 자신들의 행업과 자신들이 믿은
> 믿음 덕분에 (벌을) 피할 수 있는 모든 이는 살 것이다. [8] 그는 앞에서 말
> 한 위험에서 **살아남을** 것이다.[92] 그리고 영원으로부터 나를 위해 거룩하
> 게 만든 내 땅과 내 경계에서 나의 구원을 볼 것이다. [9] 그러나 내 길들을
> 소홀히 여긴 자들은 경악할 것이며, 그것들을 무시하고 내던져버린 자
> 들은 괴로움 속에 머물 것이다.

심판적 재앙에서 생존한 '남은 자들'만 마지막 시대의 구원을 목격할 것이며, 하느님의 길을 내던진 자들은 구원에 참여하지 못하고 고통 속에 머물 것이라고 한다. 여기서도 남은 자들 개념이 심판과 구원의 구도 안에서 전개되고 있으며 남은 자들이 역사의 경계를 넘어선 마지막 시대와 연결되고 있다.

4에즈 7장은 이 모든 일들이 벌어질 시기를 메시아 시대로 특정하고 있다. 남은 자들이 메시아와 더불어 메시아 시대의 주인공이 될 것임을 암시한다. 메시아 시대는, 지금과는 다른 세상이지만, 아직 최종적 하느님 세

다. 역사적 재앙에서 살아남은 자들을 가리키는 '역사적 남은 자들', 하느님께 대한 신뢰로 점철된 '충실한 남은 자들', 마지막 심판을 통해 정화되고 구원받은 '종말론적 남은 자들'이 그것이다. 세 부류를 잇는 공통분모는 '하느님께 충실함'이라고 한다: Hasel, "Remnant", 130 참조.

92 '살아남을 것이다'로 옮긴 단어는 ܢܫܬܘܪ 다. '남은 자' 개념을 표현하는 ܫܐܪ 동사의 에쉬타팔(Eshtaphal 행위의 수동성을 표현한다) 미완료형에 해당한다.

상은 아닌, 그 도입부에 해당한다.[93] 다가올 세상, 진정한 새 세상이 시작되기 전에 메시아가 와서 남은 자들과 함께 기쁨의 시대를 열리라는 것이다.

> 7,26 보라! 그 날들이 올 것이다. 내가 너에게 전에 예고한 표징이 오는 때, 도성처럼 보이는 신부가 모습을 드러낼 것이다. 그리고 특별한 그 도성이 나타날 것이다. 27 그리고 앞에서 언급한 악행들에서 해방된 모든 이가 나의 기적들을 목격할 것이다. 28 그 다음 내 아들 메시아가, 그와 함께 있는 이들과 같이 나타날 것이다. 그리고 **남은 자**들을[94] 사백 년 동안 기쁘게 할 것이다.

마지막 때에 메시아가 와서 악인에게는 심판을, '남은 하느님 백성'에게는 구원을 베풀리라는 것은 4에즈 12,32-34에서 조금 더 상세히 서술된다. 다윗 후손인 메시아가 와서 불경한 자들을 심판과 파멸에 부친 다음 '남은 하느님 백성'을[95] 구원하리라는 것이다. 4에즈 12,32-34는, 메시아 시대의 구원과 기쁨이 불충한 자들에게는 허락되지 않음을, 그들에게는 준엄한 심판이 있을 것임을 예고하고 있다. 메시아를 통해 이루어질 구원역사는 오직 '남은 자들'만을 향하고 있다는 것이다.

---

93 메시아 시대와 다가올 세상은 4에즈 7,26-44에 자세히 다뤄진다. 두 시대의 관계에 대해서는, 송혜경, 「외경의 질문들 2-3」을 참조하라.

94 4에즈 7,28에서 '남은 자들'이라 옮긴 시리아어 표현은 ܠܐܝܠܝܢ ܕܐܫܬܪܟܘ이다. ܐܫܬܪܟܘ는 ܫܪܟ 동사(남다)의 에쉬타팔(Eshtaphal 행위의 수동성을 표현한다) 완료형으로서 '남겨지다', '남다' 등으로 옮길 수 있다. 4에즈 3,11; 6,25; 11,39; 13,22-26에서도 비슷한 구문을 써서 '남은 자' 개념을 표현한다. 2바룩 29,3-4; 40,1-3에서도 남은 자 개념이 발견된다. 여기서도 남은 자들이 메시아 시대와 연결된다. 메시아가 악인은 벌할 것이나 남은 하느님 백성은 구원할 것이라는 믿음이 선포된다.

95 '남은 내 백성'이라 옮긴 시리아어 표현은 ܥܡܝ ܕܐܫܬܪܟ다. 여기서도 '남은'을 표현하는 데 ܫܪܟ 동사의 에쉬타팔 완료형 ܐܫܬܪܟ가 쓰였다.

*

남은 자 개념에는 하느님과 하느님 백성의 서로 상반된 태도가 전제되어 있다. 하느님께서는 늘 당신 백성과의 약속에 성실하시지만, 하느님 백성은 그렇지 않았다는 것이다. 백성의 일방적 계약 불이행은 심판과 처벌을 가져온다. 그러나 심판과 처벌이 하느님과 백성 사이의 관계 종료를 의미하지는 않는다. 계약에 충실했던, 혹은 마음을 바꾸어 하느님께 돌아선 이들에게는 하느님의 약속이 여전히 유효하다. 이들 소수의 '남은 자들'을 통해 하느님의 약속은 반드시 실현된다. 남은 자들 개념은 하느님 약속의 철회불가능성을 드러내는 좋은 도구가 된다.

6. 에즈라 묵시록

에즈라 묵시록[96] 곧 에즈라 4서를 우리말로 옮길 때 대본으로 삼은 본문은 The Online Critical Pseudepigrapha(http://www.purl.org/net/ocp/4Ezra)에서 제공하는 시리아어 본문이다: Andy Wong with K.M. Penner and D.M. Miller (eds.), "4 Ezra." Edition 1.0. No pages. In The Online Critical Pseudepigrapha. Edited by K.M. Penner and I.W. Scott. Atlanta: Society of Biblical Literature, 2010. 이 시리아어 본문은 시리아어 필사본 코덱스 암브로시아누스Syriac Codex Ambrosianus(7a1)를 토대로 만들었다고 한다.

---

96 여기서 대본으로 삼은 시리아어 본문에 '에즈라 묵시록'이라는 제목이 붙어 있다.

첫째 환시(3,1—5,20)

도입(3장)[97]

3 [1] 우리 도성이 무너진 지 삼십 년째 되던 해에,[98] 에즈라라고도[99] 하는
나 살라티엘은[100] 바빌론에 있었다.[101] 나는 내 침상에 누워 괴로워하
고 있었다. 마음속에서 여러 생각들이 오락가락하였다. [2] 내가 시온의
황폐함과 바빌론 주민들의 부유함을 보았기 때문이다. [3] 그리고 나의
영은 몹시 동요하였고 나는 지극히 높으신 분께 거센 말로 말씀드리기
시작하였다.[102]

---

97 4에즈 3장: 에즈라 4서 전체의 도입에 해당한다. 에즈라가 천사를 통해 계시를 받게 되는 배경을 제시하고 있다. 예루살렘 도성이 무너진 지 30년째 되던 해에 바빌론에 유배 가 있던 에즈라가 하느님을 향해 의문을 쏟아내는 장면이다. 하느님이 왜 사랑하는 당신 백성에게 고통을 주시는가에 대한 물음이다.

98 에제 1,1 참조: "제삼십년 넷째 달 초닷샛날이었다."

99 구약성경에 따르면 에즈라는 기원전 5세기 바빌론 유배자들의 귀환 및 그 이후의 삶과 신앙을 주도한 인물이다. 에즈 7,1-5에 따르면 에즈라는 아론의 후손이다. 에즈 7,6에서는 에즈라를 '하느님께서 주신 율법에 능통한 학자'로 소개한다. 에즈 7,12-13에서는 에즈라가 유배갔던 이들과 함께 유다로 돌아왔다고 말하는데, 그가 아르타크세르크세스의 직접적 위임을 받은 것으로 나온다.

100 살라티엘(ܫܠܬܐܝܠ)은 히브리어 이름 스알티엘(שְׁאַלְתִּיאֵל)의 그리스식 이름 Σαλαθιήλ을 소리 나는 대로 옮긴 것이다(에즈 3,2; 5,2; 느헤 12,1 참조). 이는 시리아 역본의 대본이 그리스어 본문이었으리라는 추정에 힘을 싣는다. 참고로 에즈 3,2; 5,2; 느헤 12,1에서 즈루빠벨이 스알티엘의 아들로 소개된다. 1역대 3,17에 따르면 스알티엘은 바빌론으로 사로잡혀 간 여콘야 임금(여호야킨)의 아들이다. 즈루빠벨이 여콘야 임금의 손자라는 것이다.

101 2열왕 25,8-11 참조.

102 4에즈 3,1-3: 작품 배경.

[4] 나는 말하였다.[103] "오 주님, 내 주님! 당신이 아니셨습니까? 처음 땅
을 빚으셨을 때 — 이 일은 당신 홀로 하신 일입니다 — 먼지에게 말
씀하시며 명하신 분이? [5] 그러자 그것이 당신께 아담, 생명 없는 육신
을[104] 내놓지 않았습니까? 사실 그는 당신 손의 작품이었습니다. 당신
께서 그에게 생명의 숨을[105] 불어넣으시자 그는 당신 앞에서 살아 있
는 자가[106] 되었습니다.[107] [6] 그리고 당신께서는 땅이 생기기 전에 당신
오른손이 심어 놓은 낙원에 그를 데려다놓으셨습니다.[108] [7] 그리고 당

103 4에즈 3,4-27은 아담으로부터 시작하여 노아, 아브라함, 이사악, 야곱, 모세에서 다윗에 이르기까지 하느님 백성이 저지른 죄에 대해 이야기한다. 하느님께서 이스라엘과 계약을 맺으시고 율법과 계명을 주셨는데 그들은 악한 마음을 품고 악행을 일삼았다는 것이다. 예루살렘이 원수들에게 넘어간 것이 바로 백성의 죄 때문이라는 결론이다(3,27).

104 더 정확히는 '죽은 몸' 또는 '죽은 육신'(ܦܓܪܐ ܡܝܬܐ)이다.

105 생명의 숨이라 옮긴 시리아어는 ܪܘܚܐ ܕܚܝܐ다.

106 직역: "살아 있게 되었습니다." '살아 있는 자'라고 명사로 옮긴 시리아어 ܚܝܐ는 본디 형용사다.

107 4에즈 3,5에는, 하느님께서 생명 없는 몸에 숨을 불어넣으시자 생명체가 되었다는 생각, 곧 아담의 생명 없는 육신에 생기를 준 힘 또는 생명력이 하느님의 숨이라는 생각이 엿보인다. 창세 2,7 참조: "주 하느님께서 흙의 먼지로 사람을 빚으시고, 그 코에 생명의 숨을 불어넣으시니, 사람이 생명체가 되었다." 월터스는 아담에게 들어간 '하느님의 숨'에 대한 다양한 해석 전통을 개관하고 있다: Walters, "Sleep of the Soul and Resurrection of the Body: Aphrahat's Anthropology in Context", 444-450. 월터스에 따르면, 4에즈 3,5에 나타난, 아담의 생명 없는 육신에 생기를 준 힘이 하느님의 숨이라는 생각이 쿰란 문헌에서도 발견된다. 당신의 숨으로 하느님께서 아담과 하와를 일어서게 만드셨다는 것이다(4Q381 1.7). 한편 제2성전기 후반 유다인들이 아담의 몸에 들어간 하느님의 숨을 인간의 영혼으로 이해했음은 필론의 여러 저서에서 확인된다고 한다(『세상의 창조』; 『질문과 응답』). 4세기 시리아 교부 아프라하트의 『논증』 6장에서도 아담에게 들어간 하느님의 숨이 인간의 영혼이라는 생각이 발견된다고 한다.

신께서는 한 계명을 그에게 내리셨습니다.[109] 그러나 그는 그것을 어겼
습니다.[110] 그 순간 당신께서는 그와 그의 후손들에게 죽음을 선언하
셨습니다.[111] 그에게서 수없이 많은 민족들과 부족들과 겨레들과 인종
들과 씨족들이 태어났습니다.
8 그리고 모든 민족이 제멋대로 악행을
일삼고 당신 앞에서 불의를 저질렀습니다.[112] 그런데 당신께서는 그들
을 제지하지 않으셨습니다.
9 그러나 때가 되자 당신께서는 땅과 세상
의 주민들 위에 홍수를 가져오셨습니다. 그리고 그들을 멸망시키셨습
니다.
10 그들의 운명은 똑같았습니다. 아담에게 죽음이 왔듯이, 그들
에게는 홍수의 죽음이 왔습니다.[113]
11 그러나 당신께서는 그들 가운데
서 한 사람을 그의 집안과 함께 남겨두셨습니다.[114] 그리고 그로부터
모든 의인들이 이어졌습니다.

12 그리고 땅의 주민들이 불어나고 그들이 아들들과 민족들과 많은 무

108 창세 2,8 참조.

109 창세 2,16-17: "그리고 주 하느님께서는 사람에게 이렇게 명령하셨다. '너는 동산에 있는 모든 나무에서 열매를 따 먹어도 된다. 그러나 선과 악을 알게 하는 나무에서는 따 먹으면 안 된다. 그 열매를 따 먹는 날, 너는 반드시 죽을 것이다.'"

110 창세 3,6 참조.

111 창세 3,22 참조.

112 창세 6,11-12; 2바룩 48,38 참조.

113 창세 7,21-23 참조.

114 창세 7,23 참조. 4에즈 3,11에서 '남은 자' 개념이 엿보인다. '남겨두셨다'로 옮긴 시리아어는 ܐܘܬܪܬ(ܝܬܪ 동사 '남다'의 아펠Apel형)다. 이 동사는 히브리어 יתר'와 어원이 같다(발음도 *ytar*로 동일하다). 노아로 말미암아 땅 위에 '(살아)남은 자'가 있게 되었다고 하는 집회 44,17을 참조하라. 1에녹 106,18에서도 노아가 '남은 자'가 될 것이라고 한다. '남은 자' 개념은 4에즈 6,25; 7,28; 11,39; 13,22.26.48에서도 나타난다. 자세한 내용은 해제, '5.4. 남은 자들' 항목을 참조하라.

리들을 늘려나가기 시작했을 때 그들은 다시 선조들보다 더 심한 악행을 저지르기 시작했습니다. 13 그들이 당신 앞에서 악행을 저질렀을 때 당신께서는 그들 가운데서 한 사람을 당신 몫으로[115] 뽑으셨습니다. 그의 이름은 아브라함이었습니다.[116] 14 당신께서는 그를 사랑하셨습니다. 그리고 어느 밤 오직 그에게만 시간들의 종말을 은밀히[117] 보여주셨습니다.[118] 15 그리고 당신께서는 그와 영원한 계약을[119] 맺으셨습니다.[120] 그리고 결코 그의 후손을 저버리지 않겠다고 그에게 말씀하셨습니다. 그리고 그에게 이사악을 주셨습니다. 이사악에게는 야곱과 에사우를 주셨습니다. 16 그리고 당신께서는 야곱을 당신 몫으로 선택하셨습니다. 그리고 에사우는 미워하셨습니다. 야곱은 큰 민족이 되었습니다. 17 그리고 당신께서 그의 후손을 이집트에서 끌어내셨을 때 그 후손과 영원한 계약을 맺으시고 그들을 시나이 산으로 인도하셨습니다.[121] 18 당신께서는 하늘을 구부리시고 땅을 흔드셨습니다. 그리고 거주지를 가두시고 심연을 뒤흔드셨으며 세상을 요동치게 만드셨습니다.[122] 19 그리고 당신의 영광이 불과 지진과 바람과 얼음의 네 관문을 지나갔습니다. 야곱의 후손에게 율법을[123] 주시고 이스라엘의 자손에게[124] 계명을 주시기 위해서였습니다.[125]

---

115 직역: "당신을 위해."

116 창세 12,1-3 참조.

117 직역: "당신과 그만 따로."

118 2바룩 4,4 참조. 창세 18,17("그때에 주님께서 말씀하셨다. '내가 앞으로 하려는 일을 어찌 아브라함에게 숨기랴?") 참조.

119 '영원한 계약'이라 옮긴 시리아어는 ܩܝܡܐ ܕܠܥܠܡ다.

120 창세 15,18 참조.

121 탈출 19,1 참조.

122 탈출 19,16-18 참조.

20 그러나 당신께서는 그들에게서 악한 마음을 없애지는 않으셨습니
다. 당신의 율법이 그들 안에서 열매를 맺게 만들려는 것이었습니다.
21 먼저 아담이 악한 마음을 품고서 잘못을 저지르고 압도당했습니다.
그에게서 태어난 이들도 마찬가지였습니다. 22 그리고 고통이[126] 그들
가운데 머물렀습니다. 악의 뿌리와 함께 율법이 백성의 마음에 있었지
만 선은 멀어지고 악은 가까이 다가왔습니다.

23 그리고 시간들이 지나가고 계절들이 끝났습니다. 그리고 당신
께서는 당신 몫으로 종을 일으키셨습니다. 그의 이름은 다윗이었습니
다. 24 당신께서는 그에게, 도성과 집을[127] 당신 이름으로 세우라고 명
하셨습니다. 사람들이 그곳에서 당신 소유의 일부를 떼어 당신께 예물
로 바칠 수 있도록 말입니다.[128] 25 그것은 여러 해 동안 지켜졌습니다.
그러나 도성의 주민들이 죄를 지었습니다. 26 그들은 아담과 그 후손들
이 하던 짓을 하나도 빠짐없이 다 저질렀습니다. 그들도 악한 마음을
품고 있었기 때문입니다. 27 그리고 당신께서는 당신 도성을 당신 원수
들 손에 넘기셨습니다.

---

123 '율법'이라 옮긴 ܢܡܘܣܐ는 그리스어 νόμος의 차용어다. 히브리어 토라에 해당한다.

124 '자손'이라 옮긴 ܓܢܣܐ는 그리스어 γένος의 차용어다.

125 2바룩 17,4 참조.

126 '고통'이라 옮긴 시리아어 ܟܐܒܐ는 괴로움, 질병, 아픔, 슬픔 등의 뜻이 있다(Smith).

127 하느님의 이름으로 지어질 집은 성전을 가리킨다.

128 직역: "사람들이 그곳에서 당신 소유의 일부를 떼어 당신께 예물로 바칠 수 있도록 도성과 집을 세우라고 하셨습니다." 2사무 7장에 따르면 다윗의 아들인 솔로몬이 하느님의 "이름을 위하여 집"을 짓게 되리라고 예언한다(7,13).

[28] 그래서 저는 마음속으로 말했습니다.[129] '혹시 바빌론의 주민들이 더 낫게 행동했습니까? 당신께서 시온을 버리신 것이 그래서입니까?' [29] 사실 이곳에 왔을 때 저는 수없이 많은 불경들을 보았습니다. 그리고 제 영혼이 이 삼십 년 동안[130] 불의한 자들을 많이도 보았습니다. 그리하여 제 마음이 몹시 흔들렸습니다. [30] 당신께서 죄인들을 얼마나 참아주시는지, 그리고 당신께서 악인들을 얼마나 용서해주시는지 보았기 때문입니다. 또한 당신께서 당신 백성은 멸망시키시고 당신을 미워하는 자들은 남겨 두셨기 때문입니다! [31] 당신께서는 당신의 길을 어떻게 밟아가야 하는지[131] 아무에게도 가르쳐 주시지 않았습니다. 혹시 바빌론이 시온보다 더 낫게 행동했습니까? [32] 아니면 당신께서 이스라엘보다 다른 백성을 더 잘 아셨습니까?[132] 아니면 어느 부족들이 야곱의 부족만큼 당신과의 계약에[133] 충실했습니까?

---

129 4에즈 3,28-36은 이스라엘 백성을 적들 손에 넘기신 하느님께 에즈라가 올리는 원망 섞인 외침이다. 여기서 에즈라는, 시온 또는 하느님 백성을 바빌론 및 다른 민족들과 비교한다. 이스라엘이 죄를 지은 것은 사실이지만 다른 백성들보다 더 하지는 않았다고 한다. 이스라엘 백성만큼 하느님의 계명을 잘 지킨 백성은 없다는 것이다.

130 4에즈 3,1 참조. 예루살렘 도성이 무너진 뒤 삼십 년 되던 해에 에즈라가 환시를 보게 된다.

131 또는, "어떻게 이해해야 하는지." '밟아가다'라 옮긴 시리아어는 ܕܪܟ 동사의 에트페엘(Ethpeel)형 분사 ܡܬܕܪܟܐ다. '밟아가다', '밟으며 따라가다'를 뜻하는 ܕܪܟ 동사가 에트페엘형으로 쓰일 때 비유적으로 '이해하다', '알아듣다'는 의미를 갖게 된다(Smith).

132 불가타는 "이스라엘 말고 다른 민족이 당신을 안 적이 있습니까?"라 읽는다. 시리아어 본문에서는 '다른 민족'이 목적어, '당신'이 주어다. '알다' 동사도 2인칭 남성 단수 형태다(ܝܕܥܬ).

133 '계약'으로 옮긴 단어 ܕܝܬܩܐ는 그리스어 διαθήκη의 차용어다. 4에즈 3,17에서는 같은 뜻을 가진 시리아어 ܩܝܡܐ가 쓰였다.

33 그들의 상급은 드러나지 않았고 그들의 수고는 열매를 맺지 않
았습니다. 사실 저는 민족들 사이를 지나다니면서 보았습니다. 그들은
번창하고 있으나 당신 계명에는 관심이 없었습니다. 34 자, 우리 불의와
세상 주민들의 불의를 저울에 달아보십시오! 저울 눈금이 어느 쪽으로
기우는지 보일 것입니다.[134] 35 도대체 세상 주민들이 당신 앞에서 죄짓
지 않은 때가 언제입니까? 당신 계명들을 어느 민족이 그렇게 잘 지켰
습니까? 36 당신 계명을 지킨 개개인은 찾을 수 있으실 것입니다. 그러
나 당신께서 그런 백성은 찾지 못하실 것입니다."

천사의 출현, 질의응답[135]

4 1 그러자 나에게 파견된 천사가 대답하였다. 그의 이름은 우리엘이었
다.[136] 2 그가 나에게 말하였다.

---

134 욥 31,6 참조.

135 4에즈 4장: 에즈라에게 우리엘 천사가 나타나 에즈라의 여러 물음에 답한다. 하느님의 말씀이 우리엘 천사를 통해 에즈라에게 전달된다. 4에즈 10,28에서 에즈라는 우리엘을 '첫날 자기에게 파견되었던 천사'로 소개한다. 에즈라와 대화를 나눈 천사는 줄곧 우리엘이었던 듯하다.

136 '우리엘'이라 옮긴 ܐܘܪܝܐܝܠ은 히브리어 אוּרִיאֵל의 차용어다. 이 단어는 우르와 엘이 결합된 형태로 '하느님은 나의 빛'이라는 뜻이다(BDB). 유다교 전통의 우리엘 전승에 대해서는 Gore-Jones, "Angelic Mediators: Gabriel, Uriel and Remiel in Jewish Apocalypses", 59-60을 보라. 고어-존스는 우리엘 천사가 등장하는 구약 외경 본문을 소개하는데, 1에녹 20,2; 72—82; 시빌의 신탁 2,227-237; 에즈라 4서 등이 그것이다. 그는 먼저 에녹 1서에서 에녹의 천상계 여행을 인도한 천사가 '우리엘'(19,1)이라는 점을 주목한다. 그리고 20,2에서는 우리엘이 '우리엘, 거룩한 천사들 가운데 하나, 땅과 타르타루스를 다스리는 천사'로 소개되고, 이어서 1에녹 72—82에서는 우리엘이 천상 빛물체들의 비밀을 알려주는 계시자로 격상되어 있음을 관찰한다(1에녹 75,3). 우리엘이 지하계와 천상계에서 두루 활약하고 있다는 것이다. 고어-존스의 관찰대로, 우리엘이 시빌의 신탁 2,227-237에서는 하데스의

"이 세상에서 네 마음이 요동치고 있구나. 지극히 높으신 분의 길
을 이해하고 싶으냐?"[137] 3 나는 대답하며 말하였다. "예, 나리!"[138] 그러
자 그가 다시 대답하며 나에게 말하였다. "내가 너에게 파견된 것은,
세 개의 길을 네게 보여주고 세 가지 비유를 네 앞에 내놓기 위해서다.
4 네가 그것들 가운데 하나를 내게 풀이해 준다면, 나 또한 네가 그토
록 알고 싶어 하는 그 길을 알려주겠다. 그리고 왜 (사람의) 마음이 악
한지 네게 가르쳐 주겠다."

5 나는 대답하며 말하였다. "말씀해 주십시오, 나리!"

그러자 그가 답하며 나에게 말하였다. "가서 불의 무게를 재 보
아라. 아니면 바람의 스아를[139] 측정해보아라. 아니면 지나간 날을 다
시 내게 불러와 보아라!"

6 나는 그에게 말하였다. "태어난 사람들 중에 누가, 당신께서 제
게 명하신 일들을 해낼 수 있습니까? 나리, 당신께서 이런 것을 물으
시다니요!"

문을 열고 영혼들을 심판대로 인도하는 역할, 에즈라 4서에서는 천상의 계시자이자 깨달음의 빛을 전달해주는 자로 소개된다. 한편, 1에녹 9,1에서 우리엘은 미카엘, 라파엘, 가브리엘과 함께 네 대천사 가운데 하나로 소개된다(순서는 미카엘 다음). 일곱 대천사의 이름이 소개되는 (그리스어) 1에녹 20,2-8에서 우리엘이 가장 먼저 언급된 점을 주목하라. 우리엘 다음으로 라파엘, 라구엘, 미카엘, 사리엘, 가브리엘, (레미엘)이 제시된다. 참고로 1에녹의 에티오피아어 본문에서는 '우리엘' 대신 수라펠(9,1) 또는 '수루엘'이라 되어 있다. 천사가 파견되어 하느님의 계획을 알려주는 것은 루카 1,1; 1,28 참조.

137 또는, "지극히 높으신 분의 길을 따르고 싶으냐?"

138 '나리'라 옮긴 시리아어는 ܡܪܝ로, 주(군)을 뜻하는 ܡܪܐ에 1인칭 접미사가 붙은 형태다. '나의 주(군)님'이라는 뜻이다. 하느님께도 같은 호칭을 쓴다. 둘을 구분하기 위하여 하느님을 가리킬 때는 '주님', 천사를 가리킬 때는 '나리'라 옮기겠다.

139 '스아'(ܣܐܬܐ)는 밀가루 등 건조한 곡물을 재는 단위다(Smith). 창세 18,6; 2열왕 7,1.16.18 참조.

7 그가 나에게 말하였다. “만약 내가 너에게 물었다면, 그리고 너
에게 이렇게 말하였다면 어떻겠느냐? ‘바다 한가운데 얼마나 많은 보
고들이 있는가? 혹은, 심연이 시작되는 곳에 얼마나 많은 샘들이 있는
가? 혹은, 궁창 위에 얼마나 많은 길들이 있는가? 혹은, 그것들은 셔
올의 출구들인가? 저것들은 낙원의[140] 길들인가?’[141] 8 너는 나에게 이
렇게 말했을 것이다. ‘저는 심연으로 내려간 적이 없습니다. 셔올로 내
려간 적도 아직 없습니다. 평생[142] 하늘로 올라간 적도 없습니다.’[143]

9 그러나 지금 내가 너에게 물은 것은 그것들에 대해서가 아니다.
나는 그저 불과 바람과 날에 대해 물었을 따름이다. 너는 그것들 안에
서 지내고 있으며 그것들 밖에서는 존재하지 못한다. 그런데도 너는 그
것들에 대해 내게 답하지 못하였다.”

10 그러고 나서 그는 나에게 말하였다. “너는 너와 함께 성장한 그
것들을 이해하지 못한다. 11 그러니 너의 그릇이 어떻게 지극히 높으신
분의 길을 이해할 수 있겠느냐? 사실 주님의 길은 불가해한 것으로 창
조되었다. 그리고 멸하는 세상의 멸하는 것은, 불멸하시는 분의 길을
깨달을 수 없다.”

---

140 낙원이라 옮긴 ܦܪܕܝܣܐ는 그리스어 παράδεισος의 차용어다.

141 또는, “낙원으로 가는 길들.”

142 직역: “나의 날들로부터.”

143 4에즈 4,7-8에 저자의 우주관이 드러난다. 하늘, 땅, 지하로 나뉘는, 구약의 “삼층 우주”관(three-tiered universe)을 따르고 있다. 창세 1,1-10과 비교하라. 심연(ܬܗܘܡܐ), 바다(ܝܡܐ), 궁창(ܪܩܝܥܐ), 셔올(ܫܝܘܠ=지하), 하늘(ܫܡܝܐ) 등의 단어들이 모두 구약의 우주관을 반영한다. 다섯 단어 모두 각각에 상응하는 히브리어와 어원이 같다. 다시 쓴, 창세 1,1-27이라 이름할 수 있는 4에즈 6,38-54도 에즈라 4서의 우주관을 드러낸다. 짐작할 수 있듯이 이는 구약성경 특히 창세 1장의 우주관을 따르고 있다. 구약의 우주관에 대해서는 바룩 3서 해제 ‘5.1. 우주관’ 항목과 송혜경, 「외경의 질문들 6」을 참조하라.

나는 그 말을 들었을 때 얼굴을 바닥에 대고 엎드렸다. [12] 그리고 그에게 말하였다.

"우리가 생겨나지 않았더라면 더 좋았겠습니다.[144] 우리는 생겨나서 불경 속에 살아가고 고통을 겪고 있습니다. 그러고도 우리가 왜 고통을 겪고 있는지 알지 못합니다!"

[13] 그가 답하며 나에게 말하였다. "평원의 나무 숲들이 길을 나서며 계
획을 세웠다. [14] 그리고 그들이 말하였다. '오시오, 가서 바다와 전쟁을
벌입시다. 그것이 물러나면 우리를 위한 다른 숲을 만들 수 있을 것이
오.'[145] [15] 바다의 물결들도 비슷한 식으로 계획을 세웠다. 그리고 말하
였다. '오시오, 올라가서 평원의 숲과 전쟁을 벌입시다. 우리가 거기에
서도 우리를 위한 다른 자리를 더 만들 수 있을 거요.' [16] 숲의 계획은
수포로 돌아갔다. 불이 와서 그것을 집어삼켰기 때문이다. [17] 바다 물
결들의 계획도 마찬가지였다. 먼지가 일어나 그들을 막아버렸기 때문
이다. [18] 이제 네가 만약 그들의 심판관이라면, 그들 가운데 어느 쪽에
게 승리를 주고, 어느 쪽을 단죄하겠느냐?"

[19] 나는 답하며 말하였다. "양쪽 다 헛된 계획을 세웠습니다. 숲에게는 땅이, 바다에게는 그 물결들이 지나다닐 자리가 선사되었기 때문입니다."

[20] 그가 답하며 나에게 말하였다. "잘 판단하였다. 그런데 너는 왜
너 자신의 문제는 판단하지 못하느냐? [21] 숲에게는 땅이, 바다에게는
물결이 지나다닐 자리가 선사되었듯이, 땅에 사는 사람들은 오직 땅
위에 있는 것만 이해할 수 있다. 하늘 위에 있는 것은 하늘 위에 계신

144 예레 20,14; 2바룩 10,6 참조.

145 직역: "그것이 물러나고 우리가 자신들을 위해 다른 숲을 만들 수 있도록."

분만 (이해할 수 있다.)"

[22] 그리고 나는 대답하며 말하였다. "나리, 당신께 청합니다. 나리 무엇 때문에 제게 이해력이 주어졌습니까? [23] 사실 저는 '위에 있는 길'을 물으려고 한 것이 아닙니다. 그저 매일 지나가는 것들에 대해 물으려 했습니다. 이스라엘은 이민족들에게 넘어갔고 당신께서 사랑하신 백성은 사악한 부족들에게 넘어갔으며 우리 조상들의 거룩한 율법은 효력을 상실했습니다. 그리고 기록된 계약들은 더 이상 존재하지 않습니다. [24] 우리는 메뚜기들처럼 이 세상에서 사라져가고 허무처럼 살아갑니다. 그리고 우리는 자비를 입을 자격도 없습니다. [25] 그런데, 우리를 위해 불려진, 그분의 위대한 이름을 위해 우리가 무엇을 해야 합니까? 이런 것들에 대해 제가 물은 것입니다."

[26] 그가 답하며 내게 말하였다. "네가 살아 있으면 보게 될 것이다. 네가 오래 살게 되면, 세상이 빨리도 지나가서 깜짝 놀랄 것이다. [27] 의인들에게 약속된 것이 (곧) 오리라 기대해서는 안 된다. 사실 이 세상은 많은 질병과 탄식으로 가득 차 있다. [28] 네가 질문했던 악은 뿌려졌지만 아직 그 수확 철이 다가오지 않았기 때문이다.[146] [29] 그러므로 뿌려진 것이 거두어들여지지 않는다면, 그리고 악이 뿌려진 곳이 제거되지 않는다면, 선이 뿌려진 땅도 오지 않을 것이다. [30] 악의 씨앗 한 알이 아담의 마음에 뿌려졌다. 그리고 그것이 처음부터 지금까지 얼마나 많은 불경의 열매를 맺었는지! 그것은 타작 철이 올 때까지 열매를 맺을 것이다. [31] 그러니 너는 마음속으로 곰곰이 생각해 보아라, 뿌려진 악의 씨앗 한 알이 얼마나 많은 불경의 열매를 맺는지! [32] 그러니, 수없이 많

146 가라지의 비유 마태 13,25-30 참조.

은 선의 씨앗이 뿌려진다면 그것들은 어떤 타작마당을 만들겠느냐?"

33 나는 답하며 말하였다.[147] "이 일들은 언제 그리고 언제까지 일어나
겠습니까? 얼마 안 되는 우리의 해들이 악하기만 합니다!" 34 그가 답
하며 나에게 말하였다. "지극히 높으신 분보다 네가 더 서두르지는 않
는다. 사실 너는 너 자신 때문에 서두르고 있다. 그러나 지극히 높으신
분께서는 많은 이들 때문에 그렇게 하고 계신다. 35 사실 의인들의 영
혼들이 자기네들의 보고寶庫에서[148] 이것들에 대해 물으며 말하지 않
았느냐? '우리가 언제까지 여기에 있어야 합니까? 우리 상급의 수확은
언제입니까?' 36 이에 천사 레미엘이[149] 답하며 그들에게 말하였다. '너
희와 비슷한 이들의 수가 채워질 때까지다. 거룩하신 분께서 세상의
무게를 재셨으며, 37 시간을 측정하셨고 계절들의 수를 세셨기 때문이
다. 그분께서는 선언된 숫자가 채워질 때까지 가만히 계시지도 (그들
을) 깨우시지도 않을 것이다.'"[150]

---

147 4에즈 4,33-43은 이 일들이 언제까지 일어나겠느냐는 물음, 달리 말해 '새 시대'가 언제 오겠느냐는 물음이다.

148 "보고"라고 옮긴 단어는 ܐܘܨܪܐ다. '곳간', '저장소', '창고', '집결지' 등으로 옮길 수 있다(Smith). 여기서는 복수형 ܐܘ̈ܨܪܐ가 쓰여 보고들이 여럿임을 암시한다. 부활 때까지 죽은 의인들의 영혼을 보전하고 있다는 '영혼들의 보고' 또는 '영혼들의 곳간' 개념은 4에즈 4,35.41; 7,32.80.95; 2바룩 21,23 등에 나타난다. 여기서 영혼은 일종의 '안식' 상태에 있다고 한다(4에즈 7,95).

149 "레미엘"(ܪܡܐܝܠ)이라 옮긴 천사는 1에녹 20,1-8의 일부 그리스어 사본에서 일곱 대천사 가운데 하나로 소개된 "라미엘"과 같은 천사다. 시빌의 신탁 2,215-217에서는 "라미엘"(Ῥαμιήλ)이 다섯 대천사 가운데 하나로 소개된다. 2바룩 55,3(ܪܡܐܝܠ "레미엘") 참조. 4에즈 4,36의 라틴어 사본은 Hieremihel/Remihel (예레미엘/레미엘)이라 읽는다. '레미엘'의 독법에 대해서는 2바룩 55,3 "레미엘"에 달린 각주의 설명을 참조하라. 레미엘 또는 예레미엘은 영혼들의 보고 속 영혼들과 이야기를 나눈 천사다. 참고로, 에즈라와 대화하는 천사는 우리엘이다(4에즈 4,1).

38 나는 답하며 말하였다. "오 나리, 저의 나리! 우리는 모두 불경
으로 가득 차 있습니다. 39 혹시 우리 때문에, 곧 땅의 주민들의 죄 때
문에 의인들의 보상이 늦추어졌습니까?"

40 그가 답하며 내게 말하였다. "아이를 밴 여인에게 가서 물어
보아라. 아홉 달이 채워졌을 때 자궁이 태아를 담고 있을 수 있는지!"

41 나는 말하였다. "그럴 수 없습니다. 나리."

그가 답하며 내게 말하였다. "셔올과 영혼들의 보고는 자궁과 비
슷하다.[151] 42 아이를 출산하는 여인이 출산의 고통에서 도망치려 서두
르듯이, 그것들도[152] 태초부터 자기네 안에 담긴 것을 내놓으려 서두른
다.[153] 43 그런 뒤에 네가 보고 싶어 한 것들이 너에게 계시될 것이다."

44 나는 답하며 말하였다. "제가 당신 눈에 드신다면, 그리고 가능하
다면, 그리고 제가 자격이 된다면, 45 이것도 제게 가르쳐주십시오. 우

---

150 정해진 그때가 될 때까지 잠든 영혼들을 깨우시지 않으리라는 의미다.

151 4에즈 4,41은 죽은 이들의 영혼이 가는 곳을 셔올(저승, ܫܝܘܠ)과 영혼들의 보고들(ܐܘܨܪ̈ܐ ܕܢܦܫܬܐ)로 나누어 설명한다. 영혼들의 보고들은 셔올 내부에 있을 법하다. 이는 "In inferno promptuaria animarum matrici adsimilata sunt"라 읽는 4에즈 4,41의 불가타 라틴어 본문에서 힌트를 얻을 수 있다. 이는 "저승에 있는 영혼들의 보고들은 자궁과 비슷하다"라 옮길 수 있다. 라틴어 본문에서는 '보고들'이 저승 안에 있음이 더 분명히 드러난다. 1에녹 22,9-13에서는 저승에 영혼들의 처소가 셋 있다고 한다. 의인들의 영들의 구렁, 죄인들의 영들의 구렁, 호소하는 영들의 구렁이 그 셋에 해당한다.

152 셔올과 영혼들의 보고들.

153 4에즈 4,41-42에서 저승은, 자기가 지금껏 모아들인 사람들을 서둘러 내놓으려 하는 모습으로 그려진다. 저승과 죽음을 만족할 줄 모르고 모든 사람을 집어삼키는 이미지로 묘사한 하바 2,5과 비교하라: "거만한 사람은 견디어 낼 수 없다. 저승처럼 목구멍을 넓게 벌린 그자는 죽음과 같아 만족할 줄 모르고 모든 민족들을 끌어들이며 모든 백성들을 모아들인다."

리를 지나간 시간이 더 많습니까, 아니면 다가올 시간이 더 많습니
까? 46 제가 지나간 시간은 알지만 다가올 시간은 모르기 때문입니다."
47 그가 내게 답하며 말하였다. "내 오른편에 서라. 비유의 의미
를 알려 주겠다."
48 나는 일어서서 보았다.[154] 그런데 보라! 타오르는 불 화덕이 내
앞을 지나갔다. 그리고 불꽃이 지나갔을 때 나는 보았다. 보라! 연기
는 남아 있었다. 49 그 뒤 물로 가득한 구름이 내 앞을 지나갔다. 그것
은 많은 비를 격렬하게 퍼부었다. 폭우가[155] 지나간 뒤에도 물방울들
은 안에[156] 남아 있었다.

50 그가 답하며 내게 말하였다. "마음속으로 곰곰이 생각하고 깨
달아라! 비가 물방울보다, 불이 연기보다 더 많은 것처럼, 지나간 것의
양이 더 많다. 그러나 물방울과 연기는 남아 있다."

51 나는 그분께 기도하며 말하였다. "제가 그 날들까지 살아 있을
까요? 아니면 그 날들에 누가 살아 있겠습니까?"

52 그가 답하며 내게 말하였다. "네가 나에게 질문한 것들의 표
징들에 대해서는 너에게 말해 줄 수 있다. 그러나 너의 목숨에 대해
서라면, 내가 그것을 말해주려고 파견된 것이 아니다. 사실 그것은 나
도 알지 못한다.[157]

---

154 에즈라 4서에서 에즈라가 본 첫 번째 환시는 4,48-49에 나온다. 타오르는 불 화덕과 물로 가득한 구름과 비에 대한 환시다.

155 직역: "비의 격렬함."

156 폭우를 쏟아낸 다음에도 구름 속에 물방울이 남아 있다는 뜻.

157 4에즈 4,52은 천사가 전지전능한 존재가 아님을 암시한다. 전지전능하신 분은 하느님뿐이시다. 천사는 하느님께서 사람에게 알려주라고 하신 것만 말해야 한다. 천사는 하느님과 사람을 잇는 존재이지 신이 아니다.

마지막 시대의 표징(5장)[158]

5 1 표징들에 대해서: 보라! 그 날들이 다가오고 있다.[159] 세상의 주민들
은 엄청난 공포에 사로잡힐 것이다. 그리고 진리의 영역은 가려질 것이
다.[160] 그리고 땅은 믿음이 말라버릴 것이다. 2 불의와 탐욕이 지금 네
가 본 것보다, 그리고 네가 전에 들은 것보다 더 심해질 것이다. 3 지금
주권을 지닌, 네가 본 이 땅은[161] 황무지가 되고 그곳으로 지나가는 이
가 아무도 없을 것이다. 그리고 사람들은 이 땅이 황폐해진 모습을 볼
것이다. 4 그러나 지극히 높으신 분께서 너에게 시력을[162] 주신다면, 너
는 그것이[163] 셋째 시기 다음의 환난에 빠진 것을 보게 될 것이다.

갑자기 태양은 밤에, 달은 낮에 나타날 것이다.

5 나무가 피를 흘리고, 돌멩이가 소리를 낼 것이다.[164]

민족들이 동요하고 공기의[165] 흐름이 바뀔 것이다.

6 그리고 사람들이 기대하지 않은 자가 다스리고 새들이 이동할
것이다.

7 소돔의 바다가[166] 많은 물고기를 내놓고, 사람들이 알지 못하던

---

158 4에즈 5장은 마지막 시대의 표징에 대한 설명과 계시의 준비에 해당한다. 설명을 다 들은 에즈라는 계시를 받기 위해 단식과 기도로 준비한다.

159 4에즈 5,1-13: 마지막 시대의 표징.

160 2바룩 39,6에는 진리가 숨는다는 표현이 나온다.

161 지금은 주권을 가졌으나 곧 황폐해지리라는 '땅'은 로마 제국을 상징한다.

162 메츠거(Metzger)는 "생명"으로 읽는다.

163 4에즈 5,3에 언급된 '땅'을 가리킨다.

164 "그날"을 태양과 달의 이미지로 표현한 것은 마태 23,29; 24,29; 마르 13,24; 루카 21,25 참조. 돌멩이가 소리를 내는 것은 하바 2,11; 루카 19,40 참조.

165 '공기'라 옮긴 시리아어 ܐܐܪ는 그리스어 ἀήρ의 차용어다(Smith).

이가 한밤중에 소리를 내어 모든 이가 그 소리를 들을 것이다.
[8] 많은 곳에서 균열이 생기고 종종 불이 일어나며[167] 광야의 짐승
들이 사는 곳을 바꿀 것이다. 그리고 여인들에게서 징표들이 나올 것
이다. 그리하여 때도 차지 않은 아기들이 태어날 것이다.
[9] 담수에서 소금이 발견되고 친구가 친구를 거슬러 은밀히 싸움
을 벌일 것이다. 그리고 지혜는 몸을 숨기고 지성은 자기 골방으로 들
어갈 것이다. [10] 그것은[168] 많은 이들 곁에 있으나 발견되지는 않을 것이
다. 그리고 땅 위에는 불의와 방탕이 늘어날 것이다.
[11] 한 나라가 인접한 나라에게 물으며 말할 것이다. '혹시 의로움
이나 의로운 일을 하는 이가 당신 곁을 지나갔소?' 그러면 그 나라는
'아니오!'라고 답할 것이다.
[12] 그때에는 사람들이 희망을 품을 것이나 얻지는 못할 것이다.
수고할 것이나 찾지 못할 것이다. 노력할 것이나 그들의 길이 준비되
지 않을 것이다.
[13] 이것들이 너에게 말하라고 내가 명령받은 표징들이다. 그러나
네가 다시 지금처럼 기도하고 애원하면서 이레 동안 단식한다면 이것
들보다 더 대단한 일들을 듣게 될 것이다."

[14] 그리고 나는 깨어났다. 내 몸은 몹시 떨리고 내 영혼은 쇠잔하여 몸

166 사해를 가리킨다: Metzger, "The Fourth Book of Ezra", 532 참조. 사해는 염분이 높아 아무것도 살지 못하는 것으로 알려져 있었다(과학의 발달 덕분에 사해에 서식하는 박테리아가 발견되었다). 사해에서 물고기를 내놓는다는 것은 현 시대가 모든 것이 급변하는 격동의 시대임을 표현하고 있다.

167 직역: "종종 불이 보내질 것이다."

168 5,10의 '그것'은, '발견되다'로 옮긴 동사 ܬܫܬܟܚ(여성 3인칭 단수 미완료)의 숨은 주어다. 5,9의 ܣܘܟܠܬܢܘܬܐ('지성', 여성 단수)을 가리키는 듯하다.

을 떠날 지경이 되었다. [15] 그러자 나와 이야기했던 천사가 나를 붙잡고
힘을 불어넣어주어 두 발로 서게 해주었다.
[16] 그런데 둘째 날 밤에 백성의 지도자 파슬티엘이 나에게 왔다.
그리고 내게 말하였다. "어디에 계셨습니까? 얼굴이 왜 슬퍼 보입니
까? [17] 유배 간 땅에서 이스라엘이 당신을 믿었다는 것을 모르십니까?
[18] 자, 일어나셔서 빵을 조금 드십시오. 그리고 자기 양떼를 난폭한 늑
대들에게 넘기는 목자처럼[169] 그들을 버리지 말아주십시오." [19] 나는 그
에게 말하였다. "내게서 물러나십시오! 그리고 이렛날까지 가까이 오
지 마십시오. (이레가 지난) 다음에 내게 오시면 그대에게 설명해 주
겠습니다."

내가 그에게 이렇게 말하자 그는 내게서 물러나며 자리를 떴다.[170]
[20] 그리고 나는 천사 레미엘이[171] 시킨 대로 이레 동안 탄식하고
울면서 단식하였다.

둘째 환시(5,21—6,34)

에즈라의 기도[172]

[21] 이레가 지났을 때, 다시 내 마음속 생각이 몹시 괴로워졌다. [22] 그

---

169 직역: "목자가 자기 양떼를 난폭한 늑대들에게 넘기듯이."

170 '묶음 기도'를 뜻하는 ܨܠܘܬܐ ܕܒܪܐ가 5,19 문장 맨 끝에 덧붙여져 있지만 우리말 번역에서는 뺐다.

171 라틴어 사본에는 'Urihel'(우리엘)이라 되어 있다. 우리엘이라 읽는 편이 맞을 것이다. 4에즈 5,13에서 에즈라에게 이레 동안 단식하라고 일러준 천사가 우리엘이기 때문이다. 사실 3장부터 줄곧 에즈라와 이야기를 나눈 천사는 우리엘이다. 레미엘은 4에즈 4,36에 소개된, 저승의 영혼들과 이야기 나누는 천사다.

172 4에즈 5,21-30: 에즈라의 기도. 하느님 백성이 고통 받는 이유를 묻는다. 에즈

리고 나의 영혼은 식별의 영을 받고서 지극히 높으신 분 앞에서 다시 애원과 청원의 말들을 올리기 시작하였다. [23] 나는 답하며 말하였다.

"오 주님, 내 주님! 당신께서는 땅의 모든 숲과 나무들 가운데 포도나무 하나를 당신 몫으로 선택하셨습니다. [24] 그리고 사람 사는 모든 땅들 가운데 한곳을 당신 몫으로 선택하셨습니다. [25] 그리고 바다의 모든 심연들 가운데 하나의 강을 당신 몫으로 풍요롭게 만드셨습니다. 그리고 탐스런 모든 꽃들 가운데 하나의 꽃을 당신 몫으로 선택하셨습니다. 그리고 세워진 모든 도성들 가운데 시온만을 당신 몫으로 거룩하게 만드셨습니다. [26] 그리고 창조된 모든 새들 가운데 비둘기만을 당신 몫으로 부르셨습니다. 그리고 모든 가축들 가운데 양을 더 좋아하셨습니다. [27] 그리고 많은 민족들 가운데 한 백성에게 다가가셨습니다. 그리고 모두에게 인정받은 율법을 당신께서 사랑하시는 그 백성에게 주셨습니다.[173]

[28] 그런데 이제, 주님! 왜 그 하나를 많은 이들에게 넘기셨습니까? 왜 그 한 뿌리를 다른 많은 뿌리들보다 더 불명예스럽게 만드셨습니까? 그리고 왜 유일한 당신 소유를 많은 이들 사이에 흩으셨습니까? [29] 그리고 왜 당신 계명에 저항했던 자들이 당신의 계약을 믿었던 이들을 짓밟았습니까? [30] 당신께서 정말로 당신 백성을 미워하신다면 그들은 다름 아닌 당신 손에 처벌받을 것입니다!"

에즈라와 우리엘의 대화[174]

[31] 내가 이 말을 마치자 지난밤에 내게 파견되었던 그 천사가[175] 나에게

라가 둘째 환시를 보게 되는 계기에 해당한다.

173 이스라엘 선민의식이 드러난다. 이는 저자가 유다교 전통 안에 있음을 방증한다. 해제, '2. 저자와 저술 시기' 항목 참조.

파견되었다. 32 그가 나에게 말하였다. "내 말을 들어라. 네게 일러주겠
다. 주의를 기울여라. 네 앞에 말을 내놓겠다." 33 나는 답하며 그에게
말하였다. "말씀하십시오, 나리!" 그러자 그가 나에게 말하였다. "이스
라엘 때문에 많이 괴로워했느냐? 혹, 그를 만드신 분보다 네가 더 그를
사랑했느냐?"[176] 34 나는 말하였다. "아닙니다, 나리! 그저 너무 슬퍼서
말한 것뿐입니다. 매 시간 제 콩팥이[177] 저를 괴롭혔기 때문입니다. 그
래서 저는 지극히 높으신 분의 판단을 알게 해달라고, 그분 판단에서
나온 것을 쫓아갈 수 있게 해달라고 기도했습니다!"[178]

35 그가 나에게 말하였다. "너는 그럴 수 없다." 나는 그에게 말
하였다. "무엇 때문에, 나리, 저는 왜 안 됩니까? 저는 도대체 왜 태어
난 것입니까? 무엇 때문에 제 어미의 자궁이 제 무덤이 되지 않았을까
요? 그랬다면 제가 야곱의 고통도, 이스라엘 후손의 고난도 보지 않
았을 텐데요!"[179]

36 그는 답하며 내게 말했다. "아직 오지 않은 사람들을 세어보
아라. 흩어진 빗방울들을 모아 보아라. 시든 꽃들을 다시 피워보아라.

---

174 4에즈 5,31—6,27: 에즈라와 우리엘의 대화. 한처음, 마지막 시대의 표징, 남은 자들 등에 대한 여러 가르침이 전해진다.

175 '우리엘'을 가리킨다. 4에즈 4,1 참조.

176 4에즈 5,33에서는 이스라엘을 만드신 분보다 에즈라가 이스라엘을 더 사랑할 수 없음이 암시된다. 나중에 8,46에서는 사랑의 대상이 이스라엘에서 인류 전체로 확장된다. 곧 하느님의 피조물을 하느님보다 에즈라가 더 사랑할 수 없다고 한다.

177 고대인들은 종종 마음속 깊은 곳을 콩팥이나 다른 장기로 표현했다.

178 또는, "지극히 높으신 분의 판단을 알게 해달라고 그리고 그분 판단에서 나온 것을 쫓아갈 수 있게 해달라고, 기도하는 매 시간, 콩팥이 나를 괴롭혔기 때문입니다."

179 알렉산드리아의 클레멘스, 『잡록』 3.16에 4에즈 3,53이 인용되어 있다. 『잡록』 3.16에서는 해당 대목이 예레미야의 한탄으로 소개된다.

37 잠겨 있는 창고들을 열어보아라. 그리고 그것들 안에 갇혀 있는 바
람들을[180] 꺼내보아라. 지금까지 네가 본 적이 없는 얼굴들의[181] 형상
을 보여 다오. 아니면 소리의 형상을 내게 보여 다오. 그러면 네가 보게
해달라고 청한 시간과 고난에 대해 설명해 주겠다."
38 나는 말하였다. "나리, 저의 나리! 사람들과 함께 사시지 않는
분 말고, 누가 그런 것들을 알 수 있겠습니까? 39 저는 어리석고 비참
한데, 그런 제가 어떻게 당신께서 제게 물으신 것들에 대해 말할 수 있
겠습니까?"
40 그가 내게 말하였다. "앞에서 내가 말한 것들 가운데 단 한 가
지도 네가 할 수 없는 것처럼, 너는 내 심판도, 내가 내 백성에게 선포
한 사랑의 끝도 알지 못한다."

41 나는 말하였다. "그런데 나리, 보십시오! 당신께서는 마지막에 있을
사람들을 선포하셨습니다. 그렇다면 예전에 있던 사람들, 혹은 지금
살아 있는 사람들, 혹은 뒤에 올 사람들은 무엇을 해야 합니까?"
42 그가 답하며 내게 말하였다. "나는 내 심판을 동그라미에 비유
하겠다. 꼴찌들에게 너무 늦음이 없듯이 첫째들에게 너무 빠름도 없
다." 43 나는 답하며 말하였다. "혹시 당신께서는, 전에 존재했던 사람
들과 지금 존재하는 사람들, 그리고 앞으로 올 사람들을 한꺼번에 만
드실 수는 없었습니까? 그랬더라면 당신의 심판을 더 빨리 알려주실
수 있었을 텐데요."
44 그는 답하며 내게 말하였다. "피조물이 창조주보다 더 서두르

180 또는 "영들." ܪ̈ܘܚܐ를 바람이 아니라 영으로 읽는다면, 저승에 있다는 영혼의 창고에서 영을 꺼내보라는 의미일 것이다.

181 얼굴이라 옮긴 ܦܪ̈ܨܘܦܐ는 그리스어 프로소폰(πρόσωπον)의 차용어다(Smith). '사람'이라 옮겨도 된다(Bauer-Danker).

지는 못한다. 그리고 세상이 그 안에 있게 될 모든 것들을 한꺼번에 다 담지는 못한다."

45 나는 다시 답하며 말하였다. "그렇다면 어떻게 당신께서는, 당
신이 창조하신 피조물들에게 한꺼번에 생명을 주시겠다고 당신 종에
게 말씀하셨습니까? 그렇다면 그것들이 한 번에 다 같이 살았을 것입
니다. 그리고 피조물이 이를 감당할 수 있었을 것이며, 지금도 존재하
는 것들을 한꺼번에 감당할 수 있을 것입니다."

46 그가 답하며 내게 말하였다. "여인의 자궁에게 물어보아라. 그
에게 말해보아라. 열 명을 낳았다면, 왜 그들을 각자 때에 맞추어 낳
았는지! 그리고 그에게 열 명을 한꺼번에 다 낳으라고 청해보아라."

47 나는 말하였다. "나리, 그럴 수 없습니다. 각자 제때에만 가능
합니다."

48 그가 내게 말하였다. "나도 태어나는 것들에게 땅을 자궁으로
내주되, 각자 때에 맞추어 그렇게 하였다. 49 어린 아이는 아이를 낳지
못하고 나이든 여자도 더 이상 그러지 못한다. 나도 내가 창조한 세상
을 그런 식으로 만들었다."

50 나는 그분께 물으며 말하였다. "이제 당신께서 제게 길을 보여
주셨으니, 당신 앞에서 감히 말씀드리겠습니다. 당신께서 말씀하신 우
리 어머니 시온은, 아직 젊습니까, 나리? 아니면 벌써 노년에 가까웠
습니까?"

51 그가 답하며 내게 말하였다. "아이 낳는 여인에게 물어보아라.
그녀가 네게 답해줄 것이다. 52 그녀에게 말해 보아라. '지금 당신이 낳
은 아이들이 전에 낳은 아이들과 비슷한데 왜 몸집은 더 작습니까?'[182]

182 시리아어 본문에는 비슷하다는 단어에 부정어가 붙어 있지 않다. 라틴어 본문에는 "무엇 때문에 지금 당신이 낳은 아이들이 전에 낳은 아이들과 비슷하지 않고 몸집이 더 작습니까?"로 되어 있다: Metzger, "The Fourth Book of Ezra", 534.

[53] 그녀가 너에게 말할 것이다. '젊음의 활기 속에서 태어난 아이들 다
르고, 자궁이 쪼그라든 늙은 나이의 어미에게서 태어난 아이들 다르
다.' [54] 너도 주의를 기울여 보아라. 너희들 몸집이 예전 사람들보다 더
작다. [55] 너희 뒤에 오는 사람들은 너희보다 더 작을 것이다. 피조물이
이미 늙어버렸으며 젊음의 활기가 지나가버렸기 때문이다."

[56] 나는 답하며 말하였다. "당신께 청합니다, 나리! 당신 앞에 제가 마
음에 드신다면, 당신 종에게 가르쳐 주십시오! 당신께서 누구를 통하
여 당신 피조물을 방문하실 것입니까?"

6 [1] 그분께서 내게 답하시며 말씀하셨다.[183]
"'처음'은 사람의 아들 손 안에 있고 '마지막'은 내[184] 손 안에 있다.
사람이 살 땅이 생겨나기 전, 세상의 한계들이 설정되기 전,[185] 무거운
바람들이 불기 전, [2] 천둥들의 소리가 들리기 전, 번개 불빛들이 번쩍
이기 전, 낙원의 땅이 꾸며지기 전, [3] 꽃들의 아름다움이 나타나기 전,
움직임의 강도가 세어지기 전, 수없이 많은 천사들의 군대가 모이기
전, [4] 창공의 꼭대기들이 높여지기 전, 궁창들의[186] 치수들이 정해지기

---

183 4에즈 6,1-6: 한처음에 대한 설명이다.

184 4에즈 6,1-6에서 '나'로 칭해지는 분은 '하느님'이시다. 천사의 입을 빌려 하느님께서 1인칭으로 말씀하신다.

185 또는 "세상의 출구들이 자리 잡히기 전에." 한계라 옮긴 시리아어 ܡܦܩܢܐ는 '출발', '탈출', '출구', '통로', '한계', '끝' 등을 의미한다(Smith)

186 '창공'이라 옮긴 단어는 ܐܐܪ다(5,5에 달린 각주 참조). 궁창이 복수(ܪ̈ܩܝܥܐ)로 제시되어 있음을 주목하라. 구약성경에서 궁창은 단수다. 에녹 2서나 바룩 3서에서 열 하늘 또는 다섯 하늘로 제시된다. 바룩 3서 해제, '5.1. 우주관' 항목을 참조하라.

전, 시온의 발판이 세워지기 전, 5 현재의 햇수들이 검토되기 전, 지금
죄인들의 어리석음이 형성되기 전, 믿음의 보물을[187] 쌓아둔 이들이 봉
인되기 전이었다. 6 그런 뒤 나는 생각하였다.[188] 그리고 그 모든 것들이
오직 내 손을 통하여 생겨났다. 내 손을 통하지 않은 다른 것은 없다."

7 나는 답하며 말하였다.[189] "시간들의 나뉨은 어떻겠습니까? 혹은, 첫
번째 세상의 끝은 언제이고 두 번째 (세상)의 시작은 언제입니까?"[190]

8 그분께서 답하시며 내게 말씀하셨다. "아브라함에서 아브라함
까지다. 아브라함에게서 이사악이 태어났다. 그리고 이사악에게서 야
곱과 에사우가 태어났다. 그런데 야곱의 손이 에사우의 발꿈치를 잡
았다. 9 에사우는 첫 세상의 발꿈치, 야고보는 두 번째 세상의 손이다.
10 사람의 시작은 그의 손이고 사람의 끝은 그의 발꿈치다.[191] 그러므로

---

187 마태 13,44; 19,21; 2바룩 44,14; 4에즈 7,77; 14,47 참조.

188 4에즈 6,6에 하느님의 '생각'으로 만물이 창조되었다는 개념이 담겨 있다. '생각하다'로 옮긴 시리아어는 ܐܬܚܫܒܬ다. ܚܫܒ(*hšb*)의 에트페엘(Ethpeel)형에 해당한다. '헤아리다', '고려하다', '깊이 생각하다' 등을 뜻하는 ܚܫܒ 동사가 에트페엘형으로 쓰이면 '곰곰이 생각하다', '묵상하다'(meditate) 등으로 옮겨진다(Smith). 라틴어 본문에는 'cogitavi'가 쓰였다. 메츠거는 이를 '계획을 세웠다', '계획하였다'로 옮긴다. "I planned these things": Metzger, "The Fourth Book of Ezra", 534.

189 4에즈 6,7-10: 시간의 나뉨, 두 세상에 대한 설명이다.

190 4에즈 6,7에 따르면, 첫 번째 세상과 두 번째 세상, 두 세상이 있다. 하느님께서 두 세상을 만드셨다고 하는 7,50도 참조하라. 여기서 '세상'이라고 옮긴 시리아어 ܥܠܡܐ(*ʿālmā*)는 히브리어 עולם(*ʿōlam*)에 상응하는 단어로서 시간과 공간의 의미를 모두 담고 있다. 그래서 같은 단어가 세상(world)을 가리키기도, 시대(age)를 가리키기도, 심지어 영원(eternity)을 가리키기도 한다(Smith; BDB). 특히 이 단어가 '영원'이라는 뜻으로 쓰일 때는 정량적인 시공간 개념을 초월한다.

191 따라서 에사우는 첫 시대의 마지막을, 야고보는 두 번째 시대의 시작을 상징한다.

발꿈치와 손 사이에 다른 아무것도 찾지 마라, 오 에즈라야!"

[11] 나는 답하며 말하였다.[192] "오 주님, 제 주님! 제가 당신 눈에 드신다
면, [12] 당신 종인 저에게, 표징의 끝을 알려 주십시오. 지난밤 당신께서
조금 알려 주신 그 표징들 말입니다."

[13] 그분께서 답하시며 내게 말씀하셨다. "두 발로 서라. 큰 소리가
들려올 것이다. [14] 그리고 그 소리가 너와 이야기하는 동안[193] 네가 서
있는 그곳이 심하게 요동치더라도, [15] 두려워하지 마라. 그것은 끝의 소
식에 대한 말씀이기 때문이다. 땅의 기초들은 [16] 그것이 자기들에 대한
말씀임을 이해할 것이다. 그리고 두려워하며 요동칠 것이다. 그들의 끝
이 변화되고 있음을 자각하고 있기 때문이다."

[17] 나는 이 말을 듣고 두 발로 일어섰다. 그리고 들었다.[194] 보라!
말하는 소리가 들려왔다. 그 소리는 많은 물들의 소리 같았다. [18] 그
소리가 말하였다.

"보라 그 날들이 다가왔다. 내가 땅의 주민들을 방문하러 갈 때,
[19] 그리고 내가 불의한 자들의 손을 조사할 준비가 되었을 때, 그리고
시온의 굴욕이 끝났을 때, [20] 지나갈 이 세상이 봉인될 준비가 되었을
때, 이 표징들을 행사하겠다.

책들이 궁창 앞에서 펼쳐지고 모두가 한자리에서 내 심판을 목격
할 것이다.[195] [21] 그리고 한 살배기 아이가 말을 하고 목소리를 낼 것이

---

192 4에즈 6,11-24: 마지막 시대의 표징, 끝의 소식.

193 '그 소리가 너와 이야기하는 동안'은 6,15에 있으나 문장을 매끄럽게 하려고 6,14에 담았다.

194 에즈라 4서의 두 번째 환시에서 에즈라는, 특정한 장면을 본다기보다는 '끝의 소식'에 대한 '소리'를 듣는다(6,17). '소리'가 들려주는 '끝의 소식'은 4에즈 6,18-28에 전해진다.

다. 아이 밴 여인들이 때 아니게 석 달째 혹은 넉 달째에 아이를 낳을 것이다. 그런데도 아이들은 살아서 뛰어오를 것이다. 22 그리고 씨가 뿌려지지 않은 곳들이 갑자기 씨가 뿌려진 곳이 되고 가득 채워진 곳간들이 갑자기 텅 빈 곳이 될 것이다.

23 그리고 나팔이 큰 소리로 울릴 것이며, 그 소리를 들은 모든 이가 갑자기 두려움에 사로잡힐 것이다. 24 그리고 그때에는, 원수들에게 하듯이 친구들이 친구들을 거슬러 전쟁을 일으킬 것이다.[196] 땅은 그 주민들과 함께 경악하고 샘들의 물길은 멈추어 세 시간 동안 흐르지 않을 것이다.

25 그리고 내가 너에게 예고한 이 모든 일들에서 (살아)남은 모든 이들은[197] 산 채로 나의 구원과 세상의 끝을 목격할 것이다.[198] 26 그런 다

---

195 책들이 펼쳐진다는 개념은 다니 7,10; 묵시 20,12을 보라. 2바룩 24,1과 그에 딸린 각주를 참조하라.

196 마지막 때를 알리는 '나팔 소리'에 대해서는 이사 18,3; 27,13; 마태 24,31; 1코린 15,52; 1테살 4,16; 묵시 11,15 등 참조. 친구가 친구를 거슬러 전쟁을 일으킨다는 것은 마태 10,35; 루카 12,53 참조.

197 4에즈 6,25-28은 '남은 자들'에 관한 대목이다. 천사가 예고한 모든 재앙에서 살아남은 이들이 하느님의 구원과 세상의 끝을 목격하리라는 내용이다. 심판의 시간을 거치고 살아남은 자들은 마음이 바뀌어 새로운 정신이 되리라고 한다. 심판의 시간이 '남은 자들'에게는 정화의 시간이 되었다는 의미다. 곧 이들은 심판과 재앙의 시간을 거치면서 정화되어 전보다 순수한 상태로 바뀐다. '남은 자들'이 심판의 정화를 통해 구원의 시간을 맞이할 채비를 갖추는 셈이다. 심판의 정화 효과는 즈카 13,8-9에 잘 묘사되어 있다. 이에 따르면, 남은 자들에게 심판은 정제와 정련의 시간이다: "주님의 말씀이다. 온 땅에서 삼분의 이가 잘려 죽고 삼분의 일만 살아남으리라. 나는 그 삼분의 일을 불 속에 집어넣어 은을 정제하듯 그들을 정제하고 금을 제련하듯 그들을 제련하리라. 그들은 나의 이름을 부르고 나는 그들에게 대답하리라. 나는 '그들은 나의 백성이다!' 하고 그들은 '주님께서는 우리의 하느님이시다!' 하리라."

음 그들은 들어 올려진 사람들,[199] 곧 태어나서부터 죽음을 맛본 적이 없는 이들을 볼 것이다.[200] 그리고 땅의 주민들은 마음이 변화되어 다른 정신으로 바뀔 것이다.[201] [27] 악은 사라지고 속임수는 제거될 것이기 때문이다. [28] 믿음은 피어나고 부패는 정복될 것이다.[202] 그리고 오

---

198 직역: "이 모든 일들에서 남겨진 모든 이들이 살아서 … 목격할 것이다." 4에즈 6,25에서도 '남은 자' 개념이 나타난다. 여기서 '남겨진 모든 이들'에 해당하는 시리아어 표현은 ܟܠ ܗܠܝܢ ܕܐܫܬܚܪܘ이다. ܐܫܬܚܪܘ는 ܐܚܪ 동사(남다)의 에쉬타팔(Eshtaphal)형(수동성을 표현한다) 분사로서 '남겨진', '남은' 등으로 옮길 수 있다. ܐܚܪ는 히브리어 동사 אחר와 어원이 같다. 4에즈 6,25은 하느님의 구원을 목격할 이들은 이른바 '남은 자들'뿐임을 강조한다.

199 마지막 때까지 살아남은 '산 이들'이 공중으로 들려 올라가리라고 하는 1테살 4,16-17 참조. 이에 따르면, 나팔 소리가 울리고 하느님께서 친히 우리들을 방문하실 때 맨 먼저 그리스도 안에서 죽은 이들이 부활할 것이다. 그 다음 마지막 때까지 살아남은 이들이 그들과 함께 들려 올라갈 것이다: "명령의 외침과 대천사의 목소리와 하느님의 나팔 소리가 울리면, 주님께서 친히 하늘에서 내려오실 것입니다. 그러면 먼저 그리스도 안에서 죽은 이들이 다시 살아나고, 그다음으로, 그때까지 남아 있게 될 우리 산 이들이 그들과 함께 구름 속으로 들려 올라가 공중에서 주님을 맞이할 것입니다. 이렇게 하여 우리는 늘 주님과 함께 있을 것입니다."

200 4에즈 6,25-26에서 '그때' 남은 자들에게 일어날 일은 세 가지로 요약된다. 그들은 세상의 끝과 하느님의 구원을 목격할 것이다. 그리고 아직 죽음을 맛보지 않은 사람들이 들어올려지는 것도 목격할 것이다. 땅의 주민들의 마음은 변화되어 '다른 정신'이 될 것이다. 특히 마음의 변화가 일어나리라고 한 점을 눈여겨보라.

201 1코린 15,51-52 참조: "자, 내가 여러분에게 신비 하나를 말해 주겠습니다. 우리 모두 죽지 않고 다 변화할 것입니다. … 나팔이 울리면 죽은 이들이 썩지 않는 몸으로 되살아나고 우리는 변화할 것입니다." 그리스도께서 우리의 비천한 몸을 그리스도의 영광스러운 몸과 같은 모습으로 변화시켜주시리라고 하는 필리 3,21도 참조하라. 마음 또는 정신의 변화에 대해서는 로마 12,2을 참조하라: "여러분은 현세에 동화되지 말고 정신을 새롭게 하여 여러분 자신이 변화되게 하십시오."

202 4에즈 6,27-28은 2바룩 73,3-4와 비슷하다: "[73,3]그리고 어느 누구도 더 이상 때 아닌 죽음을 맞이하지 않고 어떤 반대자도 갑자기 일어나지 않을 것이다. [4]그리

랫동안 열매를 내지 않던 진리가 마침내 그 모습을 드러낼 것이다."[203]

천사의 당부[204]

29 그분께서 나와 말씀하시고 계시는 동안 내가 서 있던 자리가 조금씩
흔들리기 시작하였다. 30 그분께서 내게 말씀하셨다. "오늘 밤 내가 온
것은 너에게 이 일들을 알려주기 위해서다. 31 그러므로 만약 네가 다
시 이레 동안 탄원하고 단식한다면 이 일들보다 더 엄청난 것들을 너
에게 계시해 주겠다. 32 지극히 높으신 분께서 네 목소리를 들으셨기 때
문이다. 사실 능하신 분께서 너의 올곧음과 어린 시절부터 네가 지녀
온 거룩함을 보셨다. 33 이 때문에 그분께서 나를 보내시며 너에게 이
모든 일들을 계시해 주라고 하셨다."

그리고 그분께서 내게 말씀하셨다. "용기를 내어라, 그리고 두려
워하지 마라! 34 그리고 예전 시대들에 대해 서둘러 슬프게 생각하지
마라. 마지막 때에 지나친 걱정이 너를 덮치지 않도록."

셋째 환시(6,35—9,25)

도입[205]

35 이 일들이 있은 뒤 나는 울었다. 그리고 나에게 말씀하신 삼 주를 채

고 재판들, 고발들, 논쟁들, 복수, 피, 욕정, 질투, 미움, 그리고 이와 비슷한 모든 것들이 단죄를 받고 제거될 것이다."

203 4에즈 6,27-28은 '그때'를 묘사한다. 악과 속임수와 부패는 사라질 것들, 믿음과 진리는 새롭게 피어날 것들이다.

204 4에즈 6,29-34: 다시 계시를 받을 준비를 하라는 천사의 당부가 전해진다.

205 4에즈 6,35-59: 셋째 환시(6,35—9,25) 대목의 도입부에 해당한다. 에즈라는 다시 동요하며 기도드리기 시작한다(6,35-37). 천지창조를 언급(6,38-54)하면서 다

우기 위해 이레 동안 단식하였다. 36 그리고 여드레 날 밤이었다. 보라,
다시 내 마음이 안에서 요동치고 있었다. 나는 지극히 높으신 분 앞에
서 말씀드리기 시작하였다. 37 내 영이 끓어오르고 내 영혼이 타오르
고 있었기 때문이다.

38 나는 말하였다.[206]

"오 주님, 내 주님. 참으로 당신께서는 당신 창조의 시작부터
말씀하셨습니다.
첫째 날 당신께서 말씀하셨습니다. '하늘과 땅아 있어라!'
그러자, 내 주님, 당신의 말씀이 작품을 빚었습니다.[207]
39 영이 감돌고 있었고 어둠과 침묵이 뒤덮고 있었습니다.[208]
아직 사람의 소리는 없었습니다. 40 그리고 당신께서는, 빛의
광선에게 당신 곳간에서 나와 당신 작품들을 보이게 만들라고
말씀하셨습니다.[209]

41 그리고 다시 둘째 날, 당신께서는 궁창의 영을 만드셨습니다.
그리고 그에게 물들과 물들 사이를 구분지으라고 명하셨습니다.
그것들 중 일부는 위로 올라가고 나머지 일부는 아래에 남게
하려는 것이었습니다.[210]

시 하느님께 당신 백성에게 고통을 허락하신 이유를 묻는다(6,55-59).

206 4에즈 6,38-54은 다시 쓴 '창세 1,1-27'이라 할 수 있다. 에즈라 4서의 우주관, 창조관이 엿보인다. 창세 1장의 우주관을 그대로 따르고 있다. 4에즈 4,7-8에 달린 각주를 참조하라.

207 창세 1장 참조. 특히 1,1 "한처음에 하느님께서 하늘과 땅을 창조하셨다" 참조. 주님이 창조의 시작부터 말씀하셨다는 것은 요한 1,1-3 참조.

208 창세 1,2 참조: "어둠이 심연을 덮고 하느님의 영이 그 물 위를 감돌고 있었다."

209 창세 1,3 참조: "하느님께서 말씀하시기를 '빛이 생겨라' 하시자 빛이 생겼다."

42 그리고 셋째 날 당신께서는 물들에게 땅의 일곱째 부분에서
한데 모이라고 명하셨습니다.[211] 그러나 (나머지) 여섯 부분은
마른 상태로 남게 하셨습니다. 그리하여 어떤 것은 당신 앞에서
봉사하고, 어떤 것은 경작지가 되고 어떤 것은 씨가 뿌려지게
하셨습니다.[212] 43 당신의 말씀이 나오면 순식간에 작품이
만들어졌습니다.[213]

44 사실 갑자기 온갖 다양한 맛의 수없이 많은 열매들이 달리기
시작했습니다. 그리고 꽃들은 흉내낼 수 없이 제각각의
형상이었습니다. 나무들도 서로 비슷한 모양이 없었습니다.
향기는 형용할 수 없는 향이었습니다. 이것들은 셋째 날에
생겨났습니다.[214]

45 그리고 넷째 날 당신께서 명하시자 빛나는 태양과 달의 광선이

---

210 창세 1,6-8 참조: "하느님께서 말씀하셨다. '물 한가운데에 궁창이 생겨, 물과 물 사이를 갈라놓아라.' 하느님께서 이렇게 궁창을 만들어 궁창 아래에 있는 물과 궁창 위에 있는 물을 가르시자, 그대로 되었다. 하느님께서는 궁창을 하늘이라 부르셨다. 저녁이 되고 아침이 되니 이튿날이 지났다."

211 4에즈 6,42의 '물들'은 창세 1,9의 "하늘 아래에 있는 물"을 가리킨다. 하늘 아래에 있는 물을 한곳으로 모이게 하여 바다와 뭍으로 가르신 일을 일컫는다.

212 창세 1,9-11 참조: "하느님께서 말씀하시기를 '하늘 아래에 있는 물은 한곳으로 모여, 뭍이 드러나라' 하시자, 그대로 되었다. 하느님께서는 뭍을 땅이라, 물이 모인 곳을 바다라 부르셨다. 하느님께서 보시니 좋았다. 하느님께서 말씀하시기를, '땅은 푸른 싹을 돋게 하여라. 씨를 맺는 풀과 씨 있는 과일나무를 제 종류대로 땅 위에 돋게 하여라' 하시자, 그대로 되었다."

213 4에즈 6,43에 말씀을 통한 창조 개념이 드러난다. 말씀이라 옮긴 시리아어 ܡܠܬܐ(또는 ܡܠܐ)는 그리스어 로고스에 해당하는 단어다(Smith). 라틴어 본문은 verbum이라 읽는다. 창세 1,3.9; 요한 1,3 등 참조.

214 창세 1,12-13 참조.

생겨나고 별들이 질서를 이루었습니다.[215] 46 당신께서는
그들에게 당신에 의해 곧 빚어질 사람에게 봉사하라고
명하셨습니다.
47 그리고 다섯째 날, 당신께서는 물들이 있는 일곱째
부분을[216] 향해 짐승들과[217] 새들과 물고기들을 내놓으라고
말씀하셨습니다.[218] 48 그리고 그렇게 되었습니다. 말 못하는,
생명 없는 물들이 생명 있는 것들을 만들었습니다. 그리하여
세대들이 당신의 놀라운 업적을 이야기하게 되었습니다.
49 그 뒤 당신께서는 (다섯째 날) 창조하신 두 생물을 따로
유보해두셨습니다. 그리고 하나의 이름은 브헤못이라 부르시고,
다른 하나의 이름은 레비아탄이라 부르셨습니다.[219]

---

215 직역: "빛나는 태양과 달의 광선, 별들의 배치가 생겨났습니다." 창세 1,14-19 참조.

216 4에즈 6,42 참조. 물들이 있는 일곱째 부분은 6,42의 물이 모인 곳 곧 바다를 가리킨다.

217 또는, "생명체", "생물", "동물."

218 창세 1,20-21 참조.

219 4에즈 6,49-52에는 마지막 시대에 남은 자들에게 양식으로 주어질 두 괴물, 브헤못과 레비아탄에 대한 이야기가 전해진다. 하느님께서 창조 다섯째 날에 만드신 브헤못과 레비아탄을 당신께서 원하시는 때에 당신께서 원하시는 이들에게 양식으로 내어주시고자 각각 다른 곳에 보전해 두셨다는 내용이다. 1에녹 60,7-9; 60,24; 2바룩 29,3-4에도 비슷한 내용이 전해진다. 특히 2바룩 29,3-4에서는 브헤못과 레비아탄이 메시아 시대와 연결되어 이른바 '메시아의 잔치' 테마로 발전해 있다. 메시아 시대에 베풀어질 하느님의 풍성한 축복을 상징하는 '메시아의 잔치' 테마는 성경과 외경, 쿰란 문헌과 라삐 문헌 등 유다교 및 그리스도교 전승 전반에서 발견된다(이사 25,6-8; 에제 39장; 4Q521 2.2.5-13; 마태 8,5-13; 21,33-46; 22,1-14; 25,1-13; *b. Baba Batra* 74b-75a; *b. Sanhedrin* 99a 등). 메시아의 만찬에 대한 서지정보와 신학은 바룩 2서 해제 '5.2. 메시아와 메시아 시대' 항목을 참조하

50 그리고 둘을 하나씩 하나씩 갈라놓으셨습니다. 물기 있는
일곱째 부분이[220] 둘 다는 담을 수 없었기 때문입니다.
51 그리고 셋째 날 마른 상태가 되게 하신 부분들 가운데 하나를
브헤못에게 주시어 그곳에 살게 하셨습니다.[221] 천 개의
봉우리로 된 산들이 있는 곳입니다.
52 레비아탄에게는, 물기 있는 일곱째 부분 가운데 하나를
주셨습니다. 그리고 당신께서는 그것들을 따로 두시어, 당신께서
원하시는 때에 당신께서 원하시는 이들에게[222] 양식이 될 수
있게 하셨습니다.[223]

라. 마지막 시대의 두 괴물에 대해서는, 송혜경, 『사탄, 악마가 된 고발자』, 190-191을 참조하라.

220 4에즈 6,42 참조: "그리고 셋째 날 당신께서는 물들에게 땅의 일곱째 부분에서 한데 모이라고 명하셨습니다. 그러나 여섯 부분은 마른 상태로 남게 하셨습니다."

221 4에즈 6,42 참조. 1에녹 60,7-10에서도 태초에 하느님께서 레비아탄과 브헤못을 각각 바다와 마른 땅에 가두어 두셨다고 한다.

222 4에즈 6,49-52에서는 레비아탄과 브헤못이 하느님께서 원하시는 이들의 양식이 되리라고 한다. 2바룩 29,4에서는 이 만찬의 수혜자가 '남은 자들'로 제시된다. 레비아탄과 브헤못이 남은 자들의 양식이 되리라는 것이다. 에즈라 4서와 동시대 작품인 바룩 2서에서는 종말론적 만찬 테마가 보다 정교한 형태를 띠고 있다. 가령 2바룩 29장에서 종말론적 만찬이 메시아와 직접 연결되어 있으며, 그 만찬에 초대된 이들도 '남은 자들'로 특정되어 있다. 만찬에 제공될 음식도 두 괴물 외에 다른 음식과 포도주 등 더 다양한 종류가 제시된다. 만찬이 '그 해들'(=메시아 시대) 동안 지속될 것이라고도 한다. 그런데 4에즈 6,49-52에서는 만찬이 메시아와 직접 연결되어 있지 않으며 그저 하느님께서 원하시는 때, 원하시는 이들에게 베풀어지리라고 한다. '메시아의 만찬'이라고 이르기엔 섣부른 감이 있다.

223 마지막 시대에 쓸 양식으로 레비아탄과 브헤못을 마련해 두셨다는 것은 에제 39장을 연상시킨다. 마지막 시대의 만찬이 다뤄지는 에제 39장에서는 곡의 용사와 전사들을 양식으로 제공하시리라고 한다(39,4). 에제 39,17-20에서 이 잔치는 '희생

53 여섯째 날 당신께서는 땅에게, 가축들과 짐승들과 땅에 기는
것들을 당신 앞에 내놓으라고 명하셨습니다.[224] 54 그리고
당신께서는 아담을 이 모든 것들 위에, 곧 당신께서 처음에
창조하신 모든 작품들 위에 지배자로 세우셨습니다.[225] 그리고
그로부터 우리, 곧 당신께서 선택하신 백성이 나왔습니다.

55 제가 이 모든 것을 당신 앞에 말씀드린 것은, 주님! 당신께서 이
세상을 우리를 위해 창조하셨다고 말씀하셨기 때문입니다.
56 아담에게서 나온 나머지 민족들은, 당신께서는 그들은 아무것도
아니며 침방울과도 같다고 말씀하셨습니다. 그리고 그들의
풍요로움은 주전자의 물 한 방울과 비슷하다고 하셨습니다.
57 이제, 주님, 보십시오! 아무것도 아니라고 여겨진 저 민족들이
우리 위에 군림하며 우리를 짓밟고 있습니다.
58 그리고 소중한 당신 백성, 맏배이자 사랑하는 외아들이라
부르신 우리! 보십시오! 우리가 저들의 손에 넘겨졌습니다!

제물 잔치'라 불린다. 하느님께서 마련하신 고기와 피를 남은 자들이 배불리 먹고 마시리라는 것이다. 에제 39장에서 마지막 때의 양식이 이스라엘 백성을 박해하던 원수라면, 4에즈라나 2바룩에서는 레비아탄과 브헤못이다. 이 양식 또는 희생 제물 축제는 마지막 때 베풀어질 하느님의 축복과 은총을 상징한다. 신약에서 마지막 시대의 양식은 예수님의 살과 피다. 성찬례 제정을 담은 마태 26,26-30 등 참조.

224 창세 1,24 참조: "하느님께서 말씀하시기를 '땅은 생물을 제 종류대로, 곧 집짐승과 기어 다니는 것과 들짐승을 제 종류대로 내어라' 하시자, 그대로 되었다."

225 창세 1,26-27 참조: "하느님께서 말씀하셨다. '우리와 비슷하게 우리 모습으로 사람을 만들자. 그래서 그가 바다의 물고기와 하늘의 새와 집짐승과 온갖 들짐승과 땅을 기어 다니는 온갖 것을 다스리게 하자.' 하느님께서는 이렇게 당신의 모습으로 사람을 창조하셨다. 하느님의 모습으로 사람을 창조하시되 남자와 여자로 그들을 창조하셨다."

59 세상이 우리 때문에 창조되었다면, 우리 세상을 왜 우리가
상속받지 못합니까? 이런 상태가 언제까지 이어집니까?"

천사의 파견, 바룩과 천사의 대화(4에즈 7,1—9,22)[226]

7 [1] 내가 이 말들을 마쳤을 때였다. 보라! 지난 며칠 밤 내게 파견되었던
그 천사가[227] 나에게 파견되었다.[228] [2] 그분께서 나에게 말씀하셨다. "일
어나라, 에즈라야! 그리고 이 말들을 들어라. 너에게 이 말을 하려고
왔다."

고통의 이유[229]

[3] 나는 그분께 말하였다. "말씀하십시오, 나리!" 그러자 그분께서 답하
시며 나에게 말씀하셨다. "바다는 광활한 곳에 놓여 있어 길고 끝이
없다. [4] 그러나 그 입구는 좁은 곳에 놓여 있어 강과 비슷하다. [5] 만약
어떤 사람이 바다에 가서 그곳을 보고 그 주인이 되고자 한다면, 그
가 좁은 곳을 지나가지 않고서 어떻게 넓은 곳에 도달할 수 있겠느냐?
[6] 다른 것도 들어聽보아라. 널찍한 곳에 세워진 도성이 있다. 그 도성은
많은 좋은 것들로 가득 차 있다. [7] 그런데 그 입구가 좁고 가파른 곳에
자리 해 있으며 오른쪽에는 불이, 왼쪽에는 깊은 물이 있다. [8] 둘 사이
에, 곧 물과 불 사이에 오직 하나의 길 밖에 나 있지 않은데, 그 길은
폭이 좁아 한 번에 한 사람밖에 지나가지 못한다. [9] 그런데 이 도성이

226 4에즈 7,1—9,22: 본격적인 '셋째 환시'에 해당한다. 우리엘 천사가 에즈라에게 나타나 여러 가지 주제로 질문과 응답을 나눈다. '메시아와 메시아 시대', '죽은 뒤 영혼의 행보' 등 매우 다양한 주제가 다뤄진다.

227 여기서도 에즈라에게 파견된 천사가 여전히 우리엘임을 알 수 있다.

228 4에즈 7,1-2: 천사의 파견.

229 4에즈 7,3-25: 이스라엘이 고통 받는 이유.

유산으로 주어지는 이가 있다면, 상속자인 그가 앞에 놓인 위험을[230] 통과하지 않고서 어떻게 자기 유산을 받을 수 있겠느냐?"

10 나는 그분께 말하였다. "맞는 말씀입니다, 나리!" 그러자 그분께서 답하시며 내게 말씀하셨다. "이스라엘의 몫도 그렇다. 11 사실 나는 그들을 위해 세상을 만들었다. 그러나 아담이 내 계명을 어겼을 때, 창조된 만물도[231] 유죄가 되었다.[232] 12 이 때문에 그들에게 지금 이 세상의 입구들이 좁아졌다. 그리고 그것들은 슬픔, 고통, 많은 위험들, 엄청난 노고, 질병, 고난으로 가득 차 있다. 13 그러나 다가올 세상의 입구들은 넓어서 불안할 일이 없으며 죽지 않는 열매를 맺는다. 14 살아 있는 이들이 좁고 험난한 곳을 통과하지 않으면 자기들을 위해 마련된 것들을 얻지 못할 것이다.[233]

15 그러니 자, 네가 멸할 것이라고 해서 왜 동요하느냐? 그리고 네가 사멸한다고 해서 왜 흔들리느냐? 16 너는 무엇 때문에 마음속으로 미래의 일은 생각하지 않고 현재의 일만 생각했느냐?"[234]

17 나는 답하며 말하였다. "주님, 내 주님! 보십시오! 당신께서는, 의로운 이들은 이것들을 상속받을 것이나 불경한 자들은 멸망하리라

---

230 '위험'이라 옮긴 시리아어 ܩܝܢܕܘܢܘܣ는 그리스어 κίνδυνος의 차용어다.

231 직역: "만들어진 것."

232 4에즈 7,11에 원죄 개념이 엿보인다. 4에즈 7,118도 참조하라: "아담이여, 도대체 당신은 무슨 짓을 한 것입니까? 당신이 죄를 지었는데, 그 해악은 당신만의 것이 아니고 당신에게서 나온 우리 모두의 것이기도 합니다." 로마 5,15-19 참조.

233 1코린 2,9: "어떠한 눈도 본 적이 없고 어떠한 귀도 들은 적이 없으며 사람의 마음에도 떠오른 적이 없는 것들을 하느님께서는 당신을 사랑하는 이들을 위하여 마련해 두셨다." 좁은 문으로 들어가라고 하는 마태 7,13-14; 루카 13,24 참조. 2바룩 7,16도 참조.

234 4에즈 7,16의, 시각을 현재의 일에서 미래의 일로 돌리라는 요청은 2바룩 19,5; 32,5에도 나온다.

고, 당신 율법 안에 (둘을) 구분해 놓으셨습니다. 18 그러므로 의로운
이들은 당연히 협소함을 견디고 있습니다. 그들은 넓은 곳이 다가오리
라 희망하기 때문입니다. 불경한 이들도 협소함을 참고 있지만 그들은
넓은 곳을 보지 못할 것입니다."

19 그분께서 답하시며 내게 말씀하셨다.[235] "너는 하느님보다 위
대하지 않다. 그리고 지극히 높으신 분보다 슬기롭지[236] 않다. 20 나에
의해 세워진 율법이 무시당하는 것보다, 지금 있는 많은 사람이 멸망
하는 편이 낫다. 21 사실 하느님께서는 (세상에) 온 사람들에게, 그들
이 왔을 때 무엇을 해야 살 수 있는지, 그리고 무엇을 지켜야 벌 받지
않는지, 계명을 정해주셨다.[237] 22 그러나 그들은 반항하며 그분께 순
종하지 않았다. 그리고 자신들을 위해 헛된 계획들을 세웠다. 23 자신
들을 위해 추악한 속임수를 일삼았으며 이 모든 것에 더해 그들 모두
'지극히 높으신 분은 계시지 않는다!' 하고 말했다. 그들은 그분의 길
을 알아보지 못했다. 24 그리고 그분의 율법을 업신여기고 그분의 계
약을 부정했으며[238] 그분의 계명들을 신뢰하지 않았고 그분의 업적들
을 무시했다.[239]

---

235 4에즈 7,19에서 시작된 천사의 말은 7,44에서 끝난다.

236 ܣܟܠܘܬܝ을 ܣܟܘܠܬܝ(슬기로운)으로 바꾸어 읽었다. ܣܟܠܘܬܝ은 필사가의 실수로 인한 오기인 것 같다.

237 또는, "사실 하느님께서는 (세상에) 온 사람들에게, 그들이 왔을 때 살기 위해서는 무엇을 해야 하는지, 그리고 벌 받지 않으려면 무엇을 지켜야 하는지, 계명을 정해주셨다."

238 비다비드(Bidawid)를 따라 ܚܒܪܘ(연결하다)를 ܟܦܪܘ(부정하다)로 바꾸어 읽었다.

239 4에즈 7,21-24에서는 인간이 멸망의 길을 스스로 선택했음이 암시된다. 하느님께서 어떻게 살아야 하는지 가르쳐주셨으나 사람들 스스로 그분께 반항하며 그분의 길을 걷지 않았다는 것이다.

25 이 때문에, 에즈라야! 텅 빈 것들은[240] 텅 빈 자들에게, 가득 찬
것들은 가득 찬 이들에게 (갈 것이다)![241]

마지막 시대[242]

26 보라! 그 날들이 올 것이다. 내가 너에게 전에 예고한 표징이[243] 오는
때, 도성처럼 보이는 신부가 모습을 드러낼 것이다. 그리고 특별한[244]
그 도성이 나타날 것이다.[245] 27 그리고 앞에서 언급한 악행들에서 해방

---

240 시리아어 본문의 ܗܦܝܩܘܬܐ를 ܣܦܝܩܘܬܐ로 고쳐 읽었다. 편집자의 실수로 보인다(ܗ와 ܣ의 글자 모양이 비슷해서 혼동하기 쉽다).

241 또는, "텅 빈 것은 텅 빈 자들을 위한 것이고, 가득 찬 것들은 가득 찬 이들을 위한 것이다!"

242 4에즈 7,26-44: 마지막 시대. 메시아 시대로 시작되는 마지막 시대와 마지막 심판을 다룬다.

243 4에즈 6,20-24 참조.

244 또는, "따로 분리되어 있는."

245 마지막 때에 나타날 그 도성은 다른 도성들과는 구분되는 특별한 도성이라는 의미다. 마지막 시대를 위해 따로 마련된 도성이라는 의미도 있다. 4에즈 10,25-54 참조. 에즈라 4서의 '천상 예루살렘' 개념에 대해서는 Nickelsburg, *Jewish Literature Between The Bible And The Mishna*, 273-275을 참조하라. 유다교 및 그리스도교 전통의 천상의 예루살렘 개념은 https://en.wikipedia.org/wiki/New_Jerusalem을 보라. 구약성경 에제 40—48장을 필두로 에녹 1서, 에즈라 4서, 바룩 2서, 바룩 3서, 묵시 21—22장에 나타난 천상 예루살렘 개념이 잘 개관되어 있다. 이 개념은 특히 에제 40—48장 및 묵시 21,9-27에서 발전된 형태를 찾아볼 수 있다. 이를테면, "그 천사는 성령께 사로잡힌 나를 크고 높은 산 위로 데리고 가서는, 하늘로부터 하느님에게서 내려오는 거룩한 도성 예루살렘을 보여 주었습니다. 그 도성은 하느님의 영광으로 빛나고 있었습니다"(묵시 21,10-11). 묵시 21,9-27에 따르면, 천상의 도성 예루살렘의 성전은 하느님과 어린양(=예수 그리스도)이시라고 한다. 새 예루살렘이 예수 그리스도(=메시아)와 연결된 것을 주목하라. 천상 예루살렘을 예수 그리스도와 연결지어 설명하는 히브 12,22-24도 참조하라: "여러분이 나아간 곳은

된 모든 이가 나의 기적들을 목격할 것이다. [28] 그 다음 내 아들 메시
아가,[246] 그와 함께 있는 이들과 같이 나타날 것이다. 그리고 남은 자들
을[247] 사백 년 동안 기쁘게 할 것이다.[248]
[29] 그 해들이 지난 뒤에는, 내 아들 메시아가 죽을 것이다.[249] 사람

시온 산이고 살아 계신 하느님의 도성이며 천상 예루살렘으로, 무수한 천사들의 축제 집회와 하늘에 등록된 맏아들들의 모임이 이루어지는 곳입니다. 또 모든 사람의 심판자 하느님께서 계시고, 완전하게 된 의인들의 영이 있고, 새 계약의 중개자 예수님께서 계시며 … 그분의 피가 있는 곳입니다."

246 4에즈 7,28은 메시아가 하느님의 아들이라는 믿음을 반영한다. 마태 14,33; 16,16; 26,63; 27,54; 마르 1,1; 3,11; 5,7; 15,39 참조.

247 4에즈 7,28에 '남은 자들' 개념이 나타난다. 메시아가 '남은 자들'을 사백 년 동안 기쁘게 한다고 한다. 여기서 '남은 자들'이라 옮긴 표현은 ܐܝܠܝܢ ܕܐܫܬܐܪܘ이다. ܐܫܬܐܪܘ는 ܫܐܪ 동사(남다)의 에쉬타팔(Eshtaphal 행위의 수동성을 표현한다) 완료형으로서 '남겨지다', '남다' 등으로 옮길 수 있다. 4에즈 3,11; 6,25; 11,39; 13,22-26에서도 같거나 비슷한 구문(모든 곳에서 ܫܐܪ 동사의 에쉬타팔형이 사용되었다)을 써서 '남은 자' 개념을 표현한다. 4에즈 7,28의 남은 자들 개념은, 이사 10,20-23에 바탕을 두고 있다. 이사 10,20-23에서 '남은 자들'은 미래의 구원, 하느님의 구원 약속과 연결된다. 하느님께서 베푸실 구원의 수혜자가 바로 이들 '남은 자들'인 셈이다. 여기서 주목할 점은, '남은 자들'은 소수에 지나지 않으며 파멸이 이미 결정되었다고 한다는 점이다. 이는 대다수의 멸망과 소수의 남은 자들의 구원을 이야기하는 4에즈라의 사상과 맥을 같이한다. 4에즈 13,26에서도 남은 자들이 메시아와 연결된다. 메시아를 통해 이루실 하느님의 구원이 '남은 자들'을 향하고 있음을 보여 준다: "그분께서 그(메시아)를 통해 당신 피조물을 구원하실 것이다. 그는 남은 자들에게 다가갈 것이다." 남은 자들 개념에 대한 더 상세한 내용은 해제 '5.4. 남은 자들' 항목을 참조하라.

248 메시아의 시대가 400년으로 한정되어 있다. 400년은 상징수이기도 하다. 400은 완전수 4에 완전수 100을 곱한 수다: *The Jewish Study Bible*, 1505. 400년이 문자적 의미의 400년이 아니라 완전한 해들로서, 아주 오랜 기간 이어질 것을 함축한다. 4에즈 7장이 제시하는 메시아 시대는 한시적임을 주목하라.

249 4에즈 7,29-31은, 400년간의 메시아 시대가 지나면 메시아가 숨이 붙은 모든

의 숨을 지닌 모든 이가 그러할 것이다.
30 그리고 세상은 이레 동안 태초의 침묵으로[250] 돌아갈 것이다.[251]
한처음에[252] 그러했던 것처럼! 그리고 단 한 사람도 남지 않을 것이다.
31 그리고 이레가 흐른 뒤에, 지금은 깨어 있지 않은 세상이[253] 깨
어날 것이다. 그리고 파멸은 죽음을 맞을 것이다.[254] 32 그리고 땅은 그

이들과 함께 죽을 것이라고 한다. 메시아의 죽음 예고는 사람의 아들의 수난과 부활 예고를 연상시킨다: 마태 16,21; 마르 8,31; 루카 9,22 참조. 한편 4에즈 7,30에서 메시아의 죽음 뒤 세상은 태초의 침묵으로 돌아갈 것이라고 한다. 그 뒤 태초의 침묵이 이레 동안 이어진다. 완전수 7은 상징수로서 창조의 칠 일을 가리킨다. 메시아 시대 이후 태초의 침묵으로 돌아간다는 것, 그리고 그 기간이 칠 일 동안 지속된다는 것은 그 기간이 새로운 창조의 시간이 되리라는 것을 의미한다. 이 한 주간 뒤에 진정한 새 시대, 새 세상이 열리리라는 뜻이다. 실제로 천사는 에즈라에게, 7일간의 태초의 침묵 뒤에는 새 시대가 오고 파멸이 죽음을 맞는다고 한다. 새 시대는 더 이상 죽음과 부패, 파멸이 없는 시대라는 것이다.

250 '태초의 침묵'이라 옮긴 시리아어는 ܫܬܩܐ ܩܕܡܝܐ다. 태초라 옮긴 형용사 ܩܕܡܝܐ은, 전치사 ܩܕܡ에서 유래한 단어로서, 시간상 '처음의', '최초의', '먼젓번의', '옛' 등을, 공간상 '앞에 있는', '정면의' 등을 의미한다. 여기서는 명사로 쓰였다. 전치사 ܩܕܡ은 시간적으로 '~보다 앞선', '~보다 먼저'인 일을, 공간적으로 '~의 앞 또는 정면에 있는' 것을 가리킨다(Smith).

251 2바룩 3,7 참조: "세상은 다시 예전의 침묵으로 돌아갑니까?" 4에즈 6,38-39에서, 창조의 시작 때 영이 감돌고 있었고 어둠과 침묵이 뒤덮고 있었으며 사람의 소리는 없었다고 한다: "6,38 오 주님, 내 주님. 참으로 당신께서는 당신 창조의 시작부터 말씀하셨습니다. 첫째 날 당신께서 말씀하셨습니다. '하늘과 땅아 있어라!' 그러자, 내 주님, 당신의 말씀이 작품을 빚었습니다. 39 영이 감돌고 있었고 어둠과 침묵이 뒤덮고 있었습니다. 아직 사람의 소리는 없었습니다."

252 '한처음'이라 옮긴 시리아어는 ܪܫܝܬܐ로서, 창세 1,1에서 '한처음'의 뜻으로 쓰인 히브리어 רֵאשִׁית와 어원이 같다.

253 또는, "시대." 새 시대 새 세상이 열린다는 뜻이다.

254 1코린 15장과 비교하라.

안에 누워 있는 자들을 내놓을 것이다. 흙은 그 안에 잠들어 있는 이
들을 내놓을 것이다. 보고寶庫들은[255] 그 안에 맡겨진 영혼들을 내놓
을 것이다.[256]

33 그리고 지극히 높으신 분께서 재판석에 나타나실 것이다. 그리
고 끝이 올 것이다. 그리고 자비는 사라지고 연민은 멀어지며 인내는
거두어질 것이다.[257] 34 오직 나의 심판만 남을 것이다. 진리가 일어서
고 믿음이 기뻐 뛸 것이다. 35 그리고 행업이 오고 상급이 알려질 것이
다. 의로운 행업들은 깨어나고 불경한 행업들은 잠들지 않을 것이다.

36[258] 그리고 고통의 구덩이가 나타날 것이다. 그 반대편에 안식의
처소가 있다. 게헨나의 불구덩이가 나타날 것이다.[259] 그 반대편에 환
희의 낙원이 있다.[260]

---

255 또는 "곳간들." 영혼의 보고들에 대해서는 4에즈 4,35과 그에 딸린 각주를 참조하라.

256 4에즈 7,32은, 그날이 오면 땅과 흙과 영혼들의 보고가 자기네가 담고 있던 모든 사람을 내놓을 것이라고 한다. 이에 따르면, 부활이 의인에게만 주어지는 선물이 아니다. 의인이건 악인이건 상관없이 죽은 모든 이들이 깨어날 것이다(요한 5,29; 마태 27,52-53 참조. 마태 12,41-42; 루카 11,31-32도 참조). 1에녹 22장과 비교하라. 후자는 인간을 세 부류로 나누어 설명한다. 의인, 살아생전에 벌을 받은 죄인과 벌을 받지 않은 죄인. 의인과 생전에 벌을 받지 않은 죄인은 마지막 때에 부활하여 심판을 받을 것이나, 살아생전에 벌을 받은 죄인은 부활하지 않는다. 의인과 악인만 부활하여 심판대에 선다는 것이다. 의인은 상급을 받기 위해, 악인은 벌을 받기 위해서라고 한다. 중간에 해당하는 사람은 부활의 대상이 아니다. 마지막 심판과 죽은 이들의 부활을 언급한 묵시 20,11-15을 참조하라.

257 4에즈 7,33에 따르면 마지막 심판은 지극히 높으신 분께서 행하신다. 그 심판은 자비와 연민, 인내를 보이지 않는 심판이다. 사람의 아들에게 심판의 권한이 있다고 하는 요한 5,22.27과 비교하라.

258 4에즈 7,36-105은 라틴어 불가타 성경에는 나오지 않는다.

259 악인들이 머물 불 속을 언급한 2바룩 44,15 참조.

37 그런 다음 지극히 높으신 분께서 잠에서 깨어난 민족들에게 말
씀하실 것이다. '보고 깨달아라! 너희가 누구를 부정했는지! 너희가 누
구를 경배하지 않았는지! 너희가 누구의 계명을 거부했는지! 38 자, 너
희 앞을 보아라. 보라! 이곳에는 안식과 기쁨이, 저곳에는 불과 고통이
있다.' 심판의 날에 그분께서 말씀하실 것이다.

39 심판의 날은 이러하다.[261] 그때에는 태양도 없고 달도 없고 별들도
없다. 40 구름도 없고 번개도 없고 천둥도 없고 바람도 없고 물들도 없
고 공기도 없고 어둠도 없고 저녁도 없고 새벽도 없다. 41 여름도 없고
겨울도 없고 새해 첫날도 없다. 열기(더위)도 없고 냉기도 없다. 추위도
없고 우박도 없다. 이슬도 없고 비도 없다 42 정오도 없고 밤도 없고 낮
도 없다. 빛도 없고 밝음도 없고 눈부심도 없고 광선도 없다. 오직 지
극히 높으신 분의 영광의 광채만 있다. 그 (광채)를 통해 그들은 (자기
들을 위해) 마련된 것을 볼 것이다. 43 그 기간은 한 해의[262] 한 주간 정
도가 될 것이다. 44 이것이 그분의 법이다. 나는 오직 너에게만 이것들
을 알려 주었다."

멸망할 다수와 구원될 소수[263]

45 나는 답하며 말하였다. "주님, 내 주님! 그때도 말했고 지금도 말합
니다. 세상에 와서 당신께서 제정하신 계명을 지킨 사람들은 행복합니

---

260 '낙원'이라 옮긴 ܦܪܕܝܣܐ는 그리스어 παράδεισος의 차용어다. 고통의 구덩이(게헨나의 불구덩이)와 안식의 처소(낙원)가 마주보고 있는 이미지는 루카 16,23-26과 유사하다.

261 4에즈 7,39-43은 심판의 날에 대한 묘사다.

262 직역: "해(年)들."

263 4에즈 7,45-74: 멸망할 다수와 구원 받을 소수에 대한 물음과 답변.

다! 46 그러나 제 기도가 향하는 자들은 어떻습니까! 그들 가운데 누가
세상에 와서 죄 짓지 않았습니까? 혹은 태어난 사람들 가운데 누가 당
신 계명을 어기지 않았습니까?

47 이제 저는 압니다. 다가올 세상이 소수에게는 기쁨을, 많은 이
들에게는 고통을[264] 가져오리라는 것을. 48 우리 안에 악한 마음이 있
기 때문입니다. 그것이 우리를 그분에게서[265] 벗어나게 만들었습니다.
그리고 우리를 파멸로 이끌었으며 죽음의 길을 우리에게 보여주었습
니다. 그리고 그것은 우리에게 멸망의 길을 알려 주고 우리를 생명에서
멀어지게 만들었습니다. 소수에게가 아니라 존재하는 거의 모든 사람
들에게 그렇게 하였습니다."[266]

49 그분께서 답하시며 내게 말씀하셨다. "내 말을 들어라, 에즈라
야! 내가 너에게 말하겠다. 다시 너를 가르치겠다. 50 바로 그 때문에 지
극히 높으신 분께서 하나의 세상이 아니라 두 세상을 만드셨다.[267] 51 너
는 의로운 이들이 다수가 아니고 소수라고 말했다. 그에 대한 설명을
들어보아라. 52 귀중한 돌들이 너에게 있는데 그 수가 적다면 (그것들
을) 납이나 진흙과 같이 두겠느냐?"

---

264 비다비드(Bidawid)를 따라 ܬܢܝܩܐ를 ܬܫܢܝܩܐ(고통, 고문)로 바꾸어 읽었다. 멸망할 다수와 구원될 소수의 비교는 마태 7,13; 루카 13,24 참조.

265 시리아어 본문은 '그들'이라 읽지만 불가타를 따라 '그분'으로 바꾸어 읽었다.

266 우리 안에 악한 마음이 있어 잘못으로 이끌고 하느님에게서 멀어지게 만든다는 생각에 대해서는,『전쟁 두루마리』(1QM 13.10-12) 참조: "당신께서는 구렁을 위해 벨리알, 곧 적개심의 천사를 만드셨습니다. 그의 권한은 어둠에 미칩니다. 그의 조언은 악과 죄를 일으키기 위함입니다. 그의 몫에 속하는 모든 영들은 파괴의 천사들입니다. 그들은 어둠의 법을 따라 걷습니다". 거짓의 아들들에 대한 지배권이 모두 어둠의 천사의 손 안에 있어 그들이 어둠의 길 위에서 걷는다고 하는『공동체 규칙서』(1QS 3.18-21)도 참조하라.

267 첫 번째 세상과 두 번째 세상을 언급한 4에즈 6,7 참조.

53 나는 말하였다. "어떻게 그럴 수 있겠습니까? 내 주님!"
54 그분께서 답하며 내게 말씀하셨다. "그것만 그런 것이 아니다.
땅에게 물어보아라. 너에게 말할 것이다. 그에게 말해 보아라. 너에게
이야기할 것이다. 55 그에게 말해 보아라. '너는 금, 은, 동, 철, 납, 진흙
을 생산하였다. 56 그런데 은은 금보다 많고, 동은 은보다 많으며, 철
은 동보다, 납은 철보다, 진흙은 납보다 많구나.' 57 그러니 비교해보고
깨달아라. 어느 쪽이 더 귀중하고 탐스러우냐? 많은 쪽이냐 적은 쪽
이냐?"
58 나는 답하며 말하였다. "주님, 내 주님. 많은 것은 가치가 떨어
지고 적은 것이 귀중합니다."
59 그분께서 답하시며 내게 말씀하셨다. "그러니 네가 생각한 것
을 마음속으로 가늠해 보아라. 귀중한 적은 것을 가진 사람이 많은 것
을 가진 자보다 더 기뻐한다. 60 내 심판의[268] 약속도 그러할 것이다. 나
는 다시 살아난[269] 소수들 때문에 기뻐하고 즐거워할 것이다. 지금 내
영광은 그들 때문에 굳건하며 지금 내 이름은 그들 때문에 영광스럽게
되었다. 61 나는 멸망하는 다수인 저들을 두고 슬퍼하지 않을 것이다.
지금 저들은 허무와 비슷해졌다.[270] 저들은 연기처럼 헤아려졌다. 저들
은 불꽃과 비슷하다. 타올랐다가 꺼져버렸다."

62 나는 답하며 말하였다. "오 땅아, 너는 무슨 짓을 했느냐? 저들이 너

---

268 비다비드(Bidawid)를 따라 ܕܝܢܗ(그분의 심판)을 ܕܝܢܝ(나의 심판)으로 바꾸어 읽었다.

269 또는 "구원받은."

270 2바룩 82,3 참조: "지금 우리는, 악행을 저지르는 민족들의 번영을 보고 있습니다. 하지만 그들은 허무와 같습니다." 4에즈 7,61과 2바룩 82,3에서 '허무'라 옮긴 시리아어 ܗܒܠܐ(=히브리어 הֶבֶל)에 대해서는 2바룩 82,3에 달린 각주를 참조하라.

에게서 태어났다! 저들은 파멸을 향해 가고 있다!

지성이[271] 나머지 피조물들처럼 먼지에서 생겨났다면, 63 먼지 자
체가 아예 존재하지 않았더라면 더 좋았을 것입니다. 거기에서 지성
이[272] 생겨나지 않았을 테니까요! 64 그러나 지금, 지성이 우리와 함께
자라납니다. 그 때문에 우리는 괴로워합니다. 우리가 멸망으로 나아가
고 있으며 그것을 알고 있기 때문입니다.

65 사람의 종자들은 애도하라! 그러나 들판의 짐승들은 기뻐하
라! 태어난 모든 이들은 슬퍼하라! 그러나 가축과 양은 즐거워하라![273]
66 그들이 우리보다 훨씬 낫기 때문입니다. 그들은 심판을 기다리지 않
으며 고통도 모르기 때문입니다. 그들에게는 죽음 뒤에 생명이[274] 약속
되지도 않았습니다.[275]

67 우리가 산다는 것이 무슨 이득입니까? 이토록 고통을 당한다
면! 68 사실 태어난 모든 이가 죄로 더럽혀졌으며 불경으로 가득합니다.
그들의 타락이 그들을 짓누르고 있습니다. 69 죽음 뒤에 우리가 심판에
나가지 않아도 된다면 그 편이 훨씬 좋을 것입니다!"

---

271 4에즈 7,64 "지성(ܡܕܥܐ)이 우리와 함께 자라납니다"를 참조하여, 그리고 비다비드(Bidawid)를 따라 ܡܪܥܐ(질병)을 ܡܕܥܐ(지성)으로 고쳐 읽었다. ܕ와 ܪ를 혼동한 필사가의 실수일 법하다. 7,62-64의 라틴어 본문은 sensus라 읽는다. 시리아어 ܡܕܥܐ는 ܝܕܥ(알다)에서 파생한 단어로서 '이성, 정신, 지성, 이해' 등을 의미한다. 페쉬타(시리아어 성경)에서 그리스어 νοῦς(정신, 이성, 지성)를 종종 ܡܕܥܐ라 옮긴다(로마 1,28; 1코린 14,14 등).

272 비다비드(Bidawid)를 따라 ܡܪܥܐ을 ܡܕܥܐ로 고쳐 읽었다.

273 7,65의 모든 동사를 미래형으로 옮겨도 된다. 이를테면 '… 애도할 것이다. … 기뻐할 것이다. … 슬퍼할 것이다. … 즐거워할 것이다.'

274 '죽음 뒤에 생명'이라 옮긴 시리아어 표현은 ܚܝ̈ܐ ܡܢ ܒܬܪ ܡܘܬܐ이다. '죽음 뒤 부활', '죽음 뒤 구원'으로 옮겨도 된다.

275 또는, "그들에게 죽음 뒤에 생명이 약속되었다는 것도 모른다."

70 그분께서 답하며 내게 말씀하셨다. "지극히 높으신 분께서 세상과
아담과, 그에게서 나온 모든 이를 창조하셨을 때, 그분께서는 먼저 심
판을, 그리고 심판에 속한 것들을[276] 준비하셨다. 71 이제 너는 네 말들
로부터 깨달아라. 너는 '지성이 우리와 함께 자라납니다!' 하고 말하였
다. 72 바로 그 때문에 땅의 주민들이 고통을 당할 것이다. 그들은 자기
들 안에 지성이 있는데도 불의를 저질렀으며, 계명들을 받았으나 그것
들을 지키지 않았다. 그리고 자기들에게 맡겨진 율법을 거부하였다.[277]
73 심판 때에 그들에게 무슨 할 말이 있겠느냐? 마지막 때에 그들이 어
떻게 입을 열고 말을 하겠느냐? 74 땅의 거주민들을 향한 지극히 높으
신 분의 인내는 얼마나 오래 되었느냐? 하지만 그분의 인내는 그들을
위해서가 아니라 예정된 시간들 때문이었다."

죽은 뒤에 영혼은[278]

75 나는 답하며 말하였다. "만약 제가 당신 눈에 든다면, 주님, 내 주님!
당신 종에게 이것도 알려 주십시오! 죽음 뒤 우리가 각자 자신의 영
혼을 돌려드릴 때, 우리는 당신께서 당신 피조물을 새롭게 하시는 때
가[279] 올 때까지 안식 안에 머물게 됩니까? 아니면 그때부터 곧바로 고
통을 당하게[280] 됩니까?"

76 그분께서 답하시며 내게 말씀하셨다. "이것에 대해서도 네게 알

276 또는, "심판에 속한 자들을."

277 4에즈 7,72, '지성'이 있어서 알면서도 불의를 저질렀기에 벌을 받는다는 생각은 2바룩 15,6에도 나온다.

278 4에즈 7,75-101: 죽은 뒤 영혼의 행보. 의인들과 악인들의 영혼이 각각 다른 길을 걷는다.

279 '피조물을 새롭게 하실 때' 개념은 2바룩 32,6과 그에 달린 각주를 참조하라.

280 또는, "벌 받게", "고통의 벌을 받게", "고문을 당하게."

려 주겠다. 너 자신을 반항하는 자들과 엮지 마라. 너 자신을 벌 받는 자들 가운데 헤아리지 마라! 77 너에게는 지극히 높으신 분 앞에 놓인 (좋은) 행업의 보고寶庫가 있기 때문이다.[281] 그러나 그 보고는 마지막 때까지 너의 눈에 보이지 않을 것이다.

78 죽음에 대해서는, 설명은 이렇다.[282] 지극히 높으신 분 앞에서 어떤 사람이 죽어야 한다는 판결문이 나오는 순간, 영혼은 육체에서 분리되어 그것을 주신 분께 되돌아간다. 그리고 맨 먼저 하느님의 영광을 찬양한다.

79 만약 그가 불의한 자들 가운데 하나라면, 혹은 지극히 높으신 분의 길을 지키지 않은 자들 가운데 하나라면, 혹은 하느님을 경외하는 이들을[283] 미워한 자들 가운데 하나라면, 80 그 영혼들은 보고로[284]

---

281 2바룩 2,2 참조: "너희의 일들은 이 도성에게 단단한 기둥과 같고 너희의 기도는 튼튼한 성벽과 같기 때문이다."

282 4에즈 7,78-87은 악인들이 죽은 뒤에 어떻게 되는지 보여주고 있다. 악인이 죽었을 경우 몸에서 분리된 영혼은 하느님을 찬양한 후 곧바로 고통 속에 들어간다. 그들은 의인의 영혼들이 모여 있는 '영혼들의 보고'에 들어가지 못한다. 그리고 마지막 때가 올 때까지 줄곧 고통을 겪는다. 악인들의 영혼이 죽은 뒤에 받게 되는 고통은 일곱 가지 '길'로 소개된다.

283 '하느님을 경외하는 이들'이라 옮긴 시리아어 표현은 ܕܚܠܘܗܝ ܕܐܠܗܐ다. 본디 이 표현은, 유다교 관습과 전례를 부분적으로 따르지만 유다교로 완전히 개종하지는 않은 이방인들을 일컫는다. 유다교 친화적인, 할례 받지 않은 이방인들이 이에 해당한다(Bauer-Danker). 이 개념은 사도 10,22; 13,16; 13,26에서도 발견된다. 이들을 가리키는 그리스어 표현은 φοβούμενοι τὸν θεόν이다. 페쉬타 사도 13,16에는 ܕܚܠܝܢ ܡܢ ܐܠܗܐ라 표현되었다. 4에즈 7,79에서는 이 표현이 보다 넓은 의미로 사용되어 유다인과 이방인을 망라한, 하느님을 두려워하고 경외하는 모든 이를 가리키는 듯하다.

284 또는 "곳간." 같은 표현이 4에즈 4,35; 2바룩 21,23에도 나온다.

들어가지 않는다. 대신 그 순간부터 고통 속에 지내게 된다. 그들은 일곱 길로[285] 슬퍼하고 괴로워하게 된다.

81 첫째 길은,[286] 그들이 지극히 높으신 분의 율법에 저항했기 때문이다.

82 둘째 길은, 이제는 그들이 구원받기 위해 회개할 수도, 선행을 할 수도 없다는 것이다.[287]

83 셋째 길은, 그들이 믿음을 간직한 이들을 위해 마련되어 있는 상급을 보는 것이다.[288]

84 넷째 길은, 마지막 때에 그들에게 닥칠 미래의 고통을 알고 이해하는 것이다.

85 다섯째 길은, 큰 안식 안에서 천사들에 의해 보호받고 있는 다른 영혼들의 보고들을 보는 것이다.[289]

---

285 '길'이라고 옮긴 단어는 ܐܘܪܚܐ다. '여정', '방법', '생활 방식' 등으로 옮길 수 있다(Smith).

286 4에즈 7,81-87이 제시하는 죽은 악인의 영혼이 거치는 과정은 이러하다. 영혼과 육신의 분리→영혼이 하느님께 돌아가 그분의 영광을 찬양→일곱 길의 고통→마지막 심판. 육체에서 분리된 영혼은 하느님께 돌아가 그분을 찬양한 뒤 바로 고통 속에 들어간다는 것이다. 이 고통은 마지막 심판 때까지 이어진다고 한다. 악인의 영혼은 마지막 때까지 고통 속에 있다가 인류 전체의 운명을 가르는 마지막 때에 하느님 앞에서 심판을 받으리라는 것이다.

287 4에즈 9,12도 참조. 회개의 기회는 살아 있을 때뿐이라는 생각은 2바룩 85,12에도 나타난다.

288 '보다'라고 옮긴 시리아어는 ܚܙܐ다. 이 단어는 '보다', '지켜보다', '알아채다', '인지하다' 등으로 옮길 수 있다(Smith). ܚܙܐ 동사가 보아서 깨닫고 이해하게 되는 전 과정을 아우르는 단어임을 짐작할 수 있다. 4에즈 7,83-87에서는 여기서는 고통이 '알고'(ܝܕܥ) '이해하는'(ܐܣܬܟܠ) 행위로 그려진다.

289 여기서도 '보다'에 해당하는 시리아어는 ܚܙܐ다. 4에즈 7,85에서 죽은 사람들의 영혼들을 보호하는 천사들이 언급된다. 사람을 보호하는 천사들, 곧 수호천사

86 여섯째 길은, 자기들을 위해 준비되어 있는 고통을 보는 것이다.[290]

87 일곱째 길, 앞에 언급된 다른 모든 길들보다 더 엄청난 이 길은, 그들이 수치 속에서 쇠락하고,[291] 혼란 속에서 파괴되며 지극히 높으신 분의 영광을 보고[292] 두려움 속에서 시들어 가는 것이다.

그들은 사는 동안 그분 앞에서 죄를 지었으며, 마지막 때에 그분 앞에서 심판을 받을 것이다.

88 지극히 높으신 분의 길을 지킨 이들, 그들이 필멸하는 이 그릇에서[293] 벗어나는 날이 왔을 때 그들의 길은 이것이다.[294]
89 그들은 살아있는 동안 지극히 높으신 분께 힘껏 순종하였다. 그리고 그 모든 시간 동안 위험을 무릅써가며 자기들에게 율법을 주신 분의 율법을 완벽하게 지켰다.
90 그러므로 그들에 관한 말씀은 이렇다.

개념이 엿보인다. 1에녹 100,5에도 비슷한 천사 개념이 관찰된다. 여기에는 살아있는 의인들을 보호하는 천사들이 언급되어 있다: "그분께서는 거룩한 천사들 가운데서 수호자를 뽑으시어 의롭고 거룩한 모든 이들 위에 세우실 것입니다. 그리하여 그들은, 재앙과 죄가 사라질 때까지 눈의 눈동자처럼 보호받을 것입니다." 수호천사에 대해서는 바룩 3서 해제 '5.3. 천사와 악마' 항목을 참조하라.

290 여기서도 '보다'에 해당하는 시리아어는 ܚܙܐ다. 이 동사는 보고 깨닫는 과정을 표현한다. 루카 13,28에서도 지옥의 고통이 '보는' 행위로 표현된다.

291 '쇠락하다'로 옮긴 단어는 ܚܣܪܝܢ으로, ܚܣܪ동사의 파엘형 분사다. 2바룩 30,4; 51,5에서는 같은 동사를 써서 부활한 악인의 영혼이 생전보다 더욱 쇠락한다는 뜻을 표현한다.

292 여기서도 '보다'에 해당하는 시리아어는 ܚܙܐ다.

293 육체를 가리킨다.

294 4에즈 7,88-99은 죽은 의인들의 영혼이 죽음 뒤에 겪는 기쁨을 설명한다. 의인들의 영혼은 영혼들의 보고에 받아들여져 일곱 가지 길로 기쁨을 누린다.

91 먼저, 그들은 그들을 인도하신 지극히 높으신 분의 영광을 큰 기쁨 가운데 볼 것이다. 그리고 일곱 길로 안식을 누릴 것이다.

92 첫째 길은, 그들이 자기들과 함께 형성된 나쁜 생각을 물리치려고 많은 노력을 기울이며 애썼기에, 그것이 그들을 생명에서 죽음으로 인도하지 못하는 것이다.

93 둘째 길은, 불경한 자들의 영혼이 혼동 속에 요동치고 뒤집히는 모습을 보고, 그들에게 유보된 고통을 보는 것이다.[295]

94 셋째 길은, 그들의 창조자가 자기들을 두고 하시는 증언을 보는 것이다. 그들은 사는 동안 그들에게 위임된 율법을 지켰기 때문이다.

95 넷째 길은, 그들이 지금 누리는 안식과 — 그들은 지금 자신들의 보고들에 모여 천사들의 보호를 받으며 큰 안식 속에서 안식을 누리고 있다 —,[296] 마지막 때를 위해 자기들에게 유보된 영광을 보고 이해하는 것이다.[297]

96 다섯째 길은, 그들이 이제 필멸하는 것으로부터 도망쳐 나왔다는 사실과 미래의 것을 상속받으리라는 사실에 기뻐하는 것이다. 또한 자신들이 빠져나온 큰 수고의 고통을 보고 자신들이 얻게 될 해방과 자신들이 받게 될 행복을 보는 것이다. 그리고 자신들이 이제는 죽지

295 의인들의 영혼이 누리는 기쁨도 ܚܙܐ 동사를 통해 '보는 행위'로 묘사된다. 7,93-98에서 절마다 ܚܙܐ(보다) 동사가 쓰였다.

296 4에즈 7,95에서 의인의 영혼이 모여 있는 '보고들'(ܐܘܨܪ̈ܐ)이 언급되어 있다. 4에즈 4,41에 따르면 이 보고들은 셔올 안에 있는 것으로 추정된다. 4에즈 7,95에서 의인들의 영혼들은 그들의 보고에서 천사들의 보호를 받으며 큰 안식을 누리고 있다고 한다. '큰 안식을 누리다'로 옮긴 표현은 ܡܬܬܢܝܚܝܢ ܢܝܚܐ ܣܓܝܐܐ다. 직역하면, "큰 안식으로 안식을 누리고 있다"이다. 같은 어원(ܢܝܚ)의 단어가 이중으로 쓰여(셈어 특징) 영혼들이 누리는 '안식' 상태를 강조하고 있다.

297 4에즈 7장에서 의인들의 영혼이 누리는 기쁨도 악인들의 영혼이 겪는 고통과 마찬가지로, '보고(ܚܙܐ) 이해하는(ܐܣܬܟܠ)' 행위로 그려지고 있다.

않는 존재임을 보는 것이다.

97 여섯째 길은, 그들의 얼굴이 태양처럼 빛나리라는 것, 그들이 별빛을 닮게 되고 더는 멸하지 않으리라는 것이 보일 때다.[298]

98 일곱째 길, 앞에 언급된 다른 모든 길들보다 더 엄청난 이 길은, 그들이 이제는 거리낌 없이 자랑하고 용감하게 나서며 부끄러워하지 않는다는 것이다. 그리고 사는 동안 자기들이 섬겼던 분의 얼굴을 지체 없이 보리라는 것이다.

그들은 그분에게서 영광을 받게 되고 그분에게서 상급을 받게 될 것이다.[299] 99 지금까지 선포된[300] 이것들은, 의로운 영혼들의 길이다.

앞에 언급된 고통의 길들은 반항자들이 지금부터 받게 될 것들이다. 그 영혼들은 보고들로[301] 들어가지 않는다. 그 대신 그들은 지금부터 고통 속에 짓뭉개지고 탄식하며 일곱 길로 슬퍼한다."[302]

---

298 예수님의 영광스런 변모를 전하는 마태 17,2; 마르 9,3; 루카 9,29 참조.

299 "그들은 그분에게서 영광을 받게 되고 그분에게서 상급을 받게 될 것이다"는 의로운 영혼들이 마지막 때에 받게 될 영광과 상급을 가리킨다. 죽음 직후 육체에서 분리된 영혼은 '영혼들의 보고'로 인도되어 그곳에서 마지막 때까지 천사들의 보호를 받으며 일곱 가지 길로 기쁨과 안식을 누린다. 그리고 마지막 때가 되면 부활하여, 곧 육체와 결합한 영혼이 심판대에 선다. 그리고 그들은 영원한 영광과 상급을 받게 된다.

300 시리아어 본문은 '지금부터 선포될'이라 읽는다. 문맥상 '지금까지 선포된'으로 고쳐 읽었다.

301 저승에 있다는 영혼들의 보고, 집결지. 4에즈 4,35.41; 7,95 참조.

302 4에즈 7,99에 따르면, 악인들의 영혼은 '영혼들의 보고들'에 들어가지 않는다(7,80도 참조). 4에즈 4,41에는 셔올과 영혼들의 보고가 구분되는 곳임이 암시되어 있다. 영혼들의 보고는 셔올의 일부인 듯하다(4,41에 달린 각주 참조). 결국 4에즈 4,41; 7,80.99을 종합하면, 죽은 악인의 영혼은 셔올에 머물고, 의인의 영혼은 셔올 안에 있는 '영혼들의 보고'에 받아들여진다. 죽음 이후, 악인과 의인의 영혼이 서로 다른 곳에 머문다는 점을 주목하라. 1에녹 22,9-13은 악인과 의인, 평범한 사람의

[100] 나는 답하며 말하였다. “육체를 벗어난 영혼들에게, 당신께서 제게 말씀하신 것들을 볼 시간이나 장소가 주어집니까?”

[101] 그분께서 답하시며 내게 말씀하셨다. “이레 동안의 자유가 있다. 그 이레 동안 그들은 앞에 언급된 것들을 보게 된다. 그 다음에는 자신들의 처소들에[303] 집결할 것이다.”

중재의 가능성[304]

[102] 나는 답하며 말하였다. “만약 제가 당신 눈에 들었다면, 당신 종에게 이것도 알려 주십시오. 심판의 날에 의인들이 불의한 자들을 위해 간청할 수 있는지요? 혹은 그들이 저들을 위해 지극히 높으신 분께 탄
원할 수 있는지요?[305] [103] 아버지가 자기 아들들 대신, 아들들이 자기
아버지들 대신, 형제들이 자기 형제들 대신, 친척이 그 친척들 대신, 친구가 그 친구들 대신 그럴 수 있는지요?”

영혼이 각각 다른 곳에 모여 있다고 한다. 한편, 메츠거(Metzger) 본문에는 “그 영혼들은 보고들로 들어가지 않는다. 그 대신 지금부터 고통 속에 짓뭉개지고 탄식하며 일곱 길로 슬퍼한다”가 나오지 않는다.

303 처소라 옮긴 단어는 ܐܘ̈ܢܐ다. ‘보고’라는 뜻도 있지만, 의인들의 영혼들이 모이는 ‘영혼들의 보고들’과 구분하기 위해 여기서는 ‘처소’라고 옮겼다. 4에즈 7,100-101은 악인이든 의인이든 구분 없이 죽은 모든 영혼이 칠 일 동안의 자유 시간을 가진 뒤, 각자의 처소로 들어간다는 의미이며 모든 영혼에 공통되는 내용이기 때문이다. 4에즈 7,101 라틴어 불가타 본문은 ‘habitacula’(거주지)라 읽는다. 라틴어 본문에서 의인들의 영혼들이 모이는 ‘영혼들의 보고들’을 가리킬 때는 ‘promptuaria (animarum)’(저장소, 창고)를 사용한다(4에즈 4,35.41; 5,37; 7,32).

304 4에즈 7,102-115: 악인들을 위한 중재 가능성.

305 4에즈 7,102-3은 악인을 위한 의인들의 중재 가능성이 있는지 묻는다. 그 답은 아니오이다(7,104-105). 우리가 다른 사람을 대신해서 먹을 수도 아플 수도 대신 치료 받을 수도 없듯이 그날에도 다른 이가 대신 탄원할 수 없다는 것이다.

[104] 그분께서 답하시며 내게 말씀하셨다. "네가 내 눈에 들었으니 이것에 대해서도 알려 주겠다. 심판의 날은 확고히 결정된 날이며 모두에게 진리의 봉인을 드러낼 것이다. 사실 지금 아버지가 자기 아들을, 아들이 자기 아버지를, 주인이 자기 종을, 친구가 자기 절친한 친구를, 자기 대신 아프라고, 혹은 대신 자라고 혹은 대신 먹으라고, 혹은 대신 치료받으라고 보낼 수 없다. [105] 이처럼 나중에 그 날에도, 다른 사람을 대신하여 아무도 탄원할 수 없을 것이다. 누구도 자기 짐을 다른 사람 위에 지울 수도 없을 것이다. 모두가 각자 자기의 의로움 또는 불의의 짐을 질 것이다."[306]

[106] 나는 답하며 말하였다. "내 주님, 이런 일은 어떻게 가능했습니까? 전에 아브라함은 소돔 사람들을 위해서 탄원했습니다.[307] 모세도 광야에서 우리 조상들이 죄를 지었을 때 그들을 위해, [107] 이어서[308] 눈의 아들 여호수아는 아카르[309] 시절에 이스라엘을 위해, [108] 사무엘은 사울 시절에, 다윗은 백성의 상처 때문에, 솔로몬은 성소에 있던 사람들을

306 마지막 심판 때에는 모든 이가 자기가 산 그대로 상벌을 받게 되며 다른 이의 중재가 불가능하다고 한다. 모든 이가, 의로운 삶을 살았든 불의한 삶을 살았든, 자기 인생의 책임을 자기가 오롯이 지게 된다는 뜻이다. 이 대목을 에제 18장과 예레 31,29-30에 비추어 읽으면 이해하기 쉽다. 한마디로, "그날에 그들은 더 이상 이렇게 말하지 않을 것이다. '아버지가 신 포도를 먹었는데 자식들의 이가 시다.' 오히려 인간은 저마다 자기가 지은 죄로 말미암아 죽고, 신 포도를 먹은 사람은 모두 제 이만 실 것이다"(예레 31,29-30). 2바룩 85,12도 참조하라: "(그곳에서는) 아버지들의 기도도 없고 예언자들의 청원도 없으며 의인들의 도움도 없습니다."

307 직역: "전에 아브라함이 소돔 사람들을 위해 탄원한 사실을 우리는 어떻게 발견했습니까?"

308 직역: "그자(모세) 다음에."

309 아칸. 여호 7장, 특히 16-26절 참조.

위해, 109 엘리야는 비를 받게 된 사람들을 위해, 그리고 되살아나도록 죽은 사람을 위해, 110 히즈키야는 산헤립 시절 백성을 위해, 그리고 많은 이들이 많은 이들을 위해 그렇게 했습니다. 111 이처럼, 부패가 증가하고 불의가 팽배해진 때 의인들이 불의한 자들을 위해 탄원했습니다. 그렇다면, 주님 왜 나중에는 그렇게 할 수 없습니까?"

112 그분께서 답하시며 내게 말씀하셨다. "이 세상은 끝이 있다.[310] 그리고 하느님의 영광이 그곳에 영원히 머물지 않는다. 그래서 힘이 있는 자들이 힘이 없는 자들을 위해 탄원했던 것이다. 113 그러나 심판의 날은 이 세상의 끝이며, 다가올 불멸하는 세상의 시작이다.[311] 그곳에서는[312] 파멸은 사라졌으며, 114 방탕은 제거되었고, 불충은 없어졌으며, 의로움이 자라나고 진실이 떠오른다. 115 그러므로 그때에는 심판에서 굴복당한 자에게 자비를 베풀 수 없고, 심판에서 승리한 이에게 해를 끼칠 수도 없다."

인류의 운명에 대한 탄식[313]

116 나는 답하며 말하였다. "이것은 처음이자 마지막 저의 말입니다. 땅이 아담을 내놓지 않았더라면, 혹은 그를 내놓았을 때 죄짓지 않도록

---

310 라틴어 본문에는 부정어가 있다(vulgata: Praesens saeculum non est finis). 메츠거(Metzger)는 "이 세상이 끝은 아니다"로 읽는다.

311 심판의 날을 기점으로 필멸의 이 세상은 끝나고 불멸의 새 세상이 시작된다. '다가올 불멸의 세상'은 4에즈 7,36에서 말한 '환희의 낙원'이자 '안식의 처소'다. 2바룩 74,2 참조: "그 시간은 멸하는 것의 종말이며 멸하지 않는 것의 시작이다."

312 또는, "그때에는." 여기 사용된 전치사 ܒ(*bə*)는 시간과 공간 모두에 적용된다. 전치사에 더해진 대명사 ܗ-가 가리키는 ܥܠܡܐ(*ʿalmoʾ*)가 시간과 공간을 아우르는 단어이기에 문맥에 따라 세상으로도 시대로도 옮길 수 있다. 여기서는 ܒܗ를 장소로 옮겼다.

313 4에즈 7,116-131: 인류가 처한 조건과 운명.

당신께서 그를 훈계하셨더라면 좋았겠습니다. 117 (사람들이) 세상에 와
서 슬픔 속에 살다가 고통을 기다리며 죽는다면, 그들 모두에게 도대
체 무슨 이익이 있겠습니까? 118 아담이여, 도대체 당신은 무슨 짓을 한
것입니까? 당신이 죄를 지었는데, 그 해악은 당신만의 것이 아니고 당
신에게서 나온 우리 모두의 것이기도 합니다.[314]

119 혹은 이것이 우리에게 무슨 이득이[315] 있습니까? 보십시오! 우
리에게 죽음 없는 시간이 약속되었지만 지금 우리는 죽음의 일들을
하고 있습니다. 120 우리에게 사라지지 않는 희망이 선포되었지만 지금
우리는 비참한 빈털터리가 되었습니다. 121 걱정도 없고 아픔도 없는
보고寶庫들이[316] 우리에게 유보되었지만 우리는 악하게만 살았습니다.

122 지극히 높으신 분의 영광이 정결하게 산 사람들을 뒤덮을 것
입니다. 그러나 우리는 나쁜 길을 걸었습니다. 123 기쁨과 치유가 담긴,
시들지 않는 열매의 낙원이 계시될 것입니다. 124 그러나 우리는 그곳에
들어가지 못할 것입니다. 우리가 나쁜 밭을 경작했기 때문입니다. 125 거
룩한 이들의 얼굴은 별들보다 더 빛날 것입니다. 우리의 얼굴은 어둠
보다 더 검게 될 것입니다.[317] 126 사실 우리는 불경을 저지르고 살면서,
죽음 뒤에 우리가 겪게 될 일은 생각해보지 않았습니다."

---

314 원죄 개념의 씨앗이 엿보인다. 로마 5,15-19 참조: "15 사실 그 한 사람의 범죄로 많은 사람이 죽었지만 … 17 사실 그 한 사람의 범죄로 그 한 사람을 통하여 죽음이 지배하게 되었지만 … 18 그러므로 한 사람의 범죄로 모든 사람이 유죄 판결을 받았듯이 … 19 한 사람의 불순종으로 많은 이가 죄인이 되었듯이…"

315 비다비드(Bidawid)를 따라 ܡܢܟ(당신으로부터)를 ܡܢܐ(무슨)으로 바꾸어 읽었다.

316 의인들의 영혼이 가는 '영혼들의 보고'를 가리킨다.

317 부활한 이들의 형상 변화에 대해서는 2바룩 51,1-3을 참조하라. 악인들의 형상은 더 나쁘게, 의인들의 형상은 더 아름답게 변화될 것이라고 한다. 1코린 15,35-53도 같은 주제를 다룬다. 형상 변화와 관련해서는 Pentiuc, "The Nature of the

127 그분께서 답하시며 내게 말씀하셨다. "이것이 땅에 태어난 사람이
벌여야 하는 싸움의 조건이다.[318] 128 만약 그가 패하면 네가 말한 일을
겪을 것이다. 그러나 승리하면 내가 말한 것을 받을 것이다. 129 이것이
살아생전에 모세가 백성에게 말한 길이다. 모세가 그들에게 말하였다.
'보라! 그분께서 오늘 너희 앞에 생명과 죽음, 선과 악을 내놓으셨다.[319]
그러니, 너희는 생명을 선택하여라. 너희와 너희 후손이 살 것이다.'[320]
130 그러나 그들은 반항하며 그의 말을 듣지 않았다.[321] 그 뒤에 온 예
언자들의 말도, 심지어 그들과 이야기한 나의 말도 듣지 않았다. 131 그
러므로 그들의 멸망을 두고 슬퍼해서는 안 된다.[322] 순종한 이들의 구
원으로 인해 그만큼 큰 기쁨이 있을 것이다!"

자비를 향한 호소와 답변[323]

132 나는 답하며 그분께 말하였다.

"이제 주님, 지극히 높으신 분께서 자비로우신 분이라 불리심을
저는 압니다. 그분께서는 아직 세상에 오지 않은 이들에게

Resurrected Bodies: 2Baruch and the New Testament", 309-334을 참조하라.

318 '조건'으로 옮긴 단어 ܡܚܫܒܬܐ는 '장치' '개념' '관념'의 의미도 지닌다(Smith). 4에즈 7,127은 모든 인간이 같은 조건, 같은 상황에서 살아간다는 뜻으로 읽힌다.

319 메츠거(Metzger) 본문에는 이 문장이 나오지 않는다.

320 신명 30,19 참조.

321 '말을 듣다'는 의미로 옮긴 시리아어 ܐܬܛܦܝܣܘ는 ܦܝܣ 동사의 에트페엘형이다. 이 ܦܝܣ 동사는 그리스어 πεῖσαι(πείθω의 부정사, 설득시키다)의 차용어다. 이 동사가 수동을 나타내는 에트페엘형으로 쓰이면 '설득당하다', '순종하다'는 뜻이 된다.

322 직역: "그들의 멸망을 두고 슬픔이 있어서는 안 된다."

323 4에즈 7,132—8,3: 하느님의 자비에 대한 호소에 그에 대한 천사의 답변.

자비로우시기 때문입니다.

133 그분께서는 인자하신 분이십니다. 율법으로 돌아선 이들에게
인자하시기 때문입니다.

134 그분께서는 인내하시는 분이십니다. 그분께서 우리, 곧
죄짓는 이들을 인내하시기 때문입니다. 우리가 그분의 작품인
까닭입니다.

135 그분께서는 후하신 분이십니다. 요구하시기보다 주시기를 더
원하시기 때문입니다.

136 그분께서는 자비가 충만하신 분이십니다. 그분께서 지금 있는
이들과, 지나간 이들과 앞으로 올 이들에게 자비를 풍성히
내려주시기 때문입니다. 137 사실 그분께서 당신 자비를 풍성히
내려주시지 않는다면 이 세상이 그 주민들과 함께 살아가지
못할 것입니다.

138 그분께서는 베푸시는 분이십니다. 만약 그분께서 선을 베풀지
않으신다면, 그리하여 불경한 자들이 불경에서 벗어나지
못한다면, 만 명 가운데 단 한 사람도 살지 못할 것입니다.

139 그분께서는 재판관이십니다. 그분께서 당신 말씀으로 창조된
이들의 편에서 생각하지 않으신다면, 그리고 그들 불경의 양을
무시하지 않으신다면, 수없이 많은 이들 가운데 극소수밖에
살아남지 못할 것입니다."

8 1 그분께서 답하시며 내게 말씀하셨다. "지극히 높으신 분께서는 다수
를 위해 이 세상을 만드셨다. 그러나 다가올 세상은 소수를 위한 것이
다.[324] 2 비유를 들어 설명해 주겠다. 에즈라야. 네가 땅에게 청하여 땅

---

324 4에즈 8,1에서는 '이 세상'과 '다가올 세상'을 대비한다. 두 세상을 언급한 4에

이 너에게 말한다고 치자. '나는 많은 흙을 내놓겠다. 질그릇이 나오는 흙도 있고, 금이 나오는 흙도 있다.'[325] 이 세상의 일도 이와 같다. [3] 많은 이가 창조되었지만 적은 수만 구원받는다."

에즈라의 찬양과 탄원[326]

[4] 나는 답하며 말하였다. "내 영혼아, 깨달음을 삼켜라! 내 마음아, 분별을 마셔라! [5] 사실 너는 원하지도 않았는데 와서는 원하지도 않는데 떠나간다. 너에게는 잠시 동안의 생명만 권리로 주어졌기 때문이다.[327]

[6] 오 주님, 내 주님! 당신께서 당신 종에게 명하신다면, 저는 당신 앞에서 탄원할 것입니다. 저희에게 씨앗과 새 마음의 경작지를 선사해 주소서![328] 그곳에서 열매가 열릴 것입니다. 그리고 사람의 형상을 입은, 사멸하는 모든 이가 되살아날 수 있을 것입니다. [7] 오직 당신께서만 존재하시며, 우리는 당신께서 말씀하신 대로, 당신 손이 만드신 하나의 작품일 따름입니다. [8] 정녕 당신께서 우리에게 생명을 주십니다. 지금 자궁 안에 있는, 당신께서 만드신 우리 몸에 생명을 주시는 분은 당신이시며, 그 지체들을 결합시키시는 분도 당신이십니다. 그리고 당신의 피조물이 불과 물속에서 보호를 받습니다. 그리고 자궁은 아홉 달 동안 당신의 작품, 당신께서 지으신 피조물을 자기 안에 담고 있습니니

즈 6,7; 7,50을 참조하라. 다가올 세상이 소수의 의인을 위해 만들어졌다는 생각은, 2바룩 15,7에도 나온다.

325 메츠거(Metzger)는 "금이 나오는 흙은 적다"로 읽는다. 시리아어 본문에는 '적다'는 단어가 없다.

326 4에즈 8,4-36: 하느님 자비에 대한 찬양과 탄원 기도.

327 2바룩 14,10-11 참조.

328 직역: "저희에게 씨와 새 마음의 경작을 내려주소서!"

다. [9] 그러나 보호하는 자와 보호받는 이 둘 다 당신의 보호로 보호받
고 있습니다. 그리고 자궁이 자기 안에 있는 것을 내놓을 때 [10] 당신께
서는 지체들에게서 젖, 곧 풍성한 가슴의 열매가 나와야 한다고 정하
셨습니다. [11] 빚어진 것이 얼마 동안 성장할 수 있게 하시려는 것이었습
니다. 그 다음에는 당신의 자비로 당신께서 몸소 그를 인도하십니다. [12]
그리고 당신의 의로움으로 당신께서 몸소 그를 먹이십니다. 그리고 당
신의 율법으로 당신께서 몸소 그를 가르치십니다.[329] 그리고 당신의 슬
기로 당신께서 몸소 그를 훈계하십니다. [13] 그리고 당신께서는 그를 죽
게 하십니다. 그가 당신의 피조물이기 때문입니다. 그리고 당신께서는
그를 되살리십니다. 그가 당신의 작품이기 때문입니다.[330]

[14] 그런데 만약 당신께서, 당신 명령에 따라 많은 수고를 들여 만
들어진 그를 갑자기 순식간에 죽게 만드신다면, 도대체 그는 무엇 때
문에 존재했다는 말입니까? [15] 이제 모든 인간을 두고 이 말씀을 올리
렵니다.[331] 그러나 무엇보다 당신께서 잘 아시는 이, 당신 백성에 대해
말하렵니다. 제가 그들 때문에 괴로워하고 있습니다. [16] 그리고 당신의
유산에 대해서도 말하렵니다. 제가 그것 때문에 슬퍼합니다. 이스라엘
에 대해서도 말하렵니다. 제가 비탄에 빠졌습니다. 야곱의 후손에 대
해서도 말하렵니다. 제가 그들 때문에 탄식합니다. [17] 그러므로 저는
당신 앞에서 저를 위해 그리고 그들을 위해 탄원하며 기도할 것입니
다. 보십시오! 제가 세상에 사는 사람들의 잘못을 보았기 때문입니다.

329 또는, "훈계하셨습니다."

330 4에즈 8,13은 부활에 대한 믿음을 담고 있다. 부활 논쟁 대목(마태 22,23-33; 마르 12,18-27; 루카 20,27-40) 참조.

331 4에즈 8,15에서 에즈라는 모든 인간, 인류의 운명을 두고 탄식한다. 비슷한 태도가 바오로 묵시록 33에서도 발견된다: "나는 인류 때문에 탄식하며 울었다."

[18] 지금 저는 다가올 심판의 판결문도 들었습니다. [19] 그러므로 제 소리
를 들으시고 제 기도의 말에 귀 기울여 주십시오! 제가 당신 앞에서 말
할 것입니다. 주님, 내 하느님!"

[20] 에즈라의 기도 말들의 시작. 그가 들어 올려지기 전에 바친 기도.
"영원히 사시는 주님! 높은 당신의 처소는 드높고 당신의 방은
공중에[332] 있습니다! [21] 당신의 어좌는 한계가 없고[333] 당신의
영광은 따라잡을 수 없습니다.[334]
군대들이 두려워 떨며 당신 앞에 서 있습니다. [22] 당신의
말씀으로 그들은 불과 바람으로 바뀝니다.
당신의 말씀은 성실하고 당신의 언사는 한결같습니다. [23] 당신의
계명은 진실하고 당신의 명령은 두렵습니다.
당신의 외관은 심연을 말리고 당신의 진노는 산들을
녹입니다.[335] 당신의 진리는 굳건합니다.[336]
24 당신 종의 목소리를 들으시고 당신 작품의 탄원에 귀
기울이소서. 그리고 제 말을 경청해주소서. [25] 제가 살아 있는
한, 말할 것입니다. 제게 지력이 있는 한, 대답할 것입니다.
26 당신 백성의 잘못에는 눈길을 주지 마시고, 올곧은 마음으로
당신을 섬긴 이들에게 눈길을 주소서.[337]

---

332 공중이라 옮긴 ܐܐܪ는 그리스어 ἀήρ의 차용어다(Smith).

333 무한히 크다는 의미다.

334 직역: "그 어좌는 한계가 없고 그 영광은 따라잡을 수 없는 분!" 이하 마찬가지다.

335 2바룩 21,6 참조.

336 또는, "당신의 진리는 증언합니다."

27 불경한 계책의 잘못들에는 눈길을 주지 마시고, 모욕 속에서도
당신 계약을 지킨 이들에게 눈길을 주소서.
28 당신 앞에서 나쁘게 변한 자들을 마음에 두지 마시고, 좋은
의지로 당신의 경외로움을 깨달은 이들을 기억하소서.
29 가축들과 비슷해진 자들을 멸망시키려 하지 마시고, 당신
율법의 광명을 받아들인 이들을 눈여겨보소서.
30 짐승들보다 더 악하게 산 이들에게 분노하지 마시고, 당신의
영광을 한결같이 믿어온 이들을 사랑해 주소서.
31 사실 저희와 저희 조상들은[338] 파멸의 일을 일삼고 분노로
타올랐습니다. 그러나 당신은 바로 죄인인 우리 때문에
자비로우신 분이라 불렸습니다.
32 당신께서 저희 곧 아무 행업이 없는 저희에게 자비를
베푸시기로 하신다면, 당신은 자애로우신 분이라 불리실
것입니다.
33 사실 의인들은 당신 앞에 행업이 쌓여 있습니다. 그들은 자기들
행업에 따라 받게 될 것입니다.
34 사람이 무엇이기에 그에게 분노하십니까? 혹은 필멸하는 인종이
무엇이기에 그에게 가혹하게 대하십니까?
35 사실 태어난 사람들 중에 불경을 저지르지 않은 자 없습니다.
존재한 사람들 중에 죄짓지 않은 자도 없습니다.
36 이것으로 당신의 선성이 드러날 것입니다, 주님 내 주님!
당신께서 행업의 힘이 없는 이들에게 자비를 베푸실 때입니다."

---

337 또는, "당신 백성의 잘못에가 아니라, 올곧은 마음으로 당신을 섬긴 이들에게 눈길을 주소서."

338 직역: "우리보다 앞선 사람들."

천사의 답변: 모든 이가 구원받지는 않는다[339]

37 그분께서 답하시며 내게 말씀하셨다.[340] "몇몇은 옳게 말하였다. 네
말대로 될 것이다. 38 정녕 나는 불의한 자들의 창조에 대해서는 생각
하지 않을 것이다. 그들의 죽음이나 그들의 심판 혹은 그들의 파멸에
대해서도 마찬가지다. 39 대신 나는 의인들의 창조와 그들의 삶과 그들
의 상급을 두고 기뻐할 것이다. 40 참으로 내가 말한 대로 될 것이다.
41 농부가 많은 씨를 뿌리고 많은 식물을 심어도 모든 씨가 제 시
간까지 살아남지는 않으며, 모든 식물이 뿌리를 내지는 않는다. 마찬가
지로 세상에 온 사람들도 모두가 구원받지는 않는다."

42 나는 답하며 말하였다. "만약 제가 당신 눈에 들었다면, 당신 앞에서
말할 것입니다. 43 농부의 씨앗이 제때에 당신의 비를 받지 않는다면 살
수 있습니까? 반대로 그것은 너무 많은 비로도 썩고 맙니다. 44 당신 손
으로 빚어지고 당신 모상과[341] 비슷해진 사람! 당신께서 그를 위해 모
든 것을 창조하셨는데, 그를 농부의 씨앗과 비슷하게 만드셨다는 말씀
입니까? 45 안 됩니다! 당신께 탄원합니다. 주님 내 주님. 당신 백성을
가엾이 여겨주십시오! 당신의 유산에게 자비를 베풀어 주십시오! 당신
은 당신 피조물에게 자비로우신 분이시기 때문입니다."

46 그분께서 답하시며 내게 말씀하셨다. "현재의 것들은 현재의 사람

---

339 4에즈 8,37-62: 천사와 에즈라의 대화. 모든 이가 구원 받지는 않으며 소수의 의인만 구원을 받는다는 내용이다.

340 4에즈 8,37-41: 에즈라의 탄원에 주어진 천사의 답변. 모든 이가 구원 받지는 않는다는 응답이다. 사람의 마지막 운명은 저마다 다를 것이다.

341 '모상'으로 옮긴 시리아어 ܝܘܩܢܐ는 그리스어 εἰκών의 차용어다. 창세 1,26 참조.

들을 위한 것이고, 미래의 것들은 미래의 사람들을 위한 것이다. [47] 내 피조물을 네가 나보다 더 사랑할 수는 없다.[342] 그런데 너는 종종 불경한 자들처럼 되는구나. 그래서는 안 된다. [48] 하지만 너는 이 일로도 지극히 높으신 분 앞에서 칭송을 받을 것이다. [49] 너는 자신을 낮추는 게 마땅하다는 듯이 낮추었으며 너 자신을 의인들과 비슷하게 여기지 않았기 때문이다.[343] 이로 인해 너는 더더욱 영광을 입을 것이다. [50] 그러나 땅의 주민들은 마지막 때에 몹시 슬퍼할 것이다. 그들이 몹시 교만하게 살았기 때문이다.

[51] 그러나 너는, 너 스스로에 대해 성찰하고 너와 비슷한 사람들을 위해 탄원하여라.[344] [52] 사실 너희를 위해 낙원이 열리고 생명의 나무가 심겼으며[345] 미래 세상이 준비되었다.[346] 그리고 즐거움이 마련되

342 4에즈 8,46에서는 하느님의 피조물 곧 사람을 하느님보다 에즈라가 더 사랑할 수 없다고 한다. 바오로 묵시록에도 비슷한 표현이 나온다. 바오로가 '인류' 때문에 탄식하며 울자 천사가 말한다. "왜 우느냐? 네가 하느님보다 더 자비로운 건 아니지 않느냐? 사실 하느님은 거룩하시면서도 사람들을 위해 마음을 돌리시고, 그들의 회개와 참회를 기다리신다. 그런데도 그들은 자기 뜻에 스스로 기만당하여 이곳에 온다. 그리고 그들은 영원히 벌을 받는다"(바오로 묵시록 33). 이스라엘을 만드신 분보다 에즈라가 이스라엘을 더 사랑할 수 없다고 하는 4에즈 5,33도 참조.

343 4에즈 8,49는, 에즈라가 자신을 낮추어 의인들과 비슷하게 여기지 않은 사실을 두고 칭송한다. 4에즈라에서 하느님께 의인으로 헤아려지는 에즈라(7,76-77)는 줄곧 멸망할 자들 편에 서서 이야기한다. 이는 에즈라가 그들을 '우리'라 부른 데서 잘 드러난다(7,47-48.66-67.119-126).

344 '너(에즈라)와 비슷한 사람들'은 의인들을 가리킨다. 4에즈 8,51에서 하느님은 에즈라에게, 악인들을 위해서가 아니라 의인들을 위해 탄원하라고 명하신다.

345 승리하는 사람에게는 하느님의 낙원에 있는 생명나무의 열매를 먹게 해주겠다고 하는 묵시 2,7을 참조하라. 천상의 도성에 심겨져 있는 '생명나무'를 언급하는 묵시 22,2도 비슷한 생각을 전한다. 생명나무에 대한 신약성경 및 교부들의 해석에 대해서는 Wilcox, "'Upon the Tree' - Deut 21:22-23 in the New Testament",

고 도성이 세워졌으며 안식이 결정되었다. 선이 완성되고 지혜가 완결
되었다.[347] 53 너희로부터 (악의) 뿌리가 봉인되었고 너희로부터 질병이
퇴치되었으며 죽음은 숨겨졌고 셔올은 도망쳤으며 부패는 망각되었
다. 54 너희에게서 고통이 멀어졌으며 마지막에는 생명의 보화가 모습
을 드러내었다.

55 그러니 더 이상 멸망하는 많은 이들을 위해 탄원하지 마라.
56 그들은 자유를 선사받고서 지극히 높으신 분을 거부하였기 때문이

85-99을 참조하라. 그리스도교 교부들은 예수님이 매달리신 십자가 나무를 낙원에 심겨진 생명의 나무와 연결시켜 이해하였다(유스티누스, 『트리폰과의 대화』 86.1). 신약성경에서 나무를 뜻하는 크실론이 '십자가 나무'와 '생명나무'를 가리키는 데 사용된 것에 착안하여 나온 해석이다. 예수님께서 생명나무에 매달리심으로써 우리에게 생명을 선사하셨다는 의미로 이해한 셈이다. 같은 맥락에서 (차명)-테르툴리아누스는 사형수를 나무에 매다는 관습을 언급한 신명 21,22-23을 예수님의 십자가 죽음(σταυρῶσαι)에 대한 구약의 '증언'(testimonia)으로 간주한다(『유다인 반박』 10.5): Wilcox, "'Upon the Tree' – Deut 21:22-23 in the New Testament", 85.

346 하느님께서 낙원을 만들기로 결심한 그때 천상 도성을 미리 준비해 두셨다고 하는 2바룩 4,3을 참조하라. 의인을 위해 영광을 창조하고 준비해 두셨다는 2바룩 66,7도 보라. 최후의 심판을 묘사하는 마태 25,31-46도 참조하라. 의인들과 악인들을 위해 준비된 것이 각각 다르다고 한다. 특히 심판관(사람의 아들)이 자기 오른쪽에 있는 이들에게 선언하리라는 말씀을 보라. 의로운 이들을 위해 세상 창조 때부터 '나라'가 준비되어 있다고 한다: "내 아버지께 복을 받은 이들아, 와서, 세상 창조 때부터 너희를 위하여 준비된 나라를 차지하여라"(25,34).

347 4에즈 8,52-54은 마지막 때에 이루어질 치유와 안식에 대해 노래한다. 더 이상 질병과 죽음이 없고 생명이 선물로 주어진다. 비슷한 개념이 1에녹 25,4-6; 2바룩 73,1-2에도 나온다. 가령, 위대한 심판 때 생명나무의 열매가 주어질 것이라고 한다. 그러면 그때 "그들은 한없이 즐거워하고 기뻐하며 성소로 들어갈 것이다. 그 향기가 뼈 속에 스며들고, 그들은 너의 조상들처럼 오랜 삶을 살 것이다. 그리고 그들이 살아 있는 날들 동안에 고통과 재앙과 고난이 그들을 덮치지 않을 것이다"(1에녹 25,6).

다. 그들은 율법도 몹시 하찮게 여겼으며 그분의 길을 소중히 여기지
않았다. 57 그리고 그분의 거룩한 이들을 짓밟았다. 58 그들은 마음속
으로 '하느님은 없다' 하고 말하였다. 그런데 그들은 자기들이 반드시
죽는다는 것을 잘 알고 있었다. 59 그러므로 앞에서 말한 것들이 너희
를 기다리고 있는 것처럼, 미리 준비된 갈증과 슬픔이 그들을 기다리
고 있다.[348] 사실 지극히 높으신 분께서는 사람들이 멸망하는 것을 바
라지 않으셨다. 60 그러나 피조물인 그들이 자기네 창조주의 이름을 더
럽혔고, 축복을 거절하였다. 그리고 그들을 위해 생명을 준비한 나에
게 감사하지 않았다. 61 이 때문에 나의 심판이 다가오고 있다. 62 나
는 이것을 많은 사람들에게가 아니라, 너와 너를 닮은 소수의 사람들
에게만 알렸다."

마지막 때의 표징들[349]

63 나는 답하며 말하였다. "보십시오, 주님, 당신께서 마지막 날들에 행
하실 많은 표징들을 제게 알려주셨습니다. 그러나 언제 그렇게 하실
지는 알려주지 않으셨습니다."

9 1 그분께서 답하며 내게 말씀하셨다. "마음속으로 재어보아라! 앞에서
말한 표징들 가운데 한 부분이 지나갔음을 보게 되면, 2 그때가 지극
히 높으신 분께서 당신께서 만드신 세상을 방문하시기로 한 때임을 알

348 최후의 심판을 묘사하는 마태 25,31-46을 참조하라. 특히 심판관(사람의 아들)이 자기 왼쪽에 있는 자들에게 내리는 판결을 보라(25,41-45). 이들은 '악마와 그 부하들을 위해 준비된' 영원한 불 속으로 들어가야 한다: "저주받은 자들아, 나에게서 떠나 악마와 그 부하들을 위하여 준비된 영원한 불 속으로 들어가라"(25,41).

349 4에즈 8,63—9,22: 마지막 때를 알리는 표징들, 멸망하는 자들과 구원받는 이들.

아라. 3 그리고 세계 여러 곳에 지진이 발생하고 군중들이 동요하며 민
족들이 술수를 꾸미고 지배자들이 혼란에 빠지며 우두머리들이 우왕
좌왕하면, 4 지극히 높으신 분께서 전에 이 일들을 두고 말씀하셨다는
것을 깨달아라. 5 사실 세상에 존재한 모든 것은, 그 시작이 알려지고
그 끝을 드러내듯이, 6 지극히 높으신 분의 시간들도 마찬가지다. 그 시
작은 징표와 표징과 권능을 통해 알려지고 그 끝은 처벌과 표징을 통
해 알려질 것이다. 7 그리고 그들 가운데 구원될 모든 이, 자신들의 행
업과 자신들이 믿은 믿음 덕분에 (벌을) 피할 수 있는 모든 이는 살 것
이다. 8 그는 앞에서 말한 위험에서 (살아)남을 것이다.[350] 그리고 영원
으로부터[351] 나를 위해 거룩하게 만든 내 땅과 내 경계에서 나의 구원
을 볼 것이다.[352] 9 그러나 내 길들을 소홀히 여긴 자들은 경악할 것이
며, 그것들을 무시하고 내던져버린 자들은 괴로움 속에 머물 것이다.
10 사실 사는 동안 내가 그들에게 베풀었는데도 나를 알아보지 못한
모든 자들, 11 그리고 자유가 있었는데도 내 율법을 무시한 자들, 12 자
기들에게 인내의 기회가 열려 있었는데도 그것들을 생각하지 않고 무
시한 자들은 죽음 뒤에 벌을 받으면서 깨닫게 될 것이다. 13 그러니 너
는, 지금부터 불의한 자들이 어떻게 벌을 받을까 찾아다니지 말고, 의
로운 이들이 어떻게 구원받을지 물어라. 세상이 그들의 것이며 세상이

350 "(살아)남을 것이다"로 옮긴 단어는 ܢܫܬܘܙܒ다. '남은 자' 개념을 표현하는 ܫܘܙܒ 동사의 에쉬타팔(Eshtaphal 행위의 수동성을 표현) 미완료형에 해당한다. 4에즈 9,7-9은 의인과 악인의 상반된 운명을 묘사한다. 마태 25,46 참조.

351 "영원"이라 옮긴 시리아어는 ܥܠܡܐ다. 이 단어는 '세상', '시대'라는 의미도 가지고 있으나 9,8에서는 '영원'이라는 의미가 어울린다.

352 또는 이렇게도 읽을 수 있다. "7 그리고 그들 가운데 구원될 모든 이, 자신들의 행업과 자신들이 믿은 믿음 덕분에 (벌을) 피할 수 있는 모든 이는, 8 앞에서 말한 위험에서 살아남을 것이다. 그리고 영원으로부터 나를 위해 거룩하게 만든 내 땅과 내 경계에서 나의 구원을 볼 것이다."

존재하는 것도 그들 때문이다."

14 나는 답하며 말하였다.[353] 15 "저는 지금도 말하고 나중에도 또 말할
것입니다. 멸망하는 자들이 구원받는 이들보다 훨씬 많습니다. 16 물결
이 작은 물방울보다 양이 훨씬 많은 것처럼!"

17 그분께서 답하시며 내게 말씀하셨다. "그 밭에 그 씨앗. 그 꽃
에 그 색깔, 그 노동에 그 결과. 그 농부에 그 타작마당이다. 18 세상이
존재하기 전, 내가 지금 존재하는 사람들을 위해 그들이 살 세상을 준
비하던 영원의 시대에는[354] 나를 거슬러 일어서는 자가 아무도 없었다.
사실 사람이 존재하지도 않았다.

19 그들은, 부족함 없는 식탁과 심오한 율법을 갖춘 잘 준비된 세
상에 창조되었다. 그러나 지금 그들은 자신들의 행실로 인해 부패되었
다. 20 그리고 나는 내 세상이 부패한 것을 보았다. 그리고 내 땅이 그
주민들의 소동 때문에 위험에 빠진 것을 보았다. 21 보고 나서 나는 그
들 중에 소수만 살려두었다.[355] 나를 위해 포도송이에서 포도 한 알을,
큰 숲에서 식물 하나를 살려주었다. 22 그러므로 많은 것이 파멸할 것
이다. 그것이 헛되이 생겨난 까닭이다. 그리고 내 포도 알과 내 식물은
남겨질 것이다. 그것들은 많은 수고로 만들어졌기 때문이다.[356]

---

353 4에즈 9,14-22: 멸망하는 자들과 구원받는 이들이 구분된다.

354 또는, "내가 지금 존재하는 자들을 위해 그들이 살 세상을 준비하던 시대의 시간에는"이라고 옮겨도 된다. '영원' 또는 '시대'라 옮겨지는 시리아어는 ܥܠܡܐ다. 9,8의 '영원'에 달린 각주를 참조하라.

355 소수라 옮긴 시리아어 표현은 ܟܠ ܩܠܝܠ ܙܥܘܪ다. '약간 소수만' 또는 '조금 가운데(ܟܠ ܩܠܝܠ) 소수만(ܙܥܘܪ)'이라 옮겨도 된다. '살려두다'라 옮긴 단어는ܚܣ다. '불쌍히 여기다', '구하다' '구속하다'(redeem) 등으로 옮길 수도 있다(Smith). 소수는 파멸을 면하게 해주었다는 뜻이다.

계시의 준비[357]

[23] 그런데 네가 이레 동안 더 다른 이들과 구분되어 지내려면, — 그 기
간 동안 단식하지는 마라 — [24] 집이 세워진 적이 없는, 꽃이 핀 들판에
가거라. 그리고 들판의 꽃만 먹어라. 고기를 맛보아서도 포도주를 마셔
서도 안 된다. 오직 꽃만 먹어라. [25] 그리고 지극히 높으신 분께 간절히
청하여라. 그러면 내가 너에게 가서 너와 말할 것이다."

넷째 환시(9,26—10,60)

도입[358]

[26] 그리하여 나는 그분께서 내게 명하신 대로 '아르파드'라 불리는 들
판으로 나갔다. 그리고 그곳 꽃들 사이에 앉아서 들에 난 풀뿌리를 먹
었다. 그렇게 먹는 것만으로 내게 충분하였다. [27] 그리고 이레가 지난
뒤 풀밭에 앉아 있을 때였다. 전처럼 다시 내 마음이 동요하기 시작하
였다. [28] 그리고 나는 입을 열어 지극히 높으신 분 앞에서 말하기 시작

356 4에즈 9,19-22도 '남은 자' 개념을 표현한다. 9,22에서 '남겨질 것이다'로 옮긴 시리아어 표현은 ܬܬܢܛܪ(ܢܛܪ 동사의 에트페엘Ethpeel 미완료형)다. '지켜질 것이다'로 옮겨도 된다. 본디 '지키다', '보호하다', '지켜보다', '간직하다'를 뜻하는 ܢܛܪ 동사는 에트페엘형으로 쓰여 ܝܬܪ의 에쉬타팔형(Eshtaphal, 행위의 수동성을 표현)과 유사한 의미, 곧 '남다', '남겨지다'를 표현한다(Smith 참조). ܢܛܪ는 히브리어 נָטַר와 어원이 같다. 4에즈 14,34에도 같은 표현이 쓰였다.

357 4에즈 9,23-25: 계시 받을 준비에 대한 당부.

358 4에즈 9,26-37: 넷째 계시를 받게 되는 배경 설명에 해당한다. 에즈라는 천사의 당부대로 '아르파드'라는 들판으로 나가 풀뿌리를 먹으며 이레 동안 지낸다(9,26-28). 이레가 지난 뒤 에즈라는 하느님께 자신들이 율법을 받았으나 그것을 지키지 않았음을, 그리하여 자신들은 멸망하지만 율법은 영원히 남아 있을 것이라 고백한다(9,29-37).

하였다. 나는 말하였다.

29 "오, 주님, 내 주님! 당신께서는 광야에서 우리 조상들에게 나타나셨
습니다. 그들이 이집트에서 나와, 열매도 없고 아무도 지나다닌 적이
없는[359] 광야 땅을 지나고 있을 때였습니다. 당신께서 그들에게 말씀
하셨습니다. 30 '이스라엘아! 내 말을 들어라. 야곱의 후손아, 내 말에
귀를 기울여라! 31 보라! 내가 너희들 가운데에 내 율법의 씨앗을 뿌렸
다. 그것들은 너희들 안에 의로움의 열매를 맺을 것이다. 그리고 너희
는 그것으로 인해 영원히 영광을 받을 것이다.'

32 그런데 우리 조상들은 율법을 받았지만 그것을 지키지 않았습
니다. 그리고 계명들을 실천하지 않았습니다. 그러나 그들 때문에 당
신 율법의 열매들이 멸하지는 않았습니다. 사실 멸할 수도 없었습니
다. 그것이 당신의 것이기 때문입니다. 33 그러나 그것을 받아들인 그들
은 멸하였습니다. 그들 안에 뿌려진 것을 그들이 지키지 않았기 때문
입니다. 34 이것이 원칙입니다. 땅이 씨앗을, 바다가 배를, 그릇이 음식
을 받아들였을 때, 담긴 것 혹은 저장된 것이 35 모조리 썩어도 그것들
을 받아들인 것들은[360] 그대로 남습니다.

그러나 우리의 경우는 그렇지 않았습니다. 36 율법을 받아들인
우리는 죄를 짓고서 그것을 받아들인 우리 마음과 함께 멸할 것입니
다. 37 그러나 당신의 율법은 멸하지 않고 그 영광과 함께 남아있을 것
입니다."[361]

---

359 비다비드(Bidawid)를 따라 ܟܕ(… 할 때)를 부정어 ܠܐ(아니다)로 고쳐 읽었다.

360 이를테면, 땅, 바다, 그릇은 남는다.

361 땅에 뿌려진 씨앗, 바다에 띄워진 배, 그릇에 담긴 음식이 썩어도 땅과 바다와 그릇은 그대로 남는 것처럼, 우리는 멸하지만 우리가 받아들인 하느님의 율법은 멸하지 않는다는 의미다.

애도하는 여인의 환시[362]

38 마음속으로 이것들을 말하면서 나는 눈을 들어 오른쪽에 있는 한
여인을 보았다. 그 여인은 애도하며 큰 소리로 울고 있었다. 그녀는 마
음으로 괴로워하며 몹시 슬퍼하고 있었다. 그녀의 옷은 찢어진 채였고
머리에는 재가 뿌려져 있었다.[363] 39 나는 내가 골몰해 있던 생각들을
떨쳐버리고 그녀를 향해 돌아서서 그녀에게 말하였다. 40 "너는 왜 울
면서 마음으로 슬퍼하느냐?"

41 그녀는 답하며 나에게 말하였다. "저를 그냥 내버려두십시오,
나리. 제가 온 마음을 다하여 울고 계속 괴로워할 수 있도록! 제 영혼
이 비통하고 제가 몹시 비참하기 때문입니다." 42 나는 그녀에게 말하였
다. "네게 무슨 일이 일어났는지 말해보아라." 그녀가 답하며 내게 말
하였다. 43 "당신 여종인 저는 임신할 수 없는 몸이었으며 남편과 함께
삼십 년 동안 아이를 갖지 못했습니다. 44 그래서 그 삼십 년 간 매일
매 순간 밤낮으로 지극히 높으신 분께 탄원하며 기도했습니다. 45 그
삼십 년이 지난 뒤 하느님께서 당신 여종의 목소리를 들으시고 여종의
비참함을 보셨습니다. 그리고 저의 고통을 눈여겨보시고 저에게 아들
을 주셨습니다. 그리하여 저는 기쁨에 넘쳤습니다. 아들로 인해 저와
저의 남편 그리고 제 도성에 사는 모든 이가 환희에 휩싸였습니다. 그
리고 저희는 능하신 분께 영광을 드렸습니다. 46 그리고 저는 갖은 고
생을 다하며 아이를 키웠습니다. 47 아이가 성장하자 그에게 아내를 구

362 4에즈 9,38—10,24: 애도하는 여인의 환시. 에즈라는 찢어진 옷을 입고 머리에 재를 뿌린 채 애도하는 여인을 본다. 아들을 잃고 슬퍼하는 그녀에게 에즈라는 그녀의 슬픔이 어머니 시온의 슬픔에 비할 수 없다고 하면서 슬픔을 거두고 집으로 돌아가라고 설득한다.

363 회개나 애도의 표시로 옷을 찢고 머리에 재(또는 먼지)를 뿌리는 관습이 반영되어 있다: 여호 7,6; 욥 2,12; 에스 4,1; 1마카 11,71.

해주었습니다. 그리고 혼인 날 큰 잔치를 벌였습니다.

10 [1] 그런데 제 아들이 신방에 들어갔을 때 쓰러져 죽어버렸습니다. [2] 저
는 등불들을 껐습니다. 그리고 도성의 모든 형제들이 일어나 저를 위
로하려 했습니다. 그러나 저는 다음날 저녁까지 꼼짝 않고 그대로 있
었습니다. [3] 그리고 그들이 모두 잠든 뒤, — 그들은 저도 자고 있다고
생각했습니다 — 밤중에 저는 일어나 도망쳤습니다. 그리고 나리께서
보시듯이 이 들판까지 왔습니다. [4] 그리고 저는 다시는 도성으로 들어
가지 않고 여기서 지내면서 먹지도 마시지도 않겠다고 생각했습니다.
그리고 끊임없이 애도하며 죽을 때까지 단식할 작정이었습니다."
[5] 나는 몰두하고 있던 생각들을 떨쳐버리고 분노 속에 답하며 그
녀에게 말하였다. [6] "네가 모든 여자들 가운데 가장 어리석다! 너는 우
리에게 일어난 일과 우리의 슬픔을 보지 못했느냐? [7] 보라! 우리 모두
의 어머니 시온이 깊은 슬픔과 엄청난 고통[364] 속에 널브러져 있다! [8] 지
금은 애도의 때이며 우리 모두가 탄원하며 애도하고 있다. 그런데 너
는 아들 하나 때문에 괴로워하고 있느냐? 우리 온 세상은 우리 어머니
때문에 괴로워하고 있다! [9] 땅에게 물어보아라. 네게 답할 것이다. 자기
야말로 자기 위에 존재한 많은 사람들 때문에 애도해야 한다고! [10] 처
음부터 땅 위에 존재한 모든 이들과 다가올 다음 사람들, 그들 모두
가 파멸로 나아가고 있으며 그들 중 많은 수가 멸망에 부쳐졌다. [11] 그
러니 누가 더 애도해야 하느냐? 이토록 많은 이를 잃은 땅이냐,[365] 아
니면 한 명 때문에 애도하고 있는 너냐? [12] 만약 네가 '제 슬픔은 땅의

364 또는, "모욕", "굴욕."

365 시리아어 본문에는 3인칭 여성 대명사(ܗܝ,그녀)로 되어 있다. 여기서는 땅(여성)을 가리킨다.

슬픔에 비할 바가 아닙니다. 저는 제 자궁의 열매, 곧 진통 가운데 낳
아 고생하며 키운 아이를 잃어버렸기 때문입니다' 하고 내게 말한다면,
13 땅은 (더하다)! 땅의 본성에 따라 땅에 온 많은 것들이 왔던 수만큼
다 떠나갔다.[366] 너에게 다시 말하겠다. 14 네가 고생하며 낳은 만큼 땅
도, 처음부터 (지금까지) 자기 열매인 사람들을 자기를 만드신 분께 내
놓았다. 15 그러니 이제 마음속 슬픔을 다잡고 힘을 내어 네게 닥친 재
앙을 견뎌라! 16 네가 지극히 높으신 분의 판결문을 의롭다고 인정하면
언젠가 네 아들도 돌려받고 여인들 가운데서 칭송을 받게 될 것이다.
17 그러니 도성의 네 남편에게 돌아가라!"

18 그녀가 답하며 내게 말하였다. "그렇게 하지 않을 것입니다. 도
성으로도 제 남편에게도 돌아가지 않고, 여기서 죽을 것입니다." 19 나
는 다시 그녀와 이야기하며 말하였다. 20 "안 된다, 여인아! 안 된다, 여
인아! 그런 말을 해서는 안 된다. 시온의 재앙에 공감하고 예루살렘의
슬픔에 위로를 받아라! 21 보라, 너는 보지 않았느냐? 황폐해진 우리
의 성소들, 내팽개쳐진 우리의 제단들, 파괴된 우리의 성전,[367] 22 멈춰
진 우리의 예배, 중단된 우리의 찬송, 추락한 우리의 영광, 꺼져버린 우
리의 등불, 유린된 계약 궤,[368] 더럽혀진 우리의 성물들, 오염된 우리의
이름,[369] 멸시당한 우리의 귀족들, 불태워진 우리의 사제들, 유배된 레
위인들, 더럽혀진 우리의 처녀들, 명예 잃은 우리의 여자들을! 우리의

366 자연의 본성상 땅에 온 모든 것이 온 수만큼 떠나간다는 의미다. 모든 것이 왔다가 사라진다는 것이다.

367 또는, "우리의 성소들은 황폐해졌으며, 우리의 제단들은 내팽개쳐졌고, 우리의 성전은 파괴되었다"로 옮겨도 된다. 이하 마찬가지다.

368 "계약 궤"라고 옮긴 시리아어 표현 ܩܒܘܬܐ ܕܕܝܬܩܐ는 그리스어 ἡ κιβωτὸς διαθήκης에 해당한다. ܩܒܘܬܐ와 ܕܝܬܩܐ 둘 다 차용어에 해당한다.

369 직역: "오염된, 우리에게 붙여진 이름."

환시가들은 끌려갔고 우리의 성도들은 흩어졌다. 우리의 젊은이들은 노예가 되었고 우리의 용사들은 기진하였다. [23] 시온의 봉인에 일어난 일보다 더 심한 일이 무엇이냐? 시온은 그 영광의 봉인을 상실한 채[370] 우리를 미워하는 자들의 손에 넘어갔다! [24] 그러니 너는, 네게서 너의 큰 슬픔을 걷어내어라, 능하신 분께서 너를 생각하시고 지극히 높으신 분께서 너를 고통스런 슬픔에서 벗어나게 하실 것이다."

천상 예루살렘의 환시[371]

[25] 내가 그 여인과 이야기하고 있을 때였다. 보라! 그녀의 얼굴이 환히 빛나고 있었다. 얼굴 모양이 번개의 형상과도 같았다. 두려움에 빠진 나는 그녀에게 다가갈 엄두도 내지 못하였다. 그리고 마음속으로 크게 놀랐다. 마음속으로 '이 환시가 무슨 뜻이지?' 하고 생각하고 있을 때였다.

[26] 갑자기 그녀가 몹시 크고 높은 소리로 외쳤다. 그 소리에 온 땅이 뒤흔들리는 것 같았다. [27] 그리고 나는 보았다. 보라! 그 여인이 더 이상 내 눈에 보이지 않았다. 그 대신 우뚝 세워진 도성이 나타났다. 그리고 거대한 기반 위에 세워진 한 장소가[372] 모습을 드러내었다.

나는 두려워하면서 큰 소리를 지르며 말하였다. [28] "첫날 저에게 오셨던 우리엘 천사는 어디에 계십니까? 그분께서 저를 이런 큰 혼란 속에 들어오게 만드셨습니다. 저의 끝은 파멸이 되었고 저의 탄원은 수치가 되었습니다."

---

370 직역: "그것의 영광의 봉인은 상실되었고."

371 4에즈 10,25-28: 천상 도성의 환시. 애도하던 여인의 얼굴이 번개처럼 변하고 큰 소리를 지른 뒤 에즈라의 눈 앞에서 사라진다. 그리고 우뚝 세워진 천상 도성이 나타난다.

372 직역: "거대한 기반을 갖춘 한 장소."

환시의 해석[373]

29 나는 이 말들을 하는 동안 마치 죽은 사람처럼 땅바닥에 누워 있었
다. 그때 천사 한 분이 나에게 오셨다. 처음에 내게 오셨던 그 천사였
다.[374] 그분께서 나를 바라보셨다. 30 그때 나는 죽은 사람처럼 땅바닥
에 누워 있었다. 정신은 혼란한 채였다. 그분께서는 내 오른손을 붙잡
고 내게 기운을 북돋아 주시면서 나를 일으켜 세우셨다. 그리고 나에
게 말씀하셨다. 31 "무슨 일이냐? 무엇 때문에 그토록 동요하느냐? 너
의 마음과 정신이 왜 혼란에 빠졌느냐?"

나는 그분께 말하였다. 32 "당신께서 저를 버리셨기 때문입니
다![375] 사실 저는 당신께서 말씀하신 대로 하였습니다. 그리고 이 들판
까지 왔습니다. 그런데 보십시오! 저로서는 설명할 수 없는 것을 보았
고 지금도 보고 있습니다." 그분께서 답하며 내게 말씀하셨다. 33 "두 발
로 서라! 네게 일러주겠다." 나는 그에게 말하였다. 34 "말씀하십시오,
주님! 다만 제가 때 아닌 죽음을 맞지 않도록 저를 버리지 마십시오!
35 제가 알 수 없는 것을 보았으며 알아들을 수 없는 것을 들었기 때문
입니다. 36 아니면, 혹시 제 정신이 저를 속이고 있습니까? 제 영혼이
꿈을 꾸고 있습니까? 37 그러나 저는 지금 당신께 탄원합니다, 내 주님.
두려운 이 환시에 대해 당신 종에게 가르쳐주십시오."

38 그분께서 내게 답하며 말씀하셨다.[376] "내 말을 들어라. 너에게 가

---

373 4에즈 10,29-59: 환시의 해석. 에즈라가 우리엘 천사에게 자기가 본 환시를 해석해 달라고 요청하자(10,29-37), 천사로부터 환시의 해석이 주어진다(10,38-59).

374 우리엘을 가리킨다. 4에즈 4,1 참조.

375 여기 나오는 '당신께서 저를 버리셨다'에 해당하는 ܫܒܩܬܢܝ(사박타니)는 십자가상에서 부르짖은 예수님의 말씀과 같다: 마르 15,34 "엘로이 엘로이 레마 사박타니?" 참조.

르쳐주겠다. 그리고 네가 그토록 두려워하는 그 일들에 대해 알려주
겠다. 지극히 높으신 분께서 네게 많은 비밀을 알려 주셨기 때문이다.
39 그분께서 너의 올곧음을 보셨다. 네가 너의 백성 때문에 몹시 괴로
워하고 네가 너의 백성 때문에 크게 애도하며, 네가 시온 때문에 크게
애도하는 것을 보셨다. 40 자, 환시의 의미는 이것이다.

41 조금 전에 너에게 나타난 그 여인, 애도하고 있는 그녀를 너는
위로하기 시작했다. 42 그런데 이제 여자 같은 것은 네게 보이지 않는
다. 대신 세워진 도성 같은 것이 네게 나타났다. 43 그녀의 아들에게 일
어난 재앙에 대해 얘기하자면, 이것이 그 설명이다.

44 네가 본 여자, 세워진 도성처럼 보인 그것은 시온이다. 45 그녀
가 자기에 대해 한 이야기는 이런 뜻이다. 그녀는 삼십 년[377] 동안 아
이를 갖지 못했다. 그것은 이 세상에서 예물을 드리지 않던 기간이 삼
천 년이었기 때문이다.[378] 46 삼천 년 뒤에 (솔로몬이) 도성을 세우고 세
상에서 예물을 드리기 시작했다. 그때가 임신하지 못하는 여인이 아
들을 낳은 순간이다. 47 그녀가 이 세상에서 아들을 키웠다고 말한 것
은, 예루살렘의 존속 시기를 가리킨다. 48 그녀가 '내 아들이 신방에 들
어가자 죽었다'라고 말한 것은 이렇다. 그것은 예루살렘의 몰락과 재
앙을 뜻한다.

49 그리고 너는 자기 아들 때문에 그토록 슬퍼하는 그녀의 모습
을 보았다. 그리고 너는 그녀에게 일어난 일을 두고 그녀를 위로하기

---

376 4에즈 10,38-59: 애도하는 여인과 도성에 대한 환시의 해석. 애도하는 여인, 우뚝 선 도성은 시온이라고 한다.

377 4에즈 3,1 참조. 에즈라가 환시를 본 것이 예루살렘 도성이 무너진 지 30년째 되던 해였다고 한다.

378 세상 창조부터 솔로몬 성전이 만들어지기 전까지가 삼천 년이었다고 한다. 삼천이라는 시간은 상징으로 읽어야 한다.

시작하였다. [50] 그리고 지극히 높으신 분께서, 네가 그녀 때문에 온 영혼을 다해 슬퍼하고 온 마음을 다해 괴로워하는 것을 보셨다. 그리하여 그분께서 너에게 그녀의 우아한 아름다움과 그 영광의 빛을 보여주셨다. [51] 이 때문에 나는 너에게, 아무 집도 세워진 적이 없는 들판에 머물라고 말하였다. [52] 지극히 높으신 분께서 이 모든 것을 너에게 보여주시리라는 것을 나는 알고 있었기 때문이다. [53] 이 때문에 나는 너에게 건물 기초가 세워져 있지 않은 곳으로 가라고 말하였다. [54] 지극히 높으신 분의 도성이 나타나기로 된 곳에 사람의 작품이 남아있을 수 없기 때문이다.

[55] 그러나 너는 두려워하지 마라.[379] 마음이 동요하지도 마라. 들어가서, 네 눈이 볼 수 있는 만큼, 그분 건물의 웅장함과 그 영광의 빛을 보아라. [56] 그런 다음, 네 귀의 청력이 들을 수 있는 만큼 들어라. [57] 너는 다른 많은 이들보다 더 복되며 지극히 높으신 분 앞에서 네 이름이 불렸기 때문이다. 오직 소수만 그러하였다.

[58] 그러나 내일 밤에는 여기에 머물러 있어라.[380] [59] 지극히 높으신 분께서 너에게 계시의 환시, 곧 지극히 높으신 분께서 마지막 날에 땅의 주민들에게 행하실 일들을 보여 주실 것이기 때문이다." [60] 그리하여 나는 그분께서 명하신 대로 다음날 밤 그곳에서 잠을 잤다.

---

379 4에즈 10,55-57에서 천사는 에즈라에게 '천상 예루살렘 도성'에 들어가 그가 할 수 있는 만큼 보고 들으라고 명한다.

380 4에즈 10,58-60: 다섯째 계시를 준비하라는 천사의 당부(10,58-59) 및 에즈라의 실행이다(10,60). 에즈라는, 주님께서 마지막 날에 땅의 주민들에게 행하실 일들을 보게 되리라고 한다.

다섯째 환시(11,1—12,51)

독수리와 사자의 환시[381]

11 [1] 둘째 날 밤 나는 환시를 보았다. 보라! 바다에서 엄청나게 거대한 독
수리가 올라오고 있었다. 그에게는 날개가 열둘, 머리가 셋 달려 있었
다. [2] 그리고 나는 독수리가 온 땅을 뒤덮도록 날개를 펼친 것을 보았
다. 하늘의 바람들이 그에게 불어왔으며 구름들이 그 곁에 모여들었
다. [3] 또 보았더니 독수리 날개들에서 앞날개들이 생겨나고 있었는데
그것들은 작고 보잘 것이 없었다. [4] 독수리의 머리들은 가만히 쉬고 있
었다. 가운데 머리가 다른 머리들보다 컸는데, 그것도 다른 것들과 함
께 쉬고 있었다. [5] 나는 또 보았다. 보라! 독수리가 자기 날개들에게 온
땅과 그 주민들을 지배하라는 명을 내렸다.[382] [6] 그리고 또 보았다. 하
늘 아래 있는 모든 것이 그에게 복종하였으며 땅 위에 있는 피조물들

---

381 4에즈 11,1—12,3: 다섯째 환시인 독수리의 환시 및 사자의 환시. 에즈라는 둘째 날 밤에 거대한 독수리가 바다에서 올라오는 것을 환시로 본다. 그에게는 날개가 열둘 머리가 셋 달려 있었다. 이 독수리가 온 세상을 지배한다(11,1-35). 나중에 사자가 와서 독수리를 꾸짖는다(11,36—12,3). 독수리와 사자의 환시는 다니 7장 네 마리 짐승의 환시 및 사람의 아들 환시와 그 해석에 바탕을 두고 있다. 독수리 환시는 다니 7,4에 나온다. 거의 모든 학자들이 에즈라 4서의 독수리 환시를 다니 7장에 비추어 읽는다: Lacocque, "The Vision of the Eagle in 4 Esdras: A Rereading of Daniel 7 in the First Century CE", 237-258.

382 라틴어 본문은 이 문장을 전혀 다르게 읽는다: "et vidi, et ecce aquila volavit in pinnis suis et regnavit super terram et super eos qui inhabitant in ea." 우리말로 옮기면, '나는 또 보았다. 보라, 독수리가 자기 날개들로 날아올라 온 땅과 그 주민들을 지배하였다'이다. 메츠거(Metzger)는 "And I looked, and behold, the eagle flew with his wings, to reign over the earth and over those who dwell in it."(나는 또 보았다. 독수리가 온 땅과 그 주민들을 지배하려고 자기 날개들로 날아올랐다)라고 옮긴다.

가운데 그에게 반항하는 것은 아무것도 없었다. 7 그리고 보았다. 독
수리가 발톱을 딛고 일어서서 자기 날개들에게 소리를 질렀다. 그리고
그들에게 말하였다. "가서 온 땅을 지배하라! 그러나 지금은 멈추어라.
8 너희 모두 한꺼번에 감시하려 들지 말고 하나씩 돌아가며 자기 위치
에서 잠을 자라. 그리고 차례로 번갈아가며 감시하여라. 9 그러나 머리
들은 마지막까지 남아야 한다."

10 그리고 나는 보았다. 그 목소리가 머리들에서가 아니라 몸 한가
운데에서 나오고 있었다. 11 그리고 나는 그 작은 날개들의 수를 세어
보았다. 그것들은 여덟 개였다.

12 그리고 나는 보았다. 보라! 오른쪽 옆구리에서 날개 하나가 솟
아나왔다. 그리고 그것이 온 땅을 지배하였다. 13 그리고 그 끝이 다가
와, 마치 그것이 알려진 적이 없는 것처럼 사라져 없어지는 것을 보았
다. 그가 차지한 자리도 마찬가지였다. 그리고 나는 보았다. 보라! 둘째
날개가 솟아나 그것도 얼마 동안 온 땅을 지배하였다. 14 그리고 그것
이 지배하는 동안 그 끝이 다가와 먼젓번 것처럼 사라졌다. 15 보라! 한
목소리가 그에게 들려왔다. 그 목소리가 말하였다. 16 "들어라! 이 모든
시간 동안 땅을 지배했던 너, 네가 사라져 없어지기 전에 내가 이 소식
을 선포하겠다. 17 네 뒤에 오는 어떤 이도 이 모든 시간만큼 지배하지
못한다. 그 반도 되지 못한다."[383]

18 그리고 나는 보았다. 보라! 셋째 날개가 솟아나 그것도 먼젓번
동료들처럼 온 땅을 지배하였다. 그리고는 먼젓번 것들처럼 사라져 없
어졌다. 19 그들 모두에게 같은 일이 일어났다. 각 날개가 하나씩 차례
로 지배했다가 다시 사라졌다. 20 그리고 나는 보았다. 보라! 때가 되자
작은 날개들도 땅을 지배하려고 오른쪽 옆구리에서 솟아 나왔다. 그

383 지배 기간이 그 반도 안 되리라는 뜻이다.

들 가운데 일부는 지배하였지만 얼마 안 되어 사라져 없어졌다. [21] 그
들 가운데 일부는 일어섰지만 지배권을 쥐지는 못하였다.

[22] 그 다음에 나는 보았다. 열두 날개가 사라져 없어졌다. 그리고
작은 날개들 가운데 두 개도 그렇게 되었다. [23] 그리고 독수리 몸에서,
그동안 쉬고 있던 세 개의 머리와 여섯 개의 작은 날개만 빼고는 아무
것도 남지 않았다. [24] 나는 보았다. 보라! 작은 날개들 가운데 두 날개
가 갈라져 나왔다. 그리고 그것들이 오른쪽 옆구리에 있는 머리 아래
쪽에 섰다. 네 날개는 제자리에 남아 있었다. [25] 그리고 나는 보았다. 보
라! 작은 날개 네 개가, 일어나 지배권을 쥐겠다는 계획을 세웠다. [26] 그
리고 나는 보았다. 보라! 하나가 일어섰다가 얼마 안 가 곧바로 사라졌
다. [27] 그리고 다시 둘째도 일어섰지만 그것 또한 처음 것처럼[384] 얼마
안 가 사라졌다. [28] 그리고 보았다. 보라! 남아 있던 것들 가운데 두 날
개가, 자기네 둘이서 수장 자리에 오르겠다는 계획을 세웠다. [29] 그들
이 온 땅을 지배하겠다고 계획하는 동안, 나는 보았다. 보라! 그동안 쉬
고 있던 머리들 중 하나, 곧 가운데 머리가 깨어났다. 그것은 다른 두
머리보다 더 컸다. [30] 나는 그것이 다른 둘과 연대하는 것을 보았다.[385]
[31] 그것은 자기와 함께인 다른 둘과 같이 뒤돌아서서, 지배자가 되려고
계획하던 작은 두 날개를 먹어치웠다. [32] 그리고 그 머리는 온 땅을 지
배하고 강권을 휘두르며 그 주민들을 억압하였다. 그리고 앞의 날개들

384 시리아어 본문에 '처럼'이라는 단어가 없지만 문맥상 넣었다. 라틴어 본문은 "velocius quam prior"(처음 것보다 더 빨리)라고 읽는다.

385 4에즈 11,30의 시리아어 본문에서 주동사를 비롯한 앞 부분이 훼손되어 전해지지 않는다: "ܠܬܪ̈ܬܝܗܝ ܥܡܗ …." 이를 직역하면, '다른 둘을 자기와 …. '이다. 라틴어 본문을 토대로 뜻을 추측하였다. 라틴어 본문은 "et vidi, quomodo conplexa est duo capita secum"(나는 보았다. 두 머리가 어떤 모습으로 그것과 얽혀 있는지!)라 읽는다. 가운데 머리가 나머지 두 머리와 힘을 합치는 모습이 연상된다.

전부보다 더 큰 권력을 세상에 행사하였다. 33 그리고 그 뒤에 나는 보았다. 보라! 순식간에 가운데 머리가 사라졌다. 그것도 날개들처럼 (사라진 것이다). 34 그러나 두 머리는 남아 있었다. 그것들은 온 땅을 지배하였지만 그 주민은 예외로 하였다.[386] 35 그리고 나는 보았다. 보라! 오른쪽 옆구리에 있던 머리가 왼쪽에 있던 머리를 먹어치웠다.

36 그리고 나는 소리를 들었다. 그 소리가 내게 말하였다.[387] "네 맞은편을 보아라! 그리고 마지막에 네가 무엇을 보는지 깨달아라!"

37 나는 보았다. 그런데 보라! 숲에서[388] 사자 비슷한 것이 깨어나 소리를 내며 으르렁대고 있었다. 그리고 나는 그것이 독수리에게[389] 사람 소리를 내며 말하는 것을 들었다. 사자가 말하였다.[390]

38 "너 독수리야 들어라, 내가 네게 말하겠다. 지극히 높으신 분께서 너에게 말씀하신다. 39 너는, 내 세상을 지배하도록, 내가 만든 네 마리 짐승들 가운데 남은 자가 아니냐?[391] 나는 그들을 통해 시간의 끝이

---

386 라틴어 본문에는 부정어가 없다. 따라서 '그것들도 온 땅과 그 주민을 지배하였다'로 읽는다.

387 4에즈 11,36—12,3: 사자와 독수리의 환시. 사자가 와서 독수리를 처단하는 내용이다.

388 비다비드(Bidawid)를 따라 ܓܒܐ(측면)를 ܥܒܐ(숲)로 고쳐 읽었다.

389 ܢܫܐ(여자들)를 ܢܫܪܐ(독수리)로 고쳐 읽었다. 시리아어 본문 편집자의 실수인 듯하다.

390 4에즈 11—12장의 독수리는 로마 제국을 상징하며, 다니 7장의 넷째 짐승과 동일시된다. 독수리를 처단하는 사자는 메시아를 상징한다(4에즈 12,32). 콜린스에 따르면, 메시아가 '사자'에 비유된 것은 그가 유다의 후손임을 암시한다(참조: 창세 49,9-10 "유다는 어린 사자"): Collins, *The Scepter and the Star: Messianism in Light of the Dead Sea Scrolls*, 210. 메시아는 로마의 불경을 꾸짖고 처단한 뒤 '남은 자들'을 해방시키리라고 한다.

오게 만들려고 했었다. [40] 그런데 너는 네 번째로 와서는 지나간 짐승
들을 모두 해치웠다. 그리고 강권을 휘두르며 온 세상에 권력을 행사
하고, 온 세계를 혹독하게 억압하였다. 그리고 오랜 세월 동안 살면서
세계를 기만하였다. [41] 너는 또한 세상을 불의하게 심판하였다. [42] 너는
가난한 이들과 신실한 이들을 약탈하고 갈취하였다. 비천한 사람들에
게 해를 입히고 올곧은 이들을 미워하였다. 또 너는 거짓말쟁이들을
사랑하고 부자들의 요새를 파괴했으며 너에게 해를 끼친 적이 없는 이
들의 성벽을 무너뜨렸다. [43] 너의 모욕은 지극히 높으신 분을 향해, 능
하신 분을 향해 올라갔다. [44] 지극히 높으신 분께서는 그의[392] 때를 보
셨다. 그리고 보라! 그들은 끝났다. 그의 세상들은 완결되었다.[393] [45] 그
러므로 독수리, 너는 반드시 사라져 없어질 것이다. 너의 오만한 날개
들도, 사악한 작은 날개들도, 잔인한 너의 머리들도 사악한 너의 발
톱들도 그리고 혐오스럽고 사악한 너의 몸 전체가 그렇게 될 것이다.
[46]그리하여 온 땅이 폭압에서 벗어나 안식과 해방을 누리면서 심판과
그를 만드신 분의 자비를 기다릴 것이다."

12 [1] 사자가 독수리에게 이 모든 말들을 하고 있을 때 나는 보았다. [2] 보
라! 남아 있던 머리가 순식간에 사라졌다. 그리고 머리 쪽으로 향했던
두 날개가 자기들이 지배하려고 일어섰다. 그러나 그 지배에도 끝이 왔

---

391 '남은'을 표현하는 데 ܐܫܬܪܟܬ가 쓰였다. ܐܫܬܪܟܬ는 ܫܪܟ 동사(남다)의 에쉬타팔(Eshtaphal, 행위의 수동성을 표현한다) 완료형으로서 '남겨지다', '남다' 등으로 옮겨진다.

392 여기서 '그'가 누구인지 분명하지 않다. 뒤에 이어지는 '그의 세상'의 '그'도 마찬가지다. '독수리'를 가리킨다면 문맥상 '너'가 되어야 할 것이다.

393 또는 "그의 시대들이 완결되었다."

다. 그것은 소란으로 가득하였다.[394] 3 그리고 나는 보았다. 그들도 사라
졌다. 그리고 독수리의 몸 전체가 불타고 있었다. 땅은 몹시 놀랐다.

에즈라의 청원과 환시의 해석[395]

나는 몹시 혼란스럽고 두려워서 잠에서 깨었다. 그리고 내 영에게 말
하였다.

4 "네가 이 모든 것을 만들어내었구나! 네가 지극히 높으신 분의
길을 찾아다닌 탓이다! 5 보라! 나는 영혼과 영이 쇠약해지고 몹시 지
쳤다. 내 안에 힘이라고는 조금도 남아 있지 않다. 내가 오늘 밤 느꼈
던 큰 두려움 때문이다. 6 이제 지극히 높으신 분께 탄원할 것이다. 그
러면 그분께서 마지막까지 힘을 주실 것이다."

7 그리고 나는 말하였다. "오 주님, 내 주님! 제가 당신 눈에 들었
다면, 정녕 제가 다른 많은 이들보다 당신 앞에 더 복된 이라면, 정말
로 제 기도가 당신의 장엄한 얼굴 앞에 올라갔다면, 8 제게 힘을 불어
넣어 주십시오. 그리고 당신 종인 저에게 제가 본 이 환시의 뜻과 해
석을 알려주십시오. 그러면 제 영혼이 당신한테서 온전한 위로를 받
을 것입니다.[396] 9 사실 당신께서는 제가 시간들의 끝과 시절들의 마지
막을 계시 받을 자격이 있다고 여기지 않으셨습니까?"[397] 그분께서 답
하시며 내게 말씀하셨다.

---

394 시리아어 본문에는 마지막 두 문장이 미래형으로 되어 있다. 문맥에 맞추어, 그리고 라틴어 본문을 참고하여 과거형으로 옮겼다.

395 4에즈 12,3-40: 환시를 해석해 달라는 에즈라의 청원(12,3-9)과 천사의 해석 및 당부(12,10-40).

396 직역: "당신께서 제 영혼을 온전히 위로해 주실 것입니다."

397 직역: "당신께서 저에게 시간들의 끝과 시절들의 마지막을 계시해 주셔도 될 만큼, 제가 자격을 갖추었다고 여기지 않으셨습니까?"

환시의 해석

[10] "이것은 네가 본 환시의 해석이다.[398] [11] 네가, 바다에서 올라오는 것을 본 독수리는, 네 형제 다니엘에게 환시로 나타난 네 번째 왕국이다.[399] [12] 그에게는, 지금 내가 너에게 설명해 주듯이, 혹은 설명해 주었듯이 설명해 주지 않았다. [13] 보라! 그 날들이 다가오고 있다. 땅 위에 왕국이 일어날 것이다. 그것은 그보다 앞에 있었던 다른 모든 왕국들보다 더 공포스러울 것이다. [14] 그 왕국에서 열두 임금이 차례로 다스릴 것이다. [15] 두 번째 임금이 다스릴 때 그가 열둘 가운데에서 가장 오래 지배할 것이다. [16] 이것은 네가 본 열두 날개의 해석이다.

[17] 너는 목소리가 말하는 것을 보았다. 그런데 그 목소리는 독수리 머리에서가 아니라 몸 한가운데에서 나왔다. [18] 그 의미는 이것이다. 그 왕국의 지배 기간 중에 많은 싸움이 일어날 것이다. 그리고 그것이 몰락할 위험에 처할 터이나 몰락하지는 않을 것이다. 그 뒤에 다시 예전의 지배권을 되찾을 것이다.

[19] 네가 본, 독수리 날개 아래쪽에 솟아난 여덟 개의 작은 날개들,[400] [20] 그 의미는 이것이다. 그 왕국에서 여덟 임금이 일어날 것이다. 그들의 시간은 짧아 그들의 재임기간은 순식간에 지나갈 것이다. 그들 가운데 둘은 사라질 것이다. [21] 시간의 반이[401] 지나가기 전에 그렇게

398 4에즈 12,10-34: 독수리 환시의 해석(12,10-30)과 사자 환시의 해석(12,31-34).

399 다니 7,7 참조. 다니엘서에서 넷째 왕국은 그리스 제국을 가리키지만 여기서 저자는 로마 제국으로 재해석하고 있다. 다니엘 환시의 네 나라에 대해서는 Flusser, "The Four Empires in the Fourth Sibyl and in the Book of Daniel", 148-75 참조.

400 4에즈 11,11.

401 왕국 존속 기간의 반이 되기 전에 두 임금이 죽는다는 뜻이다.

될 것이다. 그리고 넷은 왕국이 끝나는 시간이 다가올 때까지 남아 있을 것이다. 그리고 둘은 마지막까지 남아 있을 것이다.

22 네가 본, 쉬고 있는 세 개의 머리는,[402] 23 이것이 그 의미다. 시간들의 마지막에 지극히 높으신 분께서 세 임금을 일으키실 것이다. 그들은 왕국에서 많은 것을 새롭게 하고 땅을 흩어버릴 것이다. 24 먼젓번 임금들보다 더 심하게 그 주민들을 억압할 것이다. 그래서 그들이 독수리의 머리들이라 불린다. 25 사실 그들이 그의 불경을 부활시키고 그의 끝을 완결짓는 장본인들이다.

26 네가 거대한 머리 하나가 사라진 것을 본 것은,[403] 그들 가운데 하나만 자기 침상에서 죽을 것이기 때문이다. 그는 고통 속에 죽을 것이다. 27 남은 둘은, 칼이 그들을 먹어치울 것이다. 28 한 명의 칼이 그 동료를[404] 먹어치울 것이다.[405] 그러나 그자도 마지막에는 칼에 떨어질 것이다.[406]

29 네가 본 대로, 오른쪽 옆구리에 있는 머리 쪽으로 향한 두 날개는,[407] 30 그 의미는 이것이다. 그것들은 지극히 높으신 분께서 독수리의 마지막을 위해 따로 구분해 두신 것들이다. 그들 왕국에도 끝이 올 것이며 소란으로 가득할 것이다. 31 네가 본 대로다.

그리고 네가 본, 숲에서 깨어나 으르렁대며 독수리에게 말하면서 그의 불경을 두고 꾸짖던 사자,[408] 그리고 네가 들은 그의 모든 말들에

---

402 4에즈 11,4.

403 4에즈 11,33.

404 비다비드(Bidawid)를 따라 ܚܪܒܐ(광야, 폐허)를 ܚܒܪܐ(동료)로 바꾸어 읽었다. 필사가의 실수일 법하다.

405 4에즈 11,35.

406 4에즈 12,2.

407 4에즈 11,24.

대해 이야기하자면,[409]

[32] 그는 지극히 높으신 분께서 마지막 날들까지 유보해 두신 메시
아다. 그는 다윗의 후손에서 일어나, 와서 그들과 말할 것이다.[410] 그는
그들의 불경을 꾸짖고 그들의 불의를 야단칠 것이다. 그리고 그들 앞
에 그들의 불경을 늘어놓을 것이다. [33] 그는 먼저, 그들이 살아 있는 동
안에 그들을 심판에 세울 것이다. 그리고 그들을 꾸짖을 것이다. 그런
뒤 그들을 파멸에 부칠 것이다. [34] 그러나 남은 내 백성은,[411] 그가 자비
로운 마음으로 구원할 것이다. 그들은 내 경계[412] 안에 머물렀던 이들
이다. 그리고 그는 끝, 곧 처음에 네게 이야기한 심판 날이 올 때까지
그들을 기쁘게 할 것이다.

---

408 4에즈 11,37.

409 4에즈 12,31-34은 에즈라 4서의 메시아 개념을 보여준다. 정의의 실현자, 심판관 이미지가 강하다. 이와 함께 하느님 백성의 수호자·구원자이기도 하다. 다윗의 후손 메시아로서 정의를 실현하고 악인을 심판한다. 이 메시아는 하느님의 경계 혹은 규정 안에 머물렀던 이들을 구원하여 마지막 때까지 기쁨에 머물게 할 것이다. 4에즈 12,32-34은 메시아가 다윗 후손의 임금 메시아, 전사 메시아임을 보여준다. 그는 불의한 자들을 심판대에 세우고 파멸에 부칠 것이나 남은 하느님 백성은 구원할 것이라고 한다. 에즈라 4서의 메시아는 다윗 후손의 '임금 메시아' 개념과 다니 7장의 '사람의 아들' 개념이 합해진 모양새다. 이에 대해서는 Collins, *The Scepter and the Star: Messianism in Light of the Dead Sea Scrolls*, 78 참조. 앞의 해제, '5.3. 메시아론' 항목을 참조하라.

410 "마지막 날들까지"는 "마지막 날들을 위해"라 읽어도 된다. 4에즈 12,32-34을 다윗 후손 메시아 개념이 담긴 마태 1,20-21과 비교하라.

411 "남은 내 백성"이라 옮긴 시리아어 표현은 ܥܡܝ ܕܐܫܬܘܬܪ다. 여기서도 '남은'을 표현하는 데, ܐܬܪ 동사의 에쉬타팔 완료형(3인칭 단수) ܐܫܬܘܬܪ가 쓰였다. 동일한 표현이 4에즈 13,49에도 나온다. 해당 각주 참조.

412 또는, "규정."

[35] 이것은 네가 본 환시고 이것은 그 해석이다.[413] [36] 오직 너만이
지극히 높으신 분의 신비를 알 자격이 있다. [37] 그러니 네가 본 모든 것
을 책에 써라. 그리고 비밀 장소에 숨겨 두어라. [38] 그것들을 네 백성
의 현자들에게, 곧 마음으로 그 신비들을 알아듣고 지킬 수 있을 것
같은 이들에게 가르쳐 주어라. [39] 너는, 다시 여기서 이레를 더 머물러
라. 지극히 높으신 분께서 너에게 계시해 주시기 원하는 것이 계시될
것이다."

[40] 그리고 그분께서는 내게서 떠나가셨다.

백성의 슬픔과 에즈라의 위로[414]

이레가 지났는데도 내가 도성에 가지 않은 것을 백성이 알아차렸다. 그
러자 작은 자부터 높은 사람까지 온 백성이 모였다. 그들은 일어나 내
게로 와서 말하였다. [41] "저희가 당신께 무슨 죄를 저질렀습니까? 아
니면 저희가 당신께 무슨 악행을 저질렀습니까? 저희를 버리고 이곳
에 앉아계시다니요! [42] 당신은, 모든 예언자들 가운데 저희에게 유일
하게 남은 분이 아니십니까? 수확물 가운데 포도 한 송이처럼, 암흑
속 등불처럼, 폭풍 속에 놓인 배의 구명 장비처럼! [43] 아니면, 저희에
게 닥친 재앙이 저희에게 부족했다는 말입니까? 당신마저 저희를 버
리실 만큼? [44] 당신께서 저희를 버리신다면 시온의 불속에서 저희도

413 4에즈 12,35-40: 에즈라가 환시에서 본 모든 것을 책으로 기록하고 숨겨두라는 천사의 당부. 그리고 그것을 백성의 현자들, 곧 신비를 알아듣고 지킬 수 있는 사람들에게 가르치라는 당부다. 그리고 다시 이레 동안 다음 계시를 받도록 준비하라고 한다.

414 4에즈 12,40-51: 에즈라가 도성에 가지 않자 백성이 찾아와 슬픔을 토로하고 에즈라는 이들을 위로하며 도성으로 돌려보낸다. 그 뒤 에즈라는 이레 동안 들판에 머물면서 꽃과 풀만 먹으며 다음 계시를 준비한다.

불태워진 편이 더 나았겠습니다! [45] 거기서 죽은 이들보다 저희가 나
을 게 없습니다!"

나는 큰 소리로 울었다.[415] 그리고 나는 답하며 그들에게 말하였
다. [46] "용기를 내어라, 이스라엘아! 슬퍼하지 마라, 야곱의 집안아! [47] 지
극히 높으신 분 앞에 너희에 대한 기억이 있다. 능하신 분께서는 영원
히 너희를 잊지 않으신다. [48] 나는 너희를 버리지 않았고 앞으로도 너
희를 버리지 않을 것이다. 내가 이곳에 온 것은, 시온의 황폐 때문에
기도를 올리기 위해, 그리고 우리 성소의 굴욕 때문에 자비를 청하기
위해서였다. [49] 이제 너희 모두 각자의 집으로 돌아가거라. 며칠 뒤에
나도 너희에게로 가겠다." [50] 그리하여 백성은 내가 말한 대로 도성으
로 돌아갔다.

[51] 나는 그분께서 내게 명하신 대로 이레 동안 들판에 앉아 있었
다. 그리고 광야의 꽃만 먹었다. 그 날들 동안 풀이 나의 양식이었다.

여섯째 환시(13,1-58)[416]

사람의 아들의 환시[417]

13 [1] 이레 뒤 밤에 나는 환시를 보았다. [2] 보라! 바다에서 큰 바람이 일어

---

415 라틴어 본문은, "ploraverunt voce magna 그들은 큰 소리로 울었다"라 읽는다. 주어가 1인칭 단수가 아니라 3인칭 복수다.

416 4에즈 13장은 여섯째 환시로, '사람의 아들' 환시로 잘 알려져 있다. 에즈라는 물속에서 '사람의 아들'이 올라오는 것을 환시로 보고(13,1-13) 하느님께 환시의 의미를 밝혀달라고 기도한다(13,13-20). 이에 천사가 나타나 환시를 해석해 준다(13,21-56). 에즈라가 본 사람의 아들은 메시아이며(13,25-38), 메시아 곁에 모인 평화의 군중은 잃어버린 지파들이라는 해석이다(13,39-50). 천사는 에즈라에게 이 신비가 알려진 이유를 제시한 뒤 다음 계시를 기다리라고 한다(13,51-56). 이에 에즈라는 다시 큰 들판에 가서 하느님을 찬양하며 다음 계시를 기다린다(13,57-58).

나 온 물결을 뒤흔들어 놓았다. 3 나는 보았다. 보라! 그 바람이 바다
속에서 사람의 아들의[418] 형상 같은 이를 끌어올렸다. 그리고 보라, 나
는 그 사람의 아들이 하늘의 구름과 함께 날아오르는 것을 보았다.[419]

4에즈 13장은 당대 메시아 개념, 사람의 아들 개념에 매우 중요한 단서를 제공한다. 다니 2,31-45 및 7,9-14와 함께 읽으면 이해가 한결 쉬워진다. 콜린스는 4에즈 13장을 다니 7,13에 비추어 읽는다: Collins, *The Scepter and the Star: Messianism in Light of the Dead Sea Scrolls*, 205-214. 콜린스는 에녹의 비유에 나오는 '사람의 아들'도 다니 7,13과 연결하여 해석한다. 앞의 해제, '5.3. 메시아론' 항목 참조.

417 4에즈 13,1-13: 에즈라는 바다에서 '사람의 아들'이 올라와 하늘로 날아오르는 모습을 본다. 그의 입에서 나오는 소리를 듣는 모든 것이 녹아내리고 있었다고 한다. 그리고 수없이 많은 사람들이 사람의 아들과 전쟁을 하려고 모여들자, 사람의 아들이 산을 베어내어 그 위에 내려섰다고 한다. 그리고 사람의 아들은 불의 파도, 불꽃 바람, 회오리 바람을 내어 전쟁하러 모여든 사람들을 처단했다고 한다. 에즈라는 마지막으로 사람의 아들이 평화의 군중을 소환하는 모습을 본다.

418 '사람의 아들'이라 옮긴 시리아어는 ܒܪ ܐܢܫܐ(*barnash*)다. 이 단어는 대개 그저 '사람'이라는 뜻으로 쓰이지만, 단어 자체에 더 가깝게, 그리고 그저 '사람'(ܐܢܫܐ)이라는 표현과 구별하여 '사람의 아들'이라 옮겼다. 다니 7,13-14 참조: "내가 이렇게 밤의 환시 속에서 앞을 보고 있는데 사람의 아들 같은 이가 하늘의 구름을 타고 나타나 연로하신 분께 가자 그분 앞으로 인도되었다. 그에게 통치권과 영광과 나라가 주어져 모든 민족들과 나라들, 언어가 다른 모든 사람들이 그를 섬기게 되었다. 그의 통치는 영원한 통치로서 사라지지 않고 그의 나라는 멸망하지 않는다." 콜린스는 4에즈 13,3 '사람의 아들'(ܒܪ ܐܢܫܐ)이 히브리어 בן אדם, 또는 아람어 בר אנשא의 번역어임을 지적하고 있다: Collins, *The Scepter and the Star: Messianism in Light of the Dead Sea Scrolls*, 206. '사람의 아들'은 신약성경 복음서에서 종말론적 메시아를 가리키는 용어로 사용된다(참조: 마르 13,24-27). 1세기 유다교 문학의 사람의 아들 전통은, Collins, "The Son of Man in First Century Judaism", 448-66 참조. 4에즈 13장의 사람의 아들에 관해서는 Hayman, "The 'Man from the Sea' in 4 Ezra 13", 1-16을 보라.

419 콜린스에 따르면 대부분의 학자들이 4에즈 13,3 '하늘을 날아오르는 사람의 아들'을 다니 7장의 '사람의 아들'과 동일시한다: Collins, *The Scepter and the Star: Messianism in Light of the Dead Sea Scrolls*, 206. Lacocque, "The Vision of the

그가 보려고 얼굴을 돌리는 곳마다 그의 시선에 들어온 모든 것이 두
려움에 떨었다. 4 그리고 그의 입에서 나온 소리가 향하는 곳마다 그의
목소리를 듣는 모든 것들이 녹아내리고 있었다. 마치 불을 마신 밀랍
이[420] 녹아내리는 것과도 같았다.

5 그 뒤 나는 보았다. 보라! 하늘의 네 바람으로부터 수없이 많은
사람들이 나와서 한데 모였다. 바다에서 올라온 그 '사람의 아들'과 전
쟁을 벌이려는 것이었다. 6 그리고 나는, 그가 자기를 위해 거대한 산
을 베어내고는 위로 날아올라 그 위에 내려서는 것을 보았다.[421] 7 나
는 산이 잘려 나온 지점 혹은 장소를 보려고 했지만 그렇게 하지 못했
다. 8 그 뒤에, 보라! 나는 그와 전쟁을 하려고 모인 사람들 모두가 엄
청난 공포에 휩싸이는 것을 보았다. 그런데도 그들은 용기를 내어 전
쟁을 벌이려 하고 있었다. 9 그는 그들 무리가 공격하며 자기에게 몰려
드는 것을 보고도 손을 들어 올리지도, 방패나 전쟁 무기 같은 것을
쥐지도 않았다. 그리고 나는 보았다. 10 그가 자기 입에서는 불의 파도
같은 것을, 입술에서는 불꽃 바람을 내보냈다. 그리고 자기 혀에서는

Eagle in 4 Esdras, a Rereading of Daniel 7 in the First Century CE", 237-258 참조. '사람의 아들'이 구름을 타고 오시리라 선포하는 마태 16,27-28; 24,30; 26,64; 마르 13,26 참조.

420 '밀랍'이라 옮긴 시리아어 ܩܝܪܘܛܐ는 그리스어 κηρός의 차용어다.

421 다니 2,34-35을 참조하라. 다니엘은 바빌론 임금 네부카드네자르의 꿈을 해석하면서, 아무도 손을 대지 않았는데 (산에서) 떨어져 나와 쇠, 진흙, 청동, 은, 금으로 된 '상'을 파괴한 '돌'을 언급한다. 그 돌은 거대한 산이 되어 온 세상을 채웠다고 한다(다니 2,34-35). 거대한 산이 된 이 돌은, '메시아의 왕국'을 상징한다. "이 임금들의 시대에 하늘의 하느님께서 한 나라를 세우실 터인데, 그 나라는 영원히 멸망하지 않고 그 왕권이 다른 민족에게 넘어가지도 않을 것입니다. 그 나라는 앞의 모든 나라를 부수어 멸망시키고 영원히 서 있을 것입니다. 이는 아무도 돌을 떠내지 않았는데 돌 하나가 산에서 떨어져 나와, 쇠와 청동과 진흙과 은과 금을 부수는 것을 임금님께서 보신 것과 같습니다"(다니 2,44-45).

회오리바람을 쏘고 있었다. 그리고 그 모든 것들, 불의 파도, 불꽃 바람, 회오리바람이 한데 뒤섞였다. [11] 그리고 그것이 공격해오는 군중들, 곧 전쟁 준비가 된 많은 백성을 덮쳤다. 그리고 그들 모두를 불태웠다. 그리하여 순식간에 수없이 많은 그 군중 가운데에서 단 한 명도 보이지 않게 되었다. 오직 재 먼지와 연기 냄새뿐이었다. 나는 (그 모든 것을) 보고 크게 놀랐다.

[12] 그 다음 나는 그 사람이 산에서 내려와 또 다른 군중을 자기에게 소환하는 것을 보았다. 그들은 평화의 군중이었다. [13] 많은 사람들의 형상들이 그에게로 모여들었다.[422] 그들 가운데 어떤 이들은 기뻐하고 있었고, 어떤 일들은 기진해 있었으며 어떤 이들은 묶여 있었다. 그리고 어떤 이들은 다른 이들을 예물로 바치려고 데려오고 있었다.

해석의 청원과 환시의 해석[423]

나는 크게 놀라 잠에서 깨어났다. 그리고 지극히 높으신 분께 탄원하며 말하였다. [14] "당신께서는 처음부터 당신 종에게 이 모든 놀라운 것들을 보여 주셨습니다. 그리고 제가 자격이 없는데도 당신께서는 제 탄원을 받아주셔도 된다고 여기셨습니다. [15] 이제 또 한 번 이 환시의 의미를 밝혀주십시오! [16] 사실 저는 마음속으로, '그 날들에 남은 자들은[424] 불행하다! 그러나 그때 남겨지지 못한 자들은 훨씬 더 불행하다!'[425] 하고 생각합니다. [17] 남겨지지 못한 자들은[426] 슬퍼할 것이기 때

422 사람의 아들이 자기가 선택한 이들을 사방에서 모을 것이라고 하는 마르 13,27; 마태 24,31 참조.

423 4에즈 13,13-56. 에즈라가 자신이 본 사람의 아들 환시를 해석해달라고 청원하자(13,13-20), 천사에게서 환시의 해석이 주어진다(13,21-56). 사람의 아들은 메시아, 그에게 모여든 평화의 군중은 잃어버린 지파들이라고 한다.

424 '남은 자' 개념은 4에즈 7,28에 달린 각주를 참조하라.

문입니다. 18 남은 자들을 위해 마지막 날(까지) 유보되어 있는 것 때문
입니다. 그러나 그들은[427] 그것들에도, 남은 자들에게도 다가가지 못
할 것입니다.[428] 19 엄청난 위험과 많은 고통을 보게 될 사람들도 불행
합니다. 이 환시들이 보여주는 대로입니다. 20 그러나 어느 편이 낫습니
까? 사람이 위험을 직면하면서 그런 일들에 다가가는 쪽입니까? 아니
면 구름처럼 세상에서 사라져 시간의 마지막에 일어날 일을 보지 않
는 쪽입니까?"

21 그분께서 답하시며 내게 말씀하셨다. "네가 본 환시의 해석도 일러
주겠다. 네가 말한 것들에 대해서도 너에게 밝혀 주겠다. 22 너는 남은
자들에 대해 그리고 남겨지지 않은 자들에 대해 말하였다.[429] 이것이
그 의미다. 23 그때에는 위험을 지고 가는 사람이 위험에 빠진 이들을
지킬 것이다. 그들에게는 (좋은) 행업이 있다. 그들은 지극히 높으신 분
과 능하신 분께 신뢰를 두었다. 24 그러니 남은 자들이[430] 죽은 자들보

---

425 시리아어 본문에서 '남은 자들'은 ܐܝܠܝܢ ܕܡܫܬܪܟܝܢ, '남겨지지 않은 자들'은 ܐܝܠܝܢ ܕܠܐ ܡܫܬܪܟܝܢ이 쓰였다. 두 경우 모두 ܫܪܟ 동사의 에쉬타팔형 분사가 쓰인 점을 주목하라.

426 비다비드(Bidawid)를 따라 동사를 복수형으로 바꾸어 읽었다. 곧 ܐܫܬܪܟ(단수 3인칭 단수 완료형)가 아니라 ܐܫܬܪܟܘ(3인칭 복수 완료형).

427 '남은 자들에 속하지 못한 자들'을 가리킨다.

428 4에즈 13,18에서 첫째 '남은 자들'은 ܐܝܠܝܢ ܕܡܫܬܪܟܝܢ, 둘째 '남은 자들'은 ܐܝܠܝܢ ܕܐܫܬܪܟܘ이 쓰였다. 전자는 에쉬타팔형 분사, 후자는 에쉬타팔형 완료형이다. 둘 사이에 의미상의 차이는 없다.

429 시리아어 본문에서 '남은 자들'은 ܐܝܠܝܢ ܕܡܫܬܪܟܝܢ, '남겨지지 않은 자들'은 ܐܝܠܝܢ ܕܠܐ ܡܫܬܪܟܝܢ이 쓰였다. 두 경우 모두 ܫܪܟ 동사의 에쉬타팔형 분사가 쓰였다.

430 4에즈 13,24에서 '남은 자들'을 표현하는 데 ܐܝܠܝܢ ܕܐܫܬܪܟܘ이 쓰였다. '남

다 더 행복하다는 것을 깨달아라.[431]

25 네가 본 환시의 해석은 이러하다.[432] 너는 한 남자가[433] 바닷물 속에
서 올라오는 것을 보았다. 26 그는 지극히 높으신 분께서 오랜 시간 유
보해 두신 그자다.[434] 그분께서 그를 통해 당신 피조물을 구원하실 것
이다. 그는 남은 자들에게[435] 다가갈 것이다.[436]

27 너는 그의 입에서 불 바람과 회오리바람이 나오는 것을 보았
다. 28 그의 손에는 방패도 쥐어져 있지 않았고 전쟁 무기도 없었다. 그
런데도 그는 자기와 전쟁을 벌이려고 온 과격한 회중 무리를 처단하였
다. 그 의미는 이것이다. 29 보라! 지극히 높으신 분께서 땅 위에 있는

은'을 표현하는 ܐܫܬܘܬܪܘ는 ܐܬܪ 동사의 에쉬타팔 완료형(3인칭 복수)에 해당한다.

431 4에즈 13,20("어느 편이 낫습니까? 사람이 위험을 직면하면서 그런 일들에 다가가는 쪽입니까? 아니면 구름처럼 세상에서 사라져 시간의 마지막에 일어날 일을 보지 않는 쪽입니까?")에 대한 답이다. 마지막이 오기 전에 죽은 자들보다 '남은 자'가 되어 마지막 일들을 겪는 사람이 더 낫다는 것이다.

432 4에즈 13,25-38은 물속에서 올라온 '사람의 아들'의 형상을 한 이에 대한 해석이다. 그는 종말론적 메시아로 소개된다.

433 '남자'라 옮긴 시리아어는 ܓܒܪܐ로, 히브리어 גבר에 상응하는 단어다. '장수', '용사', '장부' 등으로 옮길 수도 있다.

434 4에즈 13,25-26에서는 '사람의 아들'에 대해 하느님께서 유보해두셨다는 표현을 쓴다. 12,32에서는 같은 표현이 메시아에게 적용된다: "지극히 높으신 분께서 마지막 날들까지 유보해 두신 메시아다."

435 4에즈 13,26에서도 '남은 자들'을 표현하는 데 ܐܝܠܝܢ ܕܐܫܬܘܬܪܘ이 쓰였다. ܐܫܬܘܬܪܘ는 ܐܬܪ 동사의 에쉬타팔 완료형(3인칭 복수)에 해당한다.

436 또는, "남은 자들을 지나갈 것이다." 4에즈 13,26에서 메시아가 남은 자들과 연결된다. 메시아를 통해 이루실 하느님의 구원 계획이 '남은 자들'을 향하고 있음을 알 수 있다. 메시아가 남은 자들을 기쁘게 할 것이라고 하는 4에즈 7,28 참조. 마태 1,21도 참조.

자들을 구원하실[437] 그날들이 오고 있다. 30 엄청난 경악이 땅의 주민
들을 덮칠 것이다. 31 그리고 한 사람이 다른 사람을 거슬러, 한 도성
이 다른 도성을 거슬러, 한 지역이 다른 지역을 거슬러, 한 백성이 다
른 백성을 거슬러, 한 왕국이 다른 왕국을 거슬러 전쟁을 계획할 것
이다.[438] 32 그리고 내가 전에 말한 표징들이 나타날 것이다. 그런 다음,
내 아들이 모습을 드러낼 것이다. 네가 (바다에서)[439] 올라오는 것을
본 그 남자다.[440] 33 모든 민족들이 그의 목소리를 들으면 각자 자기 지
역을 버리고, 자기들끼리 벌이던 전쟁을 그만둘 것이다. 34 그리고 네
가 본 것처럼, 셀 수 없이 많은 군중이 한데 모일 것이다. 그 남자와 전
쟁을 벌이려고 오는 자들이다. 35 그 남자는 시온 산 꼭대기에 설 것이
다. 36 그리고 시온이 올 것이다. 그것은 네가 본, 손을 통하지 않고 베
어낸 산처럼,[441] 잘 준비되고 잘 건축된 모습으로 모두에게 나타날 것
이다. 37 내 아들은 모여든 민족들을 불경—이것은 회오리에 비유되었
다—때문에 꾸짖을 것이다. 그리고 그들 앞에 그들의 악행과 그들이
받을 고통—이것은 불꽃에 비유되었다—을[442] 차례로 늘어놓을 것이
다. 38 그런 다음 그는 아무런 수고를 기울이지 않고 그분의 율법—이
것은 불에 비유되었다—으로 그들을 처단할 것이다.[443]

---

437 직역: "구원하시고자 (무언가를) 행하실."

438 이사 19,2; 마태 24,7 참조.

439 시리아어 본문에는 '바다에서'가 없지만 라틴어 본문을 참조하여 첨가하였다.

440 바다에서 올라온 남자=지극히 높으신 분께서 마지막 때까지 유보해 두신 메시아=하느님의 아들. 예수님께서 세례를 받으시고 물에서 올라오시자 하늘에서 "이는 내 사랑하는 아들"이라는 소리가 들려왔다고 하는 마태 3,16-17 참조.

441 다니 2,34.45 참조

442 시리아어 본문에는 '이것은 불꽃에 비유되었다'가 13,38의 '그런 다음' 뒤에 나온다. 라틴어 본문을 참조하여 문맥에 맞게 37절로 옮겼다.

39 그리고 너는 그가 다른 큰 평화의 회중을[444] 소환하여 자기 곁에 모
으는 것을 보았다.[445] 40 그들은, 요시야 임금 시절 자기네 땅을 떠나 유
배되어 간 아홉 반 부족이다. 그들은, 아시리아인들의 임금 살만에세
르가 포로로 잡아 유프라테스 강 건너편으로 끌고 간 자들이다. 그들
은 다른 땅으로 유배되어 갔다.[446] 41 그들은 자기네끼리 계획을 세우
며 이런 의견을 주고받았다. 그들이 이민족들을 떠나 더 먼 곳, 유사
이래 인간이 거주한 적이 없는 곳으로 가자는 것이었다. 42 거기서, 자
기네 땅에서는 지키지 않았던 그들의 율법을 지키자는 것이었다. 43 그
리하여 그들은 유프라테스 강 좁은 입구로 들어갔다. 44 지극히 높으
신 분께서 그들에게 놀라운 일을 행사하셨다. 그리고 그들이 모두 지
나갈 때까지 강의 흐름을 차단하셨다.[447] 45 그들이 가는 길은 험난하
였으며 일 년 반이 걸리는 긴 여정이었다. 그곳은 아르자프, 세상의 끝
이라 불렸다.

46 그들은 거기서 마지막 때까지 살았다. 이제 그들이 다시 오기
로 된 때가 되었다. 47 지극히 높으신 분께서 다시 유프라테스 강의 흐

---

443 솔로몬의 시편 17편에도 비슷한 내용이 나온다: "그(메시아)는 자기 입에서 나오는 말로써 땅을 영원히 내리치고, 지혜와 기쁨으로 주님 백성을 축복할 것입니다"(17,35).

444 4에즈 13,39-47은 에즈라가 환시에서 본 '평화의 회중'에 대한 해석이다. 그들은 잃어버린 아홉 반 지파에 해당한다고 한다. 마지막 때에 메시아가 이들을 다시 모아들이리라는 것이다.

445 솔로몬의 시편 17,31 참조: "땅 끝에서 이방인들이 그(=메시아)의 영광을 보러, 주님의 영광을 보러, 예루살렘의 지친 자녀들을 선물처럼 데리고 올 것입니다." 마르 13,27; 마태 24,31 참조.

446 4에즈 13,40에는 '요시야' 임금 시절로 제시되어 있으나 '호세아' 임금이 맞다(2열왕 17,1-6 참조). 2바룩 77,17.19; 78,1 참조.

447 모세와 여호수아의 기적을 연상시킨다.

름을 차단하시어 그들이 건널 수 있게 만드실 것이다. 평화롭게 모여 있는 큰 회중을 네가 본 것이 그래서다.

48 네 백성 가운데 남은 자들은[448] 구원될 것이다. 그들은 내 거룩
한 경계들 안에 머물렀다. 49 그분께서 한데 모인 많은 이민족들을 처
단하실 때, 남은 백성은[449] 보호하실 것이다. 50 그런 뒤 그들에게 많은
놀라운 일을 보여 주실 것이다."

51 나는 다시 그분께 말하였다. "오 주님, 내 주님! 이것을 제게 알
려 주십시오. 제가 무엇 때문에 남자가 바닷물 속에서 올라오는 것을
보았습니까?" 그분께서 답하며 내게 말씀하셨다. 52 "바다 속 심연에
있는 것은 사람이 찾을 수도 알아낼 수도 없다. 이처럼 땅 위에 있는 사람들은 내 아들도, 그와 함께 있는 이들도 볼 수 없다. 그러나 그의
시간에는 가능하다. 53 이것은 네가 본 환시의 해석이다. 너, 오직 너에
게만 이것들이 계시되었다. 54 네가 너의 것들을 버려두고 나의 것들에
마음을 쏟으며 율법의 일들을 탐구했기 때문이다. 55 너는 네 삶을 지
혜 속에 보냈고 슬기를 '내 어머니'라 불렀다. 56 그러므로 나는 너에게
이것들을 보여 주었다. 사실 (너를 위한) 상급이 지극히 높으신 분 곁에 있다. 사흘이 지나면 너에게 다른 것들도 말해 주겠다. 그리고 최후의 놀라운 일들에 대해 너에게 설명해 주겠다."

57 나는 그곳을 떠나 큰 들판으로 걸어갔다.[450] 그리고 지극히 높으신

448 4에즈 13,48에서도 4에즈 13,24; 13,26와 마찬가지로 '남은 자들'을 표현하는 데 ܐܝܠܝܢ ܕܐܫܬܚܪܘ이 쓰였다. ܐܫܬܚܪܘ는 ܐܚܪ 동사의 에쉬타팔 완료형(3인칭 복수)에 해당한다.

449 '남은 백성'이라 옮긴 시리아어 표현은 ܥܡܐ ܕܐܫܬܚܪ다. 여기서도 '남은'을 표현하는 데, ܐܚܪ 동사의 에쉬타팔 완료형(3인칭 단수) ܐܫܬܚܪ가 쓰인 것을 주목하라. 4에즈 12,34에도 같은 표현이 쓰였다. 해당 각주를 참조하라.

분께서 종종 행하신 놀라운 일들을 두고, 그분께 영광을 드리며 찬양
하였다. [58] 그분께서 시간들을 다스리시며 모든 것이 제때에 오고 있었
기 때문이다. 나는 사흘 동안 그곳에 머물렀다.

일곱째 환시(14,1-47)[451]

목소리와 에즈라의 대화[452]

14 [1] 그 뒤 나는 참나무 아래 앉아 있었다.[453] [2] 보라! 내 맞은 편 덤불에
서 목소리가 나왔다.[454] 그분께서 답하며 내게 말씀하셨다. "에즈라야,
에즈라야!" 나는 말하였다. "보십시오, 저 여기 있습니다." 그리고 나는
두 발로 일어섰다. 그분께서 나에게 말씀하셨다. [3] "나는 덤불에서 모
습을 드러내고 모세와 이야기하였다. 내 백성이 이집트에서 종살이하
고 있을 때였다.[455] [4] 나는 그를 보냈다. 그리고 내 백성을 이집트에서
끌어내어 광야로 인도하였다. 그리고 그를 시나이 산으로 올라가게 하
였다. 그리고 그를 여러 날 동안 내 곁에 붙잡아두었다. [5] 그에게 많은

---

450 4에즈 13,57-58: 에즈라는 들판으로 나가 하느님을 찬양하며 다음 계시를 기다린다.

451 4에즈 14,1-47: 일곱째 환시다. 덤불에서 나온 '목소리'한테서 책을 쓰라는 명을 받는다.

452 4에즈 14,1-26: 덤불에서 나오는 목소리(=주님)가 에즈라에게 환시로 보고 들은 모든 것을 간직하라고 명하면서 메시아의 임박한 도래를 선포한다(14,1-17). 에즈라는 거룩한 영을 청하고(14,18-22) 주님께서는 에즈라에게 백성을 소집하고 많은 석판을 준비하라고 하신다. 그리고 쓰는 훈련이 된 다섯 사람을 데려가서 다음 날부터 써야할 것을 쓰라고 말씀하신다(14,23-26).

453 2바룩 6,1; 77,18 참조.

454 탈출 3,2 참조.

455 탈출 3,4 참조.

놀라운 일들을 일러주고 시간들의 비밀을 알려주었으며 시절의 끝을
선포하였다. 그리고 그에게 명하며 말하였다. 6 '이 말들을, 어떤 것은
숨겨두고 어떤 것은 공포하여라.' 7 이제 내가 너에게 말해주겠다. 에즈
라야! 8 내가 전에 너에게 일러준 표징들과 네가 본 환시들, 네가 들은
해석들, 이것들은 네 마음에 쌓아두고 봉인하여라. 9 네가 사람들 가
운데서 들어올려질 것이기 때문이다.[456] 그리고 시간들이 끝날 때까지
너는 내 아들과 함께, 그리고 너와 비슷한 이들과 함께 있을 것이다.
10 세상이 그 젊음을 잃었으며 시간들이 그 노년기에 다가섰기 때문이
다.[457] 13 그러니 이제 네 집안을 살피고 네 백성을 훈계하여라. 그들 가
운데 가난한 이들을 위로하고 지혜로운 이들을 가르쳐라. 그리고 썩어
없어질 생명은 포기하여라. 14 사람들의 짐은 내려놓아라! 죽음에 대
한 생각은 던져버려라! 연약한 본성은 벗어버려라! 네게 필요한 생각
들만 한쪽에 제쳐 두어라. 그리고 하루빨리 그 시간들에서 벗어나라!
15 네가 지금 일어난 재앙들을 보았지만, 다음에는 그것들보다 더 큰 재
앙들이 올 것이다. 16 세상이 나이 들면서 약해지는 만큼, 재앙이 땅의
주민들 위에 늘어나기 때문이다. 17 사실 진실은 한층 멀어지고 있으며
거짓은 점점 가까이 다가오고 있다. 보라! 네가 환시에서 본 독수리가
오려고 서두르고 있다."

18 나는 답하며 말하였다. "주님, 저는 당신 앞에서 말할 것입니다. 19 보
십시오! 당신께서 제게 명하신 대로, 제가 가서 살아 있는 이 백성을

---

456 여기서도 에즈라가 하늘로 들어올려질 것임을 천명한다. 구약성경에 따르면 에녹도 하늘로 들어올려졌다(창세 5,21-24 참조).

457 시리아어 본문은 14,11-12이 없다. 라틴어 본문에 따르면 이렇다. "세상은 열 두 부분으로 나뉘는데 그 가운데 아홉 부분이 이미 지나갔다. 열째 부분의 반도 지나갔다. 열째 부분의 반 외에 나머지 두 부분이 남아 있다."

훈계할 것입니다. 그러나 앞으로 태어날 이들은, 누가 훈계하겠습니
까? [20] 세상은 어둠에 놓여 있고 그 주민들은 빛 없이 있습니다. [21] 당신
의 율법이 불태워졌기 때문입니다. 아무도 당신께서 하신 일들을 알지
못하고 당신께서 하실 일도 알지 못합니다. [22] 그러므로 만약 제가 당
신 눈에 들었다면, 제게 거룩한 영을 부어주십시오, 주님! 그러면 제가
세상에 일어난 모든 것, 당신 율법에 기록되어 있던 모든 것을 처음부
터 기록할 것입니다. 그리하여 사람들은 길을 찾게 되고, 마지막에 구
원받기 원하는 이들은 길을 알 수 있을 것입니다."

[23] 그분께서 답하시며 내게 말씀하셨다. "가서 네 백성을 모아라.
그리고 그들에게 사십 일[458] 동안 너를 찾지 말라고 말하여라. [24] 그러
나 너는 많은 석판을 준비하여라. 그리고 너와 함께 사리아, 다리아,
살미야, 헬키나, 시엘, 이 다섯 사람을 데려가라. 그들은 빨리 쓰는 훈
련이 되어 있기 때문이다. [25] 너는 이곳으로 오너라. 내가 너의 마음에
식별의 등불을 켜주겠다. 그 등불은 네가 쓰려는 것을 다 끝낼 때까지
꺼지지 않을 것이다. [26] 그리고 네가 다 끝내면 어떤 것은 공표하고 어
떤 것은 숨겨두어라. 그리고 그것들을 현자들에게 보내라. 너는 내일
이 시각에 쓰기 시작해야 한다."

에즈라의 연설 및 계시의 기록[459]

[27] 나는 그분께서 내게 명하신 대로 가서 모든 백성을 소집하였다. 그리
고 그들에게 말하였다. [28] "이 말들을 들어라, 이스라엘아! [29] 우리 조상

---

458 40은 유다인들의 사고방식에서 중요한 숫자다. 이스라엘 백성이 광야에서 보낸 시간이 40년이며 예수님께서 광야에서 시험 받으신 시간도 40일이다.

459 4에즈 14,27-47: 에즈라는 백성을 소집하여 마지막 심판을 선포한다. 그리고 사십 일 동안 자기를 찾지 말라고 한다(14,27-36). 그리고 다른 다섯 사람과 함께 들판에 가서 주님께서 알려주시는 내용을 글로 기록한다. 사십 일 동안 총 아흔네

들은 처음에 이집트 땅에서 이방인이었다. 그리고 그곳에서 해방되었
다. 30 그리고 생명의 율법을 받았다. 그러나 그들은 그것을 지키지 않
았다. 그들 다음으로 너희도 그것을 어겼다. 31 시온 땅에서 너희에게
는 땅이 유산으로 주어졌다. 그러나 너희와 너희 조상들은 불경을 저
지르고 주님의 종[460] 모세가 너희에게 명한 길들을 지키지 않았다. 32 지
극히 높으신 분께서는 정의로운 심판관이시므로, 때가 되자 너희에게
주어졌던 것을 빼앗아 가셨다. 33 이제 너희는 여기에서 괴로움을 겪고
있으며 너희 형제들은 너희에게서 멀리 떨어진 다른 땅에 있다. 34 너
희가 너희 자신을 훈계하고 너희 마음을 가르친다면 너희는 산 채로
남겨질 것이다.[461] 그리고 죽음 뒤에는 자비가 너희 위에 내릴 것이다.

35 죽음 뒤에, 우리가 다시 살아날 때 심판이 올 것이기 때문이다.
그런 뒤에는 의인들의 이름이 알려지고 불경한 자들의 행업이 드러날
것이다. 36 그러나 이제 아무도 내 곁에 다가와서는 안 된다. 사십 일 동
안 나를 찾아서도 안 된다."

37 나는 그분께서 내게 명하신 대로 다섯 남자를 인도하였다. 나는 들
판으로 갔다. 그리고 그분께서 내게 말씀하신 대로 우리는 그곳에 머
물렀다. 38 그리고 다음 날, 보라! 목소리가 나를 불렀다. 그리고 말하
였다. "에즈라야, 에즈라야! 네 입을 열어라! 그리고 내가 너에게 주는
것을 마셔라." 39 나는 내 입을 열었다. 그리고 보았다. 가득 채워진 잔

권의 책을 기록했다고 한다. 스물 네 권의 책은 일반인들에게 공개하고 일흔 권은 따로 남겨 두어 백성의 현자들에게만 전해주라고 한다(14,37-47).

460 비다비드(Bidawid)를 따라 ܥܒܪܐ(범죄자)를 ܥܒܕܐ(종)으로 바꾸어 읽었다.

461 '남겨질 것이다'로 옮긴 시리아어 표현은 ܢܬܬܫܝܙܒܘܢ(ܫܘܙܒ 동사의 에트페엘 Ethpeel 미완료형)이다. '지켜질 것이다'로 옮겨도 된다. 4에즈 9,22에도 같은 표현이 쓰였다. 해당 각주를 참조하라.

이 내게 주어졌다. 그것은 물로 가득 찬 것 같았다. 그러나 물의 형상
은 불과 비슷했다. 40 나는 그것을 받아들고 마셨다. 내가 그것을 마시
고 있을 때였다. 보라! 내 마음은 지식을 쏟아내고 있었으며 내 가슴
은 지혜를 퍼붓고 있었다. 내 영은 기억을 간직하고 있었다. 41 내 입이
열려 닫히지 않았다. 42 지극히 높으신 분께서 그들 다섯 남자에게 지
력을 주셨다. 그리고 그들은 이어지는 말을,[462] 그들이 모르는 표징적
인 글자로 적었다. 나는 거기서 사십 일 동안 머물렀다.[463] 그들은 낮에
는 글을 썼다. 43 그리고 밤에는 빵을 먹었다. 나는 낮에는 말을 하고
밤에는 말을 하지 않았다.[464] 44 그 사십 일 동안 아흔네 권의 책이 기
록되었다. 45 사십 일이 끝났을 때 지극히 높으신 분께서 내게 말씀을
건네셨다. 그분께서 내게 말씀하셨다. "너희가 처음에 쓴 스물 네 권의
책은 공개하여라. 그리하여 백성 가운데 자격 있는 이들과 자격 없는
이들이 모두 읽을 수 있게 하여라. 46 그러나 일흔 권은 따로 남겨두어
라. 그리고 그것들을 네 백성의 현자들에게[465] 전해주어라.[466] 47 그들

462 직역: "차례로 말해지는 것을." 에즈라가 말하면 다섯 남자가 듣고 받아쓰는 식이었다.

463 라틴어 본문은 동사가 3인칭 복수형(sederunt)이다. 곧 "그들은 거기서 사십 일 동안 머물렀다."

464 라틴어 본문은 "non tacebam: 침묵하지 않았다"라 읽는다.

465 또는, "네 백성 가운데 현자들(지혜로운 이들)에게."

466 4에즈 14,42-48에 따르면 에즈라와 다섯 남자는 총 아흔네 권의 책을 썼다. 그 가운데 스물네 권은 대중에게 공개하고, 일흔 권은 현자들에게만 공개하라고 한다. 앞의 스물네 권은 히브리어 구약성경(=가톨릭 구약성경 39권)을 가리킨다. 현자들에게만 공개해야 할 나머지 일흔 권은 제2경전 및 구약 외경(개신교 구약 외경 및 구약 위경)에 해당할 터다: Evans, *Ancient Texts for New Testament Studies: A Guide to the Background Literature*, 27. 에반스에 따르면, 실제로 히브리어 구약성경 이후에 기록된 제2경전 및 구약 외경으로 분류되는 책들이 대략 70권 정도 전

안에는 슬기의 원천과 지혜의 샘과[467] 지식의 빛이 있기 때문이다."[468]

해진다.

467 2바룩 44,14 참조.

468 또는, "그것들 안에 슬기의 원천과 지혜의 샘과 지식의 빛이 있기 때문이다." 어떤 본문에는 이 책들을 기록한 뒤 에즈라가 하느님께로 들어 올려졌으며 '지극히 높으신 분의 지식의 서기관'이라 불렸다는 내용이 덧붙여져 있다고 한다: Metzger, "The Fourth Book of Ezra", 555.

바룩 2서

2Baruch

≫ 바룩 2서 전반에 대한 간략한 개관은 https://pseudepigrapha.org/docs/intro/2Bar에서 확인할 수 있다. 바룩 2서 본문에 대한 영어 번역과 간단한 해제는 Klijn, "2 (Syriac Apocalypse of) Baruch", 615-652을 참고할 수 있다. 이 책은 바룩 2서를 공부하기 위한 기초 지식을 제공한다. 시리아어 비평본문 및 영어 번역과 해제를 담은 책으로는 Gurtner, *Second Baruch: A Critical Edition of the Syriac Text. With Greek and Latin Fragments, English Translation, Introduction, and Concordances*이 대표적이다. Henze/Stone (eds.), *4 Ezra and 2 Baruch: Translations, Introductions, and Notes*에도 바룩 2서 영어 번역과 해제가 실려 있다. Henze, *Jewish Apocalypticism in Late First Century Israel: Reading Second Baruch in Context*도 바룩 2서 공부에 도움이 되는 훌륭한 연구서다. Jones, *Jewish Reactions to the Destruction of Jerusalem in A.D. 70: Apocalypses and Related Pseudepigrapha*, 79-109에는 바룩 2서의 원어, 저술시기와 장소, 신학적 의의 등이 개관되어 있다. Boccaccini/Zurawski (eds.), *Interpreting 4 Ezra and 2 Baruch*; Henze/Boccaccini (eds.), *Fourth Ezra and Second Baruch: Reconstruction after the Fall*은 바룩 2서의 여러 주제에 관한 연구 논문들을 싣고 있어 깊은 공부를 하는 데 도움이 된다. 바룩 2서의 연구 현황과 서지 정보는 Lied, "Recent Scholarship on 2 Baruch: 2000-2009", 238-276에서 얻을 수 있다.

바룩 2서는 익명의 저자가 바룩의 이름을 빌려 저술한 차명 작품으로 묵시문학 장르에 속한다. (시리아어) 바룩 묵시록이라고도 알려져 있다. 바룩은 구약성경에서 예레미야 예언자의 서기관으로 알려진 인물이다.[1] 바룩 2서의 작중 배경은 기원전 586년 예루살렘 멸망으로 설정되어 있다. 곧 기원전 6세기 바빌론인들에 의한 예루살렘 멸망을 목격한 바룩이 예레미야

1 예레 36,4.17-18.26.27.32 참조. 이를테면, "예레미야는 네리야의 아들 바룩을 불렀고, 바룩은 주님께서 예레미야에게 이르신 모든 말씀을 예레미야가 불러 주는 대로 두루마리에 받아 적었다"(예레 36,4). 유다교 전통에서 바룩이라는 인물이 어떻게 다뤄지고 있는가에 대해서는, Wright, *Baruch Ben Neriah: From Biblical Scribe to Apocalyptic Seer*를 참조하라. 예레미야서에 전해지는 '서기관'으로서의 바룩은 같은 책, 1-39을 보라.

와 함께 바룩 2서의 주요 인물로 등장한다. 그러나 이 책의 실제 저술 배경은 기원후 70년 로마인들에 의한 예루살렘 성전(=기원전 515년에 완성되고 헤로데 대왕에 의해 증축된 성전)의 붕괴와 몰락이다.[2] 저자는 이 사건을 어떻게 해석해야 하는지, 그리고 이스라엘이 성전 없이 하느님 백성이라는 정체성을 어떻게 유지할 수 있을지에 대한 해결책을 기원전 6세기 사건에 비추어 찾아나가고 있다. 바룩 2서는, 기원후 1세기의 고민을 기원전 6세기 사건에 투영하여 만든 책인 셈이다.

1. 구조

바룩 2서는 내용상 크게 1—20장; 21—52장; 53—77장; 78—87장 이렇게 네 부분으로 나눌 수 있다.[3] 학자에 따라 '바룩의 편지'라는 제목이 붙은

---

2 Jones, *Jewish Reactions to the Destruction of Jerusalem in A.D. 70: Apocalypses and Related Pseudepigrapha*, 18-38을 보라. 존스는 로마 제국 시대에 저술된 유다교 작품들 가운데, 70년 예루살렘 붕괴 사건에 대한 유다인들의 시각과 해법을 담은 작품으로 에즈라 4서, 바룩 2·3·4서, 아브라함의 묵시록, 시빌의 신탁 4—5장, 요세푸스의 『유다 전쟁사』와 『자서전』을 소개하고 있다. Neusner, "Judaism in a Time of Crisis: Four Responses to the Destruction of the Second Temple," 312-327도 참조하라. 노이스너는 에즈라 4서와 바룩 2서 외에 쿰란 문헌과 그리스도교 문헌 및 초기 라삐 문헌들도 함께 살펴본다. 저자는 에즈라 4서와 바룩 2서가, 예루살렘이 파괴된 것은 이스라엘의 죄 때문이었으며 하느님의 처벌은 정당한 일이었음을 내세운다고 한다. 그리고 두 책이 마지막 시대에는 메시아를 통해 구원이 이루어질 터이니 인내심을 가지고 기다려야 한다는 메시지를 담았다고 결론 내린다. 노이스너는 이러한 메시아 희망이 133년 바르 코크바 항쟁을 촉발한 한 요인이 되었으리라 추정한다.

78—87장을 바룩 2서에 포함시키지 않는 경우도 있다. 이에 대한 학자들의 논의가 완결된 것은 아니지만 내용의 연속성을 고려하여 여기서는 78—87장을 바룩 2서에 포함시키겠다.

바룩 2서의 비평본을 출간한 거트너Gurtner는 바룩 2서를 조금 더 세분하여 일곱 섹션으로 나눈다.[4] 거트너의 섹션 구분은 다음과 같다.

I. 1,1—5,7: 예루살렘 파괴 예고
II. 6,1—9,1: 예루살렘 파괴 및 바빌론 유배
III. 10,1—12,5: 바룩의 애도
VI. 13,1—20,6: 바룩과 하느님의 대화
V. 21,1—47,2: 마지막 때와 메시아의 도래
VI. 48,1—77,26: 죽은 이들의 부활, 물들의 환시
VII. 78,1—87,1: 바룩의 편지

여기서는 기본적으로 거트너의 구분을 따르되, 섹션 VI을 둘로 쪼개어 섹션 VI과 VII로 구분하였다. 거트너가 섹션 VI에 포함시킨 '물들의 환시' 단락(53—77장)이 '죽은 이들의 부활'을 다루는 앞 단락(48—52장)과 내용

---

3 보가르트는 바룩 2서를 일곱 부분으로 나눈다: Bogaert, *L'Apocalypse de Baruch, introduction, traduction du Syriaque et commentataire*. 보가르트의 구분은 다음과 같다. 2바룩 1,1—9,2; 10,1—20,5; 21,1—34,1; 35,1—47,1; 47,2—52,7; 53,1—77,17; 77,18—87,1. Lied, "Recent Scholarhip on 2 Baruch: 2000-2009", 244에서 재인용. 리드에 따르면, 대부분의 학자들이 바룩 2서를 "여러 에피소드로 이루어진 단일한 문학 단위"로 다룬다. 여기서도 바룩 2서를 하나의 문학 단위로 다루겠다.

4 Gurtner, *Second Baruch: A Critical Edition of the Syriac Text. With Greek and Latin Fragments, English Translation, Introduction, and Concordances*, 20-24 참조.

적으로 명확히 구분되기 때문이다. 결과적으로 여기서는 바룩 2서를 총 4부 여덟 대목으로 나눈다.

1부	I. 1—5장: 예루살렘 파괴 예고 II. 6—9장: 예루살렘 파괴 및 바빌론 유배 III. 10—12장: 바룩의 애도와 경고 IV. 13—20장: 바룩과 하느님의 대화
2부	V. 21—47장: 마지막 때와 메시아 시대 V-① 21—30장[5]: 시간의 종말 V-② 31—43장[6]: 환시와 해석 V-③ 44—47장: 새 시대의 선포 VI. 48—52장: 죽은 이들의 부활 VI-① 48장: 바룩과 하느님의 대화 VI-② 49—52장: 죽은 이들의 부활
3부	VII. 53—77장: 물들의 환시 및 그 해석 VII-① 53—54장: 물들의 환시 VII-② 55—74장: 환시의 해석 VII-③ 75—77장: 바룩의 기도와 사명
4부	VIII. 78—87장: 바룩의 편지

5 21,1-3: 도입. 21,4-26: 바룩의 기도(21,4-18: 찬양 기도. 21,19-26: 바룩의 청원). 22—30장: 질문과 응답(22,1—28,7: 정해진 때와 환난. 29,1-8: 메시아의 도래. 30,1-5: 죽은 이들의 부활).

6 31—34장: 마지막 때 선포. 35장: 시온에 대한 애도. 36—37장: 환시. 38—40장: 환시의 해석. 41—43장: 사람들의 엇갈린 운명.

2. 저술 장소 및 시기

대부분의 학자들은 바룩 2서가 1세기 말 유다 또는 그 주변 지역에서 유다인 저자에 의해 만들어졌으리라 추정한다.[7] 먼저 이 작품의 모티프가 된 예루살렘 성전의 붕괴와 몰락은 기원전 586년 사건이 아니라 기원후 70년 사건을 가리킴이 틀림없다. 바룩 2서가 두 번째 예루살렘 성전(더 정확히는 헤로데 대왕이 재건한 성전)의 붕괴를 모티프로 하고 있다는 의미다. 이는 두 차례의 성전 파괴를 암시하는 2바룩 32,2-4를 통해 밝히 드러난다.[8] 시온의 건물이 파괴되었다가 다시 세워진 다음, 얼마 뒤 또 한 번 뿌리째 뽑히리라는 예고다. 성전의 재붕괴를 예고하는 이 구절은, 저자가 기원후 70년의 성전 붕괴를 알고 있음을 드러낸다. 2바룩 8,1-2에 담긴 내용도 70년 로마인들의 예루살렘 함락 당시 상황을 반영한다. 이에 따르면 성전 안쪽에서 들려오는 목소리가 하느님께서 성전을 떠나셨으니 적군들에게 들어오라고 말한다.[9] 존스Jones는 로마군의 예루살렘 함락과 관련하여 로마 역사가 타키투스(『역사』 5.13)와 유다인 역사가 요세푸스(『유다 전쟁사』 6.5.3)가 2바룩 8,1-2과 비슷한

---

7 Nickelsburg, *Jewish Literature Between The Bible And The Mishnah: A Historical and Literary Introduction*, 277-282; Charlesworth, "4 Ezra and 2 Baruch: Archaeology and Elusive Answers to Our Perennial Qustions", 156-162 참조.

8 "32,2 잠시 뒤면 시온의 건물이 뒤흔들릴 것이다. 다시 지어지기 위해서다. 3 그 건물은 남아 있지 않을 것이다. 그것은 얼마 뒤 뿌리째 뽑힐 것이다. 그리고 얼마간 황폐한 채로 남아 있을 것이다. 4 그런 다음 그것은 영광스런 모습으로 다시 세워지고 완성될 것이다. 영원히!"

9 "8,1 그런 뒤 천사들은 그 천사가 시킨 대로 하였다. 그들이 성벽 모퉁이들을 무너뜨렸을 때였다. 성벽이 무너진 뒤 성전 안쪽에서 한 소리가 들려 왔다. 그 소리는 말하였다. 2 "들어오너라. 원수들아! 오너라. 적들아! 집을 지키시던 분께서 그것을 버리셨으니!"

내용을 전하고 있음에 주목한다.[10] 이를 통해 바룩 2서 저자가 기원후 1세기 사건에 시선을 두고 있음을 알 수 있다는 것이다.[11] 그런데 이 책이 70년 이후 정확히 언제 저술되었는지 특정하기는 쉽지 않다. 저술 당시의 역사적 상황을 드러내는 내용들이 거의 없기 때문이다.[12] 이런 어려움을 전제에 두고서 학자들이 추정하는 저술 시기는 다음과 같다.

먼저 2바룩 61,7과 『바르나바의 편지』 11.9의 유사성에 주목하는 학자들이 있다. 『바르나바의 편지』 11.9가[13] 2바룩 61,7을[14] 인용하고 있으니 후자가 전자보다 먼저 저술되었으리라는 의견이다.[15] 클린Klijn은, 두 구절의 유사성이 어느 한쪽의 의존성 때문일 수도 있지만 두 저자가 같은 원천을 공유했을 가능성도 배제할 수 없으며, 『바르나바의 편지』 저술 연대도 117

---

10 Jones, *Jewish Reactions to the Destruction of Jerusalem in A.D. 70: Apocalypses and Related Pseudepigrapha*, 32–33.

11 실제로 바룩 2서 저자의 관심은 70년 예루살렘 멸망에 대한 애도, 그리고 그 사건에 담긴 신학적 의미와 메시지를 전달하는 데에 있다: Nickelsburg, *Jewish Literature Between the Bible and the Mishnah: A Historical and Literary Introduction*, 283 참조.

12 2바룩 28,2에서 저술연대를 추정하는 시도도 있다. “그때의 크기와 수는 두 부분으로 나뉜다. 일곱 주간들의 주간들이다”라는 구절이다: Gry, “Date de la fin des temps, scion les révélations ou les calcula du Pseudo-Philo et de Baruch (Apocalypse syriaque),” 337–356. 그러나 ‘일곱 주간들의 주간들’이라는 말 자체가 얼마만큼의 기간을 가리키는지 불분명해서 ‘그때’의 시기 혹은 저술 시기를 추정하는 데에는 무리가 있어 보인다.

13 “그리고 다시 다른 예언자가 말하였다. ‘그리고 야곱의 땅이 온 땅보다 높이 칭송을 받았다. 그분께서 뜻하시어 그분 영의 기물을 영광스럽게 만드셨다.’”

14 “그때 자비를 입은 그 땅은, 그 거주민들이 죄를 짓지 않은 까닭에 다른 모든 땅들보다 높이 칭송을 받았다. 그리고 도성 시온은 모든 나라들과 지역들을 다스렸다.”

15 Klijn, “2 (Syriac Apocalypse of) Baruch”, 617 참조.

년 또는 132년으로 정확하지 않음을 들어 앞의 의견에 난색을 표한다.[16] 하지만 적어도 바룩 2서가 『바르나바의 편지』와 비슷한 시기, 곧 2세기 초에 만들어졌으리라는 추정은 가능할 듯하다.

바룩 2서와 에즈라 4서와의 관계 연구를 통해 저술 연대를 밝혀내려는 학자들도 있다. 그러나 에즈라 4서의 저술 연대도 불확실하기 때문에 이런 식의 접근법에 큰 기대를 걸기는 어렵다.[17] 두 작품 사이에 유사점이 많기는 하지만[18] 어느 한쪽이 다른 한쪽에게 영향을 받았다고 단언할 수도 없다. 설령 둘 사이의 상호관련성을 인정한다 하더라도 어느 쪽이 영향을 준 쪽인지 특정하기란 쉬운 일이 아니다. 게다가 두 작품의 차이점도 무시해서는 안 된다. 에즈라 4서 저자가 성전 파괴를 보면서 고통과 악의 존재 이유를 묻고 신정론theodicy과 관련된 신학적 성찰을 이끌어냈다면,[19] 바룩 2서 저자는 사목적·실용적 목표를 지향하면서[20] 구체적인 현실에 접근하

16 Klijn, "2 (Syriac Apocalypse of) Baruch", 617.

17 Box, "IV Ezra", 553-54 참조.

18 특히 주제와 내용이 많이 겹친다. 메시아 희망, 새 시대의 선포, 죽은 이들의 부활 개념 등. 바룩 2서와 에즈라 4서의 관계 문제는, Nickelsburg, Jewish Literature Between the Bible and the Mishnah: A Historical and Literary Introduction, 283-285; Henze, "'4 Ezra and 2 Baruch: Literary Composition and Oral Performance in First-Century Apocalyptic Literature", 181-200 참조. Henze/Stone, *4 Ezra and 2 Baruch: Translations, Introductions, and Notes*는 에즈라 4서 및 바룩 2서 본문을 대비시켜 놓고 있어 두 본문의 유사점과 차이점을 파악하는 데 유용하다.

19 에즈라 4서 해제 '5.1. 신정론' 참조.

20 2바룩 저자의 사목적 지향은 33—34장; 44장; 45장; 76장 등에서 잘 드러난다. 이를테면, 죽음을 예감한 바룩은 백성의 원로들을 불러 그들에게 백성을 잘 지키고 가르치라는 당부의 말을 전한다: "[44,2] 보라. 나는 온 땅의 길에 따라 내 조상들에게로 간다. [3] 너희들은 율법의 길에서 멀어지지 마라. 그리고 남은 백성이 능하신 분의 계명에서 멀어지지 않도록 그들을 잘 지키고 돌보아라." 훈계와 가르침의 중요

여 문제를 찾고 해결책을 모색한다.[21] 그리하여 신학적 숙고보다는 절망한 백성을 위로하고 재건을 독려하는 데 주안점이 놓인다.[22] 이처럼 에즈라 4서와 바룩 2서의 저술 목표와 방향이 달라서 두 작품의 관계를 밝혀내기가 쉽지 않다. 어떤 학자는 4에즈가 2바룩에 의존한다고 여기고,[23] 어떤 학자는 그 반대로 여긴다.[24] 두 저자가 공동의 원천을 독자적으로 활용했다고 여기는 학자도 있다.[25] 어느 한쪽이 다른 한쪽에 의존하는 것은 분명한데 어느 쪽이 어느 쪽에 의존하는지는 특정할 수 없다고 보기도 한다.[26] 두

성을 강조하는 45,1-2도 참조하라: "[45,1] 너희들은 백성을 가능한 한 많이 훈계하여라. 그 일이 우리의 일이기 때문이다. [2] 너희가 그들을 가르친다면 너희는 그들을 살릴 것이다." 백성을 가르치는 임무는 76장에서도 드러난다: "[76,5] 가능한 한 최선을 다해 백성을 가르쳐라. 그들이 배워서 마지막 때에 죽지 않게 하여라. 그들이 배워서 마지막 때에 살아남게 하여라."

21 저자의 관심이 현실에 바탕을 둔 것임은 41—42장에서 현저히 드러난다. 가령 바룩은 42,4-5에서 이민족과 결혼하여 신앙에서 멀어진 유다인과 유다인과 결혼하여 신앙을 받아들인 이민족의 구원 문제를 다룬다.

22 Nickelsburg, *Jewish Literature between the Bible and the Mishnah: A Historical and Literary Introduction*, 283 참조.

23 Bogaert, *L'Apocalypse de Baruch, introduction, traduction du Syriaque et commentataire vol. 1*, 26-27; Box, "IV Ezra", 553.

24 Metzger, "The Fourth Book of Ezra", 522; Collins, *Apocalyptic Imagination: An Introduction to Jewish Apocalyptic Literature*, 224; Nickelsburg, *Jewish Literature Between the Bible and the Mishnah: A Historical and Literary Introduction*, 283-285. 헨즈에 따르면 바룩 2서가 에즈라 4서에 의존한다는 의견이 대다수를 차지한다: Henze, "4 Ezra and 2 Baruch: Literary Composition and Oral Performance in First-Century Apocalyptic Literature", 184.

25 Klijn, "2 (Syriac Apocalypse of) Baruch", 617-620. 클라인은 에즈라 4서와 바룩 2서가 공동의 원천을 사용했다고 추정한다. 시기적으로는 바룩 2서가 에즈라 4서보다 조금 늦게, 1세기에서 2세기 사이에 저술되었을 것으로 판단한다.

작품이 100년경을 전후한 비슷한 시기에 비슷한 자료를 사용하여 만들어진 것은 분명하다.[27]

바룩 2서 67—70장 내용을 근거로 저술 시기를 추정하는 학자도 있다. '지금 시온에 닥칠 재앙'(67,1)과 '성전의 복원'(68,5)이라는 표현에 주목하여 저술 시기를 가늠하는 경우다. 67,1의 시온에 닥칠 재앙은 70년 성전 붕괴를, 68,5의 성전 복원은 130년 하드리아누스의 성전 복구 계획을[28] 가리킨다면, 이어지는 69—70장의 '마지막 검은 물들'은 133-135년 바르 코크바 항쟁을 가리키리라는 추정이 가능하다는 것이다.[29] 이 추정은 바룩 2서가 135년 이후에 만들어졌다는 결론으로 이어진다. 그러나 이 추정에는 조

---

26 Stone, *Fourth Ezra: A Commentary on the Books of Fourth Ezra*, 39. 2바룩과 4에즈의 관계 문제는 Nickelsburg, *Jewish Literature Between the Bible and the Mishnah: A Historical and Literary Introduction*, 283-285; Henze, "'4 Ezra and 2 Baruch: Literary Composition and Oral Performance in First-Century Apocalyptic Literature", 184-185 참조.

27 Henze, "4 Ezra and 2 Baruch: Literary Composition and Oral Performance in First-Century Apocalyptic Literature", 198. 헨즈는 바룩 2서와 에즈라 4서가 공통된 구두 전승들을 독자적 수용 및 기록·편집 과정을 거쳐 서로 다른 결과물로 완성되었다고 한다. 두 작품이 보이는 언어적, 주제적 유사성은 어느 하나가 다른 하나에 의존해서가 아니라 둘이 공통된 구두 전승을 사용했기 때문이라고 한다. 공통된 전승들이 그것을 받아들인 저자(공동체)의 저술 방향과 목적에 따라 서로 다른 독립된 작품으로 탈바꿈했다는 것이다.

28 하드리아누스가 유다인들의 성전을 복구해주기로 약속했지만 뒤에 마음을 바꾸어 유피테르 신전을 세웠다고 한다. 이는 『창세기 라바』(*Bereishit Rabbah* 64)에 전해진다. 제1차 유다항쟁의 시작 및 경과 그리고 종결까지의 역사는, Schäfer, *History of the Jews in Antiquity: The Jews of Palestine from Alexander the Great to the Arab Conquest*, 128-130을 보라.

29 Bientenhard, "Die Freiheitskriege der Juden unter den Kaisern Trajan und Hadrian und der messianische Tempelbau", 164-166. Klijn, "2 (Syriac Apocalypse of) Baruch", 616에 재인용.

금 무리가 있어 보인다. 바룩 2서 저자가 희망하는 성전 복원을, 지켜지지 않은 하드리아누스의 헛된 약속과 연결시킬 수는 없기 때문이다. 더구나 황제가 예루살렘 성전 터에 유피테르 신전을 세운 사실을 예루살렘 성전 복원 희망과 연결시키기는 더더욱 어려울 듯하다. 오히려 아직 성전 복원에 대한 희망이 사라지지 않았을 때, 곧 130년 하드리아누스가 예루살렘을 로마 도시 아일리아 카피톨리나Aelia Capitolina로 탈바꿈시키고 유피테르 신전을 짓기로(카시우스 디오, 『로마사』 69.2) 계획하기 전에 바룩 2서가 만들어졌다고 보는 편이 더 설득력 있다.

따라서 바룩 2서의 저술 연대는 1세기 말에서 2세기 초로 보면 크게 틀리지 않을 법하다.[30] 96년이라고 특정해서 말하는 경우도 있다.[31] 96년은 도미티아누스 황제가 암살당한 해다. 로마 전통 종교를 장려하고 황제숭배를 부활시킨 도미티아누스는 유다인들과 그리스도인들을 박해한 것으로 알려져 있다. 4세기 교회 역사가 에우세비우스는 자신의 『교회사』에서 도미티아누스가 재위 말에 유다인들과 그리스도인들을 박해했음을 전한다(3.17-20). 로마인 역사가 수에토니우스도 도미티아누스 치세 때 일어난 유다인들에 대한 박해 상황을 전하고 있다.[32] 요한 묵시록과 『클레멘스의 첫째 편지』가 박해가 진행 중이던 도미티아누스 치세 때, 혹은 황제 암살 직후에 만들어진 것으로 여겨진다.[33] 바룩 2서도 이 작품들과 비슷한 상황에서 만

---

30 Nickelsburg, *Jewish Literature Between the Bible and the Mishnah: A Historical and Literary Introduction*, 283; Henze/Stone, *4 Ezra and 2 Baruch: Translations, Introductions, and Notes*, 10-11 참조.

31 Bogaert, *L'Apocalypse de Baruch, introduction, traduction du Syriaque et commentataire Vol. 1*, 294-95. Roddy, "'Two Parts: Weeks of Seven Weeks': The End of the Age as Teminus ad Quem for 2 Baruch", 3-14도 참조.

32 수에토니우스, 『열두 황제들의 생애』 「도미티아누스」 12 참조.

33 Smallwood, "Domitian's attitude towards the Jews and Judaism", 1-13.

들어졌을 법하다. 곧 유다인들과 그리스도인들에 대한 박해, 그리고 이어서 박해자인 도미티아누스의 암살을 목격한 저자가 구원의 확신에 차서 이 책을 썼으리라 짐작할 수 있다. 콜린스Collins는 2바룩 1,1 '예코니야가 스물다섯 살 되던 해'라는 표현에 근거하여 기원후 95년을 저술 시기로 내세운다. 해당 구절이 '70년 예루살렘 몰락 이후 25년째'의 에두른 표현이라는 것이다.[34] 거트너도 이 모든 사항을 감안하여 바룩 2서가 1세기 말엽에 저술되었으리라고 결론 내린다.[35]

3. 저자

바룩은 구약성경 예레미야서에서 예레미야 예언자를 보좌하는 인물로 나온다. 예레미야 예언자의 말을 기록하는 서기가 바룩의 주요 역할이다.[36] 바룩이 예레미야의 말을 받아 적게 된 경위는 예레미야서 36장에 자세히 전해진다. 이에 따르면, 여호야킴 임금이 예레미야가 성전에서 공개적으로 말하는 것을 금지하자 예레미야는 조수인 바룩을 시켜 자기 말을 받아 적게 한다. 그리고 그것을 성전에서 사람들 앞에 봉독하게 한다(예레 36,4-8). 바룩은 예레미야 예언자가 명령한 모든 일을 그대로 이행한다. 그런데 그가 주님의 집에서 주님의 말씀이 적힌 두루마리를[37] 읽자 여호야킴 임금이 그 두

---

34 Collins, *Apocalyptic Imagination*, 212-213.

35 Gurtner, *Second Baruch: A Critical Edition of the Syriac Text*, 16-18 참조.

36 바룩이라는 인물에 대해서는, Wright, *Baruch Ben Neriah: From Biblical Scribe to Apocalyptic Seer*가 도움이 된다. 예레미야서에 전해지는 '서기관'으로서의 바룩은 같은 책, 1-39을, 묵시적 선견자 또는 환시가로서의 바룩은 70-112을 보라.

37 곧 "바룩이 예레미야가 부르는 대로 받아 적은 말씀"(예레 36,27).

루마리를 태워버린다. 이에 예레미야는 다른 두루마리를 바룩에게 주면서 같은 말씀을 다시 받아 적게 한다. 그리고 결국 "바룩은 예레미야가 불러 주는 대로, 유다 임금 여호야킴이 불에 태워 버린 두루마리에 적혔던 말씀을 모두 거기에 받아 적었고, 비슷한 내용의 많은 말씀을 더 적어 넣었다"고 한다(예레 36,32). 이때 바룩이 적었다는 말씀이 예레미야서의 근간이 되었을 법하다.[38] 그런데 여기서 바룩이 두 번째 두루마리에 적어 넣었다는 '비슷한 내용의 많은 말씀'(예레 36,32)에 주목하라. 이를 근거 삼아 바룩의 이름으로 된 여러 책들이 나오게 되었을 법하다. 사실 바룩의 이름을 딴 제2성전기 후반 문학이 적지 않다. 바룩 1서를[39] 비롯하여 바룩 2서, 3서, 4서가 구약 외경으로 전해지며 그 밖에도 바룩의 이름을 딴 책들이 더 있다.[40] 이 책들에서 바룩은 예언자의 보조 인물을 넘어 주인공으로 부상한다. 바룩은 예언자의 말을 받아 적는 서기관에 머무르지 않고, 환시자로서 천상의 비밀을 계시 받는 인물이자 그 계시를 글로 기록하고 사람들에게 전달하는 인물로 성장한다.[41]

그렇다면 제2성전기 문학에서 바룩이 저자로 내세워진 요인은 무엇일까? 그 이유는 무엇보다 바룩의 이름으로 저술된 작품들의 배경이 예루살렘 성전의 몰락이라는 사실에서 찾을 수 있다. 바룩은, 예레미야와 함께 예루살렘 성전의 몰락과 붕괴를 목격한 사람이기 때문이다. 사실 바룩의 이

38 *The Jewish Study Bible*, 456.

39 바룩 1서가 가톨릭에서는 성경에 포함되지만(간단히 바룩서라고 한다) 유다교와 개신교에서는 외경으로 분류된다.

40 바룩의 이름으로 전해지는 유다교 작품들에 대해서는, Bogaert, "Le Nom de Baruch dans la Littérature Pseudépigraphique", 56-72을 보라.

41 Wright, *Baruch Ben Neriah: From Biblical Scribe to Apocalyptic Seer*, 111-112; Wright, "Baruch: His Evolution from Scribe to Apocalyptic Seer", 264-289; Gaylord, "3 (Greek Apocalypse of) Baruch", 660.

름을 내건 바룩 2서, 3서, 4서는 모두 기원전 586년의 예루살렘 몰락을 작중 배경으로 삼고 있지만, 실제로는 모두 기원후 70년 예루살렘 붕괴 이후에 저술된 작품들이다.[42] 곧, 로마인들에 의해 성전을 잃은 백성이 '하느님 백성'으로서 살아갈 길을 모색하던 유다인 저자 또는 공동체들이 각자 찾은 해법을 이야기나 묵시의 형태로 제시한 것이 이 책들이다.[43] 책의 권위를 얻기 위해 비슷한 경험을 가진 역사적 인물의 이름(곧 바룩)을 빌려 쓴 것이다.

어떻든 바룩 2서는 유다인 저자에 의해 유다교 전통 안에서 저술된 유다교 작품이다. 성전 없이 살아갈 하느님 백성의 길을 모색하는 저자의 집필 의도가 이 작품의 저술 시기 산정에 주요 근거가 되는 셈이다. 바룩 2서가 유다교 작품임은 저자 또는 저자 공동체의 정체성을 표명하는 2바룩 48,24에서 뚜렷이 드러난다.[44] 이 구절에서는 '한 분이신 하느님, 하나의 율법, 하나의 백성' 개념이 돋보인다.

---

42 바룩 2서와 3서와 4서는 기원후 1세기 말 - 2세기 초 로마 제국 시대에 저술된 것으로 추정된다. 참고로 바룩 1서는 대략 기원전 2세기(헬레니즘 시대)에 저술되었다고 여겨진다.

43 바룩 2, 3, 4서가 모두 같은 성격의 공동체에서 유래한 것 같지는 않다. '성전 없는 백성의 삶'에 대해 저자마다 또는 책마다 각기 다른 해결책을 제시하고 있어서다. 각 작품의 해제를 참조하라.

44 구약 외경으로 분류되는 작품들이 대부분 그리스도교 교회에 받아들여져 교회에 의해 오늘날까지 전수되었다. 이 작품들이 전승과 번역 과정을 거치면서 그리스도교적 색채가 가미되었을 가능성이 짙다. 게다가 유다교와 그리스도교 신학에 공통되는 요소들이 많아 특정 작품을 그리스도교 작품인지 유다교 작품인지 식별하기가 쉽지는 않다: Henze, "From Jeremiah to Baruch: Pseudpigraphy in the Syriac Apocalypse of Baruch", 157-158 참조. Nir, *The Destruction of Jerusalem and the Idea of Redemption in the Syriac Apocalypse of Baruch*은 바룩 2서를 그리스도교 작품으로 간주하지만 아래에서 살펴보듯 이 작품은 유다교 기원일 가능성이 크다. 이러한 판단의 근거는 에즈라 4서를 유다교 작품으로 보는 이유와 비슷하다. 에즈라 4서 해제를 참조하라.

48,24 "저희는 모두 일자一者로부터 하나의 율법을 받은 이름난 하나의 백
성입니다.
저희 가운데에 있는 그 율법이 저희를 돕고 있으며 저희 안에 있는
탁월한 지혜가 저희를 지탱하고 있습니다."

저자(공동체)의 유다교 정체성은 이스라엘 선민의식에서도 드러난다.[45] 하느님의 선택받은 백성인 자기들은 이민족들과 차이가 난다는 것이다.

48,20 이 백성은 당신께서 선택하신 백성이기 때문입니다.
그들은, 그와 같은 백성을 찾을 수 없는 그런 백성입니다.
...
22 저희는 당신께 신뢰를 두고 있습니다.
보십시오, 당신의 율법이 저희 곁에 있습니다.
그리고 당신 규정을 붙들고 있는 한 저희가 넘어지지 않으리라는 것을
저희는 알고 있습니다.
23 저희는 늘 축복받은 이들입니다. 적어도 이민족들과 섞이지 않았다
는 점에서!

바룩 2서 저자가 유다교 전통 안에 머물러 있음은 모세의 율법을 향한 태도에서도 드러난다.[46] 하느님께서 모든 피조물을 뒤흔드실 그때에 '율

45 바룩 2서에 나타난 이스라엘 선민의식에 대해서는, Henze, "The Chosenness of Israel in the Apocrypha and Pseudepigrapha", 186-191을 참조하라. 헨즈는 특히 2바룩 82,3-9에 초점을 맞춘다.

46 Davila, *The Provenance of the Pseudepigrapha: Jewish, Christian, or Other?*, 126-131 참조. 율법과 믿음, 율법과 성령을 대비하여 후자를 부각시키는 로마 3,21-31; 4,13-25; 8,1-17과 비교하라. 바룩 2서와 바오로 서간의 율법에 대한 시

법'이 그들의 방패막이 되리라는 것이다.

32,1 "그러나 너희들은, 만약 마음 안에 율법의 열매를 심을 수 있도록 너희 마음을 준비한다면 지극히 높으신 분께서 모든 피조물을 뒤흔드실 그때에 그것(=율법)이 너희에게 방패막이 되어줄 것이다."

하느님 백성에게 닥친 상황을 바꿀 수 있는 길을 '율법'에서 찾는 다음 대목에서도 저자의 유다교 기원이 드러난다.

44,3 "너희들은 율법의 길에서 멀어지지 마라. 그리고 남은 백성이 능하신 분의 계명에서 멀어지지 않도록 그들을 잘 지키고 돌보아라. … 7 너희가 인내하고 그분에 대한 두려움 안에 머물면서 그분의 율법을 잊지 않는다면, 시절이 너희에게 좋은 쪽으로 바뀔 것이다. 그리고 너희는 시온의 위안을 보게 될 것이다."

유다교 기원은 다가올 세상을 차지할 이들을 '율법'에 충실한 이들로 소개한 데서도 드러난다. 새로운 시대가 다가오고 있음을 선포하는 다음 대목에서 '율법의 진리'를 간직한 이들이 그 시대를 차지하리라고 선언한다.

44,13 "앞에서 말한 그 때를 물려받을 사람들은 바로 이들이다. 약속된 시대의 유산이 그들의 것이다. 14 그들은 지혜의 보고를 획득한 이들이다. 그들에게는 슬기의 보물이 있다. 그들은 자비에서 멀어진 적이 없으며 율법의 진리를 간직하였다. 15 다가올 세상이 그들에게 주어질 것이다. 그러

각차에 대해서는 Zinner, "From 2 Baruch and 4 Ezra to 2 Peter and Revelation", 11-13에 잘 다루어져 있다.

나 나머지 많은 사람들의 처소는 불 속이 될 것이다."

44,13의 '그 때'는 '영원히 지속되는 시간' 또는 '새로운 시대'라 일컬어진다(44,12). 지혜와 슬기를 간직한 이들, 자비에서 멀어진 적이 없고 '율법의 진리'를 간직한 이들이 약속된 새 시대를 물려받으리라는 것이다.

이 모든 요소들이 바룩 2서가 유다교 전통 안에서 만들어진 유다교 작품임을 드러낸다. 70년 예루살렘 몰락을 지켜본 저자가 유다인 동포를 향해 하느님께서 주신 율법에 충실함으로써 역사의 물길을 바꾸어보자고 독려하고 있는 듯하다.[47]

4. 본문 및 사본

바룩 2서 본문을 담은 사본에 대해서는 https://pseudepigrapha.org/docs/intro/2Bar에 상세히 소개되어 있다. 이 사이트에 제시된 시리아어 본문의 주요 편집인은 거트너Gurtner가 맡았다. 바룩 2서는 본디 히브리어나 아람어로 쓰였을 법하나[48] 원본은 남아 있지 않으며, 지금은 시리아어,[49] 그리스

47 '바룩의 편지'(2바룩 78—87장)도 유다교 작품임이 분명하다. 여기서 저자는 편지 수신인들에게 율법뿐 아니라 축제일과 안식일도 지킬 것을 당부한다. "[84,8] 여러분은 기억해야 합니다. 시온과 율법과 거룩한 땅과 여러분의 형제들과 계약과 여러분의 조상들을! 그리고 축제일들과 안식일들을 잊지 마십시오. [9] 이 편지와 율법 전승들을, 여러분 뒤에 올 여러분 아들들에게 전하십시오. 여러분의 조상들이 여러분에게 전해준 것처럼 말입니다."

48 Gurtner, *Second Baruch: A Critical Edition of the Syriac Text*, 10-13.

49 시리아어는 에데사의 아람어 방언(Aramaic dialect of Edessa)이다. 시리아어

어, 라틴어 등으로 전해진다. 시리아어 본문은 전문全文을 담고 있지만 그리스어 본문과 라틴어 본문은 단편으로만 전해진다. 아랍어 역본과 야코비트파 단편들도 전해진다. 거트너의 OCP edition은 시리아어 사본을 주 대본으로 삼되, 그리스어와 라틴어 단편을 참조하여 만들어진 비평 본문이다. 바룩 2서 전문全文을 담은 시리아어 역본은 6-7세기 페쉬타(=시리아어 성경) 필사본인 코덱스 암브로시아누스 B.21(Codex Ambrosianus B.21)에 전해진다.[50] 이 시리아어 역본은 그리스어 본문을 대본으로 삼았을 것이다.[51] 본문에 매우 빈번하게 등장하는 그리스어 차용어들이 이를 입증한다.[52] 어떻든 여기서 번역에 사용한 시리아어 본문은 히브리어/아람어에서 그리스어를 거쳐 옮겨진 삼차 본문이다(곧 히브리어→그리스어→시리아어).[53]

와 아람어, 히브리어에 대해서는 에즈라 4서의 해제 '3. 본문과 언어'를 참조하라.

50 코덱스 암브로시아누스 B.21(=Bibliotheca Ambrosiana MS B.21)은 7a1이라고도 알려져 있다. 바룩 2서는 fols. 257a-265b에 전해진다. 참고로 같은 필사본의 바룩 2서 본문 바로 뒤(fols. 267a-276b)에 시리아어 에즈라 4서 전문(全文)이 전해진다. 바룩 2서 본문 및 필사본들에 대해서는 Gurtner, *Second Baruch: A Critical Edition of the Syriac Text*, 6-10을 보라.

51 Gurtner, *Second Baruch: A Critical Edition of the Syriac Text*, 10-13; Pentiuc, "The Nature of the Resurrected Bodies: 2Baruch and the New Testament", 309 참조.

52 ܕܝܬܩܐ = διαθήκη; ܐܢܢܩܐ = ἀνάγκη; ܦܢܛܣܝܐ = φαντασία; ܐܓܘܢܐ = ἀγών; ܩܘܢܕܝܢܘܣ = κίνδυνος 등이 그 예다.

53 바룩 2서가 본디 그리스어로 쓰였다는 입장도 있다. 처음에 그리스어로 쓰였다가 시리아어로 번역되었다는 것이다. 보가르트(Boegart)와 리드(Lied) 등이 이 입장이다: Lied, "Recent Scholarship on 2 Baruch: 2000-2009", 245-246. 바룩 2서가 본디 시리아어로 저술되지 않았으며 그 대본이 그리스어 본문이었다는 것은 거의 모든 학자들이 동의한다.

5. 신학

5.1. 하느님의 주권 — 역사에 대한 성찰

바룩 2서는 만물에 대한 주권이 하느님께 있음을 선포한다. 하느님의 주권은 무엇보다 역사적 사건 안에서 분명하게 드러난다. 예루살렘 성전이 파괴되리라는 예고를 들은 바룩은, 적들이 쳐들어와서 하느님의 성소를 더럽히고 하느님 백성을 지배할 것을 생각하며 탄식한다.

> 5,1 "당신을 미워하는 자들이 이 땅에 와서 당신의 성소를 더럽히고 당신의 유산을 약탈해갈 것입니다. 그리고 그들이 당신께서 사랑하시는 자들 위에 군림할 것입니다. 그들은 자기네 우상들의 땅으로 다시 돌아가서는 우상들 앞에서 으스댈 것입니다. 당신께서 당신의 크신 이름에 무슨 일을 하신단 말입니까?"

바룩의 한탄에 주어진 주님의 말씀 안에, 적들은 시온과 예루살렘에 아무 짓도 못할 것임이 암시되어 있다.

> 5,2 주님께서 내게 말씀하셨다. "내 이름과 내 영광은 영원무궁하다. 내 심판은 제 시간을 기다리면서 그 권리를 유보해두고 있다. 3 너는 네 눈으로 보게 될 것이다. 적들은 시온을 전복시키지 못하고 예루살렘을 불태우지 못한다는 것을! 그들은 잠시 동안 심판관을 위해 봉사할 것이다."[54]

54 여기서 심판관은 하느님을 가리킨다.

이에 따르면, 적들의 침범이 하느님의 주권을 손상시키지는 못한다. 시온을 전복시키고 예루살렘을 불태우는 것은 적들이 아니다. 그들은 사실상 (일시적이나마) 하느님께 봉사하는 자들이다.

도성의 파괴를 묘사하는 2바룩 6,1—8,5도 하느님의 주권을 드러낸다. 이에 따르면 이방 군대가 아니라 하느님께서 보내신 천사들이 도성을 파괴한다.[55] 성전 기물들은 도성이 파괴되기 전에 미리 땅속에 옮겨진다(6,5-10). 칼데아인들의 군대가 도성으로 들어온 것은 천사들이 도성을 불태워 무너뜨린 뒤다(8,1). 바룩은, 한 천사가 횃불을 든 천사들에게 다음과 같이 명령하는 모습을 환시로 본다.

> 7,1 "허물어라, 그런 다음 그 성벽을 바닥까지 무너뜨려라. 원수들이 으스대며 '우리가 시온의 성벽을 무너뜨렸다. 그리고 우리가 능하신 하느님의 땅에 불을 질렀다!' 하고 말하지 않도록!"

이로써 바룩 2서는, 예루살렘을 무너뜨린 궁극적 주체는 칼데아인들이 아니라 하느님이심을 분명히 밝히고 있다. 이 사실은 2바룩 8,2에서 다시 한 번 강조된다. 천사의 명에 의해 성벽이 무너진 뒤 성전 안쪽에서 한 소리가 나와서 말한다.

> 8,2 "들어오너라. 원수들아! 오너라. 적들아! 집을[56] 지키시던 분께서 그것을 버리셨으니!"[57]

---

55 4바룩 1,8-9 참조.

56 여기서 '집'은 예루살렘 성전을 가리킨다.

57 4바룩 4,2-3 참조.

이 말이 끝나자 칼데아 군대가 도성 안에 들어와 성소를 무너뜨리고 하느님 백성을 바빌론으로 끌고 간다(2바룩 8,4-5). 여기서 눈여겨보아야 할 사항은, 바빌론 군대가 침공하기 전에 천사들이 미리 도성을 파괴했다고 말하는 점이다. 바빌론 군대가 도성 안으로 들어갈 수 있었던 것은, 주님의 허락이 있었기 때문이라는 의미다. 이 모든 사항이 이스라엘의 적 바빌론은 하느님께 봉사하는 도구일 따름, 도성을 파괴하고 역사를 움직이는 주체는 하느님이심을 드러낸다.

이스라엘의 적들이 하느님의 도구가 될 수 있음은 이미 구약성경에서 선포되고 있다. 하느님께서 아시리아나 바빌론을 이스라엘의 심판 도구로 삼으신다는 것이다(이사 43,28; 에제 21,1-32).[58] 이를테면 이사 7장에서 아시리아의 이스라엘 침공이 주님께서 시켜서 한 일로 그려진다.[59]

> 이사 7,18 "그날에 이러한 일이 일어나리라. 주님께서 휘파람을 부시어 이집트 강들 끝에 있는 파리들과 아시리아 땅에 있는 벌들을 불러오시리라. … 20 그날에 주님께서는 강 건너편에서 빌려 온 칼로 아시리아 임금을 시켜 머리털과 다리털을 밀고 수염까지도 깎아 버리게 하시리라."[60]

---

58 아시리아나 바빌론을 비롯한 이방의 임금을 하느님의 도구로 보는 구약성경의 시각은, Smelik, "My Servant Nebuchadnezzar: The Use of the Epithet 'My Servant' for the Babylonian King Nebuchadnezzar in the Book of Jeremiah", 109-134에 잘 개관되어 있다.

59 이사 7,17 참조: "주님께서는 아시리아의 임금을 시켜, … 에프라임이 유다에서 떨어져 나간 날 이후 겪어 본 적이 없는 날들을 닥치게 하실 것입니다." '아시리아의 임금을 시켜'라 옮긴 히브리어 표현은 את מֶלֶךְ אַשּׁוּר다. 직역: "주님께서는 … 에프라임이 유다에서 떨어져 나간 날 이후 겪어본 적이 없는 날들을, 아시리아의 임금과 함께, 닥치게 하실 것입니다."

60 아시리아인들의 침입을 예고하는 이사 5,26에서도 주님께서 그들을 불러오신 것으로 묘사한다. "그분께서는 먼 곳의 민족(=아시리아)에게 깃발을 올리시고 휘파

아시리아가 하느님의 도구가 될 수 있음은 아시리아를 하느님 진노의 막대로 표현한 이사 10,5-6에서도 알 수 있다. 아시리아 임금에 대한 벌을 예고하는 대목(이사 10,5-19)의 도입부다.

> **이사 10,5** "불행하여라, 내 진노의 막대인 아시리아! 그의 손에 들린 몽둥이는 나의 분노이다. [6] 나는 그를 무도한 민족에게 보내고 나를 노엽게 한 백성을 거슬러 명령을 내렸으니 약탈질을 하고 강탈질을 하며 그들을 길거리의 진흙처럼 짓밟게 하려는 것이었다."

이에 따르면 근동의 강국 아시리아가 다른 민족과 다른 나라들을 짓밟은 일이 하느님께서 시키신 일이다. 무도한 민족과 백성을 아시리아를 통해 벌하시려는 목적이었다는 것이다.

이스라엘의 적국이 주님의 도구가 될 수 있는 근거는 주님이 이스라엘의 하느님일 뿐만 아니라 만방의 하느님, 만민의 하느님이시기 때문이다(이사 45,18-25).[61] 같은 의미에서 에제 21,23-32은 하느님께서 바빌론 임금의 칼로 유다와 예루살렘을 심판하리라는 말씀을 선포한다. 바빌론이라는 하느님의 도구는 이스라엘뿐 아니라 다른 민족을 향해서도 사용될 수 있다. 가령 에제 29,18-20에서는 바빌론 임금을 도구 삼아 이집트를 무너뜨리시려는 하느님의 계획이 선포된다.[62]

이민족이 주님의 도구가 될 수 있음은, 주님께서 바빌론 임금을 '나의 종'이라 부르시는 예레 25,9과 27,6; 43,10에서 뚜렷이 드러난다.[63]

람을 부시어 그들을 땅끝에서 불러오신다…."

61 Baltzer, *Deutero-Isaiah*, 209; Hanson, *Interpretation*, 93-95.

62 예레 51,11은 메디아 임금들을 통해 바빌론을 무너뜨리시려는 하느님의 계획을 알린다.

예레 25,9 "이제 나는 북쪽의 모든 족속들을, 나의 종 바빌론 임금 네부카드네자르에게 불러 모으겠다. 주님의 말씀이다. 내가 저들을 데려와 이 땅과 이곳의 모든 주민과 주변의 모든 민족들을 치게 하여 그들을 완전히 멸망시키고, 그들을 폐허와 놀림감과 영원한 황무지로 만들겠다."

예레 27,6 "이제 나는 이 모든 나라를 나의 종 바빌론 임금 네부카드네자르 손에 맡겼고, 들짐승까지도 그에게 맡겨 그를 섬길 것이다."

바빌론 임금이 다른 민족들을 치거나 지배할 수 있는 이유가 모두 하느님께서 그 모든 나라를 그자에게 맡기셨기 때문이라는 설명이다.

이민족이 하느님의 도구로 쓰이는 모든 경우가 '처벌'이나 '심판'을 위해서는 아니다. 주님께서는 이민족을 '구원'의 도구로도 사용하신다. 페르시아 임금 키루스를 주님의 '기름부음받은이'(=메시아)로 선포한 이사 45,1-4이 이 경우에 해당한다.[64] 주님께서 당신 백성을 구해내기 위해 이민족 임금을 도구로 삼으신다는 것이다. 곧 키루스를 통해 바빌론을 무너뜨리고 유배 중인 당신 백성을 약속의 땅으로 데려오시려는 것이다(이사 45,13).[65] 키루스가 하느님의 '목자'라 일컬어지는 이사 44,28도 같은 경우다.

---

63 이에 대해서는 Smelik, "My Servant Nebuchadnezzar: The Use of the Epithet 'My Servant' for the Babylonian King Nebuchadnezzar in the Book of Jeremiah", 109-134을 보라.

64 이사야서가 키루스를 하느님의 도구, 심지어 메시아로 여기는 데 대해서는 Elliott (ed.), *Ancient Christian Commentary on Scripture: Old Testament XI Isaiah 40-66*, 71 참조.

65 "바로 내가 의로움으로써 그(=키루스)를 일으켰으니 그의 모든 길을 곧게 하리라. 그가 내 도성을 재건하고 유배 간 나의 백성을 대가도 선물도 아니 받고 풀어주리라."

이사 44,28 나는 키루스에 대하여 말한다. "그는 나의 목자. 그가 나의 뜻을 모두 성취시키며 예루살렘을 두고 '그것은 재건되고 성전은 그 기초가 세워지리라' 하고 말하리라."

하느님께서 페르시아 임금을 통해 당신 뜻을 이루신다는 것, 예루살렘과 성전을 재건하신다는 것이다.[66]

하느님께서 바빌론 임금을 당신의 '종', 당신의 '막대'로 삼으실 수 있는 이유, 페르시아 임금 키루스를 '나의 기름부음받은이', '나의 목자'라 부르실 수 있는 이유는 간단하다. 세상 만물, 만민에 대한 주권이 오직 하느님께만 있기 때문이다(이사 45,5-12.20-22).[67] 곧 오직 주 하느님만이 유일한 하느님이시며 그분께서 모든 이들, 모든 피조물을 만들고 다스리시는 만민의 하느님이시라는 것이다.[68]

바룩 2서가 구약의 예언서들과 함께 한목소리로 말하는 것은, 이스라엘을 무너뜨린 이스라엘의 적들이, 아시리아든 바빌론이든 로마든, 하느님을 무너뜨린 것이 아니라는 사실, 그 모든 일들이 하느님의 뜻에 따라 혹은 그분의 허락 하에 일어난 일이라는 사실이다. 그리고 무너진 이스라엘을 다시 일으키실 분도 외국 임금이 아니라 하느님이라는 사실이다. 다시 말해, 역사를 움직이는 주체는 아시리아도 바빌론도 페르시아도 로마도 아니다, 역사를 움직이는 주체는 하느님이시다! 하느님은 역사와 무관하게 저 세상에 멀리 계신 분이 아니라 역사에 개입하시는 하느님, 역사의 하느님이

---

66 Oswalt, *The Book of Isaiah*, 201-203.

67 Kaminsky/Stewart, "God of all the World: Universalism and Developing Monotheism in Isaiah 40-66", 139-143 참조.

68 Baltzer, *Deutero-Isaiah*, 209; Hanson, *Interpretation*, 93-95. 이에 대해서는 Lemaire, "The Universal God: How the God of Israel Became a God for All", 58 도 참조하라.

시다. 그리고 이스라엘의 하느님이실 뿐 아니라 모든 시대 모든 사람, 모든 민족의 하느님이시다.

5.2. 메시아와 메시아 시대

바룩 2서에서 가장 중요한 주제는 단연 메시아와 메시아 시대다.[69] 마지막 시대에 하느님의 '기름부음받은이' 곧 메시아가 와서 구원의 새 시대를 열리라는 믿음이다. 이 믿음의 기원은 다윗의 후손과 관련된 구약성경 본문에서 찾을 수 있다.[70] 가까운 미래에 다윗 가문에서 기름부음받은 임금이 나와 이스라엘을 해방시키리라 선포하는 본문들이다(이사 9,1-6; 11,1-9; 예레 23,1-8; 33,14-22; 에제 34,23-31; 37,24-28). 이를테면, "보라, 그날이 온다! 주님의 말씀이다. 내가 다윗을 위하여 의로운 싹을 돋아나게 하리라. 그 싹은 임금이 되어 다스리고 슬기롭게 일을 처리하며 세상에 공정과 정의를 이루리라. 그의 시대에 유다가 구원을 받고 이스라엘이 안전하게 살리라"(예레 23,5-6).

구약성경에서 메시아에 대한 희망은 본디 가까운 미래에 일어날 임금이나 사제에 대한 기대로서 불특정 다수(messiahs)를 향해 있었다. 그러다 제2성전기 후반에 이르면 이 믿음이 마지막 시대에 올 1인(사제 또는 임금) 또

69 송혜경, 「바룩 2서의 메시아 사상」, 229-278 참조.

70 메시아 희망의 기원을 구약성경에서 찾는 것은, Roberts, "The Old Testament's Contribution to Messianic Expectations", 39-51 참조. 구약성경의 메시아 개념과 그 발전에 대해서는, Latto, *A Star is Rising: The Historical Development of the Old Testament Royal Theology and the Rise of the Jewish Messianic Expectations*을 보라. Charlesworth, "Introduction: Messianic Ideas in Early Judaism", 1-8; Lichtenberger, "Messianic Expectations and Messianic Figures During the Second Temple Period", 9-20에는 구약의 메시아 개념이 간단히 요약되어 있다.

는 2인(사제와 임금)의[71] 특정한 메시아(The Messiah⟨s⟩)에 대한 희망으로 발전한다. 마지막 시대의 바로 '그 메시아'가 와서 종말론적 새 시대를 열리라 기대한 것이다.[72]

바룩 2서도 이와 같은 특정한 종말론적 메시아에 대한 희망을 담고 있다. 곧 하느님께서 정하신 마지막 때가 되면 메시아가 와서 그의 시대를 열 것이라 기대한다. 바룩 2서에서 메시아와 그 시대는 29장; 36—40장; 72—74장 세 곳에서 집중적으로 다루어진다. 먼저 29장이다.

2바룩 29장: 메시아의 만찬

2바룩 29장의 메시아사상은 메시아의 만찬 형태로 전개된다. 메시아와 관련된 정확한 대목은 2바룩 29,3-8이다. 메시아의 오심을 선포하는 이 대목은 메시아 시대를 종말론적 잔치 또는 축제로 표현한다. 잔치가 열리는 때는 메시아가 오는 때, 주재자는 메시아(또는 하느님), 초대받은 손님은 '남은 자들', 잔치음식은 두 괴물과 갖은 열매와 포도주, 이슬과 만나manna다. 마지막 때 메시아가 오면 태초의 두 괴물, 갖가지 열매와 포도주, 치유의 이슬과 천상의 만나manna를 양식 삼아 이른바 '메시아의 만찬'이 펼쳐지리라는 것이다.

---

71 예를 들어 쿰란 문헌 가운데 하나인 『공동체 규칙서』에 '두 메시아'에 대한 희망이 나타난다. 하나는 아론의 메시아 곧 사제 메시아이고, 다른 하나는 이스라엘의 메시아 곧 임금 메시아다(1QS 9.9-11). 쿰란 문헌이나 열두 성조의 유언에서 나타나는 이른바 "Dual Messianism" 현상에 대해서는, Tabor, "Two Messiahs: The Evidence in the Late 2nd Temple Period", 1-5 참조.

72 구약 외경의 메시아 개념에 대해서는 Horbury, "Messianism in the Old Testament apocrypha and pseudepigrapha", 35-64; Charlesworth, "Messianology in the Biblical Pseudepigrapha", 21-52을 참조하라.

29,3 그 부분들에서 일어나기로 된 일이 완결되고 나면 메시아가 모습을 드러내기 시작할 것이다. 4 그리고 브헤못이 자기 처소에서 모습을 드러내고 레비아탄이 바다에서 올라올 것이다. 나는 창조의 다섯째 날에 창조한 두 마리 큰 괴물을 그 시간이 될 때까지 가두어둘 것이다.[73] 이제 그것들은 남은 자들 모두를 위해 양식이 될 것이다. 5 땅도 그 열매를 만 배 더 낼 것이다. 그리고 한 그루 포도나무에서 천 개의 가지가 나올 것이다. 그리고 가지 하나가 천 송이를 맺을 것이다. 그리고 한 송이가 천 개의 포도 알을 맺을 것이다. 그리고 포도 한 알이 한 코르의[74] 포도주를 낼 것이다. 6 그리하여 굶주린 이들이 기뻐할 것이다. 그들은 매일 기적을 목격할 것이다.[75] 7 그리고 매일 아침 내 앞에서부터 바람들이 나와 달콤한 과일 향을 실어다 줄 것이다. 그 날의 마지막에는 구름들이 치유의 이슬을 흩뿌릴 것이다.[76] 8 그리고 바로 그때 위에서 다시 만나의 보고寶

---

73 태초의 짐승이자 종말론적 괴물들인 브헤못과 레비아탄에 대해서는 마이클 하이저, 『건너뛰지 않고 성경 읽기』, 100-103을 참조하라. 레비아탄은 바다 괴물, 브헤못은 땅의 괴물이다. 이사 27,1; 욥 40,15 참조.

74 '코르'는 가루나 액체를 재는 단위로, 10에파 또는 11부셀과 비슷한 양이다(Smith).

75 메시아의 시대에 드러날 기적은 4에즈 7,27-28; 13,50에도 나온다. 마태 11,4-6; 루카 7,22-23; 요한 7,31도 참조하라.

76 사람을 다시 살리는 이슬 개념은 이사 26,19을 보라(BDB): "당신의 죽은 이들이 살아나리이다. 그들의 주검이 일어서리이다. 먼지 속 주민들아, 깨어나 환호하여라. 당신의 이슬은 빛의 이슬이기에 땅은 그림자들을 다시 살려 출산하리이다." 이스라엘의 복원을 예고하는 이 대목에서 하느님의 이슬은 빛의 이슬로서 죽은 것을 살리는 힘이 있다고 한다. 그 힘으로 이스라엘이 다시 복원되리라는 것이다. 이슬을 종말론적 선물로 묘사한 1에녹 60,20도 참조하라: Klijn, "2 (Syriac Apocalypse of) Baruch", 631. 1에녹 60,20-22에 따르면, 하늘에 이슬 저장고가 있으며 '때'가 되면 천사들이 저장고를 열어 땅으로 이슬을 내려 보낸다. 그 이슬이 땅을 위한 자양분이 된다고 한다.

庫가 내려올 것이다. 그리고 그들은 그 여러 해 동안[77] 그것을 먹을 것이다.[78] 바로 그들이 시간의 마지막에 온 자들이기 때문이다.

2바룩 29장에서는 메시아 시대가 잔치 이미지로 표현되고 있다. 곧 메시아가 오면, 창조 때부터 줄곧 각각 바다와 마른 땅속에 갇혀 있던 태초의 두 괴물 브헤못과 레비아탄이 풀려나 남은 자들에게 양식으로 제공될 것이라고 한다. 그리고 굶주린 이들이 풍성한 땅의 열매들과 포도주로 기뻐하며 날마다 기적을 목격할 것이라고 한다. 이어서 치유의 이슬과 만나의 보고가 하늘에서 내려올 것이라고 한다. 메시아 시대가 배불리 먹고 마시는 잔치, 치유와 생명이 넘치는 잔치로 그려지고 있는 것이다. 이와 같은, 메시아의 도래와 함께 이루어질 종말론적 만찬은 종종 '메시아 시대의 만찬 또는 잔치'Messianic Banquet라 불린다.[79] 메시아의 만찬 테마는 구약성경, 구약외경, 신약성경, 쿰란 문헌과 라삐 문헌 등 유다교 및 그리스도교 전승 전반에서 발견된다. 메시아 시대를 '잔치' 이미지로 표현한 본문들이 이에 해당

---

77 메시아의 잔치는 일회적 사건이 아니라 '지속적' 현상으로 그려짐을 주목하라.

78 천상의 양식/만나 개념은 시편 78,23-25에 잘 표현되어 있다(BDB). 하느님께서 광야에서 헤매는 이스라엘 백성에게 천사의 양식인 만나를 풍성히 내려 주셨다고 한다. 그들은 이 만나를 먹고 생명을 유지한다: "그분께서는 위의 구름에 명령하시고 하늘의 문들을 여시어 그들 위에 만나를 비처럼 내려 먹게 하시고 하늘의 곡식을 그들에게 주셨다. 천사들의 빵을 사람이 먹었다. 그들에게 음식을 배부르도록 보내셨다." 묵시 2,17도 참조하라. 신약 외경인 야고보 원복음에서는 세 살 때 성전에 봉헌된 마리아가 성전에서 천사의 양식을 받아먹으며 자랐다고 한다(8).

79 마지막 시대의 만찬이 메시아와 연결되지 않는 경우도 있다. 종말론적 만찬 테마라고 해서 반드시 메시아가 등장하지는 않는다. 마지막 시대의 만찬에 대해서는, Whitney, *Two Strange Beasts: A Study of Traditions concerning Leviathan and Behemoth in Second Temple and Early Rabbinic Judaism*; Wilson, "A Return to the Problems of Behemoth and Leviathan", 1-14; Wolfers, "The Lord's Second Speech in the Book of Job", 474-499을 참조하라.

한다.[80] 그 가운데 가장 중요한 본문이 2바룩 29,1-8일 법하다. 메시아의 만찬 테마가 그 어떤 본문에서보다 더 완성된 형태를 갖추고 있어서다. 이는 비슷한 내용을 담은 4에즈 6,49-52과 비교하면 분명해진다. 바룩 2서와 동시대 작품인 에즈라 4서는, 창조의 육 일, 곧 하느님의 창조 업적을 전하는 대목에서 '종말론적 만찬'을 암시하고 있다. 하느님께서 창조 다섯째 날 만드신 브헤못과 레비아탄을 당신이 원하시는 때, 당신이 원하시는 사람들에게 양식으로 내어주시려고 땅속과 바다에 가두어두셨다고 하는 대목이다.[81]

> 4에즈 6,49 그 뒤 당신께서는 (다섯째 날) 창조하신 두 생물을 따로 유보해두셨습니다. 그리고 하나의 이름은 브헤못이라 부르시고, 다른 하나의 이름은 레비아탄이라 부르셨습니다.
> 50 그리고 둘을 하나씩 하나씩 갈라놓으셨습니다. 물기 있는 일곱째 부

80 Steffen, "The Messianic Banquet and the Eschatology of Matthew"(온라인 논문이라 페이지가 표시되어 있지 않다). 이 글은 구약성경과 구약 외경 및 쿰란 문헌, 신약성경에 이르기까지 '메시아의 만찬'과 관련된 본문들을 개관하고 있다. 유다교와 그리스도교 만찬 개념을 담은 본문들은 Whitney, *Two Strange Beasts: A Study of Traditions concerning Leviathan and Behemoth in Second Temple and Early Rabbinic Judaism*도 참조하라. 1에녹 60,7-25; 62,14-16; 시빌의 신탁 3,697; 4Q521 2.2.5-13; 마태 8,11; 21,33-46; 22,1-14; 25,1-13; 묵시 19,17-18; *b. Baba Batra* 74b-75a; *b. Sanhedrin* 99a 등이 메시아의 만찬 테마와 관련 있다. 미쉬나 피르케이 아봇은 '다가올 세상'을 만찬장(연회장)으로 표현한다: "라삐 야곱이 말하였다. 이 세상은 다가올 세상 앞에 있는 로비와 비슷하다. 로비에 있을 때 채비하라. 그래야 만찬장에 들어갈 수 있을 것이다"(*m. Pirkei Avot* 4.21). 특히 1에녹 62,15은 마지막 때에 '사람의 아들'이 옥좌에 앉아 악인들을 심판한 뒤 선택받은 이들과 만찬을 즐기리라고 한다. 종말론적 만찬이 '사람의 아들'(=메시아)과 연결되어 있음을 주목하라.

81 1에녹 60,7-9.24에도 비슷한 내용이 전해진다. 여기에서도 레비아탄과 브헤못이 주님의 날에 양식으로 제공되기 위해서 바다와 땅속에 준비되어 있다고 한다. 종말론적 만찬이 메시아와 특별히 연결되어 있지는 않다.

분이[82] 둘 다는 담을 수 없었기 때문입니다.

51 그리고 셋째 날 마른 상태가 되게 하신 부분들 가운데 하나를 브헤못
에게 주시어 그곳에 살게 하셨습니다. 천 개의 봉우리로 된 산들이 있
는 곳입니다.

52 레비아탄에게는, 물기 있는 일곱째 부분 가운데 하나를 주셨습니다.
그리고 당신께서는 그것들을 따로 두시어, 당신께서 원하시는 때에 당신
께서 원하시는 이들에게 양식이 될 수 있게 하셨습니다.

에즈라 4서의 내용은 바룩 2서의 것에 비해 간결하며, 반드시 메시아 시대와 연결된다고 볼 수도 없다. 그저 하느님께서 창조하신 두 괴물을 당신이 원하시는 때에 당신이 원하시는 이들을 먹이시려고 따로 보전해두셨다고 할 따름이다. 아마 에즈라 4서에 담긴 형태가 이 이야기의 원 전승에 가까울 것이다. 바룩 2서 저자가 이를[83] 바탕으로 살을 덧붙이고 수정하여 더욱 풍성한 내용으로 발전시켰을 법하다. 그리하여 2바룩 29,3-8에서는 두 괴물이 양식으로 주어지는 때와 그 양식을 누릴 자들의 범위가 좁혀진다.

---

82 4에즈 6,42 참조: "그리고 셋째 날 당신께서는 물들에게 땅의 일곱째 부분에서 한데 모이라고 명하셨습니다. 그러나 (나머지) 여섯 부분은 마른 상태로 남게 하셨습니다."

83 바룩 2서 저자가, 공통된 원 전승(어쩌면 1에녹 60,7-9.24) 또는 에즈라 4서에 담긴 내용을 바탕으로 보다 완성된 형태로 만들었을 법하다. 에즈라 4서와 바룩 2서의 관계 문제에 대해서는 아직 학자들 사이에 합의에 이르지 못했다. 두 작품이 비슷한 시기에 비슷한 목적으로 (곧 70년 예루살렘 멸망 후 백성의 나아갈 길을 모색하는 과정에) 만들어졌고, 다양한 주제와 개념들을 공유하고 있어서 두 작품이 직간접적으로 관계가 있음은 분명하다. 어떤 이들은 에즈라 4서가 바룩 2서에 의존한다고 보고, 어떤 이들은 그 반대로 여긴다. 또 어떤 이들은 둘이 공통된 다른 전승을 독립적으로 이용했으리라고 여긴다: Klijn, "2 (Syriac Apocalypse of) Baruch", 616-617. 적어도 '종말론적 만찬' 테마와 관련해서는 에즈라 4서가 원래 형태에 가깝다고 말할 수 있을 것이다.

단순히 '하느님이 원하시는 때'가 아니라 '메시아가 나타날 때', 단순히 '하느님이 원하시는 이들'이 아니라 '남은 자들'이 만찬을 즐기리라고 한다. 만찬에 제공될 음식도 다양해진다. 두 괴물에 더하여 갖은 열매들과 포도주, 이슬과 만나까지, 잔치라 불러도 무색하지 않을 만큼 제공되는 양식의 종류와 내용이 풍성해진다. 이처럼 '종말론적 만찬' 테마의 완성형을 보여주는 2바룩 29장은, '메시아의 만찬'이라는 제목을 붙여도 전혀 손색이 없다.

이제 2바룩 29장에 집중해서 메시아의 만찬을 조금 자세히 살펴보도록 하자. 메시아의 잔치 테마는 세 가지 요소로 나누어 따로 살펴보겠다. 첫째, 종말론적 잔치. 둘째, 잔치의 양식糧食. 셋째, 메시아 희망. 각 요소의 기원이 되는 본문이나 전승에 기대어 차례대로 각각의 의미를 헤아려보도록 하겠다.

첫째 요소는 종말론적 잔치eschatological banquet다. 메시아의 잔치 테마는 구약성경의 종말론적 잔치 개념에 바탕을 두고 있다.[84] 구약의 예언자들은 다가올 시대를 종종 풍성한 잔치나 연회로 표현하였다. 학자들에 의해 '종말론적 잔치'라 불리는 이 잔치는, 다가올 시대의 시작에 열리는 개막연회로 묘사되기도 하고(이사 25,6-8), 새 시대 내내 이어지는 지속적 연회로 표현되기도 한다(이사 32,15-20; 에제 34,23-31; 시편 23,1-5).[85] 이 본문들 가운데 특히 이사 25,6-9이 후대 메시아 만찬Messianic Banquet 개념의 주요 토대가 되었다.[86] 실제로 종말론적 시대가 승리의 잔치로[87] 시작되리라는 믿음이 이

---

84 히브리어 구약성경의 메시아 잔치 이미지는 Long, "Messianic Banquet Imagery in the Second Temple Period", 2-4 참조.

85 Long, "The Origin of the Eschatological Feast as a Wedding Banquet in the Synoptic Gospels: an Intertextual Study", 70-72 참조.

86 Bailey, *Through Peasant Eyes*, 89. 대부분의 학자들은, 유다교 및 그리스도교 저자들이 이사 25,6-8을 토대로 메시아 만찬 테마를 발전시켰다고 본다. 예레미야서와 제2이사야서, 제2성전기 시대 유다교 문학과 신약성경 복음서의 메시아 만

사 25,6-9에서 처음으로 발견된다. 마지막 시대를 여는 잔치를 다룬 이 본문에 따르면, 주님께서 몸소 인류의 적敵인 죽음을 처단하실 때 종말론적 시대가 시작되는데, 그때 모든 겨레와 민족들이 시온 산에 모여와 음식과 포도주로 잔치를 즐길 것이라고 한다.[88]

> 이사 25,6 "만군의 주님께서는 이 산 위에서 모든 민족들을 위하여 살진 음식과 잘 익은 술로 잔치를, 살지고 기름진 음식과 잘 익고 잘 거른 술로 잔치를 베푸시리라. 7 그분께서는 이 산 위에서 모든 겨레들에게 씌워진 너울과 모든 민족들에게 덮인 덮개를 없애시리라. 8 그분께서는 죽음을 영원히 없애 버리시리라.[89] 주 하느님께서는 모든 사람의 얼굴에서 눈물을 닦아 내시고 당신 백성의 수치를 온 세상에서 치워 주시리라. 정녕 주님께서 말씀하셨다. 9 그날에 이렇게들 말하리라. '보라, 이분은 우리의 하느님이시다. 우리는 이분께 희망을 걸었고 이분께서는 우리를 구원해

찬 테마가 이사 25,6-8에 바탕을 두고 있다는 것이다: Long, "Messianic Banquet Imagery in the Second Temple Period", 1; "The Origin of the Eschatological Feast as a Wedding Banquet in the Synoptic Gospels: an Intertextual Study", 71 참조.

87 '승리의 잔치'는 고대 근동 문헌에서 자주 다뤄진다. 이 테마와 관련된 고대 근동 본문들은, Hosein, *The Banquet Type-Scene in the Parables of Jesus*, 150-166에 소개되어 있다. Noegel, "Corpses, Cannibals, and Commensality: A Literary and Artistic Shaming Convention in the Ancient Near East", 255-304도 참조하라.

88 이사 25,6-9에 나타난 종말론적 만찬 테마는 Long, "The Origin of the Eschatological Feast as a Wedding Banquet in the Synoptic Gospels: an Intertextual Study", 91-109에 자세히 설명되어 있다.

89 1코린 15,54과 묵시 21,3-4은 이사야서의 이 구절을 인용하면서 종말의 완성을 죽음의 제거로 설명하고 있다. 이를테면, "보라, 이제 하느님의 거처는 사람들 가운데에 있다. … 그들의 눈에서 모든 눈물을 닦아 주실 것이다. 다시는 죽음이 없고 다시는 슬픔도 울부짖음도 괴로움도 없을 것이다…"(묵시 21,3-4).

주셨다. 이분이야말로 우리가 희망을 걸었던 주님이시다. 이분의 구원으로 우리 기뻐하고 즐거워하자."

이 대목은 '잔치'의[90] 표상으로 주님께서 만민에게 베푸실 마지막 시대의 구원을 선포하고 있다. 종말론적 시대의 시작을 알리는 이 본문은, '마지막 때'를 주님께서 당신의 원수들을 모두 물리치시고 당신 백성을 시온 산으로 불러들이시는 때로 묘사한다. 이 구원의 '때'에는 죽음의 제거도 포함된다. 그때는, 눈물도 수치도 없어지고, 민족들에게 씌워진 너울과 덮개가 벗겨지며, 주님의 구원이 선사되는 때라고 한다. 그러면서 주님께서 마련하신 술과 음식으로 구원의 기쁨을 누리라고 한다. 그리고 이 구원의 잔치는 모든 겨레, 모든 민족들에게 열린 보편주의 잔치로 묘사된다. 마지막 시대의 이 잔치에 참여하는 축복과 구원이 만민에게 개방되어 있다는 것이다.[91]

2바룩 29장의 메시아 만찬은 대략 이사 25,6-9과 같은 선상에서 이해

90 이사 25,6에서 '잔치'라 옮긴 단어는 מִשְׁתֶּה다. (각종) 잔치, 연회, 축제 등으로 옮겨지는 이 단어는 종말론적 축복을 비유하기도 한다(BDB).

91 그러나 이사 25,6-9에서 종말론적 잔치의 중심은 이스라엘이 차지한다. 마지막 시대는 이스라엘과 그 원수들의 운명이 뒤바뀌는 때, 원수들은 멸망하고 이스라엘은 복원되는 때이며 이러한 마지막 시대가 펼쳐지는 곳도 시온이라고 한다. 마지막 시대의 구원은 이스라엘을 중심으로 이루어지되, 다른 민족들이 이 구원의 잔치에 초대되는 모양새다. 마지막 시대의 보편주의적 초대를 암시하는 이사 55,1-2도 참조하라. 초대의 수혜자인 목마른 자들, 돈이 없는 자들 무리에 다른 민족 사람들도 포함될 법하다. "자, 목마른 자들아, 모두 물가로 오너라. 돈이 없는 자들도 와서 사먹어라. 와서 돈 없이 값 없이 술과 젖을 사라. 너희는 어찌하여 양식도 못 되는 것에 돈을 쓰고 배불리지도 못하는 것에 수고를 들이느냐? 들어라, 내 말을 들어라. 너희가 좋은 것을 먹고 기름진 음식을 즐기리라." 이에 대해서는, Steffen, "The Messianic Banquet and the Eschatology of Matthew" 참조(온라인 논문이라 페이지가 표시되어 있지 않다).

할 수 있다.[92] 마지막 시대에 주님께서 모든 민족들을 위해 구원의 잔치를 베푸시리라는 것이다. 그러나 유사점과 함께 차이점도 존재한다. 먼저 이사 25,6-9에서처럼 2바룩 29장의 '메시아 잔치'도 모든 민족들에게 열린 보편주의적 잔치인지 짚어보아야 한다. 이 잔치에 초대된 '남은 자들'이 누구냐는 것이다. 이 문제는 바룩 2서가 표방하는 마지막 시대의 '남은 자들'이 누구인가 하는 문제와 관련된다. 남은 자들이 이스라엘 백성의 남은 자들만 가리키는가, 아니면 민족이나 혈연과 상관없이 모든 민족들 가운데 남은 자들을 가리키는가 하는 문제다. 결론부터 말하자면, 바룩 2서의 남은 자들은 모든 민족들에게 열린 개념으로 판단된다. 남은 자들 무리에 이민족들도 포함된다는 것은 무엇보다 2바룩 14,1-2에서 잘 드러난다. 마지막 때 이민족들에게 내려질 심판을 예고하는 이 대목에서 저자는 그들 가운데 '남은' 자들이 있을 것임을 선포한다.

> 14,1 "보십시오! 당신께서는 제게 시간의 경로를, 그리고 이 일들 다음에 일어나기로 예정된 일을 알려주셨습니다. 그리고 제게 말씀해주셨습니다. 당신께서 말씀하신 징벌이 민족들에게 닥칠 것이라고. 2 그리고 이제 저는 압니다. 죄를 짓고 번창하며 살다가 세상을 떠난 자들이 매우 많다는 것을! 그러나 그때에, 당신께서 하신 말씀들을 듣게 될, **남은 민족들**은 매우 적을 것입니다!

92 제2성전기 유다교 문헌의 메시아 잔치 테마는 Long, "Messianic Banquet Imagery in the Second Temple Period", 4-8에 개관되어 있다. 롱은, 여기서 1에녹 62장; 90,28-29; 2바룩 29,1-8; 4에즈 2,38-41; 8,52-54 등을 예시하고 있다. 2바룩 29,1-8의 메시아 잔치 테마는 같은 글, 6-7에서 다루고 있다. 롱은 바룩 2서의 메시아 잔치 테마를 이사 27,1; 51,9-11; 시편 74,14 등과 연관시키면서 이집트 탈출 사건에 비추어 해석한다. 에즈라 4서에 대해서는 같은 글, 7-8을 참조하라.

2바룩 14,2에는 마지막 심판에서 살아남을 소수의 '남은 민족들'이 언급되어 있다. 여기서 '남은 민족들'에 해당하는 표현은 ܥܡ̈ܡܐ ܡܫܬܘܬܪܝܢ이다. '민족들'로 옮긴 시리아어는, 히브리어 עַם과 어원이 같은 ܥܡܐ의 복수형 ܥܡ̈ܡܐ로서, 이민족 사람들 또는 이방인들을 가리킨다(BDB; Smith). '남은'이라 옮긴 ܡܫܬܘܬܪܝܢ은 '남은 자' 개념을 표현하는 ܝܬܪ 동사의 에쉬타팔 Eshtaphal형 분사다.[93] 여기서 '남은 자들'을 표현하는 분사 ܡܫܬܘܬܪܝܢ이 '(이)민족들'의 수식어로 쓰인 점을 주목하라. 이는 마지막 시대의 '남은 자들' 무리에 이민족 사람이 포함됨을 보여준다.

'남은 자들'이라는 표현이 명시되지는 않았지만 2바룩 72,2도 비슷한 내용을 암시하고 있다. 메시아가 와서 모든 민족들을 불러들이리라는 예고에서다.[94] 여기서 메시아는 자기가 불러들인 민족들 가운데 일부는 죽이고 일부는 살려둘 것이라고 한다. 메시아의 심판에서 살아남을 이민족들이 있으리라는 의미다. 이로써 바룩 2서에서 말하는 마지막 시대의 '남은 자들'에 이민족이 포함됨이 더욱 분명해진다. 결국 메시아 잔치에 초대된 남은 자들 가운데에도 이민족 사람들이 섞여 있을 것이다. 2바룩 29장의 메시아 잔치가 다른 민족들에게 열린 보편주의 잔치라는 의미다.[95]

---

93 '남은 자들'에 대해서는 에즈라 4서 해제, '5.4. 남은 자들' 항목을 참조하라.

94 "[72,2] 먼젓번에 네게 말한 표징들이 나타난 뒤 민족들이 혼란에 빠지고 나의 메시아의 시대가 다가오면, 그는 모든 민족들을 불러들일 것이다. 그리고 그들 중 일부는 살려두고 일부는 죽일 것이다."

95 바룩 2서 저자의 시선이 우선적으로 이스라엘 백성을 향해 있음은 분명하다. 이는 한 분이신 하느님과 하나의 백성을 강조하는 대목에서도 드러난다(48,24). 그러나 하느님이 이민족 지도자를 도구로 삼으신다는 개념이 암시하듯, 바룩 2서의 하느님은 인류 전체의 하느님으로 이해된다(해제, '5.1. 하느님의 주권 — 역사에 대한 성찰' 참조). 이스라엘의 재건을 지향하는 저자의 관심이 자기네 백성에게 집중되는 것은 당연하다. 그럼에도 메시아 시대의 잔치에 참여할 '남은 자들'에 이민족들도 포함시킨 것은 큰 의미가 있다.

이사 25,6-9에서는 메시아가 언급되어 있지 않은 반면 바룩 2서에서는 '메시아' 시대의 잔치로 특정되어 있음도 주목해야 한다. 2바룩 29장에 메시아가 몸소 잔치를 연다는 표현은 없지만 그의 도래가 잔치와 직접 연결되는 것은 분명하다. 이사 25장의 막연한 '종말론적 잔치'가 바룩 2서에서 메시아 시대의 '메시아의 잔치'로 변모한 셈이다.[96]

이사 25장과의 차이점은 더 있다. 이사 25,6-9에서는 종말론적 잔치가 일종의 '개막' 잔치라면, 2바룩 29장에서는 메시아 시대 내내 이어지는 '지속적' 잔치로 제시된다. 이 잔치가 메시아 시대의 도입부에만 열리는 일회성의 행사가 아니라는 것이다. 메시아 시대 전체가, 처음부터 끝까지, 기쁨과 즐거움이 넘치는 구원의 잔치로 소개된다는 의미다.

메시아 만찬의 둘째 요소는 잔치에 제공될 '양식'이다. 2바룩 29,3-8에서 가장 먼저 소개되는 음식은 태초의 괴물 브헤못과 레비아탄이다. 괴물이 음식으로 차려지는 잔치라니 참으로 기괴한 모양새를 하고 있다. 그런데 이런 괴물 잔칫상 이미지는 에제 39장에서 힌트를 얻었음이 분명하다.[97] 주

---

96 이사 25,6-9의 종말론적 잔치 테마가 메시아 희망과 결합하여 '메시아의 잔치' 테마로 탈바꿈한 사례가 2바룩 29장이라 말할 수 있다.

97 Steffen, "The Messianic Banquet and the Eschatology of Matthew"(온라인 논문이라 페이지가 제공되지 않는다). 메시아의 만찬을 다룬 논문이나 책에서 에제 39장을 메시아의 만찬과 연결시킨 예는 찾기가 쉽지 않다. 스테픈은, 에제 39장을 길게 다루지는 않지만 에제 39장에서 메시아 만찬 테마와 관련한 중요한 핵심을 간파하고 있다. 에제 39장에는, 마지막 시대에 하느님께서 남은 자들을 배불리 먹이시리라는 이사야서의 믿음 외에 하느님께서 쳐부수신 당신의 적들을 남은 자들의 양식으로 제공하신다는 새로운 시각이 덧붙여져 있다는 것이다. 마지막 시대에 하느님의 적들이 하느님께 바쳐지는 희생 제물이 된다는 개념에서부터 그 희생 제물이 남은 자들을 위한 양식으로 발전될 토대를 에제 39장이 준비한 셈이다. 어떻든 에제 39장의 괴물 잔칫상이 2바룩 29장의 메시아 만찬 이미지에 아이디어를 준 것은 분명해 보인다.

님께서 '곡'의 용사와 전사들을 새와 들짐승에게 먹이로 내어 주시리라고 하는 대목이다(에제 39,4-20). 전사들의 시체로 잔치를 즐기는 새와 짐승들의 모습을 상상하라. 이 본문은 침략자 마곡의 임금 곡에 대한 신탁(에제 38—39장) 안에 위치해 있는데, 그 시간 배경이 이스라엘이 복원된 뒤(에제 38,8) 그리고 메시아가 다스리는 때(37,22-28)로 설정되어 있다. 이 본문을 메시아 시대라는 종말론적 전망에서 읽을 수 있다는 의미다. 다음 인용문에서 '너'는 마곡의 임금 곡을 가리킨다.

> 에제 39,4 "너는 너의 온 부대와, 너와 함께 있는 민족들과 더불어 이스라엘 산악 지방에서 쓰러질 것이다. 나는 온갖 날개가 달린 맹금들과 들짐승들에게 너를 먹이로 내주겠다. … 17 너 사람의 아들아, 주 하느님이 이렇게 말한다. 온갖 날개가 달린 새들과 모든 들짐승에게 말하여라. '모여와라. 내가 너희를 위하여 마련하는 희생 제물 잔치, 이스라엘 산악 지방에서 벌이는 큰 희생 제물 잔치에 사방에서 모여들어, 고기를 먹고 피를 마셔라. 18 너희는 용사들의 살을 먹고 세상 제후들의 피를 마실 것이다. 그들은 숫양과 어린양, 숫염소와 송아지, 모두 바산의 살진 짐승이다.
> 19 너희는 내가 너희를 위하여 마련한 희생 제물에서, 기름진 것을 배불리 먹고 피를 취하도록 마실 것이다. 20 내 식탁에서 너희는 말과 기병과 용사와 모든 전사를 배불리 먹을 것이다. 주 하느님의 말이다."

온갖 새들과 들짐승들이 하느님의 식탁에서 곡의 용사들의 살과 피를 먹고 마시리라는 이 대목은, 잔치의 수혜자가 맹금들과 들짐승으로 제시되어 있어(에제 39,4) 얼핏 메시아의 만찬과 상관없는 본문으로 여겨질 수 있다. 그러나 자세히 들여다보면 2바룩 29장과의 관련성이 발견된다. 무엇보다 두 본문이 메시아 시대에 이루어질 잔치를 다룬다는 공통점이 있다. 잔치에 오르는 양식의 재료가 무엇이든, 곡의 용사든 레비아탄과 브헤못이든, 그들을 누가 먹든,[98] 이스라엘 또는 인류의 적이 잔칫상에 오른다는 점은 같다.

물론 이 대목을, 그저 이스라엘의 원수에게 닥칠 심판의 신탁으로만 읽을 수도 있다. 그들은 죽어서 땅에 묻히지도 못하고 짐승의 먹잇감으로 전락하리라는 것이다. 이스라엘의 원수들 곧 악인들에 대한 하느님의 준엄한 심판을 들짐승을 위한 잔치 형태로 묘사했다는 해석이다. 그런데 에제 39,17-20에서 이 잔치를 '희생 제물 잔치'라 부른 점을 눈여겨보아야 한다. 에제 39,17과 19에서 '희생 제물 잔치' 또는 '희생 제물'이라고 옮긴 히브리어 단어는 זֶבַח다. 이 단어는 일반적인 희생 제사를 가리키는데, 희생 제사의 핵심은 참가자들이 하느님께 바쳐진 희생 제물을 함께 먹는 순서, 일종의 잔치 또는 연회가 차지한다(BDB).[99] 희생 제사와 공동 식사가 결합하여 하나의 의례를 이룬다고 볼 수 있다.[100] 에제 39,17.19에서는 하늘의 새들이 죽은 용사들(=희생 제물)의 시신을 먹는 행위가 희생 제사 다음의 '연회'에 해당한다. '희생 제물'이 매개가 되어 희생 제사와 희생 제물 잔치, 심판과 축복이 이어지는 것이다. 희생 제사와 결합된 이 잔치는, 악인들에 대한 처벌과 심판의 이미지가 강하다는 것은 부정하기 어렵다. 그러나 악인들에게 내려질 심판이 의인들에게 선사될 구원과 불가분의 관계로 연결됨을 기억한

---

98 에제 39장에서 잔치에 초대받은 자는 새나 들짐승 들, 2바룩 29장에서는 '남은 자들'이다.

99 예를 들어 "모세의 장인 이트로는 하느님께 번제물과 희생 제물을 바쳤다. 그러자 아론과 이스라엘의 모든 원로들이 와서, 모세의 장인과 함께 하느님 앞에서 음식을 먹었다"(탈출 18,12).

100 예언서에서 적국 용사들에 대한 처단이 하느님께서 행하시는 '희생 제사'라 일컬어지기도 한다: 이사 34,6; 예레 46,10; 에제 39,17.19; 스바 1,7-8(BDB). 이를테면, "주님의 날이 가까웠다. 주님이 희생 제물을 마련하고 초대받은 이들을 성별하였다. 주님이 희생 제물을 잡는 날 대신들과 왕자들과 외국 옷을 입은 자들을 벌하리라"(스바 1,7-8). 이민족들과의 전쟁을 하느님께서 희생 제물을 마련하시는 행위로 묘사한 이 본문들은, 전쟁에 내포된 심판과 징벌의 측면을 부각시킨다: 안소근, 『이사야서 1—39장』, 444 참조.

다면, 곡에 대한 심판이 그저 심판으로만 끝나지 않을 것임을 예측할 수 있다. 누군가에 대한 심판이 다른 이들에게는 그 자체로 구원이 될 수 있다. 악인의 심판이 구원의 잔치로 이어질 수 있는 근거다. 여기서 희생 제물은 제사와 잔치, 심판과 구원을 잇는 연결고리가 된다.[101]

태초의 괴물 '레비아탄과 브헤못'으로 메시아의 잔치가 벌어지리라고 하는 2바룩 29장을 에제 39장에 비추어 읽을 때, 메시아의 잔치가 '희생 제사'와 '축제'의[102] 두 측면을 모두 내포하고 있음이 드러난다. 레비아탄과 브헤못이 하느님께 바쳐진 희생 제물이자 남은 자들을 위한 잔치음식이기도 하다는 뜻이다. 에제 39장의 '희생 제물 잔치' 모티프가 이사 25,6-8의 종말론적 잔치 모티프와 만나 2바룩 29장에서 태초의 괴물을 희생 제물로 한 메시아의 잔치로 탈바꿈한 셈이다. 그리하여 처벌과 축복, 제사와 잔치라는 서로 다른 두 현실이 메시아 만찬이라는 하나의 사건 안에 구현된다. 메시아의 만찬은 하느님께서 당신 적들을 쳐부수시는 심판의 행위이자 당신의 충실한 자들을 위한 축복과 구원의 행위라는 것이다.[103]

2바룩 29장은, 하느님께서 당신의 원수를 종말론적 만찬에 쓸 양식으로 태초 때부터 따로 보관해 두셨다고 한다.[104] 그리고 마침내 메시아 시대

---

101 하느님께 올리는 제사에 바쳐진 희생 제물이 사람들을 위한 잔치의 재료가 된다. 희생 제물을 통해 하느님과 사람들이 하나로 연결된다. '희생 제물'에 대한 앞의 설명을 참조하라.

102 두 괴물을 먹는 행위는, 다가올 시대에 의인들에게 베풀어질 축복의 일부가 된다. 묵시 19,17-21도 참조하라. 요한은 환시로 하늘의 새들을 '하느님의 큰 잔치'에 초대하는 천사의 목소리를 듣는다. 그리고 새들이 임금들과 장수들과 용사들의 살을 배불리 먹는 모습을 본다.

103 Steffen, "The Messianic Banquet and the Eschatology of Matthew"(온라인 논문이라 페이지가 제공되지 않는다).

104 하느님께서 메시아 시대를 위해 양식을 미리, 그것도 창조 때부터 준비해 두

가 도래하면 레비아탄과 브헤못이 괴멸되어, 그 살과 피가 남은 자들에게 양식으로 제공되리라고 한다. 여기서 태초의 두 괴물이 메시아 만찬의 양식 또는 제물이 된다는 것은 의미심장하다.[105] 구약성경에서 태초의 신화적 괴물들 레비아탄과 브헤못은, '악'과 '어둠'과 '혼돈', 나아가 하느님의 궁극적인 적 또는 원수를 상징한다. 이 두 괴물이 메시아의 잔칫상에 오른다는 것은, 메시아 시대에는 '악'이 '선'에게, '어둠'이 '빛'에게, '혼돈'이 '질서'에게 잡아먹히리라는 뜻을 함축한다. 그런데 태초의 괴물을 제압한다는 것은 어둠에서 빛을, 혼돈에서 질서를 내신 하느님의 창조활동에 비길 수 있다.[106] 이는 메시아 시대가 새로운 창조, 새로운 태초가 되리라는 것을 암시한다. 만찬에 오르는 태초의 두 괴물은 메시아 시대가 새로운 창조의 시대가 되리라는 것을 보여주고 있다는 것이다.[107]

셨다는 점을 놓쳐서는 안 된다. 이는 메시아 잔치가 우연의 산물이 아니라 하느님께서 태초부터 계획하신 필연의 일임을 암시한다.

105 고대 근동 문헌에서는 종종 사람들이 죽어가는 가운데 만찬을 즐기는 사람들을 묘사하는 장면들이 발견된다. 망자에 대한 애도 관습을 뒤집은 듯한 이 장면은 망자의 죽음이 정당하며 애도할 가치가 없음을 드러낸다. 동시에 이 만찬은 망자의 죽음을 수치스러운 죽음으로 만들면서 만찬을 즐기는 이들을 망자보다 높은 위치로 격상시키는 역할을 한다. 승리의 만찬은, 만찬에 참석한 이들과 전쟁에서 패한 망자들의 상황이 역전되었음을 상징적으로 보여준다는 것이다: Noegel, "Corpses, Cannibals, and Commensality: A Literary and Artistic Shaming Convention in the Ancient Near East", 255-304 참조. 그렇다면 레비아탄과 브헤못을 양식으로 먹는 행위는 두 괴물이 상징하는 '악'에 대한 승리를 표상하는 것으로 이해할 수 있을 터다.

106 메소포타미아 신화에서 '창조'가 혼돈을 표상하는 괴물을 처치하는 과정으로 묘사된 것처럼, 창세기에서는 하느님의 창조활동이 어둠과 혼돈에서 빛과 질서를 구현하시는 과정으로 나타난다. 곧 꼴을 갖추지 못하고 비어 있던 땅과 심연을 덮은 어둠에서 하느님은 말씀으로 빛과 어둠을 가르시고, 물과 물을 가르시며, 땅과 바다를 가르셨다고 한다(창세 1,2-10).

2바룩 29장에서 남은 자들에게 제공될 양식은 레비아탄과 브헤못으로 끝나지 않는다. 땅의 열매와 포도주는 물론이고 하늘에서 치유의 이슬과 만나의 보고가 내려올 것이라고 한다.[108] 메시아의 시대가 시작되면 남은 자들이 기쁨 속에서 치유와 생명의 만찬을 즐긴다는 것이다. 특히, 이집트를 탈출한 뒤 광야를 헤매던 이스라엘 백성에게 내린 만나manna는, 메시아와 이집트 탈출을 연결한다는 점에서 큰 의미가 있다.[109] 만나manna는, 메시아 시대가 새로운 창조일 뿐 아니라 새로운 이집트 탈출, 새로운 해방 사건이 되리라는 희망을 드러낸다.[110]

2바룩 29,7에서 메시아 시대가 '치유' 및 '생명'과 연결되고 있음도 주

---

107 메시아 시대의 남은 자들에게 태초의 괴물이 양식으로 주어진다는 서술에는 다른 의미도 내포되어 있다. 악을 상징하는 괴물이 남은 자들에게 먹잇감으로 주어진다는 것은, 괴물과 사람의 위상이 역전됨을 상징한다. 괴물은 사람들에게 공포의 대상이지만 메시아 시대에는 그렇지 않을 것이다. 괴물은 이제 두려움의 대상이 아니라 사람들을 먹이고 키울 자양분이 된다. 이 또한 메시아 시대에 일어날 가치전도의 한 예가 된다.

108 이에 대해서는 Carlson, "Eschatological Viticulture in 1 Enoch, 2 Baruch, and the Presbyters of Papias", 37-58을 참조하라.

109 메시아 시대에 '만나'가 다시 내려온다는 생각은 시빌라의 신탁 7.149이나 라삐 문헌에서도 폭넓게 발견된다: Long, "Messianic Banquet Imagery in the Second Temple Period", 6 각주 36.

110 이집트 탈출 사건을 하느님께서 바다괴물 라합을 처단하시는 이미지로 표현한 이사 51,9-10 참조: "깨어나소서, 깨어나소서, 힘을 입으소서, 주님의 팔이시여. 옛날처럼, 오래전 그 시절처럼 깨어나소서. 라합을 베어 쓰러뜨리시고 용을 꿰찌르신 이가 당신이 아니십니까? 바다를, 그 큰 심연의 물을 말리신 이가 당신이 아니십니까? 구원받은 이들이 건너가도록 당신께서 깊은 바다를 길로 만드셨습니다." 창조와 이집트 탈출의 병행이 엿보이는 대목이다. 곧 하느님께서 창조 때 혼돈의 물을 다스리신 일(창세 1,2-10)과 이집트 탈출 때에 바다를 가르신 일(탈출 14,5-31)이 병행을 이룬다.

목해야 한다. 이 현상은 쿰란 문헌이나 신약성경에서도 발견된다. 쿰란 문헌에서는 '메시아 묵시록'이라고도 불리는 4Q521이 메시아를 치유 및 생명과 연결한다. 메시아가 병자를 치유하고 주님이 죽은 이를 일으키시리라는 대목이다(4Q521 2.2.1-15; 2.7.1-16).[111] 메시아 시대가 '치유'나 '생명'과 연결되는 것은 신약성경의 메시아 개념 이해에도 도움이 된다. 마태 11,2-5도 메시아 곧 예수 그리스도를 '치유' 및 '생명'과 연결한다. 감옥에 갇힌 세례자 요한이 제자들을 예수님께 보내어 그분이 '오실 분' 곧 '메시아'인지 묻는 대목에서 예수님은, 당신으로 인해 발생하는 '치유'와 '부활'을 내세워 당신 정체를 밝히신다. "요한에게 가서 너희가 보고 듣는 것을 전하여라. 눈먼 이들이 보고 다리저는 이들이 제대로 걸으며, 나병 환자들이 깨끗해지고 귀먹은 이들이 들으며, 죽은 이들이 되살아나고 가난한 이들이 복음을 듣는다"(마태 11,4-5). 사실 신약성경 전반이 예수 그리스도를 아픈 사람을 치유하고 죽은 사람을 일으키시는 분(루카 4,40; 요한 11,43-44), 마침내 당신의 죽음과 부활을 통해 인류에게 영원한 생명을 선사하신 분으로 소개한다(요한 11,25-27; 콜로 2,12-13). 2바룩 29장이나 4Q521 및 신약성경 본문들이 공통적으로 메시아를 치유 및 생명과 연결하고 있음을 기억하라. 메시아 시대는 치유와 생명의 시대, 부활이 현실이 되는 시대라는 것이다.

메시아의 만찬 테마의 셋째 요소이자 가장 중요한 요소는 '메시아'다. 마지막 때에 있을 구원의 잔치를 '메시아'가 주도하리라는 것이다. 적어도 메시아의 도래가 구원의 잔치로 이어진다. 메시아 없이 거행되는 일반적 종

111 Puech, "Une apocalypse messianique (4Q521)", 676-696; 송혜경, "신구약 중간기 문학", 115-117 참조. 쿰란 문헌의 메시아니즘에 대한 전반적 개관은, Oegema, "Messianic Expectations in the Qumran Writings: Theses on Their Development", 53-82; 예수 그리스도와 쿰란 메시아니즘의 비교 연구는 Collins, "Jesus, Messianism and The Dead Sea Scrolls", 100-119 참조.

말론적 잔치와 차별화되는 지점이 바로 '메시아'와의 관련 여부다. 종말론적 만찬이 메시아 희망과 연결되었느냐 아니냐는 것이다. 메시아 희망의 뿌리는 구약성경에서 찾을 수 있는데,[112] 특히 미래의 메시아 왕국을 예고한 에제 34,23-31이 메시아 만찬을 이해하는 중요한 실마리가 된다. 메시아 시대가 배불리 먹고 마시는 '식사'의 이미지로 그려지기 때문이다.

> 에제 34,23 "나는 그들 위에 유일한 목자를 세워 그들을 먹이게 하겠다. 바로 나의 종 다윗이다. 그가 그들을 먹이고 그들의 목자가 될 것이다. 24 나 주님이 그들의 하느님이 되고, 나의 종 다윗은 그들 가운데에서 제후가 될 것이다. 나 주님이 말하였다. 25 나는 그들과 평화의 계약을 맺고 그 땅에서 사나운 짐승들을 없애 버리겠다. 그러면 그들은 광야에서도 평안히 살고, 숲에서도 편히 잠들 수 있을 것이다. … 27 들의 나무는 열매를 맺고 땅은 소출을 내어 주리니, 그들은 제 땅에서 평안히 지내게 될 것이다. … 29 나는 또 그들에게 이름 있는 식물들을 마련해 주리니, 다시는 이 땅에 굶주림으로 목숨을 빼앗기는 사람들이 없고, 그들이 다시는 민족들에게 수모를 당하지도 않을 것이다."

다윗의 후손 메시아가 와서 당신 백성을 먹이는 목자가 되리니 바야흐

---

112 메시아 희망을 드러내는, 혹은 후대의 메시아 대망론의 뿌리가 되는 구약성경 본문으로는 이사 9,1-6; 11,1-9; 예레 23,1-8; 33,14-22; 에제 34,23-31; 37,24-28 등이 대표로 꼽힌다. 다윗 왕조의 영원성을 예고한 2사무 7장도 후대의 메시아 개념에 중요한 실마리를 제공했다. 구약성경의 메시아 개념에 대해서는, Charlesworth, "Introduction: Messianic Ideas in Early Judaism", 1-8; Lichtenberger, "Messianic Expectations and Messianic Figures During the Second Temple Period", 9-20; Latto, *A Star is Rising: The Historical Development of the Old Testament Royal Theology and the Rise of the Jewish Messianic Expectations*을 보라.

로 풍성한 평화의 시대가 열릴 것을 예고한다. 메시아 시대가 풍성한 잔치로 그려지는 이 대목에서 하느님 백성을 먹일 이는 다름 아닌 다윗의 후손 메시아다. 그리고 이 시대에는 하느님과 백성이 다시 계약을 맺고 예전의 관계로 돌아가게 된다고 한다. 하느님은 백성의 하느님이, 백성은 하느님의 백성이 된다는 것이다(에제 34,31).[113]

다윗의 후손에 대한 에제키엘 예언자의 선포는 후대에 종말론적 메시아에 대한 희망으로 발전하게 되는데, 그 결과물 가운데 하나가 메시아 시대의 만찬을 묘사한 2바룩 29장이다.[114] 메시아가 오면 남은 자들을 위한 풍요로운 잔치가 베풀어지리라는 것이다. 이 본문에서 메시아는 다소 수동적 인물이어서, 무언가를 적극적 능동적으로 실행하기보다는 그의 도래와 더불어 특정한 일들이 벌어지리라는 식으로 묘사된다. 이는 메시아 시대에 실현될 모든 축복의 근원이 궁극적으로 하느님께 있음을 드러낸다. 메시아는 하느님과 사람을 잇는 매개자인 셈이다. 메시아의 잔치로 표상되는 모든 축복은, 마지막 때에 '하느님'께서 '메시아'를 통해 '남은 자들'에게 가져다주실 구원이라는 것이다.[115]

---

113 "너희는 나의 양 떼, 내 목장의 양 떼다. 너희는 사람이요 나는 너희의 하느님이다. 주 하느님의 말이다."

114 Steffen, "The Messianic Banquet and the Eschatology of Matthew"(온라인 논문이라 페이지 제공하지 않음). 스테픈은 2바룩 29장을 에제 34장에 비추어 읽고 해석한다.

115 바룩 2서에서 메시아는 남은 자들에게 기쁨과 구원을 가져다주는 존재일 뿐 아니라 하느님과 남은 자들을 연결하는 존재이기도 하다. 메시아의 만찬을 통해 하느님은 모든 남은 자들의 하느님이 되고 남은 자들은 하느님의 백성이 된다. 신약의 '예수 그리스도'도 '종말론적 만찬'의 전통 안에 위치해 있다. 구약성경 저자들이나 제2성전기 저자들이 종말론적 만찬 개념을 자신들이 처한 새로운 역사·사회·정치·경제적 상황에 적용했듯이 신약의 저자들도 그렇게 하였다. 특히 복음서 저자들은 종말론적 만찬을 혼인의 비유와 결합시켜 새로운 버전의 메시아 만찬으로 발전시키고 이를 예수님의 구원 활동에 적용시켰다. 예수 그리스도를 통해 이 세상

*

메시아의 만찬은, 마지막 때에 메시아를 통해 실현될 악에 대한 심판, 그리고 남은 자들에게 선사될 축복과 구원을 상징한다. 아울러 이 잔치는 메시아 시대가 하느님의 적들—레비아탄과 브헤못—을 희생 제물로 바치는 '희생 제물 잔치'이기도 함을 암시한다. 이처럼 메시아 시대에 함축된 이중적 의미가 메시아의 잔치라는 하나의 사건 안에 통합되어 나타난다. 2바룩 29장은 잔치와 관련된 구약의 다양한 이미지와 상징들을 사용하여 메시아 시대가 풍성한 축복의 시간이자, 새로운 창조, 그리고 새로운 이집트 탈출임을 생동감 넘치게 전달하고 있다.[116]

에 시작된 하느님 나라를 혼인 잔치로 표현하면서 만민을 그 잔치에 초대하고 있는 것이다: Steffen, "The Messianic Banquet and the Eschatology of Matthew"(온라인 논문이라 페이지 제공하지 않음). 잔치와 만찬은 예수 그리스도로 시작된 메시아 시대의 훌륭한 표상이 된다. 구약성경과 구약 외경의 메시아의 만찬이 '의로운 이들을 위한 구원의 잔치'이자 '악인/괴물의 희생 제물 잔치'라는 이중적 의미를 지니듯 신약성경의 메시아의 만찬도 그러하다. 특히 혼인 잔치의 비유(마태 22,1-14)가 주로 전자를 표상한다면, 최후의 만찬(마태 26,26-29; 마르 14,22-24; 루카 22,14-20)은 주로 후자를 표상한다. 후자에서 잔치에 제공되는 양식 또는 제물이 예수 그리스도의 몸과 피임을 주목하라. 예수 그리스도의 잔치에는 원수들의 살과 피도 아니고 레비아탄과 브헤못의 살과 피도 아닌, 다름 아닌 메시아 예수 자신의 살과 피가 양식이자 제물로 올려진다.

116 신약성경도 바룩 2서에서와 마찬가지로 구약성경의 다양한 이미지와 표상을 이용하여 메시아의 만찬 테마를 전개하고 있다. 신약성경에서 메시아의 만찬 테마는, '포도밭 소작인의 비유'(마태 21,33-46)나 '혼인 잔치의 비유'(마태 22,1-14); '열 처녀의 비유'(마태 25,1-13); '카나의 혼인 잔치'(요한 2,1-11) 등에서 발견된다. '백인대장의 종 이야기'(마태 8,5-13)나 '가나안 여자의 믿음' 대목(마태 15,21-28)도 메시아의 만찬 테마와 관련 있다. 복음서에서 메시아의 만찬이 예수 그리스도에 연결되어 있음을 주목하라. 예수 그리스도가 가져오신 하느님 나라의 기쁨과 축복이 만찬 또는 잔치로 표현되고 있다. 예수님의 잔치 비유들이나 식사공동체 개념은 이사 25,6-9에 바탕을 두고 있다. 이사 25,6-8의 종말론적 잔치처럼 예수님의 식사

2바룩 36—40장: 전사 메시아

2바룩에서 메시아를 언급한 다음 대목은 36—42장이다. 여기서 바룩은 환시로 숲과 향백나무와 포도나무를 보는데 이 환시는 포도나무가 향백나무를 꾸짖는 장면으로 끝난다(36—37장). 이어지는 환시의 해석(39—40장)에 따르면, 숲과 향백나무는 온 세상을 다스릴 강대국 또는 그 지배자들이며, 그 중 향백나무가 최강 지배자(곧 로마 제국)를 가리킨다. 그것은 넓은 평원의 숲처럼 오랫동안 지배력을 행사하면서 레바논의 향백나무보다 더 높이 솟아오르리라고 한다. 그러나 결국 포도나무가 와서 향백나무를 처단할 것이라고 한다. 메시아가 마지막 지배자를 뿌리째 뽑아버린다는 것이다.

> 39,7 그 완결의 때가 가까이 다가오면 그것(향백나무 곧 네 번째 나라)도 몰락할 것이다. 그 다음에는 샘이나 포도나무와 비슷한 나의 메시아의 주권이 드러날 것이다. 그 주권이 드러날 때 그것은 그의 큰 군대를 뿌리째 뽑아버릴 것이다.

이민족 지배자를 근절할 메시아의 역할은 40장에서 더 구체적으로 묘사된다. 여기서도 메시아는 단연 전사 이미지다.

> 40,1 그 때가 되면 산 채로 남아 있던 마지막 지배자는 포박되고 그의 큰 군대는 칼에 넘겨질 것이다. 그리고 그들은 그자를 시온의 산으로 데리고 올라갈 것이다.

공동체는 모든 이에게 열려 있었다(마르 2,15-17; 마태 9,10-13). 그리고 그 공동체가 나누는 친교의 식사는 기쁨 넘치는 구원의 잔치임을 암시한다(마르 2,18-20; 마태 9,15). 신약성경의 메시아의 만찬 테마에 대해서, 특히 마태오 복음과 관련해서 Steffen, "The Messianic Banquet and the Eschatology of Matthew"를 참조하라.

> 그리고 나의 메시아는 그자가 한 모든 악행을 두고 그자를 꾸짖을 것이다. 그리고 그 무리들의 모든 행업을 모아 그자 앞에 내놓을 것이다. [2] 그런 다음 그는 그자를 죽음에 붙일 것이다. 그러나 그는, 내가 선택한 장소에 머물고 있는 남은 내 백성은 수호할 것이다. [3] 그의 주권은 계속 이어질 것이다. 타락한 세상이 끝날 때까지, 그리고 앞에 말한 시간들이 채워질 때까지!

이에 따르면 메시아는 모든 적들과 그 수장을 심판하고 섬멸하는 전사-심판자이자[117] 하느님의 남은 백성을 보호하는 수호자다. 여기서도 메시아는 '남은 자들'과 연결되며, 그의 주권은 타락한 세상이 끝날 때까지, 정해진 시간들이 채워질 때까지 계속된다고 한다.[118]

---

117 전사 메시아 이미지는, 이사 11,4; 솔로몬의 시편 17—18편; 1에녹 46,3-6; 62,2에도 나타난다. 구약 외경의 메시아 개념에 대해서는 Charlesworth, "Messianology in the Biblical Pseudepigrapha", 21-52 참조.

118 하느님의 메시아가 마지막 지배자를 처단하고 백성을 수호하리라는 희망은 4에즈 12,32-34에도 나타난다. 바룩 2서와 에즈라 4서에 담긴 이런 메시아 희망이 제2차 유다 항쟁(133-135년) 발발의 요인 가운데 하나가 되었으리라 추정하는 학자도 있다. 메시아가 와서 로마 제국을 무너뜨리고 더럽혀진 성전을 정화하며 흩어진 하느님 백성을 모아들이리라는 기대가 제2차 유다 항쟁을 촉발했다는 것이다: Schürer, *The History of the Jewish People in the Age of Jesus Christ (175 B.C.-A.D. 135) Vol. 1*, 527-528. 실제로 2차 항쟁을 주도한 바르 코크바는 일부 유다인들 사이에서 메시아로 여겨지기도 했다. 미쉬나 형성에 큰 역할을 한 라삐 아키바도 바르 코크바를 메시아로 여긴 사람들 가운데 하나다. 바르 코크바를 필두로 한 반란군들은 게릴라 전법을 활용하며 유다 지역을 차근차근 점령해 나갔다. 이들은 한때 독립 정부를 세우고 운용하기도 했다. 바르 코크바 항쟁은 3년 만에 로마군에 의해 진압되고 이때 라삐 아키바도 로마군에 잡혀 순교한다. 아키바와 바르 코크바 항쟁에 대해서는, Aleksandrov,"The Role of Aqiba in the Bar Kokhba Rebellion", 428-442을 참조하라. 바르 코크바 항쟁이 로마군에 의해 완전히 진압된 뒤 유다 속주는 시리아-팔레스티나 속주로, 예루살렘은 아일리아 카피톨리나

2바룩 72—74장: 메시아 시대

마지막으로 메시아에 대한 희망이 나타나는 곳은 72—74장이다. '물들에 대한 환시'를 해석해주는 대목 맨 마지막에 위치하는 이 대목은 메시아와 그 시대에 대해 자세히 묘사하고 있다.[119] 먼저 메시아의 도래와 그 활동에 대한 설명이다. 여기서도 메시아는 적들을 섬멸하는 전사 이미지다.

> 72,2 먼젓번에 네게 말한 표징들이 나타난 뒤 민족들이 혼란에 빠지고 나의 메시아의 시대가 다가오면, 그는 모든 민족들을 불러들일 것이다. 그리고 그들 중 일부는 살려두고 일부는 죽일 것이다. … 4 이스라엘을 모르고 야곱의 후손을 짓밟지 않은 민족은 살 것이다. … 6 너희를 지배한 자들 또는 너희를 알았던 자들은 모두 칼에 넘겨질 것이다.

메시아가 와서 모든 민족들을 불러들인 다음 이스라엘을 지배한 자들을 칼에 넘길 것이라는 예고다. 이어지는 73장에서는 메시아가 다스리는 시대를 묘사한다. 이 시대는 한마디로 환희와 안식이 넘치는 평화의 시대다. 그리고 온갖 악이 사라지고, 짐승들이 사람들에게 봉사하며, 출산의 고통

(Aelia capitolina)라는 로마 식민 도시가 된다. 새로 건설된 도시에는 극장, 목욕탕, 로마식 도로들이 갖추어졌으며 옛 예루살렘 성전터에는 (혹은 그 근처에) 유피테르 카피톨리누스에게 바쳐진 신전이 세워졌다고 한다. 135년 하드리아누스 황제는 유다인들의 예루살렘 출입을 공식적으로 금지했다(70년 예루살렘 도성의 붕괴를 추념하는 아브 달 구 일 *Tisha B'Av*만 예외로 했다). 이 금지조항은 하드리아누스 황제 사후 다소 느슨해졌으며 그 틈을 타서 구 예루살렘 도시에 상주하는 유다인들도 생겨났다고 한다. 그러나 (4세기) 콘스탄티누스 황제가 그리스도교로 개종하기 전까지 예루살렘은 완전한 이교 도시로 남아 있었다고 한다: Zangenberg/van de Zande, "Urbanization", 175-178 참조.

119 72,1—74,4: 마지막 밝은 색 물들에 대한 해석.

도 사라질 것이라고 한다.

> 73,1 그(메시아)가 이 세상에 있는 모든 것을 굴복시키고[120] 영원한 평화 가운데 자기 왕국의 어좌에 좌정하면 환희가 모습을 드러내고 안식이 나타날 것이다.[121] 2 그런 다음 치유가 이슬처럼 내려올 것이다. 그리고 질병은 멀어지고 두려움과 슬픔과 탄식이 사람들한테서 사라질 것이다. 그리고 온 땅에 기쁨이 퍼져나갈 것이다.[122] 3 그리고 어느 누구도 더 이상 때 아닌 죽음을 맞이하지 않고 어떤 반대자도 갑자기 일어나지 않을 것이다. 4 그리고 재판들, 고발들, 논쟁들, 복수, 피, 욕정, 질투, 미움, 그리고 이와 비슷한 모든 것들이 단죄를 받고 제거될 것이다.[123] … 6 그리고 짐승들이 숲에서 나와 사람들에게 시중들 것이다. 독사와 용들이 자기네 굴에서 나와 아기에게 복종할 것이다.[124] 7 그리고 더 이상 여자들이 출산할 때 아프지 않고 자기 자궁의 열매를 내놓을 때 진통을 겪지 않을 것이다.[125]

73장에 묘사된 메시아 시대는 태초의 낙원을 연상시킨다. 메시아 시대는 아담과 하와의 불순종으로 야기된 하느님과 인간, 인간과 피조물의 관계 파괴를 되돌려 원래의 온전한 관계로 회복시킨다는 것이다. 그리고 이러한 메시아 시대는 "멸하는 것의 종말이며 멸하지 않는 것의 시작"(74,2)이라고

120 1코린 15,24-25 참조.

121 1에녹 5,7-9; 25,6 참조.

122 마지막 때에 주어질 치유와 안식, 기쁨과 평화에 대해서는 1에녹 25,4-6; 4에즈 8,52-54을 참조하라. 루카 4,18-19; 묵시 2,7; 21,4; 22,2.14도 참조.

123 4에즈 6,26-28 참조.

124 메시아 시대의 평화를 노래하는 이사 11,6-9 참조.

125 불순종한 하와에게 출산의 고통을 예고한 창세 3,16과 비교하라.

한다.[126] 그리고 "악한 것들과는 멀리 떨어져 있고 죽지 않는 것들과는 가까이에" 있는 시간이라고 한다(74,3). 메시아 시대는, 진정한 새 시대, 불멸하는 새 세상의 시작인 셈이다.

5.3. 죽은 이들의 부활과 형상 변화, 각자의 길

바룩 2서는 죽은 이들의 부활과 인류의 최종 운명에 대해서도 심도 깊게 다루고 있다.[127] 이는 바룩의 다음 질문에서 구체적으로 표명된다.

> **49,2** "당신의 날에는 살아 있는 이들이 어떤 형상으로 살게 됩니까? 그 다음에 올 그들의 광채는 어떤 식이 될까요? [3] 그들이 지금 이 모습을 다시 취하게 됩니까? 그러고 나서 그들은 사슬로 엮인 이 지체들을 입게 됩니까? … 아니면 혹시 당신께서 이 세상에 있던 그것들을 변화시킵니까? … "

---

126 4에즈 7,113 참조: "심판의 날은 이 세상의 끝이며, 다가올 불멸하는 세상의 시작이다."

127 유다교 묵시문학 연구를 대표하는 콜린스는, 유다교 전통 안에서 부활 개념이 처음 발견되는 곳은 다니엘서와 에녹 1서라고 한다. 그 뒤를 이은 여러 유다교-그리스도교 문학들이 다니엘서와 에녹 1서를 바탕으로 부활 신학을 변화·발전시켰다는 것이다: Collins, "The Afterlife in Apocalyptic Literature", 129-137. 바룩 2서의 부활 개념에 대해서는, Elledge, *Resurrection of the Dead in Early Judaism 200 BCE-CE 200*, 28-32; 39-43; 84-85을 참조하라. 기원전 200년부터 기원후 200년 사이의 유다교 문학에서 발견되는 부활 개념을 연구한 이 책은 바룩 2서와 에즈라 4서도 함께 살피고 있다. 제2성전기 후반 유다교 전승에서 나타나는 사후 개념, 부활 개념, 다가올 세상 개념 등은 Avery-Peck/Neusner/Chilton (eds.), *Judaism in Late Antiquity Part IV: Death, Life-after-Death, Resurrection, and the World-to-Come in the Judaisms of Antiquity*에 잘 개관되어 있다. 유다교 묵시문학의 부활 개

부활과 인류의 최종 운명에 관한 주제는 세 단계로 진행된다. 먼저 죽은 모든 이의 부활과 심판(30; 50장), 그 다음은 '형상의 변화'(51,1-5), 마지막으로 최종 운명이다(51,6-7). 여기서 부활과 형상 변화 사이에 시간차가 주어져 있음에 주목해야 한다. 죽은 이가 부활할 때는 생전의 모습과 같은 모습이며, 형상의 변화가 일어나는 것은 심판이 있은 뒤의 일이라고 한다. 심판의 결과에 따라 형상 변화에 차등이 생긴다는 것이다.[128] 첫 단계는 부활과 심판이다.

죽은 이들의 부활과 심판

죽은 이들의 부활을 언급한 첫 대목은 30장이다. 메시아의 만찬(29,3-8)에 이어지는 이 대목은 메시아 시대의 종료와 함께 죽은 이들의 부활이 일어나리라 선포한다. 치유의 이슬과 만나의 보고가 내려오리라는 진술에 부활의 희망이 복선처럼 깔려 있었다고 볼 수 있다. 2바룩 30,1-5에서 부활은 메시아 시대에 이어지는 것으로 그려진다.

30,1 이 일들이 있은 다음에, 곧 메시아 오심의[129] 때가 채워지고 영광중

념은 같은 책에 담긴 Collins, "The Afterlife in Apocalyptic Literature", 119-140을 참조하라. 바룩 2서와 에즈라 4서의 부활 개념은, 같은 글 130-131에 간결하게 요약되어 있다.

128 Collins, "The Afterlife in Apocalyptic Literature", 131. 여기서 콜린스는, 죽은 모든 이의 부활, 그리고 심판 결과에 따른 차등적 형상 변화가 다니엘서 전통 안에 있음을 지적하고 있다.

129 '오심'이라 옮긴 시리아어 ܡܐܬܝܬܐ는 그리스어 παρουσία(파루지아)에 대응하는 단어다. 마태 24,37 "사람의 아들의 재림"(ἡ παρουσία τοῦ υἱοῦ τοῦ ἀνθρώπου) 참조.

에 그가 돌아가면,[130] … 2 그때에 의인들의 영혼이 보존된 보고들이 열
리고 그들이 나올 것이다. 그리고 많은 영혼들이 함께, 하나의 모임 하나
의 생각으로 나타날 것이다. 그리고 첫째들은 기뻐하고 꼴찌들도 슬퍼하
지 않을 것이다. … 4 그러나 악인들의 영혼은 이 모든 일들을 목격했을
때 더욱 더 쇠락할 것이다.[131] 5 자신들의 고통이 다가왔으며 자신들의 파
멸이 도착했음을 알기 때문이다.

2바룩 30,1-5은, 때가 되어 메시아가 (하느님께) 돌아가면[132] 죽은 모든

130 '돌아가다'로 옮긴 시리아어 표현에는 ܗܦܟ 동사의 3인칭 단수 미완료형(ܢܗܦܘܟ)이 쓰였다. 이 동사는 '다시 오다/가다', '돌아오다/돌아가다', '오다/가다', 등을 뜻한다(Smith). 문맥상 메시아가 다시 하느님께 돌아간다는 의미로 읽힌다. 2바룩 30,1 앞에 메시아가 하늘로 되돌아갔다는 표현이 없으므로, 30,1의 ܢܗܦܘܟ를 메시아가 세상에 다시 온다는 뜻으로 읽는 것은 적합하지 않다. 4에즈 12,32; 13,26을 참조하면 2바룩 30,1을 메시아가 하늘로 되돌아간다고 읽는 편이 더 설득력 있다. 바룩 2서의 주석서를 쓴 보가르트는 ܢܗܦܘܟ를 "돌아오다"(reviendra)보다 "돌아가다"(retournera)라 옮겨야 함을 지적했다. 임금-메시아는 자기의 통치 기간이 끝나면 다시 하느님께 돌아간다는 것이다. 또한 그는 2바룩 30,1의 메시아의 귀천이 4에즈 7,29의 메시아의 죽음에 상응한다고 본다. 에즈라 4에서 메시아가 죽은(7,29) 뒤 죽은 모든 이들의 부활이 일어난다고(7,30) 한 것처럼 2바룩 30장은 메시아의 귀천(30,1) 이후에 보편적 부활이 이루어진다고(30,2) 선언한다는 것이다: Boegart, *Apocalypse Syriaque de Baruch, vol. 2*, 65; 참조: *vol. 1*, 413-414.

131 2바룩 51,5; 4에즈 7,87 참조.

132 학자들은, 2바룩 30,1, 메시아가 (하늘로) 돌아간다는 표현에서 "선재하는 메시아"(pre-existent Messiah) 개념을 도출하기도 한다: Klijn, "2 (Syriac Apocalypse of) Baruch", 631; Gurtner, *Second Baruch: A Critical Edition of the Syriac Text*, 67; Charlesworth, "Messianology in the Biblical Pseudepigrapha", 32. 클린은, "선재하는 메시아" 개념이 1에녹 46,1-2; 48,2-3; 62,7(에녹 1서에서는 메시아가 '사람의 아들'이라 칭해진다); 4에즈 12,32; 13,26에도 나타남을 주목한다: Klijn, "2 (Syriac Apocalypse of) Baruch", 631. Gurtner, *Second Baruch: A Critical Edition of the Syriac Text*, 67도 참조.

이들이 부활한다고 선언한다.[133] 의인 악인 구분 없이 모든 이가 부활한다는 것이다. 그러나 그들이 맞이할 운명이 똑같지는 않다. 부활한 의인들은 기뻐할 것이나 악인들은 쇠락할 것이라고 한다. 전자에게는 영원한 생명이, 후자에게는 영원한 징벌이 있을 것이다.[134]

죽은 이들의 부활은 2바룩 50장에서 조금 더 자세히 다뤄진다. 이에 따르면, 선인이든 악인이든 상관없이 죽은 모든 이가, 생전과 똑같은 모습으로 부활할 것이다. 그 다음에는 심판이 이어질 것이라고 한다.[135]

> **50,2** 지금은 땅이 자기 안에 담아두려고 받아들이는 죽은 이들을, 그때에는 반드시 다시 내놓을 것이다. 그들의 모습에는 아무 변화가 없을 것이다. 땅이 받아들인 모습 그대로 그들을 다시 내놓을 것이다. 그리고 내가 땅에게 넘겨준 모습 그대로 땅이 그들을 다시 일으킬 것이다. [3] 그런 다음에는 죽은 이들이 다시 살아났다는 것과, 떠나갔던 그들이 다시 돌아왔다는 것이 살아 있는 이들에게 알려져야 한다. [4] 지금 그들이 알고 있는 이들을 서로 알아보고 나면 그 다음에는 준엄한 심판이 있을 것이다. 그리고 앞에 언급된 일들이 일어날 것이다.

2바룩 50,2에 따르면, 죽은 모든 이들이 생전 모습 그대로 부활한다. "땅이 받아들인 모습 그대로 그들(=죽은 이들)을 다시 내놓을 것"이라는 표현에는 바룩 2서가 말하는 부활이 '육신의 부활' 또는 육신을 포함한 부활임

---

133 엄밀히 말하면, 죽은 모든 이들의 부활이 일어나는 것은 메시아 시대가 끝난 이후다. 메시아 시대에 뒤이어 죽은 이들의 부활이 일어나고 심판이 이어질 것이다. 이는 4에즈 7,29-30에 제시된 순서와 비슷하다.

134 이에 대해서는 뒤에 이어질 '형상 변화' 항목에서 자세히 다룰 것이다.

135 4에즈 7장과 비교하라.

이 함축되어 있다.[136] 그리고 부활한 모든 이들은 준엄한 심판을 마주하게 된다고 한다(50,4). 의인과 악인이 모두 예외 없이 부활하여 심판대 앞에 선다는 것이다.

형상 변화

심판 뒤에는 그 결과에 따라 부활한 이들의 형상이 변화할 것이라고 한다. 형상 변화는 2바룩 51장에서 다뤄진다. 악인들은 심판 전보다 흉측하게, 의인들은 전보다 더 아름답고 영광스럽게 변화된다고 한다.[137] 영광스럽게 변화된 다음에라야 '죽지 않는 세상'을 받아들일 수 있다고 한다.

> 51,2 지금 악행을 저지르는 자들의 형상은 지금보다 더 나빠질 것이다. 그리하여 그들은 고통을 받을 것이다. 3 지금 나의 율법에 따라 의롭게 사는 이들의 영광도 (변화될 것이다). 그들은 자기네 삶에서 통찰력을 갖추었으며 마음속에 지혜의 뿌리를 심어두었다. 그들의 광채는 변화를 통해 영광스럽게 되고 그들 얼굴의 형상은 아름다움의 빛으로 바뀔 것이다. 그리하여 그들은 자기들에게 약속된, 죽지 않는 세상을 얻고 받아들일 수 있게 된다.

---

136 Elledge, *Resurrection of the Dead in Early Judaism 200 BCE-CE 200*, 108; Collins. "The Afterlife in Apocalyptic Literature", 131. 엘레지와 콜린스 둘 다 바룩 2서가 육신의 부활을 선포하고 있음을 관찰한다.

137 죽은 이들의 형상 변화에 대해서는 Pentiuc, "The Nature of the Resurrected Bodies: 2Baruch and the New Testament", 309-334 참조.

2바룩은 다시 의인들은 "천사들의 광채가 되고", 악인들은 "경악스런 외모와 끔찍한 형상으로 한층 더 쇠락할 것"이라고 요약한다(51,5).

최종 운명

마지막으로 이들은 서로의 변화된 모습을 보고난 뒤 각자에게 정해진 운명의 길을 따라가게 된다고 한다. 악인은 고통의 장소로(51,6), 의인은 구원의 장소로!(51,7-11). 악인들에 대해서는 서로의 모습을 보고 나서 벌을 받으러 간다고 짧게 전하지만(51,6), 의인들에게 일어날 일에 대해서는 다소 길게 설명한다.

> **51,8** (자신의 행업 때문에 구원받은) 그들은, 지금 그들에게 보이지 않는 세상을 보게 될 것이다. 그리고 지금 그들에게 숨겨져 있는 시간을 보게 될 것이다. [9] 그리고 더 이상 시간이 그들을 늙게 만들지 않을 것이다. [10] 그들은 그 세상의 꼭대기에 살게 될 것이다. 그리고 그들은 천사들과 비슷해지고 별들과 흡사해질 것이다. 그리고 어떤 형상으로든 자기가 원하는 대로 변화될 것이다. 아름다움에서 고귀함으로, 빛에서 영광의 광채로! [11] 그들 앞에서 낙원의 폭이 확장되고, 지금 어좌 밑에 있는 생물들의 존엄한 아름다움이 그들에게 드러날 것이다. 천사들의 모든 군대들도 마찬가지다.

2바룩 51,8-11에 따르면, 의인들에게는 지금은 보이지 않는 세상과 숨겨진 시간이 드러날 것이다. 그들은 더 이상 늙지도 않고 천사나 별들과 비슷해질 것이다. 천사나 별들과 비슷해진다는 것은 부활한 이들이 신적인 존재가 됨을 암시한다. 실제로 고대 세계에서 별들은 종종 신 혹은 신적인 존재로 여겨졌다(플라톤, 『티마이오스』 39c-41a). 그리고 아름다움과 고귀함, 빛과 영광을 입을 것이다. 그리고 바야흐로 낙원과 천사들이 그들에게 모습을 드러낼 것이다. 구원이다!

6. 시리아어 바룩 묵시록

본문 번역에는 Gurtner, *Second Baruch: A Critical Edition of the Syriac Text*에 담긴 시리아어 본문을 대본으로 삼았다.[138] 이 시리아어 본문은 온라인상에서도 검색할 수 있다: Daniel M. Gurtner with David M. Miller and Ian W. Scott (eds.), "2 Baruch." Edition 2.0. No pages. In The Online Critical Pseudepigrapha. Edited by Ian W. Scott, Ken M. Penner, and David M. Miller. Atlanta: Society of Biblical Literature, 2007. Online: http://www.purl.org/net/ocp/2Bar. 이 사이트에서 바룩 2서 전반에 대한 설명과 필사본들에 대한 정보를 얻을 수 있다. 시리아어 사전도 온라인상에서 검색할 수 있다. https://www.lexilogos.com/english/syriac_dictionary.htm에서 여러 종류의 사전을 검색할 수 있는데, 여기서는 주로 스미스Smith와 재스트로Jastrow의 사전을 참고하였다. 같은 사이트에서 시리아어 문법도 제공한다. 바룩 2서 본문의 병행구들은 Klijn, "2 (Syriac Apocalypse

138 대개 Dedering, *Apocalypse of Baruch*이 '시리아어 바룩 2서' 본문의 표준으로 여겨진다. 이 본문은 단일 사본(시리아어 필사본 '7a1')을 바탕으로 편집된 diplomatic edition이다. 지금 이 본문은 무료 공유 사이트(public domain)에서 찾아 볼 수 있다. 거트너(Gurtner)는 데데링(Dedering)의 본문을 기본으로 삼되 다른 사본들과 대조하여 비평본(critical edition)을 만들었다고 한다. 결국 거트너의 본문은 코덱스 암브로시아누스 B.21에 담긴 시리아어 필사본을 토대로 그리스어 및 라틴어 단편을 참조하여 만든 것이라고 볼 수 있다.

of) Baruch", 621-651을 참조하면서 특히 중요하다고 생각되는 경우에 한하여 실었다. 주로 성경 및 외경 병행구들이 이에 해당한다. 시리아어 본문을 우리말로 옮길 때 거트너Gurtner와 클라인Klijn의 번역을 비교 대조하면서 하였다.

바룩 1서(곧 『성경』의 바룩서)를 읽고 나서 바룩 2서에 도전하기 바란다. 바룩 2서의 배경이 바빌론 유배 상황이므로 예레미야서, 에제키엘서, 이사야서(40—54장 제2이사야) 및 열왕기 하권과 함께 읽으면 본문 이해가 훨씬 수월해진다. 바룩 2서에는, 서로 저술시기가 비슷한 신약성경 본문과 겹치는 내용들이 많이 담겨 있다. 특히 구원의 시대와 관련된 묵시문학적 본문들이 이에 해당한다. 바룩 2서는 전반적으로 에즈라 4서와 비슷한 생각을 공유하고 있다. 에즈라 4서와 대조해가며 바룩 2서를 읽으면 두 저자가 각각 중점을 둔 내용이 무엇인지 그리고 그에 담긴 메시지는 무엇일지 한층 깊이 이해할 수 있을 것이다.

네리야의 아들 바룩의 묵시록, 그리스어에서 시리아어로 옮긴 것.

I. 예루살렘 파괴 예고(1,1—5,7)

예루살렘 파괴 예고[139]

1 [1] 유다 임금 예코니야가 스물다섯 살[140] 되던 해였다.[141] 주님의 말씀이
네리야의 아들 바룩에게[142] 내렸다.[143] 그분께서 말씀하셨다. [2] "이 백성
이 내게 하고 있는 모든 일들을 보았느냐? 남은 두 지파가 행한 악행
이 유배 간 열 지파(의 악행)보다[144] 크다. [3] 앞의 (열) 지파는[145] 자기네

---

139 1,1—3,9: 예루살렘이 파괴되리라는 예고다.

140 예코니야는 여호야킴의 아들 여호야킨을 가리킨다. 2역대 36,9의 히브리어 성경에는 여호야킨, 칠십인역에는 예코니야(Ιεχονιας)라 되어 있다. 전자에서는 그가 임금이 된 때가 여덟 살이었다고 하나 후자에서는 열여덟 살이었다고 한다. 칠십인역이 2열왕 24,8-17의 진술과 가깝다. 2열왕 24,8-17에는 여호야킨이 열여덟 살 때 등극하여 통치 제팔년 곧 스물다섯 살 되던 해에 네부카드네자르에 의해 바빌론에 유배되었다고 전해진다.

141 바룩 2서는 구약성경 예언서의 패턴을 따라 도입부에 작품 배경을 소개한다. 최초의 예언서 아모 1,1이 그 원형을 제공한다. 예언자의 이름, 활동 시기 및 장소가 3인칭 시점으로 제시되어 있다. 다른 예언서들도 대부분 이 패턴을 따른다.

142 예레미야서에 따르면 바룩은 예레미야 예언자에게 내린 주님의 말씀을 받아 적은 인물이다. 바룩이 예레미야의 말을 받아 적게 된 경위가 예레미야서 36장에 나온다. 예레미야가 성전에서 공개적으로 말하는 것이 금지되자 바룩을 시켜 자기 말을 받아 적게 한 뒤 그것을 성전에서 봉독하게 했다고 한다(예레 36,4-8). 네리야의 아들 바룩에 대해서는 예레 32,12; 36장; 45,1을 참조하라. 특히 36,18("그분(예레미야)이 입으로 직접 내게 이 모든 말씀을 불러 주어, 먹으로 두루마리에 받아 적었습니다"); 45,1("예레미야 예언자가 네리야의 아들 바룩에게 한 말이다. 바룩은 유다 임금 요시야의 아들 여호야킴 제사년에 예레미야의 입에서 직접 이 말씀을 받아 책에 적었다")을 보라. 해제 '3. 저자' 항목을 참조하라.

임금들의 강압에 의해 어쩔 수 없이 죄를 지었다. 그러나 이 두 지파는 자기들이 나서서 자기네 임금들을 강제로 죄짓게 만들었다. [4] 그러니, 보아라. 내가 이 도성과 그 주민들에게 재앙을 가져오겠다. 그러면 (정해진) 때까지[146] 그 도시는 내 면전에서 치워질 것이며 나는 이 백성을 민족들 사이에 흩을 것이다. 그들이 민족들에게 좋은 일을 하게 만들려는 것이다.[147] [5] 내게 속한 내 백성은 벌을 받을 것이다.[148] 그러나 그

---

143 예레 1,1-3에 따르면 주님의 말씀이 예레미야에게 내린 때는 "유다 임금 아몬의 아들 요시야 시대, 그의 통치 십삼년"이었다. 그리고 "그 말씀은 유다 임금 요시야의 아들 여호야킴 시대를 거쳐 유다 임금 요시야의 아들 치드키야 제십일년 말까지, 곧 그해 다섯째 달, 예루살렘 주민들이 유배될 때까지 내렸다." 여호야킴과 치드키야 사이에 여호야킨(=예코니야) 임금이 있었다.

144 남 유다 왕국의 유다 지파와 벤야민 지파를 뺀 나머지 북 이스라엘의 열 지파를 가리킨다. 이들 열 지파는 아시리아에 의해 유배된 뒤 역사의 무대 뒤로 사라졌다. 저자는 남 유다의 악행이 북 이스라엘의 악행보다 더하다고 비판한다. 그들에게 닥칠 고난이 북 이스라엘에 닥친 고난보다 덜하지 않으리라는 암시다.

145 필사본 7al은 단수(ܫܒܛܐ ܩܕܡܝܐ)로 읽는다. 체리아니(Ceriani)를 따라 복수(ܫܒ̈ܛܐ ܩܕ̈ܡܝܐ, 앞의 지파들)로 고쳐 읽었다.

146 '(정해진) 때까지'라 옮긴 표현은 ܥܕ ܙܒܢܐ다. '얼마(간의 시간) 동안'이라고 옮겨도 된다.

147 이민족들을 위해 좋은 일을 한다는 것이 무슨 뜻인지 명확하지 않다. 이스라엘 백성을 통해 그들과 함께 살 이민족들에게 하느님을 알리고 신앙을 갖게 만든다는 의미일 법하다. 이사 42,6 참조: "주님인 내가 의로움으로 너를 부르고 네 손을 붙잡아 주었다. 내가 너를 빚어 만들어 백성을 위한 계약이 되고 민족들의 빛이 되게 하였으니…" 1열왕 8,43; 에제 38,23; 집회 36,4-5에도 비슷한 생각이 담겨 있다. 2바룩 41,4; 42,5; 48,19과 비교하라.

148 여기서 벌은 체벌보다는 훈계와 가르침에 가깝다. 잘못을 벌하려는 목적이 아니라 백성의 마음을 돌리려는 의도에서 이루어지는 벌이다. 하느님께서 당신 백성에게 내리시는 벌은 무엇보다 회개를 위한 벌이라는 생각은 구약성경 곳곳에서 확인된다. 백성이 죄를 지으면 하느님께서 벌을 내리시겠지만 당신 사랑을 거두지 않으실 것이다. "그가 죄를 지으면 사람의 매와 인간의 채찍으로 그를 징벌하겠다. 그

때가 올 것이다. 그때 그들은 자기네 번영의 시간을[149] 요청할 것이다!

2 [1] 나는 너에게 이것들을 말했으니 너는 예레미야와 너희와 비슷한 모
든 이들에게 '너희는 이 도성에서 멀리 떠나라' 하고 말하여라.[150] [2] 너
희의 일들은 이 도성에게 단단한 기둥과 같고 너희의 기도는 튼튼한
성벽과 같기 때문이다."[151]

3 [1] 나는 말하였다. "오 주님, 저의 주님이시여![152] 제가 이 세상에 온 것
이 제 어머니의[153] 불운을 보기 위해서였습니까? 아닙니다, 저의 주님!

러나 일찍이 사울에게서 내 자애를 거둔 것과는 달리, 그에게서는 내 자애를 거두지 않겠다"(2사무 7,14-15). 이 말씀은 사무엘이 다윗을 임금으로 세우며 전한 하느님의 말씀 가운데 위치한다. 2사무 7,8-16은 다윗 왕조는 영원하리라는 기대의 뿌리가 되었다.

149 또는, '자기네 시간의 번창함을.' 이스라엘에 내리시는 하느님의 벌은 영원하지 않으므로 정해진 체벌 기간이 지나면 이스라엘이 다시 번영의 시대를 청하게 되리라는 의미다.

150 직역: "나는 너에게 이것들을 말하였다. 네가 예레미야와 너희와 비슷한 모든 이들에게 '너희는 이 도성에서 멀리 떠나리라!' 하고 말하도록." 4바룩 1,1 참조.

151 2바룩 2,2에 따르면 충실한 이들의 행업과 기도는 예루살렘 도성의 기둥과 성벽에 비유할 수 있다. 예레미야나 그와 비슷한 이들은 그들의 기도와 행업 덕분에 다른 사람들이 맞는 징벌을 피하게 된다고 한다. 2바룩 1,2-3에 묘사된 백성들의 죄악과 대조하라. 충실한 이들의 기도와 행업이 도성을 지키는 힘이 된다는 개념은 2바룩 14,7; 4에즈 7,77; 8,33; 9,7; 13,23; 14,7; 4바룩 1,1-2에서도 엿보인다. 클라인은 이 개념의 뿌리를 예레 1,18-19; 15,20-21에서 찾는다: Klijn, "2 (Syriac Apocalypse of) Baruch", 621. 특히 예레 15,20: "그러므로 이 백성에게 맞서 내가 너를 요새의 청동 벽으로 만들어 주리라. 그들이 너를 대적하여 싸움을 걸겠지만 너를 이겨 내지 못하리라. 내가 너와 함께 있어 너를 구원하고 건져 낼 것이기 때문이다. 주님의 말씀이다" 참조.

152 창세 15,8 참조.

[2] 제가 당신 눈에 들었다면[154] 먼저 제 영혼을 데려가 주십시오. 그리하
여 제가 저의 조상들에게로 가서 제 어머니의 파멸을 보지 않게 해 주
십시오. [3] 두 가지가 저를 강하게 억누르고 있습니다. 제가 당신께 맞서
는 일은 불가능합니다. 제 영혼이 제 어머니의 불운을 보는 일도 불가
능합니다.[155]

[4] 제가 당신 면전에 한 가지 말씀을 올립니다. 주님! [5] 이 일들 다
음에 무슨 일이 일어납니까?[156] 만약 당신께서 당신 도성을 파괴하시
고 당신 땅을 저희 원수들에게 넘기신다면 이스라엘의 이름이 어떻
게 다시 기억되겠습니까? [6] 혹은, 누구인들 어떻게 당신의 영광에 대
해 말하겠습니까? 혹은 당신의 율법에 있는 내용이 누구에게 설명되
겠습니까?

[7] 아니면 혹시 장식품은[157] 자신의 본디 상태로 되돌아가고 세상

153 예루살렘을 가리킨다. 갈라 4,26 참조.

154 직역: "만일 제가 당신 눈에서 호의를 발견했다면."

155 하느님께 맞서지도, 그렇다고 시온의 멸망을 하릴없이 지켜보는 것도 불가능하다는 의미다.

156 시리아어 본문에는 이 문장에 ܗܟܝܠ이 들어 있다. '이제', '그러면,' '그러므로' 등을 뜻하는 이 단어는 연결어에 가깝다(Smith). 문맥상 필요 없다고 판단될 경우 종종 이 단어는 번역에서 생략하겠다.

157 '장식품'이라 옮긴 ܬܨܒܝܬܐ는 '장식', '조각품' 등을 뜻한다(Smith). 학자들은 이를 그리스어 κόσμος(코스모스, 세상, 세계, 질서)를 오역한 것이라 여긴다: Gurtner, *Second Baruch: A Critical Edition of the Syriac Text*, 32쪽 참조. 이어지는 문장 '세상은 다시 예전의 침묵으로 돌아갑니까?'를 고려하면 거트너의 설명이 설득력이 있다. 그렇다면 2바룩 3,7은 "아니면 혹시 세계는 자신의 본디 상태로 되돌아가고 세상은 다시 예전의 침묵으로 돌아갑니까?"가 될 것이다. 여기서 세상이라 옮긴 시리아어 단어는 ܥܠܡܐ다. 시공간 개념을 모두 포함한 이 단어는 '세상', '시대', '영원'이라는 뜻으로 옮길 수 있다(Smith). 이 단어에 대해서는 4에즈 6,7에 달린 각주 설명을 참조하라.

은 다시 예전의 침묵으로 돌아갑니까?[158] 8 수많은 영혼들이 제거됩니
까? 그리고 사람들의 본성은 다시 거론되지 않습니까?
9 당신께서 모세에게 우리를 두고 말씀하신 모든 것은 어디에 있
습니까?"[159]

새 예루살렘[160]

4 1 주님께서 내게 말씀하셨다.
"이 도성은 잠시 동안 넘겨질 것이다. 그리고 백성은[161] 잠시 동안
벌을 받을 것이다.[162] 그리고 세상은 잊히지 않을 것이다.[163]

---

158 메시아 시대가 끝난 뒤 태초의 침묵으로 돌아갈 것이라고 하는 4에즈 7,29-31을 참조하라. 태초의 침묵이 지난 뒤 새 세상이 깨어나리라고 한다: "7,29 그 해들이 지난 뒤에는, 내 아들 메시아가 죽을 것이다. 사람의 숨을 지닌 모든 이가 그러할 것이다. 30 그리고 세상은 이레 동안 태초의 침묵으로 돌아갈 것이다. 한처음에 그러했던 것처럼! 그리고 단 한 사람도 남지 않을 것이다. 31 그리고 이레가 흐른 뒤에, 지금은 깨어 있지 않은 세상이 깨어날 것이다. 그리고 파멸은 죽음을 맞을 것이다."

159 하느님께서 모세에게 하신 모든 약속, 특히 시나이 계약을 가리킨다. 탈출 34,10 참조: "주님께서 말씀하셨다. '이제 내가 계약을 맺는다. 나는 세상 어느 곳에서도, 어떤 민족에게서도 일어난 적이 없는 기적들을 너의 온 백성 앞에서 일으키겠다. 너를 둘러싼 온 백성이 주님의 일을 보게 될 것이다. 내가 너와 함께 할 이 일은 참으로 놀라운 것이다." "나는 이 말을 조건으로 너와 이스라엘과 계약을 맺었다"고 하는 탈출 34,27도 참조하라.

160 4,1-7은 천상의 예루살렘이 하느님 곁에 마련되어 있다는 내용이다.

161 이스라엘 백성을 가리킨다.

162 '잠시 동안'이라 옮긴 표현은 ܠܙܒܢܐ다. 전치사 ܠ와 시간을 뜻하는 ܙܒܢܐ가 합해진 형태다. 이어지는 다음 문장에서는 같은 뜻을 표현하는 데 전치사 ܒ가 쓰였다(ܒܙܒܢܐ). 예루살렘 멸망을 예고하는 루카 21,24 참조.

163 예루살렘이 겪을 재앙은 일시적인 것일 따름 영원한 징벌이 아니다. 이 심판이 백성의 최후의 운명을 가르는 결정적 심판이 아니라 훈계를 위한 한시적 처벌이라는 의미다. 마찬가지로 다가올 위기와 재앙은 세상과 인류의 완전한 종말을 예고

[2] 혹시 너는 이 도성이 내가 '내 손바닥 위에 너를 새겨놓았다'라
고 말한 그 도성이라고 생각하느냐?[164] [3] 그것은[165] 지금 너희 가운데
세워진 이 건물, 지금 나와 함께 보이는 이것이 아니다. 그것은 내가 낙
원을 만들기로 결심한 그때 미리 준비해 두었던 것이다.[166] 나는 그것
을 아담이 죄짓기 전에 그에게 보여주었다. 그리고 그가 계명을 어겼
을 때 그는 그것을 박탈당하였다. 낙원도 그러하였다.[167] [4] 그리고 이
일들이 있은 뒤 어느 날 밤 나는, 희생 제물들의 조각들 가운데에서,
내 종 아브라함에게 그것(도성)을 보여주었다.[168] [5] 그리고 다시 시나이

하는 것이 아닌 회개를 위한 일시적 훈계일 뿐이다.

164 이사 49,16: "보라, 나는 너를 내 손바닥에 새겼고 너의 성벽은 늘 내 앞에 서 있다."

165 4,3-6에서 '그것'은 하느님께서 미리 준비해 두신 하늘의 도성, 천상 예루살렘을 가리킨다. 하느님께서는 그 도성을 아담(4,3), 아브라함(4,4), 모세(4,5)에게 보여주셨다고 한다.

166 직역: "미리 준비되었던." 천상의 도성 예루살렘을 가리킨다. 2바룩 4,3-5에 따르면 하느님께서 낙원을 만들기로 결심하셨을 때 이 천상의 도성을 미리 준비해 두셨다. 그리고 그것을 죄짓기 전의 아담에게, 이어서 아브라함에게, 그리고 다음으로 모세에게 보여주셨다. 의인을 위해 영광을 창조하고 준비해 두셨다고 하는 2바룩 66,7도 보라. 의인들을 위해 미래 세상이 준비되었다고 하는 4에즈 8,52도 같은 생각을 전한다: "사실 너희를 위해 낙원이 열리고 생명의 나무가 심겼으며 미래 세상이 준비되었다." 의인들을 위해 '나라'가 세상 창조 전부터 준비되어 있다고 하는 마태 25,34도 보라. 클라인은 라삐 문헌과 다른 구약 외경에도 비슷한 개념이 엿보임을 관찰하고 있다: Klijn, "2 (Syriac Apocalypse of) Baruch", 622. 이를테면 *b. Pesachim* 54a에 따르면, 세상 창조 이전에 만들어진 일곱 가지 가운데 '성전'도 포함된다고 한다. 천상 예루살렘에 대해서는 에제 40장을 참조하라. 지금의 예루살렘과 하늘에 있는 예루살렘을 대비하는 갈라 4,25-26을 참조하라.

167 하느님의 계명을 어긴 아담은 천상의 도성과 낙원을 박탈당한다. 아담이 범죄 이후 하느님의 영광을 상실했음을 암시하는 3바룩 4,16 참조.

168 창세 15장 하느님께서 아브라함과 계약을 맺으시는 장면을 참조하라. 하느님

산에서 모세에게도 그것을 보여주었다. 그때 나는 장막의 유형과 장
막의 모든 기물들을 보여주었다.[169] [6] 자, 이제 보라. 그것은 나와 함께
보존되어 있다. 낙원도 그러하다.[170] [7] 그러니 가라. 그리고 내가 너에
게 명한 대로 하여라."

애도와 단식[171]

5 [1] 나는 대답하며 말하였다. "저는 시온에서 단죄를 받을 것입니다.[172]
당신을 미워하는 자들이 이 땅에 와서 당신의 성소를 더럽히고 당신의
유산을 약탈해갈 것입니다. 그리고 그들이 당신께서 사랑하시는 자들
위에 군림할 것입니다. 그들은 자기네 우상들의 땅으로 다시 돌아가서

께서 아브라함에게 나타나신 때는 밤하늘의 별을 볼 수 있는 시간이었다(15,5). 여기서 아브라함은 하느님의 명령에 따라 암송아지 한 마리와 암염소 한 마리와 숫양 한 마리를 반으로 잘라 잘린 반쪽들을 마주 보게 차려 놓았다고 한다(15,9-10). 창세 15,17에서는 "해가 지고 어둠이 깔리자, 연기 뿜는 화덕과 타오르는 횃불이 그 쪼개놓은 짐승들 사이로 지나갔다"고 한다. 4에즈 3,14-15에 따르면, 하느님께서 어느 날 밤에 나타나시어 아브라함과 계약을 맺으셨다. "[3,14] 당신께서는 그(아브라함)를 사랑하셨습니다. 그리고 어느 밤 오직 그에게만 시간들의 종말을 은밀히 보여주셨습니다. [15] 그리고 당신께서는 그와 영원한 계약을 맺으셨습니다. …". 창세 18장에서는 하느님께서 아브라함에게 나타나신 때가 '한창 더운 대낮'이었다고 한다.

169 또는: "내가 장막의 유형과 장막의 모든 기물들을 보여주었을 때다." 탈출 25,9 참조.

170 4,6은 천상 예루살렘은 낙원과 함께 하느님 곁에 보존되어 있다고 한다. 2바룩 4,2-6을 통해, 지금 세워져 있는 예루살렘 도성은 천상 예루살렘의 그림자, 다가올 새 예루살렘의 예형에 지나지 않음을 짐작할 수 있다.

171 5,1-7은 예루살렘의 파괴를 앞두고 바룩과 백성의 지도자들이 애도하고 단식하는 내용이다.

172 ܥܬܝܕ ܕ…는 미래 시제를 표현한다(Smith). Gurtner, *Second Baruch: A Critical Edition of the Syriac Text*, 35 참조.

는 우상들 앞에서 으스댈 것입니다.[173] 당신께서 당신의 크신 이름에
무슨 일을 하신단 말입니까?"[174]

2 주님께서 내게 말씀하셨다. "내 이름과 내 영광은 영원무궁하
다. 내 심판은 제 시간을 기다리면서 그 권리를 유보해두고 있다.[175] 3 너
는 네 눈으로 보게 될 것이다. 적들은 시온을 전복시키지 못하고 예
루살렘을 불태우지 못한다는 것을! 그들은 잠시 동안 심판관을[176] 위
해 봉사할 것이다.[177] 4 자, 너는 가서 내가 너에게 말한 모든 것을 실
행하여라."

5 그리하여 나는 길을 떠나 예레미야와 아두와 스라야와 야베스와 그

173 2바룩 7,1; 80,3 참조.

174 2바룩 5,1-4은 주권이 하느님께 있음을 드러낸다. 이에 따르면, 적들은 시온을 전복시키지 못하고 예루살렘을 불태우지 못한다. 그들은 잠시 동안 심판관 곧 하느님을 위해 봉사할 따름이다. 앞의 해제, '5.1. 하느님의 주권: 역사에 대한 성찰' 항목을 참조하라. 4바룩 1,8-9에도 마찬가지 생각이 전해진다. 4바룩 해제 '5.3. 하느님의 주권 — 역사에 대한 성찰'을 참조하라.

175 또는, "내 심판은 정해진 시간 안에 간직되어 있다." 정해진 때를 위해 심판이 유보되고 있다는 의미다.

176 여기서 심판관은 하느님이다.

177 5,3은 예루살렘을 파괴하시는 분이 다름 아닌 하느님이시며 적군은 그 도구에 지나지 않음을 밝히고 있다. 적들이 하느님께 봉사한다는 것은, 하느님께서 이스라엘의 회개를 위해 이방인들을 이용하신다는 뜻이다. 하느님께서 당신의 구원 계획을 실현하시기 위해 이방인 임금들도 이용하신다는 개념은 구약성경에서 자주 확인된다: Smelik, "My Servant Nebuchadnezzar: The Use of the Epithet 'My Servant' for the Babylonian King Nebuchadnezzar in the Book of Jeremiah", 109-134 참조. 이를테면, 이사 10,5-7에서는 하느님께서 당신 백성을 벌하시기 위해 아시리아를 이용하셨음이 드러난다. 이사 44,23—45,8에서는 하느님께서 당신 백성을 구원하시기 위해 페르시아 임금 키루스를 이용하시고 그를 '나의 목자'라 부르시기도 한다. "나는 키루스에 대하여 말한다. '그는 나의 목자, 그가 나의 뜻을

달야와[178] 온 백성의 유지들을 데려다 그들을 키드론 골짜기로 이끌고
갔다.[179] 그리고 내가 들은 모든 것을 그들에게 그대로 들려주었다.[180]
[6] 그들은 모두 소리 높여 울었다. [7] 그리고 그들은 거기에 앉아 저녁까
지 단식하였다.

II. 예루살렘 파괴 및 바빌론 유배(6,1—9,1)

네 천사의 등장과 예루살렘의 파괴[181]

6 [1] 다음 날에 일어난 일이다. 보라. 칼데아인들의 군대가 도성을 포위하
였다. 저녁 무렵 나 바룩은 백성을 떠났다. 그리고 길을 가다가 참나무

모두 성취시키며 예루살렘을 두고 '그것은 재건되고 성전은 그 기초가 세워지리라.' 하고 말하리라"(이사 44,28). 이사 45,1에서 키루스는 '당신의 기름부음받은이'(=메시아)라 일컬어진다. 나아가 예레미야서에는 유다를 침공한 바빌론 임금 네부카드네자르를 하느님께서 '나의 종'이라 부르신다(25,9; 27,6; 43,10). 같은 책에서 이 임금은 잔혹한 원수들 가운데 하나로 묘사된다(예레 21,7; 44,30). 바빌론 임금이 '하느님의 종'이라 불린 것은 그가 자발적으로 하느님 계획을 수행했다는 의미에서가 아니다. 하느님은 이스라엘의 하느님일 뿐만 아니라 온 민족, 온 우주의 하느님이시기에 다른 민족도 종으로 이용하신다는 의미다. 이는 신관(神觀)이, 여러 신들 가운데에서 최고신 야훼를 섬긴다는 개념(monolatry 또는 henotheism)에서 신은 야훼 하느님뿐이시라는 절대적 유일신 개념(monotheism)으로 변화하고 있음을 드러낸다: Lemaire, "The Universal God: How the God of Israel Became a God for All", 58.

178 구약성경의 인물들이다. 아두는 에즈 8,17(이또), 스라야는 예레 51,59, 야베스는 2열왕 15,10, 그달야는 예레 40,14을 보라.

179 5,5-7에서 바룩은 예레미야 등과 함께 백성의 유지들을 이끌고 키드론 골짜기에 간다. 그리고 바룩이 그들에게 예루살렘 몰락을 예고하자 이를 들은 그들은 모두 애도하며 단식한다. 바룩 1,3-5 참조.

180 직역: "내게 말해진 모든 것을 그들에게 되풀이하였다." ܬܢܐ의(달래다)의 에트파엘(Ethpael)형은 '말하다, 이야기하다'는 뜻이 된다(Smith).

옆에 멈춰 섰다.[182] [2] 나는 시온 때문에 괴로워하고 백성에게 닥친 유배
때문에 애도하였다.

[3] 그런데 보라. 갑자기 강한 바람(영)이 나를 들어 올려서는 예루
살렘 성벽 위로 데려갔다.[183] [4] 나는 보았다. 보라, 네 천사가 도시의 네
모퉁이에 서 있었다. 그들은 저마다 타오르는 횃불을 손에 들고 있었
다.[184]

[5] 그런데 하늘에서 다른 천사가 내려와 그들에게 말하였다.[185] "너

---

181 6,1—8,5: 예루살렘 도성의 파괴를 묘사하고 있다. 이 대목은 칼데아인들의 군대가 예루살렘 도성을 포위하는 것으로 시작한다. 이에 따르면, 도성을 파괴하는 것은 이방 군대가 아니다. 도성을 무너뜨린 이들은 천사들이다. 그 전에 성전 기물들은 다른 천사에 의해 땅속에 옮겨진다(6,6-10). 칼데아인들의 군대가 도성으로 들어온 것은 천사들이 도성을 불태워 무너뜨린 뒤라고 한다. 이는 이민족이 하느님의 도성과 성전의 거룩한 기물들에 감히 손댈 수 없다는 뜻을 담고 있다. 2마카 2,1-8에 따르면 성전 기물들을 숨겨 둔 것은 예레미야 예언자였다. 예언자는 사람들에게 천막과 계약 궤를 들려 시나이 산으로 데려간다. 거기에서 동굴 집을 발견하고 그곳에 천막과 궤와 분향 제단을 안치하고 입구를 막아버렸다는 것이다. 예언자들의 생애 2,11-14와 4바룩 3장도 예레미야 예언자가 성전 기물을 숨겨 두었다고 한다. Robinson, "4 Baruch", 417 참조.

182 2바룩 77,18; 4에즈 14,1 참조. 구약성경에서 참나무는 종종 특별한 의미를 지닌다. 참나무는 누구보다 아브라함과 관련 있다. 창세기에 따르면 아브라함은 헤브론에 있는 마므레의 참나무들 곁으로 가서 자리 잡고 살았다. 그리고 그곳에 주님을 위하여 제단을 쌓았다(창세 13,18 참조). 주님께서 아브라함에게 나타나신 곳도 참나무들 곁이었다. "주님께서는 마므레의 참나무들 곁에서 아브라함에게 나타나셨다"(창세 18,1).

183 에제 3,12.14도 참조하라.

184 6,4에서 바룩은 네 천사가 횃불을 들고 예루살렘 성벽 네 모퉁이에 서 있는 모습을 본다. 그들은 예루살렘을 불태우러 파견된 천사들이다.

185 6,5-10: 도성이 파괴되기 전에 성전 기물들은 천사에 의해 미리 안전한 땅속으로 옮겨진다. 4바룩 3,9-11에서도 비슷하다. 하느님께서는, 도성이 파괴되기 전에

희 횃불을 들어라. 그리고 내가 너희에게 말하기 전까지는 불을 붙이
지 마라! [6] 나는 먼저 땅한테 말하려고, 그리고 주님 곧 지극히 높으신
분께서 내게 명하신 것을 거기에 묻어두려고[186] 파견되었기 때문이다."

[7] 그리고 나는 그분이 지성소에 내려와서는 거기에서 휘장,[187] 거
룩한 에폿,[188] 속죄판,[189] 두 석판,[190] 사제들의 거룩한 예복,[191] 향료, 사
제들 옷에 장식된 마흔 여덟 가지 보석, 그리고 장막의 모든 거룩한 기
물들을 가지고 나오는 것을 보았다. [8] 천사는 땅에 대고 큰 소리로 말
하였다. "땅이여, 땅이여, 땅이여! 능하신 하느님의 말씀을 들어라! 그
리고 그것들을 마지막 때까지 지켜라. 그것들을 되돌려 놓으라는 명을
받을 때까지! 그리하여 이방인들이 그것들을 손에 넣지 못하게 하여
라. [9] 그때가 다가왔기 때문이다. '그것은 다시 복구되리라, 영원히!' 하
고 말해질 때까지 예루살렘도 잠시 (적에게) 넘겨질 것이다."[192] [10] 그러
자 땅은 그 입을 열어 그것들을 집어삼켰다.

7 [1] 이 일들이 있은 뒤 나는 그 천사가 횃불을 들고 있던 천사들에게 말

예레미야 예언자를 시켜 전례용 기물들을 땅에 숨겨두게 하신다.

186 또는 "두려고", "내려놓으려고".

187 휘장이라 옮긴 표현은 ܐܦܝ ܬܪܥܐ다. 문 앞에 둘러쳐져 있다는 의미로 휘장, 커튼이라는 뜻으로 쓰인다(Smith). 탈출 26,31 참조

188 탈출 28,6-14 참조.

189 '속죄판'이라 옮긴 단어는 ܚܘܣܝܐ다. 지성소의 증언 궤를 덮는 속죄판(탈출 25,17-22; 26,34)을 가리킨다(Smith).

190 탈출 31,18; 32,15; 34,29; 40,20 참조. 탈출 25,16도 참조하라. 탈출기에 따르면 돌로 된 두 증언판을 계약 궤 안에 놓고 궤 위에 속죄판을 덮었다.

191 탈출 28,1-5 참조.

192 루카 21,24

하는 것을 들었다. "허물어라, 그런 다음 그 성벽을 바닥까지 무너뜨려
라. 원수들이 으스대며 '우리가 시온의 성벽을 무너뜨렸다. 그리고 우
리가 능하신 하느님의 땅에 불을 질렀다!' 하고 말하지 않도록!"
[2] 그리고 그들은 나를 원래 서 있던 곳으로 다시 데려다 놓았다.

칼데아 군대 입성 및 바빌론 유배[193]

8 [1] 그런 뒤 천사들은 그 천사가 시킨 대로 하였다. 그들이 성벽 모퉁이
들을 무너뜨렸을 때였다.[194] 성벽이 무너진 뒤 성전 안쪽에서 한 소리
가 들려 왔다. 그 소리는 말하였다. [2] "들어오너라. 원수들아! 오너라.
적들아! 집을[195] 지키시던 분께서 그것을 버리셨으니!"[196]
[3] 그리고 나 바룩은 길을 떠났다.
[4] 이 일들이 있은 뒤 칼데아인들의 군대가 들어왔다. 그들은 집과
집을 둘러싼 모든 것을 탈취하였다. [5] 그리고 백성을 포로로 끌고 가서
그들 중 일부는 죽였다. 그리고 그들은 치드키야 임금을 포박하여 그
를 바빌론의 임금에게 보냈다.[197]

---

193 8,1-5: 천사들이 예루살렘 도성을 무너뜨린 뒤 칼데아 군대가 들어와서 성전을 탈취하고(8,1-4) 백성을 포로로 끌고 간다(8,5).

194 8,1-2에 따르면, 칼데아 군대가 쳐들어오기 전에 천사들이 미리 예루살렘 성벽을 무너뜨린다. 성전 파괴를 예고하는 마태 24,2; 마르 13,2; 루카 21,6 참조.

195 여기서 '집'은 예루살렘 성전을 가리킨다. 주님께서 솔로몬을 두고 하신 말씀 2사무 7,13 "그는 나의 이름을 위하여 집을 짓고" 참조.

196 4바룩 4,2-3 참조. 여기서 천사는 나팔을 불며 말한다: "[4,2] 도성으로 들어가라, 칼데아인들의 군대여! 보라! 성문이 너희에게 열렸다. [3] 그러니, 임금은 그 무리들과 함께 들어가라. 그리고 온 백성을 포로로 잡아가라!"

197 2바룩 8,4-5은 칼데아인들에 의한 성전 침탈과 바빌론 유배를 묘사하고 있다. 2열왕 25,7 이하; 예레 39,5-9 참조.

바룩과 예레미야의 애도와 단식[198]

9 [1] 그리고 나 바룩은 예레미야와 함께 (도성에)[199] 왔다. 그는 마음이
죄 없이 깨끗한 이로 드러난 사람이며[200] 도성 함락 때 잡혀가지 않았
다. 우리는 옷을 찢고 울었다.[201] 그리고 애도하며 이레 동안 단식하였
다.[202]

III. 바룩의 애도와 경고(10,1—12,5)

시온에 대한 애도[203]

10 [1] 이레 뒤의 일이었다. 하느님의 말씀이 내리셨다. 그리고 내게 말씀하
셨다. [2] "예레미야에게, 가서 바빌론에 유배된 백성을 일으키라고 말하

---

198 2바룩 9,1: 바룩과 예레미야는 예루살렘과 그 주민들에게 닥친 재앙을 두고 애도하며 단식한다.

199 바룩은 천사가 도성을 무너뜨린 뒤, 그리고 칼데아인들이 쳐들어오기 전에 도성을 떠났다가(8,3) 그들이 백성을 바빌론으로 끌고 간 다음 다시 도성으로 돌아온다(9,1). 하느님께서 바룩에게 '너는 여기 시온에 머물러 있으라'고 말씀하시는 2바룩 10,3 참조. 10,5에 따르면, 예레미야가 바빌론으로 떠난 뒤 바룩은 성전에 가서 그 문 앞에서 시온을 두고 애도한다.

200 직역: "나 바룩은 왔다. 그리고 예레미야, 마음이 죄 없이 깨끗한 사람으로 드러난 이도 (왔다)."

201 구약성경에서 옷을 찢고 우는 것은 극심한 애도의 표현이다.

202 하느님 말씀이 내리기 전에 바룩은 매번 이레 동안 단식한다(12,5; 21,1; 43,3; 47,2 참조). 계시를 받기 전에 수혜자에게 단식이 요구되는 것에 대해서는, 다니 9,3.20-21; 2마카 13,12 등에서도 확인할 수 있다: Gurtner, *Second Baruch: A Critical Edition of the Syriac Text*, 39 참조. 신약에서 예수님은 공생활을 시작하시기 전에 광야에서 단식하며 기도하신다(마태 4,2; 루카 4,2).

203 10,1-19은 시온에 대한 애도에 해당한다. 10,1-5은 애도(와 경고)의 도입부에 해당한다.

여라.[204] 3 그러나 너는 여기 시온의 폐허에[205] 남아 있어라.[206] 내가 너
에게, 이 날들이 지난 뒤 마지막 날들에 일어날 일들을 보여 주겠다."
4 그리하여 나는 주님께서 내게 이르신 대로 예레미야에게 말하
였다. 5 그러자 그는 백성과 함께 길을 떠났다. 그러나 나 바룩은 다시
(성전으로) 돌아가서 성전 문 앞에 앉았다. 그리고 시온을 두고 애도하
며 나는 이렇게 말하였다.

6 "행복하다,[207] 태어나지 않은 사람! 혹은 태어났으나 죽은
사람![208]

---

204 또는, "예레미야에게 바빌론에 가서 유배된 백성을 일으키라고 말하여라." 2 바룩 10,2에서는 예레미야가 유배자들과 함께 바빌론에 갔음이 암시되어 있다. 4 바룩 4,6에서도 예레미야가 바빌론으로 갔다고 한다. 바룩 1,1에서는 바룩이 바빌론에서 바룩서를 썼다고 한다. 그런데 예레 43,6-7에 따르면 예레미야는 바룩과 함께 이집트로 갔다. 그리고 그곳 타흐판헤스에서 주님의 말씀이 예레미야에게 내렸다고 한다(43,8). 예언자들의 생애 2,1에 따르면 예레미야는 타흐판헤스에서 백성들에 의해 돌아 맞아 죽었다. 바빌론 유배 당시 예레미야의 행로에 대해 서로 다른 전승들이 전해져온 것 같다.

205 칼데아인들에게 농락당하여 황폐해진 예루살렘을 말한다.

206 또는, "너는 여기 시온의 황무지에서 기다려라."

207 바룩의 애도와 경고의 말, 곧 몰락한 시온에 대한 애도와 적국 바빌론에 대한 경고는 10,6에서 시작하여 12,4에서 끝난다. 곧 10,6의 첫 단어 '행복하다' 앞에 붙은 쌍따옴표(")는 12,4에서 닫힌다.

208 '태어났으나 죽은 사람'이 태어나자마자 죽은 사람을 가리키는지, 태어났으되 지금은 죽고 없는 사람을 가리키는지 분명하지 않다. 어떻든 지금 현재 죽어서 유배를 목격하지 않은 사람을 가리킴에는 틀림없다. 구약성경에서 예언자들이 극한의 고통 속에서 태어난 사실 자체를 두고 한탄하는 경우들이 드물지 않게 발견된다. "저주를 받아라, 내가 태어난 날! 복을 받지 마라, 어머니가 나를 낳은 날!"(예레 20,14). 4에즈 4,12에도 아예 태어나지 않은 편이 나았을 것이라는 한탄이 나온다. 태어나지 않은, 또는 이미 죽은 사람이 행복하다는 선언은, 이스라엘 백성에게 바

7 그러나 우리 살아 있는 자들, 우리는 불행하다! 시온의 고통과
예루살렘에 일어난 일들을 보고 있으니![209]
8 나는 바다의 세이렌들을[210] 부르리라. 그리고 너희 릴린들아
사막에서 나오너라.[211] 그리고 너희 잡신들과[212] 자칼들아,
숲에서 (나오너라)! 깨어나라! 애도할 준비를 하라![213] 나와 함께
애가를 올리자! 나와 함께 애도하자!

빌론 유배가 얼마나 큰 고통이었을지 짐작하게 해준다.

209 10,6-7은 각각 행복선언과 불행선언에 해당한다. 구약성경에 나오는 행불행 선언 형식을 따랐다. 행불행 선언은 시편과 지혜 문학 및 예언서 등에서 두루 발견된다. 행복 선언은 시편 1,1; 2,12; 32,1-2; 33,12; 34,9; 41,2; 106,3; 112,1; 119,1-2; 잠언 3,13.18; 28,14; 지혜 3,13; 집회 14,1-2; 이사 30,18; 32,20; 56,2; 애가 4,9; 바룩 4,4; 다니 12,12; 토빗 13,14 등 참조. 신약성경의 진복팔단도 같은 형식이다: 마태 5,3-11; 루카 1,45 참조. 불행 선언은 민수 21,29; 유딧 16,17; 코헬 10,16; 집회 2,12-14; 41,8; 이사 3,9.11; 5,8-22; 예레 4,13; 4,31; 13,27; 바룩 4,31-32; 에제 13,3.18; 16,23 등을 참조하라.

210 '세이렌들'이라 옮긴 ܣܝܪܝܢܘܣ는 그리스어 Σειρήν의 복수형인 Σειρῆνες의 차명어에 해당한다. 그리스어 1에녹 19,2에 세이렌들(Σειρῆνες)이 언급되어 있다. 타락한 천사들의 아내가 된 여자들은 세이렌이 되리라는 예고에서다. 미카 1,8 칠십인역에는 '세이렌들의 딸들'처럼 애도한다는 표현이 나온다. 미카 1,8의 히브리어 본문은 '세이렌들의 딸들'이 아니라 '타조'라 읽는다.

211 이사 34,14 참조: "그곳에서는 사막 짐승들이 늑대들과 만나고 염소 귀신들이 서로를 부르리라. 도깨비도 그곳에 쉬면서 안식을 얻으리라." 에돔 땅에 닥칠 재앙을 예고하는 대목이다. 여기서 도깨비로 옮긴 단어가 '릴린'에 해당한다. 야행성의 여자마귀라고 한다(BDB). 이사 13,21도 참조하라.

212 신명 32,17 참조: "그들은 하느님이 아니라 잡신들에게 제물을 바쳤다. 그들이 알지도 못하던 신들 갓 들어온 새 신들 너희의 조상들은 두려워하지도 않던 신들이다." 2바룩 10,8에서 '잡신'이라 옮긴 시리아어 ܫܐܕܐ(복수형 ܫܐܕ̈ܐ)는 신명 32,17의 잡신에 해당하는 שֵׁד와 같은 단어다. שֵׁד는 아람어 *šêdu*(=시리아어 ܫܐܕܐ)의 차용어라고 한다(BDB). שֵׁד가 시편 106,37("자기네 아들과 딸들을 마귀들에게 바치며")에도 나온다. 여기서 마귀라고 옮겨진 단어다. 바룩 4,7도 참조하라.

9 너희 일꾼들아, 다시 씨를 뿌리지 마라. 그리고 너 땅아, 무엇
때문에 네 소출의 열매를 내놓느냐? 네 양식의 달콤함을 네
안에 가두어두어라!

10 그리고 너 포도나무야, 너는 무엇 때문에 네 포도주를 아직도
내놓고 있느냐? 시온에서는 그것이 다시 봉헌되지 않을 것이다.
그리고 다시는 첫 열매가 봉헌되지 않을 것이다.

11 너희 하늘아! 너희 이슬을 잡아두어라. 그리고 비의 곳간을
열지마라!

12 그리고 너 태양아, 네 광선의 빛을 잡아두어라. 그리고 너 달아,
풍성한 네 빛을 꺼뜨려라! 무엇 때문에 빛이 다시 떠오르겠느냐,
시온의 빛이 어두워진 곳에서!

13 그리고 너희 신랑들아, 들어오지 마라! 그리고 신부들은
화관으로 장식하지 마라!
그리고 너희 여자들아, 아이 낳기를 염원하지 마라![214]

14 아이 갖지 못하는 여인들이 몹시 기뻐하고, 아이가 없는
여인들이 즐거워할 것이기 때문이다. 그러나 아이가 있는
여인들은 괴로워할 것이다.[215]

15 도대체 그들이 무엇 때문에 진통 속에 아이를 낳아 슬픔
속에 묻는다는 말이냐? 16 혹은, 무엇 때문에 남자들이 다시
아들들을 가진다는 말이냐? 혹은 무엇 때문에 자기 종족의

---

213 직역: "애도를 위해 허리를 동여매어라." 허리를 동여맨다는 것은 명령에 따를 준비 태세를 갖추는 것을 뜻한다(Smith). 구약성경에도 자주 사용되는 표현이다.

214 또는, "아이를 낳게 해달라고 기도하지 마라."

215 재난의 시작을 예고하면서 "그 무렵에 임신한 여자들과 젖먹이가 딸린 여자들"이 불행하다고 하는 마태 24,19; 마르 13,17; 루카 21,23 참조. 이사 54,1도 참조하라.

씨앗에 다시 이름이 붙여진단 말이냐? 이 어머니는 황폐해졌고
그 아들들은 포로로 끌려갔다![216]

17 이 시각부터 더 이상 은총에 대해 말하지 말고 더 이상
아름다움에 대해 이야기하지 마라.

18 너희 사제들아, 성소의 열쇠들을 집어서 그것들을 하늘
높은 곳으로 던져라. 그리고 그것들을 주님께 드려라! 그리고
말하여라. '당신 집을 당신 몸소 지켜주십시오! 보십시오, 저희는
가짜 집사임이[217] 드러났습니다!'[218]

19 그리고 너희, 오피르의 금으로 아마포와 비단을 짜는 처녀들아,
서둘러 그 모든 것을 집어들고 불속에 던져 넣어라! 불이
그것들을 만드신 분께 그것들을 바칠 수 있도록! 그리고
불꽃이, 그것들을 창조하신 분께 그것들을 보낼 수 있도록!
그리하여 원수들이 그것들을 손에 넣지 못하도록!

바빌론에 대한 경고[219]

11 1 그러나 나 바룩은 너 바빌론을 향해 말한다.
만약 네가 번창하고 시온은 영광스럽게 지냈다면, 네가 시온과
대등하다는 사실이 우리에게 큰 슬픔이었을 것이다. 2 그런데

---

216 어머니는 예루살렘을, 그 아들들은 예루살렘 주민을 가리킨다.

217 '집사'라 옮긴 시리아어 표현은 ܪܒ ܒܝܬܐ다. '집의 관리·운영자'라는 뜻이다. 본문에는 복수형인 ܪ̈ܒܝ ܒܝܬܐ가 쓰였다. 하느님의 집인 성전을 관리하는 사람을 가리킨다.

218 4바룩 4,4-5 참조.

219 2바룩 11,1—12,5은 바빌론에 대한 경고에 해당한다. 먼저 번창하는 바빌론과 황폐한 시온의 처지를 대비(11장)한 다음 바빌론이 언제까지나 번창하지는 않을 것이며 때가 되면 벌을 받으리라 예고한다(12장).

지금 보라! 슬픔은 끝이 없고 비통함은 측량할 수 없다. 너는
번창하는데 시온은 황폐하기 때문이다. 3 누가 이 일들에 대한
심판관이 될 것인가? 혹은 우리에게 일어난 일에 대해 누구에게
고발할 것인가?[220]
오 주님, 당신은 어떻게 견디셨습니까?
4 저희 선조들은 안식에 들어 슬픔이 없습니다. 그리고 의로운
이들은 안식을 누리며 땅에 누워 있습니다.[221] 5 사실 그들은
이 괴로움을 알지 못하며 저희에게 일어난 일들에 대해 듣지
못했습니다.
6 땅아, 너에게 귀들이 있었으면! 그리고 먼지야, 네게 마음이
(있었으면)! 너희가 셔올에 가서 죽은 자들에게 선언했을 텐데!
'너희들은 행복하다, 살아 있는 우리보다 더!'라고.

12 1 그러나 나는 내가 생각하는 대로 말할 것이다.[222] 그리고 번창하고
있는 땅아, 너를 향해 선언할 것이다! 2 '한낮이[223] 늘 타오르지는
않는다. 태양 광선이 끊임없이 빛을 내지도 않는다. 3 네가 늘 번창
하고 즐거워하리라 여기거나 기대하지 마라. 지나치게 자만하지 말
고 남을 억압하지 마라. 4 참으로, 때가 되면[224] 진노가 너를 향해

---

220 또는, "누구에게 불평할 것인가?"

221 4바룩 4,10에도 비슷한 내용이 나온다. 예루살렘의 몰락을 보지 않은 자기네 조상 아브라함, 이사악, 야곱이 행복하다는 것이다.

222 12,1-4: 바빌론을 향한 경고가 본격적으로 이루어진다. 그들의 번영과 행복은 일시적이며 영원하지 않을 것임을 선언한다. 진노의 때가 오리라는 것이다.

223 한낮이라 옮긴 표현은 ܦܠܓܗ ܕܝܘܡܐ다. 직역하면 '날의 반'이라는 뜻이다. 클라인(Klijn)은 "정오"라고 번역한다.

224 직역: "자기 때에"(ܒܙܒܢܗ). 모든 것에는 때가 있음을 드러낸다. 번창은 번창

깨어날 것이다. 그것이 지금은 고삐에 씌워 있듯 오랜 인내 속에[225] 갇혀 있을 따름이다.'"[226]

[5] 이 말들을 마친 뒤 나는 이레 동안 단식했다.[227]

IV. 바룩과 하느님의 대화(13,1—20,6)[228]

이민족에 대한 재앙 예고[229]

13 [1] 그리고 이 일들이 있은 다음의 일이다. 나 바룩은 시온 산 위에 서 있
었다. 그런데 보라! 높은 데서 한 목소리가 나와 나에게 말하였다.[230]

의 때에, 진노는 진노의 때에 일어날 것이다. 시편 75,3 "내가 정한 때가 오면 나는 올바르게 심판하리라" 참조.

225 '오랜 인내 속에'라 옮긴 표현은 ܒܢܓܝܪܘܬ ܪܘܚܐ다. '오래 인내하며'라 옮겨도 된다(Smith).

226 2마카 6,13-15 참조.

227 2바룩 9,1; 20,5-6; 4에즈 6,31 참조. 바룩이 이레 동안 단식한 뒤에 주님의 말씀이 내린다. 여기서 단식은 새로운 계시를 받을 준비에 해당한다. 신약에서 예수님은 공생활을 시작하시기 전 광야에서 사십 일을 밤낮으로 단식하신다(마태 4,2; 루카 4,2).

228 2바룩 13,1—20,6은 다양한 주제와 관련된 하느님과 바룩의 대화에 해당한다. 바룩이 제기한 물음들에 하느님께서 답변하시는 형식 또는 그 반대로 전개된다.

229 2바룩 13장은 이민족에게 닥칠 재앙에 대한 예고에 해당한다. 이민족에 대한 신탁은 구약성경 예언서에 빈번히 나오는 주제다. 예언서에서는 종종 이민족들이 받을 벌에 대한 신탁이 먼저 나오고 그 뒤에 이스라엘 백성이 받을 벌에 대한 신탁이 이어진다: 아모 1—2장 참조. 최초의 전기 예언서인 아모스서가 다른 예언서의 전형이 된다. 다른 예언서들은 아모스서의 패턴을 따라 이민족들에 대한 신탁과 이스라엘 백성에 대한 신탁을 번갈아가며 전한다.

230 새로운 계시의 시작을 알리는 목소리다. 구약성경에서 예언자는 하느님의 말씀을 전달하는 도구다. 하느님께서 당신 혹은 당신 뜻을 예언자를 통해 드러내신

2 "두 발로 일어서라, 바룩아. 그리고 능하신 하느님의 말씀을 들
어라![231] 3 네가 시온에 일어난 일로 경악했기에, 그 때문에 너는 시간
의 마지막까지 남겨질 것이다. 네가 증인이 되기 위해서다.[232] 4 만약 저
번창하는 도시들이 '능하신 하느님께서 무엇 때문에 우리에게 이런 벌
을 내리셨지?' 하고 묻는다면, 5 때가 되어 너희와 너희 백성에게 닥친
재앙과[233] 징벌을 목격한 네가, 너와 비슷한 사람들과 함께 그들에게
말해 주어라. 이민족들도[234] 철저히 벌 받게 될 것이라고![235] 6 그런 다
음 그들이 줄곧 (벌 속에) 머물 것이라고.[236] 7 만약 그때 그들이 '언제?'

다. 예언자는 하느님 말씀을 듣기 전에 자신을 부르는 목소리를 듣거나 환시를 본다: 아모 1,1 참조. 2바룩 22,1 참조.

231 에제 2,1 참조.

232 직역: "너는 증언을 위해 (남아) 있을 것이다."

233 "재앙"이라 옮긴 단어는 ܒܝܫܬܐ다. '악', '나쁜 일', '재난' 등으로 옮길 수 있다(Smith).

234 "이민족들"이라고 옮긴 시리아어는 ܥܡܡ̈ܐ다. 히브리어 עַם과 어원이 같은 이 단어(ܥܡܐ)는 '민족' 또는 '백성'을 뜻한다. 같은 뜻의 히브리어 עַם은 수식어 없이 단독으로 하느님의 백성 곧 이스라엘을 가리킬 수 있다. 그런데 이 단어의 복수형 עַמִּים은 일반적인 사람들뿐 아니라 이민족 사람들, 이방인들을 가리키기도 한다(BDB; HALOT). 시리아어 ܥܡܐ도 마찬가지라 복수형 ܥܡܡ̈ܐ는 문맥에 따라 이민족들을 가리키는 경우가 있다(Smith). 2바룩 13,5; 14,2 등이 바로 이런 경우다. 히브리어 עַם이 그리스어로 옮겨질 때, 이스라엘 백성을 가리키는 경우 ὁ λαός(단수형), 이민족(이방인들)을 가리키는 경우 τὰ ἔθνη(복수형)가 쓰인다(Bauer-Danker). 신명 14,2 참조: "이는 너희가 주 너희 하느님의 거룩한 백성(עַם; ܥܡܐ; ὁ λαός)이며, 주님께서 너희를 선택하시어 땅 위에 있는 모든 민족들(עַמִּים; ܥܡܡ̈ܐ; τὰ ἔθνη) 가운데에서 너희를 당신 소유의 백성(עַם; ܥܡܐ; ὁ λαός)으로 삼으셨기 때문이다." 이민족을 가리키는 또 다른 히브리어 גּוֹיִם(복수형)도 시리아어 성경에서 대개 ܥܡܡ̈ܐ라 옮겨진다.

235 2마카 6,13-15 참조.

236 '머물다'는 뜻으로 옮긴 단어는 ܩܘܐ의 미완료형이다. '지속하다', '기다리다'

하고 묻는다면, [8] 너는 그들에게 말하여라.

'너희, 순수한 포도주를 마신 자들아, 그 찌꺼기까지 마셔라. 그
것이 차별하지 않으시는[237] 지극히 높으신 분의 심판이기 때문이다.[238]
[9] 그분께서 앞서 당신 아들들에 대해서도 용서해주지 않으신 것
도[239] 그래서다. 그분께서는 그들에게도 그분을 미워하는 자들에게 하
듯이 벌을 내리셨다. 그들이 죄를 지었기 때문이다. [10] 그래서 그들은
벌을 받았다. 용서받기 위해서였다.[240]
[11] 그러나 이제 너희, 이민족들과 부족들아, 너희는 유죄다. 이 모
든 시간 동안 너희가 땅을 짓밟으며 피조물을 불의하게 이용했기 때
문이다. [12] 사실 나는 늘 너희에게 잘해주었다. 그러나 너희는 줄곧 그
축복을 저버렸다.'"[241]

시온에게 재앙이 닥친 이유[242]

14 [1] 나는 대답하며 말하였다.

는 뜻도 있다(Smith). 거트너(Gurtner)는 "그들은 고통 속에 있을 것이다", 클라인(Klijn)은 "그들은 기대할 것이다"로 옮긴다.

237 '차별하지 않다'라 옮긴 표현은 ܠܐ ܢܣܒ ܒܐ̈ܦܐ다. '취하다'는 뜻의 ܢܣܒ동사와 얼굴이라는 뜻의 ܐܦܐ가 만나(ܢܣܒ ܒܐ̈ܦܐ) '얼굴을 보다', '얼굴을 고려에 넣다'는 뜻이 된다(Smith). 신명 10,17; 집회 35,15; 사도 10,34; 15,9; 로마 2,11 참조.

238 시편 75,9-10 참조. 이에 따르면 심판자이신 하느님께서 따라주시는 심판의 술을 모든 악인들은 찌꺼기까지 핥아 마시리라고 한다.

239 또는, "벌을 면해주지 않으셨다."

240 이스라엘 백성에게 내린 벌은 '용서'를 위한 벌이다. 솔로몬의 시편 7,3.9; 10,1-3; 13,8-10 참조. 2마카 7,33도 참조.

241 또는, "축복을 부정하였다." '저버리다'에 해당하는 시리아어는 ܟܦܪ다. 이 단어는, '닦아 없애다', '부인하다', '거절하다' 등으로 옮겨도 된다(Smith).

"보십시오! 당신께서는 제게 시간의 경로를,[243] 그리고 이 일들 다음에 일어나기로 예정된 일을 알려주셨습니다. 그리고 제게 말씀해주셨습니다. 당신께서 말씀하신 징벌이 민족들에게[244] 닥칠 것이라고.[245]
2 그리고 이제 저는 압니다. 죄를 짓고 번창하며 살다가 세상을 떠난 자들이 매우 많다는 것을! 그러나 그때에, 당신께서 하신 말씀들을 듣게 될, 남은 민족들은 매우 적을 것입니다![246] 3 그렇다고 무슨 이득이 있습니까? 아니면 전에 목격한, 저희에게 일어난 일들보다[247] 더 나쁜 무슨 일을 목격하게 되리라고 예상할 수 있겠습니까?[248]

4 그러나 다시, 저는 당신 앞에서 말할 것입니다. 5 당신 앞에서 지식을 얻었던 그들이[249] 무슨 이득을 얻었습니까? 그들은 나머지 이

---

242 2바룩 14—15장은 시온에게 일어난 재앙의 이유를 묻고 답하는 내용이다.

243 '경로'라 옮긴 시리아어 ܕܘܒܪܐ는 '순서', '질서', '경과' 등으로도 옮길 수 있다(Smith). 때에 따라 맞추어 일어날 일들을 가리키는 듯하다.

244 '민족들'이라고 옮긴 시리아어는 ܥܡ̈ܡܐ다. 히브리어 עַם의 복수형 עַמִּים에 대응하는 단어로 여기서는 이민족 사람들, 이방인들을 가리킨다(BDB; HALOT). 2바룩 13,5에 달린 각주를 참조하라.

245 2바룩 13,5과 대조하라. 13,5에서는 이스라엘 백성에게 닥친 징벌을, 14,1에서는 이민족들에게 닥칠 징벌을 이야기한다.

246 2바룩 14,2은 다수의 죄인들과 소수의 '남은 민족들'을 언급하고 있다(마태 7,13; 루카 13,24 참조). '남은 민족들'로 옮긴 시리아어 표현은 ܥܡ̈ܡܐ ܡܫܬܘܬܪܝܢ이다. ܡܫܬܘܬܪܝܢ은 '남은 자' 개념을 표현하는 ܝܬܪ 동사의 에쉬타팔(Eshtaphal)형 분사에 해당한다. 여기서 '남은 자들'이 '민족들'로 표현된 것을 주목하라. '남은 자들'에 이민족들이 포함됨을 보여 준다. 이는 바룩 2서가 구원의 보편성으로 나아가고 있음을 반영한다. '남은 자들' 개념에 대해서는 4에즈라 해제의 '5.4. 남은 자들' 항목을 참조하라.

247 직역: "저희가, 일어나는 것을 본 그 일들보다."

248 이스라엘 백성이 당한 재앙보다 더 큰 재앙을 예상할 수 없으리라는 의미다.

249 이스라엘 백성을 가리킨다.

민족들처럼 헛되이 살지 않았으며,[250] 죽은 자들에게 '우리에게 생명을 주시오' 하고 말하지도 않았습니다.[251] 그리고 늘 당신을 두려워하며 당신의 길을 떠나지 않았습니다.[252] [6] 보십시오! 그들은 애써 노력했습니다. 그런데도 당신께서는 그들을 위해 시온에 자비를 베풀지 않으셨습니다. [7] 만약 다른 자들도 악행을 저질렀다면, 시온에게는 용서가 베풀어졌어야 마땅합니다. 선을 행한 이들의 행업들[253] 때문입니다.[254] 그리고 시온이 불의를 행한 자들의 일들 때문에 삼켜지지는 말았어야 했습니다.[255]

[8] 그러나 주님, 저의 주님, 누가 당신의 심판을 이해할 수 있겠습니까? 혹은 누가 당신 길의 심오함을 살필 수 있겠습니까? 혹은 누가 당신 행로의 가치를 헤아릴 수 있겠습니까?[256] [9] 혹은 누가 이해할 길 없는 당신의 마음을 헤아릴 수 있겠습니까? 혹은 태어난 사람들 중에 누가 당신 지혜의 처음이나 끝을 발견한 적이 있습니까?

[10] 사실 우리 모두 허무와 비슷합니다.[257] [11] 증기가 생각 없이 위

---

250 예레 2,5 참조.

251 이사 8,19 참조.

252 또는, "당신 앞에서 지식을 얻고, 나머지 이민족들처럼 헛되이 살지 않았으며, 죽은 자들에게 '우리에게 생명을 주시오' 하고 말하지도 않았고, 늘 당신을 두려워하며 당신의 길을 떠나지 않았던 그들이 무슨 이익을 얻었습니까?"

253 직역: "선을 행한 이들의 일들."

254 2바룩 2,2; 84,10 참조.

255 창세 18,22-25 참조.

256 거트너(Gurtner)에는 14,8의 마지막 문장의 번역이 누락되었다.

257 '허무'라고 옮긴 단어는 ܗܒܠܐ다. '증기'나 '헛것'이라고 옮겨도 된다. 2바룩 14,11에서 '증기'라 옮긴 단어도 같은 단어(ܗܒܠܐ)다. 2바룩 82,3; 4에즈라 7,61 참조. 욥 7,7; 야고 4,14 참조. 2열왕 17,15 "그들은 … 헛것을 따라다니다가 헛것이 되었다. 그들은 또 주님께서 본받지 말라고 명령하신 주변의 민족들을 따라다녔다"에

로 올라가서 다시 사라져버리듯, 사람들의 방식도 그러합니다. 그들도
의지와 상관없이 떠나갑니다. 그리고 마지막에 그들에게 무슨 일이 생
길지 알지 못합니다.

12 의로운 이들은 마지막을 아름답게 기대합니다. 그리고 두려움
없이 이 삶을 떠납니다. 그들은 당신 곁의 보물 창고에 행업의 힘을 쌓
아두었기 때문입니다.[258] 13 이 때문에 그들은 이 세상을 두려움 없이
떠나갑니다. 그리고 그들은 기쁨 속에서 기대하며 당신께서 그들에게
약속하신 세상을 받게 되리라 확신하고 있습니다.

14 그러나 저희, 지금 모욕당하고 있는 저희, 그리고 이런 때 재앙
을 기다리고 있는 저희는 불행합니다.[259] 15 당신께서는, 당신 종들에
대해 당신께서 어떤 일을 하셨는지 정확히 아십니다.[260] 저희는 저희를
빚으신 당신과 달리 좋은 것을 식별하지 못합니다.

16 저는 당신 앞에서 다시 말할 것입니다, 주님! 저의 주님! 17 맨
처음, 세상도 그 안에 사는 사람도 없었을 때 당신께서는 계획을 세우
시고 말씀을 선포하셨습니다. 그러자 곧바로 당신께서 창조하신 작품
들이 당신 앞에 섰습니다.[261] 18 당신께서 말씀하셨습니다. 당신 세상을
위해, 당신 피조물의 관리자로[262] 사람을 만드시겠다고. 그자가 세상을

서 '헛것'으로 옮겨진 히브리어 הֶבֶל은 2바룩 14,10-11에서 '허무' 및 '증기'라 옮긴 시리아어 'ܗܒܠܐ'와 어근이 같다. '헛것을 따라다니다 헛것이 되었다'는 표현은 예레 2,5에도 나온다(BDB).

258 직역: "그들에게는 당신 곁 보물 창고에 간직된 행업의 힘이 있기 때문입니다." 2바룩 2,2; 4에즈 7,77; 마태 6,19-20 참조.

259 불행 선언이다. 2바룩 10,7에 달린 각주를 참조하라.

260 주님께서는 당신 종들이 어떤 식의 사람들인지 아신다는 의미인 듯하다.

261 창세 1장; 요한 1,1-3 참조.

262 '관리자'라 옮긴 단어 ܡܦܪܢܣܢܐ는 '돌보다', '관리하다'를 뜻하는 ܦܪܢܣ에서

위해서 만들어진 것이 아니라 세상이 그자 때문에 만들어졌다는 것이
알려지게 하시려는 것이었습니다. 19 그리고 이제 저는 압니다. 저희를
위해 만들어진 세상이 지속한다는 것을. 그러나 그것이 만들어진 이
유인 저희는 떠나간다는 것을."

15 1 주님께서 대답하시며 내게 말씀하셨다. "사람들의 떠남에 대해 네가
놀란 것은 당연하다. 그러나 죄지은 자들에게 닥친 재앙을 두고 네가
판단한 것은 옳지 않다. 2 너는 말하였다. '의인들은 약탈당하고 악인
들은 번창합니다!' 3 너는 또 말하였다. '사람은 당신의 법을 알지 못합
니다!' 4 그러니 들어라, 내가 너에게 말한다. 귀를 기울여라, 네게 내
말을 들려주겠다. 5 사람이 내 법을 알지 못하는 것은 당연하다. 그가
율법을 받아들이지 않는다면,[263] 그리고 내가 슬기로써 그를 가르치지
않는다면!

6 그런데 지금, 그가 알면서도 잘못을 저질렀기에, 바로 그것 때
문에 벌을 받을 것이다. 그가 알고 있었기 때문이다.[264] 7 그리고 네가
말한 의인들에 대해서 (알려 주겠다). 이 세상이 온 것이 그들 때문이

파생한 명사로서 '관리자', '집사', '양육자' 등으로 옮길 수 있다. 피조물을 돌보고 관리하는 사람을 가리킨다. 창세 1,28; 2,15 참조.

263 2바룩 15,5에서 '법'으로 옮긴 시리아어는 ܕܝܢܐ다. 이 단어는 '판단, 판결, 심판' 등으로 옮길 수도 있다(Smith). 같은 절에서 '율법'이라 옮긴 단어 ܢܡܘܣܐ는 그리스어 νόμος의 차용어다.

264 2바룩 15,6의 알면서도 잘못을 저질렀기 때문에 벌 받는다는 생각은 4에즈 7,71-73에도 나온다: "7,71 너는 '지성이 우리와 함께 자라납니다!' 하고 말하였다. 72바로 그 때문에 땅의 주민들이 고통을 당할 것이다. 그들은 자기들 안에 지성이 있는데도 불의를 저질렀으며, 계명들을 받았으나 그것들을 지키지 않았다. 그리고 자기들에게 맡겨진 율법을 거부하였다. 73 심판 때에 그들에게 무슨 할 말이 있겠느냐?" 알면서도 잘못을 저지른 그들은 심판 때에 할 말이 없을 것이라고 한다.

며 다가올 세상도 그들 때문이다.[265] 8 그들에게 이 세상은 투쟁이요 수
고로움 가득한 고난이지만 다가올 세상은 영광 가득한 화관이다."[266]

질문과 응답[267]

16 1 나는 대답하며 말하였다. "주님, 저의 주님, 보십시오! 지금의 햇수는
얼마 되지도 않고 악합니다. 헤아릴 수 없는 것을 이렇게 짧은 시간 안
에 누가 물려받을 수 있겠습니까?"[268]

17 1 주님께서 대답하시며 내게 말씀하셨다. "지극히 높으신 분께는 많은
시간이나 적은 햇수가 별 상관이 없다.[269] 2 구백삼십 년을 산 아담에
게 그것이 무슨 소용이 있었느냐? 그러고도 그는 명받은 것을 어기지
않았느냐?[270] 3 그러니 그가 산 시간의 많음이 그에게 아무 소용이 없
었다. 오히려 그것이 죽음을 가져왔으며 그에게서 태어난 자들의 햇수
를 줄였다.[271]

---

265 다가올 세상은 소수의 의인을 위해 만들어졌다는 생각은 4에즈 8,1에 나온다. 비슷한 표현이 토마 복음에서는 의인 야고보에게 쓰였다. 주님께서 떠나신 뒤 누가 지도자가 되겠느냐는 제자들의 물음에 예수님께서 하신 말씀이다. "너희가 어디서 왔든지 의인 야고보에게 가야 할 것이다. 하늘과 땅이 바로 그를 위해 생겨났다"(토마 복음 12).

266 의인에게 다가올 세상은 영광 가득한 화관이 되리라는 것은 이사 62,3을 참조하라. 1베드 5,4도 같은 생각을 표현한다. 로마 8,18; 2코린 4,17도 참조.

267 2바룩 16—19장은 하느님과 바룩 사이에 오가는 여러 가지 질문과 응답을 담고 있다.

268 시편 90,9-10 참조.

269 직역: "헤아려지지 않는다", "고려되지 않는다."

270 또는, "구백삼십 년을 살고도 명받은 것을 어긴 아담에게 그것이 무슨 소용이 있었느냐?" 창세 3장, 낙원설화 참조.

[4] 아니면, 백이십 년밖에 살지 못한 모세가[272] 무슨 해를 입었느냐? 모세는 그를 빚으신 분께 복종하였기에 야곱의 후손에게 율법을 가져다주었으며 이스라엘 종족에게 등불을 밝혀주었다."[273]

18 [1] 나는 대답하며 말하였다.

"빛을 비춘 이는[274] 빛에게서 빛을 취하였습니다.[275] 그런데 그를
본받은 이는 드뭅니다. [2] 그가 빛을 비추어준 자들 가운데 상당수가
아담의 어둠을 취하였습니다. 그리고 그들은 등불의 빛에서 기쁨을 찾
지 않았습니다."[276]

19 [1] 그분께서 대답하시며 내게 말씀하셨다.[277]

"그리하여 그때 그가[278] 그들을 위해 계약을[279] 세우며 말하였다.

---

271 수명이 단축되었음을 뜻한다. 에덴 동산 동쪽에 커룹들과 불 칼을 세워 생명 나무에 이르는 길을 지키게 하셨다는 창세 3,24 참조. "한 사람을 통하여 죄가 세상에 들어왔고 죄를 통하여 죽음이 들어왔"다고 하는 로마 5,12을 참조하라. "죽음이 한 사람을 통하여 왔"다고 하는 1코린 15,21도 참조.

272 신명 34,7 참조.

273 시편 119,105 참조: "당신 말씀은 제 발에 등불, 저의 길에 빛입니다." 4에즈 3,19도 참조.

274 요한 1,9 참조: "모든 사람을 비추는 참빛이 세상에 왔다."

275 직역: "빛에서 일부를 취하였습니다." 여기서 '빛을 비춘 이'는 바로 앞 절 17,4에서 말한 모세를 가리키는 듯하다. 모세가 빛으로부터 빛을 취하여 백성에게 나누어 주었다는 의미일 터다.

276 요한 1,9-11 참조. "빛이 이 세상에 왔지만, 사람들은 빛보다 어둠을 더 사랑하였다"는 요한 3,19도 참조. 요한을 등불에 비유한 요한 5,35도 보라.

277 주님 말씀은 19장에서 20장까지 이어진다.

278 모세를 가리킨다.

'보라, 내가 너희 앞에 생명과 죽음을 내놓았다.'[280] 그리고 그는 그들 앞에 하늘과 땅을 증인으로 소환하였다.[281]

[2] 그는 자기의 시간은 얼마 안 되지만 하늘과 땅은 언제까지나 있으리라는 사실을 알고 있었다. [3] 그러나 그의 죽음 이후 그들은 죄를 짓고 잘못을 저질렀다. 그들에게는 자신들을 꾸짖는 율법과, 그 안에서는 아무것도 오류에 빠질 수 없는 빛과, 증언하는 천계, 그리고 내가 있음을 알면서도 그렇게 하였다[282] — 나는 존재하는 모든 것을 심판하는 이다.[283]

[4] 그러나 너는! 네 영혼으로 그것들에 대해 생각하지 마라. 그리고 일어난 일들 때문에 괴로워하지도 마라. [5] 이제 시간의 마지막이 다가왔기 때문이다. 물질의 시간이든, 번영의 시간이든, 수치의 시간이든, 지금 생각해야 하는 것은[284] (시간의 마지막이지) 그 시작이 아니다.[285]

---

279 '계약'이라 옮긴 시리아어 ܕܝܬܩܐ는 διαθήκη(디아테케)를 음역한 그리스어 차용어다.

280 신명 30,19 참조: "나는 오늘 하늘과 땅을 증인으로 세우고, 생명과 죽음, 축복과 저주를 너희 앞에 내놓았다."

281 또는, "하늘과 땅이 그들을 거슬러 증언하였다." '증인으로 소환하다'로 옮긴 단어는 ܐܣܗܕ로 ܣܗܕ 동사의 아펠(Apel)형에 해당한다. ܣܗܕ 동사의 아펠형은 '…를 거슬러 증언하다'는 뜻이다(Smith). 이 동사의 파엘(Pael) 형이 '증인으로 소환하다'는 의미다. 문맥상, 그리고 신명 30,19; 31,28을 참조하여 2바룩 19,1 마지막 문장을 '하늘과 땅을 증인으로 소환하다'로 옮겼다. 거트너(Gurtner)와 클라인(Klijn)도 "증인으로 소환하다"라 옮겼다.

282 4에즈 7,72 참조.

283 Gurtner, *Second Baruch: A Critical Edition of the Syriac Text*, 50에는 절 구분이 조금 다르게 되어 있다. 19,3이 '천계'라는 단어에서 끝난다. 여기서는 절 구분을, 클라인(Klijn)을 참조하면서 온라인 버전을 따라하였다.

284 '지금 생각해야 하는 것'이라고 옮긴 시리아어는 ܡܬܒܥܐ다. ܒܥܐ(기도하다, 요구하다, 찾다) 동사의 현재 분사형은 비인칭으로 쓰여 임박한 현실을 표현한다.

6 어떤 사람이 젊은 시절에는 영화롭다가 노년에 수치를 당한다면 그
는 자기에게 있었던 모든 영화를 망각해버린다. 7 마찬가지로, 어떤 사
람이 젊은 시절에는 수치를 당하다가 말년에 영화로우면 그는 더 이상
자신의 수치를 떠올리지 않는다. 8 그러니 다시 들어라! 범법자들에게
죽음이 선언된 날로부터 줄곧[286] 모든 사람이 영화로웠다[287] 하더라도
결국 그들이 파멸당했다면 모든 것이 헛되었을 것이다!

새 계시에 대한 예고[288]

20 1 그러니 보라! 날들이 다가오고 있다. 시간들은 전보다 더 서두를 것
이다. 계절들은 지나간 계절들보다 더 빨리 달려갈 것이다. 해들은 지
금의 해들보다 더 빠르게 지나갈 것이다.[289] 2 지금 내가 시온을 제거한
것이 그래서다. 내가 더 서둘러서 제 시간에 세상을 방문하려는 것이
다.[290]

3 그러니 이제, 내가 너에게 명한 것을 네 마음속에 담아라. 그리
고 그것들을 네 마음속 골방에 봉인해 두어라. 4 그러면 나는 내 힘의

여기서 쓰인 ܡܬܚܫܒܐ는 에트페알(Ethpeal)형 현재분사다. 비인칭으로서 '지금 필요한 것, 지금 생각해야 하는 것' 등의 의미를 표현한다(Smith).

285 2바룩 19,5의, 시각을 과거에서 미래로 돌리라는 요청은 2바룩 32,5; 4에즈 7,16을 참조하라.

286 직역: "이 모든 시간 동안."

287 또는, "번창했다."

288 2바룩 20장은 바룩에게 새 계시가 주어질 것임을 예고하면서 단식과 기도로 새 계시를 받을 준비를 갖추라고 명하는 내용이다.

289 그날이 임박했음을 예고하는 마르 13,28-30; 마태 24,32-34; 루카 21,29-32 참조.

290 '방문'(ܣܥܪ)은 살피고 감독한다는 의미를 담고 있다. 여기서는 죄인을 처벌하기 위한 '방문'이다. 탈출 32,34; 시편 89,33; 예레 6,15; 11,22 등을 참조하라.

심판과 측량할 수 없는 내 길들을 네게 보여주겠다. 5 그러니 가라! 이레 동안 자신을 정결히 하고, 빵도 먹지 말고 물도 마시지 마라. 그리고 누구에게도 말하지 마라.[291] 6 그런 다음 이 장소로 가라. 그러면 나는 너에게 나를 보여주겠다. 그리고 너에게 진실을 말해주겠다. 그리고 시간들의 행로에 대해 너에게 일러 주겠다. 사실 그 시간들이 오고 있다. 그 시간은 지체되지 않을 것이다."[292]

V. 마지막 때와 메시아 시대(21,1—47,2)[293]

V-① 시간의 종말(21—30장)[294]

네리야의 아들 바룩의 기도[295]

21 1 나는 그곳을 나와 길을 떠났다. 그리고 키드론 골짜기, 땅속 동굴에
자리를 잡고 앉았다. 그곳에서 나는 내 영혼을 거룩하게 만들었다. 그

291 20,5-6: 새로운 계시를 위한 또 한 번의 단식. 마태 4,2; 루카 4,2 참조.

292 사람들 눈에 정의가 실현되지 않는 듯이 보이더라도 하느님께서 약속하신 정의의 시간은 반드시 온다는 희망을 표현한다. 마지막 때가 다가오고 있으며 늦춰지지 않으리라는 것은 하바 2,3을 참조하라: "늦어지는 듯하더라도 너는 기다려라. 그것은 오고야 만다. 지체하지 않는다."

293 2바룩 21—47장은 마지막 때와 메시아 시대를 다룬다. 시간의 종말(21—30장), 환시 및 해석(31—43장), 새 시대의 선포(44—47장)로 나뉜다.

294 21,1—30,5: 시간의 종말에 관한 내용이다. 21,1-3: 도입부. 21,4-18: 바룩의 기도. 21,19-26: 바룩의 청원. 22,1—28,6: 질문과 응답. 29,1-8: 메시아 시대. 30,1-5: 죽은 이들의 부활.

295 21,1-3은 '시간의 종말' 대목 전체(21,1—30,5)의 배경 설정에 해당한다. 21장 첫머리 또는 20장 말미에 '네리야의 아들 바룩의 기도'(ܨܠܘܬܗ ܕܒܪܘܟ ܒܪ ܢܪܝܐ)라는 소제목이 붙어 있다.

런데 나는 빵을 먹지 않았는데도 배가 고프지 않았다. 물을 마시지 않았는데 목이 마르지도 않았다. 그분께서 내게 명하신 대로 나는 일곱째 날까지 그곳에 있었다.[296] [2] 그런 다음 나는 그분께서 내게 말씀하셨던 그 장소로 갔다. [3] 태양이 질 무렵 내 영혼은 많은 생각들을 받아들였다. 그리고 나는 능하신 분 앞에서 이야기하기 시작하였다. 나는 말하였다.

4 "오, 제 말을 들어주십시오, 땅을 만드신 분이시여![297]
말씀으로 궁창을 고정하신 분이시며, 영靈으로 하늘 꼭대기를[298]
견고히 하신 분이시여![299]
세상의 시작 때에 아직 존재하지 않던 것을 부르신 분,[300] 그러자
그것들이 복종했던 분이시여![301]
5 당신께서는, 당신 신호로 공중에게 명령하신 분! 그리고 앞으로
오게 될 것들을 지나간 것들처럼 보신 분이십니다.
6 당신께서는 위대한 생각으로 당신 앞에 서 있는 군대들을
다스리시는 분이십니다.[302] 그리고 세상 (창조) 전에 만드신,

---

296 21,1: 계시가 내리기 전에 바룩이 행한 이레 동안의 단식.

297 21,4-18: 바룩이 키드론 골짜기에 앉아 하느님께 바친 찬양의 기도.

298 '꼭대기'라 옮긴 ܪܘܡܐ는 '높은 곳', '높이' 등을 뜻하는 단어다(Smith).

299 예레 10,12; 51,15; 아모 9,6 참조.

300 *creatio ex nihilo* 개념이 엿보인다. 2바룩 48,8도 보라. 로마 4,17 "존재하지 않는 것을 존재하도록 불러내시는 하느님"; 2마카 7,28 참조.

301 하느님께서 말씀으로 존재하는 모든 것을 창조하셨다는 생각은 시편 148,2-5; 2베드 3,5에도 나온다.

302 천상 군대를 거느리시는 하느님 개념에 대해서는 욥 19,12; 29,23; 시편 33,6; 103,21; 148,2; 집회 17,32; 이사 13,4; 24,21; 45,12; 마태 26,53 등을 참조하라. 특

불꽃과 화염으로 이루어진 무수한 거룩한 존재들, 당신 옥좌[303]
주위에 둘러선 저들을 진노로써 다스리시는 분이십니다.[304]
7 이 (모든) 것이 오직 당신을 위해서만, 원하시는 모든 것을
곧바로 실행하시는[305] 당신을 위해서만 존재합니다.[306]
8 당신께서는 비를 그 (빗방울) 수대로 땅 위에 내리게 하시는
분이십니다.
오직 당신만이 시간들의 끝을, 그것들이 오기도 전에 아십니다.
저의 탄원을 들어주소서![307]
9 당신, 오직 당신만이 모든 이들, 지금 존재하는 이들, 지나간
이들, 다가올 이들, 죄짓는 이들, 의롭게 사는 이들을[308] 모두
지탱하실 수 있기 때문입니다.
당신께서는 헤아릴 길 없는 살아계신 분이시니!
10 사실 당신, 오직 당신만이 살아계신 분, 불멸하신 분, 헤아릴 수

히 이사 45,12 "바로 내가 땅을 만들었고 그 위에 있는 인간을 창조하였다. 바로 이 내 손으로 하늘을 펼쳤고 그 모든 군대에게 명령을 내린다"는 2바룩 21,4-6과 상통한다.

303 옥좌로 옮긴 ܬܪܘܢܘܣ는 그리스어 θρόνος의 차명어다.

304 하느님의 거룩한 진노는 성경 곳곳에서 발견되는 개념이다. 예레 10,10 참조. 4에즈 8,23에도 같은 개념이 나온다.

305 또는, "만드시는."

306 또는, "이 (모든) 것이 오직 당신께만, 원하시는 모든 것을 곧바로 실행하시는 (만드시는) 당신께만 속합니다." 또는 "이것은 당신, 오직 당신을 위해서만 존재합니다. 그리하여 당신께서는 원하시는 모든 것을 곧바로 실행하십니다(만드십니다)."

307 '듣다'는 뜻으로 옮긴 ܚܘܪ는 '보다' '눈길을 주다' '고려하다'는 뜻이다(Smith). 자신이 올리는 기도와 탄원을 모른 체 말고 들어달라는 의미다.

308 ܡܙܕܕܩܝܢ는 ܙܕܩ의 에트파엘형(Ethpael) 현재분사로, '의롭다고 판명되다', '의롭게 행동하다'는 뜻이다(Smith). 2바룩 21,11-12에서도 같은 형태가 쓰였다.

없는 분이십니다![309]
당신은 사람들의 수를 알고 계십니다!
11 한때 많은 사람들이 죄를 지었지만 적지 않은 다른 사람들은 의롭게 행동했습니다.
12 당신께서는 죄지은 자들의 마지막을, 또는 의롭게 산 이들의 끝을 어디에 마련해 두셨는지 아십니다.
13 오직 이 삶, 모든 인간에게 있는 지금의 삶밖에 없다면 이보다 더 비통한 삶은 없을 것입니다.[310]
14 사실 힘이 무슨 소용 있습니까? 그것은 유약함이 되고 마는데.
풍부한 양식은 무슨 소용입니까? 그것은 기근이 되고 마는데.
아름다움은 무슨 소용입니까? 그것은 추함이 되고 마는데.
15 인간의 본성은 가변적이기 때문입니다.[311]
16 예전의 우리가 그러했듯이 지금도 그러하지는 않습니다. 지금의 우리는 이러하지만 앞으로도 그러하지는 않을 것입니다.[312]
17 만약 모든 것에게 다가올 것이 준비되지 않았다면 그 시작도 헛일이었을 것입니다.
18 당신한테서 나오는 모든 것을 알게 해주십시오. 제가 당신께 질문하는 것에 대해 깨우침의 빛을 주십시오.[313]

19 멸하는 것은 언제까지 존속합니까?[314]

---

309 묵시 1,8 참조.

310 1코린 15,19 참조.

311 또는, "사람의 본성은 늘 변하기 때문입니다."

312 과거와 현재 그리고 미래의 우리가 다 다를 것이라는 의미다. 하느님은 불변하시나 하느님 외 모든 만물 모든 인간이 변한다는 뜻이다.

313 또는, "저를 깨우쳐 주십시오."

사멸하는 자들의 시간은 언제까지 영화롭습니까?
세상을 지나가는 자들은[315] 어느 때까지 불경으로 더럽혀져
있겠습니까?[316]
20 그러니 자애롭게 명하십시오. 그리고 실현하시겠다고 말씀하신
것을 실행에 옮기십시오.
그리하여 당신의 인내를 약함이라 여기는 자들에게 당신의 힘이
알려지게 하십시오!
21 그리고 그들이 목격한, 지금껏 우리와 우리 도성에 일어난
일들이 당신 능력의 인내에 따른 일임을[317] 알지 못하는
사람들에게 가르쳐주십시오.
당신께서는 당신 이름 때문에 우리를 '사랑받는 백성'이라
부르셨기 때문입니다.[318]
22 지금은 모든 것이 사멸합니다.[319]

---

314 2바룩 21,19-26은 마지막 때를 앞당겨 달라는 바룩의 청원이다.

315 또는, "잘못을 저지르는 자들." 동사 ܥܒܪ에는 '지나가다', '사라지다' 와 '잘못을 저지르다', '법을 어기다'는 의미가 있다(Smith). 둘 다 가능하나 문맥상 전자를 택했다. 멸하는 것들, 사멸하는 자들과 관련된 구절이기 때문이다.

316 21,19에서 바룩은 사멸하는 것들의 존속 기간에 대해 질문한다. 이 질문은 마지막 때가 언제 오느냐는 물음이기도 하다. 이 물음은 마지막 때를 앞당겨달라는 청원의 도입부에 해당한다.

317 시온과 이스라엘 백성에게 닥친 재앙, 곧 이스라엘이 칼데아인들에게 패하여 바빌론으로 유배된 사실은 하느님의 연약함 때문이 아니다. 하느님이 패배하신 것이 아니라 하느님께서 당신 힘을 유보해 두고 계신다는 것이다. 예루살렘 몰락과 패배는 하느님 뜻 안에서 이루어지는 일이다. 예레 14,9-12 참조.

318 비슷한 생각이 예레 14,9("저희가 당신의 이름으로 불리니"); 15,16("주 만군의 하느님 제가 당신의 것이라 불리기 때문입니다")에 나온다.

319 직역: "지금부터는 모든 것이 사멸하는 본성입니다." 2바룩 21,22은 조금 이해하기 어렵다. Gurtner, *Second Baruch: A Critical Edition of the Syriac Text*, 56-57

23 그러니, 죽음의 천사를[320] 꾸짖으십시오.
그리하여 당신의 영광이 드러나고 당신 아름다움의 크기가
알려지게 하십시오.
또한 셔올을 봉인하여 이제부터는 죽은 자들을 받아들이지
않게 하십시오.
그리고 영혼들의 보고들이[321] 그 안에 들어 있는 자들을
돌려놓게 하십시오.
24 아브라함과 이사악과 야곱 그리고 땅에 누워 있는, 그들과
비슷한 사람들의 날들로부터 고립의 해가 수없이 흘렀기
때문입니다.
그들을 위해 당신께서 세상을 만드셨다고 말씀하시지
않았습니까?[322]
25 그러니 이제 서둘러 당신의 영광을 보여주십시오.

은 ܟܘܠ(모든 것)을 ܟܠܐ(끝내시오)로 바꾸어 읽어 "그러니 이제부터 필멸성을 끝내 주십시오"라고 옮겼다.

320 '파괴자'(탈출 12,23) 또는 '파멸시키는 천사'(2사무 24,16) 참조. 2바룩의 '죽음의 천사'는 이스라엘의 적들을 처단하러 파견된 주님의 천사를 연상시킨다(1역대 21,15; 2열왕 19,35).

321 "영혼들의 곳간"이라고 옮겨도 된다. 죽은 자들의 영혼이 모여 있는 곳을 가리킨다. 2바룩 21,23에서 '영혼들의 보고'를 셔올과 구분하고 있음을 주목하라. 셔올 안 어딘가에 이 보고가 있다고 여긴 것 같다. 2바룩 24,1; 30,2; 4에즈 4,35-41; 7,80; 차명 필론 32,13에도 영혼들의 보고가 언급되어 있다. 셔올과 '영혼들의 보고'의 구분에 대해서는 4에즈 4,35에 달린 각주를 보라. 죽은 이들의 영혼이 모이는 세 구렁을 묘사한 1에녹 22,1-13도 참조하라. 첫째 구렁에는 의로운 이들의 영혼들이, 둘째 구렁에는 사는 동안 벌을 받았던 죄인들의 영혼들이, 셋째 구렁에는 사는 동안 벌을 받지 않은 죄인들의 영혼들이 모여 있다고 한다.

322 하느님께서 이 세상과 다가올 세상을 의인들을 위해 만드셨다고 하는 2바룩 15,7을 참조하라.

그리고 당신께서 약속하신 것을[323] 미루지 마십시오."
[26] 이 기도의 말을 끝냈을 때 나는 몹시 피곤하였다.

질문과 응답[324]

22 [1] 이 일들이 있은 뒤의 일이었다.[325] 보라, 하늘이 열리고 나는 보았다.
그리고 힘이 나에게 주어졌다. 그리고 한 목소리가 높은 곳에서 들려
와 내게 말하였다.[326]

[2] "바룩아, 바룩아. 너는 왜 두려워하느냐?[327] [3] 여행길을 떠나서
그것을 다 마치지 않은 사람, 또는 바다를 항해하다 항구에 다다르지
못한 사람은 위안을 얻을 수 없다. [4] 혹은 어떤 사람에게 선물을 주겠
다고 한 사람이 주지 않는다면 그것은 탈취가 아니겠느냐? [5] 혹은 땅
에 씨를 뿌린 사람이 제때에 그 열매를 거두지 않는다면 모든 것을 망
치지 않겠느냐? [6] 혹은 식물을 심은 사람의 경우, 적절한 때가 되어도
식물이 자라지 않으면, 그것을 심은 사람이 열매를 얻게 되리라고 기
대하겠느냐? [7] 임신한 여인이 때가 아닌데 아이를 낳으면 자기 아기를
죽게 만들지 않겠느냐? [8] 혹은 집을 짓는 사람이 지붕을 씌우지 않거

---

323 직역: "당신에 의해 약속된 것."

324 2바룩 22—28장: 마지막 때와 환난의 시기 등 여러 가지 주제를 두고 바룩과 하느님의 대화 또는 질문과 응답이 이어진다. 때로는 바룩이 질문자고 하느님이 응답자이며 때로는 그 반대로 이루어진다.

325 22,1—24,2: 빨리 '그날'이 오게 해달라는 바룩의 요청에 대한 하느님의 답변으로, 모든 일에는 정해진 때가 있다는 말씀이다. 약속하신 마지막 때는 반드시 오고야 만다. 다만 그때가 정해져 있을 따름이다. 그리고 그때가 임박하였다. 그때가 되면 하느님께서 선포하신 말씀이 모두 이루어질 것이다.

326 하늘이 열리고 계시가 이루어지는 것은 에제 1,1; 마태 3,16; 사도 7,56; 묵시 4,1을 보라. 2바룩 13,1과 그에 딸린 각주를 참조하라.

327 또는, "왜 동요하느냐?"

나 집짓기를 끝내지 않으면 그것이 집이라 불릴 수 있겠느냐? 먼저 이
것들을 내게 말해보아라!"

23 [1] 나는 대답하며 말하였다.[328] "아닙니다. 주님, 저의 주님!" [2] 그러자 그
분께서 대답하시며 내게 말씀하셨다. "그러면 너는 무엇 때문에 네가
알지 못하는 것을 두고 심란해하느냐? 그리고 너는 무엇 때문에 네가
잘 알지 못하는 것을 두고 안달하느냐? [3] 네가 지금 살아 있는 사람
들과 이미 지나간 사람들을 잊지 않았듯이, 나도 앞에 언급한 사람들
과[329] 앞으로 올 사람들을 기억하고 있다. [4] 아담이 죄를 짓고 앞으로
태어날 사람들에게 죽음이 선포되었을 때,[330] 앞으로 태어날 사람의
수가 정해졌으며 그 수에 맞게 산 이들의 거주 장소와 죽은 이들의 안
치 장소가 마련되었다.[331] [5] 그러므로 앞에서 이야기한 숫자가 채워지
지 않으면 어떤 피조물도 다시 살아나지 않을 것이다.[332] 내 영은 살아
있는 것들을 창조하고, 셔올은 죽은 것들을 받아들인다.[333]

---

328 2바룩 23,1-5: 정해진 때가 되면 죽은 이가 다시 살아날 것이다.

329 거트너(Gurtner)와 클라인(Klijn)의 번역에는 "앞에 언급한 이 사람들"이라는 문장이 누락되었다. 여기서 '앞에 말한 이 사람들'이란 '지금 살아 있는 사람들과 이미 지나간 사람들'을 가리킨다. 하느님께서 과거와 현재와 미래의 모든 사람을 기억하고 계시다는 뜻이다.

330 창세 3,22 참조.

331 인간에게 죽음이 선포되면서 산 자들의 거주지(땅)와 죽은 자들의 거주지(저승, 셔올)가 구분되었다고 한다.

332 정해진 수만큼의 사람이 태어난 뒤라야 마지막 때, 곧 부활의 시대가 온다는 뜻이다. 로마 11,25-26 참조: "이스라엘의 일부가 마음이 완고해진 상태는 다른 민족들의 수가 다 찰 때까지 이어지고 그다음에는 온 이스라엘이 구원을 받게 되리라는 것입니다." 수가 찰 때까지 기다린다는 개념은 묵시 6,11도 참조하라.

[6] 다시, 이 시간들 뒤에 오기로 된 일을 듣는 것은 네 몫이다.[334]
[7]참으로, 오기로 된 내 구원이 가까이 다가왔으며 전처럼 멀리 있지 않
다.[335]

24 [1] 보라, 그 날들이 다가오고 있다. 죄지은 모든 자들의 죄가 기록되어
있는 책들이 펼쳐질 것이다.[336] 피조물 가운데 의롭게 산 모든 이들의
의로움이 모여 있는 보고들도 열릴 것이다.[337] [2] 그때에는 이러할 것이
다. 너, 그리고 너와 함께 있는 많은 이들이 세세대대로 이어지는 지극
히 높으신 분의 인내를 목격할 것이다. 사실 그분께서는 태어난 모든
이들에게, 죄인들에게도 의인들에게도 인내로우셨다."[338]

---

333 '살아 있는 것들' 대신 '살아 있는 자들', '죽은 것들' 대신 '죽은 자들'로 옮겨도 된다.

334 앞으로 일어날 일에 대한 계시가 바룩에게 주어진다는 의미다. 23,6—24,2: 마지막 때가 임박했음을 알린다. 구원이 가까이 다가왔다는 것이다.

335 구원이 임박했음을 알리는 루카 21,28; 1베드 4,7을 보라.

336 책들이 펼쳐진다는 개념은 다니 7,10; 묵시 20,12을 참조하라. 예수님께서 우리의 빚 문서를 지워 버리시고 십자가에 못 박아 없애 버리셨다고 하는 콜로 2,14도 참조하라. 묵시 20,12은 죽은 이들이 생명의 책에 기록된 대로 자기들의 행실에 따라 심판을 받는다는 믿음을 담고 있다: "죽은 이들이 … 모두 어좌 앞에 서 있는 것을 보았습니다. 책들이 펼쳐졌습니다. 또 다른 책 하나가 펼쳐졌는데, 그것은 생명의 책이었습니다. 죽은 이들은 책에 기록된 대로 자기들의 행실에 따라 심판을 받았습니다." 4에즈 6,20에도 같은 개념이 나온다.

337 2바룩 24,1 때가 되면 모든 행업들이 드러날 것이라는 생각은 4에즈 7,32-36을 참조하라. 특히 7,35를 참조하라: "그리고 행업이 오고 상급이 알려질 것이다. 의로운 행업들은 깨어나고 불경한 행업들은 잠들지 않을 것이다." 마태 10,26; 마르 4,22; 루카 8,17; 12,2 참조.

338 "하느님께서 당신의 진노를 보이시고 당신의 힘을 알리기를 원하시면서도, 멸망하게 되어 있는 진노의 그릇들을 큰 은혜로 참아 주셨다"는 로마 9,22와 비교.

3 나는 대답하며 말하였다.[339] "하지만 보십시오, 주님! 사람은 지
나간 자들의 수와 앞으로 올 자들의 수를 알지 못합니다.[340] 4 보십시
오. 저로 말할 것 같으면, 저희에게[341] 일어난 일은 압니다. 그러나 저희
원수들에게 일어나기로 예정된 일은 알지 못합니다. 당신께서 당신 작
품을 언제 방문하시는지도 알지 못합니다."[342]

25 1 그분께서 대답하시며 내게 말씀하셨다. "너도 그때까지 남겨져 있을
것이다.[343] 곧 지극히 높으신 분께서 땅의 거주자들에게 시간의 마지막
에 행사하실 그 표징 때까지다.[344]
2 자, 이것이 표징이다.[345] 3 혼란이 땅의 거주자들을 사로잡고 그
들이 큰 환난에 빠질 때, 그리고 많은 고통에 빠질 때다.[346] 4 그때 그
들은 큰 환난 때문에 마음속으로 '능하신 분께서 더 이상 이 땅을 기
억하지 않으신다!' 하고 말할 것이다.[347] 그리고 그들은 희망을 잃을 것

---

339 24,3—29,2: 마지막 때와 환란의 시기에 대한 묘사.

340 "지나간 것들", "앞으로 올 것들"로 옮겨도 된다.

341 동사의 접미사를 일인칭 단수에서 일인칭 복수로 바꾸어 읽는 거트너(Gurtner)의 독법을 따랐다(2바룩 78,3 참조).

342 또는, "당신께서 당신의 일을 언제 명하시는지도 알지 못합니다." 동사 ܦܩܕ에는 '방문하다'와 '명하다'는 뜻이 다 있다(Smith). 2바룩 20,2 참조. 하느님께서 명하시는 또는 방문하시는 그때가 언제가 될지 묻는 내용이다. 루카 7,16 참조.

343 2바룩 13,3 참조.

344 25장은 마지막 때가 오기 직전의 징표들을 제시한다. 재난의 시작을 알리는 징표를 언급한 마태 24,3-14을 참조하라.

345 마지막 때를 알리는 표징에 대해서는 마태 24,3.30; 마르 13,4; 루카 21,7을 참조하라. 같은 개념이 4에즈 4,51—5,13; 8,63—9,6에서도 발견된다.

346 마태 24,21; 마르 13,19 참조.

347 또는, "그들이 큰 환난 때문에 마음속으로 '능하신 분께서 더 이상 이 땅을 기

이다. 그런 다음 그때가 깨어날 것이다."[348]

26 [1] 나는 대답하며 말하였다. "다가오는 환난은 오랜 시간 지속됩니까?
재난은[349] 여러 해 이어집니까?"[350]

27 [1] 그분께서 대답하시며 내게 말씀하셨다. "그때는 열두 부분으로[351] 나
뉠 것이다. 각 부분이 각자에게 정해진 일을 위해 유보되어 있다.[352]
[2] 첫 부분에는 지진의 시작, [3] 둘째 부분에는 고관들의 학살, [4] 셋째 부
분에는 많은 사람의 죽음,[353] [5] 넷째 부분에는 칼의 파견, [6] 다섯째 부
분에는 기근과 가뭄, [7] 여섯째 부분에는 지진과 공포, [8] …[354] [9] 여덟째
부분에는 많은 유령들과[355] 마귀들의 출몰, [10] 아홉째 부분에는 불의

억하지 않으신다!' 하고 말할 때가 그때이다."

348 2바룩 25,4 '그때가 깨어난다'는 표현은 4에즈 7,31을 참조하라: "이레가 흐른 뒤에, 지금은 깨어 있지 않은 세상이 깨어날 것이다."

349 재난이라 옮긴 시리아어 ܐܢܢܩܐ는 그리스어 ἀνάγκη의 차용어다. 루카 21,23 참조.

350 26,1—29,2은 마지막 때와 환란의 때에 대한 설명이다.

351 27장은 환난의 시간에 일어날 열두 재앙에 관한 예고다. 마태 24,3-29; 마르 13,3-13; 루카 21,7-33 참조. 마태오 복음에서도 환난이 지난 뒤 '사람의 아들'이 오신다고 한다. "환난이 지난 뒤 곧바로 해는 어두워지고 … 그때 하늘에 사람의 아들의 표징이 나타날 것이다. 그러면 세상 모든 민족들이 가슴을 치면서, 사람의 아들이 큰 권능과 영광을 떨치며 하늘의 구름을 타고 오는 것을 볼 것이다"(마태 24,29-30).

352 그때의 구분은 27,1—28,2까지 이어진다.

353 직역: "많은 사람의 죽음 추락."

354 시리아어 본문에 일곱째 부분이 빠져 있다.

355 유령으로 옮긴 시리아어 ܦܢܛܣܝܐ는 그리스어 φαντασία의 차용어.

낙하, [11] 열째 부분에는 폭력과 가혹한 억압, [12] 열한째 부분에는 불의와 방탕, [13] 열두째 부분에는 앞에 말한 모든 것이 한데 섞인 무질서가 있다.

[14] 그때의 각 부분들은 유보되어 있다가 서로서로 섞이고 서로서로에게 시중들 것이다. [15] 어떤 부분은 자기에게 속한 것을 남기고, 어떤 부분은 다른 부분에 속한 것을 취하고, 또 어떤 부분은 자기에게 속한 것과 다른 부분에 속한 것을 완결짓기도 할 것이다. 그리하여 그때에 땅에 있는 사람들이 그것이 마지막 때라는 것을 깨닫지 못할 것이다.

28 [1] 그러나 깨닫는 모든 이는 지혜롭게 처신할 것이다.[356] [2] 그때의 크기와 수는 두 부분으로 나뉜다. 일곱 주간들의 주간들이다."

[3] 나는 대답하며 말하였다. "어떤 사람이 와서 본다면 좋겠습니다. 그러나 그가 오지 않아서 넘어지지 않는 편이 이보다 더 좋겠습니다. [4] 그러나 저는 이것도 말하겠습니다. [5] 멸하지 않는 이는, 멸하는 자들과 멸하는 자들에게 일어나는 일을 하찮게 여길 것입니다. 그리하여 그는 멸하지 않는 이들에게만 눈길을 줄 것입니다.[357]

[6] 그러나 주님, 제가 당신 눈에 들었다면, 만약 당신께서 앞서 제게 말씀하신 일들이 정말로 일어나기로 되어 있다면, 이것도 알려주십

---

356 다니 12,10 참조: "악인들은 아무도 깨닫지 못하지만, 현명한 이들은 깨달을 것이다." 마태 24,15; 마르 13,14; 루카 21,20도 참조하라.

357 28,5은 의문문으로 볼 수도 있다. 그렇다면 '멸하지 않는 이는 멸하는 자들과 멸하는 자들에게 일어나는 일을 하찮게 여길까요? 그리하여 그는 멸하지 않는 이들에게만 눈길을 줄까요?'가 될 것이다. 멸하는 이들과 앞으로 그들에게 일어날 일은 전혀 중요하지 않다는 의미다. 관심은 오직 멸하지 않는 이들에게만 향한다는 것이다.

시오! 7 한 곳에서 혹은 땅의 한 부분에서만 그 일들이 일어나기로 되
어 있습니까? 아니면 온 땅이 알아채겠습니까?"[358]

29 1 그분께서 답하시며 내게 말씀하셨다.
"앞으로 일어날 일은 온 땅의 것이다. 그러므로 살아 있는 모든
이가 알아챌 것이다. 2 그때에 나는, 바로 그 시기에 그 땅에 있는 사람
들만 보호할 것이다.[359]

메시아 시대[360]

3 그 부분들에서 일어나기로 된 일이 완결되고 나면 메시아가 모습을
드러내기 시작할 것이다.[361]
4 그리고 브헤못이 자기 처소에서[362] 모습을 드러내고 레비아탄
이 바다에서 올라올 것이다. 나는 창조의 다섯째 날에 창조한 두 마
리 큰 괴물을[363] 그 시간이 될 때까지 가두어둘 것이다.[364] 이제 그것

---

358 또는, "느끼겠습니까?"

359 마지막 때의 재앙과 환난은 온 땅에 해당하지만 하느님께서 보호하실 대상은 바로 그 시기에 예루살렘 도성에 있는 사람들만 해당한다는 의미다. 마지막 때가 되면 온 사방에서 예루살렘으로 구원받을 사람들이 모여들리라는 믿음과도 연결된다. 마태 24,31도 참조하라.

360 29장은 메시아 시대에 대한 희망을 표현한다. 더 정확히는 29,3-8이 메시아의 도래와 메시아 시대의 만찬을 묘사한다. 참고로, 바룩 2서에서 메시아 희망은 29장; 36—42장; 72—74장에 집중적으로 나타난다.

361 솔로몬의 시편 17,23-24; 18,6; 2테살 1,7 참조. 마지막 때에 환난이 지난 뒤 사람의 아들이 오시리라는 마르 13,24-27; 마태 24,29-31; 루카 24,25-28도 참조하라. 4에즈 7,28 참조.

362 4에즈 6,49-52에서 브헤못이 갇힌 곳은 땅속으로 묘사된다.

363 괴물이라 옮긴 시리아어 ܬܢܝܢܐ은 히브리어 תַּנִּין과 어근이 같다. 『성경』에는

들은 남은 자들[365] 모두를 위해 양식이 될 것이다.[366] 5 땅도 그 열매를
만 배 더 낼 것이다. 그리고 한 그루 포도나무에서 천 개의 가지가 나
올 것이다. 그리고 가지 하나가 천 송이를 맺을 것이다. 그리고 한 송이
가 천 개의 포도 알을 맺을 것이다. 그리고 포도 한 알이 한 코르의[367]
포도주를 낼 것이다.[368] 6 그리하여 굶주린 이들이 기뻐할 것이다. 그

용 또는 뱀이라 옮겨져 있다.

364 이사 27,1; 욥 40,15; 묵시 13장 참조. 태초의 짐승이자 종말론적 괴물인 브헤못, 레비아탄에 대해서는 송혜경, 『사탄, 악마가 된 고발자』, 182-184.190-191을 참조하라.

365 2바룩 29,4에도 '남은 자들' 개념이 나타난다. 여기서 '남은 자들'이라 옮긴 시리아어 표현은 ܐܝܠܝܢ ܕܡܫܬܪܟܝܢ이다. ܡܫܬܪܟܝܢ는 ܫܪܟ 동사(남기다)의 에트페알(Ethpeal)형 분사로서 '남겨진', '남은' 등으로 옮길 수 있다(Smith). 2바룩 29,3-4에서 남은 자들 개념이 메시아 및 메시아 시대와 연결된 점을 주목하라. 이는 메시아가 악인들에게는 심판을, 남은 의인들에게는 구원을 가져다주리라는 믿음을 표현한다. 여기서는 특히 남은 자들이 메시아의 만찬 테마와 연결되어 있다. '남은 자들' 개념에 대해서는 에즈라 4서 해제의 '5.4. 남은 자들' 항목을 참조하라.

366 2바룩 29,4에는 마지막 시대에 남은 자들에게 양식으로 제공될 태초의 두 괴물 이야기가 전해진다. 여기서 두 괴물이 출현하는 시기는 메시아 시대로 특정된다. 창조 다섯째 날에 하느님께서 만드신 레비아탄과 브헤못은, 메시아가 나타날 때까지 각각 자기 처소에 갇혀 있어야 한다. 메시아가 출현하면 두 괴물은 '남은 자들'의 양식이 되리라고 한다. 괴물을 제물로 한 만찬은 에제 39,17-20을 연상시킨다. 에제 39,17-20에서는 이스라엘의 원수 곡의 용사들이, 2바룩 29장에서는 두 괴물이 양식으로 제공된다. 원수들의 살과 피로 된 것이든 브헤못과 레비아탄의 살과 피로 된 것이든 하느님께서 마련하신 양식과 포도주를 남은 자들이 배불리 먹고 취하도록 마시리라는 것은, 악인들에 대한 심판이 의인들에게는 구원이 되리라는 것을 암시한다. 마지막 때에 이루어질 악의 심판이 구원의 기쁨으로 이어지리라는 것이다. 메시아 시대의 만찬 테마는 1에녹 60,7-9; 60,24; 4에즈 6,49-52에도 나온다. 더 자세한 내용은 해제 '5.2. 메시아와 메시아 시대' 항목을 참조하라. 신약의 예수님은 당신 자신을 생명의 양식으로 내어주신다: 마태 26,26-28; 마르 14,22-25; 루카 22,19-20.

들은 매일 기적을 목격할 것이다.[369] 7 그리고 매일 아침 내 앞에서부
터 바람들이 나와 달콤한 과일 향을 실어다 줄 것이다. 그 날의 마지
막에는 구름들이 치유의 이슬을 흩뿌릴 것이다.[370] 8 그리고 바로 그
때 위에서 다시 만나의 보고寶庫가 내려올 것이다.[371] 그리고 그들은 그
여러 해 동안 그것을 먹을 것이다.[372] 바로 그들이 시간의 마지막에 온
자들이기 때문이다.

죽은 이들의 부활[373]

30 1 이 일들이 있은 다음에, 곧 메시아 오심의[374] 때가 채워지고 영광중

367 '코르'는 가루나 액체를 재는 단위로, 10에파 또는 11부셀과 비슷한 양이다(Smith).

368 복음서의 '씨 뿌리는 비유'와 비교하라.

369 메시아의 시대에 드러날 기적은 4에즈 7,27-28; 13,50에도 나온다. 마태 11,4-6; 루카 7,22-23; 요한 7,31도 참조하라.

370 사람을 다시 살리는 이슬은 이사 26,19을 보라. 1에녹 60,20에도 비슷한 개념이 나온다: Klijn, "2 (Syriac Apocalypse of) Baruch", 631. 마태 15,29-31 참조.

371 메시아 시대에 만나가 '보고'(寶庫)째로 내려온다는 것은 생명의 양식이 모자람 없이 풍성하게 내릴 것을 뜻한다. 오천 명을 먹이신 기적, 마르 6,41-44; 마태 14,19-21; 루카 9,16-17; 요한 6,11-13 참조.

372 천상의 양식 또는 만나 개념은 시편 78,25; 요한 6,22-33; 묵시 2,17을 참조하라. 신약 외경인 야고보 원복음에서는 세 살 때 성전에 봉헌된 마리아가 성전에서 천사의 양식을 받아먹으며 자랐다고 한다(8,2).

373 2바룩 30,1-5: 메시아 시대가 저문 뒤에 일어날 일, 곧 죽은 모든 이들의 부활을 다룬다. 의인들과 악인들이 맞게 될 마지막 운명은 서로 다르다고 한다.

374 '오심'이라 옮긴 시리아어 ܡܐܬܝܬܐ는 그리스어 παρουσία(파루지아)에 대응하는 단어다. 마태 24,37 "사람의 아들의 재림"(ἡ παρουσία τοῦ υἱοῦ τοῦ ἀνθρώπου) 참조.

에 그가 돌아가면,[375] 그분을 희망하며 잠들어 있는 모든 이가 일어날 것이다.[376] 2 그때에 의인들의 영혼이[377] 보존된 보고들이 열리고 그들

375 '돌아가다'로 옮긴 시리아어 표현에는 ܗܦܟ 동사의 3인칭 단수 미완료형(ܢܬܗܦܟ)이 쓰였다. 이 동사는 '오다/가다', '다시 오다/가다', '돌아오다/돌아가다' 등을 뜻한다(Smith). 문맥상 메시아가 자신의 출현의 때가 다 채워져서 다시 하느님께 돌아간다는 의미로 읽힌다. 세상에 온 메시아가 하늘로 돌아갔다는 표현이 앞에 나오지 않기 때문에, 그가 다시 세상에 돌아온다고 읽는 것은 어색하다. 4에즈 7장을 참조하면, 2바룩 30,1의 ܢܬܗܦܟ를 메시아가 다시 하늘로 돌아간다고 읽는 것이 더 설득력 있다. 보가르트는 이 단어를 "다시오다"(reviendra)보다는 "돌아가다"(retournera)라 옮겨야 함을 지적했다: Bogaert, *Apocalypse Syriaque de Baruch, vol. 2*, 65; *vol. 1*, 413-414. 메시아 통치가 끝난 뒤 임금 메시아가 다시 하느님께 돌아간다는 의미라는 것이다. 보가르트는 2바룩 30,1의 메시아의 귀환이 4에즈 7,29에 언급된 메시아의 죽음에 상응한다고 한다. 에즈라 4에서 메시아의 죽음 이후에 죽은 모든 이들의 부활이 일어난다(7,30)고 한 것처럼 바룩 2서 30장은 메시아의 귀천(30,1) 이후에 보편적 부활이 이루어지리라(30,2) 선언한다는 것이다. 한편 학자들은, 2바룩 30,1, 메시아가 (하늘로) 돌아간다는 표현을 "선재하는 메시아"(pre-existent Messiah) 개념으로 해석한다. 메시아가 지상 활동을 마친 뒤 본디 있던 곳으로 돌아간다는 표현은 그가 지상에 내려오기 전에 하늘에 있었다는 의미라는 것이다: Klijn, "2 (Syriac Apocalypse of) Baruch", 631; Gurtner, *Second Baruch: A Critical Edition of the Syriac Text*, 67; Charlesworth, "Messianology in the Biblical Pseudepigrapha", 32. 클라인은, "선재하는 메시아" 개념은 1에녹 46,1-2; 48,2-3; 62,7(에녹 1서에서는 메시아가 '사람의 아들'이라 칭해진다); 4에즈 12,32; 13,26에도 나타남을 지적한다: Klijn, "2 (Syriac Apocalypse of) Baruch", 631; Gurtner, *Second Baruch: A Critical Edition of the Syriac Text*, 67. 그런데 4에즈 12,32; 13,26을 선재하는 메시아로 읽기에는 무리가 있어 보인다. 에녹 1서는 "선재하는 메시아"를 표방함이 분명하다.

376 2바룩 30,1에서 부활은 메시아 시대와 연결된다. 엄밀히 말하면 메시아 시대가 종료한 뒤 죽은 이들의 부활이 일어나리라고 한다. 마지막 때에 있을 부활에 대해서는 4에즈 7장; 요한 6,40; 마태 11,2-6; 루카 7,18-23; 1코린 15장; 묵시 20장 참조.

377 직역: "의인들의 영혼들의 수."

이 나올 것이다. 그리고 많은 영혼들이 함께, 하나의 모임 하나의 생각
으로 나타날 것이다. 그리고 첫째들은 기뻐하고 꼴찌들도 슬퍼하지 않
을 것이다. [3] 그들은, 시간들의 마지막이라고 선포된 그때가 다가왔음
을 알기 때문이다. [4] 그러나 악인들의 영혼은 이 모든 일들을 목격했을
때 더욱 더 쇠락할 것이다.[378] [5] 자신들의 고통이 다가왔으며 자신들의
파멸이 도착했음을 알기 때문이다."

V-② 환시와 해석(31—43장)

바룩의 선포[379]

31 [1] 이 일들이 있은 뒤 나는 길을 떠나 백성에게 갔다. 그리고 그들에게
말하였다. "여러분의 원로들을 제게로 모아주십시오. 제가 여러분에게
말씀을 선포하겠습니다." [2] 그리하여 그들 모두 키드론 골짜기에 모였
다.[380]

[3] 나는 답하며 그들에게 말하였다.[381] "들어라, 이스라엘아,[382] 내
가 너에게 말하겠다. 너희 야곱의 후손들아, 귀를 기울여라. 내가 너희
에게 일러주겠다.[383] [4] 시온을 잊지 말고 예루살렘의 슬픔을 기억하라.

---

378 2바룩 30,4에는 '녹아내리다, 소진되다, 사라지다, 쇠락하다' 등을 뜻하는ܬܘܫ 동사를 써서(ܢܬܘܫܘܢ, 미완료) 부활한 악인의 영혼이 생전보다 더욱 쇠락하리라는 뜻을 표현한다. 2바룩 51,5; 4에즈 7,87 참조.

379 2바룩 31,1—34,1: 바룩은 백성을 소집하여 그때가 다가왔음을 선포한다. 이 대목은 도입부에 해당하는 31,1-2과 선포 내용이 담긴 31,3—34,1로 나뉜다.

380 31,1-2: 바룩이 하느님 말씀을 전하기 위해 백성의 원로들을 키드론 골짜기에 소집한다.

381 31,3—34,1: 바룩이 선포한 말씀의 내용에 해당한다.

382 신명 5,1; 6,4; 9,1; 이사 44,1; 48,12; 바룩 3,9; 4에즈 9,30.

[5] 보라! 그 날들이 다가오고 있다. 존재하던 모든 것이 파괴되어 사라지
고 마치 존재하지 않았던 것처럼 될 것이다.

32 [1] 그러나 너희들은, 만약 마음 안에 율법의 열매를 심을 수 있도록 너
희 마음을 준비한다면 지극히 높으신 분께서 모든 피조물을 뒤흔드실
그때에 그것이[384] 너희에게 방패막이 되어줄 것이다.
[2] 잠시 뒤면 시온의 건물이[385] 뒤흔들릴 것이다. 다시 지어지기 위
해서다.[386] [3] 그 건물은 남아 있지 않을 것이다. 그것은 얼마 뒤 뿌리
째 뽑힐 것이다. 그리고 얼마간 황폐한 채로 남아 있을 것이다.[387] [4] 그
런 다음 그것은 영광스런 모습으로 다시 세워지고 완성될 것이다. 영
원히![388]

---

383 '일러주다'로 옮긴 시리아어 동사 ܪܗܐ는 '충고'나 '권고'의 의미를 담고 있다 (Smith).

384 '그것'은 율법을 가리킨다. 또는 "그분께서"라고 옮겨도 된다.

385 예루살렘 성전을 가리킨다.

386 2바룩 32,2; 32,4은 "이 성전을 허물어라. 그러면 내가 사흘 안에 다시 세우겠다"(요한 2,19)고 하신 예수님 말씀을 연상시킨다.

387 성전 파괴를 예고하시는 예수님 말씀을 연상시킨다. 루카 21,6 참조: "너희가 보고 있는 저것들이, 돌 하나도 다른 돌 위에 남아 있지 않고 다 허물어질 때가 올 것이다." 마태 24,2; 마르 13,2도 참조.

388 성전이 다시 완성된 그때에는 영원히 존속하리라는 의미다. 요한 2,19 참조. 2바룩 32,2-4은 바룩 2서의 저작 시기를 가늠하는 척도가 된다. '잠시 뒤' 예루살렘 성전이 무너져 얼마간 황폐한 채로 남아 있을 것이며, 새 성전이 세워져 영원히 존속하리라는 예고 말씀이다. 저자가 70년 예루살렘 성전의 몰락을 직접 또는 간접으로 목격한 사람임을 짐작할 수 있다. 이는 바룩 2서가 빨라도 70년 이후에 만들어졌을 것임을 방증한다. 그리고 예루살렘 성전 붕괴 후 그리 오랜 시간이 지나지 않은 시점에 저술되었을 것임을 짐작케 한다: Klijn, "2 (Syriac Apocalypse of) Baruch", 616. 적어도 빠른 시간 내에 (실제로는 2000년 이상) 성전이 다시 세워지

5 그러므로 우리는 지금 닥친 재앙을 두고 이렇게 슬퍼해서는 안
된다. 오히려 앞으로 올 것을 두고 슬퍼해야 한다.[389] 6 지극히 높으신
분께서 피조물을 새롭게 하실 때[390] 있을 시련이[391] 두 슬픔보다 크기
때문이다. 7 이제, 며칠 동안 내 가까이에 다가오지 마라. 그리고 내가
너희에게 갈 때까지 나를 찾지 마라."

8 나 바룩은, 이 모든 말들을 그들에게 다 마친 뒤 나의 길을 나
섰다. 내가 길을 떠나는 것을 본 백성은 소리 높여 통곡하며 말하였다.

9 "바룩이시여, 우리를 떠나 어디로 가십니까? 당신께서는 우리
를 버리셨습니까, 자기 자녀를 고아처럼 버리고 그들 곁에서 떠나가는
아버지처럼?

33 1 이것이 당신의 동료 예레미야 예언자가 당신에게 명한 명령입니까?
그분이 당신께 말하시지 않았습니까? 2 '이 백성을 돌보시오. 나는 가
서 바빌론에 있는 나머지 형제들을 준비시키겠소.[392] 그들을 두고 '그

지 않을 것임을 예측할 수 없었던 시기였을 것이다. 해제, '2. 저술 장소 및 시기' 항목을 참조하라.

389 직역: "앞으로 일어날 일로 인해 슬퍼하는 것만큼 지금 일어난 악 때문에 슬퍼해서는 안 된다." 지금 일어난 악 때문에 슬퍼하는 정도가 앞으로 일어날 악 때문에 슬퍼하는 정도를 넘어서서는 안 된다는 뜻이다. 시각을 미래로 전환하라는 요청은 2바룩 19,5에도 나온다.

390 피조물을 새롭게 하신다는 개념에 대해서는 이사 65,17; 66,22; 하까 2,6; 히브 12,26-28; 2베드 3,13; 묵시 21,1을 보라. 예를 들어 "보라, 나 이제 새 하늘과 새 땅을 창조하리라. 예전의 것들은 이제 기억되지도 않고 마음에 떠오르지도 않으리라"(이사 65,17). 4에즈 7,75에도 같은 개념이 나온다.

391 '시련'이라 옮긴 ܐܓܘܢܐ는 그리스어 ἀγών의 차용어다.

392 직역: "내가 가서 바빌론에 있는 나머지 형제들을 준비시킬 때까지 당신은 이 백성을 돌보시오."

들은 포로로 잡혀갈 것이다'라는 선고가 내려졌소.' [3] 하지만 이제 당신
마저 우리를 버리신다면, 그 전에 우리 모두 죽는 편이 낫습니다. 그런
다음에[393] 우리를 떠나십시오."

34 [1] 나는 백성에게 답하며 말하였다. "내가 너희를 버리거나 너희에게서
멀어지는 일은 없을 것이다! 다만 지성소에 가서 지극히 높으신 분께
여러분과 시온에 대해 물어 보려는 것이다.[394] 더한 깨달음이 주어질까
해서다. 그런 다음에 너희에게 돌아오겠다."[395]

바룩의 애도

35 [1] 나 바룩은 길을 떠나 성소로 갔다. 그리고 잔해 위에 앉아 울면서 말
하였다.[396]

2 "아, 내 눈이 샘이었으면! 내 눈꺼풀들이 눈물의 샘이었으면![397]

3 내가 어떻게 시온을 두고 탄식해야 할까? 내가 어떻게
예루살렘을 두고 애도해야 할까?

4 지금 내가 엎드린 이곳에서 예전에는 많은 사제들이 거룩한
제사를 드렸었지! 그리고 그곳에서 향기로운 풀로 만든 향을
태웠었지!

5 그러나 이제 우리의 자부심은 먼지가 되었고, 우리 영혼의
열망은 모래가 되었네!"

---

393 곧, 우리가 죽은 다음에.

394 3바룩 프롤로그 참조.

395 35,1: 바룩이 잠시 백성을 떠난다. 하느님께 시온과 그 백성의 운명에 관해 묻기 위해서다.

396 35,1-5: 바룩이 다시 찾은 예루살렘 성전의 잔해 위에서 애도한다.

397 예레 9,1 참조.

환시: 숲, 포도나무, 샘, 향백나무[398]

36 [1] 나는 이 말을 마친 뒤 거기서 잠이 들었다. 그날 밤 나는 환시를 보았
다.
[2] 보라! 평원에 나무숲이[399] 만들어져 있었는데 높은 산들과 거친
바위들이 그 주위를 둘러싸고 있었다. 그 숲은 넓은 공간을 차지하고
있었다. [3] 보라! 그 맞은편에서 포도나무[400] 한 그루가 일어났다. 그리
고 그 아래에서 샘이 평화롭게 흘러나오고 있었다.[401] [4] 그런데 그 샘이
숲까지 다가왔다. 그리고 그것이 큰 파도가 되었다. 큰 파도는 숲을 덮
치고 순식간에 숲 대부분을 초토화하였다. 그리고 숲을 둘러싸고 있
던 모든 산들을 뒤집어엎었다. [5] 그리하여 숲의 높이가 낮아지고 산들

---

398 2바룩 36,1—37,1: 성전 잔해 위에서 잠든 바룩이 본 환시 내용. 예언서에서는 종종 환시들이 전해진다. 이를테면 아모 7—9장에 다섯 개의 환시가 나오는데 이 환시들은 상징적 의미를 지닌다. 다른 예언서에서도 상징적 또는 은유적 환시를 통해 하느님 뜻을 전달하는 경우가 많다.

399 '나무숲'이라 옮긴 표현은 ܥܒܐ ܕܐܝܠܢ̈ܐ로 정확히는 '나무들의 숲'이다. 여기서 숲(ܥܒܐ)은 단수로 쓰였다. '숲'에 대한 해석에 해당하는 39,2에서는 복수형 '숲들'(ܥܒ̈ܐ)로 제시된다.

400 포도나무는 39,7에서 메시아로 해석된다. 구약성경에서 포도나무는 종종 이스라엘을 상징한다(이사 5,1-7; 시편 80,9). 포도나무가 이스라엘의 상징이라는 데 대해서는, Bogaert, *Apocalypse de Baruch, Vol. 2*, 71 참조. 구약성경에서 이스라엘 백성이 나무에 비유되는 예는 많다. 특히 무화과나무와 포도나무와 올리브나무가 이스라엘 백성의 상징으로 자주 사용된다(시편 80,9; 예레 2,21; 호세 9,10; 14,8; 이사 5,1-9; 에제 15,6; 17,8-9). 이를테면, "당신께서는 이집트에서 포도나무 하나를 뽑아 오시어 민족들을 쫓아내시고 그것을 심으셨습니다"(시편 80,9). 주님께서 백성을 당신 소유의 산에 심으셨다고 표현하는 탈출 15,17도 이스라엘을 '나무'에 빗대고 있다.

401 나무숲의 맞은편에 일어난 포도나무와 그 아래에서 흘러나오는 샘은 2바룩 39,7에서 메시아와 그의 주권을 비유하는 것으로 해석된다.

의 정상이 낮아졌다. 그 샘은 매우 거세져서 그 울창한 숲에서 향백나무[402] 한 그루만 빼고 아무것도 남겨두지 않았다. [6] 마침내 그 샘은 그 나무마저 쓰러뜨렸으며 숲 대부분을 파괴하고 초토화하였다. 그리하여 숲에 아무것도 남지 않았다. 그리고 그곳은 더 이상 알아볼 수 없게 되었다.[403] 그 뒤 포도나무가 샘과 함께 아주 평온하고 조용하게 다가와, 향백나무에서 멀지 않은 곳까지 이르렀다. 그러자 그들이[404] 쓰

---

402 36,5은 강대국을 향백나무에 비유한다. 소나무과에 속하는 상록의 침엽수 향백나무(Cedrus Libani 레바논의 향백)는 레바논의 삼나무나 송백나무라고도 불린다. 다 자라면 높이 40m에 지름 3m에 이르는 웅장한 나무가 된다. 흔히 곧게 자랄 것으로 여기지만 꼭 그렇지만은 않다. 나무가 듬성듬성 심어진 곳에서는 굵은 가지가 옆으로도 쭉 뻗는다. 향백나무는 고대 동부 지중해 연안 레바논과 시리아의 1000-2500m 고도에서 자라 울창한 숲을 이루었다. 구약시대 사람들은 향백나무를 수목의 왕으로 생각했다. 땅속 깊이 뿌리를 내리고 하늘을 향해 높이 자라나는 향백나무의 위용도 훌륭할 뿐더러 수명이 3000년에 달한다고 한다. 고대 수메르의 서사시 길가메쉬에서 신들이 향백나무 숲에 산다고 할 정도였으니, 에제키엘이 하느님 나라를 향백나무에 비유한 것이 놀랍지 않다(에제 17,22-23). 향백나무는 그 위용에 걸맞게 고대 신전과 궁전을 만드는 데 최고의 목재로 사용되었다. 나무 향이 짙어 벌레가 잘 먹지 않고 부패하지도 않는데다, 추운 고도에서 자라서 목질이 견고하고 곧게 뻗어서 건축재로 더할 나위 없었다. 예루살렘 성전에도 향백나무가 사용되었으며(1열왕 6,15-18), 솔로몬은 자신의 궁전도 향백나무로 지어 '레바논 수풀 궁'이라 불렀다(1열왕 7,2-3). 시리아, 팔레스티나는 말할 것도 없이 고대 이집트의 테베 신전을 비롯해 멀리는 이란(페르시아)의 페르세폴리스에 이르기까지 향백나무가 건축재로 널리 쓰였다. 향백나무는 나무의 강도가 일정해 거대한 함선을 만드는 데도 적당했다. 향백나무로 만든 함선 덕분에 원거리 항해가 가능해진 페니키아인들이 북아프리카의 카르타고, 이베리아 반도, 키프로스 등지에 식민 도시를 세우며 국제 무역을 주도했다. 페니키아인들이 상업민족으로서의 지위를 확보할 수 있었던 것이 레바논 향백나무로 만든 함선 덕분이었다고 해도 과언이 아니다: 고야마 시게키, 『지도로 보는 중동 이야기』, 90-92.

403 또는 "본디 있던 곳을 알아볼 수 없게 되었다."

404 '그들'이 누구인지 분명하지 않다.

러졌던 향백나무를 그 (포도나무) 앞에 데려다놓았다.
[7] 그리고 나는 보았다. 보라! 포도나무가 입을 열어 말하며 그 향
백나무에게 선포하였다.[405] "너는 악의 숲에 남아 있던 향백나무가 아
니냐? 너 때문에 그 모든 해 동안 악이 지속되었고 자행되었으며 좋
은 일은 하나도 없었지 않느냐? [8] 너는 네 것이 아닌 것에 힘을 행사하
였으며 네 것에게도 자비를 보이지 않았다. 그리고 너에게서 멀리 떨
어져 있는 자들에게까지 네 힘을 뻗쳤다. 그리고 네게 가까이 다가오
는 자들을 네 사악함의 그물 속에 가두었다. 그리고 자기가 마치 뿌리
뽑힐 수 없는 자인 양 늘 오만하게 굴었다. [9] 이제 너의 시절은 지나갔
으며 너의 때가[406] 다가왔다. [10] 그러니 자, 향백나무야, 너보다 앞서 떠
나간 숲을 따라 가라. 그리고 그것과 함께 먼지가 되어라. 너희의 흙
은 한데 섞이리라. 그리고 이제 너는 슬픔 속에 누워 너의 마지막 때
가 올 때까지 고통 속에 머물러라. 그때가 되면 너는 다시 돌아와 더더
욱 고통 받을 것이다."

---

405 2바룩 36,7-10에 향백나무에 대한 해석이 나온다. 바룩 2서에서 향백나무는 부정적 이미지로서 이스라엘 백성을 억압하는 적대국, 특히 마지막 적대국(=바룩 2서 집필 당시의 최강국인 로마 제국)을 상징한다(39,5 참조). 바룩 2서 저자는 여기서 향백나무의 악행을 고발하면서 그보다 앞서 떠나간 숲처럼 먼지가 되어 함께 고통 속에 머물리라고 한다. 구약성경에서는 향백나무가 긍정적 표상, 부정적 표상 둘 다로 사용된다. 먼저 긍정적 표상의 예로는, 하느님 나라를 향백나무에 비유한 에제 17,23이다. 하느님께서 향백나무 꼭대기 순을 따서 우뚝한 산 위에 심어 훌륭한 나무로 자라게 하시리라는 것이다(참조: 시편 104,16-17). 아름다운 자태와 위용을 자랑하는 향백나무는 그 위용만큼 오만한 강자의 대명사로 여겨지기도 한다. 에제 31장에서 이집트가 향백나무에 비유된다. 바빌로니아 임금 네부카드네자르를 높이가 하늘까지 닿는 나무에 빗대는 다니 4,7-9.17-19도 참조하라.

406 여기서 "너의 때"는 심판의 때를 가리킨다. 번영의 시절은 지나가고 심판의 때가 다가왔다는 의미다.

37 [1] 그 뒤에 나는 향백나무가 불타는 것과 포도나무가 자라는 것을 보았
다.[407] 포도나무와 그를 둘러싼 모든 것이 넓은 평원이 되었는데 그곳
은 시들지 않는 꽃들로 가득했다. 그리고 나는 잠에서 깨어 일어났다.

환시의 해석[408]

38 [1] 나는 기도하며 말하였다. "오 주님, 나의 주님! 당신께서는 늘 사려
깊게 행동하는 이들을 비추어 주십니다. [2] 당신의 율법은 생명이며[409]
당신의 지혜는 바른길입니다.[410] [3] 그러니 이 환시의 의미를 제게 알려
주십시오. [4] 사실 당신께서는 제 영혼이 늘 당신 율법 안에 살았으며
(젊은) 시절부터 제가 당신의 지혜를 떠나지 않았음을 잘 알고 계십니
다."[411]

39 [1] 그분께서 내게 답하시며 말씀하셨다.
"바룩아, 네가 본 환시의 의미는 이러하다.
[2] 네가 본 대로, 높고 거친 산들이 둘러싸고 있는 큰 숲들,[412] 그
의미는 이러하다. [3] 보라! 그 날들이 왔다. 한때 시온을 파괴한 이 나라
는 파괴될 것이다. 그리고 그 다음에 올 나라에 지배될 것이다. [4] 그러

---

407 로마 제국의 멸망과 메시아의 부상을 시각화하고 있다.

408 38,1—40,4: 환시에 대한 해석. 바룩이 환시에 대한 해석을 요청하자(38장) 천사에 의해 해석이 주어진다(39—40). 39—40에 메시아 사상이 담겨 있다.

409 집회 45,5 "생명과 지식의 율법" 참조.

410 잠언 4,11 참조.

411 마르 10,20; 마태 19,20; 루카 18,21 참조.

412 36,2의 환시에서 본 '숲'을 해석하는 39,2에서 복수형인 '숲들'(ܥܒ̈ܐ)이 사용되었다. 앞 단락에서는 모두 '숲'이 단수형(ܥܒܐ)으로 쓰였다. Dedering은 이를 단수로 고쳐 읽는다. Gurtner, *Second Baruch: A Critical Edition of the Syriac Text*, 72.

나 얼마 뒤 그 나라도 파괴될 것이다. 그리고 다른 셋째 나라가 일어나
권력을 휘두를 것이다. 그러나 그것 또한 때가 되면 파괴될 것이다. 5 그
다음에는 넷째 나라가 일어날 터인데 그 힘이 앞의 것들보다 훨씬 강
하고 악할 것이다.[413] 그것은 넓은 평원의 숲들처럼 오랫동안 지배력을
행사할 것이다. 그리고 얼마 더 권력을 누리며[414] 레바논의 향백나무보
다 더 높이 솟아오를 것이다. 6 그리고 진리가 그 안에 몸을 숨기고[415]
불의에 더럽혀진 모든 사람들이 그곳으로 피신할 것이다. 악한 짐승들
이 숲으로 피신하여 기어들어오는 것처럼!

전사 메시아[416]

7 그러나 그 완결의 때가 가까이 다가오면 그것도 몰락할 것이다. 그

413 다니 7장 참조. 차례로 바빌로니아, 페르시아, 그리스, 로마 제국을 가리킨다. 바룩 2서의 작중 배경은 바빌론 유배 상황이므로 당시의 적국은 바빌로니아 제국이다. 그러나 이 작품이 집필된 시기는 로마 제국 시대다. 로마인들에 의해 예루살렘 성전이 무너지고 유다인들은 각국으로 흩어진다. 이 상황에서 바룩 2서 저자는 흩어진 백성을 위로하고 재건하려 바빌론 유배 시절을 배경 삼아 이 묵시록을 썼다. 저자는 예전의 제국들이 모두 무너졌듯이 로마 제국도 반드시 무너지리라고 한다. 메시아가 와서 그들을 물리치고 자기들을 구원하리라는 것이다.

414 또는, "그 시대를 다스리며."

415 4에즈 5,1을 참조하라.

416 2바룩 39,7—40,4에서 그려지는 메시아는 전사로서, 모든 적과 그 수장을 섬멸하는 역할을 맡았다. 그러나 그는 남은 하느님의 백성을 수호할 것이다. 메시아의 주권은 타락한 세상이 끝날 때까지, 정해진 시간들이 채워질 때까지 지속될 것이다. 전사 이미지의 메시아에 대해서는 이사 11,4을 참조하라. "힘없는 이들을 정의로 재판하고 이 땅의 가련한 이들을 정당하게 심판하리라. 그는 자기 입에서 나오는 막대로 무뢰배를 내리치고 자기 입술에서 나오는 바람으로 악인을 죽이리라." 솔로몬의 시편 17—18편과도 비교하라. 1에녹 46,3-6; 62,2의 메시아도 유사한 이미지다. 해제 '5.2. 메시아와 메시아 시대'를 참조하라.

다음에는 샘이나 포도나무와 비슷한[417] 나의 메시아의 주권이 드러날 것이다.[418] 그 주권이 드러날 때 그것은 그의 큰 군대를[419] 뿌리째 뽑아 버릴 것이다.

[8] 이제 네가 환시에서 본 키 큰 향백나무, 곧 그 숲에서 유일하게 남은 그 나무에 대해 알려 주겠다. 그리고 포도나무가 그에게 해준 말들, 네가 들었던 그 말들에 대해서도 알려 주겠다. 그 뜻은 이러하다.

40 [1] 그 때가 되면 산 채로 남아 있던 마지막 지배자는 포박되고 그의 큰
군대는[420] 칼에 넘겨질 것이다. 그리고 그들은 그자를 시온의 산으로
데리고 올라갈 것이다.

그리고 나의 메시아는 그자가 한 모든 악행을 두고 그자를 꾸짖
을 것이다. 그리고 그 무리들의 모든 행업을 모아 그자 앞에 내놓을 것
이다. [2] 그런 다음 그는 그자를 죽음에 붙일 것이다.[421] 그러나 그는, 내
가 선택한 장소에 머물고 있는 남은 내 백성은 수호할 것이다.[422] [3] 그
의 주권은 계속 이어질 것이다. 타락한 세상이 끝날 때까지, 그리고 앞

---

417 앞의 환시에 나온 샘과 포도나무가 메시아를 비유한 것임이 드러난다. 복음서에 나오는 하느님 나라의 비유와 비교하라. 예수님이 당신을 가리켜 "나는 참포도나무"라고 하시는 요한 15,1도 보라.

418 다윗의 후손 메시아에 대한 기대로 읽히는 이사 11,1; 예레 23,5을 참조하라. 여기서 메시아는 나무의 그루터기나 싹으로 표현된다. 이사 6,13은 남은 이스라엘 백성을 나무 이미지로 표현한다. "향엽나무와 참나무가 잘릴 때 거기에 남는 그루터기와 같으리라. 그 그루터기는 거룩한 씨앗이다." 예수님의 예루살렘 입성 장면은 메시아의 주권과 왕권을 암시한다: 마태 21,7-9; 마르 11,7-10; 루카 19,35-38. 루카 1,32-33도 참조.

419 또는, "그것의 큰 무리를."

420 또는, "그의 큰 무리는."

421 2바룩 72,2 참조.

에 말한 시간들이 채워질 때까지![423]
4 이것이 네가 본 환시이며 이것은 그 의미다."

멀어진 이들과 가까워진 이들

41 1 나는 답하며 말하였다. "이 일들은 누구를 위한, 그리고 얼마나 많은
사람들을 위한 것입니까? 혹은 그 때에 누가 살 자격이 있을까요?[424]
2 저는 제가 생각하는 모든 것을 당신 앞에서 말할 것입니다. 그리고 제
가 숙고하는 것들에 대해 당신께 물어볼 것입니다.
3 보십시오! 저는 봅니다. 당신 백성 가운데 많은 이들이 당신 계
약에서[425] 멀어졌으며 당신 율법의 멍에를 내던져버렸습니다.[426] 4 저는
다른 사람들도 봅니다. 그들은 자기네 우상을 버렸으며 당신 날개 아
래 숨어들었습니다.[427] 5 그러면 그들에게는 무슨 일이 일어날까요? 혹

---

422 하느님의 메시아가 마지막 지배자를 처단하고 남은 백성을 수호하리라는 희망을 표현한다. '남은 내 백성'에 해당하는 시리아어는 ܫܪܟܗ ܕܥܡܝ다. 직역하면 '내 백성의 나머지'다. 2바룩 40,2에서 '남은 자'를 표현하는 데에는 '나머지', '남은 것'을 뜻하는 명사 ܫܪܟܐ가 쓰였다. 4에즈 12,32-34와 비교하라.

423 시간들의 채워짐에 대해서는 갈라 4,4; 4에즈 11,44을 참조하라. 2바룩 40,3에서 '계속'이라고 옮긴 표현은 ܠܥܠܡ이다. 보통 '영원히'라고 옮겨지지만 여기서는 '타락한 세상이 끝날 때까지, 정해진 시간이 채워질 때까지'라는 단서가 붙었으므로 그저 '계속'이라고 옮겼다. 2바룩 40,3은 메시아 시대가 끝이 있는, 한시적 시대임을 암시한다. 메시아 시대를 4백 년 지속되는 것으로 한정한 4에즈 7,26 이하와 비교하라. 메시아의 주권과 왕권을 드러내는 루카 19,38 참조.

424 2바룩 41,1—42,8: 배교자와 회개자의 마지막 운명.

425 시리아어 ܢܡܘܣܐ는 '계약, 규정, 법, 질서' 등으로 옮길 수 있다(Smith).

426 '율법의 멍에'를 던져버린 이들은 그리스도인들을 가리키는 듯하다: Klijn, "2 (Syriac Apocalypse of) Baruch", 633. 적어도 이 구절이 바오로 사도를 연상시키는 것은 사실이다. 사도 15,10; 갈라 5,1 참조.

427 Klijn, "2 (Syriac Apocalypse of) Baruch", 633에 따르면, 우상을 버리고 주님

은, 마지막 때가 그들을 어떤 식으로 받아들일까요? [6] 설마 저들의 시
간이 저울에 달리지는 않겠지요? 그리고 저울이 가리키는 대로[428] 그
들이 심판받지는 않겠지요?"

42 [1] 그분께서 답하시며 내게 말씀하셨다. "이것들도 너에게 일러주겠다.
[2] 네가 '이 일들은 누구를 위한, 그리고 얼마나 많은 사람을 위한 것입
니까?' 하고 물었기 때문이다. 믿는 이들에게는 앞에서 말한 좋은 일
들이 있을 것이다. 그리고 교만한 자들에게는 그와 정반대되는 일들
이 있을 것이다. [3] 그리고 네가 말한, 가까이 다가온 이들과 멀어진 이
들에 관해서는,[429] 그 의미는 이렇다. [4] 처음에는 복종했다가 나중에
멀어져서 여러 이민족들의 후손과 섞인 자들, 그들의 예전 시간은 언
덕처럼 여겨진다.[430] [5] 처음에는 생명을 알지 못하다가 나중에 알게 되

의 날개 아래에 숨은 이들은 유다교 개종자들을 가리킨다. 시편 36,8; 57,2; 룻 2,12 참조.

428 직역: "저울이 기울어지는 대로." 사후 심판이 저울 이미지로 표현되는 것은 이집트 '사자의 서'의 영향일 터다. 시편에서도 저울 이미지가 발견된다. 마지막 심판을 저울 이미지로 표현한 유다교 본문들에 대해서는, Suter, "Weighed in the Balance: The Similitudes of Enoch in Recent Discussion", 217-221을 참조하라.

429 하느님 규정에서 멀어진 사람들과 하느님 날개 아래 숨어든 사람들을 언급한 2바룩 41,3 및 41,4을 보라. 에페 2,13에 비슷한 표현이 나온다. "한때 멀리 있던 여러분이 그리스도 예수님 안에서 그리스도의 피로 하느님과 가까워졌습니다." 에페 2,17에서는 그리스도께서 '멀리 있던' 이들과 '가까이 있던' 이들 모두에게 평화를 선포하셨다고 한다.

430 예전 시간이 '언덕'처럼 여겨진다(ܪ̈ܡܬܐ ܡܬܚܫܒܢ)는 것이 무슨 뜻인지 분명하지 않다. 클라인(Klijn)도 이를 주목하고 있다. 문맥상, 과거는 무의미하다는 뜻 같다. 처음에 믿었다가 나중에 믿음을 저버린 사람에게, 믿음을 가졌던 예전 시간은 심판 때 아무 역할을 하지 못한다는 것이다. 곧 심판 때 저울에 올라가는 것은 과거가 아니라 현재다. 인생 후반을 어떻게 보내느냐가 더 중요하다는 의미다.

어 선별된 백성의[431] 후손과 섞인 이들, 그들의 예전 시간은 언덕처럼
여겨진다.[432] 6 시간은 시간을, 계절은 계절을 이어받고 하나는 다른 하
나를 받아들일 것이다. 그런 다음 마지막에는 모든 것이 시간의 척도
에 따라 그리고 계절의 시간에 따라 평가받을 것이다.[433] 7 파멸은 파
멸에 속한 자들을 데려가고 생명은 생명에 속한 자들을 데려가기 때
문이다. 8 그리고 먼지가 소환되고 그에게 선언될 것이다. '네 것이 아닌
것을 돌려 달라. 그리고 이 시간까지 네가 간직해온 모든 것을 일으켜
라!'[434]

43 1 그런데 바룩아, 너는 네게 선포된 것에 어울리는 사람이 되도록 너의
마음을 잘 준비하여라.[435] 그리고 너에게 계시된 것을 이해하여라. 너
에게는 영원한 위안이 있기 때문이다. 2 사실 너는 이곳을 떠날 것이
다. 그리고 지금 네 눈에 보이는 영역에서 나갈 것이다. 그리고 멸하는
것은 잊고 사멸하는 이들 사이에서 일어나는 일들은 더 이상 기억하지

---

431 '선별된 백성'(ܥܡ̈ܡܐ ܕܦܪܝܫ)은 이스라엘 백성을 가리킨다. ܦܪܝܫ는 바리사이의 어원이 된 단어로 '따로 구분된', '선별된'이라는 뜻이다.

432 '그들의 예전 시간은 언덕처럼 여겨진다'는 표현이 나오는 2바룩 42,4의 각주를 참고하라. 2바룩 42,4-5에 따르면, 믿음을 가졌다가 믿음에서 멀어진 사람이건 그 반대의 사람이건, 그들의 과거는 중요하지 않다. 마지막 심판 때 결정적 역할을 하는 것은 인생 후반의 삶이다.

433 무슨 뜻인지 분명하지 않다. 어떤 종류의 시간을 얼마나 보냈느냐에 따라 평가받는다는 의미인 듯하다.

434 2바룩 30,1-2 참조. 먼지로 돌아간 모든 이를 다시 일으켜 세우라는 뜻이다. 죽은 이들의 부활을 암시한다.

435 2바룩 43,1-3: 백성에게 가서 말씀을 전한 뒤 돌아와 다음 계시를 위해 이레 동안 단식하며 준비하라는 말씀이다.

않을 것이다.[436] [3] 그러니 가서 네 백성에게 명하여라. 그러고 나서 이곳
으로 와서 이레 동안 단식하여라. 그러면 나는 너에게 가서 너와 이야
기하겠다."[437]

V-③ 새 시대의 선포(44—47장)[438]

44 [1] 그리하여 나 바룩은 그곳을 떠나 내 백성에게 갔다. 그리고 내 맏아
들과 그달야와 내 친구들과 백성의 원로들 가운데 일곱을 불러서 그
들에게 말하였다.

[2] "보라. 나는 온 땅의 길에 따라 내 조상들에게로 간다.[439] [3] 너
희들은 율법의 길에서 멀어지지 마라. 그리고 남은 백성이 능하신 분
의 계명에서 멀어지지 않도록 그들을 잘 지키고 돌보아라.[440] [4] 우리
가 섬기는 분은 의로우시며 우리의 창조자는 사람을 차별하지 않으신
다는 것을 너희는 알고 있다.[441] [5] 시온에 일어난 일을 보아라! 예루살

436 바룩이 곧 세상을 떠나게 되리라는 말씀인 듯하다. 세상을 곧 떠날 터이니 지금은 가서 백성에게 하느님 말씀을 전하라는 것이다.

437 다음 계시를 받아들이기 위한 이레 동안의 단식.

438 44,1—47,2은 불멸의 새 시대가 올 터이니 끝까지 포기하지 말고 주님의 길에 머물러 있으라는 당부의 말이다. 유배 중인 백성에게 보내는 위로와 격려의 말이기도 하다.

439 이제 바룩이 백성을 완전히 떠나리라는 것, 곧 세상을 하직할 것을 예고한다. '세상 모든 사람이 가는 길을 간다'는 표현이 나오는 여호 23,14; 1열왕 2,2을 보라. 조상들에게 간다는 표현은 창세 15,15을 참조하라.

440 2바룩 44,3-7: 세상을 떠나기 전 바룩이 일곱 원로를 비롯한 백성의 지도자와 친지들을 향해 권고하는 내용. 백성들이 하느님의 율법을 지키도록 잘 돌보라고 당부한다. 부활하신 예수님께서 승천하시기 전에 베드로에게 양들을 잘 돌보라고 당부하시는 장면이 연상된다: 요한 21,15.16.18.

렘에 무슨 일이 닥쳤는지 보아라! 6 능하신 분의 심판과 그분의 헤아
릴 길 없는 올바른 길이 알려질 것이다. 7 너희가 인내하고 그분에 대
한 두려움 안에 머물면서 그분의 율법을 잊지 않는다면, 시절이 너희
에게 좋은 쪽으로 바뀔 것이다.[442] 그리고 너희는 시온의 위안을 보게
될 것이다.[443]

8 지금 존재하는 것은 아무것도 아니며 앞으로 존재할 것이 엄청
난 것이기 때문이다.[444] 9 사실 멸하는 모든 것은 지나간다. 그리고 죽
는 모든 것은 떠나간다. 지금의 이 모든 시간은 잊히고 악으로 더럽혀
진 지금 이 시간의 기억은 남아 있지 않을 것이다.[445] 10 지금 달리는
자는 헛되이 달리고 있다. 지금 번창하는 자는 얼마 안 가서 넘어지고
굴욕을 당할 것이다.

11 자, 앞으로 오기로 된 것이 갈구의 대상이 될 것이다.[446] 그 다
음에 올 것, 우리는 그것을 희망하게 될 것이다. 사실 그것은 사라지지
않는 시간이다.[447] 12 영원히 지속되는 시간과 새로운 시대가[448] 오고 있

441 2바룩 13,8. 하느님은 사람을 차별하지 않으신다는 믿음은 집회 35,16; 사도 10,34; 로마 2,11; 갈라 2,6; 에페 6,9에도 나타난다.

442 이스라엘의 복원에 대한 희망을 표현한다. 2바룩 46,5-6; 84,6; 85,4에서도 같은 희망이 표현된다.

443 시온의 복원이 가져다 줄 위안과 위로를 뜻한다. 2바룩 81,1도 참조하라. 루카 2,25에 '이스라엘이 위로받을 때'라는 표현이 나온다. 구약성경 예언자들은 불의에 대한 처벌과 재앙을 선포하면서 동시에 미래의 복원에 대한 희망과 위로를 전한다.

444 2바룩 44,8—45,2: 지금 이 시간은 사라지고, 사라지지 않는 새 시대가 오리라는 예고다. 이 시대와 새 시대가 대비되고 있다.

445 2바룩 44,9-10은 사라질 시간에 대해 이야기한다.

446 2바룩 44,11-15은 새로운 시대에 대해 이야기한다. 새 시대는 영원한 시간, 다가올 세상이라고도 불린다.

447 44,11에서 '사라지지 않는 시간'이라 옮긴 시리아어 표현은 ܙܒܢܐ ܕܠܐ ܥܒܪ

다. 그 시대는 처음으로 돌아가는 자들을 파멸에 붙이지 않고 고통으로[449] 들어가는 자들에게 자비를 보이지 않는다. 그리고 그 안에 사는 자들을 파멸로 이끌지 않는다.[450]

13 앞에서 말한 그 때를 물려받을 사람들은 바로 이들이다. 약속된 시대의 유산이 그들의 것이다. 14 그들은 지혜의 보고를 획득한 이들이다. 그들에게는 슬기의 보물이[451] 있다.[452] 그들은 자비에서 멀어진 적이 없으며 율법의 진리를 간직하였다. 15 다가올 세상이 그들에게 주어질 것이다. 그러나 나머지 많은 사람들의 처소는 불 속이 될 것이다.[453]

이다. '지나가지 않는 시간'이라 옮겨도 된다. 이 '사라지지 않는 시간'은 44,12의 '영원히 지속되는 시간'(ܙܒܢܐ ܕܡܩܘܐ ܠܥܠܡ)이며 '새로운 시대'(ܥܠܡܐ ܚܕܬܐ), 그리고 44,15의 '다가올 세상'(ܥܠܡܐ ܕܐܬܐ)이다.

448 또는, "새로운 세상." 여기서 '시대' 또는 '세상'을 표현하는 데 쓰인 단어는 ܥܠܡ 이다.

449 '고통'이라 옮긴 ܬܫܢܝܩܐ는 사후 처벌의 맥락에서 쓰이기도 한다. 2바룩 30,5; 51,6; 55,4 참조. 4에즈 7,36에서 '고통의 구덩이'(ܓܘܒܐ ܕܬܫܢܝܩܐ)를 표현하는 데 쓰인 단어이기도 하다.

450 새로운 시대, 새로운 세상에서는 어떤 사람도 파멸에 부쳐지지 않는다고 한다. 다시 말해 새 시대는 파멸이 없는 세상이다. 동시에 그 시대는 고통(=게헨나)으로 들어가는 사람에게 자비를 보이지도 않는다고 한다. 한 번 결정된 운명이 바뀌지 않는다는 의미다.

451 또는 "저장고."

452 마태 13,44; 19,21; 4에즈 6,5; 7,77; 14,47 참조.

453 율법의 진리를 간직한 소수와 그러지 않은 다수의 마지막 운명은 완전히 다르다. 전자는 다가올 세상이, 후자는 불 속이 그 처소가 될 것이다. '고통의 구덩이', '게헨나의 불구덩이'를 언급한 4에즈 7,36을 보라. 2바룩 48,43; 59,2; 64,7; 85,13도 참조. 좁은 문으로 들어가는 이들은 적다는 마태 7,13-14; 루카 13,23-24 참조.

45 1 그러니 너희들은 백성을 가능한 한 많이 훈계하여라. 그 일이 우리의
일이기 때문이다. 2 너희가 그들을 가르친다면 너희는 그들을 살릴 것
이다."[454]

46 1 나의 아들과 백성의 원로들이 답하며 나에게 말하였다.[455]
"능하신 분께서 순식간에 저희에게서 당신을 채 가실 정도로 저
희를 낮추셨을까요? 2 정말로 저희는 어둠 속에 머물게 됩니까? 그리
고 남겨진 백성에게 빛이 없을까요?[456] 3 저희가 율법을 어디서 다시
찾겠습니까? 아니면 저희를 위해 누가 죽음과 생명을 구별해 주겠습
니까?"[457]
4 나는 그들에게 말하였다.[458] "나는 능하신 분의 어좌에 맞설 수
없다. 그러나 이스라엘에게 현자가 부족하지 않고 야곱의 종족에게 율
법의 아들이 부족하지 않을 것이다. 5 다만 너희 마음을 잘 준비하고
율법을 들어라. 그리고 경외심과 지혜와 통찰을 갖춘 이들에게[459] 복
종하여라. 그리고 영혼을 준비하여 그들에게서 멀어지지 않도록 하여
라. 6 너희가 이것들을 실천한다면, 내가 전에 말한 좋은 소식들이[460]

---

454 하느님 말씀 혹은 규정이 사람을 살린다는 시편 119,50.93을 참조하라. 백성의 훈계를 독려하는 2바룩 45장은 저자의 사목적 지향성을 잘 드러낸다.

455 2바룩 46,1-3: 바룩이 영원히 떠난다는 말을 들은 원로들의 탄식이다. 지도자와 빛을 잃은 자들의 두려움이 잘 묻어난다.

456 2바룩 77,13 참조.

457 잠언 13,14; 신명 30,19 참조.

458 2바룩 46,4-6: 백성에게 새로운 지도자들이 올 것이라는 예고.

459 직역: "두려움 안에서 지혜롭고 통찰력 있는 이들."

460 시리아어 ܣܒܪܬܐ는 '좋은 소식'을 뜻하며 '복음'을 일컫는 말이기도 하다(Smith).

너희에게 올 것이다. 그리고 너희는 내가 전에 너희에게 증언한 고통에
떨어지지 않을 것이다."

7 그러나 나는 내가 받게 될 말씀에 대해서는 그들에게, 심지어 내
아들에게도 알려주지 않았다.

47 1 그리고 나는 길을 나서며 그들을 해산시켰다.[461] 그리고 그곳을 떠나
며 그들에게 말하였다. "보라. 나는 헤브론으로 간다. 능하신 분께서
나를 그곳에 보내셨기 때문이다." 2 그리고 나는 내게 일러주신 그 장
소로 가서 그곳에 자리 잡고 앉았다. 그리고 이레 동안 단식하였다.

VI. 죽은 이들의 부활(48,1—52,7)[462]

VI-① 바룩과 하느님의 대화(48장)

48 1 이레가 지났을 때였다. 나는 능하신 분 앞에서 기도하며 말하였다.[463]
2 "오, 주님! 당신께서는 시간들의 도래를 소환하셨습니다.
그리고 그들이 당신 앞에 서 있습니다.
당신께서는 시대들의 힘을 사라지게 하시며, 그들은 당신께

461 2바룩 47,1-2: 바룩은 헤브론으로 가서 다시 이레 동안 단식한다. 새로운 계시를 받기 위한 준비다.

462 2바룩 48장: 바룩의 기도와 하느님의 응답 그리고 바룩의 기도; 49—52장: 죽은 이들의 부활 및 형상 변화.

463 2바룩 48,1-25: 바룩의 기도. 이레 동안의 단식 끝에 올린 기도. 바룩은 한편으로는 하느님의 위대하심을 찬양하고, 다른 한편으로는 인간의 덧없음을 고백하면서, 하느님께 자비를 간구한다. 전체적으로 하느님의 주권을 노래하는 욥 38—39장을 연상시킨다.

저항하지 못합니다.
당신께서는 계절들의 행로를 다스리시고 그들은 당신께
순종합니다.
3 오직 당신만이 세대들의 지속기간을 아십니다.
당신께서는 당신의 신비를 많은 이들에게 알려주지 않으십니다.
4 당신께서는 불의 양을 알리시고 바람의 가벼움을 재십니다.
5 당신께서는 고지의 끝을 살펴보시고 당신께서는 어둠의 깊이를
조사하십니다.
6 당신께서는 사라지는 수와 남겨지는 수를 정하십니다.
그리고 앞으로 오기로 된 이들을 위해 그들이 머물 집을
마련하십니다.[464]
7 당신께서는 당신께서 만드신 시작을[465] 기억하시며 앞으로 올
파멸을 잊지 않으십니다.
8 당신께서는 공포와 진노의 표징으로 불꽃에게 명령하십니다.
그러면 그것들은 바람이[466] 됩니다.[467]
당신께서는 말씀으로 존재하지 않던 것을 일으키십니다.[468]
당신께서는 강한 힘으로 아직 오지 않은 것을 붙잡으십니다.[469]
9 당신께서는 당신의 슬기로 피조물들을 가르치십니다.
당신께서는 천체들을 지혜롭게 만드시어 그들로 하여금

464 요한 14,2 참조. 하늘에서 얻는 영원한 집에 대해 이야기하는 2코린 5,1-2도 참조하라.

465 또는 "한처음." 창세 1장을 보라.

466 또는 "영들."

467 2바룩 21,5-6을 보라.

468 2바룩 21,4 참조.

469 2바룩 29,5 참조.

질서정연하게 임무를 수행하게 하십니다.[470]

10 수없이 많은 군대들이 당신 앞에 서서, 질서정연하게, 그리고 당신 신호에 맞추어 고요히 임무를 수행합니다.

11 당신 종의 말을 들어주십시오. 저의 기도에 귀를 기울여 주십시오.[471]

12 우리는 잠시 동안 태어났다가 얼마 지나지 않아 돌아가기 때문입니다.[472]

13 당신께는 한 시간이 한 계절 같고 하루는 한 세대 같습니다.[473]

14 그러니 인간에게 진노하지 마시옵소서. 그는 아무것도 아니기 때문입니다. 저희 행업들을 괘념치 마시옵소서. 저희가 무엇이란 말입니까?

15 보십시오. 당신의 선물로 저희가 세상에 왔습니다. 그리고 저희는 우리 의지와 상관없이 떠나갑니다.

16 저희는 부모에게 '저희를 낳아주십시오' 하고 말하지 않았습니다. 셔올로 (사람을) 보내면서 '저희를 받아주십시오' 하고 말하지도 않았습니다.

17 그러니 저희 힘이 얼마나 된다고 당신의 진노를 견딜 수

470 2바룩 48,9-10은 하늘의 천체들과 천상 군단이 하느님께서 부여하신 질서에 따라 제 임무를 충실히 수행하고 있음을 노래한다. 혼돈에서 질서를 부여하시는 하느님을 묘사한 창세 1장을 참조하라.

471 시편 130,2 참조: "주님, 제 소리를 들으소서. 제가 애원하는 소리에 당신의 귀를 기울이소서."

472 생의 짧음을 노래하는 시편 90,6을 보라: "아침에 돋아났다 사라져 갑니다. 저녁에 시들어 말라 버립니다." 야고 4,14도 참조하라: "여러분은 잠깐 나타났다가 사라져 버리는 한 줄기 연기일 따름입니다."

473 시리아어 본문에는, 시간, 시대, 날, 세대가 모두 복수로 되어 있다. "천 년도 당신 눈에는 지나간 어제 같고 야경의 한때와도 같습니다"라는 시편 90,4 참조.

있겠습니까? 혹은 저희가 무엇이라고 당신의 심판을 감당할 수
있겠습니까?[474]

18 당신 자애로 저희를 보호하소서. 당신 인자하심으로 저희를
도와주소서.

19 당신께 복종하는 작은 이들을[475] 눈여겨보소서!
당신께 다가가는 모든 이를 구원해주소서!
그리고 우리 백성의 희망을 잘라내지 말아주소서!
우리 도움의 시간을 줄이지 말아주소서!

20 이 백성은 당신께서 선택하신 백성이기 때문입니다.
그들은, 그와 같은 백성을 찾을 수 없는 그런 백성입니다.[476]

21 이제 저는 당신 앞에서 말할 것입니다. 제 마음이 생각하는
대로 저는 말할 것입니다.

22 저희는 당신께 신뢰를 두고 있습니다.
보십시오, 당신의 율법이 저희 곁에 있습니다.
그리고 당신 규정을 붙들고 있는 한 저희가 넘어지지
않으리라는 것을 저희는 알고 있습니다.

23 저희는 늘 축복받은 이들입니다. 적어도 이민족들과 섞이지
않았다는 점에서!

24 저희는 모두, 일자一者로부터 하나의 율법을 받은 이름난 하나의

---

474 시편 130,3 참조: "주님, 당신께서 죄악을 살피신다면 주님, 누가 감당할 수 있겠습니까?"

475 '젊은이들'로 옮겨도 된다. '작은 이들'에 대해서는 마태 10,42 참조.

476 4에즈 3,35-36 참조: "[3,35] 도대체 세상 주민들이 당신 앞에서 죄짓지 않은 때가 언제입니까? 당신의 계명들을 어느 민족이 그렇게 잘 지켰습니까? [36] 당신 계명을 지킨 개개인은 찾을 수 있으실 것입니다. 그러나 당신께서 그런 백성은 찾지 못하실 것입니다."

백성입니다.[477]
저희 가운데에 있는 그 율법이 저희를 돕고 있으며 저희 안에
있는 탁월한 지혜가 저희를 지탱하고 있습니다.”
25 내가 기도를 끝내고 이 말들을 마쳤을 때 나는 몹시 피곤하였다.

26 그분께서 답하시며 나에게 말씀하셨다.[478]
“너는 솔직하게 기도하였다.[479] 오, 바룩아! 너의 모든 말을 다 들
었다.[480]
27 그런데 나의 심판이 자기 소유를 주장하고 나의 율법이 자기
권리를 주장한다.[481]
28 너의 말들을 가지고 네게 답하겠다. 너의 기도를 가지고 너와
이야기하겠다.
29 내 말은 이렇다. 아무도 (이유 없이) 멸하지는 않는다. 그는 할
수 있는 대로 악행을 저질렀으며 나의 선함을 기억하지 않았고 나의
인내를 받아들이지 않았다.
30 그러므로 네게 먼젓번에 말한 대로 나는 반드시 너를 데려갈 것

---

477 한 분이신 하느님, 하나의 율법, 하나의 백성 개념이 돋보인다. 하느님은 한 분이시라고 하는 에페 4,4-6을 참조하라.

478 2바룩 48,26-41: 바룩의 기도에 대한 하느님의 응답이다. 그때가 다가왔음을 선포한다.

479 ‘솔직하게’로 옮긴 시리아어 ܦܫܝܩܐܝܬ는 빙빙 돌리지 않는 직설적 또는 단도직입적 태도를 표현한다(Smith).

480 직역: “너의 모든 말들이 들어졌다.”

481 심판과 율법의 시간이 시작됨을 암시한다. 갈라 3,10 참조: “‘율법서에 기록된 모든 것을 한결같이 실천하지 않는 자는 모두 저주를 받는다’고 성경에 기록되어 있기 때문입니다.”

이다.[482] 그리고 내가 네게 말한 그때가 올 것이다.[483] [31] 그리고 고통의
시간이 일어날 것이다. 그 시간은 다가왔다가 격렬하게 지나갈 것이다.
진노의 열기 속에 온 그 시간은 격동의 시기가 될 것이다. [32] 그때 이 땅
의 모든 주민들은 저마다 안심하며 지낼 것이다.[484] 내 심판이 가까웠
다는 것을 모르기 때문이다. [33] 그때에는 지혜로운 이들이 많이 보이지
않을 것이며 슬기로운 이들도 적을 것이다. 게다가 지식을 가진 사람
들도 점점 더 침묵을 지킬 것이다. [34] 많은 소문들과 적지 않은 소식들
이 들려올 것이다.[485] 그리고 유령들의 작업들이 드러날 것이다. 또한
적지 않은 약속들이 주어질 것이다. 그것들 중 어떤 것은 헛되고 어떤
것은 사실로 확인될 것이다. [35] 그리고 명예가 수치가 되고 힘이 멸시로
강등될 것이다. 단단한 것이 무너지고 아름다움이 보잘것없이 될 것이
다. [36] 그때에는 많은 이들이 많은 이들에게 말할 것이다. '그 많던 슬기
가 어디에 숨었는가? 그 많던 지혜가 어디로 옮겨갔는가?' [37] 그들이 이
일들을 숙고할 때, 자신들에 대해 생각하지 않던 그들 안에 질투가 일
어날 것이다. 그리고 평화롭게 지내던 이들을 고통이 사로잡을 것이다.
많은 이들이 분노로 요동치며 많은 이들을 다치게 할 것이다. 그리고
군대를 일으켜 피를 흘릴 것이다.[486] 저들은 결국 그들과 함께 멸망할

---

482 직역: "너는 반드시 받아들여질 것이다." 마지막 때가 오기 전에 바룩을 데려가시리라는 의미다. 바룩은 마지막 때의 고통에 떨어지지 않으리라 예고하는 2바룩 46,6 참조.

483 거트너(Gurtner)의 번역에는 마지막 문장이 누락되어 있다.

484 시리아어 ܫܝܢ 동사의 에트페엘(Ethpeel)형은 '고요히 지내다', '안식을 누리다'는 뜻이다(Smith). 예레 6,14; 8,11 참조. 클라인(Klijn)은 "평화롭게 공존하다"로 옮겼다. 거트너(Gurtner)는 "서로가 서로를 거스르다"로 옮겼다.

485 마태 24,6 참조.

486 마태 24,7 참조.

것이다. [38] 그때에는 시대의 변화가 모든 사람에게 뚜렷이 드러날 것이
다.[487] 그 모든 시간 동안 그들이 스스로를 더럽히고 도를 넘어섰기[488]
때문이다. 그리고 저마다 자기네 길을 걷고 능하신 분의 율법을 기억
하지 않았기 때문이다. [39] 그러므로 불이 그들의 생각을 집어삼킬 것이
다. 그리고 불꽃 속에서 그들의 마음속[489] 생각이 시험받을 것이다.[490]
사실 심판관이 올 것이며 그는 망설이지 않을 것이다. [40] 그 땅의 주민
들 하나하나가 자신이 불의를 저지르고 있음을 알고 있었기 때문이다.
그들은 오만함 때문에 내 율법을 알지 못하였다. [41] 그러나 진정 많은
이들이, 죽은 이들보다 산 이들 때문에 더 울 것이다."

[42] 나는 답하며 말하였다.[491] "오, 아담이시여! 당신에게서 태어난
모든 이들에게 당신은 도대체 무슨 일을 하신 것입니까? 뱀에게 순종
한 첫 하와에게는 무슨 말이 선포되겠습니까?[492] [43] 이 모든 많은 사
람들이 멸망으로 나아가고 있으며 불이 집어삼키는 이들이 수없이 많
습니다![493]

[44] 그러나 나는 당신 앞에서 다시 말할 것입니다.

[45] 오 주님, 내 주님이시여! 당신께서는 당신 피조물 안에 있는 것
을 다 아십니다. [46] 오래 전 당신께서는 먼지에게 아담을 내놓으라 명

---

487 2바룩 44,7 참조.

488 '도를 넘어서다'로 옮긴 시리아어 ܥܠܒ은, '착취하다', '억압하다' 등으로 옮길 수도 있다(Smith).

489 직역: "콩팥." 고대인들은 마음속 깊은 곳, 속마음을 오장육부에 비유하곤 했다.

490 예레 11,20 참조.

491 2바룩 48,42-47은 바룩의 한탄과 기도, 48,48-50은 백성을 향한 설교다.

492 창세 3장, 특히 3,1-6을 보라.

493 2바룩 48,42-43은 바룩이 아담을 향해 한 말이다.

하셨습니다.[494] 당신께서는 그에게서 태어난 이들의 수를 아십니다. 그들이 당신 앞에서 얼마나 많은 죄를 지었는지도 아십니다. 존재하였으나 당신을 자기네 창조자로 고백하지 않은 그들 말입니다. [47] 저들을 두고서는 저들의 마지막이 저들을 꾸짖을 것입니다.[495] 그리고 당신의 날에는, 저들이 어겼던 당신의 율법이 저들에게 되갚을 것입니다.[496]

[48] 그러나 이제, 악인들 이야기는 그만하고 의인들에 대해 살펴보도록 합시다.[497] [49] 저는 그들의 복됨을 되풀이해서 말할 것입니다. 그리고 그들에게 유보된 그들의 영광에 대한 찬사를 그만두지 않을 것입니다. [50] 참으로, 여러분이 살고 있는, 지나가는 이 세상에서 잠시 많은 수고를 견디어 내셨듯이 끝이 없는 저 세상에서 여러분은 큰 빛을 받게 될 것입니다.[498]

VI-② 죽은 이들의 부활 및 형상 변화(49—52장)[499]

49 [1] 그러나 저는 다시 당신께 여쭈어보려 합니다.[500] 능하신 분이시여! 만

---

494 창세 2,7.

495 또는, "유죄라 선포할 것입니다."

496 2바룩 48,44-47은 바룩이 하느님께 올린 고백이다.

497 동사의 주어가 1인칭 복수다. 2바룩 48,48-50에서 바룩은 '여러분' 또는 '너희'를 향해 말한다. 48장 전체 분위기에 맞추어 백성을 향한 말도 경어체로 옮겼다.

498 2코린 4,17 "우리가 지금 겪는 일시적이고 가벼운 환난이 그지없이 크고 영원한 영광을 우리에게 마련해 줍니다" 참조.

499 2바룩 49—52장: 죽은 이들의 부활 및 형상 변화.

500 2바룩 49장은 '죽은 이들의 부활 및 형상 변화' 대목의 도입부에 해당한다. 49장에서 청자는 '여러분'에서 다시 하느님으로 바뀐다. 바룩은 하느님을 향해 마지막 때에 다시 살아난 이들의 형상이 어떠할지 묻는다. 2바룩 49장 전체를 1코린 15,35-54과 비교하라.

물을 창조하신 분께 자비를 청하려 합니다. 2 당신의 날에는 살아 있는
이들이 어떤 형상으로 살게 됩니까? 그 다음에 올 그들의 광채는 어떤
식이 될까요? 3 그들이 지금 이 모습을 다시 취하게 됩니까? 그러고 나
서 그들은 사슬로 엮인 이 지체들을 입게 됩니까? 지금 악에 빠져 있
는, 그 안에서 악들이 실현되고 있는 그 지체들 말입니다. 아니면 혹시
당신께서 이 세상에 있던 그것들을 변화시킵니까? 세상 자체를 변화시
키시듯이 말입니다."

50 1 그분께서 답하시며 내게 말씀하셨다.[501]
"이 말을 들어라, 바룩아. 그리고 네가 배우는 모든 것을 네 마음
의 기억 속에 적어두어라. 2 지금은 땅이 자기 안에 담아두려고 받아
들이는 죽은 이들을, 그때에는 반드시 다시 내놓을 것이다.[502] 그들의
모습에는 아무 변화가 없을 것이다. 땅이 받아들인 모습 그대로 그들
을 다시 내놓을 것이다. 그리고 내가 땅에게 넘겨준 모습 그대로 땅이
그들을 다시 일으킬 것이다. 3 그런 다음에는 죽은 이들이 다시 살아
났다는 것과, 떠나갔던 그들이 다시 돌아왔다는 것이 살아 있는 이들
에게 알려져야 한다.[503] 4 지금 그들이 알고 있는 이들을 서로 알아보
고 나면 그 다음에는 준엄한 심판이 있을 것이다. 그리고 앞에 언급된

---

501 50,1—51,16: 하느님의 답변. 2바룩 50장은 마지막 때에 땅이 자기가 담고 있던 사자(死者)들을 다시 내놓으리라는 예고다. 죽은 이들이 본래 모습대로 되살아난 뒤에 하느님의 심판이 있으리라 선언한다. 51장은 죽은 이들의 형상 변화를 선포한다.

502 마태 27,52 참조. 부활 논쟁을 다룬 마태 22,23-33; 마르 12,18-27; 루카 20,27-39도 참조.

503 또는, "죽은 이들이 다시 살아났다는 것과, 떠나갔던 그들이 다시 돌아왔다는 것을 알려야 한다." 비인칭 구문이라 알리는 주체가 누구일지는 드러나지 않는다. 마태 27,53 참조.

일들이 일어날 것이다.[504]

51 [1] 정해진 그 날이 지나고 나면 그 다음에는 유죄 선고를 받은 자들의
형상이 변화될 것이다.[505] 의로움이 인정된 이들의 영광도 마찬가지
다.[506] [2] 지금 악행을 저지르는 자들의 형상은 지금보다 더 나빠질 것이
다. 그리하여 그들은 고통을 받을 것이다. [3] 지금 나의 율법에 따라 의
롭게 사는 이들의 영광도 (변화될 것이다). 그들은 자기네 삶에서 통찰
력을 갖추었으며 마음속에 지혜의 뿌리를 심어두었다.[507] 그들의 광채
는 변화를 통해 영광스럽게 되고 그들 얼굴의 형상은 아름다움의 빛
으로 바뀔 것이다. 그리하여 그들은 자기들에게 약속된, 죽지 않는 세
상을 얻고 받아들일 수 있게 된다.

[4] 따라서 그때 오는 자들은 무엇보다 다음 사실을 두고 탄식할 것
이다. 곧 내 율법을 거부한 것, 그리고 귀를 닫아 지혜의 말을 듣지 않
고 통찰을 받아들이지 않은 것이다. [5] 그들은, 지금 자기네보다 낮은

---

504 죽은 모든 이들이 부활한 뒤 준엄한 심판이 있을 것이라고 한다. 요한 5,29 참조. "앞에 언급된 일들"은 심판 뒤에 따라올 가혹한 형벌을 가리킨다.

505 2바룩 51장은 마지막 때 있을 죽은 이들의 형상 변화를 다룬다. 악인들은 더 나쁘게, 의인들은 더 아름답고 영광스럽게 변화될 것이라고 한다. 그리고 악인은 고통을 겪게 되고, 의인은 죽음 없는 세상을 받아들일 것이라고 한다. 1코린 15,42-53과 비교하라. 4에즈 7,125도 참조하라: "거룩한 이들의 얼굴은 별들보다 더 빛날 것입니다. 우리의 얼굴은 어둠보다 더 검게 될 것입니다." 바룩 2서의 형상 변화와 관련해서는, Pentiuc, "The Nature of the Resurrected Bodies: 2Baruch and the New Testament", 309-334을 참조하라. 2바룩 51,3은 예수님의 거룩한 변모 사건을 연상시킨다: 마태 17,2; 마르 9,2-3; 루카 9,29 참조. 사람들이 부활하신 예수님을 알아보지 못하는 장면들(요한 20,14; 21,4; 루카 24,16)은 부활하신 주님의 형상이 변화했을 가능성을 암시한다.

506 51,1-6: 의인들과 악인들은 서로 다른 운명을 맞는다.

507 집회 1,6.20; 지혜 3,15 참조.

이들이 나중에는 자기네보다 더 높아지고 더 영광스럽게 변모하는 것을 보게 될 것이다. 그런 뒤 이들도 저들도 다 변화할 것이다. 후자는 천사들의 광채가 되고, 전자는 경악스런 외모와 끔찍한 형상으로 한층 더 쇠락할 것이다.[508] 6 이처럼 그들은 먼저 보고, 그 다음에 고통을 받으러 떠날 것이다.[509]

7 그러나 자신들의 행업 때문에 구원을 받은 이들,[510] 지금 그들에게 율법은 희망이며 통찰은 기대이고 지혜는 신뢰인 그들에게는,[511] 그들의 때에 기적이 목격될 것이다. 8 그들은, 지금 그들에게 보이지 않는 세상을 보게 될 것이다. 그리고 지금 그들에게 숨겨져 있는 시간을 보게 될 것이다. 9 그리고 더 이상 시간이 그들을 늙게 만들지 않을 것이다. 10 그들은 그 세상의 꼭대기에 살게 될 것이다. 그리고 그들은 천사들과 비슷해지고 별들과 흡사해질 것이다.[512] 그리고 어떤 형상으로든 자기가 원하는 대로 변화될 것이다. 아름다움에서 고귀함으로, 빛에서 영광의 광채로! 11 그들 앞에서 낙원의 폭이 확장되고, 지금 어좌 밑에 있는 생물들의[513] 존엄한 아름다움이 그들에게 드러날 것이다. 천사들

---

508 마지막 때에 악인들의 영혼이 더 쇠락하리라는 것은 2바룩 30,4를 보라. 4에즈 7,87과 비교하라.

509 악인들의 최종 운명은, 고통·고문이다. 그 전에 그들은 악인들의 영혼과 의인들의 영혼이 다른 형상으로 변하는 것을 목격할 것이다. 전자는 더욱 경악스런 형상, 후자는 더욱 빛나는 형상으로 바뀌는 것을 목격한 다음 각각 정해진 운명의 장소로 옮겨갈 것이다. 악인은 고통의 장소로, 의인은 구원의 장소로. 고통이 보는 행위와 연결되어 있다.

510 51,7—52,7: 의인들의 축복된 운명과 악인들의 심판

511 2바룩 14,7 참조.

512 다니 12,3 참조. 부활한 의인들은 천사들과 비슷해진다는 것은 루카 20,36; 마르 12,25; 마태 22,30 참조.

513 어좌 한가운데와 그 둘레에 있는 네 생물을 언급한 묵시 4,6; 7,11을 참조하라.

의 모든 군대들도 마찬가지다. 그들이 지금은 모습을 드러내지 말라는 내 말에 붙들려 있고, 자신들의 도래 시간이 다가올 때까지 자기 자리를 지키라는 명령에 제지당하고 있지만 (그때에는 나타날 것이다).
12 그때에는 의인들의 탁월함이 천사들의 것보다 더 뛰어날 것이다.[514]
13 사실 첫째들은 자신들이 기다리던 꼴찌를, 꼴찌들은 이미 사라져 버렸다고 들었던 저들을 받아들일 것이다.[515]
14 사실 그들은 이 고통의 세상에서 해방되었으며 슬픔의 짐을 내려놓았다.

15 그러니 사람들이 무엇을 위해 자기 생명을 바쳤단 말이냐?[516] 그리고 이 땅에 살던 이들이 자기 영혼을 무엇과 맞바꾸었단 말이냐?[517]
16 그들이 한때는 슬픔을 넘어선, 사라질 수 없는 이 시간을 선택했다.[518] 그러고는 그 종말이 한숨과 악으로 가득한 저 시간을 선택했다. 그리고 그들은, 자기에게 다가오는 자들을 늙게 만들지 않는 세상을[519] 거부하고 영광의 시간을 거절했다. 그러므로 그들은, 내가 전에 네게 말한 그 영예에 다가서지 못할 것이다."[520]

---

514 직역: "그때에는 탁월함이 천사들 안보다 의인들 안에 더 많이 있을 것이다." 1코린 6,1-3; 1베드 1,12 참조.

515 첫째들은 꼴찌들을, 꼴찌들은 첫째들을 받아들인다는 의미다. 여기서 첫째와 꼴찌는 시간상 순서를 가리키는 듯하다. 먼저 세상을 떠난 이들이 그 후손들을, 또 후손들은 자기네보다 앞서간 사람들을 만나 서로 받아들인다는 뜻 같다. 마지막 때에는 누가 먼저 태어났느냐가 아무 의미 없으리라는 뜻을 함축한다.

516 직역: "무엇을 위해 자기 생명을 없앴단(잃었단) 말이냐?"

517 마태 16,26과 비교하라: "사람이 온 세상을 얻고도 제 목숨을 잃으면 무슨 소용이 있겠느냐? 사람이 제 목숨을 무엇과 바꿀 수 있겠느냐?"

518 50,1에서 시작한 하느님의 말씀은 51,16에서 끝난다.

519 51,9 참조.

520 2바룩 51,16에는 인간 스스로 자신의 운명을 선택했음을 표현한다. 자기 선택에 따라 그에 맞갖은 결과를 받아들이게 된다는 것이다. 2바룩 54,15도 참조하라.

52 [1] 나는 답하며 말하였다.
"자기들에게 불행이 유보되어 있는 저들을 저희가 어떻게 잊을
수 있겠습니까? [2] 저희가 왜 죽는 사람들을 애도합니까? 혹은, 저희가
왜 셔올로 떠나는 사람들 때문에 웁니까? [3] 한숨은, 예정된 고통의 시
작을 위해 유보될 것입니다. 눈물은, 그 다음에 올 파괴의 도래를 위해
간직될 것입니다. [4] 이 일들을 앞두고서도 저는 말하렵니다. [5] '의인들,
그들은 지금 무엇을 하는가? [6] 너희는 지금 너희가 겪고 있는 고통을
두고 기뻐하여라. 너희는 왜 너희 원수들의 몰락을 기대하느냐? [7] 너희
는, 너희에게 유보된 것을 위해 너희 영혼을 잘 준비하여라. 너희를 위
해 보관된 선물에 맞갖도록 너희 영혼을 채비하여라.'"
[8] 이 말을 마치고 나서 나는 그곳에서 잠이 들었다.

VII. 물들의 환시 및 그 해석(53,1—77,26)

VII-① 물들의 환시(53—54장)

53 [1] 그리고 나는 환시를 보았다.[521] 보라! 거대한 바다에서 구름이 나오
고 있었다. 나는 그것을 주시하고 있었다. 그런데 보라, 그것은 희고 검
은 물들로[522] 가득 차 있었다. 그 물들에는 여러 가지 색이 있었다. 그

51,16과 54,15에서 '선택하다'라고 옮긴 단어는 ܓܒܐ다. 개인의 선택과 책임에 대한 성찰은 4에즈라의 주요 주제이기도 하다. 4에즈 7,104-105, 특히 105을 참조하라: "이처럼 나중에 그 날에도, 다른 사람을 대신하여 아무도 탄원할 수 없을 것이다. 누구도 자기 짐을 다른 사람 위에 지울 수도 없을 것이다. 모두가 각자 자기의 의로움 또는 불의의 짐을 질 것이다."

521 2바룩 53,1-12: 물 또는 구름의 환시.

522 또는, "흰 물들과 검은 물들."

리고 그 꼭대기에서 큰 번개의 형상 같은 것이 나타났다. [2] 나는 그 구
름이 짧은 경로로 재빨리 지나가는 것을 보았다. 그리고 그것이 온 땅
을 뒤덮었다. [3] 그런 뒤 그 구름은 머금고 있던 빗물을 땅에 뿌리기 시
작하였다. [4] 그리고 나는 보았다. 거기에서 내려오는 물들의 형상이 하
나가 아니었다. [5] 처음 얼마 동안 그것들은 검고 양도 많았다. 그 다음
에 나는 그 물들이 밝고 양은 많지 않은 것을 보았다. 그 다음에는 그
것들이 다시 검게 보였다. 그 다음에는 다시 밝은 색, 다시 검은 색이었
다가 다시 밝은 색이 되었다. [6] 이 현상이 열두 번 반복되었다. 그러나
검은 물이 항상 밝은 물보다 더 많았다.

[7] 그리고 그 구름의 마지막에는, 보라, 그것이 검은 빗물들을 뿌
렸는데 그것들은 앞서 내린 모든 물들보다 더 어두웠다. 그리고 불이
그 물들과 섞였다. 그것들은 그 물들이 내리는 곳에 파괴와 파멸을 일
으키고 있었다.

[8] 그 뒤 나는 구름 꼭대기에 있던 번개가 그것(구름)을 붙잡아 땅으
로 내던지는 것을 보았다.[523] [9] 그리고 그 번개는 한층 빛이 나면서 온
땅을 비추었다. 그것은 마지막 물들이 내려서 초토화시킨 지역들을 치
유하였다. [10] 그리고 그것은 온 땅을 차지하고 지배하였다.

[11] 그런 뒤 나는 보았다. 보라! 바다에서 열두 개의 강이 흘러나오

---

523 53,8-10의 번개는 마지막 시대에 올 메시아를 상징한다. 2바룩 73—74에 묘사된 메시아 시대와 비교하라. Gurtner, *Second Baruch: A Critical Edition of the Syriac Text*, 93 참조. 구름에서 나와 온 땅을 비추고 치유하며 지배하는 번개의 이미지가 다니 7,13-14에 언급된 '사람의 아들 같은 이'와 비슷하다: "내가 이렇게 밤의 환시 속에서 앞을 보고 있는데 사람의 아들 같은 이가 하늘의 구름을 타고 나타나 연로하신 분께 가자 그분 앞으로 인도되었다. 그에게 통치권과 영광과 나라가 주어져 모든 민족들과 나라들, 언어가 다른 모든 사람들이 그를 섬기게 되었다. 그의 통치는 영원한 통치로서 사라지지 않고 그의 나라는 멸망하지 않는다."

고 있었다.[524] 그것들은 그 번개를 둘러쌌으며 그것에게 복종하였다.
[12] 나는 두려움 때문에 잠에서 깨어났다.

바룩의 기도[525]

54 [1] 나는 능하신 분을 찾아 말하였다.
"주님, 당신 홀로 세상의 높이를 미리 아십니다.
당신께서는 때에 맞춰 생겨나는 것을 말씀으로 생겨나게 하는 분이십니다.[526]
그리고 당신께서는 세상 거주민들의 일을 거슬러 시간들의 시작을 재촉하십니다.
그리고 당신만이 오직 당신만이 계절들의 끝을 아십니다.
2 당신께는 아무것도 어렵지 않습니다. 당신께서는 신호만으로 모든 일을 쉽게 해내십니다.[527]
3 당신께는 깊이가 높이처럼 다가옵니다. 그리고 시대들의 시작들이 당신 말씀에 시중듭니다.
4 당신께서는 당신을 두려워하는 이들에게 그들을 위해 마련된 것을 알려 주십니다. 그들을 위로하시려는 것입니다.
5 당신께서는 알지 못하는 이들에게 놀라운 일들을 알게 해 주십니다.
당신께서는 지식 없는 이들에게 장애물을 부수어 없애시고

---

524 이스라엘의 열두 부족을 가리키는 듯하다. 완전수 12는 모든 민족을 가리킬 수도 있다: Klijn, "2 (Syriac Apocalypse of) Baruch", 639 참조.

525 54,1-22: 환시의 의미를 알려달라는 바룩의 기도.

526 창세 1장 참조.

527 예레 32,17.27; 루카 1,37 참조. 마태 19,26; 마르 10,27; 루카 18,27도 참조.

어둠을 밝히십니다.
그리고 흠 없는 이들, 곧 신뢰하는 마음으로 당신과 당신 율법에
순종하는 이들에게 숨겨진 것을 보여 주십니다.
6 당신께서는 당신 종에게 이 환시를 보여주셨습니다. 저에게 그
의미도 알려주십시오.
7 사실 저는 압니다. 제가 당신께 질문한 것들에 대한 답을
얻었다는 것을.
당신께서는 제가 질문한 것에 대해 알게 해 주셨습니다. 곧
제가 어떤 목소리로 당신을 찬송해야 하는지, 혹은 어느 지체로
당신께 영광과 찬양을 드려야 하는지.
8 사실 제 지체들이 입이라면, 제 머리카락이 목소리라면,
그렇다 해도 저는 당신 영광을 충분히 표현하지 못하며
마땅히 찬양하지도 못합니다. 당신 영광을 이야기하지도 당신
아름다움의 탁월함을 표현하지도 못합니다.
9 사람들 가운데 제가 무엇입니까? 혹은 저보다 뛰어난 사람들
사이에서 도대체 제가 무엇으로 여겨진다는 말입니까?
지극히 높으신 분에게서 이 모든 놀라운 일들을 듣고, 저를
창조하신 분에게서 셀 수 없이 많은 약속을 들었으니 말입니다!
10 자녀를 출산하는 사람들 가운데 제 어머니가 가장 행복합니다.
여인들 가운데서 저를 낳은 그녀는 칭송받아 마땅합니다.[528]
11 저는 능하신 분을 찬양하는 일을 멈추지 않을 것입니다. 찬양의
목소리로 그분의 놀라우신 일들을 이야기할 것입니다.
12 당신의 기적들을 누가 흉내 낼 수 있습니까?[529]

---

528 루카 1,42; 11,27; 판관 5,24 참조.

529 시편 40,6 참조: "주 저의 하느님 당신께서는 저희를 위하여 기적과 계획들을 많이도 행하셨으니 그 누구도 당신께 견줄 수 없습니다."

혹은 생명에 대한 당신의 심오한 생각을 누가 따라잡을 수
있습니까?[530]
13 당신께서는 당신 가르침으로, 당신 오른손이 만드신 모든
피조물을 다스리십니다.
당신께서는 모든 빛의 샘을 당신 곁에 세워 두셨으며 지혜의
보고를 당신 어좌 밑에 마련해 두셨습니다.
14 옳게도 당신 율법을 사랑하지 않은 자들은 소멸로 나아가고
있습니다.
그리고 심판의 형벌이 당신의 권위에 복종하지 않은 자들을
맞이할 것입니다.
15 아담이 맨 먼저 죄를 지었고 자기 시대가 아닌 모든 이에게
죽음을 가져왔지만[531] 그에게서 태어난 모든 이들도 저마다
다가올 고통을 자신의 몫으로 준비했습니다.[532] 또한 그들은
저마다 자신을 위해 다가올 영광도 선택했습니다.[533]
16 진실로, 믿는 사람은 상급을 받을 것입니다.[534]
17 그러나 지금 현재 악인인 너희는 멸망으로 돌아서라! 너희는
갑자기 방문을 받으리라![535] 전에 너희가 지극히 높으신 분의

---

530 집회 18,4-5 참조.

531 또는, "모든 이에게 때 아닌 죽음을 가져왔지만."

532 로마 5,12와 비슷하다: "한 사람을 통하여 죄가 세상에 들어왔고 죄를 통하여 죽음이 들어왔듯이, 또한 이렇게 모두 죄를 지었으므로 모든 사람에게 죽음이 미치게 되었습니다."

533 2바룩 54,15에서도 개인의 선택과 책임을 강조한다. 2바룩 51,16과 그에 딸린 각주를 보라. "그러므로 아담은 자신의 영혼에 대해서만 빼고는 (멸망의) 원인이 아니다. 우리 각자가 자기 영혼에 대해서 아담이다"(2바룩 54,19)도 참조하라.

534 로마 1,17; 히브 10,38 참조.

535 처벌을 위한 방문에 대해서는 2바룩 20,2과 그에 딸린 각주를 참조하라.

슬기를 거절했기 때문이다.

18 사실 그분의 업적들이 너희를 가르치지 못했으며, 늘 있는
피조물 속 그분의 솜씨도 너희를 설득하지[536] 못했다.[537]

19 그러므로 아담은 자신의 영혼에 대해서만 빼고는 (멸망의)
원인이 아니다. 우리 각자가 자기 영혼에 대해서 아담이다.[538]

20 그러나 주님, 당신께서 제게 보여주신 일들에 대해 제게 설명해
주십시오. 그리고 제가 당신께 여쭈어본 것에 대해 제게 알려
주십시오.

21 세상의 종말에는 악행을 저지른 자들에게 그 악행에 따라
처벌이 내려질 것이기 때문입니다. 그리고 당신께서는 믿는
이들을 그 믿음에 따라 영광스럽게 만드실 것입니다.[539]

22 사실 당신께서는, 당신께 속한 이들은 다스리시나, 죄짓는
자들은 당신 소유에서 지워버리십니다."[540]

---

536 '설득하다'로 옮긴 시리아어 ܐܦܝܣ(ܦܝܣ의 아펠Aphel형)는 그리스어 πείθω의 차용어다(Smith).

537 지혜 13,1 참조: "… 눈에 보이는 좋은 것들을 보면서도 존재하시는 분을 보지 못하고 작품에 주의를 기울이면서도 그것을 만든 장인을 알아보지 못하였다." 로마 1,20-22도 참조하라.

538 모든 인간이 스스로에 대한 책임을 져야 한다는 의미다. 선택과 자유의지를 중시하는 저자의 생각이 엿보인다. 2바룩 51,16; 54,15 참조.

539 '자신의 행업 때문에 구원받은 이들'이라고 표현한 2바룩 51,7과 비교하라. 바룩 2서는 믿음과 행업을 모두 중요하게 여긴다. 믿음으로 의롭게 된다는 생각은 로마 3,28-30을 참조하라: "사실 사람은 율법에 따른 행위와 상관없이 믿음으로 의롭게 된다고 우리는 확신합니다. … 그분께서 할례 받은 이들도 믿음으로 의롭게 하시고, 할례 받지 않은 이들도 믿음을 통하여 의롭게 해 주실 것입니다."

540 죄짓는 자들은 더 이상 하느님 소유가 아니게 된다는 의미다.

VII-② 환시의 해석(55—74장)[541]

55 [1] 이 기도의 말을 마친 다음 나는 거기 있는 나무 밑에 앉아 나뭇가지
그늘에서 쉬었다.[542] [2] 나는 놀라고 경악하면서 마음속으로, 땅 위의
죄인들이 거절한 숱한 선善들을 숙고하였다. 그리고 자기들이 지은 죄
들 때문에 고통을 겪게 되리라는 것을 알면서도 그들이 무시해버린 엄
청난 고통에 대해서도 숙고하였다.[543]

[3] 내가 이 일들과 그와 비슷한 일들을 생각하고 있을 때였다. 보
라! 참된 환시들을 주재하던 천사 레미엘이[544] 나에게 파견되었다. 그
리고 그가 나에게 말하였다.

---

541 55,1—74,4: 레미엘 천사의 방문과 환시의 해석. 물들의 환시에 대한 해석 대목(56—74)은 아담부터 바룩 시대(작중 현재)까지의 이스라엘 역사를 개관한 뒤 앞으로 올 세상에 닥칠 일을 예고하고 있다.

542 4바룩 5,1 참조.

543 또는, "그리고 죄를 지었기에 고통을 받으리라는 것을 알면서도 그들이 무시해버린 엄청난 고통에 대해서도 숙고하였다." 여기서 '고통'이라고 옮긴 ܬܫܢܝܩܐ는 처벌의 맥락에서 읽힌다. '벌'이라고 옮겨도 된다. 2바룩 44,12에 달린 각주를 참조하라.

544 시리아어 본문에는 모음 없이ܪܡܐܝܠ(*rəm'il*)이라고만 되어 있다. 4에즈 4,36의 시리아어 본문도 마찬가지 경우다. 보가르트는 시빌의 신탁 2,215-217(Ῥαμιήλ "라미엘"); 1에녹 20,8의 일부 그리스어 사본(Ῥαμιήλ "라미엘"); 4에즈 4,36 라틴어 사본(Hieremihel/Remihel, 히에레미헬/레미헬)을 토대로 2바룩 55,3의ܪܡܐܝܠ을 'Remiel(레미엘)'이라 읽는다: Bogaert, *Apocalypse Syriaque de Baruch vol. 1*, 428-432. 여기서도 보가르트를 따라 "레미엘"이라 옮겼다. 1에녹 20,8에서 레미엘은 일곱 대천사 가운데 하나로 소개된다. 제2성전기 유다교에는 하느님 대전을 지키는 일곱 천사에 대한 전승이 있었다. 토빗 12,15 "나는 영광스러운 주님 앞에서 대기하고 또 그분 앞으로 들어가는 일곱 천사 가운데 하나인 라파엘이다" 참조. 신약성경과 교부들 문헌에서도 비슷한 개념이 발견된다. 일곱 영들 또는 일곱 천사를 언급한 묵시 1,4; 3,1; 4,5; 5,6; 8,2을 보라. 헤르마스『목자』「비유」5.2.6; 알렉산드리

4 "바룩아, 무엇 때문에 네 마음이 너를 떨게 만드느냐? 무엇 때
문에 네 생각이 너를 동요시키느냐? 5 네가 심판에 대해서 듣기만 하고
도 그토록 동요한다면, 직접 네 두 눈으로 그 일을 목격하면 어떻게 되
겠느냐? 6 네가 능하신 분의 날에 대한 예상만으로도 이렇게나 혼쭐이
났는데, 네가 그날의 도래에 다가섰을 때는 어떻게 되겠느냐? 7 네가
어리석게 행동한 자들의 벌에 대한 소식만으로도 이토록 겁에 질렸는
데, 그 사건이 놀라운 일들을 보여줄 때면 네가 얼마나 더 그러하겠느
냐? 8 네가 좋은 일들과 악한 일들의 이름만 듣고 마음이 슬퍼졌다면,
지존하신 분 곧 어떤 사람은 꾸짖고 어떤 사람은 기쁘게 만드실 분께
서 보여 주실 일을 목격할 때면 네가 어떻게 되겠느냐?

56 1 네가 본 환시의 의미를 가르쳐 달라고 네가 지극히 높으신 분께 청
하였기에, 너에게 말하라고 내가 파견되었다.[545] 2 능하신 분께서, 창조
의 시작부터 그 마지막에 이르기까지, 이미 지나간 시간들과 당신 세
상에서 앞으로 지나갈 시간들의 경로를 너에게 알려주셨다. 그리고 거
짓 안에 있는 자들과 진리 안에 있는 자들의 시간들을 너에게 알려주
셨다. 3 너는, 바다에서 큰 구름이 올라와 온 땅을 뒤덮는 것을 보았다.
그것은 능하신 분께서 세상을 만드시려고 마음먹으시고 만드신 세상
의 존속기간이다. 4 그분 면전에서 말씀이 나갔을 때 세상의 존속기간
은 짧은 것으로 존재했다. 그것은 그것을 보내신 분의 풍요로운 통찰

아의 클레멘스, 『잡록』 6.16.142-143도 참조. 천사들의 위계에 대해서는 Hannah, *Michael and Christ: Michael Traditions and Angel Christology in Early Christianity*, 29-30을 참조하라. 바룩 3서의 해제 '5.3. 천사와 악마' 항목을 참조하라.

545 2바룩 56,1에 따르면 레미엘 천사에게 계시의 해석자로서의 기능이 부여되었다. 파마엘 천사가 '계시의 해석자'로 소개되는 3바룩 11,7을 참조하라. 가브리엘 천사가 다니엘에게 계시를 해석해주러 파견되었다고 하는 다니 9,21-27도 참조.

에 따라 설정되었다.

5 앞서 네가 본 대로, 땅에 제일 먼저 떨어진 구름 꼭대기의 검은 물들은 첫 인간 아담이 저지른 잘못들이다.[546] 6 그가 잘못을 저질렀을 때 자기 시대에는 없던 죽음이[547] 생겨났다. 애도라는 말이 생겨나고 고통이 마련되었다. 괴로움이 창조되고 수고로움이 완성되었다. 교만이 일어나기 시작하고[548] 셔올은 새 피를 요구했다.[549] 자녀의 잉태가 시작되고 부모의 욕정이 생겨났다.[550] 인간의 자부심은 굴욕을 당하고 선성은 사라졌다.[551] 7 그러니 이 모든 것들보다 더 검은, 혹은 더 어두운 무엇이 있을 수 있단 말이냐? 8 이것은 네가 본 검은 물들의 시작이다. 9 이 검은 물들로부터 검은 물들이 다시 태어났으며 어둠 중의 어둠이[552] 만들어졌다. 10 사실 그는 자신의 영혼에 위험이[553] 되었으며 천사들에게도 위험이 되었다.

11 사실 그들이[554] 창조된 당시에는 그들(천사들)에게 자유가 있었

---

546 2바룩 56,5-16: 아담과 타락한 천사들 이야기. 노아의 홍수까지.

547 또는, "때 아닌 죽음."

548 이사 2,17 참조: "인간의 거만은 꺾이고 사람들의 교만은 수그러지리라. 그날 주님 홀로 들어 높여지시리라."

549 직역: "피의 교체가 이루어지기를 요구했다." 이사 5,14 참조.

550 창세 3,16 참조.

551 55,6에는 아담의 죄가 낳은 결과들이 열거되어 있다. 창세 3,14-24 특히 14-19과 비교하라.

552 곧 최고의 어둠.

553 위험으로 옮긴 ܩܝܢܕܘܢܘܣ는 그리스어 κίνδυνος의 차용어다.

554 시리아어 본문에서 해당 동사는 3인칭 단수형으로 제시되어 있다. 문맥에 맞추어 3인칭 복수형으로 읽었다. 이렇게 읽으면 천사들은 본디 자유로운 존재로 창조되었다는 뜻이 된다. 3인칭 단수로 읽어도 큰 무리는 없다. 곧 '(아담이) 창조될 당시에는 그들(천사들)에게 자유가 있었다.'

다. 12 그런데 그들 가운데 일부가 내려와서 여자들과 섞였다.[555] 13 그
뒤 그렇게 한 자들은 사슬에 묶여 벌을 받았다.[556] 14 그러나 나머지 수
없이 많은 천사들은 잘 절제하였다. 15 그리고 땅에 살던 이들은 홍수
물과 함께 멸망하였다.[557] 16 이것이 첫 번째 검은 물들이다.

57 1 그 뒤 너는 밝은 색깔의 물들을 보았다.[558] 이것은 아브라함과 그 후
손의 샘으로 그 아들의 도래, 그리고 그 아들의 아들의 도래, 그리고
그들과 비슷한 이들의 도래를 가리킨다. 2 저때에는 그들 사이에 기록
되지 않은 율법이 알려져 있었다. 그 다음에 계명의 일들이 완수되었
다. 그 다음에는 오기로 된 심판에 대한 믿음이 생겨났으며, 새롭게 될
세상에 대한 희망이 세워졌다. 그리고 그 뒤에 올 생명에 대한 약속이
심어졌다. 3 이것들이 네가 본 밝은 색깔의 물들이다.

58 1 그리고 네가 본 세 번째 검은 물들, 이것은 그 뒤에 민족들이 저지른
온갖 죄들의 뒤섞임을 가리킨다.[559] 의로운 이들의 죽음 이후 그리고
악행을 일삼던 이집트 땅의 사악함 이후의 일이다. 그들은 그 아들들
을 종살이시키며 억압하였다.[560] 2 그러나 결국에는 그들도 멸망하였
다.

---

555 창세 6,1-4; 1에녹 6—16장 참조.

556 1에녹 10,4 참조. 2에녹 18,4-6도 참조.

557 56,11-15은 1에녹 6—16장을 요약하고 있다.

558 57,1-3: 아브라함과 그 후손에 대한 이야기. 믿음과 희망과 약속에 대한 긍정적 내용을 담고 있다.

559 58,1-2: 이집트 종살이 시절을 다룬다.

560 탈출 1,14 참조.

59 [1] 그리고 네가 본 네 번째 밝은 색 물은 모세와 아론, 미르얌과 눈의 아
들 여호수아와 칼렙과 그들과 비슷한 모든 이들의 도래를 가리킨다.[561]
[2] 그때 영원한 율법의 등불이 어둠 속에 있는 모든 이들을 비추었다.
그것은, 믿는 이들에게는 그들이 받을 상급의 약속을, 거부하는 자들
에게는 그들에게 유보된 불의 형벌을 선포할 것이다.[562] [3] 그러나 그때
에는 하늘도 자기 자리에서 요동칠 것이다. 능하신 분의 어좌 아래 있
는 그 하늘은 그분께서 모세를 당신 곁으로 데려가셨을 때에도 흔들
렸다.[563] [4] 그분께서 모세에게 율법 규정들과 함께 여러 금지 사항과 시
간의 마지막에 대해 보여주셨듯이 너에게도 그렇게 하셨다. 그분께서
는 또한 시온이 어떻게 만들어져야 하는지, 시온의 형상과 그 규격을
보여주셨다.[564] 지금 성소의 형상도 그에 따른다. [5] 그런 다음 그분께서
는 모세에게 불의 규격과 심연의 깊이, 바람의 무게, 빗방울의 개수도
보여 주셨다. [6] 그리고 분노의 절제, 인내의 부피, 심판의 아름다움도
보여 주셨다. [7] 지혜의 뿌리, 슬기의 보화, 지식의 샘, [8] 공중의 높이, 낙
원의 웅장함, 세상의 종말, 심판 날의 시작, [9] 예물의 수, 아직 오지 않

561 59,1-12: 모세, 아론, 미르얌, 여호수아, 칼렙 이야기.

562 거트너(Gurtner)는 이 문장을 과거로 옮겼지만 시리아어 본문에는 동사가 미래형으로 되어 있다. 클라인(Klijn)은 미래로 옮겼다. 신명 30,15-20 참조.

563 탈출 24,12-16 참조. 하느님께서 모세만 따로 시나이 산에 올라가도록 부르신 일을 가리키는 듯하다. 모세가 산에 오르자 구름이 산을 덮었다고 한다. 주님의 영광이 시나이 산에 자리 잡고 구름이 엿새 동안 산을 덮었다는 것이다. 주님의 영광이 나타나는 모습은 이스라엘 백성이 보기에 산봉우리에서 타오르는 불과 같았다고 한다.

564 시나이 산에서 하느님께서 모세에게 성전 모형을 보여주셨다고 하는 탈출 25,9.40을 보라: "내가 너에게 보여 주는 성막의 모형과 온갖 기물의 모형에 따라 모든 것을 만들어라"(탈출 25,9); "자, 내가 이 산에서 너에게 보여 준 모형대로 만들어라."(25,40). 탈출 26,30; 히브 8,5도 참조하라.

은 세상들, [10] 게헨나의 입, 처벌 장소, 믿음의 땅, 희망의 영역, [11] 다가
올 고통의 형상, 수없이 많은 천사들의 수, 불꽃의 힘(군대), 번개의 광
채, 천둥의 소리, 대천사들의 품계, 빛의 보고들, 시간의 변화들, 율법
의 탐색도 보여주셨다. [12] 이것들이 네가 본 네 번째 밝은 색 물들이다.

60 [1] 그리고 네가 그것들이 내리는 모습을 본 다섯 번째 검은 물들, 그것
은 아모리인들이 행한 일들이다.[565] 그들이 행한 마술 주문들, 그들의
비술의 사악함, 역겨움의 뒤섞임 들이다.[566] [2] 그러나 그 뒤 판관들의
시대에 이스라엘도 죄로 더럽혀졌다. 그들은 자기들을 만드신 분한테
서 나온 많은 징표들을 보았는데도 그러했다.

61 [1] 그리고 네가 본 여섯 번째 밝은 색 물들, 이것은 다윗과 솔로몬이 태
어난 시대다.[567] [2] 그 시대에 시온의 건축과 성소의 봉헌이 있었다.[568]
죄지은 민족들의 많은 피 흘림과 성소 봉헌 때 바쳐진 많은 예물들도
있었다.[569] [3] 그리고 평화와 안정이 그 시대에 찾아왔다. [4] 그리고 집회
에서 지혜가 경청되었으며 회중 사이에서 슬기의 보화가 늘어났다.[570]
[5] 축복과 많은 기쁨 속에 거룩한 축제들이 거행되었다. [6] 그때에는 통
치자들의 재판이 속임수 없는 것으로 드러났다. 그리고 능하신 분의

565 60,1-2: 판관들 시대.

566 창세 15,16 참조.

567 61,1-8: 다윗과 솔로몬 시대. 바룩 2서 저자는 다윗과 솔로몬 시대를 이스라엘 백성의 황금기로 묘사한다.

568 1열왕 8,1-21 참조.

569 1열왕 8,62-65; 9,15-25 참조.

570 하느님께서 솔로몬의 청을 들어주시어 그에게 '지혜롭고 분별하는 마음'을 주시겠다고 하신 1열왕 3,12을 참조하라.

계명의 의로움이 진리 안에서 완성되었다. 7 그때 자비를 입은 그 땅은,
그 거주민들이 죄를 짓지 않은 까닭에 다른 모든 땅들보다 높이 칭송
을 받았다. 그리고 도성 시온은 모든 나라들과 지역들을 다스렸다. 8 이
것들이 네가 본 밝은 색 물들이다.

62 1 그리고 네가 본 일곱 번째 검은 물들,[571] 이것은 금송아지 두 마리를
만들려고 계획한 예로보암의 궁리가 낳은 변절이다.[572] 2 그리고 그 뒤
에 온 임금들이 저지른 모든 불법, 3 이제벨의 저주,[573] 그 시절 이스라
엘이 자행한 우상 숭배, 4 가뭄, 여자들이 자기 자궁의 열매마저 먹을
만큼 지독한 기근,[574] 5 많은 죄 안에서 지낸 아홉 반의 부족들에게 닥
친 유배의 시간이다.[575] 6 아시리아 임금 살만에세르가 와서 그들을 포
로로 잡아갔다.[576] 7 사실 이민족들에 대해서 할 말이 많다. 그들이 줄
곧 얼마나 많은 불의와 악행을 저질렀는지! 그들은 한 번도 의롭게 행
동한 적이 없다. 8 이것이 네가 본 일곱 번째 검은 물들이다.

---

571 62,1-8: 예로보암과 이제벨.

572 또는, "예로보암의 계획이 지닌 변절성이다." 1열왕 12,28-33 참조. 예로보암은 "베텔에서 자기가 만든 송아지들에게 제물을 바치고, 자기가 만든 산당의 사제들을 베텔에 세웠다"(1열왕 12,32).

573 1열왕 21,23 참조: "주님께서는 이제벨을 두고도, '개들이 이즈르엘 들판에서 이제벨을 뜯어 먹을 것이다.' 하고 말씀하셨습니다." 성경에서 이제벨은 페니키아 여인으로서 북이스라엘의 아합 임금과 결혼하여 바알 숭배를 이스라엘 땅에 들여온 사람으로 그려진다.

574 2열왕 6,28-29 참조.

575 2열왕 18,11-12 참조.

576 아시리아 임금에 의한 북왕국 이스라엘의 몰락과 유배를 가리킨다. 2열왕 17,3-6; 18,11-12 참조.

63 1 네가 본 여덟 번째 밝은 색 물들,[577] 이것은 유다 임금 히즈키야의 정
의와 올곧음, 그리고 그에게 내린 은총이다.[578] 2 산헤립은 마음이 동요
되어 자멸하게 되었다. 분노가 그를 덮쳐 자멸하게 되었던 것이다. 그
와 함께 하던 많은 민족들도 마찬가지였다.[579] 3 히즈키야 임금은 아시
리아 임금이 계획한 일들, 곧 (유다에) 들어와서 그의 백성, 남아 있던
두 부족 반을 잡아 없애고 시온마저 파괴시키려 한다는 소식을 들었
다. 그때 히즈키야는 자신의 행업들을 신뢰하고 자신의 의로움에 희망
을 품었다. 그리고 능하신 분과 이야기하며 말하였다. 4 '보소서, 산헤
립은 저희를 쳐 없앨 준비가 다 되었습니다. 그자가 시온을 파괴하고
나면 우쭐대며 자랑할 것입니다.'[580] 5 그러자 능하신 분께서 그의 말을
들으셨다. 히즈키야가 지혜로웠기 때문이다. 그리고 그의 기도를 들어
주셨다. 그가 의로웠기 때문이다.[581]

6 그리고 능하신 분께서 당신의 천사, 지금 너와 이야기하고 있는
레미엘에게 명령을 내리셨다.[582] 7 그래서 나는 길을 나서서 그자들 무

---

577 63,1-11: 유다 임금 히즈키야 이야기.

578 2열왕 18,1-8 참조. 히즈키야 임금은 다윗이 하던 대로 주님의 눈에 드는 옳은 일을 하였다고 한다(18,3). 유다의 임금들 가운데 그만 한 임금이 없었으며(18,5), 주님께서 늘 그와 함께 계시며 그가 무슨 일을 하든지 성공하게 해주셨다고 한다(18,7).

579 2열왕 18,13-37 참조. 아시리아 임금 산헤립이 자기에게 대항하는 유다 임금 히즈키야에게 분노하여 예루살렘을 침공(기원전 701년)함으로써 결국 자멸의 길을 걷게 되었다는 의미다. 산헤립의 비참한 말로에 대해서는 2열왕 19,35-37; 이사 37,36-38이 전한다.

580 히즈키야 임금의 기도는 2열왕 19,14-19; 이사 37,14-20을 보라.

581 2열왕 19,20 참조: "주 이스라엘의 하느님께서 이렇게 말씀하십니다. '아시리아 임금 산헤립 때문에 네가 나에게 바친 기도를 내가 들었다.'" 이사 37,21도 참조.

582 2바룩 55,3 참조.

리를 쳐부수었다. 그들의 장수 숫자만 해도 십팔만 오천이었으며 저
마다 같은 수의 부하를 두고 있었다.[583] 8 그때 나는 그들의 시체는 안
에서 불태웠다. 그리고 그들의 옷과 무기는 바깥에 두었다. 능하신 분
의 놀라운 일들이 한층 더 드러나고 그분의 이름이 온 땅에서 회자되
게 하려는 것이었다. 9 그리하여 시온은 구원되고 예루살렘은 해방되
었다. 이스라엘도 재앙에서 구출되었다.[584] 10 그리고 거룩한 땅에 있는
모든 이들이 기뻐하였다. 능하신 분의 이름은 찬양을 받아 널리 회자
되었다. 11 이것이 네가 본 밝은 색 물들이다.

64 1 네가 본 아홉 번째 검은 물들,[585] 이것은 히즈키야의 아들 므나쎄 시
대에 있었던 모든 사악함이다.[586] 2 그가 많은 악행을 저질렀기 때문이
다. 그는 의로운 이들을 죽이고 재판을 왜곡하였으며 무죄한 피를 흘
리고[587] 유부녀들을 완력으로 더럽혔다. 그리고 제단을 뒤엎고 그들의

---

583 2열왕 19,35-37 참조: "그날 밤 주님의 천사가 나아가 아시리아 진영에서 십팔만 오천 명을 쳤다"(19,35). 이사 37,36; 2역대 32,21; 2마카 8,19; 15,22도 참조하라. 2바룩 63,6-11에 따르면, 산헤립의 군대를 물리친 천사가 레미엘이라고 한다. 레미엘 천사에게 이스라엘의 적들을 처단하는 역할이 주어졌음을 주목하라.

584 2열왕 19,31-34 참조.

585 64,1—65,2: 므나쎄 이야기.

586 2열왕 21,2-17 참조. 이에 따르면 므나쎄는 이민족들의 역겨운 짓을 따라, 주님의 눈에 거슬리는 악한 짓을 저질렀다. 또한 히즈키야 임금이 헐어버린 산당들을 다시 짓고 바알 제단들을 세웠으며 아세라 목상을 만들고 하늘의 모든 군대를 섬겼다. 므나쎄는 심지어 자기 이전에 살았던 아모리인들보다 더 악한 짓을 하였으며 자기 우상들로 유다까지도 죄짓게 하였다. 게다가 그는 무죄한 피를 많이 흘려 예루살렘을 그 피로 채웠다. 므나쎄의 유다 통치에 대해서는 2역대 33,1-9도 참조하라.

587 2열왕 21,16 참조.

예물을 없앴으며 사제들을 쫓아내어 성소에서 봉직하지 못하게 만들었다. [3] 그리고 다섯 개의 얼굴을 지닌 우상을 만들었다. 그중 네 개는 네 개의 바람 쪽을 향해 있었다. 다섯째 얼굴은 능하신 분의 질투를 일으키려는 듯 우상의 맨 꼭대기에 놓여 있었다. [4] 그리하여 능하신 분 면전에서 진노가 분출하여, 너희 시대에 일어났던 것처럼, 시온이 뿌리째 뽑힐 지경이 되었다.[588] [5] 둘 반 부족에게도, 선고가 내렸는데 그들도 유배되어야 한다는 것이었다.[589] 네가 본 대로다. [6] 므나쎄의 불경은 너무도 심각하여 지극히 높으신 분의 영광이 성소에서 떠나가 버릴 정도였다.[590] [7] 이 때문에 므나쎄는 당시에 '불경한 자'라 불렸다. 그리고 결국 불 속이 그의 거주지가 되었다. [8] 그러나 마지막에는 지극히 높으신 분께서 그의 기도를 들어주셨다.[591] 그가 청동 말 안에 갇혔는데[592] 청동 말이 녹아버린 것이다. 이것은 그에게 그 시간에 대한 표징이 되었다. [9] 사실 그는 완벽하게 살지 않았다. (표징을 볼) 자격도 없었다. 하지만 (그에게 표징이 보인 것은) 결국 나중에 그가 누구에 의해 벌받게 되는지 알게 하려는 것이었다. [10] 축복을 주실 수 있는 분이 벌도

---

588 2열왕 21,12-14; 23,26-27("므나쎄가 주님의 분노를 몹시 돋우었기 때문에, 주님께서는 유다를 거슬러 타오르는 커다란 분노의 열기를 거두지 않으셨다 … 내가 선택한 이 도성 예루살렘도, 나의 이름이 여기에 있으리라고 말한 이 집도 내버리겠다") 참조.

589 므나쎄의 유배에 대해서는 2역대 33,11 참조.

590 2열왕 23,27 참조: "주님께서는 이렇게 선언하셨다. '나는 이스라엘을 물리친 것처럼 유다도 내 앞에서 물리치겠다. 내가 선택한 이 도성 예루살렘도, 나의 이름이 여기에 있으리라고 말한 이 집도 내버리겠다.'" 에제 10,18-22 참조.

591 2역대 33,12-13 참조. 포로로 잡혀간 므나쎄가 자신을 한껏 낮추고 하느님께 자비를 청하자 그분께서 그의 간청을 들어주셨다.

592 2역대 33,10-13 참조. 아시리아 군대의 장수들이 므나쎄를 갈고리로 잡아서 청동 사슬로 묶어 바빌론으로 끌고 갔다고 한다.

내리실 수 있기 때문이다.

65 [1] 그런 식으로 므나쎄는 불경을 저질렀다. 당시에 그는 능하신 분께서
그런 일들은 살피지 않으신다고 생각하였다. [2] 이것이 네가 본 아홉 번
째 검은 물들이다.

66 [1] 네가 본 열 번째 밝은 색 물들, 그것은 유다 임금 요시야 세대의 깨끗
한 마음이다.[593] 그 당시에 오직 그만이 능하신 분께 온 마음과 온 영
혼을 다하여 순종하였다.[594] [2] 그는 그 땅에서 우상을 치워버렸다.[595] 그
리고 더럽혀진 모든 기물을 성화하고 예물들을 제단에 돌려놓았으며
거룩하신 분의 뿔을 높이 들어올렸다. 그리고 의로운 이들을 들어 높
이고 슬기를 갖춘 모든 현자들을 칭송하였으며 사제들을 자기네 직무
에 복귀시켰다. 그리고 마술사와 주술사과 영매를 그 땅에서 치워 없
앴다. [3] 그가 살아 있는 악인들만 죽인 것은 아니었다. 죽은 자들의 뼈
까지 무덤에서 꺼내어 그것들을 불에 태웠다.[596] [4] 그리고 축제와 안식
일들도 원래의 거룩함으로 회복시켰으며 더럽혀진 것들은 불에 태웠
다. 그는 백성을 기만하는 거짓 예언자들, 이들도 불에 태웠다. 이들의
말을 듣는 백성도 산 채로 키드론 골짜기에 내던지고 그들 위에 돌을

---

593 66,1-8: 요시야 임금 시대.

594 2열왕 22,2; 23,25 참조. 요시야는 주님의 눈에 드는 옳은 일을 하였으며 다윗의 길을 그대로 걸었다고 한다. '요시야 개혁'으로 유명한 임금이다. 요시야의 개혁 전반에 대해서는 2열왕 23,4-20; 2역대 34,1-7을 보라. 기원전 622년에 단행된 이 개혁은 성전과 전례의 중앙 집중화로 요약할 수 있다. 요시야 개혁은 이스라엘 역사에서 중요한 터닝 포인트가 되었다.

595 직역: "그는 우상으로부터 그 땅을 정화하였다."

596 시리아어 본문에는, 뼈를 꺼내어 불에 태운 주체가 3인칭 복수로 되어 있다. 요시아의 명령을 수행한 자들을 가리키는 것일 터다.

쌓았다. [5] 그는 능하신 분의 질투로써, 온 영혼을 다하여 질투를 불태웠다.[597] 그 당시에 오직 그만은 율법에 따라 단호하게 처신하였으며[598] 평생 동안, 할례 받지 않은 자나 불경한 자는 단 한 사람도 그 땅에 남겨두지 않았다.[599] [6] 그러므로 그는 영원한 상급을 받을 것이다. 그리고 마지막 때에 능하신 분 곁에서 다른 많은 이들보다 더 많은 칭송을 받을 것이다. [7] 사실 그 사람 때문에 그리고 그와 비슷한 사람들 때문에, 앞에서 말한 명예로운 영광이 창조되고 준비되었다.[600] [8] 이것들이 네가 본 밝은 색 물들이다.

67 [1] 네가 본 열한 번째 검은 물들, 이것은 지금 시온에 닥친 재앙이다.[601]
[2] 시온이 이런 식으로 넘겨졌는데, 능하신 분 면전의 천사들에게 슬픔이 없다고 생각하느냐? 보라, 이민족들이 마음속으로 우쭐대며 자기네 우상들 앞에 모여 말한다. '수차례 짓밟던 자가 짓밟혔다! 종살이

597 여기서 질투는, 다른 것을 용납하지 않는 열정을 의미한다. 질투는, 하느님과 이스라엘의 관계가 남편과 아내처럼 배타적인 관계임을 표현하는 단어다. 2역대 34,31 참조: "그런 다음에 (요시야) 임금은 자기 자리에 서서, 주님을 따라 걸으며 마음을 다하고 목숨을 다하여 그분의 계명과 법령과 규정을 지켜, 그 책에 쓰여 있는 계약의 말씀을 실천하기로 주님 앞에서 계약을 맺었다."

598 또는, "율법과 관련하여 단호한 태도로 처신하며." 2열왕 23,25에 따르면, "요시야처럼 모세의 모든 율법에 따라, 마음을 다하고 목숨을 다하고 힘을 다하여 주님께 돌아온 임금은, 그 앞에도 없었고 그 뒤에도 다시 나오지 않았다."

599 2역대 34,33 참조: "요시야는 이스라엘 자손들에게 속한 모든 지역에서 역겨운 것들을 모두 없애 버리고, 이스라엘에 있는 모든 사람이 주 저희 하느님을 섬기게 하였다. 그래서 그가 살아 있는 동안 내내 사람들은 주 저희 조상들의 하느님을 따르는 데에서 벗어나지 않았다."

600 의인을 위해 하느님께서 다가올 세상을 준비해두셨다고 하는 2바룩 4,3과 그에 달린 각주를 참조하라.

601 2바룩 67,1-9: 지금 시온에 닥친 재앙.

시키던 자가 종살이 하게 되었다!'[602]

[3] 지극히 높으신 분께서 이 일들을 두고 기뻐하신다고, 혹은 그분
의 이름이 영광스럽게 되었다고 생각하느냐? [4] 이 일이 그분의 정의로
운 심판과 무슨 상관이겠느냐?[603]

[5] 이 일들이 일어난 뒤에 이민족들 사이에 흩어진 자들은 고통에
사로잡힐 것이다. 그리고 그들은 모든 곳에서 수치 속에 지낼 것이다.
[6] 시온이 넘겨지고 예루살렘이 황폐해진 한, 그리고 이민족들의 도성
들에서 우상들이 번성하는 한, 율법에서 나오는 의로움의 향불 연기
가 시온과 시온 땅 모든 지역에서 꺼져버린 한, 보라! 그곳에는 불경의
연기만 가득할 것이다.

[7] 그리고 바빌론 임금이 일어날 것이다. 지금 시온을 파괴한 그
자는 백성을 두고 우쭐대며 마음속으로 지극히 높으신 분 앞에서 거
만을 떨 것이다.[604] [8] 하지만 그자도 결국에는 넘어질 것이다. [9] 이것들
이 검은 물들이다.

68 [1] 네가 본 열두 번째 밝은 색 물들,[605] 그 의미는 이것이다.[606] [2] 그 일들
뒤에 한 시기가 올 터인데 그때 너의 백성은 환란에[607] 떨어져 모두 다

---

602 또는, "지배하던 자가 지배를 받게 되었다." 에제 5,14-15; 예레 18,15-17 참조.

603 또는, "이 일이 그분의 정의로운 심판에 무슨 도움이 되겠느냐?"

604 '거만을 떨다'라고 옮긴 ܡܠܠ ܒܪܘܪܒܘܬܐ는 '거만하게 말하다', '우쭐대다'는 뜻이다(Smith).

605 2바룩 68,1-8: 회복의 시대.

606 또는, "그 뜻은 이렇다." '의미'라 옮긴 시리아어 ܡܠܬܐ는 ܡܠܐ의 강조형으로서 '말씀', '의미', '정의' 등을 뜻한다(Smith). 그리스어 로고스(λόγος)에 상응하는 단어이기도 하다.

607 '환란'이라 옮긴 ܐܢܢܩܐ는 그리스어 ἀνάγκη의 차용어다.

함께 멸망할 위험에 처할 것이다. 3 그러나 그들은 구원을 받을 것이며
그들의 원수들은 그들 앞에서 넘어질 것이다. 4 그리고 그들에게 얼마
간 큰 기쁨이 있을 것이다. 5 그리고 그때에 잠시 뒤 시온이 다시 세워
질 것이다. 예물들이 다시 취득되고 사제들이 자기 직무로 돌아갈 것
이다.[608] 그리고 이민족들이 그곳을 찬양하러 올 것이다.[609] 6 그러나 예
전처럼 완전하지는 않을 것이다. 7 이 일들 뒤에는 많은 민족들의 몰락
이 있을 것이다. 8 이것들이 네가 본 밝은 색 물들이다.

69 1 네가 본 마지막 물들, 그보다 앞선 모든 물들보다 더 검은, 열두 번째
것 다음에 와서 한데 모인 그것들은, 온 세상에 해당한다.[610] 2 사실 지
극히 높으신 분께서는 (모든 것을) 처음부터 구분해놓으셨다.[611] 오직
그분 홀로 미래에 일어날 일을 알고 계시기 때문이다. 3 그분 앞에서 벌
어지는, 다가오는 불경의 극악무도함을, 그분께서는 여섯 종류로 예상
하셨다. 4 그분 앞에서 실현될, 의인들의 좋은 일들도 여섯 종류로 예
상하셨다—세상의 종말에 그분께서 행하실 일들은 예외다. 5 그러므
로 그것은 검은 물에 더해진 검은 물들이 아니며, 밝은 물에 더해진 밝
은 물들이 아니다. 그것은 완결이기 때문이다.[612]

---

608 바빌론 유배에서 돌아온 이스라엘 백성이 예루살렘 성전을 다시 지으리라는 예고다. 에즈 3,8-13; 토빗 14,5을 보라.

609 토빗 14,5-6 참조.

610 69,1—71,3: 마지막 검은 물들.

611 2바룩 69,2에서는 하느님께서 모든 것을 처음부터 구분해 놓으셨다고 한다. 만물은 짝을 이루고 있어 서로 보완한다고 하는, 집회 33,15; 42,24을 참조하라.

612 또는, "이것이 끝(마지막)이기 때문이다." "완결"이라 옮긴 시리아어는 ܫܘܠܡܐ로, '끝' 또는 '마지막'이라고 옮길 수도 있다(Smith).

70 [1] 그러니 검은 물들 뒤에 올, 마지막 검은 물들의 의미를 들어라! 그 의
미는 이것이다.[613] [2] 보라! 그 날들이 오고 있다. 세상의 때가 무르익고
좋은 씨와 나쁜 씨의 수확 철이 다가오면,[614] 능하신 분께서 이 땅과 그
주민들과 그 지배자들에게 영의 혼란과 마음의 동요를 가져오실 것이
다. [3] 그들은 서로 미워하고 서로 싸움을 도발할 것이다.[615] 하찮은 이
가 영예로운 이를 다스리고[616] 보잘 것 없는 이들이 걸출한 이들 위로
높여질 것이다. [4] 많은 이가 적은 수에 넘겨지고 아무것도 아니던 자
들이 강자들을 다스릴 것이다. 그리고 빈자들이 부자들을 넘어서고[617]
불경한 자들이 용감한 자들 위에 군림할 것이다.[618] [5] 현자들이 침묵하
고 어리석은 자들이 말할 것이다. 그리고 사람들의 생각도, 능한 이의
조언도 실현되지 않을 것이다.[619] 희망하는 이들의 희망도 실현되지 않
을 것이다. [6] 앞에 언급된 일들이 일어나면 모든 사람들에게 혼란이 닥
칠 것이다. 그들 중 일부는 전쟁에 떨어지고 일부는 슬픔 때문에 파괴
될 것이다. 그리고 일부는 자기편에 의해 제지당할 것이다.[620] [7] 그때 지

---

613 또는, "그 뜻은 이렇다."

614 4에즈 4,28-32; 마태 13,30; 묵시 14,14-20 참조.

615 루카 12,53; 마태 10,35 참조. 4에즈 6,24도 참조하라.

616 또는, "악명 높은 이가 평판 좋은 이를 다스리고."

617 또는, "빈자들이 부자들보다 부유해지고", "빈자들이 부자들보다 힘이 더 커지고." ܝܬܪ 동사의 에트파엘(Ethpael)형 ܐܬܝܬܪ은 '풍부히 가지다', '많은 힘, 위엄, 권력, 재산 등을 가지다', '추월하다', '앞서다'는 의미다(Smith).

618 마지막 때에 일어날 가치 전도 또는 사회 질서의 전복(2바룩 70,3-4)에 대해서는, 루카 1,52-53을 참조하라.

619 또는, "확인되지 않을 것이다." 현실화를 통해 사람의 눈으로 확인된다는 의미다.

620 미카 7,6; 마태 10,35-36 참조.

극히 높으신 분께서, 당신이 미리 준비하신 민족들에게 일러주실 것이
다. 그러면 그들이 와서 남은 지배자들과 전쟁을 벌일 것이다. 8 그리고
전쟁에서 살아남은[621] 이들은 모두 지진으로 목숨을 잃을 것이다. 지
진에서 살아남은 이들은 불에 태워질 것이다. 불에서 살아남은 이들
은 굶주림으로 종말을 맞을 것이다. 9 앞에 언급된 모든 일들에서 도망
치고 살아남은 이들은, 승자든 패자든, 모두 나의 종 메시아의 손에 넘
겨질 것이다.[622] 10 그리고 온 땅이 그 거주민들을 먹어치울 것이다.[623]

71 1 그때에 거룩한 도성은 자기 소유에 자비를 보이고 그 거주민들을 보
호할 것이다.[624] 2 이것이 네가 본 환시이며 이것이 그 의미다. 3 나는 너
에게 이것을 말하러 왔다. 지극히 높으신 분께서 너의 기도를 들어주
셨기 때문이다.

메시아 시대[625]

72 1 검은 물들 다음, 마지막에 올 밝은 색 물들에 대해서도 들어라.[626] 그

---

621 또는, "구출된."

622 2바룩 70,9에 '메시아'가 언급된다. '그때'에 살아남은 모든 이들이 주님의 종 메시아에게 넘겨지리라고 한다. 72,2에서는 메시아 시대가 되면 메시아가 모든 민족들을 불러들여 일부는 살려두고 일부는 죽일 것이라고 한다. 이처럼 2바룩의 메시아는 전사 이미지로 읽힌다(2바룩 39,7—40,2도 참조). 이사 42,1; 43,10; 52,13; 즈카 3,8; 솔로몬의 시편 17,32; 4에즈 13,32-38 참조. 2바룩 42; 43; 49장과 함께 읽어라.

623 마지막 때에 있을 메시아의 만찬 개념이 엿보인다. 2바룩 29,3-8에 따르면, 그때가 되어 메시아가 오면 태초의 괴물 브헤못과 레비아탄이 남은 자들에게 양식으로 주어질 것이라고 한다. 그리고 하늘에서 치유의 이슬과 만나의 보고가 내려올 것이라고 한다. 에제 39,17-20 참조.

624 4에즈 13,49 참조.

의미는 이것이다.[627] 2 먼젓번에 네게 말한 표징들이 나타난 뒤 민족들
이 혼란에 빠지고 나의 메시아의 시대가 다가오면, 그는 모든 민족들
을 불러들일 것이다. 그리고 그들 중 일부는 살려두고 일부는 죽일 것
이다.[628] 3 그리고 그에게서 살아남을 민족들에게는 이 일들이 닥칠 것
이다.[629] 4 이스라엘을 모르고 야곱의 후손을 짓밟지 않은 민족은[630] 살
것이다. 5 모든 민족들 가운데 일부는 네 백성에게 복종할 것이기 때문
이다. 6 너희를 지배한 자들 또는 너희를 알았던 자들은 모두 칼에 넘
겨질 것이다.

73 1 그(메시아)가[631] 이 세상에 있는 모든 것을 굴복시키고[632] 영원한 평화

---

625 72,1—74,4: 마지막 밝은 색 물들에 대한 해석. 메시아 희망이 나타난다. 2바룩 29—30; 36—42장과 비교하라.

626 72장은 메시아 시대가 오면 메시아가 모든 민족들을 불러들일 것이라고 한다. 그리고 이스라엘을 짓밟은 적이 없는 민족은 살아남을 터이나, 한 번이라도 지배한 적이 있는 민족은 칼에 넘겨질 것이다.

627 또는, "그 뜻은 이렇다."

628 2바룩 39,7—40,2을 보라. 메시아가 모든 민족들을 불러들이리라는 것은 사람의 아들이 자기가 선택한 이들을 사방에서 모을 것이라고 하는 마르 13,27; 마태 24,30-31을 연상시킨다.

629 거트너(Gurtner)는 "그에게서 살아남지 못한 민족들"로 옮겼다. 시리아어 본문에는 부정어가 없다. 클라인(Klijn)은 부정어 없이 "살아남은 민족들"로 옮겼다.

630 거트너는 "야곱의 씨앗을 짓밟은 민족"으로 옮겼다. 시리아어 본문에는 부정어가 있다. 클라인은 부정어와 함께 "짓밟지 않은 민족"으로 옮겼다.

631 73—74장은 메시아 시대의 평화를 선포한다.

632 1코린 15,24-25 참조: "그러고는 종말입니다. 그때에 그리스도께서는 모든 권세와 모든 권력과 권능을 파멸시키시고 나서 나라를 하느님 아버지께 넘겨 드리실 것입니다. 하느님께서 모든 원수를 그리스도의 발아래 잡아다 놓으실 때까지는 그리스도께서 다스리셔야 합니다."

가운데 자기 왕국의 어좌에 좌정하면[633] 환희가 모습을 드러내고 안식
이 나타날 것이다.[634] 2 그런 다음 치유가 이슬처럼 내려올 것이다. 그
리고 질병은 멀어지고 두려움과 슬픔과 탄식이 사람들한테서 사라질
것이다. 그리고 온 땅에 기쁨이 퍼져나갈 것이다.[635] 3 그리고 어느 누
구도 더 이상 때 아닌 죽음을 맞이하지 않고 어떤 반대자도 갑자기 일
어나지 않을 것이다. 4 그리고 재판들, 고발들, 논쟁들, 복수, 피, 욕정,
질투, 미움, 그리고 이와 비슷한 모든 것들이 단죄를 받고 제거될 것이
다.[636] 5 이것들이 이 세상을 악으로 가득 차게 만든 것들이기 때문이
다. 이것들 때문에 사람들의 삶이 더욱 힘들어졌다. 6 그리고 짐승들이
숲에서 나와 사람들에게 시중들 것이다. 독사와[637] 용들이 자기네 굴
에서 나와 아기에게 복종할 것이다.[638] 7 그리고 더 이상 여자들이 출
산할 때 아프지 않고 자기 자궁의 열매를 내놓을 때 진통을 겪지 않을
것이다.[639]

74 1 그때에는 추수꾼들이 수고하지 않을 것이며 집짓는 자들이 고생하
지 않을 것이다. 사실 일하는 사람들이 아주 편안한 가운데 일들이 저
절로 진행될 것이다.

---

633 루카 1,32-33; 묵시 21,5 참조.

634 1에녹 5,7-9; 25,6 참조.

635 1에녹 25,4-6; 4에즈 8,52-54을 참조하라. 마지막 때에 치유와 안식, 기쁨과 평화가 주어지리라 노래한다. 묵시 2,7; 21,4; 22,2.14도, 루카 4,18-19도 참조.

636 4에즈 6,26-28 참조.

637 '독사'라 옮긴 ܐܣܦܝܣ는 그리스어 ἀσπίς의 차용어다.

638 메시아 시대의 평화를 노래하는 이사 11,6-9 참조.

639 창세 3,16 불순종한 하와에게 내리신 하느님 말씀과 비교하라: "나는 네가 임신하여 커다란 고통을 겪게 하리라. 너는 괴로움 속에서 자식들을 낳으리라."

[2] 그 시간은 멸하는 것의 종말이며 멸하지 않는 것의 시작이다.[640]
[3] 그러므로 앞에서 언급한 일들이 그 시간에 일어날 것이다. 그 시간
은 악한 것들과는 멀리 떨어져 있고 죽지 않는 것들과는 가까이에 있
다. [4] 이것들이 마지막 검은 물들 뒤에 올 마지막 밝은 색 물들이다."[641]

VII-③ 바룩의 기도와 사명(75—77장)

75 [1] 나는 대답하며 말하였다.[642]

"주님, 누가 당신의 선하심과 비슷합니까? 그것은
불가해합니다.[643]

2 끝이 없는 당신의 자비를 누가 따라잡을 수 있습니까?

3 혹은, 당신의 슬기를 누가 이해할 수 있습니까?

4 혹은, 당신 지성의 생각을 누가 말로 표현할 수 있습니까?

5 혹은, 태어난 자들 가운데 누가 그런 것들에 다다르리라고
기대할 수 있습니까? 당신께서 자비를 보이시고 당신께서
은총을 베푸신 자가 아니라면!

6 정녕 당신께서 사람들에게 자비를 보이지 않으신다면, 당신
오른팔 아래 있는 그들은[644] 그것들에 도달하지 못합니다!
알려진 숫자 안에 들어 있는 자들이 아니라면!

7 그런데 저희, 지금 살아 있는 저희가, 자신이 무엇 때문에

---

640 4에즈 7,113 참조: "심판의 날은 이 세상의 끝이며, 다가올 불멸하는 세상의 시작이다."

641 55,4에서 시작된 환시에 대한 해석이 74,4에서 끝난다.

642 75,1-8: 바룩의 기도.

643 하느님은 그 누구와도 비교할 수 없다는 생각은 이사 40,12-26에 나온다.

644 시편 80,17-18 참조.

왔는지 그리고 이집트에서 저희를 구해내신 분께 자신이 무엇
때문에 복종하는지 안다면, 저희는 다시 와서[645] 지나간 일들을
기억하며 일어난 일을 두고 기뻐할 것입니다.
8 그러나 저희가 지금 무엇 때문에 왔는지 알지 못한다면, 그리고
저희를 이집트에서 끌어내신 분의 주권을 인정하지 않는다면,
저희는 다시 와서 지금까지 일어난 일들을 살펴보고, 일어난
일들 때문에 괴로워하고 슬퍼할 것입니다."

주님의 명령

76 1 그분께서 답하시며 내게 말씀하셨다.[646]
"네가 청한 대로 이 환시의 계시에 대한 설명이 네게 주어졌다. 그
러니 지극히 높으신 분의 말씀을 듣고, 이 일들이 지난 뒤에 네게 일어
날 일을 깨달아라. 2 정녕 너는 이 땅을 떠날 것이다. 그것은 죽음 때까
지는 아니고 할당된 시간들까지일 것이다.[647] 3 그러니 이 산의 정상으
로 올라가거라. 이 땅의 모든 지역들이 네 앞을 지나갈 것이다.[648] 거주
지의 형상, 산들의 꼭대기, 계곡의 깊이, 바다의 깊이, 강들의 숫자도!
그리하여 너는 네가 무엇을 떠나고 있는지, 그리고 어디로 향하고 있
는지 알게 될 것이다. 4 그러나 이 일은 사십 일이 지난 뒤에 일어날 것

645 '우리가 다시 오리라'(ܬܘܒ ܐܬܝܢ)는 표현은 죽은 모든 이들의 부활을 가리키는 듯하다: Klijn, "2 (Syriac Apocalypse of) Baruch", 646.

646 2바룩 76,1-5: 하느님의 답변. 백성을 가르쳐 그들로 하여금 마지막 때 죽음을 당하지 않게 만들라는 말씀이다.

647 직역: "그것은 죽음 때까지는 아니고 시간들의 보전(또는 할당된 몫) 때까지다." 바룩이 정해진 때까지 예루살렘을 떠나 있으리라는 의미인 듯하다.

648 모세가 숨을 거두기 전, 느보 산 피스가 꼭대기에 올라가자 주님께서 그에게 온 땅을 보여 주셨다고 한다(신명 34,1-3).

이다.[649] 5 그러니 이제 이 날들 중에 길을 떠나라. 그리고 가능한 한 최
선을 다해 백성을 가르쳐라. 그들이 배워서 마지막 때에 죽지 않게 하
여라. 그들이 배워서 마지막 때에 살아남게 하여라."

77 1 그리하여 나 바룩은 그곳을 떠나 백성에게 갔다. 그리고 높은 사람부
터 낮은 사람까지, 그들을 소집하였다. 그리고 그들에게 말하였다.[650]
2 "들어라 이스라엘의 자손들아! 이스라엘 열두 부족 가운데서 남
은 너희가 얼마나 되는지 보아라.[651] 3 사실 주님께서는 모든 민족들 가
운데서 특별히 너희와 너희 조상들에게 율법을 주셨다. 4 그런데 너희
형제들이 지극히 높으신 분의 계명들을 어겼기에, 그분께서 너희와 그
들 위에 벌을 내리셨다. 그분께서는 먼저 온 사람들을 살려 두지 않으
셨으며 뒤에 온 사람들도 유배에 처하셨다. 그리고 그들 가운데 남은
자를 남겨두지 않으셨다.
5 그런데 보라, 너희는 여기에 나와 함께 있다! 6 그러니 만약 너
희가 너희 길을 올곧게 만든다면 너희는 너희 형제들처럼 떠나가지 않
을 것이다. 오히려 그들이 너희에게 올 것이다. 7 너희가 섬기는 분께
서는 자비로우시고, 너희가 희망을 품은 분께서는 자상하시기 때문이
다. 그리고 그분께서는 진실하신 분이시기에 선을 베푸시고 해를 끼

649 숫자 40은 성경에서 매우 중요한 상징수로 사용된다. 모세가 시나이 산에서 지낸 기간이 40일이며(탈출 24,18; 34,28; 신명 9,9), 이집트에서 탈출한 이스라엘이 광야에서 헤맨 기간이 40년이었다. 공생활을 앞두신 예수님께서 광야에서 유혹을 받으신 기간도 40일이었다. 유다교 및 그리스도교 묵시문학에서 숫자가 지닌 상징성에 대해서는 Collins, *Numerical Symbolism in Jewish and Early Christian Apocalyptic Literature*을 보라.

650 77장: 바룩의 마지막 권고와 편지를 보내겠다는 약속.

651 직역: "열두 부족 가운데서 너희가 얼마나 남았는지 보아라."

치지 않으신다.[652]

[8] 보라! 너희는 시온에 일어난 일을 목격하지 않았느냐? [9] 아니면 혹시 너희는 그 땅이 죄를 지었으며 그 때문에 멸망했다고 생각하느냐? 아니면, 그 땅이 무언가 어리석은 일을 저질렀으며 그 때문에 넘겨졌다고 (생각하느냐)? [10] 너희는 모르느냐? 죄를 지은 너희 때문에 죄짓지 않은 이도 멸망했으며 악행을 저지른 자들 때문에 어리석은 일을 저지르지 않은 자도 원수들에게 넘겨졌다는 것을?"[653]

[11] 그러자 온 백성이 대답하며 나에게 말하였다.

"능하신 분께서 우리에게 해 주신 좋은 것들 가운데 기억할 수 있는 모든 것을 우리가 기억하겠습니다. 그리고 우리가 기억하지 못하는 것들은 그분께서 당신의 자비하심으로 알고 계십니다. [12] 그러나 (바룩이시여), 그대의 백성인 우리에게 이 일을 해 주십시오. 바빌론에 있는 우리 형제들에게도 가르침의 편지와 희망의 두루마리를 써 주십시오. 그리하여 그대가 우리 곁을 떠나기 전에 그들도 강건하게 만들어 주십시오. [13] 이스라엘의 목자들이 사라졌고 빛을 비추던 등불들이 꺼져 버렸기 때문입니다.[654] 우리가 길어 마시던 샘들도 그 물줄기를 거두어 버렸습니다. [14] 그리하여 우리는 어둠 속에, 숲 한가운데에, 메마른 광야에 버려졌습니다."

[15] 나는 답하여 그들에게 말하였다.

---

652 바룩 2,27 참조.

653 바룩 2,26 참조. 공동체의 연대 책임을 드러낸다. 구약성경 신명기계 역사관과 일치한다. 각 개인의 선택과 책임을 강조하는 예레 31,29-30; 에제 18장과 비교하라. 2바룩은 개인의 책임(85,7)과 공동체의 연대성, 그 어느 것도 간과하지 않는다. 어느 하나만 옳고 다른 하나는 틀린 것이 아니기 때문이다.

654 2바룩 46,2 참조.

"목자들과 등불들과 샘들은 율법에서 나온다. 우리는 떠나가도
율법은 그대로 있다. 16 그러니 너희가 율법을 주시하고 지혜에 시선을
둔다면, 등불은 모자라지 않고 목자는 사라지지 않으며 샘은 마르지
않을 것이다. 17 그러나 너희가 내게 말한 대로 내가 바빌론에 있는 너
희 형제들에게도 글을 써서 사람들 편에 보내겠다. 그리고 아홉 반 부
족들에게도 똑같이 써서 새 편에 보내겠다."[655]

18 여덟째 달[656] 스무하룻날에 나 바룩은 길을 떠나 참나무 아
래, 나뭇가지들의 그늘에 앉았다. 아무도 나와 함께 있지 않았다. 오
직 나만 홀로였다. 19 그리고 나는 이 편지 두 편을 썼다. 하나는 독수
리 편에[657] 아홉 반 부족에게 보내고 다른 하나는 세 사람 편에 바빌
론에 있는 사람들에게 보냈다. 20 나는 독수리를 불러서 그에게 이렇
게 말하였다.

21 "지극히 높으신 분께서 너를 창조하시고 너를 모든 새들보다 뛰
어나게 만드셨다. 22 이제, 가라. 그리고 넓은 유프라테스 강물을 건널
때까지, 어떤 곳에도 머물지 말고, 둥지에 들어가지도 나무에 앉지도
마라. 그리고 거기에 살고 있는 백성에게 가서 그들에게 이 편지를 내
주어라. 23 기억하여라. 노아가 홍수 때 방주에서 비둘기를 내보냈을 때
그는 비둘기한테서 올리브 열매를 받았었다.[658] 24 까마귀들도 명령 받
은 대로 엘리야에게 양식을 가져다주며 그를 돌보았다.[659] 25 솔로몬도

655 이미 멸망하여 아시리아로 유배 간 북 이스라엘 사람들과 바빌론에 유배된 남 유다 사람들 모두에게 보내겠다는 의미다.

656 클라인(Klijn)은 "아홉째 달"이라고 했으나 이는 실수다.

657 4바룩 7장에서도 바룩이 예레미야에게 보내는 편지를 독수리가 전달한다.

658 창세 8,11 참조.

659 엘리야가 박해를 피해 요르단 강 동쪽에 있는 크릿 시내에 숨어 지내던 시절이다. 1열왕 17,6 참조: "까마귀들이 그에게 아침에도 빵과 고기를 날라 왔고, 저녁

재임 시절에 원하는 모든 곳에 새를 보내거나 그에게 무언가를 구해오
라고 명하였다. 그러면 새는 명령 받은 대로 복종하였다. [26] 그러니 이
제 지체하지 마라. 오른쪽으로도 왼쪽으로도 돌지 마라. 똑바로 날아
가서 내가 너에게 말한 대로 능하신 분의 명령을 지켜라."

VIII. 바룩의 편지(78,1—87,1)

네리야의 아들 바룩의 편지, 아홉 반 부족들에게 쓴 편지[660]

78 [1]661 이것들은 네리야의 아들 바룩이 아홉 반 부족들에게 보낸 편지
의 말씀들이다.[662] 그들은 이 말씀들이 기록된 강의[663] 건너편에 있었
다.[664]

[2] 네리야의 아들 바룩은 포로로 잡혀간[665] 형제들에게 이렇게 말

에도 빵과 고기를 날라 왔다."

660 바룩 2서의 현대어 번역본들에서 이 편지(78—87장)도 대개 같이 소개된다. 바룩의 묵시록(2바룩 1—77장)과 바룩의 편지(78—87장)를 한 작품으로 보는 경우도 있고 그렇지 않은 경우도 있다. 그런데 이 편지는 바룩의 묵시록과 내용이 연결된다. 백성의 요청으로 바룩이 편지를 써서 독수리 편에 보낸다는 언급(2바룩 77,11-26)이 바룩의 묵시록(2바룩 1—77장)과 바룩의 편지(78—87장)를 연결한다. 바룩의 편지, 곧 2바룩 78—87장의 시리아어 본문이 온라인 버전에는 실려 있지 않다. 여기서는 묵시록과 편지의 관련성을 보아 함께 실었다.

661 78,1—80,7: 편지의 도입부에 해당하며 2바룩 2—9장을 요약한 내용을 담고 있다.

662 2바룩 77,17.19.22을 참조하라.

663 유프라테스 강을 말한다.

664 거트너(Gurtner)의 번역문에는 마지막 문장이 누락되어 있다. 그가 제시한 시리아어 본문에는 나온다.

665 또는, "유배된."

합니다. 여러분에게 자비와 평화가 있기를![666]

[3] 내 형제들이여! 나는 나를 만드신 분의 사랑을 기억하고 있습니다. 그분께서는 처음부터 우리를 사랑하셨으며 우리를 미워하신 적이 없습니다. 다만 우리를 더욱 훈계하셨을 따름입니다. [4] 진정 나는 압니다. 보십시오! 우리 열두 부족 모두 하나의 족쇄로 묶이지 않았습니까! 우리가 한 아버지에게서 태어난 것처럼 말입니다! [5] 그래서 나는 죽기 전에 이 편지글을 여러분에게 전달하려고 더 마음을 썼습니다. 여러분에게 닥친 재앙과 관련하여 여러분이 위로를 받을 수 있게 하려는 것이었습니다. 또한 여러분의 형제에게 닥친 재앙에 대해 여러분이 슬퍼하게 하려는 뜻도 있었습니다. 아울러 여러분에게 불리한 선언을 하신 분의 심판, 곧 여러분은 유배되어야 한다는 결정이 옳다는 것을 여러분이 인정하게 하려는 것이기도 했습니다. 여러분이 당한 고통은 여러분이 행한 일에 비해 작기 때문입니다. 마지막 때에는 여러분이 여러분 조상들에게 합당한 이들이 되게 만들려는 것입니다.

[6] 그러므로, 여러분이 지금 겪고 있는 고통들이 여러분의 유익을 위한 것이라고 여긴다면, 곧 여러분이 마지막에는 단죄와 벌을 받지 않게 만들려는 것이라고 여긴다면, 여러분은 영원한 희망을 받게 될 것입니다. 특히 여러분이 이곳을[667] 떠나게 된 원인이 된 허황된 잘못을, 여러분이 마음에서 치워버린다면 더더욱 그렇게 될 것입니다. [7] 여러분이 이것들을 실천한다면 그분께서 늘 여러분을 기억하실 것입니다. 그분께서는 결코 우리 후손들을 잊지도 버리지도 않으시겠다고, 오히려 큰 사랑으로 흩어진 모든 이들을 다시 모으시겠다고, 우리보다 뛰어난

666 비슷한 인사 형식이 신약성경에서도 종종 발견된다: 로마 1,7; 1코린 1,3; 2코린 1,2; 1티모 1,2; 2요한 3; 유다 2.

667 하느님께서 이스라엘 백성에게 주신 땅.

이들에게[668] 줄곧 우리를 위해 약속하신 분이십니다.[669]

79 [1] 그러므로 내 형제들이여, 먼저 시온에 일어난 일, 곧 바빌론 임금 네
부카드네자르가 우리를 덮쳤다는 사실을 아시기 바랍니다. [2] 사실 우
리는 우리를 만드신 분께 죄를 지었으며 그분께서 우리에게 명하신 계
명들을 지키지 않았습니다.[670] 그런데도 그분께서는 우리가 받아 마땅
한 만큼의 훈계를 내리지는 않으셨습니다.[671] [3] 사실 여러분에게 일어
난 일을 우리는 더 심하게 겪었습니다. 그 일이 우리에게도 일어난 것
입니다.[672]

80 [1] 자, 나의 형제들이여! 원수들이 도성을 둘러쌌을 때 지극히 높으신 분
의 천사들이 파견되었습니다. 천사들은 튼튼한 성벽의 요새를 무너뜨
리고[673] 부서지지 않는 단단한 철제 모서리들을 파괴했습니다. [2] 그리
고 그들은 거룩한 기물들을 숨겼습니다. 그것들이 원수들에 의해 오
염되지 않게 하려는 것이었습니다.[674] [3] 그들은 이 일들을 끝낸 뒤에야,

---

668 클라인(Klijn)에 따르면 이들은 성조들을 가리킨다.

669 하느님께서 흩어진 백성을 다시 모으시리라는 희망은 구약성경 곳곳에서 발견된다. 신명 30,3; 아모 9,11-15; 이사 11,12; 예레 23,3; 에제 37,21-28; 바룩 4,37; 5,6 참조. 솔로몬의 시편 11,2-3; 17,31; 마르 13,27; 마태 24,31도 참조.

670 바룩 1,17-18 참조.

671 2바룩 78,5 참조: "… 여러분이 당한 고통은 여러분이 행한 일에 비해 작기 때문입니다."

672 북왕국 이스라엘이 아시리아에 유배간 것처럼 남왕국 유다 백성은 바빌론으로 유배 가게 된 사실을 가리킨다.

673 예루살렘 도성에 침입한 원수들에 앞서 천사들이 먼저 성벽을 무너뜨리리라고 예고하는 2바룩 7,1-2을 참조하라.

674 2바룩 6,7-9; 4바룩 3,8—9,14 참조.

무너진 성벽과 약탈당한 집과 불태워진 성전과 정복당한 백성을[675] 원
수들에게 넘겼습니다.[676] 원수들이 우쭐대며 '이렇게 우리는 전쟁에서
지극히 높으신 분의 집까지 황폐하게 만들 정도였다!' 하고 말하지 못
하게 만들기 위해서였습니다. 4 그자들은 여러분의 형제들을 묶어 바
빌론으로 끌고 가서는 거기서 살게 만들었습니다. 5 우리는 여기 아주
적은 수로 남겨졌습니다.[677] 6 내가 여러분에게 쓴 슬픔이 바로 이것입
니다. 7 진실로 시온의 주민들이 여러분에게 위로가 되었다는 것을 나
는 압니다. 여러분이 그곳에서 멀어지면서 겪은 슬픔 이상으로 그곳은
번창했음을 여러분이 잘 알고 있듯이 말입니다.[678]

81 1 그러나[679] 위로에[680] 대해서도 한 말씀 들으십시오![681] 2 사실 나는 시
온을 두고 애도했습니다. 그리고 지극히 높으신 분께 자비를 청하며
말하였습니다. 3 "이 일들이 마지막 때까지 우리에게 계속됩니까? 그리
고 이 모든 재앙이 늘 우리에게 오겠습니까?" 4 능하신 분께서는 당신

---

675 직역: "정복당한 백성을, 그들이 넘겨지도록 원수들에게 넘겼습니다."

676 2바룩 5,3; 6,6-7; 4바룩 1,8-9; 3,8 참조.

677 2바룩 80,5에도 '남은 자' (특히 적은 수의 남은 자) 개념이 엿보인다. '우리는 … 남겨졌습니다'로 옮긴 문장은 ܐܫܬܪܟܢ ܚܢܢ이다. ܐܫܬܪܟܢ는 ܫܪܟ 동사(남기다)의 에트페알(Ethpeal) 완료형으로서 '남겨졌다', '남았다' 등으로 옮길 수 있다.

678 시리아어 본문을 이해하기가 쉽지 않다. 남 유다의 번성 정도가 북 이스라엘이 당한 고통의 정도보다 컸다는 의미 같다. 기원전 722년 북 이스라엘이 아시리아에 멸망한 뒤에도 남 유다는 586년까지 왕국으로 존재했다. 아시리아에 유배 간 북 이스라엘 부족들이 남 유다의 건재를 보면서 위로를 얻었으리라는 의미다.

679 거트너(Gurtner)의 시리아어 본문(130)에 제시된 ܐܢܐ(나)를 ܐܠܐ(그러나)로 바꾸어 읽었다. 편집상의 실수인 듯하다.

680 이스라엘의 복원을 알리는 위로의 말은 2바룩 44,7을 참조하라.

681 81,1—82,9: 백성에 대한 위로.

사랑의 양에 따라, 지극히 높으신 분께서는 당신 연민의 크기에 따라
행하셨습니다. 그리고 그분께서는 제가 위로 받도록 저에게 말씀을 보
여주셨습니다. 그리고 제가 다시는 슬픔을 겪지 않도록 저에게 환시를
보여주셨습니다. 그리고 저에게 시간들의 신비를 가르쳐주시고 계절들
의 도래를 보게 해주셨습니다.

82 1 그러므로 내 형제들이여! 내가 여러분에게 편지를 쓴 것은, 많은 슬픔
과 관련하여 여러분이 위로를 얻을 수 있게 만들기 위해서였습니다.[682]
2 사실 여러분은 알고 있습니다. 우리의 창조자께서 반드시 우리
의 모든 원수들에게 복수하시리라는 것을![683] 그들이 우리에게 그리고
우리 가운데서 행한 그대로 말입니다! 그리고 지극히 높으신 분께서 만
드신 끝이 매우 가까이 다가왔다는 것도 여러분은 압니다. 그분의 자
비가 임박했으며 그분 심판의 끝이 멀지 않았다는 것도!
3 지금 우리는, 악행을 저지르는 민족들의 번영을 보고 있습니다.
하지만 그들은 허무와 같습니다.[684]
4 우리는, 악을 저지르는 자들의 많은 권력을 보고 있습니다. 하지
만 그들은 티끌과 같을 것입니다.[685]
5 우리는 해마다 능하신 분께 반기를 드는 자들의 강한 힘을 보고

682 예루살렘에 대한 위로를 담은 바룩 4,30-35을 참조하라.

683 당신 적대자들에게 복수하시는 하느님에 대해서는 신명 32,35-43을 보라.

684 2바룩 14,10; 4에즈 7,61 참조. 이 본문들에서 '허무'라 옮겨진 시리아어 ܗܒܠܐ는 히브리어 הֶבֶל과 어원이 같다. 구약성경 코헬렛에 빈번하게 나오는 이 단어는 본디 '증기' 또는 '숨'을 뜻하며, 비유적으로 '허무', '헛된 것'이란 의미로도 자주 쓰인다(BDB). 코헬 1,2 참조: "허무로다, 허무! 코헬렛이 말한다. 허무로다, 허무! 모든 것이 허무로다!"

685 이사 40,15 참조.

있습니다. 하지만 그들은 침방울처럼 여겨질 것입니다.

6 우리는, 지극히 높으신 분의 규정들을 지키지 않는 자들의 엄
청난 영광에 대해 생각하고 있습니다. 하지만 그들은 연기처럼 사라
져 없어질 것입니다.

7 우리는 더러움 속에 빠져 있는 자들의 우아함에 대해 숙고합니
다. 그러나 그들은 시드는 풀처럼 사라질 것입니다.[686]

8 우리는 끝을 기억하지 않는 자들의 심각한 잔인성에 대해 생각
합니다. 하지만 그들은 지나가는 물결처럼 부서질 것입니다.

9 우리는, 자기들에게 선성을 부여하신 하느님의 선성을 부정하
는 자들이 가진 힘의 교만에 대해 생각합니다. 하지만 그들은 지나가
는 구름처럼 사라질 것입니다.[687]

83 1 지극히 높으신 분께서는 진실로 당신의 시간들을 재촉하실 것입니
다. 그리고 반드시 당신의 계절들을 오게 만드실 것입니다.[688]

2 그리고 정녕 그분께서는 당신의 나라에 있는 자들을 심판하실
것입니다. 그리고 진실로 그들의 행업 — 그것은 죄입니다 — 을 통해
모든 것을 조사하실 것입니다.

3 또한 정녕 그분께서는 숨은 생각들을, 그리고 사람의 모든 지체
들의 골방에 쌓여 있는 모든 것을 살펴보시고[689] 모든 사람 앞에 드러

686 이사 40,6-7 참조.

687 2바룩 82,3-9은, 지금 권력과 영화를 누리고 있는 민족들이 실상은 허무, 티끌, 연기, 침방울, 풀, 물결, 구름과 같다고 한다. 이민족들을 '아무것'도 아니라고 하면서 침방울, 허무에 빗대는 4에즈 6,56; 7,61을 참조하라.

688 83,1—84,11: 율법 준수 독려.

689 잠언 20,27 참조: "인간의 영은 주님의 등불 그것은 배 속 온갖 깊은 곳까지 살핀다." 다니 2,22; 마태 6,4.6.18도 참조.

내어 꾸짖으실 것입니다.[690]

[4] 그러므로 현재의 것들 가운데 단 하나라도 여러분 마음 안에
들이지 마십시오.[691] 대신 우리는 더더욱 기다려야 합니다. 약속된 것
이 다가오고 있기 때문입니다. [5] 그리고 지금 이민족들이 누리는 쾌락
을 보지 맙시다. 그리고 마지막 날을 위해 우리에게 약속된 것을 기억
합시다.

[6] 정녕 시간들과 계절들의 끝은 사라질 것입니다, 그 안에 있는 모
든 것도 함께.[692] [7] 그런 다음 세상의 끝이 그 지배자의 강한 힘을 보여
줄 것입니다. 모든 것이 심판 받으러 올 그때에 말입니다.[693]

[8] 그러니 여러분은, 여러분이 처음부터[694] 믿었던 것을 위해 마음
을 준비하십시오. 그리하여 여러분이 두 세계 모두에 붙잡혀서는, 여
기서는 포로로 끌려가고 저기서는 벌을 받지 않도록 하십시오.

[9] 지금 현재의 것, 과거의 것 혹은 미래의 것, 이 모든 것들 안에
서 어떤 악도 온전히 악한 것은 없고 어떤 선도 온전히 선한 것은 없
습니다.[695]

[10] 사실 지금의 건강이 모두 질병으로 바뀌고 있습니다.[696]

[11] 그리고 지금의 힘이 모두 연약함으로 바뀌고 있으며 지금의 강

---

690 1코린 4,5; 14,25; 히브 4,12; 로마 2,16 참조. 마태 10,26; 마르 4,22; 루카 8,17도 보라.

691 다가올 것을 기다리면서 현재의 것에 마음을 두지 말라는 의미다.

692 2바룩 27,14-15; 85,12 참조.

693 2바룩 20,4 참조.

694 또는 "전부터."

695 집회 39,27 참조: "이 모든 것이 경건한 이들에게는 선이 되지만 죄인들에게는 악으로 변한다."

696 2바룩 29,7과 대조하라.

건함이 모두 비참함으로 바뀌고 있습니다.

[12] 젊음의 활기가 모두 늙은 나이와 마무리로 바뀌고 있습니다.

그리고 지금의 우아한 아름다움이 모두 시듦과 추함으로 바뀌고 있습니다.[697]

[13] 부풀어 오른 지금의 교만은 모두 모욕과 수치로 바뀌고 있습니다.

[14] 지금의 높은 영광은 모두 침묵의 수치로 바뀌고 있습니다.

지금의 즐거움과 자부심은 모두 조용한 몰락으로 바뀌고 있습니다.

[15] 지금의 쾌락과 기쁨은 모두 벌레와[698] 부패로 바뀌고 있습니다.

[16] 교만의 웅성거림은 모두 조용한 먼지로 바뀌고 있습니다.

[17] 지금의 풍부한 재물들은 모두 그저 셰올로 바뀌고 있습니다.

[18] 지금의 욕망의 움켜쥠은 모두 뜻하지 않은 죽음으로 바뀌고 있습니다.

그리고 지금의 욕망은 모두 형벌의 심판으로 바뀌고 있습니다.

[19] 지금의 기만술은 모두 진실의 훈계로 바뀌고 있습니다.

[20] 지금의 기름의 달콤함은 심판과 단죄로 바뀌고 있습니다.

[21] 모든 우정은 침묵 속 모욕으로 바뀌고 있습니다.

[22] 그러니 지금 이 모든 일들이 벌어졌는데도, 그대는 그들이 벌을 받지 않을 것이라고 생각합니까?

[23] 정녕 모든 것의 끝이 올 것입니다.

---

697 2바룩 21,14; 48,35 참조.

698 '거절'(ܐܫܬܩܐ)이라 읽는 필사본도 있다: Gurtner, *Second Baruch: A Critical Edition of the Syriac Text*, 136, 각주 193 참조. 여기서는 7a1을 따라 '벌레'(ܐܫܬܐ)라 읽었다.

84 [1] 그러므로 나는 내가 살아 있는 동안에 여러분에게 알려주었습니다. 무엇보다 먼저 나는, 여러분이 나의 계명들 곧 능하신 분께서 여러분에게 지시하신 것들을 배워야 한다고 말했습니다. 그리고 나는 죽기 전에, 그분 심판의 계명들 가운데 몇몇을 여러분 앞에 내놓을 것입니다.[699]

[2] 모세가 여러분을 거슬러 증언하라고 하늘과 땅을 소환한[700] 적이 있음을 기억하십시오.[701] 그는 말했습니다. '너희가 율법을 어긴다면 너희는 흩어질 것이다. 너희가 그것을 지킨다면 단단히 심겨질 것이다.'[702] [3] 그리고 그는 다른 것들도 여러분에게 말했습니다. 광야에서 여러분 열두 부족이 한자리에 모였을 때였습니다. [4] 그런데 그의 죽음 이후 여러분은 그것들을 여러분한테서 내던져버렸습니다. 그래서 미리 예고된 일들이 여러분을 덮쳤습니다. [5] 모세는 그 일이 여러분에게 닥치기 전에 여러분에게 말했습니다. 보십시오! 그 일이 여러분에게 닥쳤습니다. 여러분이 율법을 저버렸기 때문입니다.[703]

[6] 보십시오! 나도, 고통을 겪고 난 여러분에게, 말합니다. 여러분이 여러분에게 선언된 것들을 지킨다면, 여러분은 능하신 분한테서 여러분을 위해 따로 간직된 모든 것을 받게 될 것입니다. [7] 이 편지가 나와 여러분 사이에 증인이 될 것입니다. 여러분이 능하신 분의 계명들을 기억하리라는 것, 그리고 나를 보내신 분 앞에서 그 편지가 나를 위한 변호가 되리라는 것입니다. [8] 여러분은 기억해야 합니다. 시온과 율

---

699 2바룩 78,5 참조.

700 신명 4,26 "내가 오늘 너희를 거슬러 하늘과 땅을 증인으로 세우는데…" 참조. 신명 30,19; 31,28도 참조하라.

701 84,2-5까지 신명 30,19-20; 이사 60,21을 참조하라. 2바룩 19,1-3도 보라.

702 신명 30,1-5.15-20 참조.

703 바룩 2,12-13 참조.

법과 거룩한 땅과 여러분의 형제들과 계약과[704] 여러분의 조상들을! 그리고 축제일들과 안식일들을 잊지 마십시오. [9] 이 편지와 율법 전승들을, 여러분 뒤에 올 여러분 아들들에게 전하십시오. 여러분의 조상들이 여러분에게 전해준 것처럼 말입니다. [10] 그리고 여러분은 늘 온 영혼을 다하여 끊임없이 애원하고 기도해야 합니다. 능하신 분께서 여러분과 화해하시어 여러분의 많은 죄를 헤아리지 않고 여러분 조상의 성실함을 기억하시도록! [11] 그분께서 당신의 자비에 따라 우리를 심판하지 않으신다면, 태어난 우리 모두에게 재앙이 있을 것입니다.[705]

85 [1] 예전에는[706] 그리고 오래전 세대에서는 우리 조상들에게 의로운 조력자들, 예언자들과 거룩한 사람들이 있었다는 것을 여러분은 잘 알고 있습니다.[707] [2] 우리는 우리 땅에서 살았으며, 우리가 죄를 지을 때면 그들이 우리를 도와주었습니다. 그리고 그들은 우리를 만드신 분께 우리를 위해 탄원했습니다. 그들은 자신들의 행업에 확신이 있었기 때문입니다. 그러면 능하신 분께서 그들의 말을 들어주시고 우리를 가엾이 여겨주셨습니다.[708] [3] 이제 의인들은 모였지만 예언자들은 잠들었습니

704 계약이라 옮긴 ܕܝܬܩܐ는 그리스어 διαθήκη의 차용어다.

705 또는, "태어난 우리 모두 불행합니다." 이 구문은 ܘܝ로 시작하는 불행선언이다.

706 2바룩 85,1-15: 임박한 심판의 예고다.

707 또는, "여러분은 아셔야 합니다."

708 2바룩 85,2에는, 의로운 조상들이 후손들을 위해서 기도한다는 믿음이 담겨 있다. 바르-일란에 따르면, 1세기 유다인들은 하느님뿐 아니라 천사들과 죽은 예언자들, 죽은 조상들에게 자신들을 위해 하느님께 탄원해달라는 기도를 드렸다고 한다: Bar-Ilan, "Prayers of Jews to Angels and Other Mediators in the First Centuries CE", 79-95. 특히 91-94에는 죽은 성조들에게 기도하는 내용이 담긴 유다교 라삐 본문들이 소개되어 있다. 이를테면, *b. Sotah* 34b에는 칼렙이 헤브론

다.[709] 우리는 우리 땅을 떠났으며 시온은 빼앗겼습니다. 그리고 지금
우리에게는 능하신 분과 그분의 율법 말고는 아무것도 없습니다.[710]
4 그런데 만약 우리가 우리 마음을 바로 세우고 잘 준비한다면,
우리가 잃어버린 모든 것을 몇 배로 받게 될 것입니다. 5 우리가 잃어
버린 것은 멸하는 것이나 우리가 받을 것은 멸하지 않는 것이기 때문
입니다.[711]
6 나는 바빌론에 있는 우리 형제들에게도 똑같이 썼습니다. 내가

에 있는 성조들의 무덤에 가서 "저의 아버지들이시여, 저를 위해 자비를 청해 주십시오!" 하고 기도하는 내용이 나온다.

709 이스라엘 백성들 사이에서는 말라키 예언자 이후 예언자가 끊겼다는 믿음, 또는 성령께서 이스라엘을 떠나셨다는 개념이 있었다. 다니 3,38("지금 저희에게는 제후도 예언자도 지도자도 없고 번제물도 희생 제물도 예물도 분향도 없으며 당신께 제물을 바쳐 자비를 얻을 곳도 없습니다"); 1마카 9,27("… 이스라엘에 예언자가 끊긴 이래…")이 이런 믿음을 반영한다. 탈무드에도 하까이, 즈카르야, 말라키 예언자가 죽은 뒤 거룩한 영이 이스라엘을 떠났다는 내용이 나온다: Klijn, "2 (Syriac Apocalypse of) Baruch", 651. *b. Sanhedrin* 11a에 따르면, 말라키 예언자가 죽은 뒤부터는 하느님의 뜻이 '하느님의 음성'(*bat col*)을 통해 이스라엘에 전달되었다고 한다. 알렉산드로스 시대(기원전 4세기)부터 이스라엘은 '예언자들'의 시대에서 '학자들'의 시대로 접어들었다고 하는 표현도 같은 의미를 전달한다. 토라를 공부하고 주석하는 이들이 백성의 삶을 이끌게 되었다는 것이다. 이들의 가르침이 나중에 미쉬나로, 이어서 탈무드로 집대성된다. 이 문제에 대해서는 Levison, "Did the Spirit Withdraw from Israel? An Evaluation of the Earliest Jewish Data", 35-37을 참조하라.

710 2바룩 85,3은 나라도 도성도 성전도 빼앗기고 예언자들도 사라진 이스라엘 백성의 무기력한 상황을 반영한다. 동시에 그들에게 아직 희망이 있음을 암시한다. 성전을 잃은 백성에게 아직 하느님과 그 율법이 남아 있다는 것이다. 비슷한 생각이 탈무드에 전해진다. *b. Sotah* 49a-b에서 두 번째 성전이 파괴된 뒤 이스라엘이 믿고 의지할 분은 '하늘에 계신 우리 아버지'뿐이라고 한다. 성전은 잃었어도 하느님은 잃지 않았다는 것이다: Klijn, "2 (Syriac Apocalypse of) Baruch", 651.

711 1코린 15,42 참조.

이 모든 것을 그들에게도 증언하기 위해서였습니다. 7 앞에서 말한 모
든 것들이 늘 여러분 눈앞에 있게 하십시오. 우리가 아직 자유의 힘
의 영 안에 있기 때문입니다.[712] 8 게다가 지극히 높으신 분께서는 여기
에서도 우리에게 인내로우십니다. 그리고 그분께서는 미래의 일을 우
리에게 알려주셨으며 마지막에 일어날 일을 우리에게서 감추지 않으
셨습니다.

9 그러므로 그분의 심판이 그분의 소유와 그것에 합당한 진실을
요구하기 전에 우리 영혼을 준비하도록 합시다. 그리하여 우리가 소유
당하지 않고 소유하도록 합시다. 그리고 우리가 희망을 품고 수치에 처
해지지 않도록 합시다. 또한 우리가 우리 조상들과 함께 안식을 누리며
우리를 미워하는 자들과 함께 벌 받지 않도록 합시다.

10 세상의 젊음은 지나갔고 피조물의 활력은 이미 다했습니다. 시
간들의 도래는 짧고 금방 사라졌습니다. 항아리는 우물에, 배는 항구
에, 여정 길은 도성에, 생명은 그 끝에 가까워졌습니다. 11 그러니 여
러분의 영혼을 준비하십시오. 여러분이 여행을 하다가 배에서 내렸을
때 휴식을 취할 수 있도록, 그리고 여러분이 떠났을 때 단죄 받지 않
도록 말입니다.

12 보십시오! 지극히 높으신 분께서 이 모든 것들을 일어나게 하
실 것입니다.

그곳에서는[713] 더 이상 회개의[714] 기회가 없을 것입니다.[715]

---

712 우리에게는 의지의 자유, 선택의 자유가 있다는 의미다. 4에즈 8,56; 9,11도 참조하라.

713 '그곳에서는'이라고 옮긴 시리아어는 장소를 가리키는 부사 ܬܡܢ다. '그곳에는', '그곳에서', '거기에서', '거기서는' 등으로 옮길 수 있다. '여기' '이곳'을 가리키는 부사 ܗܪܟܐ의 반대말에 해당한다. ܬܡܢ은 '저세상' 또는 '하늘나라'를, ܗܪܟܐ는 '이 세상', '이 땅'을 가리키기도 한다(Smith).

그곳에서는 시간들에 한계도 없고, 계절들의 기간도 없으며, 회복기로의 전환도 없고, 기도할 장소도 없으며 탄원을 올리는 일도 없습니다.

지식의 획득도 없고 사랑의 선사도 없으며 영혼의 참회[716] 기회도 없고 잘못들에 대한 탄원도 없습니다.

아버지들의 기도도 없고 예언자들의 청원도 없으며 의인들의 도움도 없습니다.[717]

13 그곳에는[718] 파멸이라는 심판의 선고가 있습니다. 곧 불의 길과 숯불로 가는 길입니다.[719]

---

714 시리아어 사본 7a1은 ܬܡܘܬܐ라 읽지만(이 단어는 적어도 현재로서는 알려져 있지 않다) Charles, Klijn, Gurtner를 따라 다른 사본들을 참조하여 ܬܝܒܘܬܐ(되돌아감, 회개, 회심)라 고쳐 읽었다: Gurtner, *Second Baruch: A Critical Edition of the Syriac Text*, 142 각주 311을 보라. 같은 절 뒤에 이어지는 '영혼의 참회 기회'(ܐܬܪܐ ܠܬܘܬ ܢܦܫ)를 참조하면 필사가가 ܐܬܪܐ ܠܬܘܬܐ(참회 기회)를 ܐܬܪܐ ܠܬܡܘܬܐ라 잘못 적은 것이 아닐까 추정할 수 있다.

715 또는, "회개의 여지(자리)가 없을 것입니다." 회개의 기회는 오직 살아 있을 때뿐, 죽은 뒤에는 없다는 의미다. 같은 절 뒤에 나오는 '영혼의 참회 기회'가 없다는 말도 참조하라. 비슷한 생각이 4에즈 7,82에도 나온다. 악인들의 영혼이 죽은 뒤에 겪는 일곱 가지 고통 가운데 두 번째가 바로 회개의 기회가 없다는 것이라고 한다: "둘째 길은, 이제는 그들이 구원받기 위해 회개할 수도, 선행을 할 수도 없다는 것이다."

716 ܬܘܬܐ는 단독으로, 또는 ܢܦܫ(영혼)와 함께(ܬܘܬ ܢܦܫ) 쓰여 '참회', '통고', '회한' 등의 의미로 쓰인다(Smith).

717 심판 날에는 중재 가능성이 없다고 하는 4에즈 7,102-105을 참조하라.

718 2바룩 85,12 '그곳에서는'(ܬܡܢ)에 달린 각주를 참조하라.

719 2바룩 85,12-13은 '그곳'을 묘사하고 있다. 여기서 '그곳'은 기회나 가능성이 전혀 없는 시공간으로 제시된다. 그곳에서는 더 이상 회개의 가능성도 중재의 가능성도 변화의 가능성도 없다. 기도나 탄원을 통해 시간을 되돌릴 수 있는 가능성은 전무한 셈이다. 오직 심판의 선고가 있을 뿐이라고 한다.

[14] 그러므로 한 분에 의한 하나의 율법과 하나의 세상이 있습니
다. 그리고 그 안에 있는 모든 이들에게는 끝이 있습니다. [15] 그런 다음
그분께서는, 용서할 수 있는 이들은 살려두실 것입니다.[720] 그리고 그
들을 사면해주실 것입니다.[721] 이와 동시에 그분께서는 죄들로 오염된
자들은 파멸시키실 것입니다.

86 [1] 그러므로 여러분이 이 편지를 받으면 그것을 여러분의 집회에서 신
중히 낭독하십시오.[722] [2] 그리고 그것을 두고 묵상하십시오. 여러분의
단식일에 특히 더 그렇게 하십시오.[723] [3] 그리고 이 편지를 통하여 나에
대해서도 기억하시기를 바랍니다. 나도 그것을 통해 늘 여러분을 기억
하고 있습니다.

87 [1] 나는 이 편지의 모든 말을 마치고 편지를 끝까지 정성스럽게 썼다.
그리고 그것을 말아 조심스레 봉인하고는 그것을 독수리의 목에 감았
다.[724] 그리고 독수리를 날려 보냈다.

네리야의 아들 바룩의 책의 끝.

---

720 또는, "그분께서는 용서 가능한 이들은 되살리실 것입니다." '찾으신 이들' 또는 '용서 가능한 이들'이라 옮겨지는 시리아어 표현은 ܐܝܠܝܢ ܕܐܫܟܚܘ ܢܫܬܒܩܘܢ이다. ܫܟܚ 동사(본뜻: '찾다')는 다른 동사의 부정사나 미래형과 함께 쓰여 '…을 할 수 있다'는 의미를 지닌다(Smith). 여기서는 ܫܒܩ 동사의 미래형(ܢܫܬܒܩܘܢ)과 함께 쓰였다.

721 또는 두 문장을 분리하여 "그분께서는 당신이 찾으신 이들을 되살리실 것입니다. 그리고 그들을 용서해주실 것입니다"로 옮겨도 된다.

722 2바룩 86,1—87,1: 마지막 당부 및 편지 발송에 해당한다. 저자는 백성들에게 편지 봉독을 독려하며 편지를 마무리한 뒤 그것을 독수리 목에 걸어 날려 보낸다.

723 바룩 1,14 참조.

724 4바룩 7,7-11 참조.

바룩 3서

3Baruch

≫ 바룩 3서의 각종 비평본과 현대 번역본들, 주석서와 단행본 및 각종 연구서와 논문 등에 대한 정보는 Kulik, 3 *Baruch: Greek-Slavonic Apocalypse of Baruch*, 63-85에 자세히 소개되어 있다. 쿨릭의 책은 바룩 3서 그리스어 본문과 슬라브어 본문 각각의 영어 번역을 한 면(각각 왼쪽 단과 오른쪽 단)에 실어 두어 비교하며 읽기 쉽다. 바룩 3서에 대한 자세한 주해도 싣고 있어 유용하다. Gaylord, "3 (Greek Apocalypse of) Baruch"도 슬라브어 본문(왼쪽 면)과 그리스어 본문(오른쪽 면)의 영어 번역문을 모두 소개하고 있다. 바룩 3서 주석서들의 토대가 되는 책은 Harlow, *The Greek Apocalypse of Baruch (3 Baruch) in Hellenistic Judaism and Early Christianity*다. 저자는 바룩 3서를 70년 이후 헬라계 유다인들과 그리스도인들의 합작품으로 제시하고 있다. 곧 70년 이후 헬라계 유다인의 저작물인 바룩 3서를 그리스도인들이 받아들이고 전수하는 과정에서 그리스도교의 여러 관심사가 반영되었다는 것이다. 후대의 여러 주석서들이 할로우의 작품에 기대고 있다. Jones, *Jewish Reactions to the Destruction of Jerusalem in A.D. 70: Apocalypses and Related Pseudepigrapha*, 111-142은 바룩 3서에 대해 원어와 줄거리에서부터 신학에 이르기까지 잘 개관하고 있어 입문용으로 적합하다. 바룩 3서에 대한 연구 현황은 Hilton, "Traversing the Heavens : the State of Scholarship on 3 Baruch", 247-268에 소개되어 있다.

바룩 3서는 제2성전기 후반 또는 그 직후에 '바룩'의 이름을 걸고 저술된 차명 저작물들 가운데 하나다. 바룩이 천사의 인도로 다섯 하늘을 둘러보면서 알게 된 천상의 신비들 또는 환시 내용들을 담고 있다. 바룩 3서는 예루살렘 몰락을 두고 애도하는 바룩에게 하느님의 천사가 찾아와 첫째 하늘부터 다섯째 하늘까지 그를 데리고 다니면서 보여 준 하늘들의 신비를 담고 있다. 천사는 하늘들이 어떻게 구성되어 있는지, 곧 각각의 하늘에 누구 또는 무엇이 있으며, 무슨 일이 일어나고 있는지 보여 준다.

1. 작품 구조와 내용

바룩 3서는 도입, 중심본문, 결어로 구성되어 있다.

I 도입: 천사의 방문(1장)
II 중심본문: 바룩의 천계 여행(2—16장)[1]
III 결어: 바룩의 귀환(17장)

도입부는 바룩에게 하느님께서 파견하신 천사가 찾아오는 내용이다. 바룩이 예루살렘 도성과 성전의 파괴를 두고 탄식하자 바룩을 위로하러 천사가 찾아온다(1장).

중심본문은 바룩이 다섯째 하늘까지 여행한 이야기를 담고 있다. 천사는 바룩을 데리고 하늘로 올라가서 첫째 하늘부터 다섯째 하늘까지 바룩을 데리고 다니면서 그에게 하늘들을 보여준다(2—16장).

먼저 첫째 하늘이다. 첫째 하늘 안쪽에 평원이 있는데, 그곳에는 하느님과의 전쟁에 이용하려고 하늘까지 닿는 탑을 쌓은 자들이 있다(2장).

둘째 하늘의 평원에는 하늘까지 닿는 탑을 쌓도록 부추긴 자들이 있다(3장).

셋째 하늘의 평원에는 용과 하데스가 있었다. 하데스 안에는 악인들의 영혼이 모여 있다. 바룩은 셋째 하늘에서 태양과 달과 별들도 본다. 이 천체들이 하부 하늘들(첫째-셋째 하늘)과 상부 하늘들(넷째-다섯째 하늘)을 가르고 있다(4—9장).

1 바룩의 천계 여행은 하늘을 기준으로 다섯 부분으로 나뉜다. 첫째 하늘(2장); 둘째 하늘(3장); 셋째 하늘(4—9장); 넷째 하늘(10장); 다섯째 하늘(11—16장).

넷째 하늘에도 평원이 있는데 그 한가운데에 호수가 있고 새들이 그 위를 날고 있다. 호수가 있는 그 평원은 의인들의 영혼이 모여 있는 곳이며, 새들은 하느님을 찬양하는 이들이다(10장).

바룩은 다섯째 하늘 바깥(아마 입구 근처)에서 천사들이 미카엘 천사에게 사람들의 덕행을 전달하는 모습을 본다. 그리고 미카엘 대천사가 그것을 하느님께 예물로 드리는 소리를 듣는다. 이어서 미카엘 대천사는 하느님으로부터 상과 벌을 받아와서 천사들에게 나누어준다. 각자 맡은 사람들에게 그에 맞는 상이나 벌을 전달하라는 것이다(11—16장).

결어는 천상 여행이 끝난 바룩이 다시 땅으로 돌아온다는 이야기다. 그리고 자신이 본 것을 다른 사람들에게 전달한다(17장).

2. 본문과 원어

바룩 3서 본문과 필사본들에 대한 정보는, Gaylord, “3 (Greek Apocalypse of) Baruch”, 653-655에 자세히 나와 있다. 바룩 3서는 그리스어 본문과 슬라브어 본문으로 전해지는데 게이로드에 따르면, 이 작품은 본디 그리스어로 쓰였으며 슬라브어 본문이 지금은 없는 최초의 그리스어 원문을 대본으로 삼았을 것이라고 한다.[2] 지금 전해지는 그리스어 본문보다 슬라브어 본문이 최초의 원문에 더 가깝다는 의미다.

여기서 우리말 번역 대본으로 삼은 본문은 15-16세기 그리스어 필사본들을 토대로 만들어진 그리스어 비평본이다.[3] 이 본문은 슬라브어 본문에 반영된 최초의 원문과 다소 거리가 있다.[4]

---

2 Gaylord, “3 (Greek Apocalypse of) Baruch”, 653.

3. 저술 시기와 장소

3바룩의 저술 시기와 장소에 대해서는 분명히 말할 수 없다. 학자들마다 조금씩 다르게 추정한다.

제임스James는 바룩 3서를 2세기 그리스도교 저자의 작품으로 본다. 그는 220-230년에 저술된 오리게네스, 『원리』 2.3.6에서 언급한 "예언자 바룩의 책"이 바룩 3서라고 주장한다. 그가 "예언자 바룩의 책"과 '바룩 3서'를 연결 짓는 근거는 '일곱 하늘들'이라는 표현이다.[5] 사실 바룩의 이름으로 된 책들 가운데 일곱 또는 다섯 하늘들을 언급한 책은 바룩 3서가 유일하다. 제임스의 말대로 바룩 3서가 오리게네스가 언급한 책이 맞다면, 그 저술 시기는 늦어도 『원리』의 저술 시기보다 빠른 220년 전으로 잡힌다.

바룩 3서의 원저자가 2세기 유다인이었을 것으로 여기는 학자들이 많다. 긴스버그L. Ginsberg는 바룩 3서를 2세기 초에 저술된 유다교-영지주의

---

3 http://www.purl.org/net/ocp/3Bar.

4 Gaylord, "3 (Greek Apocalypse of) Baruch", 662-679에 슬라브어 역본 및 그리스어 역본의 영어 번역이 한쪽씩 제시되어 있어 두 본문의 차이를 한눈에 알아 볼 수 있다.

5 James, *Apocrypha Anecdota II*, li. 오리게네스는 『원리』 2.3.6에서 '우주' 또는 '세상'에 대해 논하면서 클레멘스와 "예언자 바룩의 책"을 언급하고 있다. 그에 따르면, 클레멘스와 바룩의 책이 공통적으로 '여러 하늘' 또는 '여러 세상'을 상정하고 있다고 한다. 바룩의 책에 대해서는 '일곱 하늘'이라고 하늘의 개수를 분명히 밝히고 있다. 오리게네스가 같은 대목에서 인용한, "오케아노스는 사람들이 건널 수 없다"고 하는 클레멘스의 진술은 3바룩 2,1 "사람들이 건널 수 없는 강"을 연상시킨다. 이를 고려할 때, 그리고 바룩 3서에 드러난 우주에 대한 관심(=하늘과 땅의 구조에 대한 관심)을 고려할 때, 바룩 3서가 오리게네스가 언급한 "예언자 바룩의 책"일 가능성이 높아 보인다. 오리게네스의 『원리』 본문은 https://www.newadvent.org/fathers/04122.htm을 보라. 바룩 3서의 '우주'에 대해서는 '5.1. 우주관' 항목 참조.

작품으로 간주한다.[6] 휴H.M. Hughes는 이 작품이 본디 2세기에 유다인에 의해 저술되었으며, 후대에 그리스도인 편집자의 손에 수정되었다고 한다.[7] 피카르드J.-C. Picard는 이를 1-2세기 디아스포라 유다인이 저술한 유다교 신비주의 작품으로 본다. 그리고 그리스도인 편집자에 의해 후반 작업이 더해졌으나 미미한 정도에 그쳤다고 주장한다.[8] 로스트L. Rost는 바룩 3서의 저술 장소를 좁혀 시리아의 유다인 공동체라 추정한다.[9]

한편, 본문 내용(=내부 증거, Internal evidences) 자체가 저술 시기와 장소를 추정하는 근거가 될 수 있다. 학자들은 바룩 3서에 1-2세기 유다교 전승과 병행하는 내용이 많이 담겨 있음에 주목한다. 예를 들어 바룩 3서에 담긴 '천상 예배' 테마(3바룩 11,9; 14,2)는 다른 구약 외경과 쿰란 문헌 및 라삐 문헌에서 두루 발견된다.[10] 그런데 학자들은 유다교 전승과 병행하는 이 본문들이, 그리스도인 저자 또는 편집자가 유다교 전승을 거리낌 없이 사용할 수 있었던 시기, 곧 그리스도교와 유다교가 완전히 분리되기 전 상황을 반영한다고 한다. 다시 말해 이 병행 본문들은, 유다인들과 그리스도인들이 결정적으로 결별하기 전, 곧 133년 바르 코크바 항쟁이 발발하기 전의 유다교 전승에서 유래했다는 것이다.[11] 그렇다면 바룩 3서가 맨 처음 만

---

6 Ginsberg, "Greek Apocalypse of Baruch", 551.

7 Hughes, "The Greek Apocalypse of Baruch", 529-530. Harlow, *The Greek Apocalypse of Baruch (3 Baruch) in Hellenistic Judaism and Early Christianity*, 77-205도 참조.

8 Picard, "Apocalypsis Baruchi Graece", 75-78; "Observations sur l'Apocalypse grecque de Baruch", 100-103.

9 Rost, *Einleisung in die alttestamentlichen Apokryphen und Pseudpigraphen einschliesslich der grossen Qumran-Handschriften*, 88.

10 해당 구절에 달린 각주를 참조하라.

11 이에 대해서는 Allison, *4 Baruch: Paraleipomena Jeremiou*, 63을 참조하라. 알리슨은 같은 이유로 바룩 4서도 2세기 초 이전에 만들어졌으리라 추정한다.

들어진 것은 유다인들과 그리스도인들 사이에 교류가 있던 2세기 초반 이전일 것이다.

3-4세기 신약 외경인 바오로 묵시록과의 유사성을 근거로 바룩 3서의 저술 시기를 가늠하기도 한다. 작품 주인공이 하늘을 방문하여 의인들의 처소와 악인들의 처소를 둘러본다는 점에서 두 작품이 비슷하다. 각 사람에게는 수호천사가 있다는 믿음, 그리고 그 천사는 날마다 자기가 맡은 사람의 행적을 하느님께 보고한다는 믿음(바오로 묵시록 7—9장) 등 신학적으로도 유사한 점들이 많다.[12] 신학적 유사성과 테마의 유사성을 근거로 두 작품 가운데 어느 한쪽이 다른 한쪽을 참조했으리라는 추정이 가능하다. 제임스는 바오로 묵시록이 바룩 3서에 기대었다는 입장이다. 그의 말이 맞다면 바룩 3서는 늦어도 3세기 이전에 만들어졌으리라 추정할 수 있다.[13]

다른 한편, 바룩 3서에서 명백한 그리스도교 색채가 엿보인다는 점을 주목해야 한다. 이를테면 포도주가 '하느님의 피'로 제시되는 3바룩 4,15에서 그리스도인 저자의 손길이 느껴진다.

> 4,15 천사가 그에게 말하였다. "일어서라 노아야, 그 (포도나무) 가지를 심어라. 주님께서 이렇게 말씀하신다. '그것의 쓴맛이 단맛으로 변하리라!

---

12 바룩 3서와 바오로 묵시록의 유사점에 대해서는 Kulik, *3 Baruch: Greek-Slavonic Apocalypse of Baruch*, 41-42을 보라.

13 제임스(M.R. James)는 *Apocrypha Anecdota II*, 70-71에서 바룩 3서와 바오로 묵시록(3-4세기 그리스도교 신약 외경)의 관계를 다루고 있다. 그는 바오로 묵시록 9—18장이 3바룩 11—16장에 의존한다고 주장한다. 단, 바오로 묵시록 저자가 참조한 3바룩 11—16장은 현재 본문보다 원본에 더 가까운 형태였으리라고 추정한다. 해당 대목의 슬라브어 역본이 제임스의 의견을 뒷받침하는 듯하다. 바룩 3서와 바오로 묵시록이 공통의 다른 전승에 의존하고 있을 수도 있다. 어떻든 바룩 3서의 최종 형태가 바오로 묵시록의 저술시기와 비슷한 시대(3세기)를 반영한다는 점은 분명해 보인다.

그것의 저주가 축복이 되리라! 거기에서 난 것이 하느님의 피가 되리라. 그리고 그것으로 인해 인류가 단죄를 받았듯, 이제는 그것으로 예수 그리스도 임마누엘을 통하여 낙원으로 가는 입장권과 초대장을 얻게 되리라!'"

이 대목은 아담 한 사람의 범죄로 죽음이 지배하게 되었으나 예수 그리스도를 통하여 모든 사람이 생명을 받는다고 하는 로마 5,15-19을 연상시킨다.

그리스도교 색채는 특히 3바룩 11—16장에서 두드러진다. 예를 들어 3바룩 13,4에는 '영적인 부모'πνευματικοὶ πατέρες나 '교회'ἐκκλησία와 같은 그리스도교 용어가 쓰였다. 마태 25,23이나 로마 10,19을 인용한 구절도 있다.[14] 3바룩 16,4에 나오는 '사제들'ἱερεῖς도 그 기능과 역할을 볼 때 유다교 사제보다는 그리스도교 사제에 가까운 듯하다.[15]

이 모든 점을 종합할 때 바룩 3서는, 유다교 전승을 토대로 그리스도교 저자가 저술한 것이거나, 본디 유다교 저자의 작품인데 나중에 그리스도교 편집자가 손질한 것이라 짐작할 수 있다. 어떤 경우든, 이 작품과 바

---

14 "[13,4] 사실 저희는 그들이 교회에 들어가는 것을 본 적이 없습니다. 그들이 영적 부모를 찾아가는 것도, 하나의 선행을 찾아가는 것도 본 적이 없습니다." '영적 부모'는 수도원 장상이나 주교를 가리키는 그리스도교 용어였다. 한편 슬라브어 역본에는 그리스도교 색채가 짙은 표현들, 곧 마태 25,23이나 로마 10,19 인용구(각각 3바룩 15,4; 16,2)가 나오지 않으며 3바룩 13,4에서 '영적 부모'와 같은 교회 용어도 쓰이지 않았다.

15 "[16,4] 그들이 나의 소리를 듣지 않았기 때문이다. 그들은 내 계명들을 지키지도, 실천하지도 않았다. 그들은 내 계명들과 내 회중들을 무시하였다. 그리고 자기들에게 내 말씀들을 선포하는 사제들을 모욕하였다." 슬라브어 역본에는 사제라는 단어가 나오지 않는다. 이런 점에서 그리스어 역본이 슬라브어 역본보다 그리스도교 성향이 강하다고 볼 수 있다. 이는 슬라브어 역본이 상대적으로 더 오래된 형태를 간직한다는 추정에 힘을 싣는다.

오로 묵시록과의 유사성을 감안할 때 저술 시기가 늦어도 3-4세기를 넘기지는 않았을 법하다. 그리스도교 편집자가 유다교 저자의 원작품을 다듬고 수정한 것이 현재의 바룩 3서라면, 최초의 형태는 유다인에 의해 1-2세기에 만들어졌고 3세기 즈음 그리스도인에 의해 최종 편집되었으리라 추정할 수 있다. 게일로드는 바룩 3서 저술시기를 1세기에서 3세기 사이로 넉넉히 잡는다.[16]

4. 다른 문헌들과의 관계

바룩 3서는 바룩이 여러 하늘들을 여행하면서 목격한 천상의 신비들에 대한 환시 내용이다. 비슷한 종류의 환시는 1에녹, 2에녹, 아브라함의 유언, 레위의 유언 등에서 폭넓게 발견된다. 여러 하늘들 및 그 안에 담긴 것들과 관련된 전승은 라삐 문학에도 전해진다.[17] 환시 내용은 저작물마다 크고 작은 차이를 보인다. 베드로 묵시록과 바오로 묵시록을 비롯한 그리스도교

---

16 Gaylord, "3 (Greek Apocalypse of) Baruch", 655-656 참조.

17 라삐 문학의 우주론에 관해서는 Simon-Shoshan, "The Heavens Proclaim the Glory of God: A Study in Rabbinic Cosmology", 67-96을 보라. 라삐 우주론 연구의 토대가 되는 논문이다. 이 논문 78-80에 언급된 *b. Chagigah* 12b에도 다수의 하늘이 설정되어 있다. 라삐 라키스가 '일곱' 하늘이 있다고 가르쳤다는 것이다. 이에 따르면 넷째 하늘은 예루살렘과 성전이 위치한 곳으로 그곳에 제단이 세워져 있으며, 대제후 천사 미카엘이 제단에 예물을 바치고 있다고 한다. 참고로 일곱째 하늘에는, 의로움과 평화 그리고 의로운 이들의 영혼들이 있다고 한다. 또한 그곳에 오파님과 세라핌과 어좌와 제후 천사들이 있다고 한다. 하느님이 계신 곳이 바로 이 일곱째 하늘이라고도 한다. *b. Chagigah* 12b는 '다수의 하늘' 주제뿐 아니라, 바룩 3서의 다른 주제인 미카엘 대천사 및 천상 예배 전승과 관련해서도 매우 중요하다.

묵시문학에서도 종종 천계 여행이 다뤄진다.[18] 특히 바오로 묵시록은 날마다 천사들에 의해 거행된다는 천상 예배, 모든 사람에게 있다는 수호천사(8—10장), 의인들의 처소와 악인들의 처소(11장) 개념 등에서 바룩 3서와 굉장한 유사성을 보인다. 바룩 3서와 여타 외경 문학들 사이에 엿보이는 공유점들은 더 있다. 아담이 타락하기 전에 누렸던, 그리고 타락 이후에 상실했다는 '영광' 테마(3바룩 4,16; 아담과 하와의 생애 16장), 사마엘/사타나엘 전승 들이 대표적인 예들이다(3바룩 4장; 2에녹 18장).[19]

5. 신학

바룩 3서는 유다교와 그리스도교 전승 및 그리스-로마 전승들을 풍성하게 담고 있다. 이 전승들과의 차이점을 드러내기도 한다. 비슷한 점과 다른 점을 모두 갖고 있다는 뜻이다.[20] 바룩 3서에 담긴 신학적 주제 가운데 우주관, 천계 여행, 천사와 악마, 신정론, 천상 예배 개념 등이 특히 중요하다.

---

18 천계 여행 테마가 담긴 유다교 및 그리스도교 묵시문학에 대해서는, Himmelfarb, *Ascent to Heaven in Jewish and Christian Apocalypses*을 참조하라. 쿰란의 천계 여행 본문은 Davila, "Heavenly Ascents in the Dead Sea Scrolls", 461-485 참조.

19 쿨릭(Kulik)은 에녹 1서, 에즈라 4서, 바오로 묵시록 등 다양한 묵시문학 작품들과 바룩 3서의 유사점들을 개관하고 있다: Kulik, *3 Baruch: Greek-Slavonic Apocalypse of Baruch*, 41-44.

20 이를테면 유다교 신비주의 문학은, 대체로 저자가 천계 여행을 하는 도중에 어좌에 계신 하느님을 알현하는 내용을 담고 있다(에녹 1서). 그런데 바룩 3서에서는 바룩이 어좌 앞에 나아가지도 하느님을 직접 뵙지도 않는다. 바룩은 하느님이 계신 다섯째 하늘 안으로 들어갈 수도 하느님 어좌를 볼 수도 없다고 한다.

5.1. 우주관

우주관을 제일 먼저 살피는 이유는, 천계 여행이나 천상 예배 등의 테마가 바룩 3서 특유의 '우주관'을 토대로 펼쳐지기 때문이다. 바룩 3서에는 당대 곧 그리스-로마 시대 유다인들의 우주관이 반영되어 있다.[21] 바룩의 천계 여행이 담긴 대목(3바룩 2—11장)에 하늘과 땅의 구조 특히 하늘의 구조가 암시되어 있는데, 여기서 바룩 3서의 우주관은 구약성경과 고대 그리스의 우주관이 결합된 형태임이 드러난다.

스탠호프Stanhope는 헬라 시대 유다교 작품들이 대개 구약성경의 "(하늘-땅-지하) 삼층 구조 우주"관을[22] 크게 벗어나지 않지만,[23] 이 시대 작품들에서 '구약성경 우주관'과 '그리스 우주관'이 결합된 "hybrid" 우주관이 관찰되기 시작함을 지적한다.[24] 그는 "하이브리드" 우주관의 예시로 1에녹;

---

21 유다교 및 그리스도교 묵시문학에서 주인공이 계시 또는 환시를 통해 우주의 모습과 형태, 천체들의 움직임에 대해 알게 되는 현상에 대해서는 Kulik, *3 Baruch: Greek-Slavonic Apocalypse of Baruch*, 45을 보라.

22 메소포타미아-구약성경 우주론은 대개 '삼층 구조 우주'라는 말로 표현된다: Greenwood, *Scripture and Cosmology: Reading the Bible Between the Ancient World and Modern Science*, 69; Berlin, "Cosmology and Creation", 189.

23 곧 구약성경의 일부(예: 다니 3,51-90), 구약 외경 및 쿰란 문헌 등에 "삼층 구조 우주관"이 반영되어 있다.

24 그리스-로마 시대 그리스도교 작품도 구약성경 우주관과 그리스 우주관이 결합된 모양새를 보인다. 신약성경은 구약성경 우주관에서 크게 벗어나지 않지만, 신약 외경은 작품에 따라 헬라시대 우주관으로 기운 모습을 보이기도 한다. 쿰란 문헌의 우주론은 Ben-Dov, *Head of All Years: Astronomy and Calendars at Qumran in their Ancient Context*을 참고할 수 있다. 신약성경 우주론은 Ryken/Whilhoit/Longman, "Cosmology", 174; Pennington, *Cosmology and New Testament Theology*에 자세히 소개된다. 우주관에 대해서는 송혜경, 「외경의 질문들 6」부터 여러 차에 걸쳐 다루고 있다.

2에녹 3,3; 레위의 유언 2,7을 제시한다.[25]

스탠호프의 소견처럼, 에녹 1·2·3서, 바룩 2·3서, 에즈라 4서 등에 반영된 헬라 시대 유다인들의 우주관은 대략 '구약성경 우주관 + 그리스 우주관 + 알파'라 요약할 수 있다. 각 우주관이 차지하는 비중은 작품마다 다르게 관찰된다. 이를테면 헬라시대 초기 작품인 에녹 1서는 구약성경과 매우 유사한 우주관을 보인다. 천계 여행(1에녹 17—36장)이나 천체들의 운행을 다루는 대목(1에녹 72—82장)에서 짐작되는 우주 구조는 구약성경에서처럼, 반구형의 하늘이 (바다에 둘러싸인) 원반형의 땅을 덮고 있으며 저승은 지하계에 있는 모양새다. 그런데 이런 에녹 1서에서도 고대 그리스 우주관의 영향이 감지된다. 지하계의 '타르타루스'(1에녹 20,2)나 '불의 강'(1에녹 17,5)을 언급한 대목들이 그 예다.[26] 에녹 2서에서는 그리스 우주관의 영향이 한층 강하게 감지된다. 이 책은 당대 유다인들이 플라톤/아리스토텔레스 우주관 곧 우주의 중심에 구형의 지구가[27] 있으며 천체들 또는 천구들이 지구 둘레를 돌고 있다는 '지구중심의 우주관'을 받아들였음을 드러낸다. 땅과 하늘을

---

25 Stanhope, "Ancient Hebrew Heavenly Cosmology", 109-111. 스탠호프는 레위의 유언 인용문을 제시하면서 각주에 Testament of Levi 1,8-10이라고 표기했는데, 해당 인용문은 (OTP) 레위의 유언 2,7에 해당한다(Charlesworth, "Testament of 12 Patriarchs: Levi", 788 참조). 스탠호프는 "Ancient Hebrew Heavenly Cosmology", 109-111에서 라삐 문학에서도 하이브리드 우주관이 엿보임을 지적한다. 그가 예시로 든 본문은 *b. Pesahim* 94b; *b. Bava Batra* 25a-b 등이다.

26 불의 강(플레게톤)은 스틱스, 레테, 코키투스, 아케론과 함께 고대 그리스 신화에 나오는 지하계의 다섯 강 가운데 하나다. 플라톤은 '불의 강'이 지하계의 타르타로스까지 이어진다고 묘사한다(『파이돈』 112a-b).

27 지구가 구형임을 처음 주장한 사람은 엘레아의 파르메니데스(Parmenides of Elea, 기원전 515-450)로 알려져 있다. 달이 스스로 빛을 내는 것이 아니라 태양의 빛을 반사하는 것임을 알아낸 사람도 파르메니데스라고 한다: Graham, "Physical and Cosmological Thought Before Aristotle", 170-172.

각각 구체로 묘사하면서 지구 중심설을 전제로 하는 본문들이 그 예다(2에녹 12,3; 14,2-3).[28] 실제로 2에녹 3—22장은 열 겹의 하늘이 지구를 중심으로 동심 구를 형성하고 있으며, 각 하늘과 그 안에 있는 천체들이 지구 둘레를 돌고 있다는 관점을 내비친다.

이제 바룩 3서에 반영된 우주의 모습은 어떠한지 살펴보도록 하겠다. 바룩 3서 우주관의 기본 틀은 구약성경 우주관과 흡사하다. 이는 먼저 3바룩 2,1에서 드러난다. 천사가 바룩을 데리고 천계 여행을 시작하는 대목이다.

> 2,1 그 천사는 나를 하늘이 세워져 있는 곳으로 데려 갔다. 그곳에는 아무도 건널 수 없는 강이 있었다.

여기서 주목해야 할 표현은 '하늘이 세워져 있는 곳'과 '아무도 건널 수 없는 강'이다. 먼저 '하늘이 세워져 있는 곳'은 구약성경에서 말하는 하늘과 땅이 맞닿은 곳이다. 하늘을 기둥들이 떠받치고 있다고 묘사한, 구약성경

28 2에녹 12,3; 14,2-3에 따르면, 태양은 원 궤도를 그리며 이동한다. 곧 태양은 동쪽에서 떠서 하늘을 가로지르며 다니다가 서쪽에서 진 다음에는 지구 아래쪽을 통해 동쪽에 있는 원래자리로 돌아간다고 한다. 앤더슨(Andersen)은, 2에녹 12,3이 필사본마다 약간 다르게 읽힌다고 한다. 사용한 전치사에 따라 일몰 후 태양이 지구 아래쪽으로 움직이는 것으로 읽히기도, 지평선을 따라 움직이는 것으로 읽히기도 한다는 것이다. 앤더슨은 이 현상을 서로 다른 두 우주관의 충돌 결과로 해석한다. 편평한 지구관과 구체 지구관이 섞인 모양새라는 것이다. 14장의 경우는, 사본들이 공통적으로 일몰 후 태양 노선을 지구 아래쪽으로 제시한다고 한다: Andersen, "2 (Slavonic Apocalypse of) Enoch", 123, 각주 12h. 사실 헬라시대 유다교 및 그리스도교 작품들에서 발견되는 우주관은 일관되지 않다. 작품마다 서로 다른 우주관을 표방하고 여러 우주관이 섞인 형태도 드물지 않게 발견된다. 저자가 우주론적 서술에 익숙지 않은 경우도 있고 어떤 우주론이라고 특정해서 부르기 어려운 모호한 표현들도 눈에 띈다.

의 대목들을 참조하라(1사무 2,8; 시편 104,5; 즈카 12,1; 욥 38,4-6; 잠언 8,29). 구약의 우주관을 조금 더 자세히 설명하자면, 우주는 '하늘/땅/땅 아래'로 이루어져 있는데,[29] 바다에 둘러싸인 편평한 원반형의 땅을 하늘의 궁창이 덮고 있는 모양새다. 그리고 땅 아래로 지하계가 펼쳐진다고 한다.[30] 3바룩 2,1에서 말하는 '하늘이 세워져 있는 곳'이 바로 땅의 가장자리, 또는 바다의 가장자리가 궁창과 맞닿는 곳일 법하다. 그런데 하늘이 시작되는 곳에 '아무도 건널 수 없는 강'이 있었다고 하는 점은 그리스 신화를 연상시킨다. 사실 3바룩 2,1은 전체적으로 구약성경보다 고대 그리스 신화의 우주 묘사에 더 가까운 듯하다. 잠시 고대 그리스인들의 우주관을 살펴보고 넘어가자.[31]

고대 그리스인들의 우주관은 호메로스의『일리아스』와『오뒷세이아』에 반영되어 있다.『일리아스』에 다르면, 크로노스와 레아의 삼형제 신이 우주를 세 부분으로 나누어 다스린다. 포세이돈에게는 "잿빛 바다"가, 하데스에게는 "침침한 어둠"인 하계下界가, 제우스에게는 "맑은 대기와 구름 속의 넓은 하늘"이 몫으로 주어졌으며, 대지와 올림포스 산은 세 신의 공유물이라고 한다(15권 187-193행). 이 우주관은 소크라테스의 입을 빌려 플라톤의『고르기아스』에도 전해진다(523a-b). 이에 따르면 고대 그리스인들은 우주를 하늘/땅·바다/지하계로 나누어 보았으며,[32] 죽은 자들의 처소가 대지의 서쪽 끝 섬들(의인들의 처소) 또는 지하계(악인들의 처소)에 있다고 믿었다(523-527).[33] 한

---

29 Berlin, "Cosmology and Creation", 189. 메소포타미아 신화와 구약성경은 우주를 '하늘/땅/땅 아래'의 "삼층 구조"로 제시한다: Greenwood, *Scripture and Cosmology: Reading the Bible Between the Ancient Worldand Modern Science*, 69.

30 구약성경의 우주관은 송혜경,「외경의 질문들 6」부터 연재되어 있다. 구약성경의 우주를 그려보는 데에, Stanhope, "Ancient Hebrew Heavenly Cosmology", 83-117; Parry, *The Biblical Cosmos: A Pilgrim's Guide to the Weird and Wonderful World of the Bible*이 매우 유용하다. 우주에 관한 복잡한 본문 내용을 그림과 도표들로 요약하고 있어서 성경의 우주를 시각화하는 데 큰 도움이 된다.

31 고대 그리스 신화의 우주관은 송혜경,「외경의 질문들 7-12」에 개관되어 있다.

편, 호메로스와 헤시오도스의 작품을 연구한 쿠프리Couprie는, 고대 그리스 인들도 메소포타미아나 이집트 사람들과 마찬가지로 지구는 편평하며 기둥들이 반구형의 단단한 하늘을 떠받치고 있다고 믿었다고 한다.[34] 그리고 땅 둘레에는 오케아노스라는 강이 흐르고 있다고 여겼음을 언급한다.[35] 그리스 신화에서 오케아노스 'Ωκεανός는 대양이 아니라 원반형의 땅을 둘러싸고 흐르는 강을 가리킨다(Liddell-Scott). 이 강 때문에 산 자들이 지하계의 하데스로 들어가지 못한다는 것이다.

결국 3바룩 2,1에서 말하는 '하늘이 세워진 곳'은 그리스 신화에 나오는 '하늘을 떠받치는 기둥'을, '아무도 건널 수 없는 강'은 '오케아노스'를 가리킬 법하다. 3바룩 2,1이 온전히 고대 그리스 우주관을 따른다고 해도 지나치지 않으며, 적어도 구약성경과 그리스 신화의 우주관이 결합된 모양새

---

32 학자들은 이를 메소포타미아 신화의 영향이라고 본다: Couprie, "The Archaic World Picture", 10 참조.

33 소크라테스가 언급한 신화는 『오뒷세이아』 11권에도 전해진다. 플라톤의 『고르기아스』 본문과 해제는 플라톤, 『플라톤 전집 III』을 참조하라. 호메로스, 『일리아스』; 호메로스, 『오뒷세이아』도 참조. 플라톤에 따르면, 고대 그리스인들은 "올바르고 경건한 삶을 산 사람들은 죽은 뒤에 (대지 서쪽 끝에 있는) '축복받은 사람들의 섬들'에 가서는 고통에서 벗어나 완전한 행복 속에 살게 되지만, 불의하고 신을 부인하는 삶을 산 사람은 타르타로스라 불리는 응보와 심판의 감옥으로 가게 된다"고 믿었다(『고르기아스』 523a-b).

34 쿠프리는, 호메로스가 '청동 하늘' 또는 '무쇠 하늘'을 언급한 사실을 지적한다(각각 『일리아스』 17권 425행; 『오뒷세이아』 3권 1-2행 및 『오뒷세이아』 15권 329행; 17권 564-565행). 이어서 "(모든 바다의 깊이를 다 알고 있고) 땅과 하늘을 갈라놓는 긴 기둥들을 몸소 떠받치고 있는 … 아틀라스"라는 호메로스의 표현(『오뒷세이아』 1권 52-54행)을 언급한다: Couprie, "The Archaic World Picture", 10 각주 3. 이 표현들을 통해 고대 그리스인들도 하늘을 단단한 재질로 여겼으며 기둥들이 하늘을 떠받치고 있다고 믿었음을 알 수 있다.

35 Couprie, "The Archaic World Picture", 10-13.

라고 말할 수 있다.

3바룩 3,6-7에도 우주관이 반영되어 있다. 하늘에 닿도록 탑을 쌓으려던 자들이 하늘이 무엇으로 만들어졌는지, 곧 하늘의 재질 또는 성분을 알아보려고 시도하는 장면이다.

> 3,6 … 그들이 탑을 사백육십삼 페키스 정도 쌓았을 때였다. 7 그들은 송곳을 집어 들고 하늘을 찔러보려고 하면서 말하였다. "하늘이 흙으로 만들어졌는지, 동으로 만들어졌는지 철로 만들어졌는지 알아봅시다!"

이들의 시도를 보시고 하느님께서는 그들을 짐승처럼 만드시고 말을 섞어 놓으셨다고 한다. 그런데 그들이 하늘의 성분이 무엇인지, 곧 흙인지 동인지 철인지 알아보려고 송곳으로 찔러보려고 했다는 표현을 주목해야 한다. 하늘의 궁창이 단단한 재질로 되어 있다는 믿음이 반영되어 있어서다.[36] 히브리인들이 하늘의 궁창을 금속판처럼 단단한 재질로 여겼다는 것은 욥 37,18에 잘 나타난다. "그분과 함께 하늘을 펴실 수 있단 말입니까? 부어 만든 거울처럼 단단한 저 하늘을?" 그런데 고대 그리스인들도 하늘을 청동이나 무쇠로 여겼다.[37] 그러므로 궁창이 단단한 재질임을 암시한 구절만으로 3바룩에 전제된 우주관이 구약성경의 것인지 그리스 신화의 것인지 명확히 구분할 수 없다. '하늘이 세워져 있는 곳'이나 '아무도 건널 수 없는 강'이라는 표현도 마찬가지다. 3바룩 2,1과 3,6-7을, 기본 틀이 비슷한 두 우주관이 만난 결과물이라고 여기면 무리가 없을 듯하다. 어떻든, 바룩 3서에

---

36 궁창(רָקִיעַ)의 동사형인 רָקַע는 히필 형태로 쓰일 때 '(금속판을) 두드려 펴다, 두드려 늘리다'라는 뜻이다(BDB). 궁창이란 단어 안에 '두드려 늘려 만든 것'이라는 의미가 들어있음을 짐작할 수 있다.

37 쿠프리의 설명이 담긴, 앞의 각주 참조.

'하늘 지붕'이라든가 '둥근 땅'과 같은 표현은 없지만, 저자가 반구형 하늘과 바다에 둘러싸인 편평한 원반형 땅을 염두에 두었으리라 짐작할 수 있다.[38] 여기까지는 구약성경의 우주관과 별 차이가 없다.

그런데 바룩 3서에는 구약성경의 우주관과 결정적으로 멀어지는 지점이 있다. 천상계에 대한 묘사에서 하늘의 개수, 구조 및 기능이 구약성경의 것과 매우 다르게 제시된다. 구약성경에서 천상계, 하늘이 샤마임שָׁמַיִם이라는 복수로 표현되고, '궁창', '궁창 위의 물들', '그 물들 위의 하느님 처소'로 세분되지만,[39] 이 세 층이 하나의 하늘을 구성하는 듯하다.[40] 그런데 바룩 3서에서는 하늘이, 서로 다른 역할과 기능을 가진 다섯 하늘로 뚜렷이 구분된다. 사실 헬라 시대 유다교 작품들에서는 하늘이 복수複數로 그려지는 경우가 드물지 않다. 대개 하늘 수가 일곱이나 열 개로 묘사되는데 바룩 3

38 쿨릭(Kulik)도 바룩 3서에 전제된 우주의 형태를 '반구형 하늘이 편평한 지구를 덮고 있는 모습'으로 상상한다. 그리고 원반형의 땅을 오케아노스가 둘러싸고 있는 모습으로 그려진다고 한다. 나아가 하늘에 태양이 출입하는 문이 360개가 있어서 태양이 날마다 다른 문으로 뜨고 진다고 하는 3바룩 6,13을, 반구형 하늘이 지면(地面) 위에서 날마다 (1도씩) 회전을 한다는 뜻으로 해석한다: Kulik, *3 Baruch: Greek-Slavonic Apocalypse of Baruch*, 55.

39 태양과 달을 비롯한 천체들은 궁창에 있다고 한다(창세 1,14-17). 구약성경에서 새들이 날아다니는 공중은 지상계에 속하는 것으로 여겨지는 듯하다: "새들은 땅 위 하늘 궁창 아래를 날아다녀라"(창세 1,21). "새들도 땅 위에서 번성하여라"(창세 1,22)를 고려하라.

40 구약성경에서 하늘이 여러 개임이 암시되기도 한다. 우선 하늘을 가리키는 히브리어 샤마임(שָׁמַיִם)이 복수형이다(BDB). "궁창(=하늘) 위의 물들"이나 "하늘 위의 하늘들"이라는 표현(1열왕 8,27; 2역대 2,5; 시편 148,4)에서 궁창 위에 하늘이 더 있음이 암시되어 있다. 결국 구약성경에서 하늘은 궁창만 가리키기도(창세 1,8), 궁창과 그 위에 있는 물들 그리고 그 위에 있는 "하늘 위의 하늘들"까지 포함하기도 한다. 이 모든 요소가 천상계를 구성한다. 그러나 이런 식의 하늘 구분은 헬라 시대 작품에 나타난 '다중의 하늘' 개념과는 다르다.

서에서는 다섯 하늘이 제시된다.[41] 어떻든 바룩 3서에서 다섯 하늘은, 셋째 하늘 최상단에 위치한 '천체들의 공간'(6—9장)을[42] 기준으로 하부 하늘과 상부 하늘로 나뉜다.[43] 첫째부터 셋째 하늘까지 하부 하늘은 처벌 장소에 해당한다. 첫째 하늘과 둘째 하늘에서는 각각 하느님과의 전쟁에 이용할 탑을 쌓은 자들과 그들을 부추긴 자들이 벌을 받고 있다고 한다. 셋째 하늘에는 용과 하데스가 있다고 한다. 악인들의 영혼이 용의 뱃속(=하데스)에서 벌을 받고 있다는 것이다. 상부 하늘은 의인들의 영혼이 머무는 곳(넷째 하늘)과 미카엘 대천사가 하느님께 예배를 드리는 곳(다섯째 하늘)으로 나뉜다. 다섯째 하늘은 '하늘 나라'라고 불리기도 한다(11,2).[44]

이렇게 바룩 3서에서 기능과 역할이 다른 다섯 하늘이 설정된 것은 무

---

41 에녹 2서는 열 하늘, 레위의 유언은 일곱 하늘을 제시한다. 바룩 3서가 본디 바룩이 일곱 하늘을 여행하는 내용이었으나 축약하여 현재 모습이 되었으리라 추측하는 이들도 있다: Wright, "Baruch, Books of", 150; Kulik, *3 Baruch: Greek-Slavonic Apocalypse of Baruch*, 314-315 참조. 그러나 현재 전해지는 본문이 촘촘하게 구성되어 있어 여섯째와 일곱째 하늘에 관한 내용이 더 있었다고 여길 필요는 없을 듯하다. 하느님이 계신 곳, 천체들이 있는 곳, 하데스의 위치, 의인들의 처소와 악인들의 처소 등 하늘의 구성과 관련한 의문이 다섯 하늘을 통해 모두 풀린다. 한편, 유다교 및 그리스도교 전승에는 '세 하늘' 전승도 있다(2코린 12,2; 바오로 묵시록). 그런데 2코린 12,2과 바오로 묵시록이 반드시 하늘 개수를 셋으로 제시한다고 볼 수는 없다. 바오로가 여러 하늘 가운데 셋째 하늘까지 올라갔다는 의미로 읽을 수 있기에, 두 본문이 전제하는 하늘 수가 셋 이상일 가능성이 있다.

42 이 천체들의 공간은 구약성경의 '궁창'과 비슷하다. 구약성경에서 천체들이 자리한 자리가 바로 이 궁창으로 묘사된다(창세 1,14-18).

43 제삼자의 입장에서 본 기능상의 구분이다. 본문 안에 '상부 하늘'이나 '하부 하늘'이라는 표현은 없으며, 상부와 하부 하늘을 나누어 설명하지도 않는다.

44 넷째 하늘이 의인들의 영혼이 머무는 일시적 장소라면 다섯째 하늘은 진정한 의미의 하늘 나라라고 말할 수 있다. 아마도 마지막 때가 이르면, 그리하여 하늘 나라의 열쇠를 쥔 미카엘 대천사가 하늘 나라의 문을 열면, 비로소 의인들의 영혼이 (육신과 함께?) 다섯째 하늘 곧 하늘 나라에 들어갈 수 있을 법하다.

엇보다 그리스 우주론의 영향 때문으로 여겨진다. 죽은 자들의 영혼이 지하계가 아니라 하늘에 있다고 하는, 구약성경과 전혀 다른 사후관이 이를 뒷받침한다. 고대 근동 신화나 구약성경에서 하늘은 사람이, 살아서도 죽어서도, 결코 갈 수 없는 신(들)의 영역이었다.[45] 천상계는 하느님, 지상계는 산 인간, 지하계는 죽은 인간의 처소로서 경계가 확실히 구분되었다. 구약성경에서 에녹과 엘리야를 빼면 살아 있는 사람 누구도 하늘로 올라가지 못했다. 모세나 이사야 및 에제키엘 예언자가 주님을 뵈었다고 하는 경우는 있으나[46] 그때에도 그들이 천상계로 올라간 것이 아니라 두 발을 땅에 디딘 채였다. 그리고 죽은 모든 인간이 가는 곳은 지하계지 하늘이 아니었다.[47] 기본적으로 인간은 살아서든 죽어서든 천계에 올라갈 수 없다는 것이다. 그런데 바룩 3서에서는 죽은 자들의 영혼이, 처벌을 받고 있든 기쁨을 누리고 있든, 모두 하늘에 있다고 한다. 천상계가 죽은 모든 사람에게 개방되었다는 의미다. 이는 영혼불멸을 믿는, 그리고 철학으로 정화된 영혼은 하늘로 올라간다고 믿는 플라톤의 영향일 법하다.[48] 특히 악인들의 영혼이 있는 하

---

45 구약성경의 우주관은, BDB; Ryken/Whilhoit/Longman (eds.), "Cosmology", 169-174; 마이클 하이저, 『건너뛰지 않고 성경 읽기』, 16-19을 참조하라. 송혜경, 「외경의 질문들 6」도 참조.

46 각각 탈출 24,1-2.9-11; 이사 6,1; 에제 1장.

47 바빌론 신화에서 하늘이 세 겹 또는 일곱 겹으로 묘사되는 경우에도 저승은 지하계에 있는 것으로 그려진다.

48 폴(Paul)은, 저승이 '지하계'에 있다는 믿음에서, '천상계'에서 사후 삶을 누린다는 생각으로 변화하는 시작점을 플라톤의 『티마이오스』 42에서 찾는다. "주어진 시간을 선용한 혼은 자기가 함께하던 별의 거처로 돌아가 성미에 맞는 행복한 삶을 살게 된다"고 하는 대목이다: Paul, "The Structure of Heaven and Earth: How Ancient Cosmology Shaped Everyone's Theology". 플라톤의 제자 세대에서는 망자들의 집결지인 하데스가 지하가 아니라 하늘에 있다는 견해들이 나타나기 시작한다: Culianu, "The Celestial Eschatology and Its Transformations", 1-2. 모든 망자의 영혼이 하늘로 간다는 것이다. 이러한 "천상의 하데스"(Celestial

데스가 셋째 하늘에 있다는 것은 바룩 3서가 더 이상 구약성경의 천상계와 지하계의 구분을 따르지 않음을 드러낸다.

게다가, 바룩 3서에서 천상계는 죽은 자들뿐 아니라 산 자에게도 개방된다. 이는 바룩에게 천계를 여행하며 하늘의 신비들을 접할 기회가 주어진 사실에서 알 수 있다. 구약성경의 우주관에서는 절대 일어날 수 없는 일이 일어난 것이다. 물론 하늘이 살아 있는 모든 이에게 열린 것으로 묘사되지는 않는다. 천상계는, 하늘의 신비를 사람들에게 전달할 임무를 맡은 특별한 이에게만 개방된다. 이 작품에서는 바룩이 그 주인공이다. 어떻든, 바룩의 천계 여행 이야기는, 사람으로서는 닿지 못하던 천상계가 사람에게 열리기 시작했음을 보여준다.[49] 구약성경의 우주론이 그리스 우주론과 만나 새롭게 변신하고 있는 과정을 바룩 3서에서 확인하게 되는 셈이다.

5.2. 천계 여행

바룩 3서는 바룩이 천사의 인도로 다섯 하늘을 여행하는 내용을 담고 있다. 예루살렘 성전의 붕괴가 야기한 바룩의 고뇌와 의문은 천계 여행을 통해 해결책을 얻는다. 바룩 3서에서처럼 살아 있는 어떤 인간이 천계 여행을 통해 얻게 되는 천상계에 대한 계시나 환시는 유다교 및 그리스도교 묵시문학에서 두루 발견된다. 그런데 구약성경에서는 천상계가 하느님의 처소로서 인간이 닿을 수 없는 곳이었다. 기본적으로 인간은 천계에 올라갈 수

Hades) 개념의 시작을 학자들은 기원전 4세기 헤라클리데스 폰티쿠스에게서 찾는다: Gottschalk, *Heraclides of Pontus*, 99-102.

49 이는 천계 여행을 담은 작품들 모두에 해당한다. 에녹 1·2서에서는 에녹이, 레위의 유언에서는 레위가, 베드로 묵시록에서는 베드로가, 바오로 묵시록에서는 바오로가 천계를 여행한 당사자들이다.

없다는 것이다. 초기 유다이즘 전문가 라이트J.E. Wright는, 이런 시각이 바뀌어 인간이 천상계로 올라가 그곳을 여행하는 내용의 작품들 — 대개 묵시문학 범주에 든다 — 이 유다교 전통 안에 생겨나기 시작한 것은 페르시아 시대 이후 특히 헬레니즘 시대의 그리스 우주론에 영향을 받으면서부터라고 한다.[50] 이를테면 플라톤은, 사람의 영혼이 하늘에서 비롯했으며 죽은 뒤 (정화를 거쳐) 하늘로 돌아가리라는 믿음을 제시한다(플라톤 『티마이오스』 42). 이른바 사후 천계 여행 개념이다postmortem heavenly journey.[51] 그런데 산 사람들 중에서도 간혹 하늘로 올라가 천계를 여행했다는 이야기들이 그리스, 로마, 유다교, 그리스도교 문학 전통에서 폭넓게 만들어지기 시작한다. 실제로 그리스-로마 시대에 만들어진 유다교 작품 가운데 천계 여행을 다룬 묵시문학 작품들이 여럿 전해진다. 로마 시대 그리스도교 작품과 영지주의 작품에서도 이 전통이 계속 된다.[52] 이 본문들에서 환시자는 천계를 여행하면서 인간이 죽은 뒤에 가게 될 곳들과, 그곳에서 겪게 될 일들을 미리 보고 알게 된다.

그런데 천계에 대한 지식 또는 사후 세계에 대한 지식이 무슨 역할을 할까? 천계 여행에서 드러나는 우주의 구조가 지금 현재를 살아가는 사람들에게 무슨 의미를 지닐까?

우선 천상계가 더 이상 신(들)의 영역으로 머물지 않는다는 믿음의 시작이다. 구약성경에서는 인간이 죽으면 너나할 것 없이 모두 다 땅에 묻혀

---

50 Wright, “Baruch, Books of”, 150-151 참조. 사람이 천상계로 진입할 수 있게 된 것은 무엇보다 그리스 철학의 영향 때문일 터다.

51 이런 믿음은 플라톤의 여러 저서에서 발견된다. 『소크라테스의 변론』, 『티마이오스』, 『고르기아스』 등 참조.

52 1에녹, 2에녹, 아브라함의 유언, 레위의 유언, 메르카바흐 문학, 바오로 묵시록, 야고보의 첫째 묵시록, 콥트어 바오로 묵시록 등. 마지막 두 작품의 우리말 본문과 해제는 송혜경, 『영지주의자들의 성서』에 소개되어 있다.

잠든 그림자처럼 지낸다고 한다. 그러나 이제 의인들의 영혼은 하늘로 올라가 상을 받고 죄인들의 영혼은 벌을 받는다고 한다.[53] 상을 받기 위해서든 벌을 받기 위해서든 죽은 자들의 영혼이 하늘로 올라간다는 것이다. 하늘이 하느님 정의의 실현의 장場으로 확장된 셈이다. 이는 산 사람으로 하여금 올바른 삶을 선택하게 만드는 구실을 한다. 좋은 길을 선택하여 사후에 좋은 하늘, 좋은 운명을 맞이하라는 것이다.

천계 여행이 알려주는 계시 내용들은 지금 현재의 삶, 이 세상에서 겪는 고통에 의미와 가치를 부여하기도 한다. 천계 여행 저자들은 현재의 삶이 미래의 삶을 결정한다고 말하면서 현 상황이 힘들더라도, 끝까지 희망의 끈을 놓지 말고 의로운 삶에 항구할 것을 독려한다.[54]

그러나 바룩이 천계 여행에서 얻은 지식 가운데 가장 중요한 것은, 하느님께서 우리의 삶을 보고 알고 계신다는 것, 우리 삶의 단 한 순간도 무의미하게 사라지지 않는다는 사실일 법하다. 우리의 모든 순간이 천사에 의해 하느님께 보고되고 있으며, 그 순간순간들에 따라, 살아서도 죽어서도 우리가 그에 합당한 상과 벌을 받게 된다는 것이다. 우리는 결코 하느님께 잊힌 존재가 되지 않으며, 우리도 결코 하느님을 망각하지 않으리라는 가르침이다.

---

53 죄인들의 영혼이 벌을 받는 장소는 작품에 따라 조금씩 다르게 제시된다. 바룩 3서에서는 그 장소가 셋째 하늘로 제시된다. 벌 받는 저승이 셋째 하늘에 있다는 것이다. 저승은 더 이상 모든 죽은 이들이 모여드는 '중립적 장소'가 아니다. 저승은 상이든 벌이든 삶의 대가를 치르는 곳으로 변모한다.

54 Wright, "Baruch, Books of", 150 참조. 결국 바룩이 천계 여행에서 배운 여러 지식들은 모두 지금 현재의 삶을 잘 살기 위해 보탬이 되는 것들이다.

5.3. 천사와 악마

바룩 3서는 천사와 악마와 관련하여 중요한 정보들을 제공한다. 1-4세기 유다인들 또는 그리스도인들의 천사와 악마에 대한 관점을 반영한다. 이 책에서 천사들은 하느님의 뜻을 따라 에덴동산을 꾸몄으며[55] 매일 해와 달을 보살핀다. 바룩을 이끌고 천계 여행을 시켜주는 천사도 있고, 사람들의 활동을 매일 혹은 정기적으로 미카엘 대천사를 통해 하느님께 전달하는 천사들도 따로 있다. 본디 천사였으나 타락하여 악마가 된 자도 있다고 한다.

천사

미카엘 대천사

바룩 3서에서 가장 비중 있게 다뤄지는 천사는 단연 미카엘Μιχαήλ이다.[56] 여기서 미카엘 천사는 모든 천사들의 총사령관ὁ ἀρχιστράτηγος으로 소개된다(11,4). 11,6에서 파마엘 천사는 미카엘을 보고 "저와 우리 군단 전체의 총사령관이시여!"[57] 하고 부르면서 절한다. 이 호칭은 미카엘 대천사가 천

---

55 이는 3바룩 4,7의 슬라브어 역본에서 더 뚜렷이 드러난다.

56 구약성경에서 천사는 대부분 이름 없이 등장한다. 히브리어 구약성경에서 천사의 이름이 나오는 곳은 기원전 2세기 작품인 다니엘서에서가 처음이다. 다니 8장 및 10—12장에 각각 가브리엘과 미카엘이 등장하는 것이다. 이에 대해서는 Gore-Jones, "Angelic Mediators: Gabriel, Uriel and Remiel in Jewish Apocalypses", 55을 보라. 참고로 라파엘이 등장하는 토빗기는 히브리어 성경에는 없고 칠십인역에만 담겨 있다. 구약 외경에서는 천사들이 자주 이름을 가지고 등장한다. 에녹 1서, 바룩 2·3·4서, 에즈라 4서 등이 모두 이 경우에 해당한다.

57 이에 해당하는 그리스어 표현은 ὁ ἐμὸς ἀρχιστράτηγος καὶ παντὸς τοῦ ἡμετέρου τάγματος다.

사 군단의 지휘권자 또는 최고 명령권자임을 암시한다.[58]

실제로 미카엘은 유다교 전통에서 대개 '대천사', 그것도 상등 대천사로 소개된다.[59] 미카엘이 천사들 중에 최고 자리에 있음은, 그를 '일품 제후 천사들 가운데 하나'εἷς τῶν ἀρχόντων τῶν πρώτων로 소개하는 다니 10,13에서 잘 드러난다.[60] 구약 외경인 1에녹 24,6도 미카엘을 '거룩한 천사들의 수장'으로 소개함으로써 그의 높은 위상을 표현한다.[61] 라삐 문헌에서도 미

58 사실 미카엘이라는 이름 자체(히브리어 מִיכָאֵל은 '누가 하느님과 같습니까?'라는 뜻이다)가 그의 높은 지위를 드러낸다. 재스트로는, 미카엘이라는 이름의 유래를 탈출 15,11 "주님, 신들 가운데 누가(מִי) 당신과 같겠습니까?"; 신명 33,26: "여수룬의 하느님 같으신 분(כאל)은 없다"에서 찾는다(Jastrow). Greene, "Prolegomena: Angels and Some of the Various Roles in the Literature from Ancient Israel, Judaism, Christianity, Islam, and in Literature", 14-15도 참조. 미카엘 대천사 전반에 대해서는 Allison, *4 Baruch: Paraleipomena Jeremiou*, 413-417을 보라.

59 Hannah, *Michael and Christ: Michael Traditions and Angel Christology in Early Christianity*, 30.

60 다니 10,13에서 '일품 제후 (천사)'라 옮긴 히브리어는 הַשָּׂרִים הָרִאשֹׁנִים다. 직역하면 '최고 수장들'이라는 뜻이다. 이 히브리어 호칭에는 미카엘의 높은 위상이 반영되어 있다. 그가 최고 위치에 있는 천사들 가운데 하나라는 것이다. 한편 미카엘은 다니 10,21에서는 '제후'(שַׂר, ὁ ἄρχων), 12,1에서는 '대제후'(הַשַּׂר הַגָּדוֹל, ὁ ἄρχων ὁ μέγας)라 불린다. 제후라 옮긴 שַׂר는 어떤 집단의 우두머리를 가리키는 표현으로 '제후', '지도자', '군대 장수', '대신' 등 문맥에 따라 다양하게 옮길 수 있다(BDB). *b. Chagigah* 12b에서 미카엘은 대제후(השׂר הגדול)라 일컬어진다(Klein).

61 직역하면, "미카엘, 거룩한 천사들 가운데 하나, 나와 함께 있던 분이자 그들을 이끄는 바로 그분"(Μιχαήλ, εἷς τῶν ἁγίων ἀγγέλων ὃς μετ' ἐμοῦ ἦν καὶ αὐτὸς αὐτῶν ἡγεῖτο)이다. 유다교 묵시문학에 담긴 미카엘 대천사 전승은, Hannah, *Michael and Christ: Michael Traditions and Angel Christology in Early Christianity*, 33-54을 보라. 저자는 에녹 1서(9—10; 20; 90장), 에녹 2서, 바룩 3서 등이 전하는 미카엘 대천사의 역할과 기능을 개관하고 있다. 한나는, 미카엘이 이 작품들에서 천사들의 수장, 대사제, 이스라엘 백성의 보호자(=수호천사), 계시의 전달자이자 해석자로서 등장함을 관찰하고 있다. Gore-Jones, "Angelic Medi-

카엘은 높은 위치를 자랑한다. 한나Hannah는, *b. Yoma* 37a에서 미카엘이 하느님의 세 시종 천사[62] 가운데 가장 서열이 높은 천사로 소개되고 있음

ators: Gabriel, Uriel and Remiel in Jewish Apocalypses", 55-76도 참조하라.

62 *b. Yoma* 37a에서 시종 천사(ministering angels)라 옮겨지는 히브리어는 מלאכי השרת다. 하느님 시중을 드는 천사라는 의미다. שרת 관련 단어의 용법을 살피면 시종 천사의 의미 파악에 도움이 된다. 구약성경에서 시종 천사를 언급한 경우는 시편 103,21이다: "주님을 찬미하여라, 주님의 모든 군대들아, 그분 뜻을 실천하는 시종(מְשָׁרֵת, 『성경』: 신하)들아!" 여기서 시종이라고 옮긴 단어 מְשָׁרֵת는 동사 שָׁרַת의 피엘형(Piel) 능동 분사로 '시중드는 이'라는 뜻이다(BDB). 이 단어는 하느님 뜻의 실현과 관련 있다. 가능태인 하느님 뜻을 현실태로 바꾸는 이들이 시종이라는 의미다. 구약성경에서 여호수아가 모세의 시종이라 불리는데(탈출 24,13; 33,11; 민수 11,28; 여호 1,1 등), 이때 '시종'이라 옮긴 단어는 앞에 언급한 שרת 동사의 피엘 분사형 משרת다(BDB). '시종'으로서의 여호수아의 역할은 모세의 죽음을 전하는 신명기 마지막 부분에서 드러난다. "모세가 눈의 아들 여호수아에게 안수하였으므로, 여호수아는 지혜의 영으로 가득 찼다. 이스라엘 자손들은 그의 말을 들으며, 주님께서 모세에게 명령하신 대로 실천하였다"(신명 34,9). 모세를 통해 내려진 하느님 말씀이 시종인 여호수아 안에서 실현된다는 것이다. 이는 시종 천사가 하느님의 말씀과 뜻을 실현하는 도구가 됨을 짐작케 한다. שרת 동사 피엘형은 사제의 예식 거행(신명 18,5.7; 1열왕 8,11)을 가리킬 때도 사용된다(BDB). 명사 שרת는 성전에서 봉직하는 사제를 가리키는 말이기도 하다(Klein). 이는 *b. Yoma* 37a에서 아브라함에게 나타난 세 시종 천사가 하느님 곁에서 봉직하는 사제급 천사임을 암시한다. 시종 천사가 하는 일이나 역할에 대해서는 *b. Chagigah* 12b에서 힌트를 얻을 수 있다(Klein). *b. Chagigah* 12b에 따르면 시종 천사들은 다섯째 하늘에서 밤마다 찬가를 부른다. 낮에는 이스라엘에 대한 예의로 침묵을 지킨다고 한다. 낮은, 이스라엘이 찬가를 부르는 시간이라서 그렇다고 한다. 가장 높은 일곱째 하늘에도 시종 천사들이 있다고 하는데, 이곳은 의인들의 영혼들, 오파님과 세라핌과 거룩한 어좌가 있는 곳이기도 하다. 하느님은 일곱째 하늘에서, 그들 위에 계신다고 한다. *b. Chagigah* 12b는, 시종 천사들이 다섯째 하늘에서 찬가를 부르고, 일곱째 하늘에서 하느님께 시중들고 있음을 알린다. 미카엘을 시종 천사라 부르는 데는 이런 의미들이 담겨 있다. 참고로 *b. Chagigah* 12b에서는 미카엘이 시종 천사가 아니라 '대제후'(השר הגדול)라 불리며 넷째 하늘의 성전에서 하느님께 예물을 봉헌하고 있다고 한다.

을 지적한다.[63] *b. Yoma* 37a에 따르면, 마므레의 참나무 곁에서 아브라함에게 나타난 세 사람(창세 18장)은 시종 천사 미카엘과 가브리엘과 라파엘이었는데, 서열 첫째인 미카엘은 한가운데에, 서열 둘째인 가브리엘은 미카엘의 오른쪽에, 서열 셋째인 라파엘은 그 왼쪽에 서 있었다고 한다. 다양한 유다교 전승에서 미카엘 천사가 높은 위치를 차지한다는 것은 재론의 여지가 없는 듯하다.

그런데 바룩 3서에서 미카엘은 단순히 천사들의 수장으로서가 아니라 천사 군단의[64] 수장으로서 소개된다는 점을 주목해야 한다. '천사 군단의 총사령관'이라는 표현은 미카엘에게 '전사' 이미지가 더해져 있음을 암시한다.[65] 사실 미카엘 천사의 전사 이미지는 구약성경에서 유래한다. 구약성경에서 미카엘 대천사가 나오는 곳은 다니 7—12장, 더 좁히면 10—12장이다. 다니 7—12장은 미카엘과 가브리엘 천사 전승과 관련하여 가장 중요한

63 라삐 문헌에 담긴 미카엘 전승에 대해서는, Hannah, *Michael and Christ: Michael Traditions and Angel Christology in Early Christianity*, 97-102을 보라.

64 '군단'이라 옮긴 그리스어 τάγμα는 '파견부대', '부대', '군대' 등을 의미한다(Bauer-Danker). "필리스티아인 부대가 르파임 골짜기에 진을 치고 있었다"는 칠십인역 2사무 23,13에서 '부대'라 옮긴 단어가 바로 τάγμα다. '천사 군단'(λεγιῶνες ἀγγέλων)은 마태 26,53에도 나온다. 예수님께서 하신 말씀이다. "너는 내가 내 아버지께 청할 수 없다고 생각하느냐? 청하기만 하면 당장에 열두 군단이 넘는 천사들을 내 곁에 세워 주실 것이다." 여기서는 τάγμα 대신 λεγιών이 군단을 표현하는 데 쓰였지만 같은 개념을 표현한다. '천사 군단'이라는 표현은 구약성경에 나오는 '주님의 모든 군대들'(시편 103,21; 148,2; 다니 3,61)이라는 표현에서 유래했을 법하다. '만군의 하느님'(1사무 1,3 등)에서 '만군'(צבאות)도 같은 개념을 표현한다. 하느님이 전사로 묘사되듯이 그분의 천사들은 군단으로 묘사된다(1열왕 22,19; 느헤 9,6; 시편 33,6).

65 '전사'로서의 미카엘 천사에 대해서는, Greene, "Prolegomena: Angels and Some of the Various Roles in the Literature from Ancient Israel, Judaism, Christianity, Islam, and in Literature", 13-14에 잘 개관되어 있다.

본문으로 꼽힌다. 다니 10—12장에서 미카엘 천사는 마지막 때 하느님 백성의 보호자로 나설 (대)제후 천사로 소개된다.[66] "그때에 네 백성의 보호자 미카엘 대제후 천사가[67] 나서리라. 또한 나라가 생긴 이래 일찍이 없었던 재앙의 때가 오리라"(다니 12,1). 이보다 앞서 다니 10,21에서도 미카엘의 전사 이미지가 부각된다. 다니엘이 환상 속에서 본 가브리엘 천사(다니 9,21)가 한 말이다. "너희의 제후 천사 미카엘 말고는 나를 도와 그들을 대적할 이가 없다." 여기서 미카엘이 대적할 '그들'은 페르시아의 제후 천사들과 그리스의 제후 천사들을 가리킨다(다니 10,20 참조). 미카엘 대천사가 가브리엘과 함께 하느님 백성의 보호자로서 적국의 제후 천사들과 싸우리라는 것이다.[68]

그런데 바룩 3서에서 미카엘이 수행하는 역할은 사실 전사와는 거리가 멀다.[69] 천사 군단의 총사령관이라는 미카엘이 악과의 전쟁 또는 적들과

---

66 다니 10—12장에 반영된 미카엘 대천사의 역할들에 대해서는 Gore-Jones, "Angelic Mediators: Gabriel, Uriel and Remiel in Jewish Apocalypses", 60-65을 참조하라.

67 Μιχαηλ ὁ ἄρχων ὁ μέγας ὁ ἑστηκὼς ἐπὶ τοὺς υἱοὺς τοῦ λαοῦ σου (직역: "네 백성 위에 선 대제후 미카엘").

68 쿰란 문헌에서도 미카엘의 전사 이미지가 부각된 경우를 찾을 수 있다: Gore-Jones, "Angelic Mediators: Gabriel, Uriel and Remiel in Jewish Apocalypses", 59. 미카엘 대천사가 악의 무리들과 싸우는 선한 천사들의 수장으로 제시된 『전쟁 두루마리』가 그 예다(1QM 9.15-16). 여기에서 미카엘과 가브리엘이 함께 악의 무리를 상대한다. 신약성경 요한 묵시록에서도 미카엘의 전사 이미지가 부각된다. 마지막 때에 있을 미카엘과 사탄의 전쟁을 그리는 대목이다. "그때에 하늘에서 전쟁이 벌어졌습니다. 미카엘과 그의 천사들이 용과 싸운 것입니다. 용과 그의 부하들도 맞서 싸웠지만 당해 내지 못하여, 하늘에는 더 이상 그들을 위한 자리가 없었습니다. 그리하여 그 큰 용, 그 옛날의 뱀, 악마라고도 하고 사탄이라고도 하는 자, 온 세계를 속이던 그자가 떨어졌습니다. 그가 땅으로 떨어졌습니다. 그의 부하들도 그와 함께 떨어졌습니다"(묵시 12,7-9) 참조. 유다 9도 참조하라: "미카엘 대천사도 모세의 주검을 놓고 악마와 다투며 논쟁할 때…."

의 전쟁을 총괄하는 전사로서 등장할 법하지만 바룩 3서에서는 '전쟁' 테마 자체를 찾아볼 수 없다.[70] 여기서는 '총사령관'이라는 호칭을 그저 천사들의 수장을 가리키는 표현으로 읽으면 될 듯하다.[71] 실제로 바룩 3서가 수장인 미카엘에게 부여하는 역할은 따로 있다. 미카엘의 주된 역할은 무엇일까?

천사 군단의 총사령관 미카엘의 역할 가운데 가장 두드러진 역할은 대사제 역할이다. 이는 미카엘을 하늘나라의 열쇠를 쥔 자로 묘사한 데서 드러난다. 바룩의 천계 여행을 인도하는 파마엘 천사는 다섯째 하늘로 들어가는 성문 앞에서 하늘 나라로 들어가는 열쇠를 미카엘이 쥐고 있다고 한다(11,1-2). 바룩 3서에서 다섯째 하늘은 하느님 대전이 있는 곳이다. 하느님 대전에 출입할 열쇠를 미카엘이 쥐고 있다는 의미다.

> **11,1** 이 말을 마친 뒤 (파마엘) 천사는 나를 데리고 다섯째 하늘로 인도하였다. 2 그런데 성문이 닫혀 있었다. 나는 말하였다. "나리! 이 대문은 열리지 않습니까? 열려야 우리가 들어갈 수 있을 텐데요." 천사가 나에게 말하였다. "하늘 나라의 열쇠를 쥐고 있는 미카엘이 오기 전까지는 우리가 들어갈 수 없다."

하늘 나라의 열쇠를 쥔 미카엘Μιχαὴλ ὁ κλειδοῦχος τῆς βασιλείας τῶν οὐρανῶν이 와야 다섯째 하늘에 들어갈 수 있다는 11,2에 따르면, 파마엘이

---

69 Hannah, *Michael and Christ: Michael Traditions and Angel Christology in Early Christianity*, 39-40 참조. 한나는 바룩 3서에서 미카엘에게 총사령관이라는 칭호만 부여되었을 뿐, 실제로는 전사로서 기능하지 않는다고 한다.

70 3바룩 1,7에 '하느님께 맞서 전쟁 탑을 쌓은 자들'이 언급되지만 천사들과 전쟁을 벌이는 장면은 없다.

71 전사로서의 역할에 '보호자' 역할이 결합되어 있다. 미카엘이 전사로서 나서는 것은 하느님 백성을 보호하기 위해서다.

나 바룩이 다섯째 하늘로 들어가는 일이 전혀 불가능하지는 않은 듯하다. 하지만 이 책에서 하느님 대전에 실제로 다가가는 이는 미카엘 대천사뿐이다(14장). 예루살렘 성전의 지성소에 오직 대사제만 들어갈 수 있듯, 하느님 대전에도 미카엘 천사만 다가갈 수 있는 듯하다. 이는 미카엘의 주 역할이 천상 성전의 대사제임을 암시한다.[72]

'대사제'의 역할 가운데 으뜸은 하느님과 사람을 잇는 일이다. 그런 의미에서 미카엘 천사는 3바룩 11—16장에서, 사람들과 천사들, 그리고 천사들과 하느님 사이를 잇는 중개자로서 그려진다. 그는 사람들의 기도를 듣는 천사이자, 다른 천사들한테서[73] 받아든 사람들의 행업을 하느님께 바치

---

72 미카엘이 천상 성전의 대사제로서 역할을 맡았다는 것은 여러 유다교 문학에서 발견된다. 그 예는 Allison, *4 Baruch: Paraleipomena Jeremiou*, 414-415, 각주 99에 소개되어 있다. 예루살렘 성전의 지성소는 오직 대사제만, 그것도 일 년에 한 번 속죄의 날에만 들어갈 수 있다. 바룩 3서는 미카엘 대천사만 하느님 대전에 다가갈 수 있다고 한다. 하느님 대전이 예루살렘 성전의 지성소에 해당하고 미카엘 대천사는 대사제에 해당한다고 볼 수 있다. 이러한 시각은 에녹 1서에서도 엿보인다. 1에녹 40,2-9에서 미카엘은 하느님 어좌를 보위하는 네 천사 가운데 첫째로 그려진다. 미카엘은 주님의 이름을 찬양하고 있다고 한다. 그는 '자비롭고 인내로운 미카엘'이라 불린다. 참고로 둘째 천사 라파엘은 치유자로 묘사되고, 셋째 천사 가브리엘은 모든 힘의 행사와 관련되고, 넷째 천사 파누엘은 회개와 관련된다. 해당 구절의 에티오피아어 본문은 Isaac, "1 (Ethiopic Apocalypse of) Enoch", 31-32을 보라. 라삐 문학에도 미카엘이 천상 성전에서 하느님께 예물을 바치고 있다는 믿음이 발견된다. *b. Chagigah* 12b에는 '일곱' 하늘이 있다는 라삐 라키스의 가르침이 나오는데, 이에 따르면 넷째 하늘에 예루살렘과 성전이 있으며 대제후 천사 미카엘이 제단에 예물을 바치고 있다고 한다. 앞의 각주 참조. 미카엘 대천사의 대사제 이미지에 대해서는 Allison, *4 Baruch: Paraleipomena Jeremiou*, 414-415; Hannah, *Michael and Christ: Michael Traditions and Angel Christology in Early Christianity*, 186-192을 참조하라.

73 '다른 천사들'에 대해서는 뒤에 설명할 '감독천사? 수호천사?' 항목에서 다시 살펴보겠다.

는 천사이기도 하다. 곧 미카엘 대천사는 천사들에게서 받은 사람들의 좋은 행업을 하느님 대전에 가져가 대사제로서 그것들을 하느님 제단에 예물로 바친다.[74] 그런 다음 미카엘 천사는 하느님에게서 상과 벌을 받아와 천사들에게 나누어주고, 그 천사들은 각자 자기가 맡은 사람에게 돌아가 미카엘에게서 받은 것을 전달한다. 이처럼 미카엘의 역할은 양방향으로 이루어진다. 사람→천사→미카엘→하느님(상향), 그리고 다시 하느님→미카엘→천사→사람(하향) 순이다. 사람과 천사, 천사와 하느님을 잇는 중개자 미카엘을 대사제라 불러도 전혀 손색이 없다.[75]

파마엘

바룩 3서에서 미카엘 다음으로 중요한 천사는 파마엘이다.[76] 그는 하느님께서 바룩에게 당신 말씀을 전하러 파견하신 '사절'(또는 사자使者) 천사다.[77] 유다교 및 그리스도교 전통에서 천사의 첫째가는 임무는 하느님 말씀을 전달하고 선포하는 것이다. 히브리어 מַלְאָךְ이나 그리스어 ἄγγελος에 가장 어울리는 역할이 바로 이 '사절'Messenger 역할이다.[78] 이 작품에서 파

---

74 사람들의 행업을 하느님께 전달하는 행위 자체가 예배가 된다. 이에 대해서는 '천상 예배' 항목에서 다루겠다. 1에녹 104,1 참조: "하늘의 천사들이 위대하신 분의 영광 앞에서 여러분에 관해 좋게 기억할 것입니다."

75 대사제 미카엘에 대해서는 뒤에 이어지는 '5.6. 천상 예배 — 지금 우리가 하는 일들' 항목에서 조금 더 자세히 다룬다.

76 슬라브어 역본에서는 이 천사가 파나엘 또는 파누엘이라 불린다.

77 하느님이 파견하신 '사절'로서의 천사 개념은, 창세 16,10; 다니 10,11-21; 루카 1—2장; 요셉과 아세넷 14,1-14을 참조하라. 3바룩에서 사라사엘(Σαρασαήλ) 천사도 사절로서 기능한다. 그는 노아에게 계시를 전달한 천사로 소개된다(4,15).

78 유다교 전통의 '천사' 개념 전반에 대해서는 Hannah, *Michael and Christ: Michael Traditions and Angel Christology in Early Christianity*, 15-24; 28-32; Reiterer/Nicklas/Schöpflin (eds.), *Angels: The Concept of Celestial Beings - Origins,*

마엘은 바룩에게 파견되어 하느님의 일을 알려주고[79] 하느님의 신비를 보여줄 뿐 아니라[80] 그를 데리고 첫째 하늘부터 다섯째 하늘까지 가서 천상 세계를 보여주기도 한다. 이 천사는 '주님의 천사'(1,3), '권능의 천사'(1,8), '대천사'(10,1)라 일컬어지기도 한다.

한편, 미카엘 대천사는 파마엘을 가리켜 '계시들의 해석자'라고 부른다(11,7). '계시들의 해석자'로 옮긴 그리스어 표현은 ὁ τὰς ἀποκαλύψεις διερμηνεύων이다. 직역하면 '계시들을 해석해 주는 이'다. 실제로 바룩 3서에는 바룩이 하늘에서 보고 들은 것에 대해 파마엘이 설명해 주는 장면들이 나온다. 바룩이 물으면 천사가 그에 대해 답해 주는 식이다. 이를테면 첫째 하늘에서 천사가 바룩에게 거대한 문과 하늘 안쪽의 평원을 보여주는데 그곳에는 황소머리를 한 사람들이 있었다. 자기가 본 것들이 무엇인지 바룩이 물으면 천사가 설명해 준다.

> 2,3 천사가 나에게 하늘 안쪽의 평원을 보여주었다. 그곳에 사람들이 살고 있었는데, 황소 얼굴에, 사슴의 뿔, 염소의 발, 양의 허리를 가지고 있었다. 4 나 바룩은 천사에게 물었다. "당신께 청합니다. 제게 가르쳐 주십시오. 우리가 여행한 하늘의 두께는 얼마나 됩니까? 그 거리는 얼마나 됩니까? 평원은 무엇입니까? 제가 사람들의 아들들에게 알려 주도록 (가르쳐 주십시오)!
> 5 천사가 나에게 말하였다. 그의 이름은 파마엘이었다. "네가 보는 그 문은 하늘의 문이다. 땅에서 하늘까지 이르는 크기다. 그 두께도 그것 만하

*Development and Reception, Deuterocanonical and Cognate Literature*을 참조하라.

79 "1,4 그분께서 나를 네 앞으로 보내셨다. 그리고 하느님에 관한 모든 일을 너에게 선포하고 알리게 하셨다."

80 1,8 권능의 천사(=파마엘)가 내게 말하였다. "오너라! 네게 하느님의 신비를 보여주겠다."

다. 네가 본 평원의 길이도 그것 만하다." [6] 권능의 천사가 나에게 또 말하였다. "자, 오너라! 너에게 더 큰 신비도 보여주겠다." [7] 나는 말하였다. "당신께 청합니다. 가르쳐 주십시오. 이 사람들은 누구입니까?" 그가 나에게 말하였다. "이들은 하느님께 맞서 전쟁 탑을 쌓은 자들이다. 주님께서 그들을 여기로 쫓아내셨다."

바룩이 각 하늘에서 보고 들은 신비(계시 또는 환시)를 파마엘 천사가 풀이해 주는 패턴은 2장부터 16장까지 계속 이어진다. 바룩 3서에서 바룩에게 파견된 파마엘 천사가 계시의 해석자라 불리기에 전혀 손색이 없는 이유다. 사실, 계시의 해석자로서의 천사의 역할은 이미 구약성경에서 뚜렷이 드러난다. 이를테면 다니 11—12장에 다니엘이 본 환시를 천사가 설명해주는 장면이 나온다. 즈카 4—5장도 즈카르야가 자신이 본 환시 내용에 대해 물으면 천사가 해석해 주는 식으로 전개된다.[81] 구약 외경인 바룩 2서나 에즈라 4서에서도 천사가 환시의 의미를 알려 주는 해석자로서 등장한다.[82] 바룩 3서는 이 전통을 따라 파마엘 천사를 계시의 해석자로 제시한다.

결국 바룩 3서에서 파마엘 천사가 하는 일은 크게 두 가지로 나뉜다. 하나는 계시를 전달하는 일이고, 다른 하나는 그 계시를 해석해주는 일이다. 하느님의 뜻을 사람에게 전달하는 사절(=천사)로서의 임무가 단순히 말씀 전달에 그치지 않고 말씀의 의미까지 풀이해주는 해석자 임무로까지 확장되었음을 알 수 있다.

---

81 하느님의 말씀을 풀이해주는 해석자로서의 천사 이미지에 대해서는, Schöpflin, "God's Interpreter: the Interpreting Angel in Post-Exilic Prophetic Visions of the Old Testament", 189-203에 잘 개관되어 있다.

82 이를테면 2바룩 36—37장에서 바룩은 숲, 포도나무, 샘, 향백나무를 환시로 본다. 38장에서 바룩은 환시의 의미를 알려달라고 청한다. 그러면 39—40장에서 천사가 "[39,1] 바룩아, 네가 본 환시의 의미는 이러하다. [2] 네가 본 대로, 높고 거친 산

다섯 대천사

한편, 바룩 3서 4,7의 슬라브어 역본에서는 미카엘을 비롯한 다섯 대천사의 이름이 거명된다. A 그룹의 필사본에서는 미카엘, 가브리엘, 우리엘, 라파엘, 사타나엘이 차례로 거명된다. B 그룹의 필사본에서는 미카엘, 가브리엘, 라파엘, 파누엘,[83] 사타나엘 순으로 거명된다. 우리엘이냐 파누엘이냐 그 차이다. 천사의 순위도 약간의 차이가 난다. 슬라브어 3바룩 4,7에 따르면 하느님께서 에덴 동산을 만드셨을 때 미카엘 천사를 시켜 이십만이 넘는 천사를 모아 동산을 가꾸게 하셨다고 한다. 이때 미카엘은 올리브 나무를, 가브리엘은 사과나무를, 우리엘(또는 파누엘)은 견과나무를, 라파엘은 멜론, 사타나엘은 포도나무를 심었다고 한다. 다른 천사들도 이들과 비슷하게 각자 맡은 나무를 심었다고 한다.[84] 사타나엘을 제외한 네 대천사(미카엘, 가브리엘, 우리엘/파누엘, 라파엘)는 초창기 유다교 및 그리스도교 문헌에서 종종 한 단위 혹은 한 묶음으로 엮여 함께 나타난다.[85]

들이 둘러싸고 있는 큰 숲들, 그 의미는 이러하다" 하고 말하면서 환시의 의미를 해석해준다.

83 파누엘은 바룩 3서 그리스어 역본(2,5)에서 '파마엘'이라 불리는 그 천사다. 1에녹 40,9(에티오피아 역본)에서 파누엘은 미카엘, 라파엘, 가브리엘과 함께 하느님 대전을 지키는 네 천사 가운데 하나로 소개된다. 여기서 파누엘은 '회개의 천사'로 묘사된다.

84 Gaylord, "3 (Greek Apocalypse of) Baruch", 658. 666-667 참조. Gaylord, "3 (Greek Apocalypse of) Baruch", 662-679에 그리스어 역본 및 슬라브어 역본의 영어 번역문이 한 면씩 소개되어 있다.

85 유다교와 그리스도교 전통에서 천사들은 위계를 형성하고 있는 것으로 그려진다. '대천사들' 및 천사들의 위계에 대해서는 Hannah, *Michael and Christ: Michael Traditions and Angel Christology in Early Christianity*, 29-30을 참조하라. '네 대천사'는 (그리스어) 1에녹 9,1-4에 나온다. 여기서는 미카엘, 우리엘, 라파엘, 가브리엘이 네 대천사로 제시된다(1에녹 40,9에서는 우리엘 대신 파누엘이 언급된다). 1에녹 10,4-8은 라파엘, 9-10은 가브리엘, 11-15은 미카엘과 관련된 내용이다.

감독 천사? 수호 천사?

바룩 3서에서 천사들이 맡은 중요한 임무 가운데 하나가, 사람들의 행업을 미카엘 천사를 통해 하느님께 전달하는 일이다.[86] 3바룩 12—13장에 따르면, 모든 사람에게 — 의인이든 악인이든, 평범한 사람이든 상관없이 — 그의 행업을 지켜볼 천사가 파견된다. 이 천사들은 자기가 맡은 사람의 덕행을 바구니에 담아다가 미카엘 대천사에게 전달해야 한다. 이때 사람의 덕행은 '꽃'에 빗대어진다. 각 사람의 행업을 미카엘 천사에게 전하는 이 천사들은 자기가 맡은 사람이 어떠한가에 따라 세 부류로 나뉜다. 첫째는 의인을 맡은 천사들이다.[87]

라파엘에게는 땅의 치유를 선포하는 일이, 가브리엘에게는 타락한 감시자의 아들들을 파멸시키는 일이, 미카엘에게는 세미아자스(감시자들의 수장=사탄)와 그 무리들을 결박하여 땅 골짜기에 가두는 일이 과제로 주어진다. (그리스어 역본) 1에녹 20,1-7에서는 대천사가 일곱으로 소개된다. 라파엘, 라구엘, 미카엘, 사리엘, 가브리엘, 레미엘(레미엘은 일부 사본에만 나온다)이 그들이다. 그런데 1에녹 20,7에서 가브리엘이 커룹들을 다스리는 천사로 소개된다. 이는 가브리엘이 커룹들보다 위에 있음을 암시한다. 유다교 및 그리스도교 전통에서 문헌에 따라 천사들의 등급이 다르게 제시된다는 점을 기억하라. 이를테면 *b. Chagigah* 12b에서는 '오파님', '세라핌', '어좌', '시종 천사들'이 일곱째 하늘에서 하느님을 가장 가까이에서 모시고 있는 최고 등급의 천사로 그려진다. 미카엘은 넷째 하늘에 있다고 한다.

86 각 사람에게 파견되어 자기가 맡은 사람의 행업을 하늘에 전달하는 역할은 신약성경에도 암시되어 있다. 예수님께서 작은 이들 가운데 하나라도 업신여기지 않도록 주의하라시면서 덧붙이신 "하늘에서 그들의 천사들이 하늘에 계신 내 아버지의 얼굴을 늘 보고 있다"(마태 18,10)는 말씀이 이에 해당한다. 신약 외경 바오로 묵시록에도 사람의 행업을 날마다 하느님께 보고하는 천사들이 언급되어 있다. 이에 따르면 날마다 모든 천사가 태양이 지는 시각에 하느님께 예배드리러 가면서 자기가 맡은 사람의 매일의 행적을 가져간다. 그분께 보고하기 위해서라고 한다(7장).

87 바오로 묵시록 8—9장은 의인들에게 파견된 천사들을 묘사한다. 8장에 따르면, '신심 깊은 사람들을 맡은 천사들'은 정해진 시간에 기뻐하고 찬송하면서 하느님께 온다. 9장은, '하느님의 이름을 위해 세상과 그 안에 든 모든 것을 버린 사람

12,1 내가 그분들과 이야기하고 있을 때였다. 보라! 꽃이 가득 담긴 바구니를 든 천사들이 왔다. 그들이 그것들을 미카엘에게 주었다.

꽃이 가득 담긴 바구니를 든 이들은 의인들에게 파견된 천사들이라고 한다. 그들이 바구니를 미카엘에게 건네면 미카엘은 그것을 자기 대접에 쏟아 붓는다.

둘째는, 평범한 사람들을 맡은 천사들이다. 이 천사들은 미카엘에게 자기가 가져온 바구니를 전달하러 오지만 가져온 꽃이 적어 몹시 슬퍼한다.

12,6 나는 채워지지 않은, 거의 비어 있는 바구니를 든 다른 천사들도 보았다. 그들은 슬퍼하며 와서는 (미카엘 천사에게) 감히 다가설 엄두를 내지 못하였다.

셋째는, 악한 사람을 맡은 천사들이다. 이들은 울고 탄식하면서 자기들이 맡은 악인들에게서 벗어나게 해달라고 간청한다.[88]

13,1 … 다른 천사들도 울고 탄식하면서 왔다. 그들은 두려움에 차서 말하였다. "보십시오, 나리! 저희가 새카맣게 되었습니다. 저희가 악한 사람들에게 넘겨졌기 때문입니다. 저희는 저들에게서 물러나고 싶습니다."

들에게 맡겨진 천사들'을 언급한다. 이들은 태양처럼 빛나는 얼굴로 하느님께 다가간다고 한다. 바오로 묵시록은 송혜경, 『신약 외경 3』(준비중)에 실릴 예정이다.

88 바오로 묵시록 10장은, '하느님의 이름을 부르면서도 죄의 지배를 받는 자들'을 맡은 천사들에 대해 언급한다. 이들은 슬퍼하고 울면서 예배 시간에 나타난다. 죄인을 맡은 천사들도 끝까지 그들을 포기해서는 안 된다고 한다. 그들이 회개할지도 모른다는 것이다.

셋째 부류의 천사들은 바람과 달리 자기들이 맡은 악인을 떠나지 못한다. 마지막 순간에 사탄이 그 사람을 지배하는 것을 막기 위해서라고 한다(16장).

각 사람에게 파견된 이 천사들은 사람과 미카엘 대천사 사이에서 행업과 상벌을 '전달'하는 역할을 맡는다. 이들은 일종의 중간다리로서 사람을 하늘과 연결하고 있다. 이 역할이 사람을 적극적으로 보호하는 것과는 차이가 있지만[89] 객관적 사실 보고나 전달에 머물지는 않는 듯하다. 그들은 자기가 맡은 사람의 상태에 따라 기뻐하기도, 슬퍼하기도, 탄식하기도 한다. 게다가 악인에게 파견된 천사가 자신이 책임을 맡은 사람을 끝까지 떠나지 못하는 이유가 사탄이 그 사람을 지배하지 못하게 만들기 위해서라고 한다. 이는 이 천사들에게 '보호자' 역할이 전제되어 있음을 암시한다. 이 감시자 천사(또는 보고 천사)들의 최대 역할이 사탄으로부터 그 사람을 보호하는 역할일 법하다.

천사들에게 사람을 보호하는 역할이 주어졌음은 이미 구약성경에 암시되어 있다.[90] 미카엘 대천사가 하느님 백성의 보호자로 불리는 것(다니 12,1)은 앞에서 살펴보았다.[91] 미카엘이 한 백성의 보호자라면, 한 사람 한 사람

---

89 사람의 행업을 하느님께 전달하는 천사 개념은 사람을 적극적으로 보호하는 본격적 수호천사 개념과 조금 차이가 난다. 전자는 '보고'와 '전달'에, 후자는 '보호'에 역할의 초점이 맞춰진다. 3바룩 12—16장에 제시된 역할은 '보고'에 가깝다. 바오로 묵시록 8—10장에 제시된 역할도 마찬가지다.

90 구약성경의 수호천사 개념에 대해서는 "CATHOLIC ENCYCLOPEDIA: Guardian Angels": www.newadvent.org을 참조하라.

91 미카엘 대천사가 이스라엘의 수호천사라는 개념에 대해서는 Hannah, *Michael and Christ: Michael Traditions and Angel Christology in Early Christianity*, 33-38을 참조하라. 에제 28,14에서는 커룹이 보호자로 나온다: "나는 우람한 커룹을 너에게 보호자로 붙여 주었다. 너는 하느님의 거룩한 산에 살면서 불타는 돌들 사이를 거닐었다." 에제 28,16에는 '보호자 커룹'이 언급되어 있다. '보호자'라 옮긴

을 보호하는 천사들도 있다. 시편 91,11-12이 수호천사 개념을 매우 잘 드러낸다.

> 시편 91,11 "그분께서 당신 천사들에게 명령하시어 네 모든 길에서 너를 지키게 하시리라. [12] 행여 네 발이 돌에 차일세라 그들이 손으로 너를 받쳐 주리라."

토빗이 자기 아들을 보내며 한 말에서도 수호천사에 대한 믿음이 드러난다. (라파엘) 천사가 사람과 동행하며 그를 지키고 보호해준다는 것이다. "그분의 천사께서 너희가 안전하도록 동행해 주시기를 빈다"(토빗 5,17).

구약 외경 가운데도 수호천사 개념이 명시적으로 드러나는 본문들이 있다. 1에녹 100,5이 그 예다. 이 구절은 의인들을 보호하는 천사들을 언급하고 있다.

> 1에녹 100,5 "그분께서는 거룩한 천사들 가운데서 수호자를 뽑으시어 의롭고 거룩한 모든 이들 위에 세우실 것입니다. 그리하여 그들은, 재앙과 죄가 사라질 때까지 눈의 눈동자처럼 보호받을 것입니다."

의인들 위에 수호천사가 세워져 그들이 의인들을 눈동자처럼 보호하리라는 것이다. 4에즈 7,85에는 죽은 의인의 영혼을 보호하는 천사들이 언급되어 있다. 죽은 악인들의 영혼이 겪게 될 일곱 괴로움들 중 다섯째에 해당하는 대목에서다. 악인들은 죽은 뒤에 "큰 안식 안에서 천사들에 의해

히브리어 סוֹכֵךְ는 칼 동사 סָכַךְ의 능동 분사형이다. 이 동사의 일차적 의미는 '덮어주다'이다(BDB). 이 단어는 무언가를 날개로 덮어 보호해주는 모습을 형상화하고 있다. 수호천사로서의 역할과 멀지 않은 모습이다.

보호받고 있는 다른 영혼들의 보고寶庫들을 보는" 고통을 겪게 되리라고 한다. 에녹 1서와 에즈라 4서는 의인들이 살아서도 죽어서도 수호천사의 보호를 받고 있다는 믿음을 표현한다. 이처럼 유다교 전승 안에는 백성을 위해서든 한 개인을 위해서든 그를 보호하는 '수호천사'가 있다는 믿음이 있었다.[92] 이를 감안할 때 바룩 3서에 나오는, 각 사람을 지켜보려고 파견된 그리고 그 사람의 행업을 미카엘을 통해 하느님께 보고하는 천사를 수호천사로 보아도 무방할 듯하다.[93] 적어도 바룩 3서에서 사람을 지켜보고 그 행업을 하늘에 전달하는 천사를 객관적 사실 전달자, 또는 악행을 고발하는 자로 여겨서는 안 될 듯하다. 천사가 사람을 지켜보는 이유가 그를 감시하고 고발하기 위해서가 아니라 그를 사탄으로부터 지키기 위함이라고 언급하고 있기 때문이다.

---

92 수호천사 개념은 신약성경에 이어진다. 예수님이 광야에서 사탄의 유혹을 받으시는 동안 천사들이 그분의 시중을 들었다는 마태 4,11이 이를 드러낸다. 시편 본문(91,11-12)을 인용하여 "그분께서는 너를 위해 당신 천사들에게 명령하시리라. 행여 네 발이 돌에 차일세라 그들이 손으로 너를 받쳐 주리라"(마태 4,6; 루카 4,11)고 하신 예수님의 말씀도 수호천사 개념을 드러낸다. 히브 1,14도 수호천사 개념을 담고 있다: "천사들은 모두 하느님을 시중드는 영으로서, 구원을 상속받게 될 이들에게 봉사하도록 파견되는 이들이 아닙니까?" 수호천사 개념은 라삐 문헌에서도 종종 발견된다. 라삐 문헌의 수호천사 개념은 Rebiger, "Angels in Rabbinic Literature", 635-637을 참조하라. *b. Taanit* 11a에는 한 사람 당 두 수호천사(מלאכי השרת 시중 천사)가 동행한다는 믿음이 전제되어 있다. 심판 때 이 두 천사가 그 사람을 위해(= 그 사람 편에서) 또는 거슬러(= 그 사람 반대편에서) 증언할 것이라고 한다(*b. Taanit* 11a). 각 사람마다 두 시중 천사(선한 천사와 악한 천사)가 동행한다는 믿음은 *b. Shabbat* 119b에도 전해진다. 『창세기 라바』(*Bereishit Rabbah*) 65.15에 따르면, 하느님께서 천사들에게 항상 사람을 도울 태세를 갖추라고 명하셨다고 한다.

93 쿨릭도 이 천사들을 수호천사로 해석한다: Kulik, *3 Baruch: Greek-Slavonic Apocalypse of Baruch*, 349-351.

악마

바룩 3서에는 악마도 비중 있게 다뤄진다. 여기서 악마는 사마엘(그리스어 본문) 또는 사타나엘(슬라브어 본문)이라는 이름으로 등장한다. 사마엘과 사타나엘이 같은 캐릭터를 가리키지만 편의상 따로 살펴보겠다.

사마엘

바룩 3서에 나오는 "사마엘 천사"(4,8)는, 유다교 및 그리스도교 전통에서 보통 사탄이라 일컬어지는 악마에 해당한다. 라삐 문헌에서 모든 악한 천사들의 우두머리를 사마엘이라 칭하기도 하는데(Jastrow),[94] 이는 구약성경에 등장하는 죽음의 천사, 파괴의 천사 등 악역을 맡은 천사들의 기능과 역할이 사마엘에게 통합된 결과로 볼 수 있다.

그렇다면 사마엘의 뜻은 무엇일까? 언제부터 사마엘이 악마를 가리키는 데 사용되었을까? 요셉 단Joseph Dan은 기원전 2-1세기 작품 에녹 1서가 그 시초라고 한다. 그 뒤 에녹 1서의 사마엘 전승이 에녹 2서와 3서, 바룩 3서, 이사야의 승천 등 구약 외경에서 이어졌다는 것이다.[95] 그러다가 사마엘 전승이 영지주의 전통에 유입되면서 영지주의 특유의 전승으로 발전했

---

94 골드버그(Goldberg)는 라삐 문학에서 악의 수장을 가리키는 데 사탄이라는 이름이 사마엘보다 자주 쓰였다고 한다(*b. Berakhot* 60a; *b. Gittin* 52a 참조): Goldberg, "Satan et Samaël, le double visage de la mort juive", 109-121. Dulkin, "The Devil Within: A Rabbinic Traditions-History of the Samael Story in 'Pirkei de-Rabbi Eliezer'", 153-175도 참조하라. 단(Dan)에 따르면, 유다교 전통에서 악의 수장을 가리키는 데 사마엘이라는 이름을 사탄보다 선호하게 된 것은 중세 이후 유다교 신비주의 문학에서라고 한다: Dan, "Samael and the Problem of Jewish Gnosticism", 266.

95 Dan, "Samael and the Problem of Jewish Gnosticism", 258. Davidson, "Samael", 255-256도 참조하라.

다고 한다. 단Dan의 말을 빌리자면, 사마엘 전승은 유다교 라삐 전통과 영지주의 전통에서 각각 독립적으로 발전되었다.[96] 각 전통에 따라 사마엘의 뜻은 대체로 다음 두 가지로 풀이된다. 첫째, 사마엘의 뜻이 '하느님의 독'이라는 입장이다. 라삐 문헌들이 이에 해당한다. 히브리어 사마엘סמאל은 '약, 독'을 뜻하는 סם과 하느님을 뜻하는 אל이 결합된 형태라는 소견에서 나온 추정이다(Klein). 라삐 문학에서 사마엘은, '독'으로 병자를 사망에 이르게 한다는 '죽음의 천사'의 이름으로 제시되기도 한다. 사마엘이 죽기 직전인 병자의 입에 '독'을 떨어뜨려 죽게 만든다는 것이다(*b. Avodah Zarah* 20b).[97] '독'을 써서 사람을 죽게 만드는 죽음의 천사에게 '사마엘'이라는 이름이 더없이 적합해 보인다.

둘째, 사마엘의 뜻이 '눈먼'이라는 의미로 풀이되는 경우로 이는 주로 영지주의 전통에 해당한다. 피셔밀러Fischer-Mueller는 사마엘의 어원을 '눈먼'이라는 뜻의 아람어 *sămjaʾ/samey*에서 찾는다.[98] 실제로 영지주의 문헌에서 사마엘은 '눈먼 신' 또는 '눈먼 자들의 신'이라는 뜻으로 해석된다. 이를테면 권세들의 실체를 밝히는 『아르콘들의 실체』에서 권세들의 우두머리가 '사마엘 곧 눈먼 자들의 신'이라 불린다(86,28—87,3). 여기서 눈이 멀었다는 것은 어리석음에 대한 은유다. 사마엘이 '어리석은 신'이자, '어리석은 자

96 Dan, "Samael and the Problem of Jewish Gnosticism", 266. 단은 같은 글, 257-276에서 사마엘이 악마로 등장하는 문헌들을 예시로 들면서 사마엘 전승이 중세 유다교 신비주의 전통과 영지주의 전통에서 각각 어떤 식으로 발전했는지 개관하고 있다. 중세 유다교 문헌(중세 미드라쉬와 카발라 신비주의 문학)에서는 '사마엘'이 '사탄'을 제치고 악마를 대표하는 이름이 되었다고 한다. 쿨릭(Kulik)은, *3 Baruch: Greek-Slavonic Apocalypse of Baruch*, 209에서 사마엘의 어원에 대한 여러 설명과 사마엘이 등장하는 유다교와 그리스도교 문헌들을 소개하고 있다.

97 Guiley, "Samael (Sammael)", 221-222 참조. Blau, "Samael"도 참조.

98 Fischer-Mueller, "Yaldabaoth: The Gnostic Female Principle in Its Fallenness", 81.

들의 신'이라는 의미다.[99]

사마엘이라는 이름을 어떤 뜻으로 이해하든, 그 천사가 유다교 및 그리스도교 전통에서 악마 곧 타락한 천사들의 수장인 사탄과 동일시된다는 점은 분명하다.[100] 이를테면 사마엘은 하와를 임신시킨 자로 소개되기도 한다. 하와가 사마엘과 자리에 들어 카인을 낳았다는 것이다(『타르굼 차명 요나탄』 창세기 4,1).[101] 3바룩 13,2에서 '원수'라 불리기도 하는 사마엘은 후대 라삐 문학에서 악마의 대표적 이름 가운데 하나로 채택된다.[102] 사마엘은 영지주의 작품에서도 마귀들의 수장, 눈멀고 어리석은 창조주의 이름으로 쓰인다. 요한의 비전에서 사마엘은 사클라스, 얄다바옷과 함께 물질계 창조주의 세 이름 가운데 하나로 제시된다(11).[103] 사마엘을 사탄의 여러 이름 가운데 하나라고 보면 크게 틀리지 않는다.[104]

---

99 Fischer-Mueller, "Yaldabaoth: The Gnostic Female Principle in Its Fallenness", 81 참조.

100 Dulkin, "The Devil Within: A Rabbinic Traditions-History of the Samael Story in 'Pirkei de-Rabbi Eliezer'", 153. Davidson, "Samael", 255도 보라.

101 하와에게 카인을 임신시킨 천사(또는 악마)의 이름을 '사마엘'로 제시하는 전승에 대해서는, Dulkin, "The Devil Within: A Rabbinic Traditions-History of the Samael Story in 'Pirkei de-Rabbi Eliezer'", 153-155 참조. Cousland, "Adam and Eve: Did Satan Sleep with Eve in the Greek and Latin Lives of Adam and Eve?", 134-157도 참조하라.

102 Dan, "Samael and the Problem of Jewish Gnosticism", 266. 바룩 3서에서 사마엘이 그러하듯, 유다교와 그리스도교 문학에서 악마는 자주 '원수'라 칭해진다.

103 Fischer-Mueller, "Yaldabaoth: The Gnostic Female Principle in Its Fallenness", 79-95 참조. 요한의 비전 본문은 송혜경, 『영지주의자들의 성서』, 452-523을 보라.

104 송혜경, 『사탄 악마가 된 고발자』, 267-268 참조. 그리스도교 저작물에서는 악의 수장이 주로 악마(디아볼로스)나 사탄으로 제시된다. 사실 그리스도교 문학

사마엘과 관련하여 한 가지 주목해야 할 사항이 있다. 바룩 3서에서 사마엘은 창세기 2장에 등장하는 낙원의 뱀과 연결되고 악마라 일컬어지기도 한다(3바룩 4,8). 사마엘이 낙원에 포도나무를 심은 것을 보시고 진노하신 하느님께서 사마엘과 그의 나무를 저주하셨다는 것이다. 그리고 아담에게는 그 나무를 만지지도 못하게 하셨다고 한다. 그러자 질투에 빠진 악마가 자기가 심은 포도나무를 이용하여 아담을 기만했다는 것이다.[105]

> 4,8 "당신께 청합니다. 제게 가르쳐 주십시오. 아담을 오류로 이끈 나무는 무엇입니까?" 천사가 말하였다. "그것은 사마엘 천사가 심은 포도나무다. 주 하느님께서 그 일을 두고 진노하셨다. 그리고 그와 그의 식물을 저주하셨다. 그 때문에 그리고 그 일 때문에 그분께서는 아담이 그것을 만지는 것조차 허락하지 않으셨다.[106] 그 때문에 질투에 빠진 악마는 자기의 포도나무를 통해서 그를 기만하였다."

이에 따르면 아담을 오류로 이끈 나무가 바로 사마엘이 심은 포도나무다. 그리고 그 "포도나무가 그토록 엄청난 악의 원인κακοῦ αἰτία이 되었고,

---

에서는 악마와 사탄이 거의 동일시되어 악마가 곧 사탄이라 말할 수 있다(묵시 12,9: "악마라고도 하고 사탄이라고도 하는 자").

105 아담과 하와의 생애에서도 사탄이 낙원의 뱀과 연결된다. 이에 따르면, 사탄은 자신이 아담 때문에 하느님 곁에서 누리던 모든 영광을 박탈당한 채 하늘에서 쫓겨났다고 하면서 아담에게 복수를 꾀한다. 그리고 뱀을 통해 (역본에 따라 자신이 직접 뱀의 모습으로 나타나거나, 뱀을 이용해서) 아담과 하와를 유혹해 낙원에서 쫓겨나게 만든다. 이에 대해서는 송혜경, 『사탄 악마가 된 고발자』를 참조하라. Cousland, "Adam and Eve: Did Satan Sleep with Eve in the Greek and Latin Lives of Adam and Eve?", 134-157에서 낙원의 뱀과 사탄의 관계가 심도 깊게 다뤄진다.

106 창세 2—3장과 비교하라.

하느님의 저주 아래 있으며, 첫 번째 피조물의 파멸을 가져"왔다고 한다(3바룩 4,9). '악'의 원인이 궁극적으로 사마엘에게 있다는 설명이다.

사마엘은 3바룩 9,7에서도 낙원의 뱀과 연결된다. 달의 모양이 변하는 이유를 설명하는 대목이다.

> 9,7 그런데 첫 아담이 범죄를 저지른 날 사마엘이 뱀을 옷처럼 입었을 때 그것(달)이 그(사마엘) 곁에 있었다. 그리고 그것은 몸을 숨기기는커녕 오히려 커졌다. 그리하여 하느님께서 그녀에게 진노하셨다. 그리고 그녀를 고통스럽게 하시고 그녀의 날들을 줄이셨다.

사마엘이 뱀의 모습을 하고 아담에게 접근했을 때 달이 모습을 감추기는커녕(그랬다면 아담이 뱀을 보지 못했을 가능성이 있다) 오히려 크기가 더 커졌기 때문에 그 벌로 (그믐에서 보름까지) 모습이 계속 변하게 되었다는 설명이다. 사마엘이 뱀의 모습으로 아담에게 나타났다고 전하는 이 대목에서도 사마엘이 아담을 죄로 이끈 장본인임이 부각된다.

사타나엘

사마엘이 바룩 3서 슬라브어 역본에서는 사타나엘이라 일컬어진다(3바룩 4,8; 9,7). 사타나엘이라는 이름은 사탄과 엘이 결합된 형태로 '하느님의 사탄'이라는 뜻이다.[107] 하느님께 반역하여 하늘에서 쫓겨났을 때(또는 스스로 하늘을 떠났을 때) 사타나엘은 대천사의 지위를 잃고 악마가 되었다고 한다(3바룩 4,7 슬라브어 역본).

사타나엘에 대한 정보는 비슷한 시기에 만들어진 다른 작품들에서 얻을 수 있는데 기원후 1세기 말에 저술된 에녹 2서가 그 대표다.[108] 2에녹 18

107 Guiley, "Satanael (Satanail)", 224.

장에서 타락한 감시자들Grigori의 우두머리가 사타나엘, 더 정확히는 사타나일Satanail이라 소개된다. 타락한 '감시자들'은 하늘의 천사였지만 하느님의 명을 어기고 세상에 내려와 땅의 여자들과 결합한, 이른바 '타락한 천사들'을 가리킨다. 천사들의 타락의 결과로 이 세상에 악이 들어오고 온갖 죄악이 만연하게 되었다고 한다.[109] 사타나엘이 이들 타락한 천사들의 수장이라는 것이다. 사타나엘은 그 추종자들과 함께 다섯째 하늘에서 벌을 받고 있다고 한다(2에녹 18,3-5).[110]

2에녹 29장에는 창조 둘째 날 벌어진 사타나엘과 그 추종자들의 반역 행위가 묘사되어 있다(2에녹 29,3-6). 하느님께서 불로부터 무수한 수의 천사들을 창조하신 뒤 그들을 서열에 따라 세우셨는데, 대천사들 가운데 하나인 사타나일이 수하들과 함께 대열에서 이탈했다고 한다. 자기 왕좌를 땅

---

108 Guiley, "Fallen Angels", 86-87; Guiley, "Satanael (Satanail)", 224. Kulik, *3 Baruch: Greek-Slavonic Apocalypse of Baruch*, 210도 보라. 쿨릭은 2에녹 18,3; 29,4-5; 31,4에 소개된 사타나엘 전승을 집중적으로 소개한다.

109 2에녹 18장은 1에녹 6—16장, '감시자들의 전승'을 바탕으로 만들어졌다. 2에녹 본문과 해제는 Andersen, "2 (Slavonic Apocalypse of) Enoch", 91-221을 참조하라. 에녹 1서 그리스어 본문의 번역과 해제는 송혜경, 『구약 외경 1』, 67-160에 제시되어 있다. '감시자들'에 대해서는 『구약 외경 1』, 78-85을 보라.

110 그들보다 낮은 등급에 속하는 타락한 천사들은 둘째 하늘에서 벌을 받고 있다고 한다(2에녹 18,3). 그런데 2에녹 18,7에서는 타락한 천사들이 하늘과 땅이 끝날 때까지 '지하'에 머물러 있어야 한다고 말하는데, 이는 타락한 천사들이 둘째 및 다섯째 '하늘'에서 벌 받고 있다는 2에녹 18,3의 설명과 부합하지 않는다. 천사들과 사람들의 처벌 장소를 지하가 아닌 하늘로 제시하는 에녹 2서 전반의 우주관과도 맞지 않는다. 앤더슨(Andersen)은 이 모순을 2에녹 18,7이 처벌 장소를 '지하'로 제시하는 1에녹 10,12을 그대로 옮겨놓은 결과로 해석한다: Andersen, "2 (Slavonic Apocalypse of) Enoch", 114 참조. 사실 에녹 1서의 우주관과 에녹 2서의 우주관은 크게 차이난다. 전자는 구약성경(또는 고대 그리스 신화)의 우주관을, 후자는 플라톤/아리스토텔레스 식의 지구중심의 그리스 우주관을 따른다. 이에 대해서는 '5.1. 우주관' 항목을 참조하라.

위의 구름보다 높은 곳에 세우고 하느님과 동등해지겠다는, 실현 불가능한 야망을 품었다는 것이다. 그리하여 하느님께서 사타나일과 그 추종자들을 높은 하늘에서 추방하셨고, 그 뒤로 사타나일은 쉼 없이 공중을 떠돌아 다닌다고 한다.[111] 여기서 사타나일의 행동이 경계의 이탈과 침범으로 그려짐을 주목하라.

사실 사타나엘이라는 이름 자체가 그의 정체를 드러낸다. 사타나엘이 하느님(엘)에게 벗어나자 사탄(=악마)이 되었음을 에둘러 말하고 있는 듯하다.

5.4. 하느님의 정의 — 신정론

바룩 3서의 주요 주제 가운데 신정론도 있다. 이는 선과 악의 문제 또는 하느님 정의의 실현 문제와 관련되어 있다. 바룩 3서는 하느님의 정의는 반드시 실현되고야 만다는 믿음을 보여준다.[112] 저자는 먼저 사후의 삶을 통해 정의가 실현됨을 보여준다. 곧 저자는 악인들의 처소와,[113] 의인들의 처소를

111 에녹 2서는 긴 버전과 짧은 버전으로 전해지는데, 2에녹 29장의 '사타나일' 본문은 긴 버전에만 전해진다: Andersen, "2 (Slavonic Apocalypse of) Enoch", 148 참조.

112 바룩 3서에 따르면, 하느님 대항전을 위한 탑을 세운 자들도 벌을 받고(2장) 그 탑을 쌓도록 부추긴 자들도 벌을 받는다(3장). 사마엘을 도와 아담의 유혹에 가담한 달(月)도(9장) 벌을 받는다. 하느님의 계명을 따르지 않은 사람들은 살아서도(16장) 죽어서도 벌을 받는다(4장). 반대로 의인들은 살아서도(15장) 죽어서도 상을 받는다(10장).

113 셋째 하늘에 있는 용과 하데스뿐 아니라 첫째 하늘과 둘째 하늘도 처벌 장소다. 그곳에는 각각 바벨탑을 쌓은 자들과 바벨탑을 쌓도록 부추긴 자들이 짐승의 형상을 한 채 모여 있다고 한다(3바룩 2—3장). 첫째 하늘, 둘째 하늘, 셋째 하늘(의 일부)이 처벌 장소로 그려진 점을 주목하라. 저승이나 지옥이 땅 아래, 지하 세

언급하면서 정의가 사후에 어떻게 실현되는지 생생히 보여준다. 이를테면 악인들의 몸은 셋째 하늘에 있는 용에게 먹히고 있으며, 의인들의 영혼은 넷째 하늘에서 춤추고 노래하고 있다고 한다. 이 상태가 최후 심판 때까지 이어질 것으로 암시되어 있다(3바룩 1,7 참조). 먼저, 악인들의 처소다. 다음은 바룩이 셋째 하늘에서 본 하데스와 용에 관한 내용이다.

> 4,3 그리고 천사는 나에게 하데스를 보여주었다. 그의 모습은 음침하고 속되어 보였다. 4 나는 말하였다. "이 용은 무엇입니까? 그리고 그것을 감싸고 있는 거친 놈은 무엇입니까?" 5 천사가 나에게 말하였다. "용은 자기 생을 악하게 보낸 자들의 몸을 먹는 자다. 용은 그것들에서 양식을 얻는다. 6 그리고 후자는 하데스다. 그자도 용과 사뭇 비슷하다. 그것이 바닷물을 한 페키스나 마셔도 바닷물이 조금도 줄어들지 않는다는 점이 그렇다."[114]

3바룩 5,3에서 하데스는 용의 뱃속으로 표현된다. 생을 악하게 보낸 자들의 몸이 용의 뱃속 하데스에 들어가 있다는 것이다. 반면에 의인들은 넷째 하늘에 있는 평원에 모여서 노래하고 춤추며 지내고 있다고 한다. 다음은 바룩이 넷째 하늘을 여행하며 보고 들은 일이다.

> 10,2 나는 넓은 평원을 보았다. 평원 한가운데 물의 호수가 있었다. 3 그리

계가 아니라 하늘에 있다는 것이다. 이러한 우주관은 바룩 3서도 그리스적 우주관의 영향을 받았음을 암시한다.

114 용이 바닷물을 한 페키스나 마신다는 표현은 '처벌'의 맥락에서 읽힌다. 이는 슬라브어 역본에서 더 뚜렷이 드러난다. 353개의 강과 354개의 하천이 매일 용에게 흘러들어가고 있는데도 물이 조금도 감소되지 않는 이유가 "그(용)의 심장이 불타고 있어서"라고 한다(4,5).

고 평원에는 온갖 종류의 새들이 무리지어 있었다. 그것들은 이 세상 것과는 달랐다. 그리고 황소만큼 큰 학도 보았다. 모든 것이 세상의 것들보다 훨씬 컸다. [4] 나는 천사에게 물었다. "평원은 무엇입니까? 호수는 무엇입니까? 그 주변의 새들 무리는 무엇입니까?" [5] 천사가 말하였다. "들어라, 바룩아! 호수를 품은, 놀라운 것들을 간직한 평원은 의인들의 영혼이 오는 곳이다. 그들은 한데 모여 춤추고 노래하면서 함께 지낸다.

바룩 3서 저자는 사람이 죽으면 각자의 삶에 따라 셋째 하늘이나 넷째 하늘로 나뉘어 간다고 말하면서 '사후'Afterlife 정의 실현을 이야기한다. 아울러 인류 전체가 맞이할 마지막 '심판'에 대해서도 언급한다(1,7). 사후 운명이나 마지막 심판 개념은, 이 세상을 넘어선 저 세상 또는 다가올 세상에서 실현될 하느님의 '정의'를 말하고 있다. 하느님의 정의는 죽은 뒤 각 개인의 운명을 통해 그리고 마지막 심판을 통해 반드시 실현된다는 것이다.

이와 동시에 바룩 3서 저자는, 하느님의 정의가 현재의 삶 안에서, 현재 이 세상 안에서 실현됨도 강조한다. 천상 예배 개념을 통해서다(11—16장).[115] 지금 여기 이 세상에서 정의가 실현된다는 믿음은, 미카엘이 천사들에게 하는 말에서 잘 드러난다. 다음은 미카엘이 바구니를 든 천사들(=의인을 맡은 천사들)에게 기름을 나누어주면서 한 말이다(15장).

15,4 가서 우리 친구들을 축복하여라. 그리고 그들에게, "주님께서 이렇게 말씀하신다. '너희는 작은 일에 성실하였다. 그분께서 너희에게 많은 일을 맡기실 것이다. 우리 주님의 기쁨 속으로 들어가라!'" 하고 말하여라.

115 미카엘 대천사는 천사들을 통해 전달받은 사람들의 행업을 하느님 대전에 바친다(14장). 덕행과 선행과 기도가 하느님께 바쳐지는 예물들이다. 이에 대해서는 뒤에 이어지는 '5.6. 천상 예배 — 지금 우리가 하는 일들' 항목을 참조하라.

바구니를 가지고 오지 않은 천사들에게는 미카엘 천사가 벌을 나누어주며 말한다.

> 16,2 그들이 행업들로 나를 분노하게 만들었으니, 가서 그들에게 질투와 분노를 유발하여라. 그리고 (민족도) 아닌 민족, 지각없는 민족 때문에 비통해 하도록 만들어라. 또한 이와 함께 유충, 메뚜기, 곰팡이, 방아깨비, 번개와 진노를 동반한 우박들을 보내라. 그리고 그들은 칼과 죽음으로, 그들의 아이들은 마귀들로 두 동강을 내어라. [4] 그들이 나의 소리를 듣지 않았기 때문이다. 그들은 내 계명들을 지키지도, 실천하지도 않았다. 그들은 내 계명들과 내 회중들을 무시하였다. 그리고 자기들에게 내 말씀들을 선포하는 사제들을 모욕하였다.

이 모든 것이 하느님의 정의는 반드시, 곧 살아서든, 죽어서든, 마지막 심판 때에든, 반드시 실현되고야 만다는 믿음을 표현한다. 인간의 행업에 대한 상벌이 죽은 뒤뿐만 아니라(2—3장) 지금 현재, 이 삶 안에서도 이루어지고 있다고 한 점을 주목하라(15—16장). 상벌이 살아생전에, 지금 여기서부터 시작된다는 것이다. 정의 실현 또는 구원과 처벌의 현재성을 부각시킨 것이 바룩 3서의 차별성이라 볼 수 있다. 구원은 지금 여기서부터, 벌도 지금 여기서부터!

5.5. 하느님의 자비

바룩 3서에서는, 인간의 행업에 대한 상벌 배분이 매우 엄격히 지켜진다. 덕행과 선행과 기도가 조금이라도 있는 사람은 그에 비례해서 '상'을 받지만(15장) 그렇지 못한 사람은 그에 비례해서 '벌'을 받는다(16장). 이와 동시에 바룩 3서는, 우리가 행하는 아무리 작은 선행도 하느님께 결코 잊히지 않음을 암시한다.[116] 이는 꽃이 가득 찬 바구니를 든 천사들에게만이 아니라[117] 거의 빈 바구니를 든 천사들, 궁극적으로 선행이나 덕행이 거의 없는 사람에게도 상급이 예외 없이 내려진다고 한 데서 잘 드러난다.

> 15,3 그리고 거의 빈 바구니를 든 천사들에게도 말하였다. "너희도 오너라! 너희가 가져온 만큼 상급을 받아가라. 그리고 사람들의 아들들에게 주어라."

하느님의 자비를 입는 것은 악인도 예외가 아니다. 악인에 대한 하느님의 자비는, 적어도 그자가 죽을 때까지 이어지는 듯하다. 이는 13장과 16장에서 잘 드러난다. 먼저 13장에서 악인들에게[118] 파견된 천사들은 미카엘 앞에 빈 손으로 와서는 자신들을 악인들과 멀리 떨어진 곳으로 보내달라고 간청한다. 악인들 곁에 머무는 고통을 피하고 싶어서라고 한다. 그러나 미카엘 대천사는 이를 허락하지 않는다.

> 13,2 "너희는 그들에게서 물러나지 못한다. 원수가[119] 마지막에 (그들 위에) 군림하지 못하게 만들기 위해서다."

---

116 이는 "너희가 내 형제들인 이 가장 작은 이들 가운데 한 사람에게 해 준 것이 바로 나에게 해 준 것이다"라고 하신 예수님의 말씀을 연상시킨다(마태 25,40).

117 3바룩 15,2에 따르면, 상과 '기름'이 천사들을 통해 중단 없이 사람들에게 제공되고 있다.

118 바룩 3서에서 사람은 세 부류로 나뉜다. 바구니에 담을 꽃이 가득한 사람, 꽃이 적은 사람, 꽃이 하나도 없는 사람. 마지막 부류, 곧 하느님께 바칠 꽃이 하나도 없는 사람들은 악한 사람들이라고 불린다.

119 '원수'는 악의 수장인 악마 또는 사탄을 가리킨다.

이는 악인들에게 살아생전에 벌이 내리기는 하지만(16,2-3) 그들을 맡은 천사는 끝까지 그의 곁을 떠나지 못함을 의미한다. 마지막에 사탄이 그를 지배하지 못하게 만들기 위해서라고 한다. 악인을 향한 하느님의 자비는 16장에서 다시 확인된다. 악인들을 맡은 천사는 적어도 그들이 죽기 전까지 그들을 포기하지 못한다. 미카엘 천사가 벌을 전달하기 전에 악인들을 맡은 천사들에게 한 말이다.

> **16,1** "주님께서 이렇게 말씀하신다. '너희는 슬퍼하지 마라. 울지도 마라. 사람의 아들들을 포기하지도 마라.'"

사람을 맡은 천사는, 사람의 아들들을 — 의인이든 악인이든 — 끝까지 포기해서는 안 된다는 준엄한 명령이다. 악인들은 마땅히 살아서 벌을 받을 것이나 그들에게도 아직 기회가 있다, 적어도 죽기 전까지!

5.6. 천상 예배 — 지금 우리가 하는 일들

예루살렘 성전을 잃은 이스라엘 백성이 성전 없이 어떻게 하느님 백성으로서 살아갈 것인가, 혹은 하느님과 백성을 잇던 성전을 대신할 수 있는 것이 무엇일까? 하는 물음에 바룩 3서가 찾은 답은, 지금 현재 천상에서 이루어지는 예배에 있었다.

천상 예배는, '바구니를 든 천사들과 대접을 든 미카엘', '하느님 대전에 예물을 바치는 미카엘', 그리고 '상과 벌을 천사들에게 나누어주는 미카엘' 등, 여러 가지 비유적 또는 시각적 형상을 통해 표현된다(3바룩 11—16장).[120] 먼저 바룩은 다섯째 하늘에서 미카엘 천사가 큰 대접을 들고 있는 모습을 본다(11장). 이어지는 12—13장에서는 천사들이 바구니를 들고 와서 미카엘의 대접에 쏟는 장면이 묘사된다. 꽃들, 곧 의인들의 덕행이 가득한 바구니를 든 천사들도 있고 채워지지 않은 바구니를 든 천사들도 있다(12장). 아예 바구니가 없는 천사들도 있는데(13장) 미카엘의 대접에 담을 덕행을 하나도 가져 오지 못한 이들이다.[121] 14장에서는 미카엘 대천사가 대접에 든 꽃들을 하느님께 바치는 순간이 언급된다. 15—16장에서는 미카엘 대천사가 바구니를 가져온 천사들에게는 상급을, 바구니를 들고 오지 않은 천사들에게는 벌을 전달하는 모습이 그려진다. 이처럼 천상 예배는 상향적 과정과 하향적 과정으로 이루어진다. 전자는, 천사가 미카엘에게 예물을 전달하는 데서 시작하여 미카엘이 하느님께 예물을 바치는 과정이고, 후자는 하느님에게서 받아든 상벌을 미카엘이 다른 천사에게 전달하는 과정이다.[122] 예배의 전 과정을 차근차근 살펴보도록 하자.

천상 예배는 미카엘 천사가 대접을 든 모습으로 시작한다(11장). 바룩이 그 모습을 목격한 것은 다섯째 하늘(또는 그 입구)에서다. 미카엘 대천사가 든 대접에 대해 바룩이 물었을 때 그와 동반한 파마엘 천사가 한 답변은 다음과 같다.

---

120 바오로 묵시록 7—10장에도 천상 예배가 묘사되어 있다. 다음은 사람들에게 쉬지 말고 하느님을 찬양하되, 특히 태양이 질 때 더더욱 그렇게 하라시면서 내리신 주님의 말씀이다: “그 시간에는 모든 천사가 하느님께 다가가 그분께 예배드린다. 그리고 사람들의 행업들, 곧 좋은 것이든 나쁜 것이든, 각 사람이 새벽부터 저녁까지 행한 모든 것을 가져다드린다. 그런데 어떤 천사는 함께 사는 사람 때문에 기뻐하면서 가고 어떤 천사는 화난 얼굴로 간다. 모든 천사는 정해진 시간에 하느님께 예배드리러 가면서 그날그날의 사람들의 행적을 (예물로) 가져간다”(7장).

121 그들은 악인들에게 파견된 천사들로서 모습이 새카맣게 변해 있다. 3바룩 13장에 이 천사들에게 바구니가 들려 있다는 언급이 없다. 16,1에서는 이들을 “아무것도 가져오지 않은 천사들”이라고 한다.

122 결국 천상 예배 과정의 시작과 끝은 ‘사람’이라고 볼 수 있다. 천사가 미카엘에게 바친 ‘꽃’이 ‘사람’에게서 나온 것이며, 하느님의 상벌을 마지막에 받게 되는 것도 ‘사람’이다.

> 11,9 그가 나에게 말하였다. "그것(미카엘이 든 대접)은 의인들의 덕행들과 그들이 행한 모든 선행들이 들어가 담기는 곳이다. 그 모든 것이 그분에 의해 천상의 하느님 대전에 전달된다."

미카엘 대천사에 의해 그 모든 것이, 곧 '의인들의 덕행들'과 '그들이 행한 선행들'이 '천상의 하느님 대전'에 전달된다고 한다. 천상의 하느님 대전 ἔμπροσθεν τοῦ ἐπουρανίου θεοῦ은, 오직 미카엘만 다가갈 수 있다(3바룩 11—16장). 지상 성전에 빗대자면, 하느님 대전은 대사제만 출입 가능한 지성소에 해당한다. 이는 앞에 인용한 3바룩 11,9이 지성소에서 이루어지는 대사제의 예물봉헌을 가리킴을 짐작케 한다.[123] 미카엘이 대사제로서 지성소에서 사람들의 행업을 예물/제물로 바친다는 것이다. 3바룩 11,9이 천상 예배의 맥락에서 읽힌다는 의미다.[124]

12—13장에서는 천사들이 바구니를 들고 와서 미카엘의 대접에 쏟는 장면이 묘사된다(12장). 바구니가 없이 빈 손으로 온 천사도 있다(13장). 먼저 꽃이 가득한 바구니를 든 천사들이 묘사된다(12,1-5). 이들은 의인들을 맡은 천사들이다.

> 12,1 보라! 꽃이 가득 담긴 바구니를 든 천사들이 왔다. 그들이 그것들을 미카엘에게 주었다. … 4 바구니들을 받아든 대천사는 내용물들을 대접에 쏟았다. 5 천사가 나에게 말하였다. "위의 꽃들은 의인들의 덕행들이다."

---

123 미카엘 대천사를 천상의 대사제로서 표현한 유다교 문헌들에 대해서는 Hannah, *Michael and Christ: Michael Traditions and Angel Christology in Early Christianity*, 42-45을 참조하라. 한나는 바룩 3서 저자가 미카엘을 천상의 대사제로 제시하는 기존의 유다교 전승을 이용했으리라 추측한다: 같은 책 45.

124 Gaylord, "3 (Greek Apocalypse of) Baruch", 674 참조.

의인들을 맡은 천사들은 바구니에 꽃, 곧 '의인들의 덕행들'을[125] 가득 담아 와서 미카엘의 대접에 쏟아 붓는다. 이어서 바룩은 "채워지지 않은, 거의 비어 있는 바구니를 든" 천사들도 본다(12,6). 그들은 슬픔에 차서 미카엘 천사에게 다가설 엄두도 내지 못한다. 결국 그들이 대접을 채우지 못했기에, 그들도 미카엘도 바룩과 함께 있던 파마엘도 몹시 슬퍼한다(12,6-8). 그런데 미카엘의 대접에 담을 꽃을 하나도 가져오지 못한 천사들도 있다(13장). 그들은 울고 탄식하면서 와서는 자신들이 맡은 사람들의 죄상을 고발한다.[126] 이 천사들은 악한 사람들과 더 이상 지내지 못하겠다며 그들에게서 벗어나게 해달라고 요청한다. 미카엘은 "어떻게 될지 주님에게서 알아낼 때까지 기다려라"고 하면서 자리를 떠난다(13,5).

천상 예배가 본격적으로 이루어지는 것은 3바룩 14장에서다. 여기에 미카엘 대천사가 대접에 든 꽃들을 하느님께 바치는 순간이 언급된다. 다섯째 하늘 문들이 닫히고, 그 안에서 벌어지는 일은 소리로만 들려온다.

> 14,1 바로 그 시각, 미카엘은 떠났다. 문들도 닫혔다. 그리고 천둥 같은 소리가 났다. 2 나는 천사에게 물었다. "이 소리는 무엇입니까?" 그가 나에게 말하였다. "바로 지금 미카엘이 하느님께 사람들의 덕행을 (예물로) 바치고 계신다."

3바룩 14,2에 언급된, 미카엘의 '바치는' 행위를 단순한 '전달'로 이해해서는 안 된다. 이 구절은 천상 예배의 맥락에서 읽어야 한다. 이는 '(예물로) 바치다'라 옮긴 그리스어 동사 προσφέρει에서 분명히 드러난다. '주다',

---

125 선행과 기도가 하느님께 맞갖은 제물이라고 하는 생각은 쿰란 문헌에서도 발견된다(CD 11.20-21; 1QS 9.4-5); Gaylord, "3 (Greek Apocalypse of) Baruch", 674 각주 11d 참조.

126 그들의 죄상은 3바룩 13,3-4에 이어진다.

‘바치다’를 뜻하는 προσφέρειν 동사는 사용된 맥락에 따라 예물이나 제물의 봉헌을 표현한다(Liddell-Scott; Bauer-Danker). 사제나 대사제의 예배를 표현하는 칠십인역 레위 21,6-8이나[127] 히브 8,3;[128] 9,7[129] 등이 대표적 사례다. 3바룩 14,2도 이 구절들처럼 예배 또는 제사의 맥락에서 읽힌다. 이 구절은 미카엘 대천사가 천상의 성전에서 드리는 예배 또는 제사 장면이라는 것이다.[130] 사실 천상 예배 개념은 유다교 묵시문학에서 드물지 않게 발견된다. 특히 천계 여행을 다룬 작품들에서 주인공이 천상 성전에서 거행되는 예배를 목격하는 장면이 종종 나온다. 이 장면들에서 대개 하늘의 구조, 나아가 우주의 구조가 함께 묘사되고 있다. 레위의 유언(2—5장), 바룩 3서, 에녹 2서 등이 천계 여행, 우주관, 천상 예배 등과 관련하여 줄곧 거론되는 작품들이다. 한나Hannah는 유다교 묵시문학에 나타난 천상 예배 개념, 특히 미카엘이 천상의 대사제로 등장하는 본문들을 소개하면서, 바룩 3서를 그 대표적 사례로 소개한다.[131] 이를테면 한나는 3바룩 11장과 14장을 미카엘

127 “그들(사제들)은 주님의 제물을, 자기들의 하느님을 위한 예물로서 바치는(προσφέρουσιν) 사람들이다. … 너희는 그(사제)를 거룩한 사람으로 대해야 한다. 그는 너희 주 하느님에게 예물을 바치는(προσφέρει) 사람이다”(칠십인역 레위 21,6-8).

128 “모든 대사제는 예물과 제물을 바치도록(εἰς τὸ προσφέρειν δῶρά τε καὶ θυσίας) 임명된 사람입니다.”

129 “둘째 성막에는 대사제만 일 년에 단 한 번 들어가는데, 그때에는 반드시 자기와 백성이 모르고 지은 죄 때문에 바치는(προσφέρειν) 피를 가지고 들어갑니다”

130 Gaylord, “3 (Greek Apocalypse of) Baruch”, 674 각주 11d 참조.

131 유다교 묵시문학에 나타난 천상 예배 개념은 Hannah, *Michael and Christ: Michael Traditions and Angel Christology in Early Christianity*, 42-45, 특히 44-45에 잘 정리되어 있다. 한나는 같은 책 100-102에서 천상 예배 개념이 엿보이는 라삐 문헌들도 언급한다. 이를테면 *b. Chagigah* 12b가 천상 예배 개념을 드러낸다. “그곳—넷째 하늘—에는 예루살렘과 성전이 있으며 제단이 세워져 있다. 그리고

대천사가 바치는 천상 예배의 맥락에서 읽어야 함을 제안한다.[132] 한나의 책에서 천사들에 의한 천상 예배의 사례로 제시된 레위의 유언 2—5장은 3바룩 14,2을 이해하는 데 큰 도움이 된다. 가령 레위의 유언 3,5-6에는 천사들이 "주님께 시중들면서 의인들의 모르고 지은 모든 죄"(참조: 레위 16,10)를[133] 위해 속죄 예식을 거행하는 장면이 그려져 있다. 그 천사들은 주님께 "좋은 향유와 합당하고 피 묻지 않은 예물을 바치고 있다"고 한다. 이때 '예물을 바치다'에 쓰인 동사가 바로 3바룩 14,2에도 쓰인 προσφέρειν이다. 3바룩 14,2를 이에 비추어 읽으면 충분히 천상 예배의 맥락으로 이해된다.

그런데 3바룩 14,2과 11,9에서 예물/제물 봉헌을 가리키는 동사들이 모두 현재 직설법 형태로[134] 쓰여 있다. 이는 해당 동작이 지속적 또는 반복적으로 이루어짐을 드러낸다. 특히 3바룩 14,2에서는 문장 맨 앞에 '지금', '바로 지금'을 뜻하는 ἄρτι가 있어 미카엘의 봉헌이 '지금 현재' 이루어지는 사건임을 부각시킨다. 천상 예배는 지금 현재, 반복, 지속적으로 이루어지는 현실이라는 것이다.

이어지는 3바룩 15—16장에서는 천상 예배의 마지막 과정이 그려진다. 미카엘 대천사가 바구니를 가져온 천사들에게는 상급을, 빈 바구니를

대제후 미카엘이 서서 그 제단 위에 예물을 바친다." 라삐 문학에 나타난 천상 예배 개념에 대해서는 Aptowitzer, "The Heavenly Temple in the Agada", 137-153을 보라. 같은 글, 257-277도 참조하라.

132 Hannah, *Michael and Christ: Michael Traditions and Angel Christology in Early Christianity*, 44-45.

133 그리스어 본문은 οἱ λειτουργοῦντες καὶ ἐξιλασκόμενοι πρὸς κύριον ἐπὶ πάσαις ταῖς ἀγνοίαις τῶν δικαίων이다. 레위의 유언 5,1에서 레위는, 천사가 하늘들의 문을 열자 그곳에 성전이 있고 지극히 높으신 분이 어좌에 앉아 계신 모습을 환시로 본다. 레위의 유언 본문은 Kee, "Testaments of the Twelve Patriarchs", 788-795을 보라.

134 각각 προσφέρει(바치다); ἀποκομίζονται(전달하다).

들고 온 천사들에게는 벌을 전달한다.[135] 먼저 채워진 바구니를 든 천사들에게 미카엘이 기름[136] 곧 상급을 내리는 장면이다(15,1-2).

15,1 바로 그 시각, 미카엘이 내려왔고 문도 열렸다. 그는 기름을 가져왔다. 2 가득 찬 바구니를 들고 온 천사들에게는, 그것들을 기름으로 채우며 말하였다. "가져가라. 우리 친구들에게 그리고 열심히 선행한 이들에게 백 배의 상급을 내려라. 잘 심은 이들이 잘 거두기도 하기 때문이다."

덜 채워진 바구니를 든 천사들에게도 그에 상응하는 상급이 전달된다(15,3).

15,3 그리고 거의 빈 바구니를 든 천사들에게도 말하였다. "너희도 오너라! 너희가 가져온 만큼 상급을 받아가라. 그리고 사람들의 아들들에게 주어라."

바구니에 든 꽃이 조금이라도 있으면 그 꽃은 상급과 축복으로 연결된다(15,4). 그러나 아무것도 가져오지 않은 천사들에게는, 악한 이들에게 내려지는 벌이 선포된다(16장).

---

135 바룩 3서는 인간의 행업에 대한 상벌이 지금 현재, 이 삶 안에서 이루어지고 있다고 한다. 바룩 3서가 사후의 삶이나 심판을 부정하지는 않는다. 상벌이 현재 이 세상 삶에서부터 시작되고 있다고 강조한 것은 바룩 3서의 차별성을 드러내는 지점이다.

136 3바룩 15,1-2에서 '기름'이라 옮긴 단어는 ἔλαιον이다. 유다교 및 그리스도교 전승에서 '기름'은 치유와 구원을 상징한다. 이에 대해서는 해당 본문에 달린 각주를 참조하라.

16,2 그들이 행업들로 나를 분노하게 만들었으니, 가서 그들에게 질투와 분노를 유발하여라. 그리고 (민족도) 아닌 민족, 지각없는 민족 때문에 비통해 하도록 만들어라. [3] 또한 이와 함께 유충, 메뚜기, 곰팡이, 방아깨비, 번개와 진노를 동반한 우박들을 보내라. 그리고 그들은 칼과 죽음으로, 그들의 아이들은 마귀들로 두 동강을 내어라.

행업들로 하느님을 분노하게 만든 악한 이들이 받을 벌은 정신적인 벌과 육체적인 벌 모두를 포함한다. 전자는 질투와 분노, 비통함이고 후자는 각종 자연재해와 죽음이다(16,2-3). 미카엘 대천사는 악인들을 고발하면서 상급과 벌 또는 축복과 저주의 전달을 마친다(16,4). 이로써 천상 예배의 전 과정이 끝난다. 하늘의 문들이 닫히고 바룩도 땅으로 다시 돌아온다(17,1-2)

천상 예배 대목(3바룩 11—16장)에서 간과하지 말아야 할 것은, 미카엘 대천사가 하느님께 바치는 예물이 의인들의 덕행, 그들이 하는 모든 좋은 일들(11,9), 사람들의 기도(11,4)라는 점이다. 이는, 천상 예배가 지금 이 세상 사람들과 전혀 무관하게 미카엘 단독으로 행하는 일이 아님을 함축한다. 오히려 천상 예배는, 지금 이 세상에서 우리가 행하는 모든 기도와 행위들과 연결되어 있음을 부각시킨다. 다시 말해 우리가 매일 드리는 기도와 덕행, 우리가 행하는 모든 좋은 일들이 천사를 통해 매일 하느님께 바쳐지고 있다는 것이다!

미카엘 천사가 하느님께 드리는 예물은 사람의 기도와 실천으로 이루어진다. 만약 사람의 기도와 실천이 없다면 미카엘은 빈 손으로 하느님을 만나러 가야 한다. 하느님께 바칠 예물이 하나도 없는 셈이다. 그래서 사람의 덕행을 바구니에 한가득 담은 천사는 기뻐하고, 바구니가 비다시피 한 천사는 슬퍼한다. 아무것도 갖지 못한 천사는 울며 탄식한다. 우리의 삶이 우리 자신의 기쁨과 슬픔으로 끝나지 않고, 우리를 맡은 천사, 그리고 미카엘을 통하여 궁극적으로는 하느님의 기쁨과 슬픔으로 이어진다는 의미다. 이렇게 천상과 지상이, 사람과 천사 그리고 하느님이 연결되어 있음을 바룩

3서의 '천상 예배' 대목이 보여주고 있다!

5.7. 구원의 현재성

바룩 3서의 초점은 무엇보다 '현재'에 맞춰져 있다.[137] 바룩 3서의 현재 중심적 관점은 비슷한 시기의 에즈라 4서나 바룩 2서 등과 비교할 때 더욱 두드러진다. 특히 바룩 2서의 영향을 받았을 법한 바룩 3서의 지향이나 관심이 전자와 사뭇 다르다는 점이 눈길을 끈다. 이를테면 바룩 3서에는, 바룩 2서의 중심 주제인 마지막 시대와 다가올 세상에 대한 관심이 거의 보이지 않는다. '심판 날'을 언급한 3바룩 1,7이나, 미카엘 대천사가 문을 열 때까지는 아무도 하늘 나라에 들어가지 못한다는 11,2은 마지막 때를 암시하고 있지만 이 두 경우를 제외하면 종말에 있을 사건을 명시적으로 언급한 곳이 없다. 물론 각 개인의 사후 운명이 바룩 3서에서 주요 주제로 다뤄지며 지상에서의 삶이 어떠했느냐에 따라 죽은 뒤 영혼이 하데스에 가기도, 의인들의 처소에 가기도 한다고 한다. 그러나 지상의 삶이 사후 운명을 결정짓는다고 하는 점에서 바룩 3서의 강조점은 죽은 뒤 미래가 아니라 지금 여기 현재의 삶에 놓인다. 특히 미카엘 천사의 천상 예배를 다루는 3바룩 11—16장이 '지금 현재 살아 있는 사람들'에게 초점을 맞추고 있다. 앞에서 말한 대로, 천사들은 날마다 자신들이 책임을 맡은 사람들의 '삶'을 미카엘 대천사를 통해 하느님께 전달한다. 그리고 곧바로 미카엘 대천사와 중간 천사들을 통해, 의롭게 산 이들에는 그에 맞갖은 상이, 불순종한 자들에게는 그에 맞갖은 벌이 내린다.

---

137 Jones, *Jewish Reactions to the Destruction of Jerusalem in A.D. 70: Apocalypses and Related Pseudepigrapha*, 129 참조.

이처럼 바룩 3서는 먼 미래에 도래할 마지막 시대보다는 지금 현재 이 세상에서 우리가 행하고 있는 일과, 지금 현재 천상계에서 일어나는 일, 그리고 그것이 '현재 우리의 삶'에 미치는 영향에 더 관심을 기울인다. 결과적으로 이 세상이 앞으로 어떻게 될 것인가에 대한 관심은 거의 드러나지 않는다. 메시아에 대한 기대도, 새로운 시대의 도래에 대한 기대도 거의 드러나지 않는다. 바룩 3서에서는 '새 시대의 도래'가 파괴된 예루살렘 성전의 대안이 아니었던 셈이다.[138] 실제로 바룩 3서에서는 현재적 또는 무시간적 천상 예배가 그 대안으로 제시된다. 미카엘 대천사가 사람들의 선업과 기도를 날마다 하느님 대전의 제단에 바치고 있으므로(11—12장; 14장), 그리고 지상의 성전이 없어도 상과 기름이 천사들을 통해 사람에게 전달되므로(15—16장), 천상 예루살렘이 지상에 내려오기를 기다릴 필요도, 새 시대가 이 세상에 밝아오기를 고대할 필요도 없을 터다. 구원은 매일 새롭게 이루어지는 현재적 사건, '바로 지금, ἄρτι!'라는 것이다. 이러한 관점은 구원의 탈시간화 또는 무시간화라고 말할 수 있겠다.[139]

6. 바룩 3서

번역에 사용한 그리스어 대본: K.M. Penner and D.M. Miller (eds.), "3 (Greek Apocalypse of) Baruch." Edition 1.0. No pages. In The Online

---

138 Jones, *Jewish Reactions to the Destruction of Jerusalem in A.D. 70: Apocalypses and Related Pseudepigrapha*, 138-140 참조.

139 이는 거꾸로 새 세상에서 누릴 구원을 이 세상에서 미리 맛보는 것이라 볼 수도 있다. 구원의 선취인 셈이다.

Critical Pseudepigrapha. Edited by Ken M. Penner, David M. Miller, and Ian W. Scott. 2006. Online: http://www.purl.org/net/ocp/3Bar. 펜너Penner와 밀러Miller가 편집에 사용한 그리스어 본문은 J.-C. Picard, "Apocalypsis Baruchi Graece", 81-96에 제시된 본문이다.[140]

140 피카르드(Picard)는 그리스어 본문을 편집하면서 현존하는 두 그리스어 필사본(BM MS 10073; Andros MS 46)만 사용하고 슬라브어 본문은 참조하지 않았다고 한다: Gaylord, "3 (Greek Apocalypse of) Baruch", 661. 피카르드의 본문에는 비평 각주도 제시되어 있지 않다.

바룩의 묵시록

프롤로그

[1] 바룩의 이야기와 묵시록. 하느님의 명에 따라 그가 본, 말할 수 없는
것들에 관하여. 찬양 받으소서, 주님!

[2] 예루살렘의 유배를 두고 겔[141] 강가에서 울고 있던 바룩의 묵
시록. 그때에 아비멜렉은 하느님 손에 의해 아그리파스의 영지에 피신
해 있었다.[142] 바룩은 예전에 지성소가 있던 아름다운 문들 곁에 앉
아 있었다.[143]

---

141 게이로드(Gaylord)는 '겔'을 '키드론'으로 바꾸어 읽는다. 슬라브어 역본에는 '겔' 없이 그저 '강'이라고만 되어 있으며 그 강이 예루살렘 성전 동쪽의 '키드론 골짜기'를 가리킬 법해서라고 한다: Gaylord, "3 (Greek Apocalypse of) Baruch", 662-663 참조.

142 4바룩 3,21; 5,22 참조. '영지'라 옮긴 그리스어는 τὸ χωρίον이다. 대개 경계선이 둘러쳐진 정치경제지구나 농지를 가리킨다(Bauer-Danker). '아그리파스의 포도원'을 언급한 4바룩 3,14도 참조하라. 아그리파스는 헤로데 왕가의 마지막 임금인 아그리파스 1세 또는 2세를 가리킨다. 3바룩과 4바룩 둘 다 70년 예루살렘 몰락을 배경으로 하므로 아그리파스 2세일 가능성이 크다. 아그리파스에 대해서는 4바룩 3,14에 달린 각주를 참조하라.

143 작품 제목이 담긴 프롤로그는 바룩이 계시를 받은 때와 장소를 제시한다. 예루살렘 몰락 이후 바룩이 지성소가 있던 자리에서 애도하고 있을 때였다고 한다. 2바룩 10,5과 비교하라: "그러나 나 바룩은 다시 (성전으로) 돌아가서 성전 문 앞에 앉았다. 그리고 시온을 두고 애도하며 나는 이렇게 말하였다." 2바룩 34,1도 참조하라: "나는 백성에게 답하며 말하였다. '내가 너희를 버리거나 너희에게서 멀어지는 일은 없을 것이다! 다만 지성소에 가서 지극히 높으신 분께 여러분과 시온에 대해 물어 보려는 것이다. 더한 깨달음이 주어질까 해서다. 그런 다음에 너희에게 돌아오겠다.'" 2바룩 35,1-5에서는 바룩이 '나무와 숲들'의 계시(36,1—37,1)를 받게 되는 곳이, 사제들이 제사를 드리던 성소의 "잔해 위"로 제시된다.

I. 도입: 천사의 방문(1장)

1 1 그때 나 바룩은, 마음으로 울면서 백성 때문에 슬퍼하고 있었다.[144]
네부카드네자르 임금이 하느님으로부터 당신의 도성을 파괴해도 된다
는 허락을 얻었던 것이다.[145] 나는 말하였다. 2 "주님, 무엇 때문에 당신
의 포도밭을 불태우고 황폐하게 만드셨습니까? 왜 이런 일을 하셨습
니까? 무엇 때문에 주님, 저희를 다른 훈계에 부치지 않으시고 저런 민
족들에게 넘기셨습니까? 저들은 비난하며 말합니다. '저들의 하느님은
어디 계시냐!'"[146]

3 그런데, 보라! 내가 울면서 이런 말들을 하고 있을 때였다. 나는 주님
의 천사가[147] 와서 나에게 말하는 것을 보았다.[148] "깨달아라, 오 사람
아! 열정의 사내여! 예루살렘의 구원을 두고 그렇게 마음 쓰지는 말아
라! 전능하신 주 하느님께서[149] 이렇게 말씀하시기 때문이다. 4 그분께
서 나를 네 앞으로 보내셨다. 그리고 하느님에 관한 모든 일을 너에게
선포하고 알리게 하셨다.[150] 5 너의 기도가 그분 앞에서 받아들여졌으

---

144 3바룩 1,1-2는 바룩이 예루살렘 몰락을 두고 하느님께 탄식하는 내용이다.

145 3바룩 1,1-2에 따르면 예루살렘의 몰락은 하느님께서 이루신 일, 또는 적어도 하느님께서 허락하신 일이다. 하느님이 역사를 움직이시는 분, 주권자시라는 믿음에 대해서는 바룩 4서 해제 '5.3. 하느님의 주권 — 역사에 대한 성찰'을 참조하라.

146 시편 42,4.11 참조.

147 3바룩 1,3에서 주님의 천사라 일컬어진 천사는 2,5에서 파마엘이라는 이름으로 소개된다.

148 3바룩 1,3-8은 바룩에게 주님의 천사가 찾아오는 내용이다. 가브리엘 천사가 마리아를 찾아온 루카 1,26-28 참조.

149 "전능하신 주 하느님"이라 옮긴 원문은 Κύριος ὁ θεὸς ὁ παντοκράτωρ다. 판토크라토르(ὁ παντοκράτωρ)는 만물에 대한 주권이 하느님께 있음을 표현한다.

며[151] 주 하느님의 귀에 들어갔기 때문이다."

[6] 천사가 이 말을 했을 때 나는 침묵하고 있었다. 그 천사가 나에게 말하였다. "하느님을 도발하는 일을 멈추어라. 내가 이것들보다 더 큰[152] 신비들을 너에게 알려주겠다."

[7] 나 바룩은 말하였다. "주 하느님께서는 살아계십니다. 당신께서 저에게 알려주신다면, 당신의 말씀을 듣겠습니다. 그리고 더 이상 말하지 않겠습니다. 제가 더 말한다면, 심판 날에 하느님께서 제게 심판을 더 추가하실 것입니다." [8] 권능의 천사가[153] 내게 말하였다. "오너라! 네게 하느님의 신비를 보여주겠다."

II. 바룩의 천계 여행(2—16장)[154]

2 [1] 그 천사는 나를 하늘이 세워져 있는 곳으로 데려 갔다.[155] 그곳에는

---

150 또는, "그분께서는, 너에게 하느님에 관한 모든 일들을 선포하고 알려주라고 나를 네 앞에 보내셨다." 3바룩 1,4에 천사의 역할, 특히 하느님의 일을 인간에게 알리러 파견된 사절로서의 역할이 드러난다. 1,6에서 천사는 '신비들을 알려주는 이', 1,8에서는 '하느님의 신비를 보여주는 이'로 제시된다. 루카 1,19 참조.

151 직역: "그분 앞에서 너의 기도가 들렸으며."

152 또는 "위대한", "대단한", "엄청난."

153 "권능의 천사"라 옮긴 그리스어 표현은 ὁ ἄγγελος τῶν δυνάμεων이다. 같은 표현이 2테살 1,7에는 "능력을 지닌 당신의 천사"라 옮겨져 있다. (그리스어) 1에녹 20,1에도 같은 표현이 나온다. 우리엘, 라파엘, 라구엘, 미카엘, 사리엘, 가브리엘, (레미엘), 이렇게 일곱 대천사를 "권력의 천사들"이라 부른다.

154 2장에서 바룩의 천계 여행이 시작되어 16장까지 이어진다. 천사가 바룩을 하늘이 세워져 있는 곳으로 데려간 뒤 하늘로 올라가 다섯 하늘을 차례로 보여준다. 첫째 하늘은 2장, 둘째 하늘은 3장, 셋째 하늘은 4—9장, 넷째 하늘은 10장, 다섯째 하늘은 11—16장에서 다뤄진다. 2,1은 천계 여행의 시작을 알린다.

155 하늘의 기초가 세워져 있는 곳, 하늘이 시작되는 곳을 가리킨다.

아무도 건널 수 없는 강이 있었다.[156] 하느님께서 만드신 바람들과 다른, 낯선 바람은 하나도 없었다.[157]

첫째 하늘(2장)[158]

[2] 천사는 나를 첫째 하늘로 데려 갔다. 그리고 나에게 거대한 문을 보여주었다. 그리고 내게 말하였다. "이 문으로 들어가자." 그리하여 우리는 마치 날개로 날아가듯 들어갔다. 삼십 일 여정 길 같았다. [3] 천사가 나에게 하늘 안쪽의 평원을 보여주었다. 그곳에 사람들이 살고 있었는데, 황소 얼굴에, 사슴의 뿔, 염소의 발, 양의 허리를 가지고 있었다.[159] [4] 나 바룩은 천사에게 물었다. "당신께 청합니다. 제게 가르쳐 주십시오. 우리가 여행한 하늘의 두께는 얼마나 됩니까?[160] 그 거리는 얼마나 됩니까? 평원은 무엇입니까? 제가 사람들의 아들들에게 알려 주도록 (가르쳐 주십시오)!

---

156 바오로 묵시록에 따르면 강이 의인들의 처소—온유한 사람들의 땅—를 감싸고 있다. 그 강은 '대양'이라 불리며 큰 빛이 비추고 있다고 한다. 그리고 그 강의 어귀는 천구에 단단히 고정되어 있다고 한다. 그 강가를 따라 여러 가지 과실수들이 심겨져 있다고 한다(바오로 묵시록 20—22 참조). 이 내용은 플라톤, 『고르기아스』, 523a-527e에 나오는 내용과 거의 흡사하다.

157 하느님께서 지으신 바람만 불었다는 뜻이다.

158 3바룩 2,1-7은 첫 번째 하늘을 소개한다. 바벨탑을 쌓은 이들이 이곳으로 쫓겨났다고 한다.

159 또는, "얼굴은 황소 얼굴, 뿔은 사슴의 뿔, 발은 염소의 발, 허리는 양의 허리였다."

160 라삐 문헌에도 하늘의 두께에 대한 논의가 들어 있다(*b. Shabbat* 34b 등). 하늘의 두께를 논하고 있는 라삐 문헌들에 대한 정보는, Simon-Shoshan, "The Heavens Proclaim the Glory of God: A Study in Rabbinic Cosmology", 75-77에서 얻을 수 있다.

5 천사가 나에게 말하였다. 그의 이름은 파마엘이었다.[161] "네가 보는
그 문은 하늘의 문이다.[162] 땅에서 하늘까지 이르는 크기다. 그 두께도
그것 만하다. 네가 본 평원의 길이도 그것 만하다." 6 권능의 천사가 나
에게 또 말하였다. "자, 오너라! 너에게 더 큰 신비도 보여주겠다." 7 나
는 말하였다. "당신께 청합니다. 가르쳐 주십시오. 이 사람들은 누구입
니까?" 그가 나에게 말하였다. "이들은 하느님께 맞서 전쟁 탑을 쌓은
자들이다.[163] 주님께서 그들을 이곳으로 내쫓으셨다."[164]

둘째 하늘(3장)[165]

3 1 주님의 천사가 나를 데리고 둘째 하늘로 인도해 갔다. 그곳에서 그는

---

161 파마엘은 그리스어 Φαμαήλ을 옮긴 것이다. 슬라브어 역본에는 파나엘, 또는 파누엘이라 되어 있다: Gaylord, "3 (Greek Apocalypse of) Baruch", 664-665 참조.

162 '하늘의 문'이라 옮긴 그리스어 표현은 Ἡ θύρα τοῦ οὐρανοῦ다. 바룩 3서에는 하늘의 문을 가리키는 단어가 세 가지다. ἡ θύρα는 '문', ἡ πύλη는 '성문', ὁ πυλών은 '대문'이라 옮겼다. 이 작품에서는 셋이 별 구별 없이 사용되는 듯하다.

163 직역: "하느님 대항전의 탑." 이에 해당하는 그리스어 표현은 πύργος τῆς θεομαχίας다. '하느님과의 전쟁을 위한 탑'이라 옮겨도 된다. 창세기의 바벨탑을 가리키는 듯하다: 창세 11,1-9 참조. θεομαχία는 하느님 또는 신들을 대적하는 행위 또는 신들의 전쟁을 가리킨다(Liddell-Scott). 2마카 7,19에서 관련 동사 θεομαχεῖν이 '하느님과 싸우다'라는 뜻으로 쓰였다. 사도 5,39에는 관련 명사 θεομάχος가 "하느님을 대적하는 자"라는 뜻으로 쓰였다.

164 3바룩 2,7에서는 바벨탑을 쌓은 이들에게 하느님께서 직접 벌을 내리신 것으로 그려진다. 이들은 하느님에 의해 첫째 하늘로 쫓겨났다고 한다. 바룩 3서에서 하느님은 사람들에게 몸소 상벌을 주시기도 하고(2,7; 3,6), 다른 매개자(천사들)를 통해 간접적으로 상벌을 내리시기도 한다(11—16장).

165 3바룩 3장은 둘째 하늘을 소개한다. 둘째 하늘 안쪽 평원에는 "탑을 쌓으라

첫째 문과 비슷한 문을 나에게 보여주었다. 그리고 말하였다. "이 문으로 들어가자." [2] 우리는 육십 일 여정 길을 날개가 달린 듯이 지나 안으로 들어갔다. [3] 천사는 거기에서도 평원을 보여주었다. 그곳은 사람들로 가득 차 있었다. 그들의 모습은 개와 비슷했는데 발은 사슴의 발이었다. [4] 나는 천사에게 물었다. "당신께 청합니다, 나리. 제게 말씀해 주십시오. 이들은 누구입니까?

[5] 그가 말하였다. "이들은 탑을 쌓으라는 의견을 낸 자들이다. 네가 보는 그들은, 수많은 남자와 여자 들로 하여금 벽돌을 만들도록 몰아댔다.[166] 그들 가운데 벽돌을 만들던 한 여자는 출산이 임박한 시간에 휴식을 허락받지 못했다. 그래서 벽돌을 만들다가 아이를 낳았다. 그리고 자기 아이를 앞치마에 매단 채로 계속해서 벽돌을 만들었다. [6] 그리하여 주님께서 그들에게 나타나시어 그들의 언어를 뒤섞어버리셨다.[167] 그들이 탑을 사백육십삼 페키스 정도 쌓았을 때였다. [7] 그들은 송곳을 집어 들고 하늘을 찔러보려고 하면서 말하였다. '하늘이 흙으로 만들어졌는지, 동으로 만들어졌는지 철로 만들어졌는지 알아봅시다!'[168] [8] 하느님께서 그것을 보시고 그들을 용납하지 않으셨다.[169] 그리고 그들을 내려치시어 눈을 멀게 하시고[170] 말이 섞이게 하셨다. 그리고 그들을 네가 본대로 되도록 만드셨다."[171]

는 의견을 낸 자들"이 모여 있다.

166 창세 11,3 참조.

167 창세 11,7.9 참조.

168 히브리인들은 하늘의 궁창을, 두드려펴서 만든 금속판처럼 단단한 재질로 여겼다. 궁창과 어원이 같은 히브리어 동사 רָקַע의 히필형이 '(금속판을) 두드려 펴다, 두드려 늘리다'라는 뜻이다(BDB). 궁창이란 단어 안에 '두드려 늘려 만든 것'이라는 의미가 들어있다. "그분과 함께 하늘을 펴실 수 있단 말입니까? 부어 만든 거울처럼 단단한 저 하늘을?"(욥 37,18) 참조. 해제 '5.1. 우주관' 항목을 보라.

셋째 하늘(4—9장)[172]

하데스와 용(4—5장)[173]

4 [1] 나 바룩은 말하였다. "보십시오, 나리! 당신께서 제게 엄청나고 놀라
운 것들을 보여주셨습니다. 이제 주님을 위해 모든 것을 제게 알려주
십시오." [2] 천사가 내게 말하였다. "오너라, (이곳을) 통과해 나아가자."

---

169 궁창이 무엇으로 만들어졌는지 등 하늘에 관한 신비는 악인들에게 알려지지 않는다. 하늘의 신비는 오직 합당한 자, 가령 이 책에서는 바룩에게만 계시된다: Kulik, *3 Baruch: Greek-Slavonic Apocalypse of Baruch*, 154. 쿨릭은 하늘 또는 궁창의 소재에 관한 논의를 담은 유다교 본문도 소개한다. 이를테면, *b. Chagigah* 12b에 하늘이 수정으로 되어 있다는 내용이 나온다고 한다(에제 1,22 참조).

170 쿨릭(Kulik)은 바룩 3서에서 하느님을 거슬러 탑을 쌓게 만든 자들이 마귀화되었다고 해석한다. 그자들이 짐승과 같은 용모로 바뀐 것도 그래서라고 한다. 쿨릭은 특히 악마와 마귀들의 특성을 '눈이 먼 상태'에서 찾는다. 악마 사마엘의 어원이 '눈이 먼'이라는 뜻의 아람어 *sama*에 있다는 점도 강조한다: Kulik, *3 Baruch: Greek-Slavonic Apocalypse of Baruch*, 146-147.

171 탑을 쌓은 사람이나 탑을 쌓게 부추긴 사람이나 모두 짐승의 형상처럼 되었다. 전자는 황소 얼굴에, 사슴의 뿔, 염소의 발, 양의 허리를 가진 모습이 되고, 후자는 개와 비슷한 모습에 사슴의 발을 달고 있다. 이들은 각각 첫째 하늘과 둘째 하늘에서 벌을 받고 있다. 첫 두 하늘이 처벌의 장소임을 주목하라.

172 3바룩 4—9장은 셋째 하늘에 관한 내용이다. 4—5장은 셋째 하늘 하단에 있는 하데스와 용에 관한 설명, 6—9장은 셋째 하늘 상단에 있는 천체들에 관한 설명이다. 용의 뱃속(=하데스)에 악한 사람들의 몸이 모여 있으며, 용이 그 사람들의 몸을 먹고 산다고 한다. 하데스와 용 위에 태양이 지나다니는 길과 달과 별들이 있다고 한다.

173 3바룩 4—5장은 하데스와 용, 그리고 사마엘에 관한 이야기다. 셋째 하늘에 하데스가 있다고 하는 점이 눈길을 끈다. 저승 하데스가 지하가 아니라 하늘에 있다고 하는 것은 헬레니즘의 영향이 분명하다. 플라톤의 제자인 폰티쿠스 헤라클리데스가 처음으로 하데스를 천상에 있는 것으로 묘사하기 시작했다고 한다:

(나는) 그 천사와 함께 그곳에서부터 백팔십오 일 여정 길 정도를 더
(갔다).[174] 3 그리고 천사는 나에게 하데스를 보여주었다.[175] 그의 모습
은 음침하고 속되어 보였다.[176] 4 나는 말하였다. "이 용은 무엇입니까?

Gottschalk, *Heraclides of Pontus*, 99-102. 쿨릭은 '천상의 하데스' 개념이 엿보이는 문헌들을 제시하는데 그 본문들은, 플라톤, 『파이드로스』 246d; 247c; 1에녹 18—20장; 2에녹 10장; 콥트어 바오로 묵시록 20-22; *b. Tamid* 32b 등이다: Kulik, *3 Baruch: Greek-Slavonic Apocalypse of Baruch*, 159.164-165. 이 가운데 3바룩과 비슷한 '하데스' 개념을 드러내는 본문은, 하데스가 셋째 하늘에 있다는 2에녹 10장, 그리고 게헨나가 궁창 위에 있다—엘리야후 학파의 주장이다—는 *b. Tamid* 32b뿐이다. 플라톤의 『파이드로스』 249a(246d; 247c는 쿨릭의 오기인 듯하다)에서는 하데스가 '지하 감옥'으로 표현되고 있다. 『파이드로스』 248e-249b에서 소크라테스는 인간을 세 부류로 제시하는데, 세 번의 생을 잘 살아낸 철학자의 혼만이 다시 천상으로 완전히 돌아갈 수 있다고 한다. 나머지 혼들은 다음 생을 선택하게 될 때까지 '지하 감옥'(ὑπὸ γῆς δικαιωτήρια)에서 벌을 받거나 '하늘의 한 영역'에 들어 올려져 생전의 삶에 걸맞은 삶을 살게 된다고 한다. 어떻든 어느 정도 잘 산 사람은 '하늘의 한 영역'에 가서 일시적으로 거주한다는 주장은 눈여겨볼 만하다. 죽은 사람의 영혼이 하늘로 올라간다는 생각을 담고 있어서다. 1에녹 18—20장에서 하데스(셔올)는 천상에 있다기보다는 '땅 끝' 또는 '하늘과 땅의 끝', 따라서 하늘과 땅이 만나는 지점에 있는 것으로 묘사된다(1에녹 18,14). 넷째 하늘과 다섯째 하늘을 묘사하는 콥트어 바오로 묵시록 20-22에서 그곳은 심판의 장소로 제시되며 하데스와 같은 처벌의 장소가 아니다(콥트어 바오로 묵시록 본문은 송혜경, 『영지주의자들의 성서』, 204-210을 보라). 그러므로 쿨릭이 언급한 본문들 가운데 2에녹 20장; 3바룩 4—5장; *b. Tamid* 32b만 '천상의 하데스' 개념을 확실히 드러낸다고 볼 수 있다.

174 그리스어 본문이 훼손되어 있다. 앞 문장을 참조하여 '나는 나아갔다'를 첨가하였다. '이곳을 통과해 나아가다'는 표현을 통해 천사와 바룩이 셋째 하늘로 들어갔음을 알 수 있다.

175 "하데스"("Ἅδης)는 "저승"이라 옮겨도 된다. Gaylord, "3 (Greek Apocalypse of) Baruch", 667에 제시된 본문에는 '그리고 그는 나에게 평원과 돌처럼 보이는 뱀을 보여주었다'가 이 문장 앞에 들어 있다. 곧 "4,3 그리고 그는 나에게 평원과 돌처럼 보이는 뱀을 보여주었다. 천사는 나에게 하데스를 보여주었다"라 읽는다.

그리고 그것을 감싸고 있는 거친 놈은[177] 무엇입니까?" 5 천사가 나에
게 말하였다. "용은 자기 생을 악하게 보낸 자들의 몸을 먹는 자다.[178]
용은 그것들에서 양식을 얻는다. 6 그리고 후자는 하데스다. 그자도 용
과 매우 비슷하다. 그것이 바닷물을 한 페키스나 마셔도 바닷물이 조
금도 줄어들지 않는다는 점이 그렇다." 7 바룩은 말하였다.[179] "어떻게
그렇게 됩니까?" 천사가 말하였다. "들어라. 주 하느님께서 삼백육십
개의 강을 만드셨다. 그것들 가운데 으뜸이 알피아스와 아비로스와 게
리코스다. 이것들 덕분에 바닷물이 줄어들지 않는다."

8 나는 말하였다.[180] "당신께 청합니다. 제게 가르쳐 주십시오. 아담을
오류로 이끈 나무는 무엇입니까?"[181] 천사가 말하였다. "그것은 사마엘

---

176 하데스를 음침한 곳으로 묘사한 것은 마태 8,12; 22,13; 25,30 참조.

177 용이라 옮긴 그리스어는 ὁ δράκων이다(묵시 12,3; 13,2). ἀπηνής의 뜻이 명확하지 않다. Liddell-Scott에 따르면, '거친', '친절하지 않은' 등의 뜻이다. 게이로드는 '괴물'(monster)이라 읽는다: Gaylord, "3 (Greek Apocalypse of) Baruch", 667. 3바룩 4,4은 '거친 놈'이 용을 감싸고 있다(ὁ περὶ αὐτὸν ἀπηνής)고 한다. 용의 몸을 나선처럼 꼬고 있는 모습을 떠올리면 된다. 3바룩 4,4-6에는 하데스와 용이 두 개체로 구분되지만 3바룩 5,3에서는 하데스가 용의 뱃속으로 표현된다.

178 용은 생을 악하게 보낸 자들의 몸(τὰ σώματα)을 먹는다고 한다. 하바 2,5; 잠언 1,12 참조. 용과 하데스가 처벌의 용어로 묘사된 것은 루카 1,24-25을 연상시킨다. 죽은 부자가 불길 속에서 고초를 겪고 있는 것으로 그려진다. 마태 8,12; 13,42.50; 22,13; 24,51; 25,30; 루카 13,28도 참조.

179 3인칭 시점 서술로 제시되어 있다.

180 다시 바룩의 1인칭 시점으로 바뀐다.

181 3바룩 4,8-17은 사마엘(=악마)과 아담의 이야기가 나온다. 사마엘이 질투 때문에 '포도나무'를 통해 아담을 기만했다고 한다. 인류와 포도나무/포도주의 인연은 여기서 끝나지 않는다. 노아를 통해 포도나무가 다시 심겨진다. 포도나무/포도주는 사용처와 사용량에 따라 인류에게 유익이 될 수도, 해악이 될 수도 있다고 한

천사가 심은 포도나무다. 주 하느님께서 그 일을 두고 진노하셨다. 그리고 그와 그의 식물을 저주하셨다. 그 때문에 그리고 그 일 때문에 그분께서는 아담이 그것을 만지는 것조차 허락하지 않으셨다.[182] 그 때문에 질투에 빠진 악마는 자기의 포도나무를 통해서 그를 기만하였다."[183]
9 나 바룩은 말하였다. "포도나무가 그토록 엄청난 악의 원인이 되었고, 하느님의 저주 아래 있으며, 첫 번째 피조물의 파멸을 가져왔는데, 도대체 어떻게 그것이 이토록 유용하게 되었습니까?"
10 천사가 말하였다. "옳게 질문하였다. 하느님께서 땅에 홍수를 일으키시고 모든 육신과 사십만 구천 명의 거인들을 없애셨을 때, 물이 높은 산들로부터 십오 페키스나 올라갔다. 그때 물이 낙원으로 들어가 모든 꽃을 없애고 포도나무 가지도 완전히 제거하여 밖으로 내보냈다.
11 물이 빠지고 땅이 드러났을 때 노아가 방주에서 나왔다. 그리고 그는 눈에 띈 식물들을 심기 시작하였다.
12 노아는 그 포도나무 가지도 발견하였다. 그리고 그것을 집어 들고서 마음속으로 '도대체 이것이 무엇일까?' 하고 생각하였다. 그래서 나는 그에게 가서 그것에 관한 일을 말해주었다.
13 그가 말하였다. '이것을 심을까요? 어떻게 할까요? 아담이 그것 때문에 파멸했는데, 저도 그것 때문에 하느님의 진노

다. 3바룩 4,8-17은 '용과 하데스'라는 4—5장의 본 주제에서 살짝 벗어난, 일종의 여담(digressio)에 해당한다. 3바룩 4,1-7과 5,1-3을 이어서 읽어도 무방하다.

182 창세 2—3장에 따르면, 하느님께서는 아담에게 그 나무에서 열매를 따 먹지 말라고만 명하셨다. 나무를 만지지도 말라고 하셨다는 말을 덧붙인 이는 하와다.

183 3바룩 4,8-9에서는 사마엘이 아담을 속인 것이 자기가 심은 포도나무를 통해서였다고 한다. 포도나무는 창세 2,17의 '선과 악을 알게 하는 나무'를 연상시킨다. 한편 3바룩 9장에서는 '포도나무'에 대한 언급 없이 사마엘 천사가 아담을 기만한 주체로 제시된다. 아담과 하와의 범죄를 악마와 연결시키는 것은 1에녹 69,6; 아담과 하와의 생애 12—16장; 2에녹 31장에서도 발견된다.

를 사지 않을까 염려됩니다.' 이렇게 말한 뒤 노아는 자기가 그것을 가
지고 어떻게 해야 할지 계시해 달라고 하느님께 기도하였다. 14 그리고
사십 일 동안의 기도를 마쳤을 때 그는 간절히 탄원하고 울면서 말하
였다. '주님! 제가 이 나무를 가지고 어떻게 해야 할지 저에게 계시해
주시기를 청합니다.'

15 그러자 하느님께서 사라사엘 천사를 보내셨다. 그 천사가 그에
게 말하였다. '일어서라 노아야, 그 가지를 심어라. 주님께서 이렇게 말
씀하신다. '그것의 쓴맛이 단맛으로 변하리라! 그것의 저주가 축복이
되리라! 거기에서 난 것이 하느님의 피가 되리라. 그리고 그것으로 인해
인류가 단죄를 받았듯, 이제는 그것으로 예수 그리스도 임마누엘을 통
하여 낙원으로 가는 입장권과 초대장을 얻게 되리라!''[184]

16 그러므로 깨달아라, 오 바룩아! 아담이 바로 그 나무를 통하여
단죄를 받고 하느님의 영광을 박탈당했다. 마찬가지로 지금 거기에서
나는 포도주를 너무 많이 마시는 사람들은 아담보다 더 큰 잘못을 저
지르게 된다. 그리고 그들은 하느님의 영광에서 멀어지고 영원한 불을
자기 몫으로 예비하게 된다. 17 사실 온갖 선이 그것을 통해 이루어진

---

184 3바룩 4,15에는 중요한 신학이 담겨 있다. 사탄이 심은 포도나무, 아담을 오류로 이끈 그 포도나무가 결국 예수 그리스도를 통하여 구원의 도구가 된다. 그 나무가 낙원으로 가는 입장권과 초대장을 얻게 해준다고 한다. 저주를 축복으로 바꾸시는 하느님 구원 경륜을 보여준다. 로마 5,15-18과 비교하라. 특히 로마 5,17-18 참조: "사실 그 한 사람의 범죄로 그 한 사람을 통하여 죽음이 지배하게 되었지만, 은총과 의로움의 선물을 충만히 받은 이들은 예수 그리스도 한 분을 통하여 생명을 누리며 지배할 것입니다. 그러므로 한 사람의 범죄로 모든 사람이 유죄 판결을 받았듯이, 한 사람의 의로운 행위로 모든 사람이 의롭게 되어 생명을 받습니다." 3바룩 4,15 전체 또는 "예수 그리스도 임마누엘을 통하여"는 그리스도인 편집자의 손길이 분명하다. 포도에서 난 것이 하느님의 피가 된다는 것은 마태 26,28; 마르 1,14; 루카 22,20 참조. 예수 그리스도 임마누엘은 마태 1,23 참조.

다.[185] 그러나 포도주를 말째로 마시는 사람은 다음과 같은 일들을 하게 된다. 형제가 형제를, 아버지가 아들을, 아들이 부모를 가엾이 여기지 않게 된다. 포도주의 타락을 통해 이 모든 것이 온다.[186] 살인, 간음, 불륜, 거짓 맹세, 도둑질 그리고 이것들과 비슷한 일들이다. 포도주를 통해 실현되는 선은 없다."

5 [1] 나 바룩은 천사를 향해 말하였다. "당신께 한 말씀 묻겠습니다, 나리.
[2] 나리께서 제게 '용이 바닷물을 한 페키스나 마신다'고 말씀하셨으니,
용의 배가 얼마만 한지도 말씀해 주십시오." [3] 천사가 말하였다. "용의
배는 하데스다.[187] 그의 배는 사람들 삼백 명이 흑연 하나를 던지는 거
리만큼 크다. 이제 오너라! 내가 너에게 이것들보다 더 위대한 일들을
보여주겠다."

천체들이 있는 곳(6—9장)[188]

6 [1] 그리고 그는 나를 데리고 태양이 지나다니는 곳으로[189] 인도하였

---

185 게이로드(Gaylord)는 "그것을 통해 이루어지는 선은 없다"로 고쳐 읽는다: "3 (Greek Apocalypse of) Baruch", 669. 4,17의 마지막 문장 '포도주를 통해 실현되는 선은 없다'를 참조하라. 그러나 해당 문장을 굳이 부정문으로 고쳐 읽을 필요는 없어 보인다. 포도나무가 선을 가져올 수도 악을 가져 올 수도 있다는 의미로 읽을 수 있다. 3바룩 4,17을 그대로 읽을 때, 포도나무의 양면성이 드러난다. 축복이 될 수도 저주가 될 수도 있다는 것이다.

186 로마 13,13 참조: "대낮에 행동하듯이, 품위 있게 살아갑시다. 흥청대는 술잔치와 만취, 음탕과 방탕, 다툼과 시기 속에 살지 맙시다." 갈라 5,21; 에페 5,18; 1베드 4,3도 참조.

187 또는, "용의 배는 저승이다." 하데스가 용을 감싸고 있다고 표현한 3바룩 4,4-6과 비교하라. 하데스가 용의 안팎을 장악하고 있는 듯하다. 하데스가 용의 뱃속이자 용의 (나선형?) 덮개인 셈이다.

다.[190] 2 그리고 나에게 말 네 필이 끄는 병거를 보여주었다. 그 아래는 불이 타오르고 있었다. 병거 위에는 불의 화관을 쓴 사람이 앉아 있었

188 3바룩 6—9장은 천체들, 곧 태양과 달과 별들이 위치한 또는 지나다니는 공간을 묘사하고 있다. 이 천체들의 공간은 셋째 하늘 상단, 곧 넷째 하늘 바로 아래에 위치해 있다. 이 공간이 첫째부터 셋째 하늘 하단까지의 하부 하늘과 넷째부터 다섯째 하늘까지의 상부 하늘을 구분하고 있다. 하부 하늘이 죄인들의 처벌 장소라면, 상부 하늘은 축복의 장소에 해당한다. 상부 하늘은 다시 의인들의 영혼이 머무는 곳(넷째 하늘)과 미카엘 대천사가 하느님께 예배를 드리는 곳(다섯째 하늘)으로 나뉜다. 천체들의 공간은 일종의 중립 지대에 해당한다. 6—9장은 바룩 3서의 우주관을 드러낸다는 점에서 중요하다. 구약 외경 가운데 당대 우주관과 관련하여 중요한 작품들은 Stanhope, "Ancient Hebrew Heavenly Cosmology", 109-111에 잘 요약되어 있다. 천체들과 각 천체가 다니는 길은 1에녹 72—82장에 자세히 다뤄져 있다. 태양, 달, 별들 등 천체들은 각자의 궤도(하늘 길)를 따라 반구형의 하늘을 규칙적으로 순환하고 있다고 한다(1에녹 82,8-10). 하늘을 열 개로 제시하는 2에녹은 지구 중심적 우주론을 표방한다. 이를테면, 2에녹 12,3: "그(태양)는 (지구 주위를) 둥근 원을 그리며 돈다. 광선을 내뿜으며 뜨고 지고, 하늘을 가로지르며, 지구(땅) 아래로 (내려간다). 그리하여 그는 쉬지 않고 궤도를 따라간다." 2에녹 14장에서는 태양은 매일 밤 지구 아래쪽으로 서에서 동으로 움직인다고 한다. 태양이 낮에는 하늘로 동에서 서로, 밤에는 땅 밑으로 서에서 동으로 다닌다는 것이다. 이 관점은 지구를 중심으로 다른 천체들 또는 천구들이 원운동을 한다는 플라톤/아리스토텔레스의 지구중심체계와 유사해 보인다. 그리스 우주관에 대해서는 Gregory, *Ancient Greek Cosmogony*; Couprie (ed.), *When the Earth Was Flat: Studies in Ancient Greek and Chinese Cosmology*; Couprie, *Heaven and Earth in Ancient Greek Cosmology*을 참조하라. 그리스 자연철학자들 및 플라톤/아리스토텔레스 우주관은 송혜경, 「외경의 질문들 8-12」에 비교적 자세히 다뤄져 있다. 앞의 해제, '5.1. 우주관' 항목도 참조하라.

189 3바룩 7,2에 따르면 태양은 셋째 하늘에 있다. 에녹 2서에서는 태양이 넷째 하늘에 있다고 한다(11—12장).

190 3바룩 6—8장은 태양과 피닉스에 관한 이야기다. 2에녹 12장에도 비슷한 이야기가 나온다. 바룩 3서는 일출고- 일몰에 대하여 신화적 언어로 설명하고 있다. 피닉스라는 거대한 새가 태양 광선을 흡수하고 있어서 사람들이 태양에 불타지 않

다. 그 병거는 사십 명의 천사가 끌고 있었다. 그런데 보라! 아홉 개의
산을 합친 것 만한 새가 태양 앞을 선회하고 있었다.[191] 3 나는 천사에
게 말했다. "이 새는 무엇입니까?" 천사가 나에게 말하였다. "그것은 세
상의 수호자다." 4 나는 말하였다. "나리, 그것이 어떻게 세상의 수호자
가 되었습니까? 가르쳐 주십시오." 5 천사가 나에게 말하였다. "이 새는
태양 주변을 돈다. 그리고 날개를 펼쳐서 불 형상의 태양 광선을 받아
들인다. 6 만약 그것이 광선을 받아들이지 않았다면 사람들의 후손 가
운데 단 한 명도 살아남지 못했을 것이다. 다른 생물도 마찬가지다.[192]
그러나 하느님께서 그 새에게 그렇게 하도록 명하셨다."

7 그 새가 날개를 펼쳤을 때 오른쪽 날개에서 엄청나게 큰 글자들이 보
였다. 글자는 크기가 사천 '모디오스'나 되는 타작마당과 비슷했다. 그
것들은 황금으로 된 글자들이었다. 8 천사가 나에게 말하였다. "이것
들을 읽어보아라." 그래서 나는 읽었다. 그리고 이렇게 말하였다. "땅도
하늘도 나를 낳지 않는다. 불 날개들이 나를 낳는다." 9 그리고 나는 말

는 것이라는 설명도 들어 있다. 달의 모양이 변하는 현상이나 빗물의 유래에 대한 설명도 제시되는데, 이는 과학적 설명이라기보다는 종교적 설명에 가깝다. 그러나 그러한 설명을 과학과 무관한 헛된 이야기라고 폄훼하지 않도록 주의해야 한다. 역사학자 데이비드 노스럽은 고대인들에게 과학과 종교와 철학은 서로 엄밀히 구분되지 않았고 상호 연관되어 있었음을 강조한다. (기원전 500년부터 기원후 1350년까지) "이 시대 내내 철학, 과학, 종교 사이의 선은 유동적이었다"는 것이다: 데이비드 노스럽, 「지적 전통들: 철학, 과학, 종교, 예술-기원전 500년-기원후 1350년」, 258-259.

191 병거와 피닉스, 천사들이 동행하는 태양의 이미지는 1에녹 72,4-5; 75,4; 2에녹 11장; 14장에도 나온다. 이에 대해서는 Kulik, *3 Baruch: Greek-Slavonic Apocalypse of Baruch*, 232-235에 자세히 설명되어 있다.

192 새가 태양 광선을 어느 정도 흡수했기에 인류를 비롯한 다른 생명체들이 살

하였다. "나리, 이 새는 무엇입니까? 그의 이름은 무엇입니까?" 10 천사
가 나에게 말하였다. "그의 이름은 피닉스라 불린다." 11 "그는 무엇을
먹습니까?" 그가 나에게 말하였다. "하늘의 만나와 땅의 이슬을 먹는
다." 12 나는 말하였다. "그 새는 배설을 합니까?" 그가 말하였다. "벌레
를 배설한다. 그리고 벌레의 배설물은 임금들과 지배자들이 사용하는
계피가 된다. 잠시 머물러 있어라. 하느님의 영광을 보게 될 것이다."

13 그가 이야기하고 있는 동안 천둥이 치고 천둥소리가 났다.[193] 그리고
우리가 서 있던 자리가 흔들렸다. 나는 천사에게 물었다. "나리! 이 소
리는 무엇입니까?" 천사가 나에게 말하였다. "바로 지금 천사들이 삼
백예순다섯 개의 하늘 문들을 열고 있다. 그리고 어둠에서 빛이 갈라
져 나오고 있다."[194] 14 그리고 한 소리가 나와서 말하였다. "빛을 주는
이여, 세상에 광명을 주어라!" 15 나는 새의 소리를 듣고 말하였다. "나
리, 이 소리는 무엇입니까?" 16 그가 말하였다. "그것은 땅 위의 수탉들
을 깨우는 소리다. 입에서 나오는 말처럼 수탉은 자기네 언어로 세상
의 수탉들에게 알린다. 천사들에 의해 태양의 채비가 끝났으니 수탉
도 소리를 내는 것이다."

7 1 나는 말하였다. "수탉이 소리를 낸 뒤부터는 태양이 어디에서 지냅니
까?"[195] 2 천사가 내게 말하였다. "들어라, 바룩아. (앞서) 너에게 보여준
모든 것은 첫째 하늘과 둘째 하늘에 있다. 태양은 셋째 하늘을 지나다

아남을 수 있었다는 뜻이다. 3바룩 8,7 참조.

193 직역: "천둥소리 같은 천둥이 쳤다."

194 3바룩 6,13-14은 일출을 묘사한다. 일출에 맞추어 수탉들이 운다고 한다.

195 3바룩 7,1-6은 태양이 낮 동안 지나다니는 길과 관련된다. 셋째 하늘에서 피닉스와 천사들이 태양을 함께 끌고 있다고 한다. 태양에게는 화관이 씌워져 있다

니며 세상에 광명을 준다.[196] 기다려라. 하느님의 영광을 보게 될 것이
다."

3 나는 그에게 말하고 있는 동안 새를 보았는데, 그것이 앞쪽에
나타났다.[197] 그것은 조금씩 조금씩 커지더니 마침내 완전한 크기가 되
었다. 4 그 뒤에서 태양이 눈부시게 빛나고 있었다. 천사들이 그와 함
께 끌고 있었으며 그 머리에는 화관이 씌워져 있었다. 우리는 그 모습
을 직접 보거나 쳐다볼 수 없었다. 5 태양이 빛을 내자 피닉스도 자기
날개를 펼쳤다. 나는 그런 영광을 보고 큰 두려움으로 짓눌렸다. 그래
서 도망쳐서 천사의 날개 아래에 숨었다. 6 천사가 나에게 말하였다.
"두려워 마라, 바룩아. 기다려라. 그들이 지는 모습도 보게 될 것이다."

8 1 천사는 나를 데리고 서쪽으로 인도하였다. 일몰 시간이 다가왔을 때,
새가 앞장서고 태양이 천사들과 함께 오고 있는 것을 보았다. 그리고
그것이 옴과 동시에 천사들이 그 머리에서 화관을 벗기는 것을 보았
다.[198] 2 그리고 새가 몸을 일으켰는데, 그 새는 날개를 접은 채 기진맥
진해 있었다. 3 나는 이것을 보고 말하였다. "나리, 천사들이 태양의 머
리에서 화관을 벗겨낸 것은 무엇 때문입니까? 그리고 새가 이토록 기
진해 있는 것은 무엇 때문입니까?" 4 천사가 나에게 말하였다. "태양의

고 한다.

196 슬라브어 본문에는 '셋째 하늘'이라 명시되어 있지 않다. "내가 너에게 보여준 것들은 모두 첫째 하늘과 둘째 하늘에 있다. 그러나 하늘의 이 장소는 태양이 다니면서 세상에 빛을 주는 곳이다"라 읽는다.

197 '그것'이 정확히 무엇인지는 명시되어 있지 않다. 새를 가리키는 듯하다.

198 3바룩 8장은 일몰을 묘사한다. 일몰 시간이 되면 피닉스가 앞장서고 태양이 천사들과 함께 서쪽으로 간다. 태양이 서쪽에 당도하면 천사들이 태양의 머리에서 화관을 벗긴다. 그 화관을 하늘로 가지고 올라가 새롭게 만든다고 한다. 일몰 이후

화관은, 그것이 하루를 보내고 나면, 네 천사가 그것을 받아든다.[199] 그
리고 하늘로 가지고 올라가서 그것을 새롭게 만든다. 태양과 그 광선이
땅에서 더럽혀졌기 때문이다. 그렇게 해서 그것은 매일 새로워진다."[200]
5 나 바룩은 말하였다. "나리, 태양 광선이 땅에서 더럽혀지는 것은 무
엇 때문입니까?" 천사가 나에게 말하였다. "사람들의 불법과 불의를 보
기 때문이다. 말하자면 불륜, 간음, 도둑질, 탈취, 우상숭배, 주취, 살
인, 싸움, 질투, 중상, 불평, 소문, 신탁, 그리고 이것들과 비슷한 것들
이다. 이런 것들은 모두 하느님께 받아들여지지 않는다. 이것들 때문
에 그것이 더럽혀지며 또 그 때문에 새롭게 되기도 한다.
6 그 새에 관해, 그것이 어떻게 해서 그렇게 기진했느냐 하는 것은
이러하다. 그것이 불을 통해, 그리고 하루 종일 타오르는 열기를 통해
태양의 광선을 붙잡아 두었기 때문이다. 그래서 그렇게 기진하게 되는
것이다. 7 새의 날개들이, 우리가 앞에서 말했듯이, 태양 광선을 가리
지 않았다면 어떤 생물도 살아남지 못했을 것이다."[201]

에는 피닉스도 날개를 접고 쉰다.

199 Ὁ στέφανος τοῦ ἡλίου, ὅταν τὴν ἡμέραν διαδράμῃ, λαμβάνουσι τέσσαρες ἄγγελοι τοῦτον은 casus pendens 곧 '격의 유보'에 해당한다. 강조하려는 명사를 '주격' 형태(Ὁ στέφανος τοῦ ἡλίου)로 문장 맨 앞에 배치하고, 그 단어에 상응하는 대명사를 문장 내 격에 맞추어(τοῦτον 목적격) 다시 제시하는 구문을 가리킨다. 격의 유보(casus pendens)는 히브리어 문장에 자주 나타난다. 성경 히브리어에 나타나는 격의 유보 용법에 대해서는 Muraoka, *Emphatics Words and Structures in Biblical Hebrew*, 93-97을 보라. 바룩 4서 해제 '3. 본문과 언어'에 '격의 유보'에 대한 설명이 있다. 여기에 달린 각주를 참조하라.

200 3바룩 8,4-5에 따르면 사람들의 불법과 불의 때문에 태양과 광선이 매일 더럽혀진다. 태양이 지면 천사들이 태양에게서 화관을 받아들고 하늘로 가져가서 매일 새롭게 만든다고 한다.

9 1 그것들이[202] 물러나자 밤이 찾아왔다. 그와 동시에 달과 별들도 함께
왔다.[203] 2 나 바룩은 말하였다. "나리, 저에게 이것도 알려 주십시오.
청합니다. 그것은[204] 어떻게 나옵니까? 그리고 어디로 갑니까? 그리고
어떤 모습으로 다닙니까?" 3 천사가 말하였다. "기다려라. 조금 뒤면 그
것도 보게 될 것이다." 그리고 다음날 나는 그것이 여자의 모습을 하고
바퀴 달린 병거에 앉아 있는 것을 보았다. 그녀 앞에는 수소들이 있었
고 병거에는 양들이 있었다. 수많은 천사들도 있었다. 4 나는 말하였
다. "나리, 수소들과 양들은 무엇입니까?" 그가 나에게 말하였다. "그
들도 천사들이다." 5 나는 다시 물었다. "그것이[205] 어떤 때는 커졌다가
어떤 때는 줄어드는 것은 무엇 때문입니까?" 6 "들어라. 바룩아. 네가
보는 그것은 하느님에 의해 다른 것과 비교할 수 없이 아름답게 만들
어졌다. 7 그런데 첫 아담이 범죄를 저지른 날 사마엘이 뱀을 옷처럼
입었을 때[206] 그것이[207] 그(사마엘) 곁에 있었다. 그리고 그것은 몸을 숨
기기는커녕 오히려 커졌다. 그리하여 하느님께서 그녀에게[208] 진노하셨

---

201 3바룩 6,6 참조.

202 태양과 피닉스.

203 3바룩 9장은 밤, 달과 별들에 관한 이야기다. 달이 왜 날짜에 따라 모양이 변하는지, 그리고 달과 별들이 왜 밤에만 빛나는지 답을 내놓고 있다.

204 그것으로 옮긴 그리스어 대명사 ταύτην은 여성 단수형이다. 앞 문장의 '달'(σελήνη, 여성 단수)을 가리킨다. 9,3, 여자의 모습을 하고 병거에 앉아 있는 그것(ταύτην)도 달을 가리킨다.

205 9,5에 주어가 명시되어 있지 않고 동사 3인칭 단수 형태가 쓰였다. 해당 동사의 주어가 9,2-4에 언급된 '달'임이 분명하다. 여기서 바룩은 달의 모양이 변하는 현상의 원인에 대해 묻고 있다. 9,5-8 전체가 '달'에 대해 이야기하고 있다.

206 바룩 3서 그리스어 역본에서는 악마의 이름이 사마엘로 제시된다. 해제 '5.3. 천사와 악마' 항목 가운데 '악마'를 참조하라. 악마가 뱀처럼 위장하여 아담과 하와를 유혹했다는 이야기는 아담과 하와의 생애에도 나온다.

다. 그리고 그녀를 고통스럽게 하시고 그녀의 날들을 줄이셨다."

[8] 나는 말하였다. "어떻게 그것은 늘 빛나지 않고 밤에만 빛납니까?" 천사가 말하였다. "들어라! 대신들이 임금 앞에서 대놓고 말하지 못하듯이, 달도 별들도 태양 앞에서는 빛을 내지 못한다. 사실 별들은 늘 달려 있지만 태양에 의해 빛이 흩어진다. 그리고 달도 늘 온전한 모양으로 있지만 태양의 열기 때문에 쇠잔해진다."

넷째 하늘(10장)[209]

10 [1] 내가 대천사에게서 이 모든 것을 배웠을 때 그는 나를 데리고 넷째
하늘로[210] 인도하였다. [2] 나는 넓은 평원을 보았다. 평원 한가운데 물의
호수가 있었다.[211] [3] 그리고 평원에는 온갖 종류의 새들이 무리지어 있

207 '달'을 가리킨다. 9,2에 달린 각주를 참조하라.

208 대명사에 '여성형' αὐτή가 쓰였다. 9,2-8까지 '그것'(동사의 숨은 주어) 또는 '그녀'로 옮겨지는 것은 모두 여성인 '달'을 가리킨다.

209 3바룩 10장은 넷째 하늘에 관한 내용이다. 10,5에 따르면, 넷째 하늘에 의인들의 영혼의 처소가 있다.

210 그리스어 본문에는 '셋째 하늘'로 되어 있으나 문맥상 '넷째 하늘'로 고쳐 읽었다. 4장에서 이미 셋째 하늘로 들어갔으며(7,2도 참조), 이어지는 11장에서 다섯째 하늘로 들어간다(11,1 참조). 슬라브어 본문은 "넓은 산으로 인도하였다"라고 읽는다. 슬라브어 본문에 '넷째 하늘'이라는 표현은 없으나 3바룩 7,2와 11,1을 참조하면 이 본문 역시 3바룩 10장은 '넷째 하늘'을 다루고 있음이 분명하다. Gaylord, "3 (Greek Apocalypse of) Baruch", 672-673의 각주를 참조하라.

211 쿨릭은 바룩 3서가 의인들의 처소를 '평원'으로 표현한 것을 두고 헬레니즘의 영향으로 해석한다: Kulik, *3 Baruch: Greek-Slavonic Apocalypse of Baruch*, 277. 이를테면, 3바룩 10,2.5에 언급된, 호수를 품은 '평원'은 호메로스 『오뒷세이아』 4.563에 언급된 '엘리시온 들판'을 연상시킨다는 것이다. 엘리시온 들판은 특별한 영웅이나 축복받은 사자(死者)들이 가서 산다는 낙원을 가리키는데 땅의 서쪽 끝, 오케아

었다. 그것들은 이 세상 것과는 달랐다. 그리고 황소만큼 큰 학도 보았
다. 모든 것이 세상의 것들보다 훨씬 컸다. 4 나는 천사에게 물었다. "평
원은 무엇입니까? 호수는 무엇입니까? 그 주변의 새들 무리는 무엇입
니까?"[212] 5 천사가 말하였다. "들어라, 바룩아! 호수를 품은, 놀라운 것
들을 간직한 평원은 의인들의 영혼이 오는 곳이다.[213] 그들은 한데 모
여 춤추고 노래하면서 함께 지낸다. 6 구름은 그 (호수의) 물을 받아들
여 땅에 비로 내려 보낸다. 그리하여 열매들이 자라난다."[214]

7 나는 다시 주님의 천사에게 물었다. "새들은 (무엇입니까)?" 그가 나
에게 대답하였다. "그것들은 끊임없이 주님을 찬양하는 이들이다."[215]

노스 강변에 있다고 한다(천병희, 『오뒷세이아』, 548-549, 각주 35). 플라톤, 『파이돈』 112e-113a에는 아케론 강과 아케루시아스 호수가 언급되어 있다. 오케아노스 맞은편에서 반대 방향으로 흐르는 것이 아케론인데, 이 강은 여러 사막을 지나 지하로 흐르다가 아케루시아스 호수에 이른다고 한다. "죽은 사람들의 혼은 대부분 그곳에 모여서 … 일정 기간 머무른 뒤 다시 동물로 태어나도록 돌려보내진다"고 한다. '아케론 호수'를 언급한 바오로 묵시록 22장도 연상시킨다. 이에 따르면, 아케론 호수 안에 하느님의 도성이 있다고 한다.

212 쿨릭에 따르면 '새들의 호수'는 유다교 묵시문학 고유의 전승이라고 한다: Kulik, *3 Baruch: Greek-Slavonic Apocalypse of Baruch*, 288. 쿨릭은, 의인들의 처소에 '물' 또는 '호수'가 있는 것으로 묘사하는 이유를 물의 '정화' 및 '생명 부여' 기능에서 찾는다. '호수'는 의인들의 영혼을 정화하여 천상의 존재로 거듭나게 만드는 생명의 샘이라는 것이다: 같은 책, 288-289.

213 3바룩 10,5은 의인들의 영혼들(αἱ ψυχαὶ τῶν δικαίων)이 모이는 곳을 언급하고 있다. 4에즈 4,35; 2바룩 21,23 등에 언급된 '영혼들의 보고'를 참조하라. 해당 본문에 달린 각주도 참조하라. 1에녹 22,1-4; 22,8-13도 참조하라. 신약 외경인 베드로 묵시록 5장; 바오로 묵시록 11장에도 의로운 이들의 처소가 묘사되어 있다. 부자와 라자로의 비유에서 "아브라함 곁"으로 묘사된 곳이 의인들의 처소일 법하다(루카 16,22-23).

214 3바룩 10,6은 의로운 영혼들의 처소에 있는 호수의 물이 구름을 통해 비가 되

[8] 나 바룩은 말하였다. "나리! 어째서 사람들은, 비로 내리는 물은 바
다에서 나온다고 말하는 것입니까?" [9] 천사가 말하였다. "빗물 중에는,
바다에서 유래한 것도 땅의 물들에서 유래한 것도 있다. 그러나 열매
를 맺게 만드는 것은 후자에서 나온 것뿐이다. [10] 하늘의 이슬이라 불
리는 것도 후자에서 나왔다는 사실을 알아라."

다섯째 하늘(11—16장)[216]

미카엘 대천사(11장)[217]

11 [1] 이 말을 마친 뒤 천사는 나를 데리고 다섯째 하늘로 인도하였다. [2] 그
런데 성문이 닫혀 있었다. 나는 말하였다. "나리! 이 대문은 열리지 않
습니까? 열려야 우리가 들어갈 수 있을 텐데요." 천사가 나에게 말하였
다. "하늘 나라의[218] 열쇠를 쥐고 있는[219] 미카엘이 오기 전까지는 우리

어 내린다고 한다. 그 비가 땅의 열매들을 자라나게 한다는 것이다.

215 레위의 유언 3,8; 2에녹 17,1에는, 하느님께 찬가를 부르는 하늘의 천사들이 언급되어 있다: Gaylord, "3 (Greek Apocalypse of) Baruch", 673.

216 3바룩 11—16장은 다섯째 하늘에 관한 내용이다. 이곳에서 미카엘이 천상 예배를 올린다. 11장은 미카엘 대천사, 12장은 바구니를 든 천사들, 13장은 빈 바구니를 든 천사들, 곧 악인들에게 보내진 천사들, 14장은 미카엘 대천사의 천상 예배, 15—16장은 상벌의 전달을 묘사한다. 3바룩 11—16장에 따르면 인류는 의인들, 약간 의인들, 죄인들로 나뉜다. 이에 따라 그들에게 파견되는 천사들도 의인들에게 파견된 천사들, 평범한 사람들에게 파견된 천사들, 죄인들에게 파견된 천사들로 나뉜다. 슬라브어 역본에서는 바룩이 고통당하는 죄인들을 위해 중재할 허락을 받는다.

217 11장은 미카엘 대천사에 관한 내용이다. 미카엘은 의인들의 덕행들과 선행들을 큰 대접에 담아 하느님 대전에 바친다고 한다.

218 '하늘 나라'라고 옮긴 그리스어 표현은 ἡ βασιλεία τῶν οὐρανῶν이다. 마태 5,3 등에서와 같다. 더 정확히는 '하늘들의 나라'다. 하늘이 여러 층으로 이루어져

가 들어갈 수 없다.[220] 하지만 기다려라, 하느님의 영광을 보게 될 것이
다."
³ 그리고 천둥처럼 큰 소리가 났다. 나는 말하였다. "나리, 이 소리
는 무엇입니까?" ⁴ 그가 나에게 말하였다. "바로 지금, 미카엘 총사령

있다는 믿음이 반영된 표현이다. 3바룩에서 하늘은 총 다섯 하늘로 소개된다. 셋째 하늘까지 들어 올려진 이(아마 바오로 사도 자신)의 경험을 이야기하는 2코린 12,2을 참조하라.

219 3바룩 11,2은 미카엘 천사를 하늘 나라의 열쇠를 쥐고 있는 이(ὁ κλειδοῦχος τῆς βασιλείας τῶν οὐρανῶν)로 묘사한다. 마태오 복음에서는 베드로 사도를 천국의 열쇠를 쥔 자로 묘사한다: "나는 너에게 하늘 나라의 열쇠(τὰς κλεῖδας τῆς βασιλείας τῶν οὐρανῶν)를 주겠다. 그러니 네가 무엇이든지 땅에서 매면 하늘에서도 매일 것이고, 네가 무엇이든지 땅에서 풀면 하늘에서도 풀릴 것이다"(마태 16,19). 묵시 1,18은, 부활하신 예수님을 죽음과 저승의 열쇠(τὰς κλεῖς τοῦ θανάτου καὶ τοῦ ῞Αδιου)를 쥐고 있는 분으로 묘사한다.

220 미카엘 천사를 의인들에게 (하늘 나라의) 성문을 열어주시는 분으로 묘사한 4바룩 9,5 참조: "그분(미카엘 대천사)께서는 의인들을 데리고 들어가실 때까지, 의인들에게 성문을 열어주시는 분이십니다!" 3바룩 11,2에 따르면, 다섯째 하늘에는, 사람이든 천사든, 미카엘 대천사가 문을 열어주어야만 들어갈 수 있다. 바룩이 다섯째 하늘로 들어가는 것이 전혀 불가능한 일은 아닌 듯하다. 그런데 미카엘 대천사가 하늘 나라의 문을 여는 것은 마지막 때일 법하다. 실제로 바룩 3서에서 바룩과 천사가 다섯째 하늘로 들어갔는지 명시되지 않는다. 둘이 다섯째 하늘 안으로 들어갔다는 표현도, 들어갔다가 다시 나왔다는 표현도 없다. 다섯째 하늘에 있던 미카엘 대천사가 성문을 열고 나왔을 법하다(14,1; 15,1 참조). 파마엘 천사 혼자 미카엘 천사를 만나러 들어갔다가(11,6 참조) 나왔을 수도 있다. 어떻든 바룩은 다섯째 하늘로 들어가지 않고 계속 바깥쪽에 있었을 가능성이 크다. 쿨릭도 바룩이 다섯째 하늘로 들어가지 않았다는 입장이다: Kulik, *3 Baruch: Greek-Slavonic Apocalypse of Baruch*, 308–309. 반대 의견은 같은 책 각주 434를 참조하라. 바구니를 든 천사들이 와서 미카엘 대천사와 만나는 곳은 다섯째 하늘 바깥쪽 입구 근처일 듯하다. 어떻든 바룩 3서에 따르면, 하늘에는 미카엘 대천사만 출입할 수 있는 일종의 '지성소'가 있는 게 틀림없다. 다섯째 하늘 안쪽 어딘가(아마 상층부: 3바룩 11,4 참조)에 지성소 구역(하느님 어좌가 자리한 곳)이 있는 듯하다. 이곳은 11,9에서 "천상의

관께서[221] 사람들의 기도를 받으려고[222] 내려오고 계신다."[223] 5 그런데,
보라! 한 소리가 당도하였다. "열려라, 성문들!" 그리고 (성문들이) 열렸
다. 그리고 천둥소리 같은 것이 났다.

6 그리고 미카엘이 왔다. 나와 함께 있던 천사가 그분을 만나서 절
하며 말하였다. "안녕하십니까! 저와 우리 군단 전체의 총사령관이시
여!" 7 그러자 미카엘 총사령관이 말하였다. "그대도 안녕한가? 우리 형
제이자, 삶을 잘 산 이들에게 계시를 해석해주는 이여!"[224]

하느님 대전"(ἔμπροσθεν τοῦ ἐπουρανίου θεοῦ)이라 불린다. 다섯째 하늘 입·출구 근처에서 미카엘 대천사가 다른 천사들로부터 덕행 바구니를 받아들고 하느님 대전으로 올라가서 그것들을 하느님께 전달하는 것이다. 미카엘 대천사가 하느님 대전에 올라갔다가 다시 내려오는 것을 묘사한 3바룩 14,1; 15,1도 참조하라: 각각 다음과 같다. "바로 그 시각, 미카엘은 떠났다. 문들(αἱ θύραι)도 닫혔다"; "바로 그 시각, 미카엘이 내려왔고 문(ἡ πύλη)도 열렸다."

221 미카엘 천사가 천사 군단의 수장으로 등장하는, 다니 10,13.21; 2에녹 22,6 등을 참조하라. 미카엘 대천사의 역할에 대해서는 해제 '5.3. 천사와 악마' 항목과 '5.6. 천상 예배 — 지금 우리가 하는 일들' 항목을 참조하라.

222 사람들의 기도들을 받아든 미카엘 대천사는 이 기도들을 하느님 제단에 바칠 터다. 사람들의 덕행과 선행을 대접에 담아서 하느님께 바치듯, 사람들의 기도도 그렇게 할 것이다.

223 미카엘 대천사가 '내려오고'(κατέρχεται) 있다고 묘사되어 있다. 바룩과 파마엘 천사가 다섯째 하늘의 성문 입구에 서 있을 때 하늘 안쪽에서 미카엘 대천사가 내려오는 소리가 들려온다. 그리고 성문이 열리고 미카엘 대천사가 그들에게 '왔다'(ἦλθεν 11,6)고 한다. 미카엘 대천사가 다섯째 하늘 상층부(지성소)에서 입구 쪽으로 내려온다는 뜻이 암시되어 있다. 15,1도 참조하라. (하느님 대전에서) 천상 예배를 마친 미카엘이 다시 파마엘과 바룩이 있는 곳(=다섯째 하늘 입구)으로 '내려왔다'고 묘사한다.

224 3바룩 11,7에서 바룩에게 천계를 보여주고 있는 파마엘 천사가 '계시의 해석자'로 소개되고 있다. 다니 9,21-27에서는 가브리엘 천사에게 이 역할이 주어져 있다: "다니엘아, 내가(가브리엘) 너를 깨닫게 해 주려고 이렇게 나왔다"(다니 9,22).

8 그들은 이런 식으로 서로 인사를 나누고 일어섰다. 그리고 나는
미카엘 총사령관이 엄청나게 큰 대접을 들고 있는 것을 보았다. 그 깊
이가 하늘에서 땅까지 거리만큼, 그 너비는 북쪽에서 남쪽까지 거리만
큼 되었다. 나는 말하였다. "나리, 미카엘 총사령관께서 들고 계신 것
이 무엇입니까?" 9 그가 나에게 말하였다. "그것은 의인들의 덕행들과
그들이 행한 모든 선행들이[225] 들어가 담기는 곳이다.[226] 그 모든 것이
그분에 의해 천상의 하느님 대전에 전달된다."[227]

바구니를 든 천사들[228]

12 1 내가 그분들과 이야기하고 있을 때였다. 보라! 꽃이 가득 담긴 바구
니를 든 천사들이 왔다.[229] 그들이 그것들을 미카엘에게 주었다. 2 나

가브리엘 천사가 다니엘이 본 환시를 해석해 주고 있다. 2바룩 56장에서는 레미엘 천사가 파견되어 바룩에게 환시를 해석해 준다: "56,1 네가 본 환시의 의미를 가르쳐 달라고 네가 지극히 높으신 분께 청하였기에, 너에게 말하라고 내가 파견되었다."

225 "그들이 행한 모든 선행들"이라고 옮긴 그리스어 표현은 ὅσα ἐργάζονται ἀγαθά이다. 여기서 ἀγαθός는 '좋은', '훌륭한', '가치 있는', '이로운', '선한' 등의 의미를 포괄한 단어(Bauer-Danker)로 단순히 좁은 의미의 선행이나 공로만을 가리키지 않는다. 가치 있고 이로운, 좋고 훌륭한 모든 것을 가리킨다.

226 "향이 가득 담긴 금 대접들은 성도들의 기도"라고 하는 묵시 5,8 참조.

227 3바룩 11,8-9에 따르면, 의인들의 덕행(αἱ ἀρεταὶ τῶν δικαίων)과 선행이 미카엘 대천사의 대접에 담겨 하느님께 전달된다(ἀποκομίζονται). 14,2도 참조하라: "바로 지금 미카엘이 하느님께 사람들의 덕행들을 (예물로) 바치고 계신다(προσφέρει)." 3바룩에 따르면, '천상의 하느님 대전'(ἔμπροσθεν τοῦ ἐπουρανίου θεοῦ)은 미카엘 대천사만 접근할 수 있다. 여기서 주목해야 할 점은 미카엘 대천사가 덕행과 선행을 전달하고 바치는 행위가 지속·반복적으로 이루어지고 있다고 표현한 사실이다. ἀποκομίζονται와 προσφέρει가 모두 직설법 현재형이다.

228 12장은 천사들이 바구니를 들고 와서 미카엘 대천사의 대접에 내용물을 쏟는 장면이다. 꽃들(=의인들의 덕행들)이 가득 든 바구니를 든 천사들도 있고 거의

는 천사에게 물었다. "나리, 이들은 누구입니까? 그리고 그들이 가져온
것은 무엇입니까?" 3 그가 나에게 말하였다. "그들은 권력들 위에 있는
천사들이다."[230] 4 바구니들을 받아든 대천사는 내용물들을 대접에 쏟
았다. 5 천사가 나에게 말하였다. "위의 꽃들은 의인들의 덕행들이다."
6 나는 채워지지 않은, 거의 비어 있는[231] 바구니를 든 다른 천사
들도 보았다. 그들은 슬퍼하며 와서는 (미카엘 천사에게) 감히 다가
설 엄두를 내지 못하였다. 그들이 온전한 상을 가지지 못했기 때문이
다.[232] 7 그러자 미카엘이 큰 소리로 말하였다. "너희도 오너라! 천사들

빈 바구니를 든 천사들도 있다.

229 3바룩 12,1-5은 의인들에게 파견된 천사들에 대한 설명이다. 바오로 묵시록 8—9장에도 의인들을 맡은 천사들이 언급된다. 해제 '5.3. 천사와 악마' 항목의 '감독 천사? 수호 천사?'를 참조하라.

230 '권력들 위에 있는 천사들'이라 옮긴 그리스어 표현은 ἄγγελοι ἐπὶ τῶν ἐξουσιῶν이다. ἐξουσία는, 권력·권위 등을 뜻하지만 경우에 따라 인간보다 상위의 영적 존재를 가리키기도 한다. 때로는 천사를(에페 3,10), 때로는 마귀를 가리킨다(콜로 2,15). 권세(ἀρχή), 권능(δύναμις), 주권(κυριότης) 등도 ἐξουσία와 비슷하게 천사와 마귀 모두를 가리킬 수 있다. 이에 대해서는, 송혜경, 『사탄 악마가 된 고발자』, 246-249을 참조하라.

231 직역: "채워지지 않은 빈 바구니"(κανίσκια κενὰ οὐ γέμοντα). "채워지지도 비지도 않은"이라고 고쳐 읽기도 한다: Gaylord, "3 (Greek Apocalypse of) Baruch", 675 각주 참조. 덜 채워진 바구니를 묘사한 듯하다.

232 '상'이라 옮긴 단어는 βραβεῖον이다. 신약성경에서 이 단어는 하느님의 상급을 의미한다(Bauer-Danker). 필리 3,14 참조: "하느님께서 … 우리를 하늘로 부르시어 주시는 상을 얻으려고, 그 목표를 향하여 달려가고 있는 것입니다." 1코린 9,24도 참조하라: "경기장에서 달리기하는 이들이 모두 달리지만 상을 받는 사람은 한 사람뿐이라는 것을 여러분은 모릅니까? 이와 같이 여러분도 상을 받을 수 있도록 달리십시오." 천사들이 온전한 상을 가지지 못했다고 하는 3바룩 12,6은, 하느님의 상급을 받기에 충분한 덕행을 가져오지 못했다는 의미인 듯하다. '상'이 의인들의 덕행 자체를 가리킬 수도 있다. 그렇다면 12,6은 천사들이 '상'과도 같은 의인들의

이여. 너희가 가져온 것을 가져와 보아라!" [8] 미카엘은 몹시 슬퍼하였
다. 나와 함께 있던 천사도 마찬가지였다. 그들이 대접을 채우지 못했
기 때문이다.

아무것도 가져오지 않은 천사들[233]

13 [1] 이들과 비슷하게 다른 천사들도 울고 탄식하면서 왔다. 그들은 두려
움에 차서 말하였다. "보십시오, 나리! 저희가 새카맣게 되었습니다. 저
희가 악한 사람들에게 넘겨졌기 때문입니다. 저희는 저들에게서 물러
나고 싶습니다." [2] 미카엘이 말하였다. "너희는 그들에게서 물러나지 못
한다. 원수가[234] 마지막에 (그들 위에) 군림하지 못하게 만들기 위해서
다. 그러나 너희가 원하는 것을 말해보아라." [3] 그들이 말하였다. "당신
께 청합니다. 저희의 총사령관이신 미카엘이시여! 저희를 그들에게서
멀리 떨어진 곳으로 옮겨주십시오! 저희는 악하고 어리석은 사람들 곁
에서 도저히 지낼 수가 없습니다. 그들 안에는 선이라고는 없으며 온
갖 불의와 탐욕만 있습니다. [4] 사실 저희는 그들이 교회에 들어가는 것
을 본 적이 없습니다. 그들이 영적 부모를[235] 찾아가는 것도, 하나의 선

덕행을 충분히 가져오지 못했다는 뜻이 된다.

233 13장은 악인들에게 파견된 천사들이 다뤄진다. 그들은 악인들 때문에 새카맣게 변했다고 하며 16,1에서 "아무것도 가져 오지 않은 천사들"로 묘사된다. 이 천사들은 악인들에게서 벗어나기를 원하지만 허락을 얻지 못한다. 원수, 곧 사탄이 마지막에 그들 위에 군림하지 못하게 만들기 위해서라고 한다. 악인들에게 파견된 천사들에 대해서는 바오로 묵시록 10장을 참조하라. 이들은 슬퍼하고 울면서 하느님 앞에 예배드리러 온다. 그들은 "저희는 당신의 이름을 부르면서도 죄의 일에 지배받는 자들에게서 왔습니다. 그들에게 봉사하는 것이 무슨 소용이 있겠습니까?" 라고 불평한다. 그러나 "그들에게 봉사하는 것을 그만두지 마라. 그들이 회개할지 모른다"는 답변을 듣는다.

234 '원수'는 악의 수장인 악마 또는 사탄을 가리킨다. 마태 13,39 참조.

행을 찾아가는 것도 본 적이 없습니다. 대신 살인이 있는 곳에 그들도
끼어 있습니다. 불륜, 간음, 도둑질, 중상, 거짓 맹세, 시기, 주취, 싸움,
질투, 불평, 소문, 우상숭배, 신탁, 그와 비슷한 것들이 있는 곳에서,
이런 일들과 그보다 더 나쁜 일들을 하는 자들이 바로 그들입니다. 그
래서 저희는 저희를 그들에게서 벗어나게 해주시기를 청합니다." 5 미
카엘이 그 천사들에게 말하였다. "어떻게 될지 주님에게서 알아낼 때
까지 기다려라."

미카엘 대천사의 천상 예배[236]

14 1 바로 그 시각, 미카엘은 떠났다. 문들도 닫혔다. 그리고 천둥 같은 소
리가 났다. 2 나는 천사에게 물었다. "이 소리는 무엇입니까?" 그가 나
에게 말하였다. "바로 지금 미카엘이 하느님께 사람들의 덕행을 (예물
로) 바치고[237] 계신다."[238]

---

235 '영적 부모'라고 옮긴 그리스어 표현은 πνευματικοί πατέρες다. 이 표현은 수도생활의 영적 지도자나 주교 등을 가리키는 그리스도교 용어다. 3바룩 13,4은 그리스도교 편집자의 영향을 드러낸다.

236 14장은 미카엘 대천사 홀로 하느님 대전에서 사람들의 (기도와) 덕행을 예물로 바친다는 내용이다. 바룩과 파마엘 천사는 천상 예배를 볼 수는 없고 소리로, 곧 천둥 같은 소리로 들을 수만 있다.

237 3바룩 14,2은 천상 예배의 맥락에서 읽힌다. 14,2에서 '(예물로) 바치다'라 옮긴 그리스어 동사 προσφέρειν은 본디 '주다', '바치다'라는 뜻이지만 그 외에 사제나 일반인이 예물이나 희생제물을 봉헌하는 행위를 표현하기도 한다(Bauer-Danker). 이 동사는 여기서 직설법 현재로 쓰여 해당 동작이 지속·반복적으로 이루어지고 있음을 표현한다. 게다가 문장 맨 앞에 덧붙여진 '지금', '바로 지금'을 뜻하는 ἄρτι는 이 봉헌행위가 '지금 현재' 이루어지는 사건임을 부각시키고 있다. 그래서 '(예물로) 바칩니다'가 아니라 '바치고 계십니다'라고 옮겼다.

238 3바룩 14,2에 따르면 미카엘 대천사가 하느님께 사람들의 덕행과 선행을 예물로 바친다(11,9: 의인들의 덕행과 선행들; 12,5: 의인들의 덕행). 미카엘이 사람들

상벌의 전달[239]

15 ¹ 바로 그 시각, 미카엘이 내려왔고 문도 열렸다. 그는 기름을[240] 가져
왔다.[241] ² 가득 찬 바구니를 들고 온[242] 천사들에게는, 그것들을 기름

의 기도를 들으러 내려온다고 한 11,4도 참조하라. 바룩 3서에 따르면, 천상의 하느님 대전(ἔμπροσθεν τοῦ ἐπουρανίου θεοῦ = 지성소)은 미카엘 대천사만 접근할 수 있다. 바룩 3서 슬라브어 역본에서는 미카엘이 하느님께 바치는 예물이 줄곧 '사람들의 기도'라 표현된다.

239 3바룩 15—16장은 상벌의 전달을 다룬다. 바구니를 들고 온 천사들에게는 그에 맞갖은 상급이(15장), 바구니를 들고 오지 않은 천사들에게는 벌(16장)이 전달된다.

240 '기름'이라 옮긴 단어는 ἔλαιον이다. 올리브 기름을 가리킨다. 아담이 죽기 직전에 '기름'을 구하고자 했다는 전승이 있다. 모세의 묵시록에 따르면 셋(Seth)이 에덴동산에서 '자비의 기름'을 구하러 다녔다(9,3; 13,1; 참조: 2에녹 8,1). 2에녹 22,8에서 에녹은 하느님 대전에서 기름으로 도유된다(2에녹 56,2 참조): Gaylord, "3 (Greek Apocalypse of) Baruch", 676-677 참조. 니코데모 복음 19장에도 이와 비슷한 개념이 나온다. 낙원의 기름이 아담을 죽음에서 구해줄 것이라는 내용이다. 다음은 셋이 한 말이다. "예언자들과 성조들이여, 들어라. 첫 피조물이신 내 아버지 아담이 죽음 직전에 이르렀을 때 나를 낙원 문 가까이, 하느님께 보내어 그분께 간청하게 하셨다. 천사를 통해 나를 자비의 나무로 인도해 달라는 것이었다. 내가 기름을 좀 가져와서 내 아버지께 바르면 그분이 병에서 일어날 수 있을 터였기 때문이다." 니코데모 복음은 하느님의 아들이 그런 기름으로 도유하실 것이라고 한다. 다음은 주님의 천사가 셋에게 한 말이다. "셋아, 무엇을 원하느냐? 병든 사람들을 일으킬 기름을 원하느냐? 혹은 네 아버지 병을 낫게 할, 기름을 흘리는 나무를 원하느냐? 지금은 그것을 찾을 수 없다. 그러니 가서 네 아버지에게 말씀드려라. 세상의 창조로부터 오천오백 년이 채워지면, 그때 하느님의 외아드님이 사람이 되시어 세상에 내려오실 것이다. 그리고 그분께서 이런 기름으로 네 아버지를 도유할 것이다. 그러면 그가 되살아날 것이다. 그리고 물과 성령으로 그와 그에게서 난 사람들을 씻을 것이다. 그때 그는 모든 질병에서 나을 것이다." 니코데모 복음 본문은 송혜경, 『신약 외경 1』, 260-302을 보라.

241 15장은 상급의 전달에 해당한다. 덕행과 선행(및 기도)을 조금이라도 가져온 천사에게는 기름이 상급으로 주어진다.

으로 채우며 말하였다. "가져가라. 우리 친구들에게 그리고 열심히 선
행한 이들에게 백 배의 상급을 내려라.[243] 잘 심은 이들이 잘 거두기도
하기 때문이다."

[3] 그리고 거의 빈 바구니를 든 천사들에게도 말하였다. "너희도
오너라! 너희가 가져온 만큼 상급을 받아가라. 그리고 사람들의 아들
들에게 주어라." [4] 그리고 가득 찬 바구니와 거의 빈 바구니를 든 천사
들 모두에게 말하였다. "가서 우리 친구들을 축복하여라. 그리고 그들
에게, '주님께서 이렇게 말씀하신다. '너희는 작은 일에 성실하였다. 그
분께서 너희에게 많은 일을 맡기실 것이다. 우리 주님의 기쁨 속으로
들어가라!" 하고 말하여라."[244]

16 [1] 그가 돌아서서, 아무것도 가져오지 않은 천사들에게 말하였다.[245]
"주님께서 이렇게 말씀하신다. '너희는 슬퍼하지 마라. 울지도 마라. 사
람의 아들들을 포기하지도 마라.'

[2] 그들이 행업들로 나를 분노하게 만들었으니, 가서 그들에게 질
투와 분노를 유발하여라. 그리고 (민족도) 아닌 민족, 지각없는 민족 때
문에 비통해 하도록 만들어라.[246] [3] 또한 이와 함께 유충, 메뚜기, 곰팡

---

242 ἐνεγκόντες(주격)를 문맥에 맞게 ἐνεγκόντας(대격)로 고쳐 읽었다.

243 마태 19,29 참조. 기름은 신약성경에서도 중요한 상징적 의미를 지닌다. 예수님은 많은 병자에게 '기름'을 부어 병을 고쳐주신다(마르 6,13). 기름의 은유를 담은 마태 25,3-4 참조. 믿는 이를 거룩하신 분에게서 기름부음 받은 것으로 묘사한 1요한 2,20.27 참조.

244 마태 25,23 참조: "네가 작은 일에 성실하였으니 이제 내가 너에게 많은 일을 맡기겠다. 와서 네 주인과 함께 기쁨을 나누어라."

245 16장은 벌의 전달에 해당한다. 바구니를 들고 오지 않은 천사들에게 악인들에게 내릴 벌이 전달된다. 벌이 '분노', '질투', '비통함'과 같은 정신적인 벌과 자연재해 및 죽음, 마귀의 재앙 등으로 표현된다.

이, 방아깨비, 번개와 진노를 동반한 우박들을 보내라. 그리고 그들은
칼과 죽음으로, 그들의 아이들은 마귀들로 두 동강을 내어라.[247] 4 그
들이 나의 소리를 듣지 않았기 때문이다. 그들은 내 계명들을 지키지
도, 실천하지도 않았다. 그들은 내 계명들과 내 회중들을[248] 무시하였
다. 그리고 자기들에게 내 말씀들을 선포하는 사제들을 모욕하였다."

III. 바룩의 귀환(17장)

17 1 이 말씀과 함께 문이 닫혔고 우리는 그곳에서 물러났다. 2 천사는 나
를 처음 있던 곳에 데려다 놓았다. 3 나는 정신을 차리자 나를 이런 영
광에 합당한 이로 여겨주신 하느님께 영광을 드렸다.

마지막 인사

4 오, 형제들이여, 이런 계시를 접한 여러분들이여! 여러분도 하느님께
영광을 드리십시오. 그분께서도 우리를 영광스럽게 만드실 것입니다.
지금도 앞으로도, 그리고 영원무궁토록 아멘!

---

246 신명 32,21 참조: "그들은 신도 아닌 것들로 나를 질투하게 하고 헛것들로 나를 분노하게 하였다. 나 또한 내 백성이 아닌 자들로 그들을 질투하게 하고 어리석은 민족으로 그들을 분노하게 하리라." 신명 32,21을 인용한 로마 10,19도 참조하라.

247 '두 동강을 내다'로 옮긴 단어는 διχοτομέω다. 『성경』에서 이 단어는 '처단하다'로 옮겨져 있다: 마태 24,51; 루카 12,46 참조. 이 동사는 악인들에 대한 처벌이 가혹할 것임을 드러낸다.

248 회중들이라고 옮긴 ἐκκλησία는 '교회들'이라고 옮겨도 된다.

2. 설화와 전설

바룩 4서

4Baruch

≫ 바룩 4서 본문에 대한 영어 번역과 간단한 해제는 Robinson, "4 Baruch", 413-425을 참고하면 된다. Jones, *Jewish Reactions to the Destruction of Jerusalem in A.D. 70: Apocalypses and Related Pseudepigrapha*, 143-172에도 바룩 4서의 원어, 저술 시기와 장소, 신학적 의의 등이 간략하게 소개되어 있다. Herzer, *4 Baruch (Paraleipomena Jeremiou)*에는 그리스어 비평본문(비평 각주 포함)과 영어 번역 및 해제뿐 아니라 바룩 4서 연구를 위한 자세한 서지 정보들이 담겨 있어 큰 도움이 된다. Allison, *4 Baruch: Paraleipomena Jeremiou*도 바룩 4서 그리스어 본문과 영어 번역 및 자세한 해제를 포함하고 있다. 바룩 4서를 깊이 있게 공부하는 데에는 허저Herzer와 알리슨Allison의 책이 매우 유용하다.

바룩 4서*4 Baruch*는 '예레미야서 누락 본문'이라는 뜻의 '파라레이포메나 예레미우'*Paraleipomena Ieremiou*라고도 불린다. 사실 바룩 4서는 여러 제목으로 알려져 있다. 필사본에 따라 제목에 예레미야 예언자의 이름이 붙어 있기도 바룩의 이름이 붙어 있기도 하다.

알리슨은 자신의 주석서에서 바룩 4서 필사본 또는 역본에 덧붙여진 여러 제목을 소개하고 있다.[1] 이에 따르면, 그리스어 필사본(A, B, C, F)에는 제목이 '예레미야 예언서 누락본문, ΤΑ ΠΑΡΑΛΕΙΠΟΜΕΝΑ ΙΕΡΕΜΙΟΥ ΤΟΥ ΠΡΟΦΗΤΟΥ'이라 제시되어 있다. 에티오피아어 본문에는 '바룩의 나머지 말들'이라는 제목이 붙어 있으며 필사본에 따라 '바빌론 유배 시절에 관하여'라는 부제가 덧붙여져 있기도 하다.[2] 아르메니아어 필사본 345에 붙은 제목에는 바룩과 예레미야의 이름이 모두 포함되어, '바룩의 책에 나오는 예레미야 예언자에 관하여'라고 한다. 아르메니아어 필사본 144에는 제목에 아비멜렉의 이름도 들어 있어서, '예레미야 예언자와 그의 제자 바룩과 아비멜렉의 역사'라 되어 있다. 슬라브어 필사본 P의 제목도 세 이름을

1 Allison, *4 Baruch: Paraleipomena Jeremiou*, 8-9.

2 Robinson, "4 Baruch", 418 참조.

모두 포함한다. 슬라브어 필사본 N과 T2는 제목에 예레미야 예언자만 담고 있다.

요즘 학계에서는 바룩 4서*4 Baruch*와 *Paraleipomena Jeremiou*를 혼용한다.[3] 여기서는 바룩 4서의 대표적 주석서인 로빈슨Robinson, 허저Herzer, 앨리슨Allison을 따라 '바룩 4서'라 부르기로 한다.

1. 문학 유형

바룩 4서의 장르 또는 문학 유형에 대한 논의는 앨리슨의 주석서에 상세히 전해진다.[4] 먼저 바룩 4서를 묵시문학으로 분류하는 입장이 있다.[5] 실제로 9장에는 탈혼 상태에서 목격한 환시가 담겨 있기도 하다. 그러나 이 작품에서 환시는 부차적 역할만 할 따름 작품에서 차지하는 비중이 크지 않다. 본문 전체를 고려하면 이 작품은 묵시문학이라기보다는 역사를 토대로 만든 '내러티브' 또는 '역사적 이야기'에 가깝다. 실제로 '온라인 구약 위경 사이트'The Online Old Testament Pseudepigrapha에서는 바룩 4서를 '역사 및 역사 타입의 내러티브'Histories and history-like narratives 항목에서 다루고 있다.[6] 찰

3 Allison, *4 Baruch: Paraleipomena Jeremiou*, 10. 이 작품은, 중심 인물이 예레미야 예언자이고 구약성경의 예레미야서에 나오지 않는 내용을 담고 있다는 점에서 후자, 곧 *Paraleipomena Jeremiou*라는 제목이 더 적합해 보인다.

4 Allison, *4 Baruch: Paraleipomena Jeremiou*, 10-13.

5 앨리슨은 그 예로 해리슨과 굿이너프를 들고 있다: Allison, *4 Baruch: Paraleipomena Jeremiou*, 10.

6 http//pseudepigrapha.org/default/index.

스위스는 *Old Testament Pseudepigrapha vol.2*에서 바룩 4서를 '구약성경의 연장 및 전설들'Expansions of the Old Testament and Legends 항목에 포함시킨다.[7] 이와 비슷하게 알리슨은 바룩 4서를 '다시 쓴 성경'rewritten Bible 또는 '다시 쓴 성서'rewritten Scripture의 한 예로 제시한다.[8] 바룩 4서가 구약성경에 나오지 않는 이야기 및 구약성경 본문에 대한 해석을 두루 담고 있다는 이유에서다.[9] 어떻든, 바룩 4서는 역사적 사실을 순차적으로 기술한 연대기 형식의 책은 아니며, 역사적 사건을 토대로 하여 상징과 우의, 환시와 기적과 초자연적 현상들, 유머와 해학, 종교적 가르침과 신학 등을 가미한 허구적 이야기로 볼 수 있다.

2. 작품 구조와 줄거리

알리슨은 바룩 4서를 크게 세 부분으로 나눈다.[10]

I. 도입: 예루살렘 멸망과 바빌론 유배(1—4장)
예루살렘 멸망 예고(1,1-11)
예레미야와 바룩의 애도(2,1-10)

7 Charlesworth, *The Old Testament Pseudepigrapha vol. 1*, vi.

8 Allison, *4 Baruch: Paraleipomena Jeremiou*, 12.

9 바룩 4서를 라삐들의 하가다에 견주는 학자들도 있다: Kohler, "The Pre-Talmudic Haggada. The Second Baruch or Rather the Jeremiah Apocalypse", 407-419, 특히 408 참조. Herzer, *4 Baruch (Paraleipomena Jeremiou)*, xxix-xxx도 보라.

10 알리슨이 사용한 그리스어 본문과 여기서 번역 대본으로 사용한 그리스어 본문이 다르다. 그래서 절수에 차이가 나기도 하고 내용이 다른 경우도 있다.

성전기물과 아비멜렉의 보전 명령(3,1-22)
예루살렘 멸망과 유배(4,1-12)

II. 중심단락: 유배 기간 및 유배의 종료(5—7장)

아비멜렉 이야기(5,1-35)
바룩의 기도 및 예레미야에게 보낸 편지(6,1-25)
예레미야가 바룩에게 보낸 편지(7,1-37)

III. 결문: 귀환과 예레미야의 순교(8—9장)

예루살렘 귀환과 사마리아 건설(8,1-12)
예레미야의 제사와 기도, 마지막 가르침(9,1-20)
예레미야의 순교(9,21-32)

바룩 4서 도입부(1—4장)는 '예루살렘의 멸망' 및 '바빌론 유배'와 관련된 내용을 담고 있다. 예루살렘을 무너뜨리리라는 하느님의 예고(1,1)로 시작하여 그 예고의 실현(4장)으로 끝난다. 예루살렘 멸망에 대한 탄식과 슬픔이 중간 중간 되풀이된다(2,1-9; 3,3.14; 4,5-11). 예루살렘 멸망과 유배에도 불구하고 거룩한 기물들은 보전되리라는 말씀(3,7-8.14), 그리고 의인 아비멜렉은 이 재난의 기간을 면하리라는 말씀(3,9-10)도 담겨 있다.

중심단락(5—7장)에는 66년에 걸친 아비멜렉의 수면(5,30-34; 6,2-7), 천상 예루살렘(5,34), 육신의 부활(6,3-7) 주제들이 담겨 있다. 6장과 7장은 바룩과 예레미야 예언자가 주고받은 편지가 대부분을 차지한다. 먼저 6,19-25에 바룩이 예레미야에게 보낸 편지가 나오는데, 여기에서 바룩은 예레미야가 바빌론을 떠나 예루살렘으로 돌아올 때가 되었음을 알린다. 예레미야의 답장은 7,24-34에 나온다.

결문(8—9장)은 예레미야의 인도로 유배자들이 예루살렘으로 귀환하는 내용이 주를 이룬다. 이야기 중간에 사마리아인들의 기원이 다뤄진다. 9,7-32에서는 예레미야의 환시 및 그의 순교가 그려진다.

바룩 4서의 줄거리는 다음과 같다. 이 책은 예루살렘 도성을 위해 예레미야가 주님께 올리는 기도로 시작한다. 주님께서는 예레미야에게 이 도성이 무너질 것이라 예고하신다. 그리고 바룩을 통해 성전의 기물들을 땅에 숨겨두고, 아비멜렉을 아그리파스의 포도원으로 피신시키라고 하신다. 아비멜렉이 피신해 있는 동안 예루살렘은 무너질 터였다. 바룩은, 백성들이 거짓된 집사들이었기에 도성이 멸망한 것이라는 말을 듣는다. 주님의 명령대로 예레미야는 다른 사람들과 함께 바빌론에 끌려가고 바룩은 예루살렘에 남는다. 바룩은 칼데아인들이 도성을 침범하는 모습을 본 뒤 도성 바깥의 한 무덤에 들어가 하느님의 계시를 기다린다(1—4장).

한편 아비멜렉은 한낮에 나무 아래에 무화과 바구니를 곁에 두고 앉아서 잠이 든다. 그는 거기서 육십육 년 동안 잠을 잔 뒤 깨어나 자신이 그렇게 오래 잔 줄도 모른 채 무화과 바구니를 들고 도성으로 간다. 아비멜렉은 오랜 동안 버려진 모습으로 있는 황폐한 도성을 보고 놀라서 주님께 울부짖는다. 이때 천사가 파견되어 그를 바룩이 있는 무덤으로 데려간다. 천사는 능하신 분께서 오실 터이니 준비하라고 알린다(5장).

바룩은 예레미야에게 편지를 써서 천사가 말해준 것을 알린다. 이 편지는 독수리를 통해 바빌론에 있는 예레미야에게 전달된다.[11] 무화과 15 과果와 함께였다. 독수리가 유배자들이 묻혀 있던 곳 위로 날아오르자 죽은 이들이 되살아난다. 그리고 예레미야가 백성에게 바룩의 편지를 읽어주고 그들은 기뻐하며 축제를 벌인다. 그들이 예루살렘으로 돌아갈 터였기 때문이다(6—7장).

예레미야는 백성을 이끌고 바빌론을 떠나 고향으로 돌아가려 한다. 예레미야는 바빌론 여자들과 혼인한 이들은 예루살렘으로 들어가지 못하게 한다. 그러자 그들은 사마리아를 세우고 그곳에 자리를 잡는다(8장).

---

11 2바룩 78장 참조. 2바룩 78장은 바룩이 아홉 반 부족들에게 쓴 편지에 해당한다. 같은 편지를 바빌론에 유배 가 있는 형제들에게도 보냈다고 한다.

마지막 장(9장)은 예레미야의 주도로 예루살렘에서 예배가 거행되는 장면이다.[12] 예레미야는 477년이 지나면 주님께서 오시리라 예언한다. 예레미야가 예수님의 오심에 대해 예언하자 백성들은 화가 나서 그에게 돌을 던지려 한다. 그러자 예레미야는 돌을 자신의 모습으로 만들어—이는 하느님께 기도하여 이루어진 일이다—세워둔 뒤 바룩과 아비멜렉에게 마지막 가르침을 이어나간다. 이에 화가 난 사람들이 예레미야가 세워둔 돌을 향해 돌을 던지려 하자 그 돌이 사람들의 어리석음을 꾸짖는다. 그리스도인 편집자가 덧붙인 이 대목에는 예수님을 죽인 유다인들에 대한 비난이 함축되어 있다. 하느님의 아들의 오심을 예고하는 예레미야에게 화가 난 유다인들이 예언자를 죽였다는 것이다.

3. 본문과 원어

이 작품의 그리스어 필사본들이 긴 버전과 짧은 버전으로 나뉘어 십여 개 전해지고 있다. 이 필사본들은 대개 10-15세기에 만들어졌다. 그리스어를 대본으로 만든 에티오피아어 역본과 아르메니아어 역본 및 슬라브어 역본도 전해진다.[13]

현존하는 바룩 4서 그리스어 본문은 코이네 그리스어로 기록되었다.

---

12 9,14에는 "하느님의 아들 예수 그리스도 … 모든 시대들의 빛, 꺼지지 않는 등불, 신앙의 생명"이 언급되어 있다.

13 바룩 4서 필사본들에 대한 상세한 정보가 Herzer, *4 Baruch (Paraleipomena Jeremiou)*, xxxviii-xlii에 보기 좋게 정리되어 있다. Allison, *4 Baruch: Paraleipomena Jeremiou*, 3-8; Robinson, "4 Baruch", 413-414에는 필사본 정보가 비교적 간략하게 소개되어 있다.

기교 없이 평이한 문체가 사용되었으며 사용된 어휘 수도 많지 않아 같은 단어나 표현이 여러 차례 되풀이된다. 찰스Charles는 이 작품이 원래 그리스어로 저술되었으리라 추정했다.[14] 그런데 본문에 셈어 표현들이 드물지 않게 발견되어 이 작품이 본디 히브리어로 저술되었으리라 주장하는 학자들이 등장했다.[15] 알리슨은 바룩 4서에 나타난 셈어 현상을 다음과 같이 제시한다.[16] 동사를 주어 앞에 배치한다든지(1,1.4.5.7; 2,4.5 등), 잦은 격의 유보 casus pendens 현상,[17] 관계 대명사(ᾧ 여격)가 이끄는 절에 '전치사+대명사'구가 중복되어 나타나는 현상(9,6),[18] **ἐγένετο ἡνίκα** + 동사 (= וַיְהִי כִּ / וַיְהִי כַּאֲשֶׁר), **καὶ ἰδοὺ ἐγένετο**(3,2), **καὶ λέγει αὐτῷ**(5,17), 'Eἰ + 직접 의문문'의 사용(7,5),[19] 앞 절이 종속 접속사로 시작하는데도 뒷 절이 καί로 이어지는 구문

14 Charles, *The Apocrypha and Pseudepigrapha of the Old Testament vol. 2*, 133-134.

15 Robinson, "4 Baruch", 414. 1세기 팔레스티나에서 히브리어가 아람어와 함께 일상어로서 사용되고 있었다고 주장하는 다빌라는, 그리스어 구약 외경이 히브리어나 아람어에서 번역되었음을 드러내는 표지들을 제시하고 있다: Davila, "How Can We Tell If a Greek Apocryphon or Pseudepigraphon Has Been Translated from Hebrew or Aramaic", 43-48.

16 바룩 4서에 나타난 셈어 현상은, Allison, *4 Baruch: Paraleipomena Jeremiou*, 24-26 참조.

17 'casus pendens'는 강조법의 일종으로, '격의 유보'라고 옮길 수 있다. 강조하려는 명사나 대명사를 '주격' 형태로 문장 맨 앞에 배치하고, 그 단어에 상응하는 대명사를 문장 내 격에 맞추어 다시 제시하는 구문을 가리킨다. 성경 히브리어에 나타나는 casus pendens 의미와 용법에 대해서는 Muraoka, *Emphatics Words and Structures in Biblical Hebrew*, 93-97을 보라. 4바룩 6,24에 casus pendens가 쓰였다. "**듣는 사람은**, 나는 **그를** 바빌론에서 끌어낼 것이다: **ὁ ἀκούων**, ἀναφέρω **αὐτὸν** ἐκ τῆς βαβυλῶνος." casus pendens에 해당하는 명사와 대명사를 굵은체로 표시하였다.

18 ᾧ πᾶσα κρίσις κέκρυπται ἐν αὐτῷ. 해당 구절 각주를 참조하라.

(ἐὰν ··· καὶ) 등이다.[20]

바룩 4서에 셈어 현상이 나타나는 것은 부정하기 어렵다. 그러나 작품 전체가 본디 그리스어로 저술되었으리라는 의견이 더 설득력 있어 보인다. 그리스어 본문이 히브리어나 아람어에서 옮긴 번역문이라기보다는 원래부터 그리스어로 쓰였으리라는 인상을 준다. 알리슨은 바룩 4서 본문에서 셈어 현상이 나타나는 것은 저자의 출신이 반영된 것이라고 풀이한다. 본문에서 엿보이는 '셈어 현상'은 저자가 '그리스어를 말하는 회당 공동체' 출신임을 암시한다는 것이다. 사실 본문에서 보이는 셈어 현상은 거의 대부분 칠십인역 그리스어 성경에서도 발견된다. 바룩 4서 저자가 칠십인역 그리스어를 모방했다는 것이다.[21] 알리슨의 주장대로라면, 바룩 4서는 본디 코이네 그리스어를 말하는 유다인 저술가에 의해 처음부터 그리스어로 쓰였으리라 추정할 수 있을 것이다.[22]

---

19 καὶ εἶπεν αὐτῷ Βαρούχ· Εἰ δύνασαι συ ἐπᾶραι τὴν φάσιν ταύτην τῷ Ἰερεμίᾳ εἰς Βαβυλῶνα;

20 바룩 4서에 나타난 셈어 현상에 대해서는, Maloney, *Semitic Interference*, 51-53도 참조하라. 알리슨도 말로니(Maloney)의 글을 참조하고 있다.

21 Allison, *4 Baruch: Paraleipomena Jeremiou*, 26. 예를 들어 'Εἰ + 직접 의문문' 용법이 칠십인역의 특징이다: Conybeare/Stock, *Grammar of Septuagint Greek: With Selected Reading, Vocabularies, and Updated Indexes*, 89-90. 같은 책에서 칠십인역 그리스어의 여러 특징, 특히 셈어 현상을 확인할 수 있다. 바룩 4서 저자가 칠십인역을 모방했다는 데 대해서는, Davila, "How Can We Tell If a Greek Apocryphon or Pseudepigraphon Has Been Translated from Hebrew or Aramaic", 31-37을 보라. 한편, 알리슨(Allison)은 한때 성경 그리스어의 특징으로 간주되었던 현상들이 헬레니즘 시대 다른 문헌들에서도 공통적으로 나타난다는 점을 강조한다: *4 Baruch: Paraleipomena Jeremiou*, 26.

22 Allison, *4 Baruch: Paraleipomena Jeremiou*, 25-26; Schaller, "Is the Greek Version of the Paralipomena Jeremiou Original or a Translation?", 51-89.

4. 저술 시기와 장소

많은 학자들이 이 작품은 이스라엘 땅에서 저술되었으리라 추정한다.[23] 그러한 추정의 근거로 로빈슨이 내세우는 첫 번째 사항은, 바룩 4서 저자가 예루살렘 및 그 주변의 지리에 밝아 보인다는 사실이다. '아그리파스의 포도원'(3,14), '아그리파스의 영지'(3,21; 5,22), '산길을 따라'(3,21), '이방인들의 시장'(6,19) 등 특정 지역을 가리키는 구체적인 표현들이 그 예다.[24] 알리슨에 따르면, 8장 사마리아의 기원을 밝힌 대목이나, 본문 전반에 나타나는 셈어 영향들도 이 작품이 이스라엘에서 저술되었을 가능성을 시사한다. 이야기의 서사가 예루살렘에서 시작해서 예루살렘에서 끝나는 점이나 예루살렘 성전이 신학의 중심이 되는 점도 팔레스티나, 특히 예루살렘 기원을 반영한다. 이 모든 요소들을, 바룩 4서가 예루살렘이나 갈릴래아[25] 등 이스라엘 땅에 살던 유다인들을 대변한다는 증거들로 볼 수 있다. 알리슨은, 고고학적 발굴 결과물들이 (제1차 유다 항쟁이 끝나고 예루살렘이 파괴된) 기원후 70년 이후에도 예루살렘 인근에 유다인 공동체가 있었음을 드러낸다는 찰스워스의 소견을 인용하여 바룩 4서의 팔레스티나 기원설에 힘을 싣는다.[26] 찰스워스에 따르면, 예루살렘 인근의 유다인 공동체는 스크립토리움scrip-

---

23 Allison, *4 Baruch: Paraleipomena Jeremiou*, 57-59; Robinson, "4 Baruch", 415.

24 Robinson, "4 Baruch", 415.

25 갈릴래아, 특히 티베리아스와 세포리스는 안티파스 시대부터 도시화되어 1세기 후반부터 유다인들의 종교·학문·문화의 중심지로 성장하였다: Shanks (ed.), *Christianity and Rabbinic Judaism: A Parallel History of the Origins and Early Devolopment*, 69-71; 140-141.

26 Allison, *4 Baruch: Paraleipomena Jeremiou*, 57-59.

torium과 비슷한 시설을 갖추고 필사본들을 전문적으로 만든 것으로 추정된다.[27] 찰스워스의 소견을 받아들인다면 바룩 4서가 (다른 유다교 작품들과 함께) 예루살렘 또는 그 인근에서 만들어졌을 가능성은 충분해 보인다.

바룩 4서의 저술 시기는 대개 2세기 초반으로 추정된다.[28] 로빈슨은 바룩 4서에서 아비멜렉의 피신처로 언급된 '아그리파스의 포도원'이나 '아그리파스의 영지'(각각 3,14; 5,21)라는 명칭에서 저술 시기의 힌트를 얻는다. 아그리파스는 헤로데 가문의 마지막 두 임금 아그리파스 1세나 아그리파스 2세를 가리키므로 이 작품이 빨라도 아그리파스 1세(41-44년 유다 임금으로 재위)가 즉위한 41년 이후에 만들어졌다는 것이다.[29] 그런데 바룩 4서의 작중 배경이 예루살렘의 몰락임을 감안하면 아그리파스의 포도원은 아그리파스 2세(48-66년)의 영토를 가리킬 가능성이 높다.[30] 실제로 아그리파스 2세는 유다 항쟁 발발 당시 줄곧 친-로마 진영에 섰으며 로마 장군과 함께 유다인 반란군과의 전쟁에 참여하기도 했다. 적어도 바룩 4서의 저술 배경이 기원전 6세기 바빌론 유배가 아니라 70년 로마인들에 의한 예루살렘 몰락임은

27 Charlesworth, "4 Ezra and 2 Baruch: Archeology and Elusive Answers to Our Perennial Questions", 156-162.

28 Allison, *4 Baruch: Paraleipomena Jeremiou*, 59-65 참조.

29 Robinson, "4 Baruch", 414.

30 44년부터 유다와 사마리아 및 갈릴래아는 로마 속주로 편입되어 로마 관리가 다스렸다. 아그리파스 1세의 아들인 아그리파스 2세는 처음에 시리아의 칼키스 지역 영주로 있다가 53년부터 유다 지역 북쪽에 위치한 바타네아, 트라코니티스, 가울라니티스, 리사니아스 등지를 임금으로서 다스렸다. 예루살렘 성전을 관리하고 대사제를 임명하는 권한은 그에게 있었지만 직접적으로 유다를 다스리지는 않았다. 이런 상황은 유다 항쟁이 발발한 66년까지 계속되었다(요세푸스, 『유다 고대사』 20.7.1). 그리스-로마 시대 팔레스티나 유다인들의 역사는, Schäfer, *History of the Jews in Antiquity: The Jews of Palestine from Alexander the Great to the Arab Conquest*를 참조하라. 아그리파스 1세와 2세에 대해서는 같은 책, 112-113을 보라.

분명하다. 어떻든 바룩 4서는 예루살렘 성전 파괴에 집중하는 것(특히 4바룩 1—4장)을 보아 70년 이후에 저술되었을 법하다.[31] 저자가 바룩 2서를 잘 알고 있음을 고려하면, 바룩 4서의 저술 시기는 바룩 2서보다 늦은 100년경 이후가 될 것이다.[32]

아비멜렉이 예루살렘 성전 파괴 후 66년 뒤에 잠에서 깨어났다고 하는 진술(4바룩 5,1)도 저술 시기 산정에 고려 요소로 포함시킬 수 있다. 그럴 경우 이 작품이 기원후 136(70+66)년에 저술되었으리라는 결론이 나온다. 해리스Harris가 이렇게 추정했다.[33]

그러나 알리슨Allison은 바룩 4서가 바르 코크바 항쟁(133-135년) 이전에 만들어졌으리라고 본다. 무엇보다 바룩 4서에는 바르 코크바 항쟁이 끝난 뒤 예루살렘과 유다 전역이 초토화되고 유다인들이 예루살렘에서 완전히 쫓겨난 비극이 전혀 암시되어 있지 않고 하드리아누스가 할례를 금지한 일도[34] 암시되어 있지 않다는 것이다.[35] 알리슨은, 신학적으로도 바룩 4서가 바룩 2서 및 에즈라 4서와 매우 가깝다는 점을 상기시키면서 이 작품의 저

---

31 Robinson, "4 Baruch", 414.

32 바룩 2서와 바룩 4서의 유사점에 대해서는 Herzer, *4 Baruch (Paraleipomena Jeremiou)*, xvii-xxiii에 일목요연하게 정리되어 있다. 허저(Herzer)는 바룩 4서가 바룩 2서에 의존했을 가능성이 크다고 결론 내린다.

33 Harris, *The Rest of the Words of Baruch: A Christian Apocalypse of the Year 136 A.D.*, 12-17, 특히 13 참조.

34 『황제사』*Historia Augusta* 「하드리아누스」 14.2 참조. 이에 따르면 하드리아누스 황제가 거세와 함께 유다인들의 할례를 금지한 일이 제2차 유다 항쟁을 촉발했다고 한다. 디오 카시우스는 제2차 유다 항쟁의 발발 원인을 하드리아누스가 예루살렘 성전 터에 유피테르 신전을 세우고 예루살렘을 로마인들의 도시 아일리아 카피톨리나(Aelia capitolina)로 바꾼 또는 바꾸려고 계획한 사실에서 찾는다(『로마사』 69.2). 바르 코크바 항쟁과 그 결과에 대해서는, Schäfer, *History of the Jews in Antiquity: The Jews of Palestine from Alexander the Great to the Arab Conquest*, 145-162을 참조하라.

술 시기를 바르 코크바 항쟁 이전, 2세기 초엽으로 상정한다.[36]

바룩 4서와 관계가 깊은 바룩 3서와 비교하는 것도 저술 시기 추정에 도움이 된다. 바룩 3서 프롤로그 2절에 언급된 내용, 곧 아비멜렉이 아그리파스의 영지에 피신해 있었다는 내용이 두 작품 사이의 밀접한 관련성을 드러낸다. "예루살렘의 유배를 두고 겔 강가에서 울고 있던 바룩의 묵시록. 그때에 아비멜렉은 하느님 손에 의해 아그리파스의 영지에 피신해 있었다. 바룩은 예전에 지성소가 있던 아름다운 문들 곁에 앉아 있었다."고 하는 대목이다. 학자들은 대개 바룩 3서 프롤로그 2절이 바룩 4서에서 따온 것이라 여긴다.[37] 바룩 4서가 바룩 3서보다 먼저 만들어졌다는 의미다. 그렇다면 바룩 4서가 늦어도 바룩 3서의 하한선인 3세기 이전에 만들어졌을 것이다. 이는 바룩 4서가 2세기 초반에 만들어졌으리라는 알리슨의 추정과 상충하지 않는다.

바룩 4서를 그리스도교 저자가 받아들인 사실도 연대 추정에 도움이 된다. 학자들은 이 작품이 그리스도교 저자에게 받아들여졌다는 사실은 그 저술 시기가 바르 코크바 항쟁 이전(133년)임을 암시한다고 한다.[38] 코크바 항쟁 이후 유다인들과 그리스도인들이 결정적으로 결별하게 되었기에 그 이후로는 그리스도인들이 유다인들의 작품을 거리낌 없이 받아들이기

---

35 바룩 4서는 희망과 낙관론이 지배하고 있다는 것이 사실이다: Jones, *Jewish Reactions to the Destruction of Jerusalem in A.D. 70: Apocalypses and Related Pseudepigrapha*, 171-172.

36 Allison, *4 Baruch: Paraleipomena Jeremiou*, 62-63.

37 Allison, *4 Baruch: Paraleipomena Jeremiou*, 60. 바룩 3서의 현재 중심적 사고(바룩 3서 해제 '5.7. 구원의 현재성' 참조)가 바룩 4서보다 후대의 신학 경향을 반영하는 듯하다.

38 Allison, *4 Baruch: Paraleipomena Jeremiou*, 63. 메츠거는 같은 이유로 에즈라 4서를 바르 코크바 항쟁 이전 작품으로 추정한다: Metzger, "The Fourth Book of Ezra", 520.

어려웠으리라는 추정이다.

한편 지금 전해지는 모습의 바룩 4서의 최종 편집도 고려해야 한다. 바룩 4서에 그리스도교적 요소들이[39] 삽입된 것으로 보아 이 작품이 그리스도인의 편집과 수정을 거쳤음은 분명하다.[40] 바룩 4서는 2세기 초 이스라엘 땅에서 그리스어를 말하는 (그리고 히브리어나 아람어에 익숙한) 유다인에[41] 의해 저술되었으며 나중에 그리스도인에 의해 편집되었을 것이라고 결론내릴 수 있을 것이다.[42]

5. 신학

바룩 4서는 유머와 해학이 담긴 이야기 형식의 책이지만 그 안에 깊은 신학적 성찰도 담고 있다. 바룩 2서, 3서, 에즈라 4서와 마찬가지로 바룩 4서도 예루살렘의 몰락과 성전 파괴를 배경으로 삼고 있다. 네 작품 모두 작중 배경은 기원전 586년 바빌론인들에 의한 제1차 성전 파괴, 실제 배경은 기

---

39 이를테면 예레미야 예언자가 그리스도의 오심을 예고하다가 순교했다는 내용(9장).

40 Riaud, "The Figure of Jeremiah in the Paralipomena Jeremiae Prophetae: His Originality; His 'Christianization' by the Christian Author of the Conclusion (9:10-32)", 31-44.

41 초기 로마시대 팔레스티나 전역, 곧 예루살렘과 유다, 사마리아와 갈릴래아의 유다인들 대부분이 아람어(와 히브리어)와 그리스어를 구사했으며, 일부 관리와 상인들은 라틴어까지 쓰는 다중-언어구사자들(multi-lingual)이었다는 소견에 대해서는, Ong, *The Multilingual Jesus and the Sociolinguistic World of the New Testament*, 131-192을 보라.

42 Herzer, *4 Baruch (Paraleipomena Jeremiou)*, xxxv-xxxvi 참조.

원후 70년 로마인들에 의한 제2차 성전 파괴다. 자신들의 삶의 터전이자 신앙의 터전인 예루살렘에서 쫓겨나게 된 저자들이 같은 사건을 두고 저마다 조금씩 다른 해석을 내놓는다.[43]

5.1. 몰락 또는 고통의 이유

바룩 4서 저자는 기원후 70년 예루살렘 성전을 잃은 이스라엘 백성이 성전 없이 하느님 백성으로서 살아갈 길을 찾는다. 저자는, 예루살렘이 몰락한 이유 또는 그들이 고통을 당하는 이유에 대한 성찰과 반성을 자신의 첫 번째 과제로 삼은 듯하다.

바룩 4서 저자에 따르면, 예루살렘의 몰락은 이스라엘 백성의 죄 때문에 일어난 일이며 하느님의 정당한 처벌의 일환이었다. 이 책에서 예레미야 예언자는 자신들은 성전을 지킬 자격이 없다고 고백한다. 칼데아인들이 침입하기 직전, 성전 기물들을 땅에 숨긴 뒤 성전 열쇠를 들고 도성 밖으로 나가 태양을 향해 열쇠를 던지면서 예언자가 한 말이다.

> 4,4 "네게 말한다. 태양아! 하느님 성전의 열쇠들을 받아라. 그리고 주님께서 그것들에 관해 물으시는 날까지 네가 그것들을 지켜라. 5 우리는 그것들을 지킬 자격이 없는 것으로 드러났다. 우리는 거짓의 집사들이 되어버렸기 때문이다."

자신들이 '거짓의 집사들'임이 판명되었다는 것이다. 자신들은 성전을

43 Jones, *Jewish Reactions to the Destruction of Jerusalem in A.D. 70: Apocalypses and Related Pseudepigrapha*, 27-38.

맡을 자격도 없으며 먼 이국 땅으로 유배가는 것이 합당한 처사라는 고백이다. 결국 예루살렘 몰락과 유배는 단순히 적국과의 싸움에서 패배한 결과물이 아니라 하느님의 정의로운 결정에 따른 일이었다는 반성이다. 곧 그들이 고통당하는 이유는 그들이 그만큼 큰 잘못을 저질렀기 때문이라고 한다.[44] 그들이 저지른 잘못에 합당한 처벌을 받은 것이라는 입장은 바룩의 기도에서도 드러난다. 다음은 성전이 무너지고 백성이 바빌론으로 끌려갔을 때 바룩이 머리에 먼지를 쓰고 앉아 애도하며 올린 기도다.

> 4,7 "무엇 때문에 예루살렘이 황폐해졌는가! 사랑받는 백성의 죄 때문에 도성이 적들의 손에 넘어갔구나! 우리와 백성의 죄 때문에!"

그러나 예루살렘 몰락과 유배가 이스라엘 백성에게 '끝'을 의미하지는 않는다. 그 사건이 처벌을 위한 처벌이 아니라 쇄신과 화해를 위한 처벌이었기 때문이다. 따라서 바룩 4서에도 다른 예언서에서처럼 '처벌과 복원'의 패턴이 나타난다.[45] 앞에 이어지는 기도에서 바룩은 말한다.

> 4,8 "도성이 너희에게 넘어간 것은 우리 죄 때문이다! 9 그러나 우리 하느님께서는 우리를 가엾이 여기실 것이다. 그리고 우리를 다시 우리 도성으로 데려오실 것이다."

---

44 이는 신명기계 역사서 전반과 여러 예언서에서 공통적으로 드러나는 생각이다. 이 주제에 대해서는 Hayes, *Introduction to the Bible*, 231-235. 246-247을 참조하라.

45 구약성경 예언서들에서는 이스라엘의 계약 불이행과 사회적 불의에 대한 처벌의 예고에 복원에 대한 희망과 위로가 동반되어 나타난다. 이에 대해서는 Hayes, *Introduction to the Bible*, 258-262 참조.

바룩 4서에서 복원은 '부활' 언어로 표현되기도 한다. 복원의 희망이 부활에 대한 희망으로 이어지는 것이다. 이와 함께 '육신의 부활' 개념이 명확하게 드러난다.

5.2. 종말론적 희망

예루살렘의 몰락과 유배에 대한 성찰과 숙고는 종말론으로 연결된다. 하느님의 정의는 반드시 실현되리라는 희망이 종말론적 희망으로 연결되는 것이다. 특히 그리스도인의 편집 흔적이 느껴지는 9장이 종말론적 희망으로 가득하다. 그리하여 유배 간 백성들에게 언젠가 때가 되면 하느님의 아들이 오시리라는 약속이 주어진다. 이러한 희망은 단순히 먼 미래에 이루어질 막연한 사건을 가리키지 않는다. 이 희망에는 미래뿐 아니라 과거와 현재가 한데 얽혀 있다. 지나간 역사에서 주어진 희망, 고뇌에 찬 현재 역사 안에 또는 그 위에 존재하는 천상 세계, 죽은 이들이 다시 일어나리라는 미래의 희망이 한데 엮여 있다.

먼저 과거와 관련된 차원을 살펴보자. 바룩 4서에 따르면, 예루살렘 멸망과 바빌론 유배는 백성의 죄로 말미암아 벌어진 일이다. 곧 하느님의 계명을 어긴 그들은 시나이 계약의 조건에 의해 벌을 받게 된다. 그러나 이들이 받는 벌이 영원하지는 않다. 그들이 하느님과 맺은 계약에는 무조건적 계약도 있다. 아브라함과 맺은 계약, 그리고 다윗과 맺은 계약이 그것이다.[46] 이스라엘 백성이 잘못을 저질러 지금은 그에 대한 벌을 받지만 언젠가 그 벌은 끝날 것이다. 바룩 4서 저자는 그들이 죄에서 회개하고 바빌론 사람들과의 관계—혼인관계 포함—를 완전히 끊으면 다시 구원받을 수 있

46 이 주제에 대해서는 Hayes, *Introduction to the Bible*, 231-235을 보라.

다고 한다(4바룩 6; 7장).[47] 저자는 하느님은 아브라함, 이사악, 야곱과 맺은 약속을 결코 잊지 않으시며 백성을 불쌍히 여기시어 반드시 예루살렘으로 돌려보내실 것이라 선포한다(4바룩 4,9). 그리고 4바룩 8—9장은 이러한 희망의 실현을 보여준다. 때가 되자 하느님께서 유배자들을 다시 예루살렘으로 돌려보내셨다는 것이다.

종말론적 희망에는 현재적 차원도 있다. 그 차원은 지금 이 세상, 현 역사 위에 존재하는 천상 세계로 표현된다. 천상 세계는 '먼 미래에 이루어질, 그러나 지금은 없는' 세상이 아니다. 지금 현재 존재하는 곳이며 의인이 죽으면 가게 되는 곳이기도 하다.[48]

종말론적 희망이 지닌 미래적 차원은 바룩 4서에서 부활의 언어로 표현된다. 바룩 4서에 따르면, 마지막 때에 의인들은 부활할 것이라고 한다. 이때 부활은 육신을 포함한 부활이다. 아비멜렉이 육십육 년 동안 잠들었다가 다시 깨어난 사건과, 그의 무화과가 신선하게 보존된 일은, 육신의 부활을 앞당겨 보여주는 상징적 사건으로 작용한다(6,1-4).[49] 이 일을 목격한 바룩이 올리는 기도에서 육신의 부활에 대한 희망이 한층 선명히 드러난다.

6,6 "당신은 하느님, 당신을 사랑하는 이들에게 상급을 주시는 분! 채비

---

47 존스는, 이방인들과의 혼종혼에 대한 바룩 4서의 관심은 로마 제국 하의 1-2세기 유다인들의 관심사를 반영한 것이라 해석한다. 4바룩 6—7장에서 로마인들과의 관계나 교류를 통해 유다인으로서의 정체성을 상실 또는 약화시킬까 염려하는 저자의 마음이 엿보인다는 것이다: Jones, *Jewish Reactions to the Destruction of Jerusalem in A.D. 70: Apocalypses and Related Pseudepigrapha*, 162.

48 종말론적 희망의 현재적 차원이 두드러지는 작품은 바룩 3서다. 바룩 3서의 해제 '5.7. 구원의 현재성' 항목을 참조하라.

49 Robinson, "4 Baruch", 416.

하여라, 내 마음아! 그리고 네 장막 안에서 기뻐하고 즐거워하여라. 그리고 너의 육신의 집에게 말하여라. '너의 슬픔이 기쁨으로 바뀌었다'라고! 능하신 분께서 오시어 너를 너의 장막에서 들어 올리실 것이다. 너에게 죄가 생겨나지 않았기 때문이다. [7] 너의 순결한 믿음으로 너의 장막 안에서 다시 기운을 차려라! 그리고 네가 살리라는 것을 믿어라! [8] 이 무화과 바구니를 눈여겨보아라! 자! 그것들은 육십육 년이 되었는데도 시들지 않았다. 냄새도 풍기지 않았다. 오히려 그것들은 즙을 흘리고 있다.[50] [9] 나의 육신이여, 너에게도 그렇게 될 것이다. 정의의 천사가 너에게 명한 것들을 네가 행한다면! [10] 무화과 바구니를 지켜주신 분, 바로 그분께서 당신 힘으로 너를 지켜주실 것이다."[51]

4바룩 7,18에서는 독수리가 죽은 자를 되살리는 일화가 나온다. 바룩의 편지를 예레미야에게 전달해준 독수리가 죽은 자 위에 내려서자 그자가 다시 살아난 것이다.

[7,18] "그러자 독수리는 죽은 자 위에 내려섰다. 그리고 그는 다시 생명을 얻었다."

이 일을 목격한 백성은 놀라워하면서 모세를 통해 광야에서 나타나셨던 하느님께서 독수리를 통해 나타나셨다고 고백한다. 백성들이, 죽은 이를 되살리는 독수리의 능력을 통해 그 안에서 일하시는 하느님을 알아본 것이

50 4바룩 6,3-8의 육십육 년 동안 시들지 않은 무화과는 육신의 부활을 표상한다. 아비멜렉이 같은 기간 동안 이어진 잠에서 깨어난 사실도 부활을 상징적으로 보여 준다.

51 4바룩 6,6-10에 따르면, 영(혼)만이 아니라 육신도 구원의 대상에 포함된다. 이를 통해 육신의 부활에 대한 기대를 엿볼 수 있다.

다. 이 이야기는 죽은 라자로를 되살리신 예수님의 일화를 연상시킨다. 이 두 일화는 '육신의 부활'이 어떻게 일어날지 예시적으로 보여주는 듯하다.

육신의 부활에 대한 희망은 4바룩 9장에서 예레미야를 통해 더욱 분명히 드러난다(9,9-14).[52] 죽은 사람처럼 바닥에 누워 있는 예레미야를 보고 백성들은 옷을 찢고 머리에 먼지를 끼얹었다. 그리고 비통하게 울면서 그를 묻을 준비를 하였다. 그때 한 소리가 와서 이렇게 말하였다.

> 9,12 "아직 살아 있는 사람을 묻지 마라! 그의 영혼은 그의 몸으로 다시 돌아오기 때문이다."[53]

여기서 저자는, 영혼이 육신을 떠났다가 다시 돌아오는 예시를 통해 죽음과 부활을 시각적으로 형상화해서 보여 주고 있다. 이에 따르면, 영혼이 육신을 떠나는 것이 죽음이라면, 부활은 떠났던 영혼이 다시 육신에 돌아오는 것이다.

예레미야를 묻지 말라는 말을 들은 사람들은 예레미야를 무덤에 모시지 않은 채 사흘 동안 그 곁을 지킨다(9,13-14).

---

52 4바룩 9,9-14은 다른 구절에서 암시된 '부활'에 대한 희망을 강화하는 구실을 한다. 4바룩 9,9-14은 그리스도인 편집자가 첨가하고 수정한 내용일 것이다. 특히 4바룩 9,13-14에서 그리스도인 편집자의 손길이 매우 강하게 느껴진다: Riaud, "The Figure of Jeremiah in the Paralipomena Jeremiae Prophetae: His Originality; His 'Christianization' by the Christian Author of the Conclusion (9:10-32)", 31-44 참조. 4바룩 9,9-14은 그리스도교적 색채가 짙지만 다른 곳에서 보이는 부활 개념과 상충하지 않기에 여기서 다룬다.

53 육신의 부활에 대한 희망이 명백히 드러난다. 특히 이 구절은 십자가에서 돌아가신지 사흘 만에 일어나셨다고 하는 예수 그리스도의 죽음과 부활을 연상시킨다. 죽은 듯한 예레미야를 땅에 묻지 않고 사흘 동안 지켜보았다고 하는 것(9,13)도 마찬가지다.

9,13 이 소리를 듣고 그들은 그를 묻지 않았다. 대신 그들은 그의 천막 주변을 둘러싼 채 '무슨 시각에 일어나실까?' 하고 말하면서 사흘 동안 그곳에 머물러 있었다. 14 사흘이 지난 뒤 그의 영혼이 그의 몸으로 들어왔다.

4바룩 4,13에서 '일어나다'로 옮긴 그리스어는 ἀναστῆναι다. '일으켜지다'로 옮겨도 되는 이 단어는 신약성경에서 부활과 관련하여 자주 쓰인다(Bauer-Danker). ἀναστῆναι는 '사흘'이라는 단어와 함께 그리스도의 부활을 연상시킨다. 결국 사흘이 지난 뒤 예레미야의 영혼이 그의 몸으로 들어왔다고 한다. 그리고 예레미야는 사람들 한가운데서 소리를 높여 말한다.

9,14 "한목소리로 하느님을 찬양하십시오! 여러분 모두 하느님과, 우리를 잠에서 깨어나게 해주시는 하느님의 아들 예수 그리스도를 찬양하십시오! 그분께서는 모든 시대들의 빛, 꺼지지 않는 등불, 신앙의 생명이십니다!"

바룩 4서가 부활, 그것도 육신의 부활을 전제로 하고 있음은 분명하다.[54] 그러나 부활이 이 세상 안에서 이루어질지, 다가올 세상에서 이루어질지는 분명하게 드러나지 않는다. 부활이 예루살렘 도성의 회복을 상징하는 것인지, 마지막 때 혹은 다가올 세상에서 일어날 온 인류의 부활을 상징하는 것인지도 정확히 알 수 없다. 어쩌면 이 모든 것을 포괄하는 희망일지 모른다. 사실 이 희망들이 서로 충돌한다고 볼 수는 없다. 종말의 때는 시간의 경계도, 나와 너의 경계, 개인과 집단의 경계도 모두 사라진 새로운 차원의 때일 터이기 때문이다.

54 바룩 4서 9장 없이 읽어도 다찬가지다.

애도 후 슬픔을 다룬 『슬픔 이후의 슬픔』의 저자 호프 에덜먼은, 어느 날 문득[55] 익숙한 감각을 통해 기억과 시간이 만나고 과거와 현재와 미래가 자기 안에서 통합되는 경험을 했다고 하는데 그의 경험이 바룩 4서를 이해하는 데 길잡이가 된다. 호프 에덜먼의 경험은 이렇게 표현된다.[56]

> "무언가를 보거나 듣거나 맡으면 수면 위로 옛 기억이 스멀스멀 올라오고 시간이 신나게 꿈틀대기 시작한다. 미래가 끌어당겨지고 과거가 한달음에 달려와 하나로 합쳐진다. 그때가 곧 지금이고 지금이 곧 그때다. 나중은 더 이상 존재하지 않는다. 여러 이미지가 눈이 부실 만큼 선명하게 떠오른다."

예루살렘 성전을 잃은 이스라엘 백성, 바룩 4서 저자가 애도 과정에서 마주한 심리적 체험도 이와 비슷했을 법하다. 저자의 전망 안에서 과거와 현재와 미래가 더 이상 서로 구분된 별개의 것이 아닌 듯하다. 과거가 현재요 미래이며, 현재는 과거이자 미래, 미래는 현재요 과거가 된다. 시간들이 하나의 차원으로 통합된 것이다. 그리고 이러한 체험이 저자의 종말론적 전망 안에 녹아들어 있다. 그런 의미에서 종말은 먼 미래가 아니라 영원한 현재, 혹은 과거와 현재와 미래의 경계와 구분이 사라진 영원의 시간이다. 종말론적 희망을 온전히 먼 미래의 이야기로만 읽을 수 없는 이유다.

---

55 크나큰 상실을 겪은 이가 마주하게 되는 슬픔과 애도는 단기간에 끝나지 않는다.

56 호프 에덜먼, 『슬픔 이후의 슬픔 - 상실의 아픔과 함께 삶으로 나아가는 법』, 36.

5.3. 하느님의 주권 — 역사에 대한 성찰

바룩 4서 저자는 예레미야 예언자의 입을 통해 하느님께서 역사를 주관하시는 만물의 주권자(παντοκράτωρ 판토크라토르)이심을 선포한다(1,6; 9,6). 예루살렘 성전 파괴에 직면한 예레미야 예언자는 하느님을 향해 묻는다.

> 1,6 "주님, 만물의 주권자시여![57] 선택받은 도성을 칼데아인들의 손에 넘기려 하십니까? 그리하여 그 임금이 수많은 자기 백성과 함께 우쭐대며 '내가 하느님의 신성한 도성을 손에 넣었다' 하고 말하게 하시렵니까?"

예루살렘 도성을 이민족에게 넘긴 주체, 성전을 파괴한 주체, 나아가 역사를 움직이는 주체는 하느님이심을 바룩 4서 저자는 처음부터 분명히 밝히고 있다(1,8-9). 성전을 파괴한 이가 바빌론인들이 아니라는 것이다.[58] 다음은 주님께서 도성을 파멸시키실 참이니 바룩과 함께 도성을 떠나라고 하시면서 예레미야에게 내리신 말씀이다.

> 1,8 "… 그곳에 거주하는 자들의 수많은 죄 때문에 내가 그 도성을 파멸시킬 참이기 때문이다. 9 사실, 내가 먼저 도성의 성문을 열어주지 않는다면, 그 임금도 그의 무력(군대)도 그곳에 들어가지 못할 것이다."[59]

---

57 또는 '만물의 주권자'라 옮긴 παντοκράτωρ는 '전능하신 분'이라 옮길 수도 있다(Bauer-Danker).

58 Allison, *4 Baruch: Paraleipomena Jeremiou*, 106-107. 아시리아나 바빌론은 하느님의 도구일 따름이며 하느님이 역사를 움직이시는 주체시라는 것은 구약 예언자들의 한결같은 가르침이기도 하다: Hayes, *Introduction to the Bible*, 246-247.262 참조. 이스라엘의 하느님 야훼가 '역사의 하느님'이라는 것은, 쑨룽지, 『신세계사 1』, 377-379을 참조하라.

역사를 움직이는 주체는 하느님이시고, 바빌론 임금은 주님께서 허락하신 일들만 할 수 있을 따름이라는 것이다.[60] 주님께서 성문을 열어주시지 않는다면 바빌론 임금과 군대는 도성 안으로 들어갈 수조차 없다. 그마저도 예레미야와 바룩이 도성을 빠져나간 뒤에라야, 그리고 성전 기물들이 안전한 곳에 감춰진 뒤에라야 가능하다(3,18-19). 게다가 바룩 4서는 도성을 파괴하기 시작한 것이 바빌론 군대가 아니라 하느님의 천사들이었다고 한다(3,2-4). 하느님 명령을 받은 천사들이, 바빌론 군대가 침공하기 전에 미리 도성을 파괴했다는 것이다.

이처럼 하느님의 주권은 무엇보다 역사적 사건 안에서 가장 분명하게 드러난다. 이스라엘 백성이 유배를 떠난 것도 다시 예루살렘으로 돌아오는 것도 모두 그분께서 하시는 일들이다. 다음은 주님께서 하신 말씀이다.

> **6,23** "너희는 나의 규정을 지키지 않았다. 그리고 너희 마음이 우쭐해졌다. 너희는 내 앞에서 목을 뻣뻣이 하였다. [24] 나는 분노와 진노 속에서 너희를 바빌론에 있는 화덕에 넘겨주었다. 주님이 말씀하신다. 만약 너희가 나의 종 예레미야의 입에서 나오는 내 말을 듣는다면, 듣는 사람은, 나는 그를 바빌론에서 끌어낼 것이다. 그러나 듣지 않는 사람은, 예루살렘에게도 바빌론에게도 이방인이 될 것이다."[61]

---

59 3바룩 1,1-2도 같은 생각을 내비친다. 이스라엘 백성을 네부카드네자르 임금에게 넘긴 주체가 하느님이셨다는 것이다: "[1,1] 그때 나 바룩은, 마음으로 울면서 백성 때문에 슬퍼하고 있었다. 네부카드네자르 임금이 하느님으로부터 당신의 도성을 파괴해도 된다는 허락을 얻었던 것이다. 나는 말하였다. [2] '주님, 무엇 때문에 당신의 포도밭을 불태우고 황폐하게 만드셨습니까? 왜 이런 일을 하셨습니까? 무엇 때문에 주님, 저희를 다른 훈계에 부치지 않으시고 저런 민족들에게 넘기셨습니까?'"

60 하느님이 주권자시라는 믿음은 바룩 2서의 주요 주제이기도 하다. 바룩 2서의 해제 '5.1. 하느님의 주권 — 역사에 대한 성찰' 항목을 참조하라.

여기서 유배자들의 귀환을 선포하는 키루스의 칙령 같은 것은 언급도 되지 않는다.[62] 이스라엘 백성의 유배생활을 끝낸 것이 키루스 칙령이 아니라 하느님의 결정이라는 것이다. 역사를 주관하시는 분은 하느님이시라는 의미다.[63]

역사 안에 작용하는 하느님의 손길, 곧 그분의 주권은 기적이나 초자연적 현상을 통해서도 드러난다. 하느님의 명으로 땅이 입을 열고 성전 기물들을 삼킨다(3,14). 하느님의 허락으로 아비멜렉은 육십육 년 동안 잠에 빠지고 그의 무화과도 같은 기간 내내 신선하게 유지된다. 독수리가 사람 말을 알아듣고 말도 하며, 죽은 이가 되살아나기도 한다(7장). 이 모든 초자연적 현상들과 기적들은 모두 하느님께서 이루시는 일들이다. 이를 통해 만물에 대한 주권이 그분께 있음이 드러난다.

---

61 알리슨은 이 대목을 제2의 이집트 탈출 사건으로 해석한다: Allison, *4 Baruch: Paraleipomena Jeremiou*, 300–301.

62 Jones, *Jewish Reactions to the Destruction of Jerusalem in A.D. 70: Apocalypses and Related Pseudepigrapha*, 172.

63 4바룩 7,23; 8,1도 참조하라. 아리스테아스의 편지 195에도 하느님이 주권자이심이 표현된다. 삶에서 가장 아름다운 일이 무엇이냐는 필라델포스 임금의 질문에 한 유다인 원로가 낸 답변이다: "하느님께서 만물을 다스리신다는 것, 그리고 지극히 훌륭한 일들을 계획대로 이끄는 것은 우리 자신이 아니라는 것, 다만 하느님께서 모든 이의 일들을 완성하시고 다스리시며 인도하신다는 것을 깨닫는 일입니다."

6. 바룩 4서

본문 번역에 대본으로 삼은 본문은 The Online Critical Pseudepigrapha(이하 OCP; http://www.purl.org/net/ocp/4Bar)에서 제공하는 그리스어 본문을 사용하였다. Ken M. Penner and Juan Garcés (eds.) "4 Baruch (Paraleipomena Ieremiou)." Edition 1.0. No pages. In The Online Critical Pseudepigrapha. Edited by Ken M. Penner, David M. Miller, and Ian W. Scott. Atlanta: Society of Biblical Literature, 2006. 이 사이트에서 제공하는 그리스어 본문의 원 출처는 R.A. Kraft, A.-E. Purintun (eds.), *Paraleipomena Jeremiou* (TT 1; PS 1; Missoula 1972)라고 한다. 후안 가르세스Juan Garcés가 더욱 완성된 형태의 비평본critical edition을 준비하고 있다고 한다.

제목: 예레미야서 누락 본문[64]

I. 예루살렘의 멸망과 바빌론 유배(1—4장)

예루살렘 멸망 예고(1,1-11)

1 1 이스라엘의 아들들이 칼데아인들의 임금에 의해 포로로 잡혀갔을
때 하느님께서 예레미야에게 말씀하셨다. “예레미야, 나의 선택받은 이
여, 일어나서 이 도성에서 나가라. 너도 바룩도! 그곳에 거주하는 자들
의 수많은 죄 때문에 내가 그 도성을 파멸시킬 참이기 때문이다.[65] 2 사
실 너희의 기도는 그 도성 한가운데 놓인 견고한 기둥과 같고, 도성을
둘러싼 튼튼한 성벽과 같다.[66] 3 그러니, 이제 너희는 일어나서, 칼데아
인들의 무력(군대)이 도성을 둘러싸기 전에 빠져나가라.”

4 그러자 예레미야가 답하며 말하였다. “주님, 당신께 청합니다. 당
신의 종인 제가 당신 면전에서 말할 수 있게 허락해 주십시오.” 5 주님
께서 그에게 말씀하셨다. “말하라, 나에게 선택받은 이, 예레미야야!”

---

64 그리스어 필사본(A, B, C, F)에 제목이 ΤΑ ΠΑΡΑΛΕΙΠΟΜΕΝΑ ΙΕΡΕΜΙΟΥ ΤΟΥ ΠΡΟΦΗΤΟΥ이라 제시되어 있다. ‘예레미야 예언서 누락 본문’ 또는 ‘예레미야 예언서에서 누락된 내용’이라 옮길 수 있다. 에티오피아어 본문에는 ‘바룩의 나머지 말들’이라는 제목이 붙어 있다. Robinson, “4 Baruch”, 418.

65 2바룩 2,1 참조: “나는 너에게 이것들을 말했으니 너는 예레미야와 너희와 비슷한 모든 이들에게 ‘너희는 이 도성에서 멀리 떠나라’ 하고 말하여라.”

66 2바룩 2,2 참조: “너희의 일들은 이 도성에게 단단한 기둥과 같고 너희의 기도는 튼튼한 성벽과 같기 때문이다” 충실한 이들의 기도나 행업이 도성을 지키는 힘이 된다는 개념은 2바룩 14,7; 4에즈 7,77; 8,33; 9,7; 13,23; 14,7에서도 엿보인다.

6 그리고 예레미야가 말하였다. "주님, 만물의 주권자시여![67] 선택받은
도성을 칼데아인들의 손에 넘기려 하십니까?[68] 그리하여 그 임금이 수
많은 자기 백성과 함께 우쭐대며 '내가 하느님의 신성한 도성을 손에
넣었다' 하고 말하게 하시렵니까? 7 안 됩니다! 저의 주님! 그러나 그것
이 당신 뜻이라면, 차라리 도성이 당신 손에 파괴되게 하소서!"
8 주님께서 예레미야에게 말씀하셨다. "너는 나에게 선택받은 자
이니 일어나서 이 도성에서 나가라, 너와 바룩이 함께! 그곳에 거주하
는 자들의 수많은 죄 때문에 내가 그 도성을 파멸시킬 참이기 때문이
다. 9 사실, 내가 먼저 도성의 성문을 열어주지 않는다면, 그 임금도 그
의 무력(군대)도 그곳에 들어가지 못할 것이다. 10 그러니 일어나라. 그
리고 바룩에게 가서 그에게 이 말들을 전하여라. 11 너희는 밤 여섯째
시각에 일어나서 도성의 성벽으로 가거라. 그러면 너희에게, 내가 먼
저 도성을 파괴하지 않는다면 그들이 도성으로 들어가지 못한다는 것
을 보여주겠다." 12 주님께서는 이 말씀을 하시고는 예레미야에게서 떠
나가셨다.

예레미야와 바룩의 애도(2,1-10)

2 1 예레미야는 달려가 바룩에게 이 말들을 전하였다. 그리고 그들은 하
느님의 성전에 들어갔다. 예레미야는 자신의 옷을 찢고 자기 머리 위
에 먼지를 끼얹고는[69] 하느님의 성소에 들어갔다. 2 그를 보고 바룩은
자기 머리에 먼지를 뿌리고 자기 옷을 찢었다. 그리고 큰 소리로 울부

---

67 '만물의 주권자'라 옮긴 παντοκράτωρ는 '전능하신 분'이라 옮길 수도 있다. πᾶς와 κρατέω가 합성된 이 단어는 만물을 다스리는 그분의 권능과 주권을 가리킨다. 히브리어 '만군의 하느님/주님'(אֱלֹהֵי צְבָאוֹת / יְהוָה צְבָאוֹת 2사무 5,10 등) 또는 '전능하신 분'(שַׁדַּי 욥 11,7)을 칠십인역은 παντοκράτωρ라 옮겼다(Thayer).

68 2바룩 7,1.

짖으며 말하였다. "아버지, 예레미야 님. 무슨 일입니까?[70] 백성이 무슨 잘못을 저질렀습니까?" 3 백성이 죄를 지을 때마다 예레미야가 자기 머리에 먼지를 뿌리고, 죄가 용서될 때까지 백성을 위해 기도하곤 했던 것이다. 4 바룩은 또 그에게 물으며 말하였다. "아버지, 이게 무슨 일입니까?" 5 예레미야가 그에게 말하였다. "네 옷은 찢지 마라. 대신 우리 마음을 찢자. 그리고 물통에 물을 긷지 말자. 대신 울자. 그리고 물통을 눈물로 채우자. 주님께서 결코 이 백성을 불쌍히 여기지 않으실 것이기 때문이다." 6 그러자 바룩이 말하였다. "아버지, 예레미야 님. 무슨 일이 일어났습니까?" 7 예레미야가 말하였다. "하느님께서 도성을 칼데아인들의 임금 손에 넘기신다. 백성을 바빌론에 포로로 잡아가게 하시려는 것이다." 8 이 말을 듣고 바룩도 자기 옷을 찢었다. 그리고 말하였다. "아버지, 예레미야 님. 누가 당신께 이것을 알려주었습니까?" 9 예레미야가 그에게 말하였다. "오늘밤 여섯째 시각까지 나와 함께 잠시 기다려보아라. 이 말이 사실임을 알게 될 것이다." 10 그리하여 두 사람은 울면서 제단에 머물렀다. 그리고 자기들 옷을 찢었다.

성전 기물과 아비멜렉의 보전 명령(3,1–22)

3 1 그날 밤 그 시각이 되었을 때 주님께서 예레미야에게 말씀하신 대로 예레미야와 바룩은 도성의 성벽으로 같이 갔다. 2 그런데 보라! 나팔 소리가 나고 천사들이 손에 등불을 들고 하늘에서 나왔다. 그리고 그들은 도성의 성벽 위에 섰다.[71]

3 예레미야와 바룩은 그들을 보고 울었다. 그리고 말하였다. "이

---

69 4바룩 4,7; 7,22; 9,10도 참조. 옷을 찢고 먼지를 머리 위에 끼얹는 행위는 극한의 슬픔과 애도를 표현한다: 여호 7,6; 애가 2,10; 묵시 18,19.

70 또는, "당신께 무슨 일이 생겼습니까?"

71 2바룩 6,1–4 참조.

제 우리는 그 말이 사실임을 알았습니다." 4 예레미야는 천사들에게 청
하며 말하였다. "여러분께 청합니다. 제가 주님께 한 말씀 올릴 때까지
도성을 파괴하지 말아주십시오."[72] 5 그러자 주님께서 천사들에게 말
씀하셨다. "나의 선택받은 이 예레미야에게 내가 한마디 할 때까지 도
성을 파괴하지 마라."

6 그때 예레미야가 말하였다. "주님, 애원합니다. 제가 당신 면전
에서 한 말씀 올리게 명을 내려주십시오." 7 주님께서 말씀하셨다. "말
하라, 나의 선택받은 이 예레미야야!" 8 그러자 예레미야가 말하였다.
"이제 보십시오, 주님. 저희는 당신께서 도성을 그 적들의 손에 넘기시
고 그들이 (이스라엘) 백성을 바빌론으로 잡아가리라는 것을 알았습
니다. 9 제가 전례용 성물들을 어떻게 처리하면 좋겠습니까?"[73] 10 주님
께서 그에게 말씀하셨다. "그것들을 집어 땅에게 넘겨주며 말하여라.
'들어라, 땅이여![74] 너를 창조하신 분의 음성을! 풍부한 물로 너를 빚으
신 분,[75] 일곱 계절에 일곱 봉인으로 너를 봉인하신[76] 분(의 음성을)! 이
일들이 지난 뒤[77] 너는 너의 만개한 아름다움을 얻으리라![78] 11 전례용

72 직역: "여러분께, 아직 도성을 파괴하지 말아줄 것을 청합니다."

73 직역: "제가 전례용 성물들을 어떻게 처리하기를 원하십니까?" 4바룩 3,9-11에 따르면 도성이 파괴되기 전에 성전의 기물들을 땅에 감춘 이는 예레미야 예언자다. 2마카 2,4-8; 예언자들의 생애 2,9 참조. 2바룩 6,7-10에서는 천사들이 성전의 기물들을 가져다가 안전한 땅속으로 옮긴다.

74 예레 6,19 참조.

75 창세 1,2-10 참조.

76 묵시 5,1.

77 또는, "그 다음에."

78 "이 일들이 지난 뒤"라고 옮긴 μετὰ ταῦτα를 알리슨은 종말론적 시간 개념으로 해석한다. 마지막 때를 가리킨다는 것이다. '만개한 아름다움'이라 옮긴 ὡραιότης는 '농익은 아름다움', '절정의 아름다움'을 뜻한다(Liddell-Scott). 칠십인

기물들을 지켜라, 사랑받는 이가 만나러 올 때까지!'[79]"

12 예레미야가 말하였다. "당신께 청합니다, 주님. 에티오피아 사
람 아비멜렉에게 제가 어떻게 해야 할지 알려 주십시오. 당신 종 예레
미야에게 그가 좋은 일을 많이 해주었기 때문입니다.[80] 13 사실 저를 진
흙 구덩이에서 꺼내준 사람이 바로 그였습니다. 저는 그가 이 도성의
파괴와 황폐를 보지 않았으면 좋겠습니다.[81] 오히려 당신께서 그에게
자비를 베푸시어 그는 슬픔에 빠지지 않기를 바랍니다."

14 주님께서 예레미야에게 말씀하셨다. "그를 아그리파스의 포도
원으로 보내라.[82] 그러면 내가 백성을 다시 도성으로 데려올 때까지 그

역 시편 50,2 "시온에서 더없는 아름다움(ἡ εὐπρέπεια τῆς ὡραιότητος)이 (나오네)"에 쓰인 단어다(Thayer): Allison, *4 Baruch: Paraleipomena Jeremiou*, 155-156 참조. 4바룩 3,10은 마지막 때가 되면 '땅'이 태초에 누리던 아름다움을 활짝 피우게 되리라는 의미, 태초의 영광을 회복하리라는 의미로 읽힌다. 여기서 구원은 본디 가진 것을 회복하는 것으로 그려짐을 주목하라. 끝은 처음과, 처음은 끝과 맞닿아 있음을 암시한다.

79 "사랑받는 이"는 '이스라엘 백성'을 가리킨다. 유배 간 이스라엘 백성이 다시 돌아올 때까지 성전 기물들을 숨겨두고 있으라는 뜻이다. 그리스도인들에게는 '사랑받는 이'가 예수님으로 읽힐 법하다. "사랑받는 이가 만나러 올 때까지"가 예수님의 다시 오심, 파루지아를 연상시킨다: Allison, *4 Baruch: Paraleipomena Jeremiou*, 156.

80 예레 38,4-13 참조. 예레 38,4-13에 따르면, 아비멜렉(=에벳 멜렉)은 예레미야의 목숨을 구한 에티오피아인 내시다. 예레미야가 예루살렘이 바빌론 임금의 군대에게 넘어갈 것이라 예언하자 대신들이 치드키야 임금에게 그를 사형시킬 것을 청한다. 결국 그들은 예레미야를 밧줄로 묶어 물이 없이 진흙만 있는 저수 동굴에 가둔다. 이때 '에벳 멜렉'이라는 에티오피아 사람이 임금에게 가서 예레미야를 풀어주라고 간언한다. 결국 예레미야는 에벳 멜렉 덕분에 저수 동굴에서 풀려나 목숨을 건진다.

81 직역: "저는 그가 이 도성의 파괴와 황폐를 보기를 원하지 않습니다."

82 3바룩 프롤로그 2절 참조. 이에 따르면 예루살렘 성전이 파괴되었을 무렵 아

를 산그늘에 숨겨두겠다. 15 그리고 예레미야 너는, 네 백성과 함께 바
빌론으로 가거라. 그리고 내가 그들을 도성으로 데려올 때까지 그들과
함께 머물면서 그들에게 기쁜 소식을 선포하여라.[83] 16 그러나 바룩은,
내가 그에게 말할 때까지 여기에 남겨두어라."[84]

17 주님께서는 이 말씀을 마치신 다음 예레미야를 떠나 하늘로 올
라가셨다. 18 예레미야와 바룩은 주님께서 그들에게 말씀하신 대로, 성
소에 들어가서 전례용 기물들을 가져다가 그것들을 땅에게 넘겼다.[85]

비멜렉은 아그리파스의 영지에 피신해 있었다. 4바룩 3,21에도 '아그리파스의 영지'가 언급되어 있다. 아그리파스의 포도원이나 아그리파스의 영지가 정확히 어디를 가리키는지는 알 수 없다. 여기서 아그리파스는 헤로데 가문의 마지막 임금들인 아그리파스 1세나 2세를 가리킨다. 아그리파스 1세는 41년부터 44년까지 유다 임금으로 있었다. 그러나 44년부터 유다와 사마리아 및 갈릴래아는 다시 로마 속주로 편입되어 로마 관리가 다스렸다. 아그리파스 2세는 48년부터 칼키스 영주로 있다가 53년부터 유다 항쟁이 발발한 66년까지 유다 지역 북쪽에 자리한 바타네아, 트라코니티스, 가울라니티스, 리사니아스 등지를 다스렸다(요세푸스, 『유다 고대사』 20.7.1). 아그리파스 2세는 유다 항쟁 발발 당시 줄곧 친-로마 진영에 있었으며 로마 장군과 함께 유다인들에 맞서 싸우기도 했다. 아비멜렉이 아그리파스의 포도원에 피신해 있었다는 이야기가 설득력을 갖는 이유다.

83 '기쁜 소식을 선포하다'로 옮긴 그리스어 단어는 εὐαγγελίσασθαι다. 5,19에도 같은 단어가 쓰였다. 이 단어는 '말씀을 선포하다, 설교하다' 등으로 옮길 수도 있다(Bauer-Danker). 희망의 소식을 전하면서 격려하라는 의미를 담아 '기쁜 소식을 선포하다'로 옮겼다.

84 4바룩 3,15-16에 따르면, 예루살렘 몰락 당시 예레미야는 바빌론으로 가고, 바룩은 예루살렘에 남았다고 한다(참조: 4바룩 4,6-7). 바룩은 칼데아 군대가 도성에 쳐들어와 사람들을 바빌론으로 끌고 간 뒤 도성 바깥의 한 무덤에 들어가서 그곳에 머문다(4,11-12). 2바룩 10,1-3도 예레미야는 유배자들과 함께 바빌론에 가고 바룩은 예루살렘에 남아 있었음을 암시한다. 그런데 예레 43,6-7에 따르면 예레미야와 바룩 둘 다 다른 사람들에 의해 이집트로 내려갔다. 그달야를 죽인 자들 가운데 일부가 예레미야의 뜻을 거슬러 이집트로 갔는데 이때 그들이 예레미야와 바룩도 함께 데려갔다고 한다(예레 42—43장).

19 그러자 곧바로 땅이 그것들을 삼켰다.[86] 20 그 두 사람은 앉아서 울었
다. 21 이른 아침이 되자 예레미야는 아비멜렉을 보내며 말하였다. "바
구니를 들고 산길을 따라 아그리파스의 영지로 가시오. 그리고 무화
과를 조금 가져다가 백성 가운데 아픈 사람들에게 주시오. 주님의 기
쁨이 당신 위에, 영광이 당신 머리 위에 있기 때문이오." 22 예레미야
는 이 말을 한 다음 그를 보냈다. 아비멜렉은 예언자가 자기에게 말한
대로 길을 떠났다.

예루살렘 멸망과 유배(4,1-12)

4 1 이른 아침이 되자, 보라, 칼데아인들의 군대가 도성을 둘러쌌다. 2 그
런데 거대한 천사가 나팔을 불었다. 그리고 말하였다. "도성으로 들어
가라, 칼데아인들의 군대여![87] 보라! 성문이 너희에게 열렸다. 3 그러니,
임금은 그 무리들과 함께 들어가라. 그리고 온 백성을 포로로 잡아가
라!"

4 예레미야는 성전 열쇠들을 챙겨들고 도성 밖으로 나갔다. 그리
고 태양을 향해 그것들을 던지며 말하였다. "네게 말한다. 태양아! 하
느님 성전의 열쇠들을 받아라. 그리고 주님께서 그것들에 관해 물으시

---

85 예레 52,17-19에 따르면 칼데아인들이 갖가지 성전 기물들을 바빌론으로 가져갔다. 그러나 성전 기물들을 칼데아인들이 약탈해간 것이 아니라 하느님께서 (천사나 다른 인물을 통해) 숨겨두셨다는 전승도 존재했다. 2바룩 6,7-10; 2마카 2,4-8; 예언자들의 생애 2,9에서는 4바룩 3,18에서처럼 칼데아인들이 성전 기물들을 뺏어 가기 전에 천사 또는 예언자가 미리 감추어 두었다고 한다. 성전 기물을 누가 어디에 숨겨두었는가는 원천에 따라 다르게 전해진다.

86 예언자들의 생애 2,9 참조: "예언자 (예레미야)는 성전이 함락되기 전에 율법의 궤와 그 안에 든 것을 가져다가 바위가 삼키게 하였다."

87 2바룩 8,2과 비교하라. 여기서는 천사들이 성벽을 무너뜨린 뒤 성전 안쪽에서 한 목소리가 나와 적에게 도성으로 들어가라고 말한다.

는 날까지 네가 그것들을 지켜라. 5 우리는 그것들을 지킬 자격이 없
는 것으로 드러났다. 우리는 거짓의 집사들이 되어버렸기 때문이다."[88]
6 예레미야가 아직 백성 때문에 울고 있을 때, 저들은 그를 끌어내어 백
성과 함께 바빌론으로 끌고 갔다.[89]

7 그러나 바룩은 자기 머리에 먼지를 끼얹고 바닥에 앉았다. 그리
고 이 애가를 부르며 울었다.

"무엇 때문에 예루살렘이 황폐해졌는가! 사랑받는 백성의 죄 때
문에 도성이 적들의 손에 넘어갔구나! 우리와 백성의 죄 때문에! 8 하
지만 범법자들은 우쭐대지 마라. 그리고 '우리 힘으로 하느님의 도성을
손아귀에 넣는 데 성공했다!' 하고 말하지 마라! 도성이 너희에게 넘어
간 것은 우리 죄 때문이다!

9 그러나 우리 하느님께서는 우리를 가엾이 여기실 것이다. 그리
고 우리를 다시 우리 도성으로 데려오실 것이다. 그러나 너희는 생명
을 갖지 못할 것이다. 10 우리 조상 아브라함과 이사악과 야곱은 행복
합니다! 그들은 이미 이 세상을 떠나 이 도성의 파괴를 보지 않았기
때문입니다."

11 이 말을 마친 다음 바룩은 울면서 도성 밖으로 나갔다.[90] 그리

88 4바룩 4,5에서 '거짓의 집사들'로 옮긴 그리스어는 ἐπίτροποι τοῦ ψεύδους다. '거짓의 관리인들', '거짓의 후견인들'로 옮길 수도 있다. 4바룩 7,2에서는 바룩이 '믿음의 관리인'이라 일컬어진다. 2바룩 10,18 참조. 포도밭 주인이 와서 악한 소작인들은 없애 버리고 다른 소작인들에게 포도밭을 내줄 것이라고 하는 마태 21,41 참조.

89 4바룩 4,6에서 예레미야는 바빌론으로 끌려갔다고 한다. 4바룩 3,15-16; 5,19도 참조. 그런데 예레 40,1-7; 43,6-7에 따르면 예레미야 예언자는 바빌론으로 끌려가지 않았다. 처음에는 미츠파에서 지내다가 나중에는 강제로 이집트에 가게 되었다. 이때 바룩도 함께였다고 한다. 예레 52,27-30에 따르면 네부카드네자르가 포로로 잡아간 유다인이 사천육백 명에 달했다.

고 말하였다. "예루살렘아, 나는 너 때문에 슬퍼하면서 너를 빠져나왔
다!" [12] 그런 뒤 그는 어떤 무덤 안에 머무르며 앉아 있었다. 그때 천사
들이 그에게 다가와 주님께서 그들을 통해 알려 주신 모든 것을 설명
해 주었다.[91]

II. 유배 기간 및 유배의 종료(5—7장)

아비멜렉 이야기(5,1-35)

5 [1] 한편 아비멜렉은 뜨거운 한낮에 무화과를 가져왔다. 그리고 그가 한
나무에 다다랐을 때 잠시 쉬려고 나무 그늘 아래에 앉았다. [2] 그리고
머리를 무화과 바구니에 기댄 채 잠이 들었다. 그러고서 육십육 년 동
안 잠에서 깨지 않고 계속 잤다.

[3] 그런 뒤 그는 잠에서 일어나 말하였다. "잠시 기분 좋게 잘 잤
군. 그런데 머리가 무겁네. 잠을 충분히 자지 않아서 그렇겠지." [4] 그런
다음 그가 무화과 바구니를 열었더니 무화과에서 과즙이 뚝뚝 떨어지
고 있었다. [5] 그가 말하였다. "머리가 무거우니 조금 더 자고 싶군. 하
지만 깊이 잠들었다가 너무 늦게 깨지 않을까 걱정이야. 아버지 예레
미야 님이 나를 한심하게 여기실지 모르지. 그분께서 바쁘지 않으셨다
면 오늘 새벽에 나를 보내지도 않으셨을 거야. [6] 그러니 일어나서 열기
를 뚫고 길을 가야겠다. 사실 열기와 수고야 날마다 있는 일 아닌가?"

---

90 4바룩 4,11-12에 따르면, 바룩은 칼데아인들의 도성 침범 이후 예루살렘을 떠나 한 무덤 안에 머물렀다고 한다. 바룩에게 천사들을 통해 주님의 계시가 내린 곳이 도성 밖의 무덤 안이었다는 것이다.

91 천사들이 계시의 해석자임이 암시되어 있다. 마리아와 파혼하기로 마음먹은 요셉의 꿈에 주님의 천사가 나타나 잉태 경위를 설명해주는 마태 1,20-24 참조. 바룩 3서의 해제 '5.3. 천사와 악마' 항목을 참조하라.

7 그리하여 그는 자리에서 일어났다. 그리고 무화과 바구니를 들
어 자기 어깨에 메고 예루살렘으로 들어갔다. 그런데 그는 그 도성을
알아볼 수가 없었다. 그리고 집도 자기 처소도, 자기 친족도 지인들도
찾을 수 없었다.[92] 8 그가 말하였다. "주님은 찬양받으소서! 오늘 제가
엄청난 무아경에 빠졌습니다![93] 9 이곳은 예루살렘 도성이 아니다! 내
가 길을 잘못 들었구나. 잠에서 일어나 쭉 산길을 따라 왔었지. 그런
데 충분히 잠을 자지 못한 탓에 머리가 무거운 채여서 길을 잘못 들
었어. 10 예레미야 님 앞에서 '제가 길을 잃었습니다!' 하고 말하면 놀
라시겠지!"[94]

11 그는 도성 밖으로 나가 꼼꼼히 살펴보다가 도성의 표식을 발견
하였다. 그리고 그는 말하였다. "이곳이 그 도성인데 내가 길을 잃었다
니!" 12 그러고 나서 그는 다시 도성으로 돌아가서 자기네 사람들을 찾
아보았다. 그러나 단 한 명도 찾을 수 없었다. 그는 말하였다. "주님은
찬양받으소서! 제가 엄청난 무아경에 빠졌습니다!" 13 그리고 다시 도
성 밖으로 나가서는 슬픔에 빠졌다. 어디로 가야할지 몰랐기 때문이
다. 14 그는 바구니를 내려놓고 말하였다. "주님께서 이 무아경을 내게
서 거두실 때까지 여기 앉아 있어야겠다."

15 자리에 앉아 있다가 그는 어떤 노인이 밭에서 나오는 것을 보
았다. 아비멜렉이 그에게 말하였다. "어르신, 당신께 말씀 여쭙습니다.
이곳은 무슨 도성입니까?" 16 그러자 노인이 그에게 말하였다. "예루살
렘이오." 17 아비멜렉이 그에게 말하였다. "사제 예레미야 님은 어디 계

92 또는, "그런데 그는 그 도성을 알아볼 수가 없었다. 집도 자기 처소도 (알아볼 수 없었다). 그리고 자기 친족도 지인들도 찾을 수 없었다."

93 직역: "오늘 엄청난 무아경이 제게 내렸습니다!"

94 직역: "예레미야 님 앞에서 제가 길을 잃었습니다! 하고 말하는 건 희한한(놀라운) 일이다!"

십니까? 독서자 바룩과 이 도성의 온 백성은요? 그들을 보지 못했습니다." 18 노인이 그에게 말하였다. "예레미야 님을 오늘 기억하다니, 당신은 이 도성 출신이 아니오? 이토록 오랜 시간이 흐른 지금 그분에 대해 물어보다니 말이오! 19 사실 예레미야 님은 백성과 함께 바빌론에 계십니다. 그들이 네부카드네자르 임금에 의해 포로로 잡혀갔기 때문이오. 예레미야 님은 그들에게 기쁜 소식을 선포하고[95] 말씀을 가르치기 위해 그들과 함께 지내고 계신다오."[96] 20 연로한 노인에게서 이 말을 듣자마자 아비멜렉이 말하였다. "당신이 노인이 아니었다면, — 연장자를 모욕하는 것은 온당치 않기 때문입니다 — 당신을 비웃으며 '당신 미쳤구려!' 하고 말했을 것입니다. 백성이 바빌론에 포로로 잡혀갔다고 말하다니 말이오. 21 하늘에서 폭포수가 그들에게 내려왔다 해도 그들이 바빌론에 도착할 시간이 되지 않았을 것입니다. 22 백성 가운데 아픈 사람들에게 줄 무화과를 가져오라고 제 아버지 예레미야가 저를 아그리파스의 영지로 보내신 지 몇 시간이나 되었겠습니까! 23 저는 길을 나서서 무화과를 가져왔습니다. 그리고 뜨거운 대낮에 어떤 나무 앞에 당도하여 잠시 쉬려고 앉았습니다. 그리고 바구니에 머리를 기대고 잠이 들었답니다. 24 그리고 잠에서 깨어나 '좀 지체했다' 하고 생각하면서 무화과 바구니를 열었더니, 금방 땄을 때처럼 무화과에서 즙이 떨어지고 있었습니다. 25 그런데 당신이 '백성은 바빌론에 포로로 잡혀갔소!' 하고 말씀하시다니요! 26 확인하고 싶으시면, 자 무화과를 받아서 보십시오." 27 그리고 그는 노인에게 무화과 바구니를 열어 보여주었

95 여기에도 동사 εὐαγγελίσασθαι가 쓰였다. 4바룩 3,15과 해당 단어에 달린 각주 참조. 4바룩 5,19에서 예레미야는 예수님과 비슷한 모습으로 그려진다. 복음서에서 예수님은 제자와 함께 지내며 백성에게 복음을 선포하시는 모습이다(루카 8,1).

96 4바룩 3,15-16; 4,6; 6,14 참조.

다. 무화과에서 즙이 떨어지고 있었다. [28] 연로한 노인이 그것들을 보고 말하였다. "오, 내 아들이여! 자네는 의로운 사람이오. 하느님께서는 자네가 그 도성의 황폐화를 보는 것을 원하지 않으셨소.[97] 그래서 그분께서 자네에게 무아경을 내려주신 것이오. [29] 보시오! 백성이 바빌론에 포로로 잡혀간 지 오늘로 육십육 년이 되었소. [30] 젊은이,[98] 들판을 바라보고 내가 자네에게 한 말이 모두 사실임을 확인하시오. 작물의 성숙이 아직 확연하지 않음을 보시오. [31] 그리고 무화과도, 아직 제철이 아님을 아시오. 그리고 깨달으시오."

[32] 그러자 아비멜렉은 큰 소리를 내며 말하였다. "저는 당신을 찬양할 것입니다. 하늘과 땅의 하느님! 의로운 영혼들의 안식이 온 땅에 있나이다!" [33] 그러고 나서 그는 연로한 노인에게 말하였다. "이 달은 무슨 달입니까?" [34] 노인이 말하였다. "니산, 곧 아빕 달이오!"[99] [35] 그러자 아비멜렉은 무화과 하나를 집어 연로한 노인에게 주었다. 그리고 그에게 말하였다. "하느님께서는 당신을 비추시고 당신을 하늘의 도성 예루살렘으로[100] 인도하실 것입니다."

---

97 민수 11,15 참조: "제가 당신의 눈에 든다면, 제가 이 불행을 보지 않게 해 주십시오." 4바룩 5,28에 따르면 아비멜렉이 예루살렘 도성의 파괴를 보지 않은 것은 하느님 덕분이다. 하느님께서 그를 의롭게 여기시어 재앙을 목격하지 않게 해 주셨다는 것이다. 4바룩 7,25에 따르면, 바룩이 바빌론에 들어가지 않은 것도 같은 이유라고 한다. 하느님께서 그를 의롭게 여기시어 백성들이 바빌론에서 겪는 재앙을 보지 않게 하셨다는 것이다.

98 직역: "얘야." '젊은이'라 옮긴 그리스어는 τέκνον이다.

99 니산 달은 히브리 달력으로 한 해의 첫째달이다(탈출 12,1-2.14; 에스 3,7 참조). 아빕 달이라고도 한다(탈출 13,4).

100 2바룩 4,2-7 참조. 천상 예루살렘에 대해서는 갈라 4,26; 히브 12,22도 참조.

바룩의 기도 및 예레미야에게 보내는 편지(6,1-25)

6 [1] 이 일이 있은 뒤 아비멜렉은 도성을 빠져나왔다.[101] 그리고 주님을 향
해 기도를 드렸다. [2] 그러자 보라! 주님의 천사가 왔다. 그리고 그의 오
른손을 붙잡고 그를 바룩이 앉아 있는 곳으로 데려갔다. 바룩은 무덤
안에 있었다. [3] 서로를 바라보았을 때 둘은 함께 눈물을 흘렸다. 그리
고 서로에게 입을 맞추며 인사하였다. [4] 바룩은 고개를 들어 자기 눈으
로 아비멜렉의 바구니에 담긴 무화과를 보았다. [5] 그는 하늘로 두 눈을
들어 올리고 기도하며 말하였다.

[6] "당신은 하느님, 당신을 사랑하는 이들에게 상급을 주시는 분!
채비하여라, 내 마음아! 그리고 네 장막 안에서 기뻐하고 즐거워하여
라. 그리고 너의 육신의 집에게 말하여라. '너의 슬픔이 기쁨으로 바뀌
었다'라고! 능하신 분께서 오시어 너를 너의 장막에서 들어 올리실 것
이다. 너에게 죄가 생겨나지 않았기 때문이다.[102] [7] 너의 순결한[103] 믿음
으로 너의 장막 안에서 다시 기운을 차려라! 그리고 네가 살리라는 것
을 믿어라! [8] 이 무화과 바구니를 눈여겨보아라! 자! 그것들은 육십육
년이 되었는데도 시들지 않았다. 냄새도 풍기지 않았다. 오히려 그것들
은 즙을 흘리고 있다.[104] [9] 나의 육신이여, 너에게도 그렇게 될 것이다.
정의의 천사가[105] 너에게 명한 것들을 네가 행한다면! [10] 무화과 바구니
를 지켜주신 분, 바로 그분께서 당신 힘으로 너를 지켜주실 것이다."[106]

---

101 4바룩 6,1-10: 아비멜렉과 바룩의 만남(6,1-5) 및 기도(6,6-10).

102 또는, "네게 아무 죄가 없었기 때문이다."

103 직역: "동정인." παρθενικός가 쓰였다.

104 4바룩 6,8의 육십육 년 동안 시들지 않은 무화과는 육신의 부활을 표상한다. 아비멜렉이 수십 년 동안 이어진 잠에서 깨어난 사실도 부활을 상징적으로 보여 준다.

105 4바룩 8,12; 9,15 참조.

106 4바룩 6,6-10에 따르면, 영(혼)만이 아니라 육신도 구원의 대상에 포함된다.

11 이 말을 마친 뒤 바룩은 아비멜렉에게 말하였다.[107] "일어나시오! 그
리고 바빌론에 있는 예레미야에게 이 소식을 어떻게 전해줄 수 있을지
주님께서 우리에게 알려주시도록 기도합시다. 길에서 당신에게 일어난
보호에 대해서 말이오." 12 그리고 바룩은 기도하며 말하였다. "저희의
힘, 주 하느님! 당신 입에서 나오는 탁월한 빛이시여! 13 저희는 당신의
선하심에 대고 기도하며 청하나이다. 아무도 알지 못하는 위대한 이름
이시여! 당신 종의 음성을 들으소서! 저희 마음에 지식이 일어나게 하
소서! 14 저희가 무엇을 해야 합니까? 저희가 어떻게 바빌론에 있는 예
레미야에게 이 소식을 전할 수 있겠습니까?"

15 아직 바룩이 기도하고 있는 동안에, 보라, 주님의 천사가 다가왔
다.[108] 그리고 바룩에게 다음 모든 말을 하였다. "빛의 조언자여, 네가
어떻게 예레미야에게 소식을 전할 수 있을지 걱정하지 마라! 내일 빛
이 있는 시각에 독수리 한 마리가 네게 올 것이다. 너는 그것을 예레
미야에게 보내야 한다.

16 편지에 이렇게 써라. '이스라엘의 아들들에게 말하라!— 너희
가운데 이방인이 된 자는,[109] 떨어져나가라! —[110] 그리고 그들은 십오

이를 통해 육신의 부활에 대한 기대를 엿볼 수 있다.

107 4바룩 6,11-14: 바룩은 아비멜렉에게 일어난 기적을 바빌론에 있는 예레미야에게 전할 방법을 알게 해 달라고 아비멜렉과 함께 기도한다.

108 4바룩 6,15-18: 바룩이 기도하고 있을 때 천사가 나타나 예레미야에게 편지를 쓰라고 하면서 그 내용을 알려준다.

109 "너희 가운데 이방인이 된 자"(Ὁ γενόμενος ἐν ὑμῖν ξένος)에서 '이방인'이라 옮겨진 단어는 ξένος다. 4바룩 6,24에서 '이방인'이라 옮긴 단어도 같은 단어다. '너희' 무리와 상관없는 '남'이 된 자들을 가리킨다.

110 구약성경 에즈라서는 혼종혼에 단호한 태도를 보이며, 이민족과의 결혼을 용납하지 않는다. 이는 바빌론에서 돌아온 유배자들에게 행한 에즈라의 선포에서 나

일을 보내야 한다. 그 뒤에 내가 너희를 너희 도성으로 인도해갈 것이
다. 주님께서 말씀하신다. 17 바빌론과 분리되지 않는 사람은 결코 도성
으로 들어가지 못할 것이다. 내가 그들을 벌할 것이다. 그리하여 그들
은 바빌로니아인들에게 다시 받아들여지지 않을 것이다. 주님의 말씀
이다." 18 천사는 이 말을 마친 다음 바룩에게서 떠나갔다.

19 바룩은 이방인들의 시장에 사람을 보내어 파피루스와 잉크를
마련해오게 하였다. 그리고 이런 내용을 담은 편지를 썼다.[111]

"바룩, 하느님의 종이 바빌론에서 유배 생활을 하고 있는 예레미야 님
께 씁니다.[112]

20 기뻐하고,[113] 즐거워하십시오! 황폐해지고 모욕당한 도성 때문
에 우리가 슬퍼하며 이 몸에서 나가는 것을[114] 하느님께서 허락하지 않
으셨기 때문입니다.[115] 21 주님께서는 우리의 눈물을 보시고 마음 아파
하셨습니다. 그리고 우리 조상 아브라함, 이사악, 야곱과 맺으신 계약

타난다. 에즈 10,7-17, 특히 10-11 참조: "그런 가운데 에즈라 사제가 나서서 그들에게 말하였다. '여러분은 배신하여 이민족 여자들과 혼인하고, 그럼으로써 이스라엘에 잘못을 더 보탰습니다. 이제 주 여러분 조상들의 하느님께 찬미를 드리고 그분의 뜻을 실행하십시오. 이 지방 백성들, 그리고 이민족 아내들과 갈라서십시오.'"

111 4바룩 6,19-25: 바룩에 예레미야에게 보낸 편지. 천사의 지시를 따라 바룩이 예레미야에게 쓴 편지 내용이다. 천사에게서 들은 주님의 말씀을 담고 있다.

112 2바룩 78,1 참조.

113 또는 "안녕하십니까." '기뻐하십시오'를 뜻하는 Χαῖρε는 인사말이다. 우리말 '안녕하십니까'에 해당한다.

114 "우리가 이 몸에서 나가는 것"(ἡμᾶς ἐξελθεῖν ἐκ τοῦ σώματος τούτου)은 죽음을 가리킨다.

115 하느님께서 우리가 도성 때문에 슬퍼하다가 죽게 내버려 두시지 않으셨기에 행복하다는 의미다.

을 기억하셨습니다. 22 그리고 제게 당신의 천사를 보내셨습니다. 그리
고 제가 당신께 보내는 이 말씀들을 저에게 해주셨습니다.
23 주 이스라엘의 하느님께서 하신 말씀들은 이러합니다. 그분께
서는 우리를 이집트, 거대한 화덕에서 끌어내신 분이십니다.
'너희는 나의 규정을 지키지 않았다. 그리고 너희 마음이 우쭐해
졌다. 너희는 내 앞에서 목을 뻣뻣이 하였다. 나는 분노와 진노 속에서
너희를 바빌론에 있는 화덕에 넘겨주었다. 24 주님이 말씀하신다. 만약
너희가 나의 종 예레미야의 입에서 나오는 내 말을 듣는다면, 듣는 사
람은, 나는 그를 바빌론에서 끌어낼 것이다.[116] 그러나 듣지 않는 사람
은, 예루살렘에게도 바빌론에게도 이방인이 될 것이다. 25 너는 그들을
요르단의 물로 시험할 것이다.[117] 듣지 않는 사람은 드러날 것이다.[118]
이것이 위대한 봉인의 징표다.'"[119]

예레미야가 바룩에게 보낸 편지(7,1-37)

7 1 그러고 나서 바룩은 일어나 무덤 밖으로 나갔다.[120] 그리고 무덤 바

116 격의 유보(casus pendens) 구문에 해당한다. 해제 '3. 본문과 언어' 항목을 참조하라.

117 민수 5,12-31에 간음이 의심되는 여자에게 "저주를 부르는 쓴 물"을 마시게 하여 유죄 여부를 시험하는 내용이 나온다. 야고보 원복음에 죄 여부를 시험하는 '질책의 물' 개념이 나온다(15-16). 야고보 원복음에서 마리아는 임신한 사실이 알려지자 요셉과 함께 대사제에게 불려간다. 대사제는 무죄를 주장하는 두 사람을 시험하려 '질책의 물'을 마시게 한다. 이들이 그 물을 마시고도 무사하자 대사제는 둘의 무죄를 인정한다. 탈무드와 요세푸스도 같은 관습을 증언한다(각각 *b. Sotah* 2a; 『유다 고대사』 3.11.6).

118 하느님의 말씀을 '듣지 않는 사람'은 표시가 나리라는 뜻이다.

119 4바룩 6,25은 요한의 세례를 연상시킨다. 후대 그리스도교 편집자의 손길이 느껴지는 대목이다.

곁에 앉아 있는 독수리를 발견하였다.[121] 2 독수리가 사람의 목소리
로 그에게 답하며 말하였다. "안녕하십니까?[122] 바룩, 믿음의 관리인이
여!"[123] 3 바룩이 그에게 말하였다. "말을 하는 그대는 하늘의 모든 새들
가운데에서 선택되었소! 이는 그대 두 눈의 광채에서 분명히 드러나오.
그러니 내게 알려 주시오. 여기서 무엇을 하고 있소?" 4 그러자 독수리
가 그에게 말하였다. "나는 여기에 파견되었소. 나를 통하여 그대가 원
하는 모든 소식을 보낼 수 있도록 말이오." 5 바룩이 그에게 말하였다.
"그대가 바빌론에 있는 예레미야에게 이 소식을 전해줄 수 있소?" 6 독
수리가 그에게 말하였다. "사실 나는 그것 때문에 파견되었소." 7 그러
자 바룩은, 편지 그리고 아비멜렉의 바구니에 든 열다섯 개의 무화과
를 집어 들었다. 그리고 그것들을 독수리의 목에 묶고서 그에게 말하
였다. "새들의 임금이여! 그대에게 한마디 하겠소. 건강히, 그리고 평안
히 길을 가시오! 그리고 나에게 소식을 가져다주시오![124] 8 노아가 보냈
던, 그리고 방주에 있는 그에게 다시 돌아오지 않았던 까마귀처럼 되

---

120 4바룩 7,1-11: 무덤 밖으로 나간 바룩이 그곳에서 만난 독수리 편에 예레미야에게 보내는 편지와 아비멜렉의 무화과를 실려 보낸다.

121 2바룩 77,17-26 참조.

122 그리스어 Χαῖρε가 쓰였다.

123 '믿음의 관리인'이라 옮긴 그리스어 표현은 ὁ οἰκονόμος τῆς πίστεως다. 이스라엘 백성이 '거짓의 집사'가 되었다고 한 4바룩 4,5과 비교하라.

124 또는, "나를 위해 소식을 전해주시오"(τὴν φάσιν ἔνεγκόν μοι)라는 문장은 '나에게(μοι, 여격) 소식(답장)을 가져오라'에 가깝다. 로빈슨은 '나를 위해 … 소식을 전달하시오'라 옮겼다. 문맥상 '나를 대신해서' 상대에게 소식을 전해달라는 의미도 가능하다. 그러나 물이 빠졌다는 소식을 의인(노아)에게 가져다준(φάσιν ἤνεγκε τῷ δικαίῳ) 비둘기처럼 되라고 하는 4바룩 7,8을 고려하면 7,7의 τὴν φάσιν ἔνεγκόν μοι는 '나에게 소식을 가져다 달라'는 뜻으로 읽힌다. 실제로 4바룩 7,24에서 예레미야는 바룩에게 답장을 쓴다.

지 마시오! 대신 세 번째 (여행)에서 그 의인에게 소식을 가져다준 비
둘기처럼 되시오![125] 9 이처럼 그대는 이 좋은 소식을 예레미야와 그와
함께 있는 포로들에게 전해주시오. 그대에게 유익할 것이오. 이 파피
루스를 하느님의 선택받은 이와 백성에게 가져다주시오. 10 만약 하늘
의 모든 새들이 그대를 둘러싸고 그대와 싸우려 든다면 최선을 다해
싸우시오! 주님께서 그대에게 힘을 주시기를! 11 그리고 그대는 오른쪽
으로도 왼쪽으로도 벗어나지 마시오. 대신 화살처럼 똑바로 나아가시
오. 하느님의 힘 안에서 길을 가시오! 주님의 영광이 그대가 가는 모든
길에서 그대와 함께할 것이오."

12 그러자 독수리는 자기 목에 편지를 두른 채 날개를 폈다.[126] 그
리고 바빌론으로 길을 떠났다. 그리고 길을 가던 독수리는 (바빌론) 도
시 바깥에 있는 어떤 나무 위에 멈추었다. 한적한 곳이었다. 13 그리고
예레미야가 지나갈 때까지 (독수리는) 침묵을 지키고 있었다. 그때 예
레미야는 백성 가운데 다른 몇몇과 함께 죽은 자를 도시 바깥에 묻으
려고 밖으로 나오던 참이었다. 14 사실 예레미야는 네부카드네자르 임
금에게 '제 백성 가운데 죽은 이들을 묻을 장소를 내어주십시오' 하고
청했었다. 그리고 임금은 그에게 그것을 내주었다. 15 그들은 죽은 자를
매고[127] 울면서 길을 나섰다. 그리고 그들은 마침내 독수리 앞에 이르
렀다. 16 독수리가 큰 소리를 내지르며 말하였다. "그대에게 한마디 하
겠소. 예레미야, 하느님의 선택받은 이여! 가시오! 그리고 백성을 소집
하여 이곳으로 오시오. 내가 그대를 위해 바룩과 아비멜렉에게서 가져

---

125 창세 8,7-12 참조.

126 4바룩 7,12-23: 독수리가 바빌론으로 날아가 예레미야에게 바룩의 편지와 아비멜렉의 무화과를 전달한다. 예레미야는 편지를 백성 앞에서 읽고 편지 내용대로 주님의 말씀을 따르면 예루살렘으로 돌아갈 수 있을 것이라 격려한다.

127 직역: "죽은 자와 함께."

온 편지를 그들이 들을 수 있도록!" [17] 예레미야는 이 말을 듣자 하느님
을 찬양하였다. 그리고 길을 나서서, 여자와 아이들을 포함하여 백성
을 소집하였다. 그리고 독수리가 있는 곳으로 왔다. [18] 그러자 독수리
는 죽은 자 위에 내려섰다. 그러자 그는 다시 생명을 얻었다. [19] 이 일이
일어난 것은 그들이 믿게 하려는 것이었다.[128] [20] 일어난 일을 보고 온
백성이 놀라서 말하였다. "이분은 광야에서 모세를 통해 우리 조상들
에게 나타나신 하느님이 아니신가? 그리고 그분께서 이제 이 독수리를
통하여 우리에게 나타나신 것이 아닌가?" [21] 독수리가 말하였다. "그대
에게 말하오, 예레미야! 자 이 편지를 열어 백성에게 읽어주시오." 그
는 편지를 열어 백성에게 읽어주었다. [22] 백성은 (편지 내용을) 듣고 울
었다. 그리고 자기네 머리에 먼지를 끼얹고서 예레미야에게 말하였다.
"저희를 구해주십시오. 그리고 저희가 다시 저희 도성으로 돌아가려
면 무엇을 해야 하는지 저희에게 알려주십시오." [23] 예레미야는 그들
에게 답하며 말하였다. "여러분이 편지에서 들은 모든 것을 지키십시
오. 그러면 주님께서 우리를 다시 우리 도성으로 인도하실 것입니다."

[24] 그리고 예레미야도 바룩에게 이런 내용의 편지를 썼다.[129]
"사랑하는 내 아들아! 기도를 게을리 하지 말거라. 그리고 이 무
법한 임금의 법령에서 우리가 빠져나갈 때까지 하느님께서 우리의 길
을 재촉해주시도록[130] 우리를 위해 그분께 탄원하여라. [25] 사실 너는 하

128 요한 13,19; 14,29 참조. 예수님이 죽은 라자로를 살리시자 많은 사람이 그분을 믿게 되었다고 하는 요한 11,14-15.43-45도 참조.

129 4바룩 7,24-34: 예레미야가 바룩에게 보낸 편지. 예레미야가 바룩에게 쓴 답장의 내용이 담겨 있다.

130 또는, "평탄하게 해주시도록."

느님 앞에 의로운 이로 드러났다. 그리고 그분께서는 네가 이곳에 오게 내버려두지 않으셨다. 네가 바빌로니아인들에 의해 백성에게 닥친 고난을 보지 않게 하시려는 것이었다.[131] 26 이는 마치 아버지가 외아들을 두었는데, 그 아들이 처벌에 넘겨진 경우와 같다. 그 아버지를 보고 위로하는 사람들은 그의 얼굴을 가려준다. 자기 아들이 어떻게 벌을 받는지 보고 슬픔 때문에 그가 더 심하게 무너지는 일이 없게 하기 위해서다. 27 이처럼 하느님께서는 너를 불쌍히 여기시고 네가 바빌론에 들어가게 내버려 두지 않으셨다. 네가 백성의 고난을 보지 않게 하시려는 것이었다.[132]

28 사실 우리가 이곳에 들어온 이래 우리에게 슬픔이 그친 적이 없다. 오늘로 육십육 년째다. 29 나는 종종 밖에 나갔다가 (우리) 백성 가운데 어떤 이들이 네부카드네자르 임금에 의해 (나무에) 매달려[133]

---

131 4바룩 5,28 참조.

132 예레 45,2-5 참조. 하느님께서 바룩이 어디를 가든 그의 목숨을 구해 주시겠다고 말씀하신다.

133 처벌의 한 형태. 사형수를 (산 채로 또는 주검으로) 나무에 매달아 두는 것을 말한다. 칠십인역 신명 21,22-23 "죽을 죄를 지어서 처형된 사람을 나무에 매달 경우 그 주검을 나무에 매달아 두어서는 안 된다. 반드시 그날로 묻어야 한다. 나무에 매달린 사람은 하느님의 저주를 받은 자이기 때문이다…."에서 '나무에 매달리다'(κρεμάμενος ἐπὶ ξύλου)에 쓰인 그리스어가 4바룩 7,29에 쓰인 것과 같은 단어다. '매달다'로 옮긴 그리스어 κρεμάμενος는 십자가형을 연상시킨다: 헤로도토스, 『역사』 7.194; 9.120; 요세푸스, 『유다 전쟁사』 7.202; 『유다 고대사』 11.267; 에스 8,7; 루카 23,39; 사도 5,30; 안드레아 행전 16(Liddell-Scott; Bauer-Danker). 고대 지중해 세계의, 나무에 매달아 처형하던 관습에 대해서는, Cook, *Crucifixrion in the Mediterranean World*을 참조하라. 4바룩에서 바빌론과 그 임금은 로마 제국을 상징하므로 여기에 언급된 처형법은 1세기 로마인들의 십자가형 관습을 반영한다. 필론, 『플라쿠스 반박』 72-85; 요세푸스, 『유다 전쟁사』 2.75; 2.306-308 등에 십자가형 관습이 소개되어 있다.

있는 모습을 보았다. 그들은 울면서 '저희에게 자비를 베풀어주십시
오, 자르 신이시여!'[134] 하고 말하고 있었다.[135] 30 나는 그 말들을 들으
면서 슬퍼하며 울고 또 울었다.[136] 그들이 (나무에) 매달렸기 때문만이
아니라 그들이 낯선 신에게[137] '저희에게 자비를 베풀어주십시오!' 하고
말하며 빌었기 때문이다. 31 그리고 나는 우리가 포로로 잡혀오기 전
에 예루살렘에서 지내던 축제일들을 떠올리곤 하였다. (그것을) 기억
하면서 탄식하였고 괴로워하고 울면서 집으로 돌아오곤 하였다. 32 그
러니 너는 네가 있는 곳에서 아비멜렉과 함께 이 백성을 위해 탄원하
여라. 그들이 내 목소리와 내 입에서 나오는 판결들을 듣고 우리가 이
곳에서 빠져나갈 수 있도록 말이다![138] 33 나는 너에게 말한다. 우리가
여기서 보낸 모든 시간 동안 저들은 '우리에게 시온의 송가들 중의 한
송가를, 너희 하느님의 송가를 불러다오' 하고 말하면서 우리를 핍박하
였다. 34 그러면 우리는 저들에게 말한다. '우리가 낯선 땅에 있는데 어

---

134 '자르 신'은 그리스어 표현 ὁ θεὸς Ζάρ를 옮긴 것이다. 로빈슨은 자르(Ζάρ)가 '낯선, 외국의'를 뜻하는 히브리어 זָר를 음역한 단어일 것이라 제안한다. 이 구절은 4바룩이 본디 히브리어로 쓰였다는 증거로 제시되곤 한다: Robinson, "4 Baruch", 423. 실제로 시편 44,21; 81,10에는 '낯선 신'이라는 뜻으로 אֵל זָר가 쓰였다(칠십인역 θεὸς ἀλλότριος). זָר가 단독으로 쓰여(이사 43,12; 신명 32,16) 낯선 신, 이방신을 뜻하기도 한다(BDB). 4바룩 7,30에서는 같은 뜻 곧 '낯선 신'이라는 뜻으로 θεὸς ἀλλότριος가 쓰였다.

135 4바룩 7,29은 바빌론에서 사형에 처해진 사람들이 낯선 신께 자비를 청하는 것을 예레미야가 자주 목격했다는 뜻이다.

136 직역: "두 배의 울음으로 울었다."

137 여기서 '낯선 신'으로 옮긴 단어가 바로 θεὸς ἀλλότριος이다. 4바룩 7,29 '자르 신'에게 달린 각주를 참조하라.

138 로빈슨(Robinson)의 본문에는 "그들이 내 목소리와 내 입에서 나오는 판결들을 듣고"에 해당하는 구절이 없다: Robinson, "4 Baruch", 423 참조.

떻게 여러분에게 노래를 불러주겠습니까?'"[139]

35 이 말들을 마친 다음 예레미야는 독수리의 목에 편지를 묶으며 말
하였다.[140] "평안히 가시오. 주님께서 우리 둘을 지켜보실 것이오!" 36 그
러자 독수리는 날개를 펼치고 (날아서) 예루살렘으로 돌아왔다. 그리
고 바룩에게 편지를 주었다. 그는 편지를 열어 읽은 뒤 편지에 입을 맞
추었다. 그리고 백성의 슬픔과 고난에 대해 듣고 울었다. 37 한편 예레
미야는 무화과를 집어 백성 가운데 아픈 사람들에게 나누어주었다.
그리고 그들에게 바빌론 이민족들의 더러움을 멀리하라고 가르치며
그곳에 머물렀다.

III. 귀환과 예레미야의 순교(8—9장)

예루살렘 귀환과 사마리아 건설(8,1-12)

8 1 주님께서 백성을 바빌론에서 끌어 내오신 날이 되었다.[141] 2 주님께서
예레미야에게 말씀하셨다. "일어나라, 너, 그리고 백성아! 그리고 요
르단 강에 오너라. 너는 백성에게 '주님을 원하는 이는 바빌론의 일들

---

139 시편 137,3-4 참조.

140 4바룩 7,35-37: 예레미야가 독수리 편에 답장을 보낸다. 예레미야는 무화과를 아픈 백성에게 나누어주고 백성을 가르치며 때가 찰 때까지 바빌론에 머문다.

141 4바룩 8,1-12에는 바빌론에 유배 간 백성이 돌아오는 내용이 담겼다. 요르단 강을 건너 예루살렘으로 들어가기 위해서는 바빌론의 것들을 모두 포기해야 한다고 한다. 바빌론인 배우자도 버려야 한다는 것이다. 바빌론 사람과 혼인한 사람 가운데 절반이 이 원칙을 지키지 않고 도성에 들어가려 하자 예레미야와 바룩과 아비멜렉이 이를 저지한다. 그리하여 그들이 바빌론으로 돌아가려 하지만 그들은 그곳에서도 받아들여지지 않는다. 결국 그들은 예루살렘에서 먼 광야에 도시를 세우고 그곳을 사마리아라고 불렀다고 한다.

을 버려라!' 하고 말하여라.[142] 3 그리고 그들에게서 아내를 취한 남자
들과 그들에게서 남편을 취한 여자들은, 네 말을 듣는 이들은[143] (강
을) 건너가게 하여라. 그리고 그들을 예루살렘에 데리고 들어가라. 그
러나 네 말을 듣지 않는 이들은 그곳에 데리고 들어가서는 안 된다."[144]
4 예레미야가 백성에게 이 말들을 하자 그들은 일어나 요르단 강으로
갔다. 강을 건너려는 것이었다. 5 예레미야가, 주님께서 자기에게 하신
말씀들을 그들에게 전했을 때 저들(바빌론인들)과 혼인한 자들 가운데
반半은 예레미야의 말을 들으려 하지 않았다. 그리고 그에게 말하였다.
"우리는 절대 우리 아내들을 영원히 버리지 않을 것입니다. 오히려 우
리는 그들을 우리와 함께 우리 도성으로 데려갈 것입니다." 6 그리하여
그들은 요르단 강을 건너 예루살렘을 향해 갔다.

7 예레미야는 일어나 바룩과 아비멜렉과 함께 말하였다. "바빌로
니아인들과 관계한 모든 사람은 이 도성으로 들어가지 못합니다."[145]

---

142 직역: "말할 것이다." λέγω 동사의 미래형 ἐρεῖς가 쓰였다. 미래형은 명령법을 표현하기도 한다.

143 여기서 누군가의 말을 듣는다는 것은 그 사람에게 순종한다는 의미다. 곧 이민족 출신의 배우자를 버린 사람만 예루살렘으로 들어갈 수 있다는 뜻이다.

144 에즈 10,18-44 참조.

145 유다인과 이민족 사이의 혼인에 대한 유배 이후 유다인들의 입장은 에즈 9장, 특히 12절을 보라. 느헤 13,27도 참조. 존스는 혼종혼 문제를 두고 성경(에즈라-느헤미야)과 바룩 4서의 진술을 비교하고 있다: Jones, *Jewish Reactions to the Destruction of Jerusalem in A.D. 70: Apocalypses and Related Pseudepigrapha*, 163-165. Herzer, *4 Baruch (Paraleipomena Jeremiou)*, xxviii도 참조하라. 존스와 허저는 혼종혼에 대한 바룩 4서의 시각이 에즈라-느헤미야의 시각과 비슷함을 관찰한다. 구약성경의 룻기나 에스테르기는 혼종혼에 대해 에즈라서나 느헤미야서와 다른 시각을 보인다. 특히 룻기는, 이방인 출신의 여인 룻이 시어머니 나오미를 통해 유다인 공동체에 받아들여지는 과정을 보여주면서 혼종혼에 대한 또 다른 시각, 곧 이방인에 대한 다소 개방적인 태도를 보여준다: Hayes, *Introduction to the Bible*,

8 그러자 그들은 서로에게 말하였다. "일어납시다. 그리고 바빌론의 우
리 처소로 돌아갑시다." 그리고 그들은 길을 나섰다. 9 그런데 그들이
바빌론에 갔을 때 바빌로니아인들이 그들을 만나러 나와서 말하였다.
"여러분은 우리 도시에 절대 들어오지 못합니다. 여러분이 우리를 미
워해서 몰래 우리를 떠나갔기 때문입니다.[146] 이 때문에 여러분은 우리
에게 와서는 안 됩니다. 10 사실 우리는 우리 신의 이름을 걸고 여러분
과 여러분 자녀를 받아들이지 않기로 서로에게 맹세했습니다. 여러분
이 몰래 우리를 떠나갔기 때문입니다." 11 이를 알게 된 그들은 발길을
돌려 예루살렘에서 먼 광야 지역으로 갔다. 그리고 자기들을 위하여
도시를 세우고 그 이름을 사마리아라 지었다.[147] 12 예레미야는 그들에

374-378. 구약성경은 여러 가지 신학적·윤리적·사회적 사안들에 대한 다양한 입장을 모두 담고 있음을 잊지 말아야 한다. 바룩 4서가 혼종혼 문제와 관련하여 에즈라-느헤미야와 같은 노선을 취한다는 것은 눈여겨볼 만하다. 로마제국 시대와 같이, 정체성 문제가 심각한 문제로 대두되는 시기에는 상대적으로 보수적인 입장이 부각될 법하다.

146 구약성경에는 페르시아 키루스 대왕의 칙령으로 바빌론 유배가 끝난 것으로 되어 있다. 4바룩 8,9에서는, 바빌로니아 제국이 건재한 시기에 일부 유다인들이 바빌로니아 당국의 허락을 받지 않은 채 몰래 그곳을 빠져 나간 것으로 그려진다.

147 4바룩 8,1-12에는 사마리아인들의 기원이 다뤄져 있다. 사실 이 문제는 그리 간단한 문제가 아니다. 이들의 기원에 대해서는 여러 버전의 이야기가 전해진다. 우선 구약성경에 사마리아인의 기원이 언급되어 있다. 2열왕 17,24-41이 이에 해당한다. 특히 24절 및 29절에서, 아시리아 임금이 바빌론과 쿠타와 아와와 하맛과 스파르와임에서 데려다가 사마리아 성읍들에 살게 한 이민족 사람들이 사마리아인의 기원으로 내세워진다. '사마리아' 성읍의 기원을 알려주는 1열왕 16,24도 참조하라. 1열왕 16,24은 사마리아 성읍의 기원을 아시리아로 유배가기 전인 오므리 임금에게서 찾는다. 오므리가 세메르에게서 구입한 산을 요새로 만들고 성읍을 세워 사마리아라 이름 지었다는 것이다: "그는 사마리아 산을 세메르에게서 은 두 탈렌트로 산 뒤, 그 산을 요새로 만들고 자기가 세운 성읍의 이름을, 산의 본래 소유자

게 사람을 보내어 말하였다. "회개하시오. 정의의 천사가 오고 있소. 그 분께서 여러분을 여러분의 높은 곳으로 인도할 것이오."[148]

예레미야의 제사와 기도, 마지막 가르침(9,1-20)

9 [1] 예레미야 편에 선 사람들은 기뻐하며[149] 백성을 위해 아흐레 동안 계
속해서 희생 제사를 바쳤다.[150] [2] 그러나 십 일째에는 예레미야 혼자서

인 세메르의 이름을 따서 사마리아라고 하였다." 4바룩 8,1-12이 전하는 사마리아의 기원은 열왕기의 진술과 차이가 난다. 4바룩에서는 사마리아가 바빌론 유배 이후에 세워진 것으로 설정되어 있다. 바빌론에서 돌아온 귀환자들 가운데 외국인 배우자와 헤어지기를 거부한 자들이 이 도시를 세웠다는 것이다. 바룩 4서의 진술은 에즈라기의 증언과도 맞지 않는다. 에즈 4,10에 따르면 사마리아인들은 아시리아 임금이 외부에서 이주시킨 이민족들에서 유래했다: "위대하고 고귀하신 아스나파르께서 사마리아 성읍과 그 밖의 나머지 유프라테스 서부 지방에 이주시켜 살게 하신 나머지 민족들"(4,10). 바룩 4서가 전하는 사마리아인들에 대해서는, Riaud, "Les Samaritains dans les 'Paralipomena Jeremiae'", 133-152을 보라. 그 밖에도 사마리아인들의 기원에 대한 전승이 다양하게 전해진다. 사마리아인들이 페르시아 시대나 헬레니즘 시대에 시작되었다는 입장도 있다. 사마리아인들은 자신들의 기원을 기원전 1200-1000년으로 내세운다. 시기는 다르지만 이들이 유다인들과 갈라서서 자신들의 종교를 따른 것은 분명한 듯하다. 이들은 그리짐 성전에서 예배를 드렸으며 모세오경을 가지고 있었다. 사마리아 모세오경(Samaritan Pentateuch)은 마소라 본문 및 칠십인역 본문과 유사점과 상이점을 모두 드러낸다. 사마리아 모세오경과 사마리아인의 기원에 대해서는, Purvis, *The Samaritan Pentateuch and the Origin of the Samaritan Sect*, 16-87; 88-118을 보라. 사마리아인의 기원에 대한 다양한 시각은 Brindle, "The Origin and History of the Samaritans", 47-75; Kartveit, *The Origins of the Samaritans*을 참조하라.

148 후대 그리스도교 편집자가 사마리아인에 대한 경고를 희망의 선포로 바꾼 듯하다: Robinson, "4 Baruch", 423 참조.

149 4바룩 9,1-6: 예레미야의 희생 제사 및 기도.

150 에즈 8,35: "포로살이를 마치고 돌아온 유배자들이 이스라엘의 하느님께 번

희생 제사를 바쳤다. 3 그는 기도를 드리며 이렇게 말하였다.

"거룩하시다, 거룩하시다, 거룩하시다![151] 살아 있는 나무들의
향이시여![152] 당신께로 들어 올려질 때까지 저를 비추시는 참된
빛이시여![153]

4 저는 당신의 자비를 청합니다. 저는 두 세라핌의[154] 달콤한
목소리를, 다른 향의 향기를[155] 청합니다.

5 또한 저의 묵상은, 정의의 대천사 미카엘을[156] 향합니다![157]

제물을 바쳤다. 온 이스라엘을 위하여 황소 열두 마리, 숫양 아흔여섯 마리, 어린양 일흔일곱 마리, 속죄 제물로 숫염소 열두 마리, 이 모든 것을 주님께 번제물로 바쳤다" 참조.

151 이사 6,1-5 특히 3절 참조. 이사야서에서는 '사랍들'(=세라핌)이 서로 주고받으며 외친다. "거룩하시다, 거룩하시다, 거룩하시다, 만군의 주님! 온 땅에 그분의 영광이 가득하다." 그 외치는 소리에 성전은 연기로 가득 찼다고 한다. 묵시 4,8-10도 참조하라. 여기서는 날개를 여섯 개씩 가진 네 생물이 어좌 앞에서 밤낮으로 쉬지 않고 '거룩하시다, 거룩하시다, 거룩하시다, 전능하신 주 하느님 전에도 계셨고 지금도 계시며 또 앞으로 오실 분!' 하고 외친다. 성화에서 사랍은 대개 여섯 날개를 가진 천사로 그려진다.

152 "살아 있는 나무들의 향"의 그리스어 표현은 τὸ θυμίαμα τῶν δένδρων τῶν ζώντων이다. '향'이라 옮긴 τὸ θυμίαμα는 분향이라고 옮겨도 된다. 믿는 이를 "하느님께 피어오르는 그리스도의 향기(εὐωδία)"에 비유한 2코린 2,15 참조.

153 요한 1,9; 1요한 2,8 참조.

154 세라핌(Σεραφίμ)이 칠십인역 이사 6,2에서는 σεραφιν이라 쓰였다(DBD). 세라핌 또는 세라핀은 히브리어 שׂרפים을 소리 나는 대로 옮긴 차용어다. 세라핌에 대해서는, Mettinger, "Seraphim", 742-744 참조.

155 "다른 향의 향기"라 옮긴 표현은 ἄλλη εὐωδία θυμιάματος다.

156 미카엘 천사는 여기서 대천사로 제시된다. 1에녹 9,1; 유다 9; 3바룩 11,8 등에서도 대천사로 나온다. 알리슨은 미카엘 대천사 전승을 잘 요약하고 있다: Allison, *4 Baruch: Paraleipomena Jeremiou*, 413-417. 네 대천사 또는 일곱 대천사 전승에서 미카엘은 항상 넷 또는 일곱 가운데 하나로 제시된다(1에녹 9—10; 40,9; 1QM

그분께서는 의인들을 데리고 들어가실 때까지, 의인들에게
성문을 열어주시는[158] 분이십니다![159]
6 당신께 청합니다, 모든 피조물의 주권자이신[160] 주님! 태어나지

9.14-16; 3에녹 17,1). 미카엘은 유다교 및 그리스도교 전승에서 이스라엘을 위해 싸우는 전사 이미지로 자주 등장한다(1QM 9.15; 17.6-8; 1에녹 90,14; 3바룩 11,4-8; 13,3; 묵시 12,7; 『타르굼 차명 요나탄』, 창세기 38,25-26). 요셉과 아세넷 14,7에서 아세넷에게 나타난 천사의 이름이 명시되지는 않았지만 미카엘을 가리키는 게 분명하다. 여기서 이 천사는 "지극히 높으신 분의 군대의 우두머리(=총사령관)"라 묘사된다: "나는 주님의 집의 지휘관이며 지극히 높으신 분의 군대의 우두머리(=총사령관)다." 2에녹 22,6에서는 미카엘이 "주님의 가장 위대한 대천사"라 불린다. 미카엘 대천사에 대해서는 바룩 3서의 해제 '5.3. 천사와 악마' 항목을 참조하라.

157 묵상이라 옮긴 단어는 μελέτη다. '생각, 탐구, 숙고, 관심' 등을 뜻한다(Bauer-Danker). 알리슨은 4바룩 9,5이 칠십인역 시편 118을 연상시킴을 주목한다. 단 시편에서는 '묵상'의 대상이 하느님의 율법(15절)인 반면 바룩 4서에서는 미카엘 대천사가 묵상의 대상이 된다: Allison, *4 Baruch: Paraleipomena Jeremiou*, 413. 미카엘 대천사가 '정의'(δικαιοσύνη)와 연관된 점도 주목하라(ὁ ἀρχάγγελος τῆς δικαιοσύνης 정의의 대천사). 1에녹 71,3에서도 미카엘이 의로움과 연결된다. 미카엘이 의로움의 모든 비밀들을 계시해준다는 것이다.

158 Allison, *4 Baruch: Paraleipomena Jeremiou*, 416 각주 105에 '하늘의 문'과 관련한 본문들이 소개되어 있다. 특히 하늘의 문을 여는 천사를 언급한 레위의 유언 5,1과 미카엘 천사를 하늘 나라의 열쇠를 쥐고 있는 이로 묘사하는 3바룩 11,2을 참조하라. 3바룩 11,2에 따르면, 미카엘 천사가 문을 열어주어야만 다섯째 하늘에 들어갈 수 있다.

159 4바룩 9,5에는 개인의 사후 운명에 대한 암시가 담겨 있다. 의인이 죽으면 미카엘 천사가 그에게 하늘의 문을 열어주어 안으로 들여보냄을 암시한다: Allison, *4 Baruch: Paraleipomena Jeremiou*, 416. 존스(Jones)는 4바룩 9,5에서 천상 예루살렘에 대한 종말론적 희망을 읽는다. 마지막 때에 정의의 천사가 이스라엘 백성을 새 예루살렘으로 인도하리라는 것이다: Jones, *Jewish Reactions to the Destruction of Jerusalem in A.D. 70: Apocalypses and Related Pseudepigrapha*, 169.

160 또는, "모든 피조물의 전능하신 주님!" '주권자'로 옮긴 단어는 παντοκράτωρ다. 4바룩 1,6 참조.

않으신 분, 불가해하신 분! 모든 판결이 그분 안에 숨겨졌습니다,
이 모든 일들이 일어나기 전에!"[161]

7 예레미야가 이 말들을 할 때였다.[162] 그는, 바룩 그리고 아비멜렉과
함께 제단에 서 있는 동안에 마치 자기 영혼을 넘긴 사람들[163] 중 하
나처럼 되었다. 8 바룩과 아비멜렉은 계속 거기 머물며 울면서 큰 소리
로 울부짖었다. "우리는 불행합니다! 우리 아버지 예레미야가 우리를
떠났기 때문입니다. 하느님의 사제가 떠났습니다!" 9 온 백성이 그들의
울음소리를 들었다. 모든 이가 그들을 향해 달려갔다. 그들은 예레미
야가 죽은 사람처럼 바닥에 누워 있는 것을 보았다. 10 그들은 자기 옷
을 찢고 머리에 먼지를 끼얹었다. 그리고 비통한 울음으로 울었다. 11 그
런 다음 그들은 그를 묻을 준비를 하였다. 12 그런데 보라! 한 소리가
와서 이렇게 말하였다. "아직 살아 있는 사람을 묻지 마라! 그의 영혼
은 그의 몸으로 다시 돌아오기 때문이다."[164] 13 이 소리를 듣고 그들은

161 4바룩 9,6 그리스어 본문에 관계 대명사(ᾧ 여격)가 이끄는 절에 '전치사 + 대명사'(ἐν αὐτῷ) 구가 중복되어 나타난다: ᾧ πᾶσα κρίσις κέκρυπται ἐν αὐτῷ. 이는 셈어 영향에 따른 것이다. 로빈슨은 이를 근거로 바룩 4서 원문이 히브리어(적어도 셈어)로 쓰였을 것이라 추정한다: Robinson, "4 Baruch", 424 참조. 해제 '3. 본문과 원어' 항목을 참조하라.

162 4바룩 9,7-13: 기도를 마친 예레미야는 죽은 사람처럼 된다. 그가 죽은 것으로 판단한 사람들이 그를 묻으려 하자 한 소리가 들려와 사흘 뒤에 그가 다시 깨어나리라고 한다. 사람들은 사흘 동안 곁을 지키며 예레미야가 깨어나기를 기다린다.

163 자기 영혼을 넘긴 사람처럼 되었다는 것은 죽은 사람처럼 되었다는 뜻이다.

164 4바룩 9,12에서 육신의 부활에 대한 희망이 드러난다. 특히 이 구절은 십자가에서 돌아가신지 사흘 만에 다시 일어나신다고 하는 예수 그리스도의 죽음과 부활을 연상시킨다(마태 27,63; 마르 8,31; 9,31; 10,34; 루카 9,22; 18,33; 24,21.46 참조). 이어지는 13절에서 죽은 듯한 예레미야를 땅에 묻지 않고 사흘 동안 지켜보았다고 하는 것도 마찬가지다.

그를 묻지 않았다. 대신 그들은 그의 천막 주변을 둘러싼 채 '무슨 시각에 일어나실까?'[165] 하고 말하면서 사흘 동안 그곳에 머물러 있었다.

14 사흘이 지난 뒤 그의 영혼이 그의 몸으로 들어왔다.[166] 그러자 그는 그들 한가운데서 소리를 높여 말하였다.

"한목소리로 하느님을 찬양하십시오![167] 여러분 모두 하느님과, 우리를 잠에서 깨어나게 해주시는 하느님의 아들 예수 그리스도를 찬양하십시오! 그분께서는 모든 시대들의 빛, 꺼지지 않는 등불, 신앙의 생명이십니다![168]

15 이 시간들이 지나고 사백칠십칠 년째가 되면 그분께서 땅에 오실 것입니다. 16 그리고 동산 한가운데에 심겨진 생명의 나무는[169] 열매 맺지 않는 나무를 열매 맺게 만들 것입니다. 그리하여 그것들은 자라서 싹을 틔울 것입니다.[170] 17 싹을 틔운 나무들은 우쭐대며 '우리의 끝

---

165 4바룩 9,13에서 '일어나다'로 옮긴 그리스어는 ἀναστῆναι다. 이는 부활과 관련하여 주로 쓰이는 단어다. '사흘'이라는 단어와 함께 그리스도의 부활을 연상시킨다. 해제, '5.2. 종말론적 희망' 항목을 참조하라.

166 4바룩 9,14-20은 죽은지 사흘 만에 다시 일어난(또는 살아난) 예레미야가 백성들 앞에서 그리스도의 오심을 선포한다.

167 로마 15,6.

168 예수 그리스도의 오심을 선포하는 4바룩 9,14은 후대 그리스도교 편집자의 손길이 엿보인다. 예수님을 '하느님의 아들, 그리스도(=메시아)'로 제시한 마태 16,16; 26,63; 마르 1,1; 요한 20,3을 참조하라. 예수님을 "우리를 잠에서 깨어나게 해주시는"(4바룩 9,14) 분으로 묘사한 것(이 문맥에서 잠에서 깨어나게 해준다는 것은 부활을 가능케 하는 것을 뜻한다)은 요한 11,25-26을 연상시킨다. 예수님이 세상의 빛, 생명의 빛으로 묘사되는 요한 8,12도 보라(요한 12,46 참조).

169 창세 2,9 참조.

170 '싹을 틔우다'로 옮긴 그리스어 단어는 βλαστάνω다. '소출을 낼 것입니다'로 옮겨도 된다(Liddell-Scott).

이 공중에 닿았다!'[171] 하고 말할 것입니다. 하지만 뿌리 깊은 나무가[172]
그 나무들을 그의 높은 가지들과 함께 시들게 만들 것입니다.[173] 그리
고 그들을 심판받게 만들 것입니다.

18 그리고 주홍은 양털처럼 하얗게 될 것입니다.[174] 눈雪은 까맣게
될 것입니다. 단물은 짜게 될 것입니다. 그리고 짠물은, 하느님의 환희
의 큰 빛 속에서 단물이 될 것입니다.[175] 19 그리고 그분께서는 섬들을
축복하여 그분의 그리스도의 입에서 나오는 말씀으로 열매 맺게 만
들 것입니다.

20 참으로 그분께서 오실 것입니다.[176] 그분께서는 나가서 당신을
위해 열두 사도들을 뽑으실 것입니다.[177] 그들이 민족들 가운데에서 복
음을 선포할 수 있도록![178] 그분의 아버지께서 그분을 채비시켜주신 것

---

171 직역: "우리는 공중에 우리의 끝을 내주었다"(’Εδώκαμεν τὸ τέλος ἡμῶν τῷ ἀέρι). 무슨 뜻인지 분명하지는 않다. 아마 나무가 하늘 높이 치솟을 만큼 자랐다는 의미일 것이다. 로빈슨은 '우리 꼭대기가 공중까지 닿았다'는 뜻으로 풀이한다: Robinson, "4 Baruch", 424 참조.

172 직역: "단단히 뿌리를 내린", "단단히 세워진"(τὸ δένδρον τὸ στηριχθέν). 뿌리 깊은 나무가 누구 또는 무엇을 가리키는지 분명하지 않다. 문맥상 생명의 나무, 예수 그리스도를 가리킬 법하다.

173 직역: "이미 싹을 틔워 '우리의 끝이 공중에 닿았다!' 하고 우쭐대며 말하는 나무들을, 뿌리 깊은 나무가 그것들을 그의 높은 가지들과 함께 시들게 만들 것입니다."

174 이사 1,18: "너희의 죄가 진홍빛 같아도 눈같이 희어지고 다홍같이 붉어도 양털같이 되리라" 참조.

175 하느님 나라에서 실현될 가치전도, 또는 세계 질서의 재편은 복음서에 나오는 '마리아의 노래'에서도 확인된다: 루카 1,52-53 참조.

176 마태 3,11; 마르 1,7; 루카 3,16; 요한 1,27 참조.

177 이 구절은 그리스도인의 편집의 결과물임이 분명하다. 예수님이 열두 사도를 뽑으신 것은 마태 10,1-4; 마르 3,13-19; 루카 6,12-18을 보라.

을[179] 나는 보았습니다. 그리고 그분께서 이 세상, 올리브 산에 오시는
것을 보았습니다. 그분께서는 배고픈 영혼들을 채워주실 것입니다."[180]

예레미야의 순교(9,21-32)

21 예레미야가 하느님의 아들을 두고 '그분께서 세상에 오십니다!' 하고
말하자 백성은 화가 나서 말하였다.[181] "이 말들은 아모스의 아들 이사
야가 '나는 하느님과 하느님의 아들을 뵈었습니다!'라며 했던 말과 같
습니다.[182] 22 그러니 그를 그런 죽음으로는 죽이지 말도록 합시다.[183] 대
신 그에게 돌을 던집시다!"

23 그러자 바룩과 아비멜렉은 몹시 슬퍼졌다. 그들은 예레미야가
보았던 신비에 대해 온전히 다 듣고 싶었기 때문이다. 24 그러자 예레미
야가 그들에게 말하였다. "침묵하시오, 그리고 울지 마시오. 내가 본 모
든 것을 그대들에게 다 말해줄 때까지 그들은 결코 나를 죽이지 못할

---

178 마태 28,19-20 참조.

179 직역: "그분 아버지에 의해 준비되신 그분을 뵈었습니다."

180 마태 5,6; 14,19-20 참조.

181 4바룩 9,21-32: 예레미야의 마지막 가르침과 순교. 예레미야가 그리스도의 오심을 선포하자 화가 난 사람들이(요한 1,9-11 참조) 그를 죽이려 한다. 예레미야는 기도의 힘으로 '돌'을 자기 모습대로 만들어 내세운 뒤 바룩과 아비멜렉에게 마지막 가르침을 전한다. 가르침을 마친 예레미야는 결국 돌에 맞아 순교한다.

182 이사야의 순교와 승천 3,9 참조.

183 예언자들의 생애 1,1에 따르면 이사야는 므나쎄 치하 때 톱으로 두 동강이가 나서 죽었다고 한다. 그의 시체는 로겔의 참나무 아래 묻혔다고 한다. 예언자들의 생애는 송혜경, 『구약 외경 1』, 470-519에 본문과 해제가 소개되어 있다. 이사야의 순교와 승천 5,1-16에서는 벨리아르(=사탄)가 앙심을 품고 므나쎄를 부추겨 이사야를 톱으로 썰어 두 동강을 내었다고 한다. 이사야의 순교와 승천 본문은 Knibb, "Martyrdom and Ascension of Isaiah", 156-176에서 찾아 읽을 수 있다.

것이오." 25 그리고 그는 그들에게 말하였다. "여기, 내게 돌을 하나 가
져오시오." 26 그는 그것을 세운 다음 말하였다. "시대들의 빛이시여! 이
돌을 저와 같은 모습이 되게 해주십시오. 제가 본 모든 것을 바룩과 아
비멜렉에게 다 말해줄 때까지!" 27 그러자 그 돌은 하느님의 명령에 의
해 예레미야와 같은 모습을 취하게 되었다. 28 그러자 사람들은 그 돌
을 향해, 그것이 예레미야이려니 생각하면서, 돌을 던졌다.

29 그러나 예레미야는 그가 본 모든 신비를 바룩과 아비멜렉에게
전해 주었다. 그러고 나서 그는 자신의 소임을 다하려 백성 한가운데
에 섰다. 30 그때 그 돌이 소리치며 말하였다. "오 어리석은 이스라엘
의 아들들이여! 여러분은 왜, 내가 예레미야라고 생각하면서 나에게
돌을 던집니까? 보십시오, 예레미야는 여러분 가운데 서 있습니다!"

31 그들은 그를 보자 곧바로 많은 돌을 들고서 그에게 달려들었다.
그리하여 그의 소임이 완수되었다. 32 바룩과 아비멜렉은 와서 그를 묻
었다.[184] 그리고 그 돌을 들어 그의 무덤 앞에 두었다. 돌에는 이렇게
새겼다. "이것은 예레미야의 조력자였던 그 돌이다."

---

184 4바룩 9,31-32는 백성들이 예레미야에게 돌을 던져 죽였으며 바룩과 아비멜렉이 그 시신을 묻었다고 한다. 예언자들의 생애 2,1-5에서 예레미야는 이집트에서 백성들에게 돌에 맞아 죽었으며 파라오의 궁전에 안치되었다고 한다. 그리고 나중에 알렉산드로스 대왕에 의해 그 유해가 알렉산드리아에 옮겨졌다고 한다: "예레미야는 아나톳 출신이다. 그리고 이집트의 타흐판헤스에서 백성이 던진 돌에 맞아 죽는다. 그리고 파라오 궁전의 한 지점에 안치되었다. 그를 통해 이익을 보았던 이집트인들이 그를 존경했던 까닭이다… 그(알렉산드로스)는 알렉산드리아로 그의 유해를 옮긴 뒤 예를 갖추어 둥근 모양으로 안치했다": 송혜경, 『구약 외경 1』, 319.

부록

참고 문헌

찾아 보기

참고 문헌

성경

『성경』,
(한국천주교중앙협의회 2005).

BIBLIA HEBRAICA STUTTGARTENSIA,
W. Rudolph et H.P. Rüger (ed.) (Stuttgart 1984).

The Jewish Study Bible,
A. Berlin, M.Z. Brettler (eds.) (Oxford 2004).

The New Oxford Annotated Bible: New Revised Standard Version with the Apocrypha,
P. Perkins, M.D. Coogan, M.Z. Brettler, C. Newsom (eds.) (3rd ed. Oxford 2001).

외경

니코데모 복음,
송혜경, 『신약 외경 1』 (한님성서연구소 2021), 251-302.

레위의 유언,
H.C. Kee, "Testaments of the Twelve Patriarchs", J.H. Charlesworth (ed.), *OTP Vol. 1*, 775-828 (레위의 유언: 788-795).

모세의 묵시록 (그리스어) (=라틴어 아담과 하와의 생애),
M.D. Johnson, "2 (Slavonic Apocalypse of) Enoch", J.H. Charlesworth (ed.), *OTP Vol. 2*, 249-296.

바룩 2서,
Daniel M. Gurtner with David M. Miller and Ian W. Scott, (eds.), "2 Baruch." Edition 2.0. No pages. In The Online Critical Pseudepigrapha. Edited by Ian W. Scott, Ken M. Penner, and David M. Miller. Atlanta: Society of Biblical Literature, 2007. Online: http://www.purl.org/net/ocp/2Bar.

바룩 3서,
K.M. Penner and D.M. Miller (eds.), "3 (Greek Apocalypse of) Baruch." Edition 1.0. No pages. In The Online Critical Pseudepigrapha. Edited by Ken M. Penner, David M. Miller, and Ian W. Scott. 2006. Online: http://www.purl.org/net/ocp/3Bar.

바룩 4서,
Ken M. Penner and Juan Garcés, (eds.), "4 Baruch (Paraleipomena Ieremiou)." Edition 1.0. No pages. In The Online Critical Pseudepigrapha. Edited by Ken M. Penner, David M. Miller, and Ian W. Scott. Atlanta: Society of Biblical Literature, 2006.

바오로 묵시록,
C. Tischendorf (ed.), *Apocalypses*

Apocryphae: Mosis, Esdrae, Pauli, Iohannis, Item, Mariae Dormitio (Hildesheim 1966).
송혜경, 『신약 외경 3』 (한님성서연구소 출간 준비중).

바오로 묵시록(콥트어),
송혜경, 『영지주의자들의 성서』 (한님성서연구소 2022), 193-210.

베드로 묵시록,
J.A. Robinson, M.R. James, *The Gospel according to Peter and the Revelation of Peter* (Stillwell 2007), 89-96.
송혜경, 『신약 외경 3』 (한님성서연구소 출간 준비중).

솔로몬의 시편,
송혜경, 『구약 외경 1』 (한님성서연구소 2022), 165-243.

시빌의 신탁,
J.J. Collins, "Sybylline Oracles", J.H. Charlesworth (ed.), *OTP Vol.1*, 317-472.

아담과 하와의 생애,
J. Tromp (ed.), *The Life of Adam and Eve in Greek: A Critical Edition* (Pseudepigrapha Veteris Testamenti Graece Vol.6; Leiden 2005).

아르콘들의 실체,
R.A. Bullard, B. Layton, "The Hypostasis of the Archons", *The Coptic Gnostic Library Vol.2* (Leiden 2000), 220-259.

아리스테아스의 편지,
송혜경, 『구약 외경 1』 (한님성서연구소 2022), 348-440.

안드레아 행전,
J.-M. Prieur, *Acta Andreae Vol.2* (Turhout 1989), 443-549.

야고보 원복음,
송혜경, 『신약 외경 1』 (한님성서연구소 2021), 85-113.

에녹 1서,
송혜경, 『구약 외경 1』 (한님성서연구소 2022), 67-160.

에녹 2서,
F.I. Andersen, "2 (Slavonic Apocalypse of) Enoch", J.H. Charlesworth (ed.), *OTP Vol.1*, 91-222.

에녹 3서,
P. Alexander, "3 (Hebrew Apocalypse of) Enoch", J.H. Charlesworth (ed.), *OTP Vol.1*, 223-316.

에즈라 4서,
Andy Wong with K.M. Penner and D.M. Miller (eds.), "4 Ezra." Edition 1.0. No pages. In The Online Critical Pseudepigrapha. Edited by K.M. Penner and I.W. Scott. Atlanta: Society of Biblical Literature, 2010,
The Online Critical Pseudepigrapha, http://www.purl.org/net/ocp/4Ezra.

예언자들의 생애,
송혜경, 『구약 외경 1』 (한님성서연구소 2022), 307-345.

요셉과 아세넷,
송혜경, 『구약 외경 1』,

(한님성서연구소 2022), 249-306.
요한의 비전,
송혜경, 『영지주의자들의 성서』, (한님성서연구소 2022), 415-523.
이사야의 순교와 승천,
M.A. Knibb, "Martyrdom and Ascension of Isaiah", J.H. Charlesworth (ed.), *OTP Vol. 2*, 143-176.
차명 필론,
D.J. Harrington, "Pseudo-Philo", J.H. Charlesworth (ed.), *OTP Vol. 2*, 297-378.
토마 복음,
송혜경, 『신약 외경 1』 (한님성서연구소 2021), 139-210.

교부·고전 문헌

바르나바,
『바르나바의 편지』 *Barnabae Epistula*,
F.X. Funk, revised by K. Bihlmeyer, *Die Apostolischen Väter* (Tübingen 1924).
수에토니우스,
『열두 황제들의 생애』 *De Vita Caesarum*,
M. Ihm (ed.), C. Suetonius Tranquillus, De Vita Caesarum (Latin) (Lipsiae 1907). http://www.perseus.tufts.edu/hopper/searchresults?q=suetonius.
아프라하트,
『논증』,
K. Valavanolickal (ed.), *Aphrahat Demonstrations Vols* 1-2. (Piscataway 2011).
야고보(사룩의),
『세상의 창조』 *Hexaemeron*,
E. Mathews (ed.), *Jacob of Sarug's Homily on the Fashioning of Creation* (Piscataway 2011).
에우세비우스,
『교회사』 *Historia ecclesiastica*,
E. Schwartz (ed.) (GCS 2).
오리게네스,
『원리』 *De Principiis*,
P. Koetschau (ed.) (GCS 5).
요세푸스,
『유다 고대사』 *Antiquitates Judaicae*,
W. Whiston (tr.), *The New Complete Works of Josephus: Commentary by P.L. Maier* (Grands Rapid 1999), 47-661.
『유다 전쟁사』 *De bello Judaico libri vii*,
B. Niese (ed.), *Flavius Josephus, De bello Judaico libri vii* (Greek); A.M. William Whiston (ed.), *Flavius Josephus, The Wars of the Jews* (English). https://www.perseus.tufts.edu/hopper/text?doc=J.+BJ+1.1.
『자서전』 *Vita*,
W. Whiston (tr.), The New Complete Works of Josephus: Commentary by P.L. Maier (Grand Rapids 1999), 17-44.

유스티누스(순교자),
『트리폰과의 대화』 *Dialogue cum Tryphone Judaeo,* J.-P. Migne (ed.) (Cursus Completus Patrologiae Graecae Vol.6; Paris 1887).

카시우스 디오,
『로마사』 *Historiae Romanae,* E. Cary, H.B. Foster (eds.), *Cassius Dio Cocceianus, Dio's Roman History* (New York. 1914-). http://www.perseus.tufts.edu/hopper/searchresults?q=cassius+dio.

클레멘스(로마),
『클레멘스의 첫째 편지』 *Prima Clementis,* A. Jaubert (ed.) (Sources chrétiennes 167; Paris 1971).

클레멘스(알렉산드리아),
『잡록』 *Stromateis 1-6,* O. Stählin (ed.) (GCS 2).

타키투스,
『역사』 *Historiae,* C.D. Fisher (ed.), *Cornelius Tacitus, Historiae* (Latin). http://www.perseus.tufts.edu/hopper/searchresults?q=Tacitus.

테르툴리아누스(차명),
『유다인 반박』 *Adversus Iudaeos,* G.D. Dunn (ed.), *Tertullian* (The Early Church Fathers) (London 2004), 63-104.

플라톤,
『고르기아스』
『플라톤 전집 III』, 천병희 옮김 (도서출판 숲 2019), 11-187.
『국가』
천병희 옮김 (플라톤 전집 IV; 도서출판 숲 2020).
『소크라테스의 변론』
천병희 옮김 (플라톤 전집 III; 도서출판 숲 2019).
『티마이오스』
『플라톤 전집 V』, 천병희 옮김 (도서출판 숲 2019), 301-437.
『파이돈』
『플라톤 전집 I』, 천병희 옮김 (도서출판 숲 2019), 109-251.
『파이드로스』
『플라톤 전집 II』, 천병희 옮김 (도서출판 숲 2019), 13-121.
『향연』
『플라톤 전집 I』, 천병희 옮김 (도서출판 숲 2019), 253-375.

필론,
『세상의 창조』 *De Opificio Mundi,* F.H. Colson (ed.) (Philo 1; Cambridge 1991).
『창세기에 대한 질문과 응답』 *Quaestiones et Solutiones in Genesin,* F.H. Colson (ed.) (Philo Sup 1; Cambri-dge 1991).
『플라쿠스 반박』 *In Flaccum,* F.H. Colson (ed.) (Philo 9; Cambridge 1985).

헤로도토스,
『역사』
천병희 옮김, (도서출판 숲 2011).

헤르마스,
『헤르마스의 목자』 *Pastor*,
R. Joly (ed.) (SC 53bis).
호메로스,
『일리아스』,
천병희 옮김 (도서출판 숲 2012).
『오뒷세이아』,
천병희 옮김 (도서출판 숲 2012).

『계단들의 책』 *Liber Graduum*,
M. Kmoskó (ed.), *Liber graduum = Ketava demaskata (in Syriac and Latin)* (Patrologia syriaca 3; Paris 1926).
『황제사』 *Scriptores Historiae Augustae*,
D. Magie (ed.) (London 1932). http://www.perseus.tufts.edu/hopper/searchresults?q=Scriptores+Historiae+Augustae.

쿰란 문헌

『공동체 규칙서』 *Rule of the Community* (1QS),
F.G. Martínez, E.J.C. Tigchelaar (eds.), *The Dead Sea Scrolls, Study Edition Vol. 1* (Leiden 1997), 68-99.
송창현, 『공동체 규칙서, 회중 규칙서, 축복 규칙서』 (사해 사본의 학문적 비평본과 주석 1; 한님성서연구소 2022), 39-204.
『다마스쿠스 문헌』 *Damascus Document* (CD),
J.H. Charlesworth (ed.), *Damascus Document Fragments, Some Works of the Torah, and Related Documents. The Dead Sea Scrolls: Hebrew, Aramaic, and Greek Texts with English Translations Vol. 3* (Westminster 2005).
『전쟁 두루마리』 *War Scroll* (1QM),
F.G. Martínez, E.J.C. Tigchelaar (eds.), *The Dead Sea Scrolls, Study Edition Vol. 1* (Leiden 1997), 112-145.
『메시아 묵시록』 *Messianic Apocalypse* (4Q521),
F.G. Martínez, E.J.C. Tigchelaar (eds.), *The Dead Sea Scrolls, Study Edition Vol. 2* (Leiden 1998), 1044-1047.
『차명-에제키엘』 *Pseudo-Ezekiel* (4Q385),
F.G. Martínez, E.J.C. Tigchelaar (eds.), *The Dead Sea Scrolls, Study Edition Vol. 2* (Leiden 1998), 766-771.
『비-정경 시편들 B』 *4QNon-Canonical Psalms B* (4Q381),
F.G. Martínez, E.J.C. Tigchelaar (eds.), *The Dead Sea Scrolls, Study Edition Vol. 2* (Leiden 1998), 754-763.

라삐 문헌

『타르굼 차명-요나탄(예루살렘 타르굼)』
Pseudo-Jonathan,

D. Rieder (ed.), *Targum Jonathan Ben Uziel on the Pentateuch copied from the London MS (British Museum add 27031)* (Jerusalem 1974).

『바빌로니아 탈무드』 *Babylonian Talmud*, https://www.sefaria.org (The William Davidson digital edition of the Koren Noé Talmud, with commentary by Rabbi Adin Even-Israel Steinsaltz).

『창세기 라바』 *Bereishit Rabbah*, (Sefaria Community Translation), H. Freedman, M. Simon (ed.), *Midrash Rabbah, Translated Into English With Notes, Glossary And Indices*.

https://www.sefaria.org/texts.

사전

Bauer, W., **Danker**, F.W., *A Greek-English Lexicon of the New Testament and Other Early Christian Literature* (Chicago [3]2000).

Brown, F., **Driver**, S.R., **Briggs**, C.A., *The Brown-Driver-Briggs Hebrew and English Lexicon* (Peabody 1994).

Jastrow, M., *Dictionary Of The Targumim, Talmud Bavli, Talmud Yerushalmi And Midrashic Literature* (1950). http://dukhrana.com/lexicon/search.php.

Klein, O., *Syrisch-griechisches Wörterbuch zu den vier kanonischen Evangelien: Syriac-Greek dictionary of the Gospels* (1916). http://dukhrana.com/lexicon/search.php.

Louis-Costaz, S.J., *Syriac-French-English-Arabic Dictionary* http://dukhrana.com/lexicon/search.php.

Smith, P. (ed.), *A Compendious Syriac Dictionary: Founded upon the Thesaurus Syriacus of R. Payne Smith* (Winona Lake 1998). http://dukhrana.com/lexicon/search.php.

일반 문헌

Aleksandrov, G.S., "The Role of Aqiba in the Bar Kokhba Rebellion", J. Neusner (ed.), *Eliezer ben Hyrcanus vol. 2* (Leiden 1973), 428-442.

Alexander, P.S., "Enoch and the Beginnings of Jewish Interest in the Natural Sciences", C. Hempel, A. Lange, H. Lichtenberger (eds.), *The Wisdom Texts from Qumran and the Development of Sapiential Thought*

(Leuven 2002), 223-244.

Allison, D.C., *4 Baruch: Paraleipomena Jeremiou* (Berlin 2018).

Andersen, F.I., "2 (Slavonic Apocalypse of) Enoch", R.H. Charlesworth (ed.), *Old Testament Pseudepigrapha vol. 1* (New York 1983), 91-221.

Anderson, G.A., **Kaminsky**, J.S. (eds.), *The Call of Abraham: Essays on the Election of Israel in Honor of Jon D. Levenson* (Christianity and Judaism in Antiquity Series 19; Paris 2014).

Aptowitzer, V., "The Heavenly Temple in the Agada", *Tarbiz 2* (1931), 137-153.

Avery-Peck, A., **Neusner**, J., **Chilton**, B. (eds.), *Judaism in Late Antiquity Part IV: Death, Life-after-Death, Resurrection, and the World-to-Come in the Judaisms of Antiquity* (Leiden 2000).

Bailey, K., *Through Peasant Eyes* (Grand Rapids 1980).

Baltzer, K., *Deutero-Isaiah* (Minneapolis 2001).

Bar-Asher, M., "The Study of Mishnaic Hebrew Grammar Based on Written Sources: Achievements, Problems, and Tasks," *ScrHier 37* (1998), 9-42.

Bar-Ilan, M., "Prayers of Jews to Angels and Other Mediators in the First Centuries CE", M. Poorthuis, J. Schwartz (eds.), *Saints and Role Models in Judaism and Christianity* (Leiden 2004), 79-96.

Barr, J., "Hebrew, Aramaic and Greek in the Hellenistic Age", W.D. Davies, L. Finkelstein (eds.), *Cambride History of Judaism vol. 2* (Cambridge 2008), 79-114.

Ben-Dov, J., *Head of All Years: Astronomy and Calendars at Qumran in their Ancient Context* (Leiden 2008).

Bensly, R.L. (ed.), *The Fourth Book of Ezra. The Latin Version Edited from the MSS* (Cambridge 1895).

Bentwich, N. *Hellenism* (Illinois 2001).

Bergren, T.A., **Coogan**, M.D. (eds.), *The New Oxford Annotated Apocrypha: New Revised Standard Version* (New York 2010).

Bergren, T.A., "Christian Influence on the Transmission History of 4, 5, and 6 Ezra", K.C. Vanderkam, W. Adler (eds.), *The Jewish Apocalyptic Heritage in Early Christianity* (Minneapolis 1996), 102-128.

Berlin, A., "Cosmology and Creation", *The Oxford Dictionary of the Jewish Religion* (New York 2011), 188-189.

Berthelot, K., "Is God Unfair? The Fourth Book of Ezra as a Response to the Crisis of 70 C.E.", A. Lange, D. Römheld, M. Weigold (eds.), *Judaism in*

Crisis: Crisis as a Catalyst in Jewish Cultural History (Göttingen 2011), 73-89.

Bidawid, R.J., "4 Esdras", *The Old Testament in Syriac according to the Peshitta Version, IV,3: Apocalypse of Baruch, 4 Esdras* (Leiden 1973).

Bientenhard, H., "Die Freiheitskriege der Juden unter den Kaisern Trajan und Hadrian und der messianische Tempelbau", *Judaica 4* (1948), 164-166.

Blau, L., "Samael", https://www.jewishencyclopedia.com/articles/13055-samael.

Boccaccini, G., **Zurawski**, J.M. (eds.), *Interpreting 4 Ezra and 2 Baruch: International Studies* (The Library of Second Temple Studies 87; New York 2014).

Bogaert, P.-M.,

"Le Nom de Baruch dans la Littérature Pseudépigraphique: L'Apocalypse Syriaque et le Livre Deutéronomique", W. Cornelis (ed.), *La Littérature Juive entre Tenach et Mischna: RechBibl. IX* (Leiden 1974), 56-72.

L'Apocalypse de Baruch, introduction, traduction du Syriaque et commentataire vols.1-2 (SC 144-145; Paris 1969).

Böttrich, C., **Herzer**, J., **Reiprich** T. (eds.), *Josephus und das Neue Testament* (Tübingen 2007).

Box, G.H., "IV Ezra", R.H. Charles (ed.), *Apocrypha and Pseudepigrapha of the Old Testament vol. 2* (Oxford 1913), 542-624.

Bremmer, J.N., **Hirschberger**, V., **Nicklas**, T. (eds.), *Figures of Ezra* (Leuven 2018).

Brindle, W., "The Origin and History of the Samaritans", *Grace Theological Journal 5.1* (1984), 47-75.

Brock, S.P., "Syriac Literature: A Crossroads of Cultures", *Parole de l'Orient 31* (2006), 17-35.

Brown, F., **Driver**, S.R., **Briggs**, C.A., *The Brown-Driver-Briggs Hebrew and English Lexicon* (Peabody 1994).

Brukett, D., *The Son of Man Debate: A History and Evaluation* (Society for New Testament Studies Monograph Series 107; Cambridge 2000).

Burnett, C., **Kraye**, J. (eds.), *Enoch, Eden, and the Beginnings of Jewish Cosmography* (London 2016).

Butts, A.M., "Syriac Language", *Gorgias Encyclopedic Dictionary of the Syriac Heritage* (Piscataway 2011), 390-391.

Caquot, A. (ed.), *La Littérature Intertestamentaire, Colloque de Strasbourg 1983* (Paris 1985).

Carlson, S.C., "Eschatological Viticulture in 1 Enoch, 2 Baruch, and the Presbyters of Papias", *Vigiliae Christianae* (2017), 37-58.

Ceriani, A.M., "Apocalypsis Baruch, olim de graeco in syriacum, et nunc de syriaco in latinum translata", *Monumenta sacra et profana* (Tomus I, fasc. 2; Mediolani 1866), 73-95.

Charles R.H. (ed.), *Apocrypha and Pseudepigrapha of the Old Testament 2 vols.* (Oxford 1913).

Charles, R.H.,

The Apocalypse of Baruch translated from Syriac (London 1896).

"II Baruch: I. The Syriac Apocalypse of Baruch", R.H. Charles, *The Apocrypha and Pseudepigrapha of the Old Testament vol. 2* (Oxford 1913), 470-526.

Charlesworth, J.H. (ed.),

The Old Testament Pseudepigrapha 2 vols. (New York 1983-1985).

The Messiah: Developments in Earliest Judaism and Christianity (Minneapolis 2009).

Charlesworth, J.H.,

"Testament of 12 Patriarchs: Levi", R.H. Charlesworth (ed.), J.H. Charlesworth, *Old Testament Pseudepigrapha vol. 1* (New York 1983), 788-795.

"4 Ezra and 2 Baruch: Archaeology and Elusive Answers to Our Perennial Questions", G. Boccaccini, J.M. Zurawski (eds.), *Interpreting 4 Ezra and 2 Baruch: International Studies* (The Library of Second Temple Studies 87; New York 2014), 156-162.

"Introduction: Messianic Ideas in Early Judaism", J.H. Charlesworth, G.S. Oegema (eds.), *Qumran-Messianism* (Tübingen 1998), 1-8.

"Messianology in the Biblical Pseudepigrapha", R.H. Charlesworth, G.S. Oegema (eds.), *Qumran-Messianism* (Tübingen 1998), 21-52.

Charlesworth, R.H., **Oegema**, G.S. (eds.), *Qumran-Messianism* (Tübingen 1998).

Chilton, B. (eds.), *Judaism in Late Antiquity Part IV: Death, Life-after-Death, Resurrection, and the World-to-Come in the Judaisms of Antiquity* (Leiden 2000), 119-140.

Collins, A.Y., *Numerical Symbolism in Jewish and Early Christian Apocalyptic Literature* (Tübingen 2016).

Collins, J.J.,

Apocalyptic Imagination: An Introduction to Jewish Apocalyptic Literature (Grand Rapids 1998).

"The Son of Man in First Century Judaism", *New Testament Studies 38* (1992), 448-66.

"The Afterlife in Apocalyptic

Literature", A. Avery-Peck, J. Neusner (eds.), *Judaism in Late Antiquity Part IV: Death, Life-after-Death, Resurrection, and the World-to-Come in the Judaisms of Antiquity* (Leiden 2000), 119-139.

"Jesus, Messianism and The Dead Sea Scrolls", R.H. Charlesworth, G.S. Oegema (eds.), *Qumran-Messianism* (Tübingen 1998), 100-119.

Conrad, E.W., "Remnant", K.D. Sakenfeld (ed.), *The New Interpreter's Dictionary of the Bible vol. 4* (Nashville 2009), 761-762.

Conybeare, F.C., **Stock**, G., *Grammar of Septuagint Greek: With Selected Reading, Vocabularies, and Updated Indexes* (Boston 1995).

Cook, J.G., *Crucifixrion in the Mediterranean World* (WUNT 327; Tübingen 2014).

Cornelis, W. (ed.), *La Littérature Juive entre Tenach et Mischna: RechBibl. IX* (Leiden 1974).

Couprie, D.L.,

Heaven and Earth in Ancient Greek Cosmology (Springer 2011).

"The Archaic World Picture", *Heaven and Earth in Ancient Greek Cosmology: From Thales to Heraclides Ponticus* (Astrophysics and Space Science Library 374; New York 2011), 3-14.

Couprie D.L. (ed.), *When the Earth Was Flat: Studies in Ancient Greek and Chinese Cosmology* (Springer 2018).

Cousland, J.R.C., "Adam and Eve: Did Satan Sleep with Eve in the Greek and Latin Lives of Adam and Eve?", *The Journal of Theological Studies 71* (2020), 134-157.

Culianu, I.P., "The Celestial Eschatology and Its Transformations", *Psychanodia: A Survey of the Evidence Concerning the Ascension of the Soul and its Relevance* (Études préliminaires aux religions orientales dans l'Empire romain Vol. 99; Leiden 1983), 40-42.

Dan, J., "Samael and the Problem of Jewish Gnosticism", A.L. Ivry, E.R. Wolfson (eds.), *Perspectives on Jewish Thought and Mysticism* (New York 1998), 257-276.

Davidson, G. (ed.), *Dictionary of Angels: including the Fallen Angels* (New York 1967).

Davidson, G., "Samael", G. Davidson (ed.), *Dictionary of Angels: including the Fallen Angels* (New York 1967), 255-256.

Davies, P., "Death, Resurrection, and Life after Death in the Qumran Scrolls", A. Avery-Peck, J. Neusner, B. Chilton (eds.), *Judaism in Late Antiquity Part IV: Death, Life-after-Death,*

Resurrection, and the World-to-Come in the Judaisms of Antiquity (Leiden 2000), 189-214.

Davies, W.D., **Finkelstein**, L. (eds.), *Cambride History of Judaism vol. 2* (Cambridge 2008).

Davila, J.R.,

"Heavenly Ascents in the Dead Sea Scrolls", P.W. Flint, J.C. VanderKam (eds.), *The Dead Sea Scrolls after Fifty Years. A Comprehensive Assessment vol. 2* (Leiden 1999), 461-485.

The Provenance of the Pseudepigrapha: Jewish, Christian, or Other? (JSJSup 105; Leiden 2005).

"How Can We Tell If a Greek Apocryphon or Pseudepigraphon Has Been Translated from Hebrew or Aramaic", *JSP 15* (2005), 3-61.

Dedering, S., *Apocalypse of Baruch* (Peshitta Institute, The Old Testament in Syriac, Part IV, Fasc. 3; Leiden 1973).

Denis, A.-M., *Fragmenta pseudepigraphorum quae supersunt Graece: una cum historicorum et auctorum judaeorum Hellenistarum fragmentis* (PVTG 3; Leiden 1970).

Dulkin, R.S., "The Devil Within: A Rabbinic Traditions-History of the Samael Story in 'Pirkei de-Rabbi Eliezer'", *Jewish Studies Quarterly 21.2* (2014), 153-175.

Elledge, C.D., *Resurrection of the Dead in Early Judaism 200 BCE-CE 200* (Oxford 2017).

Elliott, M.W. (ed.), *Ancient Christian Commentary on Scripture: Old Testament XI Isaiah 40-66* (Illinois 2007).

Evans, C.A., *Ancient Texts for New Testament Studies: A Guide to the Background Literature* (Peabody 2005).

Evans, C.A., **Porter**, S.E. (eds.), *Dictionary of New Testament Background: A Compendium of Contemporary Biblical Scholarship* (The IVP Bible Dictionary Series; Illinois 2020).

Faust, A., *Archaeology and Ancient Israelite Religion* (Basel 2020).

Fischer-Mueller, E.A., "Yaldabaoth: The Gnostic Female Principle in Its Fallenness", *Novum Testamentum 32* (1990), 79-95.

Flint, P.W., **VanderKam**, J.C. (eds.), *The Dead Sea Scrolls after Fifty Years. A Comprehensive Assessment vol. 2* (Leiden 1999).

Freedman, D.N. (ed.), *Anchor Bible Dictionary vol. 5* (New York 1992).

Gaylord, H.E. "3 (Greek Apocalypse of) Baruch", R.H. Charlesworth (ed.), *Old Testament Pseudepigrapha vol. 1* (New York 1983), 653-679.

Ginsberg, L., "Greek Apocalypse of Baruch", *JE 2* (1902), 549-551.

Girardin, M., "*Leḥerut Yerushalayim*: The Temple on the Coins of the Bar Kokhba War", *Electrum Vol. 26* (2019), 159-176.

Godawa, B., "Mesopotamian Cosmic Geography in the Bible", *The BioLogos Foundation*, 1-21. www.BioLogos.org/projects/scholar-essays.

Goldberg, S.-A., "Satan et Samaël, le double visage de la mort juive", D. Tollet (ed.), *La mort et ses représentations dans le judaïsme* (Paris 2000), 109-121.

Gore-Jones, L., "Angelic Mediators: Gabriel, Uriel and Remiel in Jewish Apocalypses", J.T. Greene (ed.), *Angels, A Messenger by Any Other Name in the Judea-Christian and Islamic Traditions* (Cambridge 2018), 55-76.

Gottschalk, H.B., *Heraclides of Pontus* (New York 1980).

Graham, D.W., "Physical and Cosmological Thought Before Aristotle", A. Jones, L. Taub (eds.), *The Cambridge History of Science Vol. 1* (Cambridge 2018), 170-172.

Greene, J.T., "Prolegomena: Angels and Some of the Various Roles in the Literature from Ancient Israel, Judaism, Christianity, Islam, and in Literature", J.T. Greene (ed.), *Angels, A Messenger by Any Other Name in the Judea-Christian and Islamic Traditions* (Cambridge 2018), 1-26.

Greene, J.T. (ed.), *Angels, A Messenger by Any Other Name in the Judea-Christian and Islamic Traditions* (Cambridge 2018).

Greenspoon, L.J. (ed.), *Olam ha-zeh v'olam ha-ba: This World and The World to Come in Jewish Belief and Practice* (Indiana 2017).

Greenwood, K., *Scripture and Cosmology: Reading the Bible Between the Ancient World and Modern Science* (Illinois 2015).

Gregory, A., *Ancient Greek Cosmogony* (London 2008).

Gry, L., "Date de la fin des temps, scion les révélations ou les calcula du Pseudo-Philo et de Baruch (Apocalypse syriaque)," *RB 48* (1939), 337-356.

Guiley, R.E. (ed.), *The Encyclopedia of Demons and Demonology* (New York 2009).

Guiley, R.E.,

"Satanael (Satanail)", R.E. Guiley (ed.), *The Encyclopedia of Demons and Demonology* (New York 2009), 224.

"Samael (Sammael)", R.E. Guiley (ed.), *The Encyclopedia of Demons and Demonology* (New York 2009), 221-222.

"Fallen Angels", R.E. Guiley (ed.),

The Encyclopedia of Demons and Demonology (New York 2009), 86–87.

Gurtner, D.M., *Second Baruch: A Critical Edition of the Syriac Text. With Greek and Latin Fragments, English Translation, Introduction, and Concordances* (New York 2009).

Hannah, D., *Michael and Christ: Michael Traditions and Angel Christology in Early Christianity* (Tübingen 1999).

Hanson, P.D., *Interpretation* (Louisville 1995).

Harlow, D.C. *The Greek Apocalypse of Baruch (3 Baruch) in Hellenistic Judaism and Early Christianity* (Studia in Veteris Testamenti Pseudepigrapha 12; Leiden 1995).

Harris, J.R., *The Rest of the Words of Baruch: A Christian Apocalypse of the Year 136 A.D.* (London 1889).

Hasel, G.F.,

"Remnant", G.W. Bromley (ed.), *International Standard Bible Encyclopedia vol. 4* (Grand Rapids 1988), 130.

The Remnant: the History and Theology of the Remnant Idea from Genesis to Isaiah (Michigan ²1974).

Hayes, C., *Introduction to the Bible* (New Haven 2012).

Hayman, A.P., "The 'Man from the Sea' in 4 Ezra 13", *JJS 49* (1998), 1–16.

Henze, M.,

"4 Ezra and 2 Baruch: Literary Composition and Oral Performance in First-Century Apocalyptic Literature", *JBL 131.1* (2012), 181–200.

Jewish Apocalypticism in Late First Century Israel: Reading Second Baruch in Context (TSAJ 142; Tübingen 2011).

"Dimensions of Time in Jewish Apocalyptic Thought: The Case of 4 Ezra", J.N. Bremmer, V. Hirschberger, T. Nicklas (eds.), *Figures of Ezra* (Leuven 2018), 13–34.

"The Chosenness of Israel in the Apocrypha and Pseudepigrapha", G.A. Anderson, J.S. Kaminsky (eds.), *The Call of Abraham: Essays on the Election of Israel in Honor of Jon D. Levenson* (Christianity and Judaism in Antiquity Series 19; Paris 2014), 170–198.

"From Jeremiah to Baruch: Pseudpigraphy in the Syriac Apocalypse of Baruch", S.N.C. Lieu (ed.), *Biblical Traditions in Transmission: Essays in Honour of Michael A. Knibb* (Supplements to the Journal for the Study of Judaism 111; Leiden 2006), 157–177.

Henze, M., **Boccaccini**, G. (eds.), *Fourth Ezra and Second Baruch:*

Reconstruction after the Fall (Supplements to the Journal for the Study of Judaism 164; Leiden 2013).

Henze, M., **Lied**, L.I. (eds.), *The Old Testament Pseudepigrapha: Fifty Years of the Pseudepigrapha Section at the SBL* (Atlanta 2019).

Henze, M., **Stone**, M.E., *4 Ezra and 2 Baruch: Translations, Introductions, and Notes* (Minneapolis 2013).

Herzer, J., *4 Baruch (Paraleipomena Jeremiou)* (Leiden 2005).

Hetherington, N.S., *Cosmology: historical, literary, philosophical, religious, and scientific perspectives* (New York 1993).

Hezser, C. (ed.), *The Oxford Handbook of Jewish Daily Life in Roman Palestine* (Oxford 2010).

Hilton, N.H., "Traversing the Heavens: the State of Scholarship on 3 Baruch", *Journal for the study of the pseudepigrapha 22.4* (2013), 247-268.

Himmelfarb, M., *Ascent to Heaven in Jewish and Christian Apocalypses* (Oxford 1993).

Hogan, K.M., "Te Meanings of *tôrâ* in 4 Ezra", *Journal for the Study of Judaism 38* (2007), 530-552.

Horbury, W. "Messianism in the Old Testament apocrypha and pseudepigrapha", *Messianism among Jews and Christians: Biblical and Historical Studies* (London 2003), 35-64.

Hosein, F., *The Banquet Type-Scene in the Parables of Jesus* (Ph.D diss., Andrews University, 2001).

Huebsch, R.W., *The Understanding and Significance of the "remnant" in Qumran Literature: Including a Discussion of the Use of this Concept in the Hebrew Bible, the Apocrypha and the Pseudepigrapha* (Ontario 1981).

Hughes, H.M., "The Greek Apocalypse of Baruch", *APOT vol. 2*, 529-530.

Isaac, E. "1 (Ethiopic Apocalypse of) Enoch: A New Translation and Introduction", R.H. Charlesworth (ed.), *Old Testament Pseudepigrapha vol. 1* (New York 1983), 5-89.

Isbouts, J.-P. *Archaeology of the Bible: The Greatest Discoveries From Genesis to the Roman Era* (Washington 2016).

Ivry, A.L., **Wolfson**, E.R. (eds.), *Perspectives on Jewish Thought and Mysticism* (New York 1998).

Jacobi, M., "In Its Time I Will Hasten It: Messianic Speculation in the Babylonian Talmud Sanhedrin 96b-99a", *European Judaism 40.1* (2007), 115-119.

James, M.R. *Apocrypha Anecdota II* (Cambridge 1899).

Jones, A., **Taub**, L. (eds.), *The*

Cambridge History of Science Vol. 1 (Cambridge 2018).

Jones, K.R., *Jewish Reactions to the Destruction of Jerusalem in A.D. 70: Apocalypses and Related Pseudepigrapha* (Supplements to the Journal for the Study of Judaism 151; Leiden 2011).

Kaminsky, J., **Stewart**, A., "God of all the World: Universalism and Developing Monotheism in Isaiah 40-66", *Harvard Theological Review 99.2* (2006), 139-163.

Kartveit, M., *The Origins of the Samaritans* (VTSup 128; Leiden 2009).

Kee, H.C., "Testaments of the Twelve Patriarchs", J.H. Charlesworth (ed.), *The Old Testament Pseudepigrapha vol. 1* (New York 1983), 775-828.

Kennedy, T.M., *Unearthing the Bible: 101 Archaeological Discoveries That Bring the Bible to Life* (Eugene 2020).

Kiraz, G.A., *The New Syriac Primer* (Piscataway 2013).

Klijn, A.F.J.,

Der lateinische Text der Apokalypse des Esra (TU 131; Berlin: Akademie-Verlag, 1983).

"2 (Syriac Apocalypse of) Baruch", R.H. Charlesworth (ed.), *Old Testament Pseudepigrapha vol. 1* (New York 1983), 616-652.

Knibb, M.A., "Martyrdom and Ascension of Isaiah", R.H. Charlesworth (ed.), *Old Testament Pseudepigrapha vol. 2* (New York 1985), 143-176.

Koch, K., "Ezra and the Origins of Judaism", *Journal of Semitic Studies 19* (1974), 190-193.

Kohler, K., "The Pre-Talmudic Haggada. The Second Baruch or Rather the Jeremiah Apocalypse", *JQR 5* (1893), 407-419.

Kuhn, K. G., "The Two Messiahs of Aaron and Israel", K. Stendahl (ed.), *The Scrolls and the New Testament* (New York: Harper, 1957), 54-64.

Kulik, A.,

3 Baruch: Greek-Slavonic Apocalypse of Baruch (Commentaries on Early Jewish Literature; Berlin 2010).

"How the Devil Got His Hooves and Horns : the Origin of the Motif and the Implied Demonology of 3 Baruch", *Numen 60* (2013), 195-229.

Lacocque, A., "The Vision of the Eagle in 4 Esdras, a Rereading of Daniel 7 in the First Century CE", K.H. Richards (ed.), *Society of Biblical Literature Seminar Papers* (Chico 1981), 237-258.

Landman, Leo, *Messianism in the Talmudic Era* (New York: Ktav, 1979).

Lange, A., **Römheld**, D., **Weigold**, M. (eds.), *Judaism in Crisis: Crisis as a Catalyst in Jewish Cultural History* (Göttingen 2011).

Latto, A., *A Star is Rising: The Historical Development of the Old Testament Royal Theology and the Rise of the Jewish Messianic Expectations* (Atlanta 1997).

Lemaire, A., "The Universal God: How the God of Israel Became a God for All", *Biblical Archaeology Review 31.6* (2005), 57-59, 67.

Levey, S.H., *The Messiah: An Aramaic Interpretation. The Messianic Exegesis of the Targum* (Monographs of the Hebrew Union College 2; Cincinnati, OH: Hebrew Union College/Jewish Institute of Religion, 1974).

Levison, J.R., "Did the Spirit Withdraw from Israel? An Evaluation of the Earliest Jewish Data", *New Testament Studies Vol. 43.1* (1997), 35-57.

Lichtenberger, H., "Messianic Expectations and Messianic Figures During the Second Temple Period", R.H. Charlesworth, G.S. Oegema (eds.), *Qumran-Messianism* (Tübingen 1998), 9-20.

Lied, L.I., "Recent Scholarship on 2 Baruch: 2000-2009", *Currents in Biblical Research 9.2* (2011), 238-276.

Lieu, S.N.C. (ed.), *Biblical Traditions in Transmission: Essays in Honour of Michael A. Knibb* (Supplements to the Journal for the Study of Judaism 111; Leiden 2006).

Lindberg, D.C., *The Beginnings of Western Science: The European Scientific Tradition in Philosophical, Religious, and Institutional Context, Prehistory to A.D. 1450* (Chicago 2010).

Lloyd, D., "Universalism in 3 Baruch", *Journal for the study of the pseudepigrapha 25.4* (2016), 299-325.

Long, P.J.,

"The Origin of the Eschatological Feast as a Wedding Banquet in the Synoptic Gospels: an Intertextual Study", *Dissertations 86* (2012). https://digitalcommons.andrews.edu/dissertations/86/.

"Messianic Banquet Imagery in the Second Temple Period", *Evangelical Theological Society Regional Meeting* (2009), 1-9. https://www.academia.edu/3683166/Messianic_Banquet_Imagery_in_the_Second_Temple_Period.

Mettinger, T.N.D. "Seraphim", K. van der Toorn, B. Becking, P.W. van der Horst (eds.), *Dictionary* *of Deities and Demons in the Bible* (Leiden 1999), 742-744.

Metzger, B.M., "The Fourth Book of Ezra", J.H. Charlesworth (ed.), *The Old Testament Pseudepigrapha vol. 1* (New York 1983), 516-559.

Meyer, L.V., "Remnant", D.N. Freedman (ed.), *Anchor Bible Dictionary vol. 5* (New York 1992), 669-670.

Mommsen, T., *History of Rome, Vol.3*, W.P. Dickson (tr.) (London 1894).

Morgan, J., "(The) Vision of the Glory of God in the Apocalypse of Baruch (3 Baruch)", *Journal for the study of the pseudepigrapha 22.3* (2013), 184-200.

Muraoka, T., *Emphatics Words and Structures in Biblical Hebrew* (Jerusalem 1985).

Neusner, J., "Judaism in a Time of Crisis: Four Responses to the Destruction of the Second Temple", *Judaism 21* (1972), 312-327.

Neusner, J. (ed.),

Eliezer ben Hyrcanus vol. 2 (Leiden 1973).

Religion in Antiquity. Essays in Memory of E. R. Goodenough (Leiden: Brill 1968).

Neusner, J., **Green**, W.S., **Frerichs**, E.S. (eds.), *Judaisms and Their Messiahs at the Turn of the Christian Era* (Cambridge 1996).

Nickelsburg, G.W.E.,

"Judgment, Life-After-Death, and Resurrection in the Apocrypha and the Non-Apocalyptic Pseudepigrapha", A. Avery-Peck, J. Neusner, B. Chilton (eds.), *Judaism in Late Antiquity Part IV: Death, Life-after-Death, Resurrection, and the World-to-Come in the Judaisms of Antiquity* (Leiden 2000), 141-162.

Jewish Literature Between the Bible and the Mishnah: A Historical and Literary Introduction (Minneapolis 2005).

Nickelsburg, G.W.E., **VanderKam**, J.C. (eds.), *1 Enoch 2: A Critical Commentary on the Book of 1 Enoch, Chapters 37-82* (Minneapolis 2011).

Nir, R., *The Destruction of Jerusalem and the Idea of Redemption in the Syriac Apocalypse of Baruch* (Early Judaism and Its Literature 20; Atlanta 2003).

Nitzan, B. "Apocalyptic Ideas in 4 Ezra in Comparison with the Dead Sea Scrolls", G. Boccaccini, J.M. Zurawski (eds.), *Interpreting 4 Ezra and 2 Baruch: International Studies* (The Library of Second Temple Studies 87; New York 2014), 22-31.

Noegel, S.B., "Corpses, Cannibals, and Commensality: A Literary and Artistic Shaming Convention in the Ancient Near East", *Journal of Religion and Violence Vol. 4.3* (2016), 255-304.

Oegema, G.S., "Messianic Expectations in the Qumran Writings: Theses on Their Development", R.H. Charlesworth, G.S. Oegema (eds.), *Qumran-Messianism* (Tübingen 1998), 53-82.

Ong, H.T. *The Multilingual Jesus and the Sociolinguistic World of the New Testament* (Leiden 2015).

Oswalt, J.N., *The Book of Isaiah* (Michigan 1998).

Parry, R.A., *The Biblical Cosmos: A Pilgrim's Guide to the Weird and Wonderful World of the Bible* (Eugene 2014).

Paul, D., "The Structure of Heaven and Earth: How Ancient Cosmology Shaped Everyone's Theology" (2019). https://isthatinthebible.wordpress.com/2019/08/17/the-structure-of-heaven-and-earth-how-ancient-cosmology-shaped-everyones-theology/.

Pennington, J.T., *Cosmology and New Testament Theology* (New York 2008).

Pentiuc, E.J., "The Nature of the Resurrected Bodies: 2Baruch and the New Testament", M. Henze, G. Boccaccini (eds.), *Fourth Ezra and Second Baruch: Reconstruction after the Fall* (Supplements to the Journal for the Study of Judaism, Vol. 164; Leiden 2013), 309-334.

Picard, J.-C.,

"Apocalypsis Baruchi Graece", J.-C. Picard, S.P. Brock (eds.), *Testamentum Iobi, Apocalypsis Baruchi Graece* (PVTG 2; Leiden 1967), 1-96.

"Observations sur l'Apocalypse grecque de Baruch", *Semeia 20* (1970), 100-103.

Picard, J.-C., **Brock**, S.P. (eds.), *Testamentum Iobi, Apocalypsis Baruchi Graece* (PVTG 2; Leiden 1967).

Poorthuis, M., **Schwartz**, J. (eds.), *Saints and Role Models in Judaism and Christianity* (Leiden 2004).

Pope, H. (ed.), "Guardian Angel", *The Catholic Encyclopedia* (New York: 1910). http://www.newadvent.org/cathen/07049c.htm.

Porter, S.E. (ed.), *The Messiah in the Old and New Testaments* (Grand Rapids 2007).

Price, J.J., "Josephus and the Dialogue on the Destruction of the Temple", C. Böttrich, J. Herzer, T. Reiprich (eds.), *Josephus und das Neue Testament* (Tübingen 2007), 181-194.

Puech, E.,

"Une apocalypse messianique (4Q521)", *RB 99* (1992), 676-

696.
"Une Apocalypse Messianique (4Q521)", *Revue de Qumran 15* (1992), 475-519.

Purvis, J.D., *The Samaritan Pentateuch and the Origin of the Samaritan Sect* (Cambridge, MA: Harvard University Press, 1968).

Roberts, J.J.M., "The Old Testament's Contribution to Messianic Expectations", J.H. Charlesworth (ed.), *The Messiah: Developments in Earliest Judaism and Christianity* (Minneapolis 2009), 39-51.

Rowland, C., *The Open Heaven. A Study of Apocalypticism in Judaism and Early Christianity* (New York 1982).

Raphael, S.P., *Jewish Views of the Afterlife* (Lanham 2019).

Rebiger, B., "Angels in Rabbinic Literature", F.V. Reiterer, K. De Troyer et al. (eds.), *Deuterocanonical and Cognate Literature Studies* (Berlin 2007), 629-644.

Reed, A.Y., "Enoch, Eden, and the Beginnings of Jewish Cosmography", C. Burnett, J. Kraye (eds.), *Enoch, Eden, and the Beginnings of Jewish Cosmography* (London 2016), 67-94.

Reiterer, F.V. **De Troyer**, K. et al. (eds.), *Deuterocanonical and Cognate Literature Studies* (Berlin 2007).

Reiterer, F.V., **Nicklas**, T., **Schöpflin**, K. (eds.), *Angels: The Concept of Celestial Beings – Origins, Development and Reception, Deuterocanonical and Cognate Literature* (Berlin 2007).

Riaud, J.,
"Les Samaritains dans les 'Paralipomena Jeremiae'", A. Caquot (ed.), *La Littérature Intertestamentaire, Colloque de Strasbourg 1983* (Paris 1985), 133-152.
"The Figure of Jeremiah in the Paralipomena Jeremiae Prophetae: His Originality; His 'Christianization' by the Christian Author of the Conclusion (9:10-32)", *JSP 22* (2000), 31-44.

Robinson, S.E., "4 Baruch", J.H. Charlesworth (ed.), *Old Testament Pseudepigrapha vol. 2* (New York 1985), 413-425.

Roddy, N., "'Two Parts: Weeks of Seven Weeks': The End of the Age as Teminus ad Quem for 2 Baruch," *JSP 14* (1996), 3-14.

Rost, L., *Einleisung in die alttestamentlichen Apokryphen und Pseudpigraphen einschliesslich der grossen Qumran-Handschriften* (Heidelberg 1971).

Ryken, L., **Whilhoit**, J.C., **Longman** T. (eds.), "Cosmology", L. Ryken, J.C. Whilhoit, T. Longman (eds.),

Dictionary of Biblical Imagery (Illinois 1998), 169-174.

Sakenfeld, K.D. (ed.), *The New Interpreter's Dictionary of the Bible vol. 4* (Nashville 2009).

Sanders, E.P., *The Historical Figure of Jesus* (New York 1993).

Schäfer, P., *History of the Jews in Antiquity: The Jews of Palestine from Alexander the Great to the Arab Conquest* (New York 1995).

Schaller, B., "Is the Greek Version of the Paralipomena Jeremiou Original or a Translation?" *JSP 22* (2000), 51-89.

Schöpflin, K., "God's Interpreter: the Interpreting Angel in Post-Exilic Prophetic Visions of the Old Testament", F.V. Reiterer, T. Nicklas, K. Schöpflin (eds.), *Angels: The Concept of Celestial Beings – Origins, Development and Reception, Deuterocanonical and Cognate Literature* (Berlin 2007), 189-203.

Schürer, E., *The History of the Jewish People in the Age of Jesus Christ* (175 B.C.-A.D. 135). Revised Edition. Edited by G. Vermes, F. Millar, M. Black, M. Goodman. 3 vols. (Edinburgh 1973-1987).

Schwartz, D.R., "Was 70 CE a Watershed in Jewish History? Three Stages of Modern Scholarship, and a Renewed Effort", D.R. Schwartz, Z. Weiss, R.A. Clements (eds.), *Was 70 CE a Watershed in Jewish History? On Jews and Judaism Before and After the Destruction of the Second Temple* (Leiden 2012), 1-19.

Schwartz, D.R., **Weiss**, Z., **Clements**, R.A. (eds.), *Was 70 C.E. a Watershed in Jewish History? On Jews and Judaism Before and After the Destruction of the Second Temple* (Leiden 2012).

Segal, M.H.,

A Grammar of Mishnaic Hebrew (Oxford: Clarendon, 1927).

"Mishnaic Hebrew and Its Relation to Biblical Hebrew and to Aramaic," *JQR 20* (1908), 670-700, 734-37.

Shank, H. (ed.), *Christianity and Rabbinic Judaism: A Parallel History of the Origins and Early Devolopment* (Washington 2011).

Simon-Shoshan, M., "The Heavens Proclaim the Glory of God: A Study in Rabbinic Cosmology", *Bekhol Derakhekha Daehu-Journal of Torah and Scholarship 20* (2008), 67-96.

Smallwood, E.M., "Domitian's attitude towards the Jews and Judaism", *Classical Philology 51* (1956), 1-13.

Smelik, K.L.D., "My Servant Nebuchadnezzar: The Use of the Epithet 'My Servant' for the Babylonian King

Nebuchadnezzar in the Book of Jeremiah", *Vetus Testamentum Vol. 64.1* (2014), 109-134.

Smith, P. (ed.), *A Compendious Syriac Dictionary: Founded upon the Thesaurus Syriacus of R. Payne Smith* (Winona Lake 1998).

Stanhope, B., "Ancient Hebrew Heavenly Cosmology", B. Stanhope (ed.), *(Mis)interpreting Genesis: How the Creation Museum Misunderstands the Ancient Near Eastern Context of the Bible* (Louisville 2020), 83-117.

Steffen, D.S., "The Messianic Banquet and the Eschatology of Matthew", *Global Journal of Classical Theology Vol.5.2* (2006) (온라인 논문이라 페이지가 제공되지 않는다) https://www.galaxie.com//article/gjct05-2-03.

Stendahl, K. (ed.), *The Scrolls and the New Testament* (New York: Harper 1957).

Stone, M.E.,

Fourth Ezra: A Commentary on the Books of Fourth Ezra (Minneapolis 1990).

"Reactions to Destructions of the Second Temple," *JSJ 12* (1981), 195-204.

"The Concept of the Messiah in IV Ezra", J. Neusner (ed.), *Religion in Antiquity. Essays in Memory of E. R. Goodenough* (Leiden: Brill 1968), 295-312.

"The Question of the Messiah in 4 Ezra", J. Neusner, W.S. Green, E.S. Frerichs (eds.), *Judaisms and Their Messiahs at the Turn of the Christian Era* (Cambridge 1996), 209-224.

Features of the Eschatology of 4 Ezra (Harvard Semitic Studies 35; Atlanta 1989).

Stone, M.E., **Bergen**, T.A. (eds.), *Biblical Figures Outside the Bible* (Harrisburg 1998).

Stuckenbruck, L.T., "Messianic Ideas in the Apocalyptic and Related Literature of Early Judaism", S.E. Porter (ed.), *The Messiah in the Old and New Testaments* (Grand Rapids 2007), 90-113.

Suter, D., "Weighed in the Balance: The Similitudes of Enoch in Recent Discussion", *Religious Studies Review 7* (1981), 217-221.

Tabor, J.D. "Two Messiahs: The Evidence in the Late 2nd Temple Period", 1-5 https://jamestabor.com/wp-content/uploads/2016/02/Two-Messiahs-The-Evidence.pdf.

Thackston, W.M., *Introduction to Syriac: An Elementary Grammar with Readings from Syriac Literature* (Maryland 1999).

Thompson, A.L., *Responsibility for Evil in the Theodicy of IV Ezra: A*

Study Illustrating the Significance of Form and Structure for the Meaning of the Book (SBLDS 29; Missoula 1977).

Thompson, T.L., **Wajdenbaum**, P. (eds.), *The Bible and Hellenism: Greek Influence on Jewish and Early Christian Literature* (New York 2014).

Tollet, D. (ed.), *La mort et ses représentations dans le judaïsme* (Paris 2000).

van der Toorn, K., **Becking**, B., **van der Horst**, P.W. (eds.), *Dictionary of Deities and Demons in the Bible* (Leiden 1999).

Vanderkam, J.C., **Adler**, W., *The Jewish Apocalyptic Heritage in Early Christianity* (Minneapolis 1996).

VanderKam, J.C., "Chapters 72–82: The Book of the Luminaries", G.W.E. Nickelsburg, J.C. VanderKam (eds.), *1 Enoch 2: A Critical Commentary on the Book of 1 Enoch, Chapters 37–82* (Minneapolis 2011), 334-569.

Walters, J.E., "Sleep of the Soul and Resurrection of the Body: Aphrahat's Anthropology in Context", *Hugoye: Journal of Syriac Studies vol. 22* (2019), 433-465.

Webster, R., *Archangels: How to Invoke & Work with Angelic Messengers* (Minnesota 2022).

Weksler-Bdolah, S., *Aelia Capitolina - Jerusalem in the Roman period: in light of archaeological research* (Leiden 2020).

Whitney, K.W., *Two Strange Beasts: A Study of Traditions concerning Leviathan and Behemoth in Second Temple and Early Rabbinic Judaism* (Th.D. diss., Harvard University, 1992).

Whitters, M.F., "Baruch as Ezra in 2 Baruch", *Journal of Biblical Literature 132.3* (2013), 569-584.

Widow, J.C.O., *The Origins of the Canon of the Hebrew Bible: An Analysis of Josephus and 4 Ezra* (Leiden 2019).

Wilcox, M., "'Upon the Tree'-Deut 21:22-23 in the New Testament", *Journal of Biblical Literature 96* (1977), 85-99.

Willitts, J., "The Remnant of Israel in 4Qs Isaiah (4Q161) and the Dead Sea Scrolls", *Journal of Jewish Studies, Vol. 57.1* (2006), 10-25.

Wilson, J.V.K., "A Return to the Problems of Behemoth and Leviathan," *VT 25* (1975), 1-14.

Wise, M.O., "Bar Kochba Letters", D.N. Freedman (ed.), *The Anchor Bible Dictionary vol. 1* (New York 1992), 601-606.

Wolfers, D., "The Lord's Second Speech in the Book of Job," *VT 40* (1990), 474-499.

Wright, J.E.,

"Baruch, Books of", C.A. Evans, S.E. Porter (eds.), *Dictionary of New Testament Background: A Compendium of Contemporary Biblical Scholarship* (The IVP Bible Dictionary Series; Illinois 2020), 148-151.

Baruch Ben Neriah: From Biblical Scribe to Apocalyptic Seer (Columbia 2003).

"Baruch: His Evolution from Scribe to Apocalyptic Seer", M.E. Stone, T.A. Bergen (eds.), *Biblical Figures Outside the Bible* (Harrisburg 1998), 264-289.

Zangenberg, J.K., **van de Zande**, D., "Urbanization", C. Hezser (ed.), *The Oxford Handbook of Jewish Daily Life in Roman Palestine* (Oxford 2010), 165-183.

Zinner, S., "From 2 Baruch and 4 Ezra to 2 Peter and Revelation" (2019), 1-55. https://www.academia.edu/29918450/From_2_Baruch_and_4_Ezra_to_2_Peter_and_Revelation.

고야마 시게키, 『지도로 보는 중동 이야기』, 박소영 옮김 (이다미디어 2008).

데이비드 노스럽, 「지적 전통들: 철학, 과학, 종교, 예술-기원전 500년-기원후 1350년」, 펠리페 페르난데스아르메스토 외, 『옥스퍼드 세계사』, 이재만 옮김 (교유서가 2019), 258-259.

마이클 하이저, 『건너뛰지 않고 성경 읽기』, 김태형 옮김 (좋은씨앗 2022).

벤자민 누난, 『성서 히브리어와 아람어 연구』, 신철호 옮김 (감은사 2022).

송혜경,

『신약 외경 1』 (한님성서연구소 개정2021).

『구약 외경 1』 (한님성서연구소 개정2022).

『영지주의자들의 성서』 (한님성서연구소 개정2022).

『예수님 성경 바깥의 기억』 (한님성서연구소 2021).

『신약 외경 입문 하』 (유다·그리스도교 고전 입문 총서 II-2; 바오로딸 2021).

『사탄, 악마가 된 고발자』 (한님성서연구소 2019).

「바룩 2서의 메시아 사상」, 『가톨릭 신학과 사상』 88 (2023), 229-278.

「신구약 중간기 문학」, 박병규 외 『가톨릭 신학을 소개합니다』 (성서와 함께 2021), 89-120.

「외경의 질문들 1-12」, 『말씀터』 139-150호 (한님성서연구소 2021-2023) cafe.naver.com/biblicum에서 PDF 다운로드 가능.

쑨룽지, 『신세계사 1』, 이유진 옮김 (흐름출판 2020).

안소근, 『이사야서 1-39장』 (거룩한 독서를 위한 구약성경 주해 29-1; 바오로딸 2016).

호프 에덜먼, 『슬픔 이후의 슬픔 - 상실의 아픔과 함께 삶으로 나아가는 법』, 김재경 옮김 (다산초당 2022).

찾아 보기

구약성경

창세기
1 69, 88, 98, 241, 281, 282, 294
1,1-27 69, 88
1,1-10 69
1,1 40, 88
1,2-10 200, 201, 456
1,2 88
1,3.9 89
1,3 88
1,6-8 89
1,8 351
1,9 89
1,9-11 89
1,12-13 89
1,14-19 90
1,14-18 352
1,14-17 351
1,20-21 90
1,21 351
1,22 351
1,24 92
1,26-27 92
1,26 120
1,28 242
2—3 376, 404
2 376
2,7 62, 286
2,8 63
2,9 481
2,15 242
2,16-17 63
2,17 404
3 243, 286
3,1-6 286
3,6 63
3,14-24 300
3,14-19 300
3,16 209, 300, 315
3,22 63, 254
3,24 244
5,21-24 155
6—9 55
6,1-4 301
6,11-12 63
7,21-23 63
7,23 63
8,7-12 470
8,11 320
9,1-17 55
11,1-9 399
11,3 400
11,7.9 400
12,1-3 64
13,18 227
15 223
15,5 224
15,9-10 224
15,15 276
15,16 303
15,17 224
15,18 64
16,10 364
18 224, 360
18,1 227
18,6 68
18,17 64
18,22-25 240
49,9-10 138

탈출기
1,14 301
3,2 154
3,3 154
12,1-2.14 464
12,23 252
13,4 464
15,11 358
15,17 267
16,5-31 201
18,12 198
19,1 64
19,16-18 64
24,1-2.9-11 353
24,12-16 302
24,13 359
24,18 318
25,9.40 302
25,9 224, 302
25,16 228
25,17-22 228
26,30 302
26,31 228
26,34 228
28,1-5 228
28,6-14 228
31,18 228
32,15 228
32,34 246
33,11 359
34,10 222
34,27 222
34,28 318
34,29 228
40,20 228

레위기
16,10 389
21,6-8 388

민수기
5,12-31 468
11,15 464
11,28 359
21,29 232

신명기
4,26 329
5,1 263
6,4 263
9,1 263
9,9 318
10,17 238
14,2 237
18,5.7 359
21,22-23 122, 472
30,1-5.15-20 329
30,3 323
30,15-20 302
30,19-20 329
30,19 114, 245, 279, 329
31,28 245, 329
32,16 473
32,17 232
32,21 423, 424
32,35-43 325
33,26 358
34,1-3 317
34,7 244
34,9 359

여호수아기
1,1 359
7 111
7,6 128, 455
7,16-26 111
23,14 276

판관기
5,24 295

룻기
2,12 274

사무엘기 상권
1,3 360
2,3 36

2,8 348

사무엘기 하권
5,10 454
7 65, 203
7,8-16 220
7,13 65, 229
7,14-15 220
7,14 52
23,13 360
24,16 252

열왕기 상권
2,2 276
3,12 303
6,15-18 268
7,2-3 268
8,1-21 303
8,11 359
8,27 351
8,43 219
8,62-65 303
9,15-25 303
12,28-33 304
12,32 304
16,24 476
17,6 320
21,23 304

열왕기 하권
6,28-29 304
7,1.16.18 68
15,10 226
17,1-6 152
17,3-6 304
17,15 240
17,24-41 476
17,24.29 476
18,1-8 305
18,3 305
18,5 305
18,7 305
18,11-12 304
18,13-37 305
18,26.28 25
19,14-19 305
19,20 305
19,31-34 306
19,35-37 305, 306
19,35 252
21,2-17 306
21,12-14 307
21,16 306
22,2 308
23,4-20 308
23,25 308, 309
23,26-27 307
23,27 307
24,8-17 218
25,7 229
25,8-11 61

역대기 상권
3,17 61
21,15 252

역대기 하권
2,5 351
32,21 306
33,1-9 306
33,10-13 307
33,11 307
33,12-13 307
34,1-7 308
34,31 309
34,33 309
35—36 13
36,9 218

에즈라기
3,2 61
3,8-13 311
4,8—6,18 25
4,10 477
5,2 61
7,1-5 17, 61
7,6 17, 61
7,12-26 25
7,12-13 61
7,12 17
8,17 226
8,35 477
9 475
9,12 475
10,7-17 467
10,10-11 467
10,18-44 475

느헤미야기
7,38—8,12 13
12,1 61
13,24 25

토빗기
5,17 371
12,15 298
13,14 232
13,27 475
14,5-6 311
14,5 311

유딧기
16,17 232

에스테르기
3,7 464
4,1 128
8,7 472

마카베오기 상권
9,27 331
11,71 128

마카베오기 하권
2,1-8 227
2,4-8 456, 459
6,13-15 236, 237
7,19 399
7,28 248
7,33 238
8,19 306
13,12 230
15,22 306

욥기
2,12 128
7,7 240
11,7 454
19,12 248
29,23 248
31,6 35, 67
37,18 350, 400
38—39 280
40,15 187, 260

시편
1,1 232
2,2 52
2,7 52
2,12 232
23,1-5 191
32,1-2 232
33,6 248
33,12 232
34,9 232
36,8 274
38,4-6 348
40,6 295
41,2 232
42,4.11 396
44,21 473
50,2 457
57,2 274
74,14 194
75,3 236
75,9-10 238
78,23-25 188
78,25 261

80,9 267
80,17-18 316
81,10 473
89,26-27 52
89,33 246
90,4 282
90,6 282
90,9-10 243
91,11-12 371, 372
103,21 248, 359
104,5 348
104,16-17 269
106,3 232
106,37 232
112,1 232
118 479
118,15 479
119,1-2 232
119,50.93 279
119,105 244
130,2 282
130,3 283
137,3-4 474
148,2-5 248
148,2 248
148,4 351

잠언
1,12 403
3,13.18 232
4,11 270
8,29 348
13,14 279
20,27 326
28,14 232

코헬렛
1,2 325
10,16 232

지혜서
1,8.12.15 45
3,13 232
3,15 289
13,1 297

집회서
1,6.20 289
2,12-14 232
14,1-2 232
17,32 248
18,4-5 296
33,15 311
35,15 238
35,16 277
36,4-5 219
39,27 327
41,8 232
42,24 311
44,17 63
45,5 270

이사야서
1,18 482
2,2.3 52
2,15 52
2,17 300
3,9.11 232
5,1-9 267
5,1-7 267
5,8-22 232
5,14 300
5,26 181
6,1-5 478
6,1 353
6,2 478
6,3 478
6,13 272
7 181
7,17 181
7,18-20 181
8,19 240
9,1-6 185, 203
10,5-7 225
10,5-6 182
10,20-23 55, 97
11 50
11,1-16 55
11,1-10 53
11,1-9 185, 203
11,1 272
11,4 54, 207, 271
11,5 52
11,6-9 209, 315
11,12 323
13,4 248
13,21 232
18,3 56, 85
19,2 151
19,18 25
24,21 248
25 196
25,6-9 191, 192, 193, 194, 196, 205
25,6-8 90, 191, 192, 199, 205
25,6 193
26,19 187, 261
27,1 187, 194, 260
27,13 56, 85
30,18 232
32,15-20 191
32,20 232
34,6 198
36,11 25
34,14 232
37,14-20 305
37,21 305
37,36-38 305
37,36 306
40—54 217
40,12-26 316
40,15 325
42,1 313
42,6 219
43,10 313
43,12 473
44,1 263
44,23—45,8 225
44,28 183, 184, 226
45,1-4 183
45,1 226
45,5-12.20-22 184
45,12 248, 249
45,13 183
45,18-25 182
48,12 263
49,16 223
51,9-11 194
51,9-10 201
52,13 313
54,1 233
55,1-2 193
56,2 232
60,21 329
62,3 243
65,17 265
66,18-19 55
66,22 265

예레미야서
1,1-3 219
2,5 240, 241
2,21 267
4,13 232
4,31 232
6,14 285
6,15 246
6,19 456
8,11 285
9,1 266
10,10 249
10,11 25
10,12 248
11,20 286
11,22 246
13,27 232
14,9-12 251

14,9 251
15,16 251
15,20 220
18,15-17 310
20,14 70, 231
21,7 226
23,1-8 185, 203
23,3 323
23,5-6 185
23,5 272
25,9 182, 183, 226
27,6 182, 183, 226
31,29-30 46, 111, 319
32,12 218
32,17.27 294
33,14-22 185, 203
35,5-9 229
36 172, 218
36,4-8 172, 218
36,4.17-18.26.27.32 162
36,4 162
36,27 172
36,32 173
38,4-13 457
40,1-7 460
40,6-7 326
40,14 226
42—43 458
43,6-7 231, 458, 460
43,8 231
43,10 182, 226
44,30 226
43,28 181
46,10 198
45,1 218
45,2-5 472
51,11 182
51,15 248
51,59 226
52,17-19 459
52,27-30 460

애가
2,10 455
4,9 232

바룩
1,1 231
1,3-5 226
1,14 334
1,17-18 323
2,12-13 329
2,26 319
2,27 319
3,9 263
4,4 232
4,7 232
4,30-35 325
4,31-32 232
4,37 323
5,6 323

에제키엘서
1 353
1,1 61, 253
1,22 401
2,1 237
3,12.14 227
5,14-15 310
10,18,22 307
13,3.18 232
15,6 267
16,23 232
17,8-9 267
17,22-23 268
17,23 269
18 46, 111, 319
21,1-32 181
21,23-32 182
28,14 370
28,16 370
29,18-20 182
31 269
34 204
34,23-31 185, 191, 203
34,23-29 203
34,31 204
37,21-28 323
37,22-28 197
37,24-28 185, 203
38—39 197
38,8 197
38,23 219
39 90, 91, 92, 196, 199
39,4-20 197
39,4 91, 197, 198
39,17-20 91, 198, 260, 313
39,17.19 198
39,17 198
39,19 198
40—48 39, 96
40 223

다니엘서
2 20
2,4ㄴ-7,28 25
2,22 326
2,31-43 146
2,34.45 151
2,34-35 52, 147
2,40 21
2,44-45 52, 147
3,38 331
3,51-90 345
4,7-9.17-19 269
7—12 360
7 20, 135, 138, 143, 146, 271
7,4 135
7,7 141
7,9-14 146
7,10 85, 255
7,13-14 51, 146, 293
7,13 146
8 357
9,3.20-21 230
9,21-27 299, 417
9,21 361
9,22 417
10—12 357, 360, 361
10,11-21 364
10,13.21 417
10,13 358
10,20 361
10,21 358, 361
11—12 366
12,1 358, 361, 370
12,3 290
12,10 258
12,12 232

호세아서
9,10 267
14,8 267

아모스서
1—2 236
1,1 218, 237
7—9 267
9,6 248
9,11-15 323

미카서
1,8 232
7,6 312

하바쿡서
2,3 247
2,5 73, 403
2,11 75

스바니야서
1,7-8 198

하까이서

2,6 265

즈카르야서
3,8 313
4—5 366
12,1 348
13,8-9 85

신약성경

마태오 복음
1,20-24 461
1,20-21 143
1,21 150
1,23 408
3,11 482
3,16-17 151
3,16 253
4,2 230, 236, 247
4,6 372
4,11 372
5,3-11 232
5,3 415
5,6 483
6,4.6.18 326
6,19-20 241
7,13-14 94, 278
7,13 101, 239
8,5-13 90, 205
8,11 189
8,12 403
9,10-13 206
9,15 206
10,1-4 482
10,26 255, 327
10,35-36 312
10,35 85, 312
10,42 283
11,2-6 262
11,2-5 202
11,4-6 187, 261
11,4-5 202
12,41-42 99
13,24-27 146
13,25-30 71
13,30 312
13,39 420
13,42.50 403
13,44 83, 278
14,19-21 261
14,19-20 483
14,33 97
15,21-28 205
16,16 97, 481
16,19 416
16,21 98
16,26 291
16,27-28 147
17,2 109, 289
18,10 368
19,20 270
19,21 83, 278
19,26 294
19,29 423
21,7-9 272
21,33-46 90, 189, 205
21,41 460
22,1-14 90, 189, 205
22,13 403
22,23-33 117, 288
22,30 290
23,29 75
24,2 229, 264
24,3-29 257
24,3-14 256
24,3.30 256
24,6 285
24,7 151, 285
24,15 258
24,19 233
24,21 256
24,29-31 259
24,29-30 257
24,29 75
24,30-31 314
24,30 147
24,31 56, 85, 148, 152, 259, 323
24,32-34 246
24,37 211, 261
24,51 403, 424
25,1-13 90, 189, 205
25,3-4 423
25,23 342, 423
25,30 403
25,31-46 122, 123
25,34 122, 223
25,40 383
25,41-45 123
25,41 123
25,46 124
26,26-30 92
26,26-29 205
26,26-28 260
26,28 405
26,53 248
26,63 97, 481
26,64 147
27,52-53 99
27,52 288
27,53 288
27,54 97
27,63 480
28,19-20 483

마르코 복음
1,1 97, 481
1,7 482
1,14 405
2,15-17 206
2,18-20 206
3,11 97
3,13-19 482
4,22 255, 327
5,7 97
6,13 423
6,41-44 261
8,31 98, 480
9,2-3 289
9,3 109
9,31 480
10,20 270
10,27 294
10,34 480
11,7-10 272
12,18-27 117, 288
12,25 290
13,2 229, 264
13,3-13 257
13,4 256
13,14 258
13,17 233
13,19 256
13,24-27 51, 259
13,24 75
13,26 147
13,27 148, 152, 314, 323
13,28-30 246
14,22-25 260
14,22-24 205
15,34 132
15,39 97

루카 복음
1—2 364
1,1 68
1,19 397
1,24-25 403
1,26-28 396
1,28 68
1,32-33 272, 315
1,37 294
1,42 295
1,45 232

1,52-53 312, 482
2,25 277
3,16 482
4,2 230, 236, 247
4,11 372
4,18-19 209, 315
4,40 202
6,12-18 482
7,16 256
7,18-23 262
7,22-23 187, 261
8,1 463
8,17 255, 327
9,16-17 261
9,22 98, 480
9,29 109, 289
11,27 295
11,31-32 99
12,2 255
12,46 424
12,53 85, 312
13,23-24 278
13,24 94, 101, 239
13,28 107, 403
16,22-23 414
16,23-26 100
18,21 270
18,27 294
18,33 480
19,35-38 272
19,38 273
19,40 75
20,27-40 117
20,27-39 288
20,36 290
21,6 229, 264
21,7-33 257
21,7 256
21,20 258
21,23 233, 257
21,24 222, 228
21,25 75
21,28 255
21,29-32 246
22,14-20 205
22,19-20 260
22,20 405
23,39 472
24,16 289
24,21.46 480
24,25-28 259

요한 복음

1,1-3 88, 241
1,3 89
1,9-11 244, 483
1,9 244, 478
1,27 482
2,1-11 205
2,19 264
3,19 244
5,2 24, 25
5,22.27 99
5,29 42, 99, 289
5,35 244
6,11-13 261
6,22-33 261
6,40 262
7,31 187, 261
8,12 481
11,14-15.43-45 471
11,25-27 202
11,25-26 481
11,43-44 202
12,46 481
13,19 471
14,2 281
14,29 471
15,1 272
19,13.17 24, 25
20,3 481
20,14 289
21,4 289
21,15.16.18 276

사도행전

5,39 399
7,56 253
10,22 105
10,34 238, 277
13,16 105
13,26 105
15,9 238
15,10 273
21,40 24, 25
22,2 24, 25

로마서

1,7 322
1,17 296
1,20-22 297
1,28 103
2,11 238, 277
2,16 327
3,21-31 175
3,28-30 297
4,13-25 175
4,17 248
5,12 244, 296
5,15-19 94, 113, 342
5,15-18 405
5,17-18 405
5,20 18
5,30 472
7,6 18
8,1-17 175
8,2 18
8,18 243
9,22 255
10,19 342, 424
11,25-26 254
12,2 57, 86
13,13 406
15,6 481

코린토 1서

1,3 322
2,9 94
4,5 327
6,1-3 291
12,13 20
14,14 103
14,25 327
15 98, 262
15,19 250
15,21 244
15,24-25 209, 314
15,35-54 287
15,35-53 113
15,42-53 289
15,42 331
15,51-52 57, 86
15,52 56, 85
15,54 192

코린토 2서

1,2 322
2,15 478
4,17 243, 287
5,1-2 281
12,2 352, 416

갈라티아서

2,6 277
3,10 284
3,28 20
4,4 273
4,25-26 223
4,26 221, 464
5,1 273
5,21 406

에페소서

2,13 274
3,10 419
4,4-6 284
5,18 406
6,9 277

필리피서
3,14 419
3,21 86

콜로새서
2,12-13 202
2,14 255
2,15 419
3,11 20

테살로니카 1서
4,16-17 57, 86
4,16 56, 85

테살로니카 2서
1,7 259, 397

티모테오 1서
1,2 322

히브리서
1,14 372
4,12 327
8,3 388
8,5 302
9,7 388
10,38 296
12,22-24 39, 96
12,22 464
12,26-28 265

야고보서
4,14 240, 282

베드로 1서
1,12 291
4,3 406
4,7 255
5,4 243

베드로 2서
3,5 248
3,13 265

요한 1서
2,8 478
2,20.27 423

요한 2서
3 322

유다서
2 322
9 361, 478

요한 묵시록
1,4 298
1,8 250
1,18 416
2,7 121, 209, 315
2,17 188, 261
3,1 298
4,1 253
4,5 298
4,6 290
4,8-10 478
5,1 456
5,6 198
5,8 418
6,11 254
7,11 290
8,2 298
9,11 24, 25
11,15 56, 85
12,3 403
12,7-9 361
12,7 479
12,9 376
13 260
13,2 403
14,14-20 312
18,19 455
19,17-21 199
19,17-18 189
20 262
20,11-15 43, 99
20,12 85, 255
21—22 96
21,1 265
21,3-4 192
21,4 209, 315
21,5 315
21,9-27 39, 96
21,10-11 96
22,2.14 209, 315
22,2 121

외경

니코데모 복음
19 422

레위의 유언
2—5 388, 389
2,7 346
3,5-6 389
3,8 415
5,1 389, 479

모세의 묵시록
9,3 422
13,1 422

바룩 2서
2,1 453
2,2 105, 453
3,7 98
4,2-7 464
4,3 122
4,4 64
6,1-4 455
6,1 154
6,7-10 456, 459
7,16 94
8,2 459
10,1-3 458
10,5 395
10,6 70
10,18 460
14,7 453
14,10-11 116
15,6 104
15,7 116
17,4 65
19,5 94
21,6 118
21,23 42, 47, 72, 105
24,1 85
29,3-4 59, 90
29,4 91
30,4 107
32,5 94
32,6 104
34,1 395
35,1-5 395
36—37 366
36,1—37,1 395
38 366
39—40 366
39,6 75
40,1-3 59
44,11-15 42
44,14 83, 159
44,15 99
48,38 63
51,1-3 113
51,5 107
51,16 46
55,3 72
56 417
66,7 122
73,1-2 122

73,3-4 86
74,2 112
77,17-26 469
77,17.19 152
77,18 154
78 432
78,1 152, 467
82,3 102
85,12 106, 111

바룩 3서
프롤로그 266, 439, 457
1,1-2 450
4,16 223
11,2 479
11,4-8 479
11,7 299
11,8 478
13,3 479

바룩 4서
1,1-2 220
1,1 220
1,8-9 180, 225, 324
3 227
3,8—9,14 323
3,8 324
3,9-11 227
3,14 395
3,21 6395
4,2-3 180, 229
4,4-5 234
4,6 231
4,10 235
5,1 298
5,22 395
7 320
7,7-11 334
9,5 416

바오로 묵시록
7—10 385
7—9 341
7 368, 385
8—10 370
8—9 368, 419
8 368
9—18 341
9 368
10 368, 420
11 414
22 414
33 117, 121
34—45 47

바오로 묵시록, 콥트어
20—22 402

베드로 묵시록
5 414

솔로몬의 시편
7,3.9 238
10,1-3 238
11,2-3 323
13,8-10 238
17—18 271
17 54, 56, 152
17,23-24 259
17,31 152, 323
17,32 313
17,35 152
17,43-44 56, 57
17—18 56, 207
18,5-6 56
18,6 56
18,9 56

시빌의 신탁
2,215-217 72, 298
2,227-237 67
3,697 189
4—5 32, 163
7,149 201

아담과 하와의 생애
12—16 404
16 344

아르콘들의 실체
86,28—87,3 374

아리스테아스의 편지
195 451

안드레아 행전
16 472

야고보 원복음
8 188
8,2 261
15—16 468

에녹 1서
1—36 43
5,7-9 209, 315
6—16 301, 378
9—10 358, 478
9,1-4 367
9,1 68, 478
10,4-8 367
10,4 301
10,9-10 367
10,11-15 367
10,12 378
17—36 346
17,5 346
18—20 402
18,14 402
19,1 67
19,2 232
20 358
20,1-8 72
20,1-7 368
20,1 397
20,2-8 68
20,2 67, 346
20,7 368
20,8 298
22 43, 99
22,1-13 252
22,1-4 414
22,8-13 414
22,9-13 73, 109
24,6 358
25,4-6 122, 209, 315
25,6 122, 209, 315
40,2-9 363
40,9 367, 478
46,1-2 212, 262
46,3-6 207, 271
48,2-3 212, 262
60,7-25 189
60,7-9.24 189, 190
60,7-10 91
60,7-9 90, 260
60,20-22 187
60,20 187, 261
60,24 90, 260
62 194
62,2 207, 271
62,7 212, 262
62,14-16 189
62,15 189
69,6 404
71,3 479
72—82 67, 346, 407
72,4-5 408
75,3 67
75,4 408
82,8-10 407
90 358
90,14 479
90,28-29 194
92—105 43
100,5 107, 371
104,1 364

106,18 63

에녹 2서
3,3 346
8,1 422
10 402
11 408
12 407
12,3 347, 407
14 347, 407, 408
14,2-3 347
17,1 415
18 344, 377, 378
18,3-5 378
18,3 378
18,4-6 301
18,7 378
22,6 417, 479
22,8 422
29 378, 379
29,3-6 378
31 404
56,2 422

에녹 3서
17,1 479

에즈라 4서
2,38-41 194
3,14-15 224
3,19 244
3,35-36 233
4,12 231
4,28-32 312
4,35-41 252
4,35 252
4,36 298
4,51—5,13 256
5,1 271
6,5 278
6,7 221
6,20 255
6,24 312
6,26-28 209, 315
6,31 236
6,42 190
6,49-52 189, 190, 259, 260
6,56 326
7 213, 262
7,16 246
7,26 273
7,27-28 187, 261
7,28 259
7,29-31 222
7,29-30 213
7,29 212, 262
7,30 212
7,31 257, 262
7,32-36 255
7,35 255
7,36 278
7,61 240, 325, 326
7,71-73 242
7,72 245
7,75 265
7,77 220, 241, 278, 453
7,80 252
7,82 333
7,85 371
7,87 212, 263, 290
7,102-105 333
7,104-105 292
7,113 210, 316
7,125 289
8,1 243
8,23 249
8,33 220, 453
8,52-54 194, 209, 315
8,52 223
8,56 332
8,63—9,6 256
9,7 220, 453
9,11 332
9,30 263
12,32-34 207, 273
12,32 212, 262
13,23 220, 453
13,26 212, 262
13,32-38 313
13,49 313
13,50 187, 261
14,1 227
14,7 220, 453
14,47 278

예언자들의 생애
1,1 483
2,1-5 484
2,1 231
2,9 456, 459
2,11-14 227

요셉과 아세넷
14,1-14 364
14,7 479

요한의 비전
11 375

이사야의 순교와 승천
3,9 483
5,1-16 483

차명 필론
32,13 252

토마 복음
12 243

교부 문헌

바르나바,
『바르나바의 편지』 167, 168

수에토니우스,
『열두 황제들의 생애』 171

아프라하트,
『논증』 62

에우세비우스,
『교회사』 171

오리게네스,
『원리』 339

요세푸스,
『유다 고대사』 21, 437, 458, 468, 472
『유다 전쟁사』 166, 472

유스티누스(순교자),
『트리폰과의 대화』 122

카시우스 디오,
『로마사』 171, 438

클레멘스(로마),
『클레멘스의 첫째 편지』 171

클레멘스(알렉산드리아),
『잡록』 22, 79, 299

타키투스,
『역사』 166

테르툴리아누스(차명),
『유다인 반박』 122

플라톤,
『고르기아스』 348, 349, 355, 398
『소크라테스의 변론』 355
『티마이오스』 215, 353, 355
『파이돈』 346, 413
『파이드로스』 402

필론,
『세상의 창조』 62
『질문과 응답』 62
『플라쿠스 반박』 472

헤로도토스,
『역사』 472

헤르마스,
『헤르마스의 목자』 298

호메로스,
『일리아스』 348, 349
『오뒷세이아』 348, 349, 413

『황제사』 438

쿰란 문헌

『공동체 규칙서』(1QS) 101, 186, 387

『다마스쿠스 문헌』(CD) 387

『전쟁 두루마리』(1QM) 101, 361, 478

『메시아 묵시록』(4Q521) 43, 90, 189, 202

『차명-에제키엘』(4Q385) 43

『비-정경 시편들 B』 (4Q381) 62

라삐 문헌

m. Pirkei Avot 4.21 189

b. Avodah Zarah 20b 374

b. Baba Batra
25a-b 346
74b-75a 90, 189

b. Berakhot 60a 373

b. Chagigah 12b 343, 358, 359, 363, 368, 388, 401

b. Gittin 52a 373

b. Pesachim
54a 223
94b 346

b. Sanhedrin
11a 331
96b-99a 54
99a 90, 189

b. Shabbat
34b 398
119b 372

b. Sotah
2a 468

34b 330
49a-b 331

b. Taanit 11a 372

b. Tamid 32b 402

b. Yoma 37a 359, 360

Bereishit Rabbah
64 170
65.15 372

『타르굼 차명 요나탄』
창세기 4,1 375
창세기 38,25-26 479